国家社科基金
后期资助项目

翻译、概念与经济：
严复译《国富论》研究

Translation, Concepts and Economy:
YanFu's Translating *The Wealth of Nations* in China

刘瑾玉　著

社会科学文献出版社
SOCIAL SCIENCES ACADEMIC PRESS (CHINA)

国家社科基金后期资助项目
出版说明

　　后期资助项目是国家社科基金设立的一类重要项目，旨在鼓励广大社科研究者潜心治学，支持基础研究多出优秀成果。它是经过严格评审，从接近完成的科研成果中遴选立项的。为扩大后期资助项目的影响，更好地推动学术发展，促进成果转化，全国哲学社会科学工作办公室按照"统一设计、统一标识、统一版式、形成系列"的总体要求，组织出版国家社科基金后期资助项目成果。

全国哲学社会科学工作办公室

序 一

亚当·斯密（Adam Smith）所著《国富论》(An Inquiry into the Nature and Causes of the Wealth of Nations)，是英国古典政治经济学的开山之作，这部巨著自1776年首版行世后，很快被译成众多语种在世界上广泛传播。两百多年来，学术界对斯密《国富论》及其在世界各地传播的研究经久不衰，研究成果可谓汗牛充栋。其中，日本学界对《国富论》的译介和研究位居世界前列，名古屋大学的水田洋（Hiroshi Mizuta）教授是这一领域造诣精深、蜚声国际的知名专家。

中国对以斯密《国富论》为代表的西方经济学的翻译与借鉴，虽然时间上落后一步，但在《国富论》的世界传播史中，也是浓墨重彩的一页，其标志性事件就是1902年严复所译《原富》全书的结集出版。严译《原富》出版后，在晚清士大夫阶层中产生了较大反响，许多学者依据《原富》文本研究严复的经济思想，涌现出胡寄窗《中国近代经济思想史大纲》、侯厚吉《中国近代经济思想史稿》等若干见解精到的研究论著。20世纪80年代中期以降，随着王栻主编《严复集》的出版，以及严复手批《原富》英文底本的发现，严译《原富》研究在史料上取得了突破性进展。

严复手批《原富》英文底本原由其家属保存。大约1936~1937年间，严复家属将包括这一珍稀资料在内的一批严复藏书，总计4170册（中文3329册，西文841册），经由严复生前挚友张元济先生，寄存于商务印书馆所属东方图书馆。1947年5~9月，严复四女严顼代表家属应约取回严复藏书，将其赠予严复孙女严停云正在就读的上海圣约翰大学图书馆，并为此专门售卖股票以购置书架，由该馆辟专室特藏。1952年院校调整时，这批严复藏书的大部分或全部被华东师范大学图书馆接收，该馆将其中有严复大量批注的中外文图书拣出，作为珍稀资料收藏，长期秘不示人。直到1985年刘重燊先生发表《严复翻译〈原富〉之经过》一文，介绍了该馆所藏严复手批《原富》英文底本及严复校改的《原富》首二部,这一珍稀资料才广为人知。

  1990年,我考入南京大学中国近现代专业攻读硕士学位,业师孙应祥先生曾经提到华东师范大学图书馆的严复藏书。1993年,我继续在南京大学师从蔡少卿先生攻读博士学位,并确定以《严复与西学东渐》为题撰写博士学位论文。在两位导师的大力支持下,我于1995年赴华东师范大学图书馆查阅了刘重焘先生提到的两种珍稀资料,将所有严复的批注和评语全部过录到笔记本上。不过,在我的博士论文中,《原富》的翻译与传播仅为其中一章,限于体例,我主要根据严复的批注和评语,比较详细地介绍了严译《原富》的具体进程及其对首版《原富》的校改;关于严复的阅读与翻译决策过程,介绍则比较简略;至于《原富》英文底本中原编者罗哲思(James E. Thorold Rogers)的注释,则没有涉及。

  刘瑾玉教授是位有心人,她敏锐地意识到严复手批《原富》英文底本的史料价值,而且了解这一珍贵史料没有得到学术界的充分利用,于2011年两次前往华东师范大学图书馆,将严复手批一一过录下来。她立足于严复的手批资料,在英汉文本双语对照、校注的基础上,再结合严复其他著述与相关一手资料展开研究,撰成博士论文《严复译〈国富论〉研究》,毕业后又不断补充完善,最终形成现在这本沉甸甸的专著。

  显而易见,充分利用严复手批《原富》英文底本这一珍稀资料,是本书最大的亮点与特色。作者对英文底本上的317条批注逐一分类,或简注备忘、或钩玄提要、或分析评论,由此,严复对原著的阅读、理解、诠释与批评,这些以往不为人知的信息得以披露;严复对原著文本是赞用抑或调整、是删削抑或附益,诸多翻译决策细节一一得以呈现;甚至严复的翻译自述与译本实情的诸多矛盾之处,也得以揭示出来。作者通过详细比较译著与英文底本,厘清了严译《原富》310条案语的来源,指出其中143条来源于原编者罗哲思的注释,这就避免了以往研究中仅凭译著文本判断案语来源、进而评判严复的经济观点而常常导致的失误,不仅为翻译史研究提供了新发现和新视角,也为后续理论分析奠定了坚实的史料基础。

  立足于前述史料基础,刘瑾玉教授再按由点及面的逻辑顺序,从关键词语到一般论点,再到整体理论学说等不同层面,比较分析严复译本与斯密原著，进而评判严复翻译的得失、严译《原富》在西学东渐进程中的位置以及在当时的社会反响。

提到《原富》，首先就遇到"economy"一词的翻译问题：严复译为"计学"是否准确？为什么没有被学术界采纳？本书借鉴概念史的理论框架，详细追溯了"经济/economy"这一关键词的中西语源流变、内涵与外延及传播交流，也梳理了严复以"食货""平准""商战""理财"等中国传统经济词语对译西方经济学术语的过程。作者实事求是地指出，虽有日译"经济"等外部与偶然因素的影响，而严译"计学"失败的深层原因，主要在于中国本土经济语汇含义模糊，难与外来专业语汇精确对接。尽管如此，作者不以成败论英雄，对严复既拥抱新知又注重接续传统的文化自觉与民族自信予以高度评价。

从早期传教士到严复，再到郭大力、王亚南，中文世界对以《国富论》为代表的西方经济学理论的翻译与传播，前后持续百年以上。为此，本书把严译《原富》置于近代中国西学东渐的历史背景下予以考量，比较了《国富论》的多个中译本，从富民与富国、分工论、价值论、供求关系、资本、价格、本末论等诸多经济学话题入手，探究严复在翻译西方经济学理论过程中所作的比较与取舍、判断与转化，从更广阔的领域内解读、补充和评价严译《原富》，从而形成了较为完整的认知图景。

《原富》作为一本译著，是否从整体上传达了斯密原著的"自由放任"核心思想，如提倡自由贸易、限制国家权力、反对垄断等主张？本书对此做出了肯定性回答。作者认为，严复总体上赞同斯密的"自由放任"思想，但反对其重商主义倾向，在清末竭力鼓吹经济自由，反对洋务派官办或官督商办的垄断政策，强调必须赋予民众自由权利，才能求富求强。作者同时指出，《原富》的社会反响局限于接纳西学的维新知识分子中间，这与严译文本中的遗漏、割裂、牵强附会以致曲解等缺陷不无关联。

刘瑾玉教授主要从事翻译学研究，本书的翻译史研究取向可谓一目了然。基于《原富》研究的独特经验，她积极回应了建立中国翻译理论体系的呼吁，主张重审严复翻译的当代价值，努力走出西方翻译史和理论的禁锢，以新观点、新视角分析研究既有材料，积极发掘严复手批《原富》英文底本之类的新材料，逐渐开拓出以严复为典型译学思想代表的中国传统译论之路，进而书写以严复翻译思想为典型案例的中国翻译史，最终形成既能参与国际对话又具有中国特色的译学理论。她的这些建议具有明确的问题导向意识与学科自觉意识，值得学界同行重视。

近三十年来，严复研究不断走向深入，不少学者选择严复的单本译著做专题研究，佳作迭出，如已出版的王宪明著《语言、翻译与政治：严复译〈社会通诠〉研究》、戚学民著《严复〈政治讲义〉研究：文本渊源、言说对象和理论意义》等，都是这一领域的标志性研究成果。刘瑾玉教授本书的若干章节已在学术期刊上发表，并得到学界同行好评，书稿又通过同行专家的匿名评审而入选国家社科基金后期资助项目，现在正式出版，无疑是这一领域的又一项标志性研究成果。

当然，如果作者秉持开放的学术心态，不满足于既有业绩，则《原富》研究值得继续探究之处尚多。众所周知，《天演论》前后有30多个版本，其中吴汝纶节录的《节本天演论》是铅印本，可以反复印刷，相比石印本等其他印刷方式具有明显优势，对《天演论》的广泛传播起了较大的推动作用。无独有偶，《原富》也有一个节本，即张鹏一节录的《节本原富》，清光绪三十三年（1907）由奉天学务公所图书课印刷部铅印发行，张鹏一在该书前言中声明：该节本得到严复本人同意。那么，这本书的传播情形如何，显然值得关注。此外，国家博物馆藏有严复所译《计学浅说》《国计学·甲部》两种残稿，与《原富》同属经济学类译著，虽然目前难以利用，但尤其值得重视。

我与刘瑾玉教授是至今不曾见面的严复研究同行，我们通过网络切磋学术始于2012年。承蒙其信任，她在大作付梓之前邮示书稿校样并嘱作序，我颇感意外，推辞不脱，便写下几句读后感以资祝贺！是为序。

皮后锋（江苏省社会科学院）

序　二

2012年12月我在香港中文大学参加王宏志教授主办的"书写中国翻译史：第五届中国译学新芽研讨会"，这个会议的主旨在培养翻译史研究的年轻学者。刘瑾玉博士在会上发表了《从"异域"到"译域"：严复对亚当·斯密 The Wealth of the Nations 的翻译与阐释》，由我担任评论人。我开始接触到刘博士有关严译《原富》之研究，后来她先后在国内外期刊上发表了多篇有关此一领域的文章，我都曾仔细拜读。最近她将过去多年的研究结成此书，是严复研究的一个非常重要的突破。

严复是中国近代史上的一个关键人物。他的重要性不仅在政治、军事方面，而且在于他对中国近代的思想的影响。他从19世纪90年代中期开始所译介的书刊促成中国从传统到现代的思想转型，使他成为中国近代启蒙的一位先驱人物。严复的启蒙事业与他的翻译工作联系在一起，因此严复研究的一个重要挑战是将翻译史与思想史、概念史、学科史等结合在一起，来探讨他的译作对中国近代思想转型的影响。

有关严复的研究，以美国哈佛大学史华兹的《寻求富强：严复与西方》（1964）为开山之作，本书首先提出富强的追求主导了严复的翻译事业，使他强调以个人自由为手段来追求国家富强。笔者在1998年出版的《自由的所以然：严复对约翰弥尔自由思想的认识与批判》与2001年的 The Meaning of Freedom: Yan Fu and the Origins of Chinese Liberalism 又尝试以严译《群己权界论》为中心，研究严复对自由主义的译介。在本书中笔者使用原文与译文之对照（英文本又采用 back translation 的手法，将严复的中文翻译再翻译为英文），以两者差距来探讨严复翻译的过程及其所反映的思想特色，来反思史华兹的观点。笔者认为严复的误解主要不是出于民族主义的动机，而是受传统思想连续性的影响而对西方观点做出主观的取舍。我的研究出版之后，学界陆续有几本著作，以类似的手法，来研究严复的译作。例如，赖建诚的《亚当斯密与严复：〈国富论〉与中国》、王宪明有关严译甄克思的《社会通诠》的研究、戚学民有关《政治讲义》、韩承桦有关《群学肄言》的研究等。

　　刘瑾玉博士的书是在过去学界严复研究的基础之上，再上一层楼。此书无论在史料挖掘、研究方法、观点提出等方面，都令人刮目相看。本书虽以严复译《国富论》为主轴，然作者却巧妙地结合内在的文本研究（text）与文本的时代脉络（context）的双重分析，因而展现出异常宽广而深邃的历史视野。这本书的分析与赖建诚教授从经济的角度所做的论断相互对照，如能同时参照阅读，可以对国人引进西方经济学的过程有更深入的认识。

　　在内在文本研究方面，作者探讨了严复在翻译此书时所面对的诸多问题，如他为何翻译此书、如何翻译此书、如何撰写案语，同时以文本对比的方式来了解严复翻译的缺失与他对斯密的了解与误会。其中作者适切地以萨义德"旅行理论"为根基，来思考这些翻译的重要议题。再者则是作者挖掘到严复翻译时所采取的英文底本（1880年Thorold Rogers 编校本）、严复的底本手批（计有317处手批）等关键性的史料，这些史料有如严复的翻译日志，忠实地记载了译者翻译时的斟酌过程与内心的活动。这是翻译研究中梦幻般的奇遇，让人羡慕不已。作者又以细密的功夫，对译者手批、编者罗哲斯的注释和严译本《原富》中的案语等进行文本细读与比较，而发现严复案语有三大来源，分别是编者罗哲斯的版本注释、中国古代经济思想和严复自身所了解的西方思想。作者进而指出严复在这些纷杂的经济学观点中充分吸收各类经济思想，对斯密的经济思想进行了解读、评判和取舍。由此可以看出严复的翻译策略是一方面引西入中，另一方面援中解西，因此严复所从事的翻译工作可以定位为在文化自觉的意识下从事中西思想的交融互释，而在此过程中充分反映出严复翻译西书的主体性思维。

　　作者在内在文本研究方面不但采用翻译史的研究方法，也注意到概念史的研究手法。例如，书中探讨economy概念与中国古代旧有经济概念之间的历史渊源，以及译名的选择与淘汰，揭示现代经济学概念的生成与演化特点。作者指出economy的译名"经济"并非一蹴而就，而有其独特的形成过程。此一译名最终取得主导性地位，是其他译名含义的碎片化、整合化与再概念化的历史过程（其他译名包括食货、平准、商战、理财、计学等）。此一视角增加了吾人对于单一概念生成过程的深入认识。

在上述文本研究的基础之上，作者进一步扩大历史视野，通过对斯密《国富论》在不同译介时期的梳理和总结，从译介价值、译述群像、译介视角等角度出发，探寻以《国富论》为代表的西方经济学思想翻译话语在百年汉译史中的营建与嬗变。在此梳理之下，严复所翻译的《原富》一书的历史角色就清楚地被呈现出来。

刘博士对于严译《原富》的研究在中国近代思想史、翻译史，乃至严复研究上都具有重要的意义，她所开创的多元视角与自觉意识可以为未来研究者提供许多启发。我相信在此基础之上，未来的研究一定可以再放异彩。

黄克武（台湾"中研院"近代史研究所）

前　言

严复在近代中国启蒙运动和中西方文化交流史上做出了突出的贡献，其译著和翻译思想研究一直是中国翻译史中的经典选题。本书以近代转型时期中西交流史为基础，借助翻译学、历史学等学科范式与理论来分析严复翻译斯密著作《国富论》（严复译名为《原富》）的译述过程和深远影响。严复翻译西学是中国文化进程中的一部分，他的翻译活动旨在解决所处时代的重大问题，是学术性、现实性和紧迫性的高度统一。他以传递西方思想为途径，在中西经济思想接触、碰撞中大胆择取、批判与审思，竭力从西方思想中探索近代中国发展的路径，体现出他对中国思想和文化的执守精神与自信意识。

研究把严复个人文章、手稿、档案、回忆录和自传资料充分综合应用起来，以新史料的发现和旧史料的新解读为突破口，研究路径和研究价值上回归中国文化发展脉络，对当代学思进行重新阐释，对严译研究亦作出相应的反思。《原富》的译文和案语是严复在传译西方思想过程中展开西方学术对话的一种载体和桥梁，是严复阐发中国学术观、学术思想的重要途径，也是介绍西方学识/思想时的一种对话形式。严复在译本《原富》中的翻译思考和手法，或融"西经"于中国时政和社会生活之中，或以中国传统经济学说简化或概化西洋观点，"附会""复古"的翻译策略，远非单一的翻译认识论的抉择。这更是受伦理性和政治性的抉择，反映出中西文化接触、融汇的艰难，从本质上看是思想的现实性与社会现实争执在翻译领域的延伸。

严复译《原富》是中国翻译历史传统与遗产的突出代表。本书通过对翻译史实的完整、系统认知，对严复的翻译价值有了一定理论阐述与分析定位，期望以中华民族翻译文化的历史智慧启迪中国当代翻译实践，为新时代西方思潮的译入提供一些参考。

在此感谢社会科学文献出版社和高振华副编审的厚爱，在整个项目和书稿完成过程中给予了大力的帮助，以及精心的审阅与校对。本书的出版得到国家社科规划基金后期项目"严复译《国富论》研究"(15FYY021)和内蒙古自治区高等学校青年科技英才支持计划"A类青年科技领军人才"(NJYT – 20 – A01)资助。书中倘有错谬之处,望读者不吝支持与指教!

目 录

绪 论 …………………………………………………………… 1
 第一节 外来思想的翻译、概念与严复译《国富论》……… 1
 第二节 研究问题、方法和理论 ……………………………… 5
 第三节 取向与突破 ………………………………………… 10
 第四节 本书的结构和观点 ………………………………… 13

上 编

第一章 百年来严译研究的转变与再思考 ………………… 21
 第一节 百年来严译研究的对象、材料、理论、方法及其转变 … 21
 第二节 严译研究的再思考 ………………………………… 30
 第三节 关于《原富》及严复经济思想的研究 …………… 41

第二章 文本图谱：严复、斯密与《原富》 ………………… 47
 第一节 严复的翻译与思想 ………………………………… 47
 第二节 严复的经济著述与思想 …………………………… 50
 第三节 实学文化背景 ……………………………………… 54
 第四节 《原富》的翻译动因与实施 ……………………… 57
 第五节 斯密与 The Wealth of Nations ……………………… 65
 第六节 《原富》的翻译与译本特点 ……………………… 70

第三章 英文底本：手批、注释与案语 ……………………… 91
 第一节 朱蓝墨笔批，译事迹可循：底本手批的来龙去脉…… 91
 第二节 译者严氏之言说，还是编者罗氏之言说？
     ——案语来源甄辨研究 ……………………………… 107

第四章　记忆地图：《国富论》在中国的早期汉译研究 …………… 114
　　第一节　世界传播：以近代日本为例 ………………………… 114
　　第二节　共同文本：传教士对西方经济学说的译介 ………… 117
　　第三节　20 世纪前后正式译入：近代和当代知识
　　　　　　分子的新译本 ………………………………………… 145
　　第四节　百年汉译史中对"富"翻译话语的营建与嬗变 …… 148
　　第五节　以"富"为主题的翻译话语 ………………………… 154

第五章　"概念史"视域下的译名演变：Economy 与中国
　　　　　古代经济词语的对译 ……………………………………… 158
　　第一节　问题的提出 …………………………………………… 158
　　第二节　以"概念史"作为研究视角 ………………………… 161
　　第三节　Economy 的历史考察 ………………………………… 163
　　第四节　从"食货"到"理财"：本土词语作为译名的选取 … 174
　　第五节　"经济"与"计学"的对峙 ………………………… 187
　　第六节　"计学"的再商榷 …………………………………… 195
　　余　论 …………………………………………………………… 199

第六章　译本呈现：《原富》的翻译与比较 ……………………… 200
　　第一节　严复英文底本手批与翻译过程揭秘 ………………… 201
　　第二节　严复译文、案语与底本注释来源甄辨 ……………… 209
　　第三节　重要经济范畴翻译话语空间的建立 ………………… 216

第七章　思想资源：严复对斯密经济思想的解读与传播 ……… 244
　　第一节　"放任自由"与"经济自由" ……………………… 245
　　第二节　严译《原富》在近代中国知识空间的传播 ………… 253
　　第三节　译者思想构建与延续 ………………………………… 261

第八章　结语 ……………………………………………………… 266

下 编

Book Ⅰ

Of the Causes of Improvement in the Productive Powers of Labour, and of the Order According to Which Its Produce is Naturally Distributed Among the Different Ranks of the People ················ 275

 发　凡 ·· 275

Chapter Ⅰ　Of the Division of Labor

 篇一　论分工之效 ·· 277

Chapter Ⅱ　Of the Principle Which Gives Occasion to the Division of Labour

 篇二　论分功交易相因为用 ··· 293

Chapter Ⅲ　That the Division of Labour is Limited by the Extent of the Market

 篇三　论分功交易相为广狭 ··· 301

Chapter Ⅳ　Of the Origin and Use of Money

 篇四　论泉币之始 ·· 311

Chapter Ⅴ　Of the Real and Nominal Price of Commodities, or their Price in Labour, and their Price in Money

 篇五　论物有真值与市价异 ··· 326

Chapter Ⅵ　Of the Component Parts of the Price of Commodities

 篇六　论物价之析分 ··· 368

Chapter Ⅶ　Of the Natural and Market Price of Commodities

 篇七　论经价时价之不同 ·· 385

Chapter VIII Of the Wages of Labour
篇八　释庸 …………………………………………………… 407

Chapter IX Of the Profits of Stock
篇九　释赢 …………………………………………………… 460

Chapter X Of Wages and Profit in the Different Employments of Labour and Stock
篇十　论业异而庸赢不同之故 ……………………………… 488

Chapter XI Of the Rent of Land
篇十一　释租 ………………………………………………… 583

参考文献 …………………………………………………………… 591

附录一　《国富论》汉译本统计表（1901～2016）………… 618

附录二　传教士译介西方经济类内容的期刊、报纸统计表
（1800～1911）……………………………………………… 621

附录三　《富国策》、《佐治刍言》和《富国养民策》
目录对照表 ……………………………………………………… 623

附录四　严译《原富》经济学术语译词表（部分）…………… 626

后　记 ……………………………………………………………… 632

绪　论

第一节　外来思想的翻译、概念与
严复译《国富论》

　　本书的论题，虽然很直白，但仍有解释的必要。首先是"外来思想的翻译"。清末，西学弥兴，域外思想的传译成为近代中国"输入学理，再造文明"的重要途径之一，并由此在不到百年的时间内吸收了大部分西学分支学科的思想，初步完成了欧美地区历经千余年才完成的跨文化知识迁移。其间，翻译的态度与标准小而言之是学术变迁的反映，大而言之甚至可说是时代、社会变化的一种折射，成为值得研究的对象。但是，透过一定文化、时间、地域而发生的思想迁移及其本土化的过程，是个复杂而多面的问题。在考虑这些非（纯）语言因素的同时，不能忽略的一个事实是，知识、思想的迁移首先是"狭隘"意义上的"翻译"问题。

　　将一种语言的具体部分（通常是某一文本）传递到另外一种语言中的过程，其中最直接、最关键的是"思想/知识移译的过程"（Montgomery，2000：2）。也就是说，借助"翻译"这个工具，思想、概念完成在一定时空面向的"域"之跨越，仿佛具体的对象被带着跨越语言、文化、国族的疆界，穿越了时空隧道，来到另外一个语言、文化、国族当中，只有其定义和系统价值被植入新的语境后，才能部分完成这一过程。米勒（Hillis J. Miller）在研究文学理论从一种语言、文化脉络被译入另一种境域后发现，理论的某些成分得以保留，而其他部分可能转变，衍生新意。这些转变与衍生，有的被赋予了正面的评价，米勒称之为"新开始"（new starts）[①]。切斯特曼（Andrew Chesterman）从生物进化的文

[①] 米勒（1991：27-51）所关注的现象不仅仅限于文学理论的翻译，在人文、社会科学和自然科学领域中，任何一种理论或思想从出发地到异文化的"旅行"都存有上述类似的问题。

化因素出发,即通过"文化基因"(memes)来观察翻译理论的传播变化①。作为外来思想大规模输入中国的唯一先例,六朝隋唐时期大量的佛经翻译已充分表明文化传播过程的复杂性。在一系列选择、改编与冲突中,具有强烈中国色彩的佛经最终得以产生。然而,基督教在华传播的失败,在谢和耐(Jacques Gernet)看来,则是思维模式的差异阻碍了相互理解②。著有《中国科学技术史》的李约瑟(Joseph Needham)关注科学在中国的"自主发展",提出自利玛窦入华后,中国科学与西方科学不久就完全融合为"世界科学"(1970:398)。但是,马若安(Jean-Claude Martzloff)(1997)则认为西方科学对中国的影响方式并非如此,传播的结果远比李约瑟所确信的更为复杂。就欧几里得的《几何原本》译介来说,中国数学家采用高度选择性的方式融会欧氏几何,形成"中国式的理解"(安国风,2008:4)。

　　概念、文本和学科的跨时空或跨文化交流与本土化研究,都必须考虑到当时政治、经济、文化、社会和意识形态等多重因素。这些因素都不可避免地要参与到思想、知识的传播和接受过程中。这一过程是成功还是失败取决于当时社会经济压力与刺激,取决于有关群体或个人的要求与倾向,以及意识形态的束缚,即特定社会条件对文本和精神生产所产生的影响。2012 年,柏克(Martin J. Burke)和瑞切(Melvin Richter)主编的《概念为什么重要? 社会与政治思想概念翻译论文集》(*Why Concepts Matter: Translating Social and Political Thought*)一书在阐明翻译理论研究已经取得丰厚成果的同时,进一步指出,"尽管翻译在跨时空、跨地区知识传播中具有不可取代的作用,但是在政治、社会思想翻译领域内,许多关键问题并没有得到足够的探讨"(2012:1)。可见,进入异域的"思想"或"理论"是"落地生根"还是"南橘北枳",输入之前接受方的社会情境、输入环节中的制约与驱动、接受模式都是值得深入研究的问题。

---

① 这里"模因"(meme,港台一般译作"密母")是生物学中的一个概念,与"基因"(gene)相对,特指影响生物进化的文化因素,也被称为文化基因。在个体生命中,基因既有遗传也有变异,模因也是既有继承也有创新。Chesterman 把此概念引入翻译研究,认为翻译并非只是将事物从一处搬至另一处(to carry sth across),而是如同模因的传播一样,在继承和创新中发展这一事物。参见 Chesterman (1997)。

② 谢和耐所著法文版 *Chine et christianisme: Action et réaction* (《中国和基督教:作用与反作用》,1982),英译本由 Janet Lloyd 翻译为 *China and the Christian Impact: A Conflict of Cultures* (1985)。参见安国风(2008:3-4)。

1776年，英国出版了亚当·斯密（Adam Smith，1723～1790）的《国富论》(*An Inquiry into the Nature and Causes of the Wealth of Nations*，又译为《原富》或《关于国民财富的性质和原因的研究》) 是西方思想界发生的大事。是年3月9日，《国富论》第一版问世，分上下卷，豪华皮面精装，发行1000套，每套定价36先令，半年即售罄。该书出版后在英国和欧洲引起很大反响，斯密本人因此被誉为古典政治经济学的集大成者。在接下来的二百多年里，《国富论》在世界各个地区和国家持续受到重视，被翻译为多种语言，并屡次重译、复译，激发了不同地区和时代人们的种种响应。

以《国富论》为代表的西方经济学说在中国的早期译介，尤其是晚清社会经济思想的译介活动与战败后向西方学习的热情、寄望于寻求富民强国之道的社会现实密不可分。在甲午这样特殊的社会、文化场景下展开的翻译活动，从一开始就带有鲜明的载道和宣导的功能。正是受这一政治功利主义，或"实用主义"所推动，作为中西方思想接触与交流桥梁之一的翻译活动成为清末中国走向现代化（modernization）的特殊路径，译介的西学遂成为推动中国现代性（modernity）的动力之一。中国近代翻译史可以说是一部国人致力于寻求中国现代化进程的翻译文化史，无论对当时的中国还是当下社会都产生了深远影响①。

《国富论》在近代中国输入的行旅路程中传达了怎样的时代心声，反映了哪些意念想象？从晚清西方传教士、本土知识分子首次传译到21世纪初大量复译、重译本②的涌现，《国富论》百余年汉译史贯穿了中国

---

① 有关翻译与现代性的问题，近些年以不同的表述形式被提出讨论，如"翻译的现代性"、"翻译生成的现代性"（Translated Modernity）(Liu, 1995)、"翻译现代性"（Translating Modernity）(Wang, 1997) 或者"现代性的翻译"。"现代性"是个弹性很大的概念，又是一个争议颇多的概念。本文无意于给"现代性"下一个准确的定义，依然保持这一概念的模糊性与开放性，以免一开始就陷入概念的争论中。本文将研究置身于转型时期晚清历史格局下，考察这一阶段翻译活动推进中国现代化进程中的作用。

② 本书专指严复译本时，采用译名《原富》，其他情况均使用目前通用译名《国富论》，特此说明。《国富论》百年译介史中，各时期最有代表性和影响力的译本有严复的《原富》(1901～1902/1981)、郭大力和王亚南合译的《国富论》(1931/2009)、郭大力和王亚南修订译本《国富论：国民财富的性质和原因的研究》(1972～1974/2010) 以及周宪文《国民财富的性质和原因的研究》（上）(1964)、张汉裕《国民财富的性质和原因的研究》（下）(1974) 和杨敬年 (1999/2001) 的同名译本《国富论》。

近现代发展的各个时期，从晚清、民国、新中国成立初期、改革开放伊始至经济快速发展的今天。王尔敏先生在《中国近代思想史论》中有一精辟之论："在一个时代众多人物中选择其代表性者，自应着重在思想观念的时代意义。无论为保守为激进，为复古为维新，为传统为西化，五光十色的诸般主张，要点重在代表真实的时代心声，反映一时代真实的意念想象。"（"叙录"，王尔敏，2003：3）近代著名思想家、翻译家严复首次完成《国富论》汉译本（译名为《原富》，1901～1902）是现代西方经济学思想正式传入中国的标志性事件。尽管从该著在世界范围内的传播时间来看，在中国的译介已是当时一股译潮的尾声，但是《原富》的出现对正处在近代思想启蒙与转型重要阶段的晚清社会来说，传播了西方学说，发蒙了思想，体现出对社会经济发展状况的高度关注和富国裕民理想的执着追求，对中国近代思想史、学术史产生了重大影响。

严复身处的时代正是传统学术、思想到现代学术、思想的转折期，其翻译思想有着丰富的意涵，从历史的角度展开对严复的翻译研究，其价值更加深远。正如在政治史和经济史中，任何一种历史材料都必须纳入政治或经济的历史进程中一样，这是思想史与其他学科的根本区别。有学者曾提出疑问，现代思想史的写作能否落实到语言和语言之间所建构的"互译性"之上，能否落实到语言和语言之间相互碰撞、交融、冲突和翻译的历史过程中去研究？（刘禾，1999：24-25）在翻译思想史中，任何一种历史材料，都必须纳入思想的历史进程中显示出它的意义。这种思想可以是翻译思想史，也可以说是相关学科发展的思想史，如经济思想史和法律思想史从历史文化角度来考察，在确立叙述的对象时，严复翻译思想研究必须兼顾历史与思想这两个方面的价值，需要将他译作的内在思路与外在语境结合起来考察。确切地说，研究需兼顾在历史上的外在影响（在接受方中传播的价值、变异、影响），还要厘清其自身在思想上、翻译研究学理上的内在价值，将宏观与微观结合。

翻译史研究很重要的一个视角是关注翻译活动在历史进程中对社会历史文化的影响力，思想价值和历史价值都是同样值得关注的。从翻译思想史研究来看，严译具有翻译研究与思想研究的双重价值。既然翻译思想史属于翻译，属于历史，也属于思想，严译中思想又属于西方学术思想，严译研究需要兼顾一种思想在历史上的外在影响和它自身在思想上的内在价值（兼顾翻译史研究在历史上的外在影响，即跨学科研究价值；也要关注它自身在翻译思想上的内在价值）。确切地说，是因为它以思想的历史进程作为特定的题材领域和研究对象，它必然要从历史的角度探究思想的意义。严复对现代化追求的视野让我们更公允地看待他在中国近代史上的角色，同时我们也不应忽略近年来对现代化理论的反省，即不再将现代化视为以英美为模范的一元性的现代化模式，而注意到"多元现代性""另类现代性"的可能。对翻译传递现代性这一问题的回答必须回归到当时特定的历史、社会与文化的场域中。这里将研究置身于中国民族文化发展转型的晚清历史格局下，考察晚清这一阶段翻译活动在中国翻译史学发展承上启下，推进中国"现代化"进程中的作用。同时，严复与西学的关联不只牵涉近代中国思想界，也牵涉与日本学界如何译介欧洲思想问题的横向比较，以及更远的东亚中、日、韩等国之间的文化交流互动。严复如何以翻译西学名著的途径构思中国现代性问题，他的构建与同时代东亚国家中日本、朝鲜等现代化模式之间的差异，是值得探究的问题。

第二节 研究问题、方法和理论

本书把严复翻译亚当·斯密的《原富》（*The Wealth of Nations*）作为翻译文化史中一个重要事件，通过考察该译案，旨在探析中国近代思想转型时期，以严复为代表的知识分子如何择取、接受和批判西方学说与思想；翻译活动如何与思想启蒙、富国强民之间产生关联。在《原富》中，严复所译介的经济思想，其来源背后是一个怎样的制度或生活方式？在清末，是否具有这些思想生存和继续生长的土壤？输入环节中，来自严复本人和外界驱动的制约因素都有哪些？这些不确定因素促成了怎样的传播结果？在译介西学的过程中，严复有哪些缺失？何以会有这样的缺失？以上均是重点研究的问题。

在清末，严复为何与如何翻译斯密的经济学宏著《原富》的？这个问题由多方面因素决定，这里特别思考三个彼此相关的分议题。

（1）严复为何选择翻译这部著作？《原富》的翻译目的、著述原则是否与其他严译一致？如果有差别，体现在哪些方面？为什么会有这些变动，受到什么思想的影响？

（2）作为一名思想家和译者，严复是否汲取了斯密的《国富论》的要点，有效地将这一思想传递到本土的读者、社会和文化中，并使其被接受、传播开来？在翻译过程中，他使用了哪些策略、方法来传达原作的内涵？他如何将西方经济学中的术语、概念引入到汉语中？

（3）严复的译文是否将斯密的思想表达清楚，译文和案语中是否掺杂译者的个人见解或思想？"西方思想"与严复"翻译的思想"之间有何差异和差距？他是如何认识与批判斯密的经济思想的？

本书把清末译场视为一个新兴文化场域，也是一个涉及多重辐射的问题域，拟考察西方经济思想在这一时期的译介史实：译入、汲取、反响和审思等一系列活动。具体来说，本书从翻译文化史①研究框架出发，选取这个翻译场中最重要的思想家兼翻译家——严复和他的译著《原富》作为深度研究的个案。把译本（text）放回原有的历史脉络（context）中加以认识。翻译文化史"就是研究文化对于翻译活动的制约，一方面考察文化对于翻译活动的制约，一方面考察翻译活动发生后文化史上的变化"（王克非，1996：165）。在这一研究框架下，翻译的意义在于沟通，与译本是否忠实并无太大关系，不以"忠实"为标准，反而非常留意各类参差不齐的译本对文化交往起到的作用，注重翻译对文化的作用以及两者之间的关系。在研究方法上，采用知识考古式的文本"细读"法，注重史料的再挖掘、重整和组织，较多地借助翻译史、文化史等的研究方法，对研究问题进行描写与解释。包括：①从历时的角度对《国富论》百余年译介史按时段重新进行分类、整理，描绘出该著作译介史研究的发展脉络和图景。②遵循"论从史出、史中带论"，既要关注翻译文化的多样性、争论与冲突，还要关注共同的问题和传统。③运用"概念史"作为理论分析工具，探讨严译《原富》中核心概念与思想层面的解读。在这个解释过程中，本书试图将两种互相补充

---

① 香港浸会大学张佩瑶教授（2012：4）明确将这一思想简述为"文化史即翻译史"。翻译文化史论首次提出时，正值国内外语学习热潮，探讨翻译技巧以及与技巧相关的理论、方法的研究者和成果不少。而在翻译史研究中，把翻译放在文化史的大背景中加以考察者，反而是"落落寡合"（王克非，1996：164）的研究。

的研究取径结合起来：一种是内部研究法，即着眼于在本学科范围内，从翻译研究角度来解决一系列问题；另一种是外部研究法，即把作为历史人物的严复、其翻译实践与生活的时代联系在一起。

严复选译《原富》旨在通过译介和传播西方学说，达到发蒙思想、富国强民的宏大目标，其翻译和案语蕴含了译者对积贫积弱、处于转型时期中国社会经济发展状况的高度关注和富国裕民理想的执着追求①。清末的社会经济状况在很大程度上影响了当时的知识分子，他们对经济问题的探讨也常常融入对政治、社会问题的分析与评判。严复所译《原富》，尽管原作是一部关涉经济学的专业性著作，我们仍将它置于晚清的思想史、翻译文化史研究的范畴之中。因此，本书拟采用萨义德的"旅行理论"②、"概念史"和翻译叙事理论作为分析工具，描述译介活动的整体面貌与走向；考察构成某一思想的核心概念的翻译与衍变；尝试探索政治经济社会生活中核心概念译入的文化史研究路径、翻译史研究方法和理论构建；分析思想翻译的特征与译者翻译策略考察更为深入、有较普遍意义的译述原则和规律。

《国富论》在百年汉译过程中，它所蕴含的西方经济学思想经历了不同社会、文化、意识形态的变动，在变化多样的历史情境中有选择的、部分的、转变式的保留下来。这段译史透露出翻译绝不是忠实的、透明的再现，而是受多重因素制约的思想再塑。本书采用"旅行理论"来整

---

① 滨下武志指出，从甲午战争到义和团运动，对外关系的不断变化，也许可以充分做出有关中国清朝"破绽"或"衰退"的预测。但是，这种所谓的"衰退"是中国清朝权力的衰退，不能忽视的是与这种衰退截然相反的、充满活力的并且力量正在不断增大的许多领域，如主张洋务和自强的官僚、知识分子、新兴实业家体现着这种新生力量的社会阶层，因而在世纪之交的清朝，更充满了改革的能量。参见滨下武志（1989/2006：8）。
② 萨义德（Edward W. Said）的"旅行理论"（Traveling Theory）是指，理论或观念由一地流传到另一地过程中形成的模式。第一，这个模式包括最先的源点（point of origin），也就是观念产生或进入论述的起始环境；第二是观念由源点到另一时空所经过的距离；第三是面对移植的理论或观念的一套新条件（可能是接受或抗拒）；第四是在新的时空中，观念被新的使用者所转型（Said, 1983：226 - 227）。通过对这四个步骤的描写，萨义德试图推进的思考是，特定历史时期和民族文化中的一种观念或理论，在经历旅行进入到另一历史时期或者境遇后，它的说服力是有所增强，或有所减弱，还是会变得截然不同。之后，萨义德对"旅行理论"又加以补充。他指出，任何原始理论、思想穿越语境障碍抵达异质文化环境，最终能在异乡生根，归根结底是因为该理论与异质文化的问题意识结合，并使自身发生适应性变异（Said, 1994：436 - 452）。

体考察《国富论》在近代中国输入的面貌，并设置了两个具体考察点。第一是《国富论》在近代日本和近代中国的翻译情况横向比较；第二是《国富论》复译本的纵向比较。以上考察重在发现不同国度、政治、历史文化背景下，译本发生变化的差异和原因，并试图对"旅行理论"不足之处加以补充。

"概念史"（Begriffsgeschichte）一语最早见诸黑格尔的《历史哲学》，指基于普遍观念撰述历史的方式。在德语世界里，该词主要被用于语言学和历史辞典的编纂上，现在则成为关于哲学方法论的研究领域。（孙江，2013：5）从20世纪五六十年代开始，"概念"在历史进程中所表现出的时间性和多重性日益受到思想史家们的重视，由此开辟了概念史研究，并成为具有独特理论和方法支撑的专门领域。其主要内容是通过研究概念在时间和空间中的移动、接受、转移和扩散来揭示概念是如何成为社会和政治生活的核心，讨论影响和形成概念的要素是什么，概念的含义和这一含义的变化，以及新的概念如何取代旧的概念。实际上，重点是要研究在不同的时期，概念的定义是如何变化的，一种占据主导性定义的概念是如何形成的，概念又是在什么样的社会条件下被再定义和再概念化的。同时，在什么情况下会发生概念的转换，甚至消失，最终会被新的概念所取代。目前，通过学者们数十年的努力，对概念史研究的理论和方法已经发展得较为系统和成熟，并形成了"概念修辞"和"社会转型与概念变迁"两种不同的研究路径①。概念史研究中"概念"与

---

① 以斯金纳（Quintin Skinner）为代表，主要从概念修辞入手来研究概念史。以"自由"的概念为例，斯金纳在研究中并没有简单地重新恢复这些概念的含义和意义，而是研究这些有争议的概念在某个特定的历史时刻是如何逐渐取得了其主导性地位的。值得重视的是，斯金纳不仅开展了对有关"概念"历史演变的考察，而且对支撑概念合法性基础的原因也进行了研究，探讨"概念"所包含的意义维度与语言表达本身，从本质上来说，他们都是在用这样的修辞方式来为某种概念存在的合法性作辩护或者解构某种合法性。另外一种概念史研究的路径是将（"自由"）概念的变迁和社会的变化集合在一起进行考察，代表性人物是德国的历史学家考斯莱克（R. Koselleck）。由于受到德国社会史学术传统的影响，其概念史研究重点在于考察社会转型和概念变迁之间的关系。当一个社会改变了其基本价值或实践方式的时候，同时就会改变它的规范性词语。因此，要在社会变迁的背景下来理解概念的变化，在长时段中把握概念的命运，即概念的兴起与衰亡。参见"中文版前言"，汉普歇尔-蒙克（2010：2）。

"词语"关系密切。概念来自词语，但含义比词语复杂、含混。当词语凝聚了社会的、政治的经验和意义时，词语就变成了概念。这个概念常常体现出与社会、政治、经济的动态关系，本身就是"变量"。

贝克（Mona Baker）通过框架设定理论（Frame, Framing）把叙事与翻译联系起来，提出翻译框架设定论，即"无论从字面意义或隐喻意义上来看，翻译本身可以被视为一种框架设定"（Translation may be seen as a frame in its own right, whether in its liberal or metaphorical sense）（Baker, 2006：109）。贝克进一步提出译者在翻译之前与翻译过程中通常采用四种主要的叙事策略：时空框架设定（temporal and spatial framing）、选择挪用设定（framing through selective appropriation）、标签框架设定（framing by labeling）、参与者重新定位框架设定（repositioning of participants）（Baker, 2006：112 – 139）。贝克认为，译者会有意识地利用各种框架设定策略，为了某种政治目的，来选择翻译文本，选择一定的角度，侧重于一定的内容，采取一定的翻译策略"诠释"和"改写"源语文本。译者自身已经嵌入各种叙事，无论是译者或学者，他们的工作既不是构建桥梁也不是消除隔阂，他们是以决定性的方式在宣传和传播各种各样的叙事和话语。叙事理论与翻译的结合是翻译研究的一个新视角。叙事与语境之间的互动关系、叙事作为实体的动态性和开放性、叙事体裁和语式的多样性和宽泛性，使译者在翻译叙事的过程中可以直接参与其中，而不是置身于叙事之外。译者本身内嵌于叙事之中，根据不同的叙事角度，促进和传播叙事，译者借助各种框架模式，根据各自国家、民族和文化的利益，采取不同的翻译策略，达到一定的翻译目的。

翻译文本作为记载思想的方式之一，以历史叙述（historical narrative, historical narration）的形式展现和验证着一种外来思想在不同社会、历史和意识形态下输入时留下的种种印迹。这些印迹也见证了思想移译过程中，译者通过强化、弱化、挪移、调适等个人叙事存在方式，从一定学科、范畴内的具体思想叙事拓展与延伸到公共叙事空间的过程。贝克（2006）从跨学科的视角出发，将社会和交际语境下的叙事理论应用于翻译研究，从叙事学跨学科角度对翻译活动进行全新阐释，拓展了翻译研究领域。本书选用部分叙事理论的观点来分析《原富》中译本的具体翻译过程。不能忽略的是，贝克的叙事理论也体现出较为明显的局限性，如解释模式的有限性和解释对象的特殊性。

第三节 取向与突破

本书以严译《原富》个案为主要研究对象，考察西方经济学思想通过翻译从西方"异域"进入晚清特定的政治、经济、文化"译域"旅程中的取舍、挪移与变异。译本《原富》显示出译者对斯密及其经济思想的个人诠释和重新叙述，展现出一部西书中译的细腻历史。在对早期西方传教士译介西方经济学著述成果的钩稽梳理、考订核证过程中，本书从翻译文化史的角度探究其早期译介动向与脉络、语词与思想之翻译模式的延续与转变，强调对译者、翻译行为与中国近代经济活动互动作用的深度挖掘。经济类术语（关键词）研究，重在考察西方经济学词语和中国传统经济概念在翻译和流布过程中引发的含义衍变与挪移、变迁的痕迹与规律，并力图在资料和研究方法上有新的开掘与突破。

皮姆（Anthony Pym）在《翻译史研究方法》一书中指出翻译史研究包括三项独立却又不可分离的内容。第一项是翻译考古学（translation archaeology）（Pym，2008：5-6）①，重在探究和记述翻译行为的历史史实与轨迹，包括翻译活动发生的时间、地点、缘由、翻译过程和译作的接受与影响；其中"考古"的必要内容还包括译者生活、个人经历和社会

---

① 尽管皮姆在文中澄清"archaeology"一词并非出自福柯式的"考古学"，这里仅是表达翻译史是一项需要搜寻大量复杂材料的研究，但是"翻译考古学"这一提法显然是受福柯20世纪六七十年代"知识考古学"的影响。福柯强调，知识考古学是一种"本质上历史的和政治的活动"（une activité essentiellement historico-politique），话语分析涉及语言对知识的产生，包括特定文化环境中的产生机制，把知识视为一种话语实践活动。在"知识考古学"中，福柯曾经系统地说明他的考古学历史研究方法同传统历史研究方法的区别。他强调，以往历史学都把历史当成连续的演变过程；不是向上的进步过程，就是下降的倒退趋势，或者是重复的循环。还有的历史学家把历史看成有"规律"的事物总体，试图把历史学同自然科学等同起来，并把历史设想成有"最终目标"或"目的"的完满化自我实现过程。正因为这样，传统的历史研究方法，总是千方百计地寻求某一个历史事件的前因后果，总结其因果关系，甚至试图找到其"最终根源"或所谓的"终极原因"以及"一般历史规律"等等。所有这一切，显然，是传统形而上学的思维模式在历史研究中的表现。参见福柯（2007）。

环境。另外两项为历史批评（historical criticism），基于前人对翻译史实与现象的评价，进行再次分析与讨论；解释（explanation）翻译活动在特定历史时期和特定地点出现的起因及其与社会变迁的关系。皮姆强调，翻译史的研究对象应是译者（human translator），翻译史的写作需要围绕译者生活及其经历的社会环境展开（Pym，2008：160 - 176）①。如果说史华兹对严译研究目的之一是，"想看到一位留过洋的东方人眼中的西方影像"（Western thought in Chinese Perspective，或译为"在中方配景之下的西方思想"）（余英时，2005：104），那么透过西方之镜的中国影像是同样值得研究的话题。

本书关注的研究问题有以下几个层面：

第一，在晚清经济知识空间与社会现实下，严复借西方思想之镜投射中国文化，同时又从中国文化反观西方思想。在这"投射"与"反观"之间，严复扮演了怎样的角色？如何从西方思想中反观和提取"中国文化发展的路径与方法"？

第二，在新时代"文化自觉与自信"的背景下，在尊重翻译文化交流史的基本脉络和史实前提下，回溯以严复为代表的近代翻译家在对西学的引介过程中，如何在展开对西方思想的批评与吸收的同时，执守中国文化的传承？如何从中国翻译活动思想中寻找"西方思想的根源"？

第三，在选译《原富》过程中，作为译者和思想者的严复是如何思考和具体呈现继承传统文化和转化西方文化之间的矛盾？严复的翻译思想理论有哪些突破？在建立中国本土译学理论上有哪些新的发展？

本书的重要观点与创新突破点在于：

第一，文化自觉意识和学科自觉意识。本书认为翻译研究者应该对严译翻译学发展道路做出反思与自省，强调翻译史研究应以新材料的发现和旧材料的新观点、新视角的突破为特点，找寻多种可能性的解读，还原历史的多元性、延续性和完整性。书中提出严复对中国思想和中国文化的执守的精神与自信意识应该被重新发掘出来，而非湮没在单向的对西方思想（经济学说）接受的讨论中。

---

① 皮姆的研究并没有给出具体的操作方法，例如如何展开研究、哪些种类的译者信息易被忽视。

第二，严复在英文底本上的手批是多年来严译研究的重大突破，是目前严译研究最重要、最客观、最有价值和说服力的稀缺研究资源。从史料挖掘上讲，严氏手批可视为一种独特的翻译日志（translation journal），细致地记录了译者的翻译和思考的过程，重要的是记载了严复对外来的经济学思想的分析、借鉴与批评。凭借严复留在英文底本上的317处手批，研究者能够更加客观地观察和分析严复的翻译过程、思考过程，了解翻译的实际进展状况与难度，透视严复关于中外经济学说的具体认知。手批的逐条录出，并参照底本注释、案语与译文，不仅可以协助更多的研究发现或弥补前期研究的不足和缺项，厘清前期研究中对严复经济观点的部分误识，而且还得以揭露严复翻译自述与译本实情的诸多矛盾之处，反思、重估甚至颠覆前期研究中的某些既定观点，为译史研究提供新发现和新视角。

第三，案语与手批、英文底本注释、日记互为补充，挑战前期由于资料有限得出的研究观点，厘清一些误识。案语体现出严复的确具有一定的经济学思想，但是他所知有限，并非内行。这不仅表现在他对经济学知识的缺乏了解上，也表现在他对中国传统经济学说的陌生上。在严复的批语中，我们还可以看到他对一些基本的经济学概念的认识和态度，在案语中分析当有失察和偏激之处。从基础文献入手，提出或补充中国译学理论，建立中国传统译论的理论意识和理论自信意义深远。这是逐渐走出西方翻译史和理论的禁锢，开拓出以严复为典型译学思想代表的中国传统译论之路的重要前提。

第四，西方经济学著作《国富论》的翻译是欧洲经济强盛文化选择性影响、中国政治经济衰微、文化时代性诉求以及译者严复个人气质、价值观念、政治立场、文学理念等内外部多重因素制约下的产物，政治、经济和外交形成互动影响。严复在翻译策略和语言观等方面的操作规范，或融"西经"于中国时政和社会生活之中，或以中国传统经济学说简化或概化西洋观点，"附会""复古"的翻译策略，远非单纯的翻译认识论的抉择，更是伦理性和政治性的抉择，反映出文化吸收、融合的艰难，从本质上看是思想的现实性与社会现实争执在翻译领域的延伸。译本《原富》充分体现出严复在新旧、中西经济思想承接与冲撞中的大胆择取、批判与审思，严复以传达和翻译西方思想为途径，试图达到反观、辨析中国传统文化的目的。在新思想传播之初,"西方新知的中国诠释"虽然在新旧知识承接上有助于读者了解西方经济学思想,但是客观上造成了新旧混杂、阐释不清等诸多问题,在一定程度上制约了西方经济学说的传入与知识重构。

第五,史料分析的比较视角。本书以新发现的严复手批为一手珍贵的档案资料,辅以其他丰富的边缘资料,一方面分析严复通过手批、案语和译文在与西方思想对话的媒介和桥梁,对话包括严复对西学的辨别、批评、拒绝和接受。从中西方对话的视角出发,即西方视角下的"中国学说"与中国视角下的"西方思想"。严复从西学的视角更好地理解和促进中国学说、思想的现代转型。严复对斯密学说、观点的翻译过程实际是对中西方经济观念比较、分析和厘清的过程。严复的手批不仅体现出他本人对西方学说的思考与认知,也体现出其个人在中国传统文化与西方文化对撞、转化中的立场与态度;严复借鉴和批评西方学说的过程,同时是中国文化发展和转型的必经过程。

第六,引申出新的学术话题。对近代西方经济学思想的汉译研究是翻译文化史研究的一种努力,触及翻译学界尚无专门涉猎的经济学这一重要社科翻译专门史领域。研究视角融合了社会学量的分析和文化学质的解释,结合了静态的结构分析与动态的历史阐释,把两种看似独立的研究思路统一到一个研究框架中,可以为翻译史研究提供一个崭新的认知视角。同时,研究把社会历史背景与学术文化传承相结合,力求通过多元化、多层次的脉络比较来凸显该方法在翻译史学研究中的价值和意义。严复另外"七大译"英文底本都有手批,这是继续跟进研究的重要档案资料,对严氏的政治思想、法学思想、社会思想、教育思想研究都会产生巨大推动力,就严复翻译研究来说,重新书写这段翻译史的价值极大。

第四节 本书的结构和观点

绪论提出了整个研究的关键词、突破点、研究思路、理论框架、研究问题和方法、全书结构。本书分为上、下两编。上编以崭新的角度、丰富多样的文献,诠释严复翻译《原富》的历史过程。下编提供原著英文、译文、注释和案语，进一步还原严复的翻译过程。

上编包括八章。第一章为"百年来严译研究的转变与再思考"。重点放在"转变"和"再思考"两个关键词上面。"转变"强调百年来严复翻译研究纵向上的宏观更变与横向上的微观变化；"再思考"则是在新时代"文化自觉"的背景下，在尊重翻译文化交流史的基本脉络和史实前提下，回观以严复为代表的近代翻译家在对西学的引介过程中，严复的翻译思想，即时代、学科、理论、问题、方法、东亚邻邦和数字人文七方面自觉意识的再思考。本章首先述评了以贺麟为代表的开创性严译研究的历史贡献，然后分别从理论研究、实证研究两个方面对贺麟以后的文献进行了梳理。发现共同的结论是：学界对严译研究的不够与缺失，其原因主要是囿于"非历史化"历史话语及学科专业的影响。在此基础上，笔者提出新时期严译研究应该重视以下三个方向：一是严译研究者更应关注史实挖掘、书目整理、档案考察，以此评述译介史、译者在文化史中褒贬不一的历史地位；二是从"身份认同的危机"角度强调翻译研究者应该对严译翻译学发展道路做出反思与自省，强调翻译史研究应以新材料的发现和旧材料的新观点、新视角的突破为特点，找寻多种可能性的解读，还原历史的多元性、延续性和完整性；三是适当加入数字人文最新成果。用翻译语料库研究工具和方法，来解释严复翻译的文本特点和翻译策略。这些数据和模型经历了以量性为主到量性、质性合用的分析重点转移。

第二章为"文本图谱：严复、斯密与《原富》"。该章首先指出《原富》的诞生既受严复个人选择因素（实学文化背景）的影响，也受其所处时代背景（晚清政治经济社会现状）的制约与驱动，翻译动因具有复杂性和必然性；其次，详细追溯了斯密创作的社会经济背景和《国富论》主要经济学观点与价值；最后，以副文本研究为出发点，探讨严复翻译过程，揭示出西方社会科学翻译引发的传统与现代交涉中的一面。

第三章为"英文底本：手批、注释与案语"。这部分对900多页正文和33处中文、284处英文朱墨手批，以及译著《原富》译文、案语、修订本等一手资料进行研究，细加考察与对比研究之后，笔者指出，严复手批包括标注、提要、批语三个类别，散落在底本正文和注释之中，是严氏对底本的标识、分析、批评、考证之语，间有赏析和感慨；严复将读者的阅读体验和译者的翻译历程充分结合起来，在翻译的删减、翻译的单位、翻译的思考与决策方面做了大量的准确记录；手批揭示出严氏对西方经济学思想的理解、诠释、批评及其"经济知识空间"建构的隐蔽内幕。

第四章为"记忆地图：《国富论》在中国的早期汉译研究"，即百年《国富论》汉译史。本章进一步从译介价值、译述群像、译介视角、译述争锋、译述方法和译本接受六个角度分析了以《国富论》为代表的西方经济学思想翻译话语在百年汉译史中的营建与嬗变。研究发现，作为一门经世济民的致用之学，这段百年翻译史话展现出与时代诉求一致却又看似矛盾的特征。初期体现出鲜明的以"富"为主题的翻译话语营建，但是"富"的话语始终裹挟在"国"的焦虑当中，关注的核心是"国"的问题，而非"富"的理论。早中期为零散、片段化的介入式移译，中后期逐渐走向更加契合原文内涵、尊重学理的系统性学术翻译。

第五章为"'概念史'视域下译名演变：Economy 与中国古代经济词语的对译"。19 世纪末至 20 世纪初，经济学关键概念在翻译（输入）过程中发生了现代知识和思想形态的转变，晚清知识分子试图自创经济学译名来构建具有现代性的经济学话语，反映出晚清知识分子在吸收外来思想中接受与抵制的矛盾性；围绕"经济"等术语概念翻译的衍变与"译名之争"，实质上反映出译入语内部与外部的相互争夺、本土经济话语地位渐次削弱乃至消失的过程。围绕"经济"一词的主要研究思路是对原初语义（economy 和"经济"）的视野追踪，发掘凝结于该词中的切实含义，并考索中国人使用"经济"一词的内涵与外延、古义与今用、来源与输入的历史轨迹，丰富或修补前人研究和考释方式。在此基础上，以"概念史"为理论工具，详细分析了译本中出现的中国传统经济表达语汇，如"食货""平准""商战""理财"等与西方经济术语对译的过程。最后，该章深入分析严译名"计学"失败的原因，虽受日译名"经济"等外部与偶然因素的影响，但更深层的原因来自汉译名本身含义的模糊性，中国传统经济自创的概念与外来语汇的内涵相呼应的难度和不一致性，是早期译者的无奈和理性的探索。

第六章为"译本呈现：《原富》的翻译与比较"。从一般经济学范畴的七个话题探究严复在翻译西方经济学思想过程中做出的厘清与取舍、判断与转化，揭示严复的翻译特征和西方经济学说在清末知识空间的营建与更变。这就从上述分析中进一步得出了本章的关键结论：译者严复对斯密的经济思想和 *The Wealth of Nations*（1776/1880）版编者 Rogers 提供的大量经济学信息，均进行了解读、批判和取舍，在案语中吸收了大量编者罗哲斯的观点，从而在译文与案语中构建了自己的"经济知识"空间；严复借助译文《原富》与原文的共生关系，延续了原文的生命，使原文超越时空限制，在不同文化空间中满足新读者群体的需要。

第七章是"思想资源：严复对斯密经济思想的解读与传播"。本章的关注点将延续上文，探讨严复对斯密经济观点的个人理解与阐释，即"个人叙事"上升到译文呈现给读者的"公共叙事"和经济学科发展的"学科叙事"过程后，严复汲汲追求的经济自由主义在译本《原富》中进一步发挥的空间。严复翻译的经济思想与斯密"放任自由"能否相互呼应。笔者指出，严复对斯密学说、观点的翻译过程实际是严复对中西方经济观念比较、分析和厘清的过程。严复的叙事不仅体现出他本人对西方经济学说的思考与认知，也体现出其个人在中国传统文化与西方文化对撞、转化中的立场与态度，其根源所在也是颇有趣味之处。

第八章为"结语"。结语部分得出了新的认识：一是严复选译此书，是与晚清社会政治经济文化互动的结果，目的是借翻译来探析近代国家的"求富"历程；二是严复英文底本手批是新发掘的稀缺原始档案，研究价值极大，真实地反映出严复的翻译思考轨迹和翻译决策过程，揭示出他对西方经济学思想的理解、重释及批评等诸多不为人知的翻译内幕；三是日本和在华传教士对以《国富论》为代表的西方经济学著作的早期译介，对严复的翻译影响力有限；四是严译中的"计学""理财"等观念融入了中国文化的成分，在与日译词的对话中尽管失败，但是其价值重大；五是严复虽然没有过多关注当时已较为流行的马克思主义经济学，但是，严译的出版对晚清民初西方经济思想的传播、《资本论》的翻译、立宪、革命及新文化运动均有重要影响。

本书下编主要内容包括《国富论》1880 年版英文底本第一编第 1~11 章英文正文、编著罗哲斯的脚注、严复《原富》译本部甲篇一至篇十一的中译文和案语。以手批为核心，采用译本、修订本、案语、日记等周缘一手资料，在英汉文本双语对照、校注的基础上展开手批整理、译文标注与研究，选取了部分手批、注释和案语进行了深入的分析。附录一是"《国富论》汉译本统计表（1901～2016）"；附录二是"传教士译介西方经济类内容的期刊、报纸统计表（1800～1911）"，附录三是"《富国策》、《佐治刍言》和《富国养民策》目录对照表"；附录四"严译《原富》经济学术语译词表（部分）"所列术语均取自严译《原富》（上、下册）中的注释，其中大部分是1931年再版时由商务印书馆的编者整理并加入今译。

上 编

第一章　百年来严译研究的转变与再思考

严复的翻译活动是中国翻译史、思想史和学术史上具有标志性、转折性的重大事件，在中国近代翻译文化史上，严复的地位无疑是首屈一指的。他的翻译活动大体上集中于1896~1909年，其间共译出了8部要书，170多万字，涉及西方哲学、经济学、社会学、逻辑学、法学和政治学六个领域。严复将西方思想译介到近代中国的重要性，可以从百年来中外学者对严复生平、论述、译著持续不断的研究中窥见一斑。严复的思想参酌古今、涵括中西，其译著几乎触及了近代中国思想发展的每一个重要面向。严复的翻译（包括严译正文与副文本信息）所具有的价值不仅体现在语言、文化研究层面，也体现在经济、社会、法学等专业学科的实用层面。

第一节　百年来严译研究的对象、材料、理论、方法及其转变

由于不同历史时期研究视角的投射、文献材料的占有、研究方法的不同及政治、经济、文化历史背景的差异，严译研究出现过几次较为重要的转向，展现出研究侧重点的多面性、阐释层面的多样性和研究论点的多元性与复杂性。这样的研究变化也得益于翻译学、史学、社会学、法学等多门人文社会科学研究成果在世界范围内的不断丰富，从而给予严译更多阐释的空间。

以翻译标准为核心的严译研究视角最早出现在20世纪二三十年代。贺麟在《严复的翻译》中首次把严复的译述思想"信、达、雅"称为"翻译标准"。这一冠以"标准"的翻译原则引发了贯穿整个20世纪和21世纪初译学理论讨论与翻译实践验证，成为研究者热衷的话题。大半个世纪以来，论述严复和严译《天演论》的文献很多，其着眼点不外乎两个方面：一是将严复作为近代重要的启蒙思想家，论述他的进化论和西学传播，这类论说主要见于史学界和思想界；二是将他作为翻译家，

来谈论他的译文和"信、达、雅"翻译要则,这类论说主要见于外语界和翻译界。前者对严复的译文和翻译特点评述不多,后者则主要谈及翻译方法和问题,但是对严复采用"达旨"式译法的深刻原因和所下苦功却鲜有人论及或论之不够(王克非,1992b)。目前的研究成果大体是围绕这样三个层次展开:①对"信、达、雅"含义的辨析与阐释(包括再阐释);②考察严译是否遵循了"信、达、雅";③"信、达、雅"是否能够成为翻译实践的标准。黄克武(2000)详细地考察了自清末以来,学界对"信、达、雅"的讨论与争执。该文不仅援引了大量一手资料,而且对学者们提出的观点条分缕析地再次分类与评述,包括评论之上的评论与分歧,并进一步指出"达"在严复翻译思想与实践活动中格外重要。韩洪江(2006)也收集了大量有关"信、达、雅"的翻译讨论。

20世纪末,部分学者批评"信、达、雅"不能成为理论体系,不能指导实践,更不能揭示翻译的本质,反而长期束缚人们的思想,以致对翻译原则和标准的探讨至今没有大的进展。叶维廉《破〈信、达、雅〉:翻译后起的生命》(1994)一文,用意要破除对严复"信、达、雅"的迷信,赋予翻译以"后起的生命"。该文作者认为,"信、达、雅"禁锢了人们的思想,使翻译变成了机械的语言活动,毫无创造性(生命)可言,所以应该对其进行批判。罗选民(2002)认为叶维廉的批评对那些信奉"信、达、雅"的机械论者不无道理,但是对严复和他的"信、达、雅"标准却显得十分的武断。Chan(2002)将严复的翻译重新历史化,即从当时的文化权利与多元系统的语境中分析严复翻译的有效性以及其翻译策略的研究价值,对"信、达、雅"进行了另外一番诠释。Chan认为,严复在当时体制中的地位和意识形态决定了他的翻译诗学。"雅"是符合文学与体制可及性(Accessibility)的功能;"达"是符合政治与意识形态可及性的功能;"信"是符合目的的真诚。为了实现救亡与启蒙的目标,严复应用了当时流行的诗学,采用归化的翻译手法以便于传达西方思想[①]。谢思田的研究成果《"信、达、雅"重构视界下的中西译理融合》(2010)的价值正在于其抓住了"信、达、雅"三字在中国的阐释与接受百年史。作者试图避开"中国特色"这一桎梏,提出中

---

① 另可参见其博士学位论文:Warwick University Doctoral Dissertation(2003)。

国优秀的翻译思想与法国大师的释意理论没有明显的差距,打破西方中心论的格局,在国际译坛上发出中国学者自己的声音。该研究探索了西方翻译理论史中是否有跟严复"信、达、雅"相似的提法,引起不少学者的兴趣(鲁伟、李德凤,2010)。关于"信、达、雅"的讨论,从翻译经验的总结上升到"标准"后,成为严译领域中很难绕过的一个问题。这种研究思路始终约束着严译研究文本持续发掘和利用的价值,也极大束缚了中国翻译思想史的研究与书写。

研究问题的拓展是20世纪90年代及之后的一个主要特征。这与新理论分析工具的出现、学术研究的日渐繁荣不无关系。实际上,这些因素也是严译和严复思想研究在历史中不断更新的必然条件。许多学者更多地关注严译的政治蕴含与文化因素,不同于前一时期基于译文翻译标准的讨论。首位融合译本与思想来研究严复的是美国学者史华兹(Benjamin I. Schwartz, 1916~1999)。在他的名作《寻求富强:严复与西方》(*In Search of Wealth and Power: Yen Fu and the West*, 1964)中,史华兹首开系统研究严复八大译著与思想渊源关系的先河,被视为这两个方面结合研究真正的起点。余英时(2005:104)对史华兹的研究角度颇为赞赏,认为史华兹特别注意到严复的政治取向对他翻译工作的影响,并将严复的思想纳入"斯宾塞体系",指出严复受国家主义的驱使去寻求国家的富强,失去了个人价值的本质。史华兹尝试从严复这个东方人的视野去考察西方文明,突出晚清内在的发展动力,这一点得到了许多美籍学者的认可。刘广京在《三十年来美国研究中国近代史的趋势》一文中指出:

> 以史华兹为代表的美国学者认为中国的历史遗产含有内在的动力,因而在近代外患内忧的情形下,可以帮助革新,同时也就影响革新的动向。这种看法可以称之为"内在动力论"或"传统革新论",可以说是对"西潮冲击论"又作了一次修正。例如,从严译的《天演论》里读者所得到的印象还是整个国家的"优胜劣败"。穆勒的《群己权界论》虽然注重个人的权利,但是严复认为讲个人权利的总结果仍是国家的富强。史华兹认为严复对西洋思想的反应基本上受两个因素决定。其一是在当时中国国情之下,讲民族优胜劣败的社会进化论是有说服力的。其二是为国家求富强的思想在中

国传统里早就有根源。古代法家这方面的理论在十九世纪中叶就部分地复活，成为传统促进革新的因素。这样说来，中国对西方的反响便是更复杂的问题了。历史家不仅要了解当时中国的国情和西方思想的内涵，还要进一步了解中国传统在符合国情的条件下，便会自然呈现的价值和观念。自西潮冲击论讲起，历史家便不得不接着讨论以历史遗产为基础的革新模式了。（1983：289-312）

事实上，包括徐中约在内的许多海外研究者都以史华兹的结论作为严复研究的前提和基础。不少文献以译著与思想相结合的专题形式出现，从严复试图传达的西学思想中探讨严译的翻译价值，细读译文，寻找隐含其中的严复思想痕迹与脉络。更重要的是，这些研究成果强调翻译研究受一定历史、文化、政治背景的影响，通过译本重新探讨严复从传统向现代性转型过程中，文化选择与其内在思想文化的冲突。黄忠廉（1998a）对百年来严复研究进行梳理，主张严译研究应在更大的历史背景下进行，各类要书均具有进一步开拓研究的重要价值。他进一步提出采用"非正法"探讨严复思想的另一面（1998b）。目前，严译研究主要代表著作和博士学位论文研究成果有：

（1）《中日近代对西方政治哲学思想的摄取：严复与日本启蒙思想家》，王克非（1996）；

（2）《重释"信达雅"：二十世纪中国翻译研究》，王宏志（1999）；

（3）《自由的所以然：严复对约翰弥尔自由思想的认识与批判》，黄克武（2000）；

（4）《严复〈政治讲义〉研究：文本渊源、言说对象和理论意义》，戚学民（2002）；

（5）《语言、翻译与政治：严复译〈社会通诠〉研究》，王宪明（2005）；

（6）《严复与西方近代思想：关于孟德斯鸠与〈法意〉的研究》，颜德如（2005）；

（7）《亚当·斯密与严复：〈国富论〉与中国》，赖建诚（2009）；

（8）《审重咨学：严复翻译〈群学肄言〉之研究》，韩承桦（2013）。

上述著述无论是对严译本的翻译研究，还是思想探讨都做出了巨大贡献。王克非（1996）一方面讨论了严复与加藤弘之分别通过编译和译编的方法把赫胥黎（Thomas Henry Huxley，1825~1895）的 *Evolution and Ethics*（1893）中西方进化论思想引入到中国和日本；另一方面探讨了严复与中村正直同译英国思想家穆勒（John Stuart Mill，1806~1873）的《论自由》（*On Liberty*，1869）。其研究重点放在了思想的摄取及摄取心态的比较上，是目前唯一一项把严复两部重要译作与同时期日译本进行中、日、英三语译名、语词、句式和译入思想比较的综合研究成果。王克非（1997：5-6）指出，"严复通过翻译《天演论》引入进化论不是真目的，用以宣讲自强保种才是目的。为此，严复构拟了一个特别的翻译方案：他要将西方进化论按照他的导向引入中国"。严复一半通过翻译，一半通过案语，"将他认为必需的达尔文基本原理、斯宾塞普遍进化观和赫胥黎以人持天、自强保种这些新观点一一摄取，连同他自己的理解、倾向和强调，综而统之，注入书中。这自然不是通常意义上的翻译所能解决的"（王克非，1997：6）。严复的翻译包括了"外部包装"（即译本的语言）和"内部要素"（即内容的安排调整）两个方面。表面上译者出于认识和需要的考虑而采用"选择性摄取"，实质上体现出文化对翻译的制约作用。该文既见其不同又述其相同之处，饶有历史兴趣和理论兴趣，论文作者对英文、日文、晚清文言文均有很好的阅读能力，参阅资料和分析论点也多有其独到之处。黄克武（2000）主要探讨严复的"自由"思想，并通过严译《论自由》与原著 *On Liberty* 的文本比较，把原文中关键词句的理解与"自由"思想的关系结合在一起，在论文的完成过程中，吸收了美籍汉学家墨子刻（Thomas A. Metzger）的一些观点。戚学民（2002）将严复在上海演讲后出版的《政治讲义》与西莱的英文原著对勘，揭示出《政治讲义》大部分内容是译作，而不是之前普遍认为的严复著作。王宪明（2005）采用历史语义学的方法考察关键词"国家""民族"的源流与新意。该书附录《社会通诠》中英文译文比较，考证得非常仔细。颜德如（2005）的研究主要是严译《法意》的理解、翻译、传播及回应，后来又选取日本人何礼之与清末文人张相文共同翻译的《万法精理》（1903）与严译《法意》的首段译文进行比较（颜德如，2012：77-81）。

近代中国多门社会学科的关键性概念都曾由严复引入并加以翻译，以语词、概念、话语为核心的严复译名研究重在分析外来语言在主方语言中兴起、流通并获得合法性的过程。王克非充分体会到严复开引进西方近代学术思想之先,"析原理之奥,拓译名之荒"的重重困难,指出"译名的创立和衍生反映出外来新文化与传统文化在概念上的阙如或异同,以及学者们对此的警觉和探索"(1987:51-53)。Masini(1993)是较早对中国外来译词进行系统研究的西方学者。王尔敏(2003)以严译为例,论证中国近代"商战"观念与重商主义的关系,从而把翻译与中国近代思想史联系起来。黄克武(2004a)对严复"个人主义"(individualism)翻译进行比较研究。黄克武在《严复与近代中国的文化转型》(2011;2012)研究中借用张灏(1971/2005)提出"转型时代"的观念,通过严复译著中出现的新词汇、新文体构成的新观念和新语言,来讨论中西文化之间的关系、国家与社会的形式、民主与自由的意义等新思想论域。王宪明(2005)在对严译《社会通诠》的研究中,通过考察贯穿全书的"国家"、"民族"和"小己"这三个词语,分析严复对甄克思思想的把握与传达,在融汇中西两种文化的基础上构建翻译文化。赖建诚(2009)考察了《原富》部分的译词,认为当时的中文在词汇与概念这两个层次上,都还不足以统摄另一种文化的思想体系。沈国威(2011)以严复八大译著为研究语料,取"science"一词为线索,找寻"科学"术语的建立和中国近代科学观和学科意识的成长。萧公权在《中国政治思想史》(2011:768)中对严复的"科学"观加以评论,认为严复所谓"天演术"、"历史术"、"比较术"和"内籀术"存在相通之处。严德如(2012)讨论了严复对"law"汉译名中"法"与"理"含义混淆的问题。

借鉴西方对观念史①、概念史②或"关键词"③的研究成果对严译词

---

① 观念史(history of ideas)最早从"Ideology"一词中得来。目前,以金观涛和刘青峰两位为代表推动观念史的研究,以广辑晚清以降之文献,建立"中国近现代思想史专业数据库"(1830~1930),研究中国近现代史观念演变,进而开展近现代中国思想史中核心观念的意义变迁与重构。《观念史研究:中国现代重要政治术语的形成》一书讨论的五大观念,"群"、"民主"、"计学"、"科学"和"革命"都涉及针对严复的译名讨论。从另一个侧面再次佐证了严复的译著思想是中国近代思想史研究的重要来源。参见金观涛、刘青峰(2010)。其他相关研究有东亚观念史集刊编委员会(2012)。

② 概念史见本书第五章。

③ "关键词"(Key Words)最早由威廉斯(Raymond Williams)提出。参见Williams(1983;1985)。刘禾(Lidia H. Liu)是美国华裔学者中最早采用威廉斯"Key Words"研究方法的学者,在 Translingual Pracitce(1995)一书中使用,并进一步扩大词汇研究的范围与影响力。王宪明(2005)虽在文中没有明确指出"关键词"研究方法的来源,但以选择严译《社会通诠》几个关键词的翻译为考察中心,与上述研究有相似之处。

展开多层面的研究，将严译话语与民族国家话语（杜赞奇，1995/2009）的建立联系起来也是严译词的一个显著特点。刘禾（Liu，1995：25-26）指出，由于中国现代思想传统肇始于翻译、改写、挪用以及其他与西方相关的跨语际实践，研究跨语际的实践核心在于考察新的词语、意义、话语以及表述的模式，也必然将翻译作为其出发点。当概念从客方语言走向主方语言时，意义与其说发生了"改变"（transformed），不如说是在主方语言的本土环境里被发明创造出来的。韩江洪（2006）与彭发胜（2011）的研究从翻译话语转向中国学术话语，凸显严复在近代学术话语营建和转型中的角色。这两项研究均以严译《天演论》为例，扼要而又细腻地展现了严复思想与译著互为沟通的面向，强调严复以西方学术思想与观念为参照，对中国传统文化进行了近代意义的解读与诠释。

西方翻译理论从 20 世纪 80 年代后期被大量引入中国，推动了包括严译在内的翻译研究。严复丰富、独特的译述成品也被逐一拿来验证某项理论研究的最新发展，也展现了译作解释的多种可能性。严译研究借助计算机辅助翻译电子工具与软件、翻译语料库、计算机语言学研究工具，为更加科学、客观的比对研究开拓了新境界。范祥涛（2006）关注自然科学翻译研究成果，将严译研究融入科学译史研究之中。黄忠廉（2009）以《天演论》为例，建立变译平行语料库，比较句、段、节、篇、章、书等层面的变通。通过比较变译与原作在内容和形式的变通特征、频率及其背后的文化因素，研究变译方法、特点以及各种方法之间的比例，进而探讨其本质、类型、单位、机制、标准等基本问题。彭发胜（2011）选取严复《天演论》部分译文与原文，用数据图方式呈现译文的增、减、改等特征。

严复翻译时依照的英文底本作为严译研究的重要原始资料逐渐浮出水面，为译文呈现、案语的来源研究提供了种种线索，大力推动了严译研究的深度。严译研究素材的拓新，包括考古发现、文物、图像甚至地图，改变了过去研究资料狭窄所致翻译研究视野局限的缺陷。多年来，学者们一直在搜集《严复集》以外的散佚来往书信、文稿，他人著述中收录的严复评议,汇集出版各种全集①。随着翻译研究的"史学转向",严译史实的新材料不断被挖掘出来,再次证明了历史文本考证的研究意义,凸显出翻译研究的跨学科属性。王宪明(2005)挖掘严译甄克思《社会通诠》的英文底本进行原文、译本的部分内容比较。孙应祥(2003:330-331)和俞政(2003:19)② 分别揭示了《吴京卿节本天演论》一书。该书为吴汝纶对严译《天演论》的修删本,是一份"新版《天演论》"。吴汝纶虽不通西文,但是他对中文文字把握精准,该译本出版后颇受欢迎,当时的一些学校采用该版本为国文教科书③。国家图书馆收藏有严复翻译过的其他经济学著作,如法国巴黎法典学堂讲师齐查理所著《国计学·甲部》,仅译3000字左右即告中辍;耶方斯的《计学浅说》(Primer of Political Economy),仅译几个小节,数千字,残稿存中国历史博物馆。由于这几种翻译大多半途而废,即或完稿亦未见出版,故《国富论》成为严复流传于世的唯一完整的经济学译著。

鉴于严复及其译著在近代中国启蒙运动和中西文化交流史上的突出贡献,一直以来严译研究是国内史学研究、翻译研究的热点。在海外中国研究中,他同样是一位受到广泛重视的历史人物。按国别来说,一股研究中国历史的力量就是来自英美的学者,其中包括华裔学者,在讨论19世纪末20世纪初中国社会新旧嬗变的历史时,都注意到严复的思想及其著作。严复曾在英文杂志《中国社会与政治科学学报》(The Chinese Social and Political Science Review)撰文("A Historical Account of Ancient Political Societies in China")。该刊编者评论道,"严先生译著隽永渊雅,

---

① 较重要的研究有皮后锋(2003;2006),俞政(2003)孙应祥(2003)苏中立、涂光久(2011)。还有四次严复研究学术会议论文集(1994;1995;1998;2003)。北京大学未名文化公司2000年制作发行光盘资料库《严复专集》,大成老旧刊全文数据库(1911~1949),"中研院"和"中研院"历史语言研究所"汉籍全文资料库"(网址 http://hanchi.ihp.sinica.edu.tw)("中研院"历史语言研究所汉籍全文资料库计划建置),"中国近现代思想史文献数据库"(1830~1930)(香港中文大学当代中国文化研究中心研究开发)。
② 苏州大学图书馆藏有该节译本的手抄本。
③ 胡适曾在《四十自述》中提到教员(杨千里)买严译《天演论》吴汝纶的删节本为教材读本。黄克武比较该书"察变"中的第一段。他的结论是,吴汝纶删减仅留严译文三分之一,文字清晰、简洁,没有翻译腔的痕迹。转引自黄克武(2005:1-41)。

在知识界广为流传，影响深远，为国人接受西学导其先路"①。被誉为代表西方中国史研究水平和动向的《剑桥中国史》(*The Cambridge History of China*, 1978)，晚清和民国四卷共涉及严复的地方不下 50 处。最能体现美国中国近代史研究的哈佛学派观点、由费正清和邓嗣禹合编的《中国对西方的反应：文献通考，1839~1923》(*Response to the West: A Documentary Survey*, 1839~1923, 1979) 等著作也对严复有所论述。

他们对严复的认识是在一定理论框架下进行的，研究目的是探索更为宏观的历史规律。比如，在阐释中国近现代历史进程时，芮玛丽 (Mary C. Wright) (1962/2002) 没有跳出西方流行的"冲击—回应"的力量模式。但是，她没有把研究重点放在西方冲击影响中国近现代历史发展方面，而是放在中国社会内部如何做出回应方面。她指出：

> 一个社会，当新的因素引入时，任何文化都会分解和重新整合。但是，在多数情况下，每一种文化都是吸收那些似乎相近的外来因素，并继续沿着其自身长期确定的利益所规定的路线发展。(1962/2002："前言")

这表明除去注意"外因"的作用，芮玛丽还力图从"内因"来解释中国近现代历史发展的进程，使其许多分析和评论不同于那些强调西方冲击影响的学者，而具有独到的见解。在一些有关历史人物思想研究的著作中，如张灏《梁启超与中国思想的过渡：1890~1907》(*Liang Ch'i-ch'ao and Intellectual Transition in China*, 1890~1907, 1971)、柯文 (Paul A. Cohen) 《在传统与现代性之间：王韬与晚清改革》(*Between Tradition and Modernity: Wang T'ao and Reform in Late Ch'ing China*, 1974)② 等，

---

① 该文为严复所写，篇首有编辑所加补充。…Mr. Yen Fuh's translation works, on account of their literary excellence, have extensively reached the literati of the population and powerfully influenced their thought thereby effectively paving the way for the reception of the western learning. —Managing Editor 原载于第一卷第四期 (*Chinese Social and Political Science Review*, issued in No. 4, 1916.)，后收录于《〈严复集〉补编》。参见孙应祥、皮后锋 (2004: 165-171)。

② 柯文 (1974/2003) 通过对王韬的透视，展现和剖析了晚清思潮、政局与社会的变迁，并提出了近代中国的"沿海"与"内地"的问题。

以及20世纪90年代以来出版的新著,如严复的曾外孙女、现任加州大学伯克利分校历史系讲座教授暨东亚研究所所长叶文心所著《外来的教育:民国时期文化与政治,1919~1937年》(The Alienated Academy: Culture and Politics in Republican China, 1919~1937, 1990)①,也都谈及严复。

美国学者任达(Douglas R. Reynolds)在其著作《新政革命与日本》(China, 1898~1912: The Xinzheng Revolution and Japan, 1993)一书中提出,"清末新政时期中国经历了知识与制度体系的革命性变革,使得新政前后的中国社会在思想与制度层面截然两分"②。被美国许多大学用作教材并多次增订再版的徐中约《中国近代史》(The Rise of Modern China, 1970),全书1002页中有5页专述严复的生平和著译。徐中约基本认同史华兹(1964/2010)对严复的分析,这些结论也是徐氏进一步阐发的基础,徐氏甚至直接引用了不少史华兹的观点。

第二节 严译研究的再思考

严复翻译研究具有"重访"(revisiting)的必要性。重访并不是复古(returning),而是一种再思考,回到各种论述的起点,寻找多种可能性的解读,还原历史的多元性、延续性和完整性。自20世纪以来,中国译学研究范式③发生

---

① 叶文心(1990/2012)不仅重视全球化因素,而且始终关注传统因素与地方特色。她认为如果历史研究失去了具体性也就失去了价值。因此,她总把现代性与中国性这两个概念联系起来考察,从历史深处发掘中国的特质。
② 从1898年到1912年,虽有日本参与八国联军的对华侵略等,但就思想、文化、社会、政治体制的影响来说,这段时间却是近代中日关系的关键时期。美国佐治亚州立大学历史系教授任达(Douglas R. Reynolds)在《新政革命与日本》一书中把镜头对准这一阶段的中日文化关系,尤其对此后中国的主要社会思潮、流行词语和教育制度、军事体制、司法体系等都做了细致的源流考订和"组织移植"(Organizational Transfer)的实证对比研究。在这个基础上,他认为使中国随后几十年发生极大变化的种种"革新"的范本,大都在此阶段来自日本,因此从这个意义上提出了这是近代中日关系史上的"黄金十年"(Golden Decade)的概念。有必要指出,这里所谓"黄金十年"并非指一种平等的伙伴关系,而是指双方基于各自利益、需要而形成的一种并不平等的"师徒"关系。
③ 范式(paradigm)理论是美国科学哲学家托马斯·库恩(Thomas Kuhn)在《科学革命的结构》(The Structure of Scientific Revolution, 1962)一书中提出的,这一理论在自然科学和人文社会科学领域都得到广泛的运用。运用范式理论研究中国近现代学术史上的某些局部问题,在学术界已经十分普遍。而将这一理论运用于中国译学由传统向现代过渡的全局性研究,在严译研究中还是一个新的尝试。

了很大的变化。就严复翻译研究来说，近百年间涌现出数量众多的优秀成果，提出许多不同的阐释与评论。理论研究建构呈现出诸多发展态势，问题意识增强，不断拓展出新领域、新命题、新观点，出现多元化发展路径。这些研究也引发许多可持续探讨的话题，包括一些争执。尤为突出的一点是，不少严译思想研究重新审视了西方翻译理论，积极思考了中国翻译理论建立体系的可能性。本节认为还有更多的关键线索值得进一步深探下去，拟从新时代译学时代意识、学科意识、理论意识、问题意识、史料、研究视角、东亚邻邦和数字人文意识等方面反思严复翻译研究的必要性和当代价值。

一 时代自觉意识

"再思考"的视角起点从当下新时代加快构建中国特色哲学社会科学体系，尤其是从学科体系、学术体系和话语体系出发，提炼中国翻译理论标识性概念，形成易于为国际社会所理解和接受的新概念、新范畴、新表述，推动中国特色的翻译学理论在国际翻译学界占有一席之地，发挥一定影响力。20世纪80年代末，翻译研究在中国逐渐建立起来，由于缺少系统的研究基础，当代中国的翻译研究发展未能像其他学科与传统建立起密切的联系，一定程度上妨碍了我们对中国翻译研究的深入认识。因此，翻译研究/翻译学在中国完成真正意义上的建立，尚须找回传统、激活传统，实现学术自觉。同时，要重视对优秀的中国传统翻译思想的挖掘、传承和再建构，加强对17世纪以来中华民族翻译历史长河中翻译思想的系统梳理、提炼。从某种意义上说，西方翻译研究/学理论对非西方国家确实具有很强的话语霸权和学术影响力。中国翻译学界目前也正在自觉地逐渐摆脱这种依赖性，与中国传统思想文化相结合，或揭示西学翻译理论与中国传统思想的关联性，或发掘中国传统翻译思想对当代世界的普世价值。

一直以来，严复的译著、译者序、案语、与翻译相关的文章与书信研究多继承了目录、训诂、考据、校注等"史料工作"传统。面对构建当代哲学社会科学学术体系的需求，以文献史料整理与分析为基础的严译研究需要具有学理建构的时代意识、问题意识和需求导向。翻译研究者应该对严复翻译学发展道路做出反思与自省。现代学科范式下的严译思想研究在史料使用上若能逐步体现解读立场、解读理论支撑，才会更有意义。在尊重翻译文化交流史的基本脉络和史实前提下，回观以严复为代表的近代翻译家对西学的引介过程，会有很多思路涌现出来。如何在展开对西方思想的批评与吸收的同时，执守中国文化的传承？如何从西方思想中反观和提取"中国文化发展的路径与方法"？在确立中国本土译学理论上，严复的翻译思想有哪些新的发现，有哪些突破？尤其是严复对中国思想和中国文化的执守精神与信心应该被重新认识并发掘出来，而非一味单向地探讨对西方思想的接受。

二 学科自觉意识

随着翻译研究的跨学科进程加快，不同学科背景的学者从自身的学科视角进入到严复翻译领域，"横看成岭侧成峰"给翻译研究注入了活力，带来了很多启发。翻译史研究吸取不少史学研究的思路和方法，研究成果得到知识界的信服。不过，由于研究者学术基础和学科限制，在翻译研究中也出现了许多问题。孙艺风（2012：11 - 12）就曾毫不客气地指出，"一些学者对翻译学科的发展走向缺乏把握，对一些翻译理论的讨论流于表面和空泛，而且并没有真正地结合到自己讨论的文本问题"[①]。

目前，中国翻译学学科话语大致面临以下三种困境：一是多元理论传统与理论整合之间的张力；二是本土政治意识形态对源于西方的学科意识形态的整合；三是翻译理论与翻译实践脱节。翻译史研究中也偶有出现其他学科提及的矛盾，即"翻译实践派"与"翻译理论派"的争论。前者讽刺后者"旷然大空"式的宏大叙事与体系建构，而后者则瞧不上资料考证派"掉书袋"式的钻牛角尖而缺失个人思想。这两组争执实际上是学术研究中知识生产与思想生产的不同价值取向之间的分歧，其实两者同样重要且相辅相成。可喜的是，不少翻译研究者们关注到新兴环境下翻译学正在经历的重要思想转向、知识生产与思想生产，丰富中国翻译史体系构建。持守学科本位、学科自觉意识，还原人文科学的

[①] 孙艺风在文章中同时又指出，跨学科研究翻译具有很大的价值和意义，禁锢在狭隘环境中孤立地研究翻译的态度是"不健康的"（2012：11）。

历史进程，也是建构科学的方法论的重要保证。通过构建具有中国特色的翻译学话语体系，强调话语自觉与话语自信，重构跨传统的话语基础，保持对话与创新，从而打造出翻译学话语科学与意识形态的双重面向。严译研究作为翻译研究中的经典话题，如何从翻译史研究中把握文献整理工作中的思想深度与理论高度，研究应该面对当下问题，具有现实感，体现社会意义与研究经世致用的价值。利用新材料、新理论、新方法、新视角，不断推动该翻译学学科由基础性研究向决策性研究转向。

三　理论自觉意识

从目前的严译研究来看，需要展现新的思想深度和理论高度，需要有超出理论预期的新发现。学术思想、理念、理论的介入，让从事翻译研究工作更有方向感，而现实的理论思考能让过去的文献在今天获得新的生命。特别是跨文化、跨学科的理论方法，可以帮助研究者拓宽视野，获得新的启示。随着对现有资料分析的深入，也会有超出理论预期的新发现，也就是生长出了新的理论。即使是最常见的资料，在新的思路下，用新的观念去阅读时，它也成了新资料，也就有了被"新的学术眼光"激活的"新的史料"和"新的思想"。

翻译思想、理论的建构需要基础文献资料的底子，没有资料辨析的理论，多数恐怕难有重要突破。严复相关翻译史料的再次深入整理与分析是理论创新的基础。严复译文整体共有300多万字，集合在一起来考察，必然会呈现出一定的共性与特性。严复十多年的译书生涯，是否体现出译述特点的历时性变化？其间是否受到当时社会、文化等因素的影响而发生转化？贺麟（1925）对严译著作的大致分类已经不能满足现今译学研究的要求，脱离晚清的社会经济状况现实，也很难得出严复全景式的分析图像，造成严译"只见树木不见森林"的研究盲区。译学的理论建设意识和新时代下严复翻译思想重新梳理的现代阐释，需要进一步熟悉和辨析严译翻译文本，从"文本的历史性与历史的文本性"（the historicity of the text and the textual nature of history）角度进一步思考以严复翻译思想为代表的翻译史的书写。

从某种意义上说，西方翻译学理论对非西方国家具有很强的话语霸权和学术影响力。对西方翻译理论的照搬不仅解决不了中国社会的现实问题，相反会造成研究的趋同与僵化。中国翻译史研究/翻译学话语体系的构建离不开中国的社会及学术土壤，中国翻译学要汲取已有的学术资源和学术养分。中国翻译学已经开始自觉摆脱这种依赖性，从理论自觉入手，找回翻译学研究的学术自信，并由此提炼出中国特色的本土理论。通过及时梳理和总结中国日趋繁荣、稳定的翻译实践，研究者重新挖掘底蕴深厚的中华文化传统，以此建构出中国翻译学本土的学术概念、话语形式以及理论框架。翻译学在学科史的现代梳理和严格的学术规范基础上，可以与国际对话，进而具有中国特色的研究典型和译学理论逐渐形成。

四 问题自觉意识

在当代哲学社会科学学术体系构建中，问题导向是学术创新的动力源，在此前提之上展开的史料的发现与整理构成了这座"大厦"的基础性学术工程。从目前的严译研究来看，研究应该面对当下问题，具有现实性，体现社会意义与研究经世致用的价值。汪荣祖在完成《严复的翻译》（1994）一文后，于2006年又发表《再论严复的翻译》。他提出前期严译研究中存在的问题，尤其对文本研究的准确性提出批评[①]，认为以直译而求信不是最好的翻译。在汪荣祖看来，像严复所采取的"达诣"，能够无斧凿痕迹地传达作者意旨，反而是比较忠实于原著的（黄克武，2000）。在晚清经济知识空间与社会现实下，严复借西方思想之镜投射中国文化，同时从中国文化反观西方思想。在这"投射"与"反观"之间，严复同时扮演着译者和思想者的双重角色。严复是如何思考和具体呈现继承传统文化的，同时转化西方文化之间的矛盾？在继承与转化过程中，严复是如何在翻译中传递和实现他的现代性诉求的？严译研究是中国翻译史上兼具个性与共性的经典案例，问题意识有助于清晰地还原严复翻译的历史进程，也是建构科学的方法论与塑造良好学术风气的重要保证，使学术研究真正具有科学性、实证性。研究者对严复的翻译原则与思想的分析越接近客观，就越可避免以一概全式的论断出现。

---

① 前后两篇文章的观点发生一些变化。参见汪荣祖（1994，2006/2012）。

五 史料自觉意识

就史料的发现和使用来看，严译研究能够持续进行下去的一个重要因素是被历史尘封的新史料、新材料被不断挖掘出来。"孤本秘籍"法又可称"沙里淘金"，这类研究仰仗进一步挖掘与严复有关的各类文献。如不断揭示的严复翻译中使用的英文底本，编撰和翻译时借助的英文词典（邹振环，2011），海外图书、电子图书和数据库资料①等，都为严译研究提供了新的资源。海外汉学家对中国近现代思想史、文化史研究不断产出新成果②。新近发现严复于1908年受大英圣书公会委托曾翻译《圣经·新约·马可福音》的前四章，由上海商务印书馆出版。该译本曾保存在大英圣书公会的档案中，目前作为特藏收于英国剑桥大学图书馆（*The Bible Society Archival*, Cambridge University Library），因为是未完成本，只有前四章，不属正式出版物。该译本传世不广，在教会内部也不为多少人所知，在社会上影响不大，但仍有重要的价值③。严复译著的英文底本考察多不清楚，造成的问题是严译本中部分译文与案语来源厘辨不清，严复在译本中的一些观点、思想来源不明。许多研究把译本和案语均当作严复本人的观点、思想来加以采用、评析，一些结论多有错漏。

新的学术创见不单纯依赖于新史料的发现。另一个因素则是对旧材料围绕新问题产生出新视角、新观点和新突破④，即"点石成金"法。

---

① 如"晚清期刊全文数据库""民国期刊全文数据库"。
② 海外数据库如"海外收藏的中国近代史珍稀史料文献库"（China: Trade, Politics and Culture, 1793 – 1980）。
③ 2000年9月出版的《中华文史论丛》第64辑刊登李炽昌会同从事基督教和中国近代化关系研究的李天纲博士合作撰写的《关于严复翻译的〈马可福音〉》一文，并把严复的译文附加在文章末尾。至此，严复在翻译生涯中与《圣经》的一段轶事被详细揭示出来。此信息还未曾出现在严复日记、书信和严译研究者所撰的年谱、目录、论文等中文文献中。李炽昌、李天纲还就这一翻译事件的始末做了初步的历史研究，认为非基督徒的严复不是出于信仰而翻译《圣经》的，而是他引入外来文化冲击中国文化的一个举动。作者公布这批史料，并就翻译始末做初步的历史研究，以飨同好，目的在于推进严译和中国基督教处境化的研究。后又有任东升完成《论严复的圣经片段翻译》发表在2011年第2期的《东方翻译》。该文对严复的译文加以比较分析，提出严复介入《圣经》翻译具有历史标志、跨文化交际和《圣经》文学范本三重意义。
④ 这两点在李泽厚的治学方法中有所题解。参见李泽厚（1985：20 – 21）。

所谓"点石成金"是对习见熟知的东西力图做出新的解释,旧史料的再阐释和对旧史料观的再反省。严复的日记和书信作为译者研究的丰富题材,在前期的许多研究中多被用作探讨严译现象的依据。考虑到即时性与连贯性,桑兵提出取材可以日记为主,辅以书信、年谱、文集等其他文献(2013:12-40)。研究者可凭借这些信息掌握一定的脉络,从具体细微处挖掘随着史势变化而异的心路历程,丰富历史的细节,减少概念化的误判。严复著名的八大译作,除了《天演论》、《群己权界论》、《社会通诠》和《国富论》①有过较多中译本比较研究之外,其他译著的中译本比较研究较为少见。严译《法意》原文本来自孟德斯鸠的法文,经过英译之后,再由严复翻译为中文,其中经历了英文译者的理解与翻译、严复的再次解读与汉译。《法意》所采用的英文译本版本和来源考订清楚了吗?②《法意》在转译之后相比原法文有哪些损失、增添与曲折?翻译过程中哪些问题是或不是由严复造成的?这些都需要研究者仔细辨别。

无论是"沙里淘金"还是"点石成金",严译研究需要精粹深入地发掘、阐扬材料,不能被资料牵着走。研究中,有的需要采取异常清晰的归纳、演绎,条理井然的论议叙述,有的采取直观领悟的描述方式。严译研究作为一个整体,需要多层面、多角度、多途径、多方法地接近与处理,宏观或微观,逻辑或直观,新材料或新解释,相互补充、相互协同、相互渗透。

六 视角自觉意识

翻译研究中,不可避免的一个问题是研究者的主观介入,研究者的主体性要素不应成为被忽视的一个因子。这也是皮姆在其著作《翻译史研究方法》中提到的四个特征之一。皮姆推崇"以人为本"的翻译史研究态度,这既包括译史研究中以译者为重点研究对象,也包括对译史研究者个人主观立场的尊重(2008:160)。研究者着眼点的变迁,让中国

---

① 《天演论》译本比较研究成果有:田默迪(Matthias Christian)(1975);Sinn(1991)和李学勇(2000)。王克非(1996)和黄克武(2000)从中国近代思想史的角度研究严译,并以中英对照的方式逐句比对,认为严复不只是别有怀抱的翻译家,而且是具有创见、高瞻远瞩的思想家。王宪明(2005)比较了部分译文,书后就译文了加注解释。另外,还有部分硕士进行译本比较,但是涉及面与论及的深度与广度略有不足。

② 目前可确定的是所用译本非通用剑桥本,参见颜德如(2012)的讨论。

翻译史的研究对象逐渐走出了"信、达、雅"的约束，从翻译方法与策略进入到对更宏大的社会、历史范畴的探索。从不同时期的学者们所关注严复的不同之处可大致推测出他们所具有的学术背景与视角。不少学者把严译与中国现代化追寻与探索的思想基调，融合中西、继往开来的精神和中国现代化的过程结合在一起，思考严氏生平与思想的时代意义。贺麟的着眼点是严复序论中提出的"信、达、雅"三原则，这在很大程度上影响了后来研究者的思路。李泽厚（2004）从西方哲学角度分析严译，颇具当代翻译研究眼光，而王克非并不是在寻找翻译中的"信、达、雅"，而是在探寻通过翻译考察思想史和通过思想史研究翻译活动的中间领域，首次明确提出翻译史在思想史研究中的重大意义。张佩瑶从"身份认同的危机"角度强调翻译研究者应该对内地翻译学发展道路做出反思与自省（2012：33）。由于学术基础、素养和专长的不同，各自的立场观念差异，翻译者对同一个翻译对象往往形成新的演义，形成新的研究主题。研究者从不同视角来关注翻译活动和其中的社会生活和政治制度，通过一定的取舍标准和编排调整，对严复与严译的研究产生差别较大的研究结论。这些结论不仅可以探究研究者的态度倾向，而且可以将严译作为研究的起点、观察舆论的反应、深究各方的态度，进而考察重要人物的翻译活动所引起的政治、思想、文化的波动。

严译研究的思路在形式上做到了"梳理事实"和"价值评判"两种方法的统一。前者以历史考证和修订为主。表面看来，研究亦步亦趋地按照历史文献还原所处历史时期的真相，将严复平生言谈举止皆纳入其中，考证完备，修订周详，为后来学者进一步进行研究提供严格的依据。在陈述时，其实都已隐藏了作者的预设，只不过作者的思路深藏在客观的"展示"中，隐含了"价值评判"。严复的译著与其思想密不可分，谈译著必谈及其思想。在俞政（2003）研究中，严译分为八章，分别为政治、社会学、经济思想等章节。这种以章节化分思想类别的分析法可能会破坏思想的整体性，葛兆光就曾批评这样的研究思路："对思想的连续性、整体性以及连贯的脉络，已经改变了思想史的原生状态。历史中存在的思想，并没有经过刻意的安排和事先的设计，一切还没有秩序。研究者不能容忍杂乱与无序，所以给历史勒定秩序，得以使思路变得清晰。"（2009：55）由于严译研究与晚清社会的政治、文化、思想相关联，更多的是与上层建筑和意识形态联系，与民族兴亡和国家命运关联，因而译史研究受政治影响。从翻译史角度来讲，尽管采取描写性研究方法，但是实质上始终受社会形态、意识形态划分的局限，纠缠于唯物与唯心、革命派与改良派。中国翻译史具有这样划分流派的特点，王汎森曾经批评运用名词概念来划分派别、流派（2001：212）。国外的翻译也有类似现象，对 Toury（1995）描写翻译理论的批评之一就是研究者在描写过程中难以保持客观性。

译史研究面对的是往事，而且大都已经沉淀，很难完全避免由结果看前事的研究视角。而在实际进程中，亲历者并不知后事如何发展，各种选项以及可能的变数甚多。因而，严译研究亟待校正后设架构与循序演进的偏差。可惜的是，研究者将启蒙多限定在分析严复对西方思想的认知，而未能充分留意到严复借西学来重新认识中国，以及中、西学两者交融互释的面向。严复与梁启超（1873～1929）虽然都是西学传播的推手，两人其实是通过不同的"透镜"来看待西方和西方文化。严复是身临其境地直接感受和直接阅读，梁启超则是在日本避难、留学的经历中，透过日本来认识西方，认识中、日、西三者的关系。因此，虽然严复与日本明治时期重要学者没有思想上的关联，但是通过梁启超，二者之间建立了联系。梁启超对严复翻译的认可与批评，也在很大程度上受日本对西学译介模式的影响①。严复通过翻译直接了解西学知识，梁启超由于不通英文，他所了解的西学知识，其实是通过"层层转译过程之中融合了近代西方、明治日本与中国传统"（黄克武，2004b）的产物。此一视角对我们认识近代中国经由翻译所形成的现代学术观有重要的启示。严复从15岁起在福州船政学堂学习，英人授课，后留学英国两年，那么英国学界究竟提供了怎样的思想资源，又如何丰富了严复哪些方面的见解呢？留英经历对严复思想的影响也值得进一步展开比较研究。

由此来说，严译翻译史的书写需要更宽容的社会与思想环境。晚清翻译史复杂多面，很多时候其杂糅程度超过我们过去对其模式的认知。政治与人物的互动、社会与文化的纠缠、传统与西化的共生、保守与激

---

① 严、梁二人翻译见地不同，最直接的表现就是对日译词的态度。每一个译本出现之后，梁都有言论发表，其实是两种学习西方态度的商榷与探索。

进的互存，甚至极保守与极激进的融合、思想与生活的重叠、同一人物不同场合的不同措辞和个人思想的转变（甚至是突变），各种因素互为因缘，彼此影响，最终才绘成了晚清中国现代化的浓墨重彩，也造成晚清翻译研究史研究的难度。

七 东亚邻邦意识

东亚三国在引进西方政治知识和文明论述中扮演着重要的角色。从翻译文化史的角度来看，东亚地区拥有相当长久的历史互动和思想关联，又各自探索出适于自身的独特文化发展方向。早在19世纪中叶，赫胥黎（Thoma Henry Huxley，1825~1895）的《进化论与伦理学》（*Evolution and Ethics*，1893）和英国社会学家穆勒（J. S. Mill）的《论自由》（*On Liberty*，1859）已在日本得到两位启蒙思想家加藤弘之（《人权新说》，1882）和中村正直（《自由之理》，1872）的翻译。严复的《天演论》（1898）和《群己权界论》（1903）直至19世纪末至20世纪初才完成翻译并广泛传播开来。由于严复与两位日本学者所处历史时期不同，前者在甲午、庚子的战乱时期，而后者在明治维新时期，译本既出，在不同的接受环境下产生的影响当然也不同。又因为文化心态不同，严复与两位日本学者对进化和自由的认识与阐释不同，在翻译过程中所加的案语不同，虽是翻译同一论著，却产生了两部颇为不同的译品（王克非，1989）。

19世纪中期，西方经济学著作《佐治刍言》在东亚的译介，即将东亚视为一个单位，透过共同文本的讨论，使我们深入了解近代东亚知识转型。中国和日本都可以说是一个较为独立自主的系统。尽管甲午战争后，日本渐次成为一种区域知识介绍和交流的重心，但中国和朝鲜仍在自我独立自主的思想脉络中，进行检讨和反省。这一复杂的互动和各国之间思想独立自主的努力，显示出东亚三国近代知识转型将能成为一个有力的研究场域[①]。研究者如若综合这一多姿多彩的思想传承，追寻它们接受西方知识的方式和现代化知识转型的不同谱系，将带来相当丰富

[①] 参见张华（2012）。张华以中、朝、日三国近代启蒙思想家严复、俞吉浚、福泽谕吉为研究对象，试图厘清三国面对欧洲近代思想的挑战所进行的思想变革的相同点和不同点，并将分析的重点放在外来因素与三国知识分子在思想上的相互作用过程上。

的研究领域和视野。这一复杂的知识交流，如众人所知，严复是赴英学习，接受西方思想典籍之影响，而梁启超是在戊戌维新失败东渡日本后，发生思想上的重大突破。因此，一个不能忽略的问题是日本在东亚现代化转型过程中扮演的角色，更为重要的是在中国晚清时期，日、朝现代化所经历的历史环境和社会性质，自然会有不同的历史文化传承。

这一东亚各国之间的相异性，为研究东亚或亚太各地区的现代化提供了绝佳的讨论空间，尤其是东亚各国都有适合自身文化的思想环境，它们如何因应西方知识所带来的文化冲击和危机？如何认识西方？日、韩翻译文化史具有与中国晚清相似或相异的发展历程。为了回答以上诸多问题，我们不得不从西方知识传播之初开始，了解这一知识转型的浪潮在东亚地区如何进行，其传播和吸收过程中，区域共同特性是否有共同之处、各国之间相同或相异的原因所在。如果可以寻找出东亚地区知识转型期的共同文本，对这样的文本进行深入研究，则不但使我们可以清楚了解和掌握东亚知识转型过程中的共同话语，且透过此思想传播和吸收过程之探析，能进一步勾勒出东亚近现代化历史境遇所呈现的复杂思想互动和脉络。这一类"共同文本"在文学翻译中曾有出现。以西方史传《罗兰夫人传》在20世纪初期东亚的译介为例，翻译活动经历了从日本学者德富苏峰选译西方史传版本、梁启超依照德富苏峰和民友社的日译本转译为汉译本，再到韩国申采浩依照梁启超的汉译本提炼出自己的思想而形成韩译本这样不断传递和重释的复杂过程。虽然译者对译本有着显而易见的阐释差异，但三者之间更有共同的思想构造在起作用。

八 数字人文意识

翻译研究是对翻译事件和翻译现象进行分析和评估，包括翻译在历史事件或现象当中的作用及针对翻译本身的研究或认识。翻译史研究成果很大程度依赖新史料的发现和旧史料的新解读，基本依赖研究者条分缕析和在资料世界中的爬梳整理，花费了大量力气查阅文献与审辨。数字化时代的到来开拓了翻译研究的领域，对翻译现状及其在政治、社会和文化方面的影响甚大。同时，翻译研究的跨学科性加快了数字化的进程。翻译研究中采用数据化的研究方法主要集中在翻译语料库的建立上，按照一定的采用标准的电子文本集合，把语料库相关的特定软件功能与统计分析手段结合起来,选择合适的语料库来从事翻译的译本研究(Baker, 1993; 王克非等, 2004)。有学者呼吁中国现阶段的翻译史研究中,可以加大采用计量方法的力度(许钧、朱玉彬, 2007: 453)。克罗宁(Michael Cronin)在《数字化时代的翻译》(*Translation in the Digital Age*, 2013)中探讨翻译在数字时代的变化与使命,彰显翻译与译者价值,展现出独特的数字人文主义精神。

网络信息技术迅速发展,深刻影响了翻译研究。各类历史资料数据库的建设使翻译史料的检索、复制极为快捷和方便,许多未曾阅读过的书籍中的资料借助网络信息技术也能够被直接利用。以严译研究为例,有电子扫描和镜像版的图书、文献,互联网上的知识资料与信息和可以检索的学术资料数据库。前两种或仅载体不同,或因多为普及性知识和学术信息,对严译研究的治学方式冲击不大。只有可检索的学术资料数据库,很大程度上改变了研究者获取史料的途径,已然涵括了过去难以想象的资料。数字人文推进了严译研究的发展,研究者也应清楚地看到研究史料的运用还需依托相关历史背景状况的整体理解,仅仅掌握史料的供应手段还远远不够。翻译研究者要留意史料来源的良莠不齐,是否存在割裂原书的内容、再机械地分类编辑的现象,所得资料会呈现为碎片化的堆积,失去其形成的背景和特定的语境,导致误读的可能性。研究者须有史料鉴别和考订的能力,要有理论思维,而不能依靠史料的堆积而不知鉴择,造成研究中"名"与"实"之间的失察。

第三节 关于《原富》及严复经济思想的研究

严复著述宏丰,内容涉及政治、经济、社会、语言、教育、法学等。研究这样一个多面人物是有相当难度的。尽管严复研究所涵盖的主题和讨论内容相当宽广,遗憾的是,至今仍存有尚未充分探索的内容,如译本《原富》。考虑其中的原因,可能对于语言学界的研究者来说,这个话题有专业上的隔阂,研究成果少,而且难以深入下去。本书采用表格的形式来展现严复所发表的专门经济论述和隐藏在其他文题之下的经济讨论(见表2-1)。依据文章发表顺序排列,说明它们的索引具体位置,另外概述各篇的经济要旨。

从研究方法来看，《原富》的前期研究主要是史实梳理。一手文献主要是王栻主编、中华书局在1986年出版的《严复集》（王栻，1986）。《严复集》共五册，约96万字，内分诗文、书信、案语、著译、日记和附录六大部分，包括严复公开发表的单篇文章、私人往来书信、八部译著的重要案语及对应译文、《政治讲义》、《天演论》全文、译著的序跋和古书评语，一直是严复研究必备材料。大体而言，这套合集已收录严复的主要经济论述和观点。严复著述数量浩大，遗漏自是难免，自1986年出版后，《严复集》一直未修订再版，许多近些年发掘的新文献无法编入其中。1985年，台北天一出版社编辑出版的《严复传记资料》（共6辑），是中国台湾学者的研究成果。后大陆又出版了牛仰山、孙鸿霓合编的《严复研究资料》（1990），孙应祥、皮后锋合编的《〈严复集〉补编》（2004）和牛仰山《严复文选》注释本（2006）。《〈严复集〉补编》搜集到许多《严复集》未收的新资料，有佚文、诗词、书信、译著，以及其他类件，其中不少是未刊稿。此次《〈严复集〉补编》提供了一些与严复经济活动面向有关的论述文献，包括《奉告开平矿务有限公司中国诸股东启》（1901）、《开平矿务有限公司广告》（1901）、《论抵制工约之事必宜通盘筹划》（1905）、《与让三书》（四封，1903~1904）。严复曾点评《沈瑶庆奏稿》（1901），批评清政府的"所变"只是"末节"，"依次做法，国势既不能强，民财亦不能富，即民智亦不能开"。1998年，王庆成等编辑出版《严复合集》（共20册）。四次严复纪念会议论文集①也相继出版。北京大学未名文化公司2000年制作发行光盘资料库《严复专集》②，是20世纪中国文化史之著名学者系列之一，收录其人著述、研究文献及照片资料。

二手资料的研究成果主要是对严复经济思想的不同面向设专题讨论。近代经济思想史研究著作中有不少章节以严复的经济思想为研究对象。

---

① 福州市纪念严复诞辰140周年活动筹备组编《严复诞辰一百四十周年纪念活动专辑》，内部发行，1994。福建省严复学术研究会编《93年严复国际学术研讨会论文集》，福州海峡文艺出版社，1995。福建省严复学术研究会编《严复与中国近代化学术研讨会论文集》，福州海峡文艺出版社，1998。福建省严复学术研究会、北京大学福建校友会编《中国近代启蒙思想家——严复诞辰150周年纪念论文集》，方志出版社，2003。

② 现中国国家图书馆藏有光盘。

这类著述大致有 14 部①，整体数量不多，兹举两例。一是胡寄窗《中国近代经济思想史大纲》，其第十章为"严复的经济思想"；二是侯厚吉的《中国近代经济思想史稿》（1983）。胡文可以说是对严译《原富》目前分析得最好的一篇，详细论述了严复对斯密经济观点的继承与批判，结论是公允的。侯厚吉与吴其敬以 60 页的篇幅详细阐述了严复的生平、思想取向的基本态度和各种经济言论。两书的作者对严复经济思想的评析都是以《原富》的译文和案语为研究对象的，基本上是从马克思主义经济学的观点加以考察②。

专门的学术论文散见于一些以社会研究和经济学研究为主的期刊中。这些研究以严复的经济学思想和《原富》对中国社会、经济的影响为论述核心，更多是探讨严复翻译《原富》体现出的经济见解、译本接受和效应。从"中国知网"搜索，查得主要研究成果有 128 篇，其中硕士论文 3 篇③。这些文章分项讨论严复的各种经济见解，解说的深度差异较大，个别取得了相当突出的研究成果（赖建诚，1989）。对于严复主张的经济自由化在 20 世纪初是否符合当时中国的经济发展状况、是否有利于经济的发展和政策的制定，学者观点分歧较大（叶世昌，1980；曹旭华，1986；林其泉，1993；梁捷，2008）。赖建诚（2009）更是对以提倡"放任自由"、"反商重主义"和"最小政府"为主旨的《国富论》对清末知识界以及积弱的经济产生的影响和作用不以为然。严复诞辰纪念三次研讨会和两次会议论文集中，也有个别严复经济思想的研究新作，如苏中立完成的《执西用中·尚实达用· 世运转变——严复经世致用思想的独特

---

① 胡寄窗（1982）；侯厚吉、吴其敬（1983）；欧阳哲生（1994）；赵靖（1998）；俞政（2003）和皮后锋（2006）等。

② 赖建诚（2009）从新古典经济学的角度对严复的经济思想进行分析，读者可分别从两个角度来解读，得以互补。

③ 国内成果以"中国期刊网"数据库"严复 经济"为搜索关键词达最大量（数据库所提供文献时间为 1978 年至今，搜索时间为 2012 年 11 月 19 日），共查询得期刊论文、学位论文、会议论文共计 128 篇，其中重要的论文有：史全生（1978）；罗耀九（1978）；叶世昌（1980）；舒扬（1982）；曹旭华（1986）；陈文亮（1994）；林其泉（1993）；俞政（1994，1995，1997）；张守军（1999）；刘雪梅（2003）；陈绛（2008）和梁捷（2008）等。有关严复经济思想的著作相对较少，俞政（2003）对严复《原富》中的经济思想有部分探讨。博士硕士学位论文有：宋雄伟（2007）；郑斌孙（2009）；郑双阳（2012）等。

性》（2003）。另外，在王尔敏《中国近代思想史论》（2003）和《中国近代思想史论续集》（2005）中，讨论早期士人求富思想的发展和衍变时涉及严复一些经济方面的观点，如其中一章为"商战观念与重商主义"（2003：198 - 322）。李允俊主编的《中国经济史（1840—1911）》（2000）是上海社会科学院经济研究所的学者们历时多年编写的重要著作，内容十分丰富，资料扎实。该书的一个重要特点是严格按照"编年体"的方法编纂；此外，该书所记史事截至1911年。王方中的《中国经济史编年纪事（1842—1949）》（2009）基本特点是用编年纪事体的方法，将中国近代经济发展的全过程以及各具体情况前因后果完整记录下来。汪敬虞主编、中国社会科学院经济研究所研究人员集体撰写的《中国近代经济史（1895—1927）》（2000）以资本主义的发展为中心线索，从历史条件、时代大环境上考察中国半殖民地半封建经济的发展演变过程。该书是以各位作者专题研究为基础的集体著作，研究深入且体系完整，资料丰富，发掘及采用了第一手资料，在近代国际收支和资本问题、农业雇工和地主经营、工业多元化结构和手工业功能分析等方面都有突破性进展。海外学者非常关注清中晚期以来中国社会经济问题，研究成果非常丰富。费维恺（Albert Feuerwerker）[①] 概述中国的经济发展状况与阶段、中国经济面临的结构性问题与特征以及中国士人的回应和争取。

  以上综述可以看到，严复经济思想研究取得了不少成果。同时，我们也需要清楚前期研究尚有许多存疑，需要进一步讨论。首先，《原富》究竟是怎样一个译本？严译《原富》一向因其"大失原书面目，亦不合现代要求"[②] 而为经济学界、翻译界多诟病。也因为这一点，严复的译文研究一直不如其经济思想那么受学界重视。刘重燕（1985）揭示了严复翻译《原富》时所依据的英文底本，严扬（1997）指出新近发现《原富》的修改稿，这些都为严译研究提供了重要的一手材料。赖建诚（2009）对《国富论》在世界范围的传播进行了考察。他从新古典学派

[①] Feuerwerker对中国近代经济研究成果较多，有《中国的经济（1870—1911）》（《密执安大学中国研究集刊》，1969，后收录在《中国剑桥史》）、《宋代到1900年的中国社会经济史》（*Chinese Social and Economic History from the Song to 1900*, 1982）和《晚清帝国经济史研究》（*Studies in the Economic History of Late Imperial China*, 1996）等。

[②] 民国学术期刊《十日》为郭大力、王亚南合译《国富论》出版所作书讯。参见1931年第3卷第41期，第155页，白沙社丛书之一。

经济学出发，对《原富》中的个别译词进行了比较。吴建林（2004）对《原富》中经济类名词的翻译手法和译词消亡进行分析，探讨语言使用的表面现象背后隐而未彰的心理、文化及社会意涵。这些成果为该领域今后的研究奠定了基础，提供了一些思路，但也应该看到，它们多为史料性和开拓性工作，不甚成熟，缺乏系统。严复在翻译过程中的思考和翻译策略的使用，一直缺乏深入的文本分析，着力于译本考证和译文研究，强调翻译过程和翻译方法的成果更是鲜见于文。

其次，西方经济学说传入初期，译名是如何确定的？经济学说早期在中国的传播并不是以一种思想模式或体系进行的，最早与中国发生联系是在对华的贸易往来中。被介绍到中国的异质学说，自然伴随着对这些经典所赖以产生的文化环境的陌生。经济学说进入中国，最严重的一个问题是语言的性质，仅有很少一些经济术语可以用古汉语自由表达。这是学科类别传入过程中都面临的问题，如哲学、科技、历史、地理学等西籍的进入都有这样的问题。由于语言的障碍，经济学说在传播过程中出现了两种现象：一方面通过随意的、脱漏短缺的和难以理解的译文改变了原文，另一方面因使用中国术语而引起的误导，而这些术语已经有了确定的含义。译名的"挪用"或者使西文意义有损失和歪曲，或者使汉语语汇内涵增大、模糊甚至移位。经济词语的译名在严译《原富》中翻译与衍变是首先应该研究的对象。

再次，研究文献主要是围绕《原富》一书展开，所涉及的史料、观点都出自《原富》的案语与"译事例言"。人们可能质疑：严复的翻译是否忠实地传达了斯密的思想？"忠实度"有多少？案语都是严复本人的思想体现吗？由于严复在翻译中对原著的多样操纵，展现在读者面前的译文已经发生了不少变化，案语本身也暗藏玄机。严复在案语中所陈述的内容，来源复杂，不仅涉及中国古代经济学思想、斯密的讨论，还有大量来自编者罗哲斯及罗氏所引的其他经济学者的论断。如果不将该版本的斯密原著与译本比对，就无法揭晓隐藏在案语中的另一番天地。而如果将案语视为严复的产出，那么在研究起点上就已经存在缺憾。

最后，严复的经济思想与其整体思想是怎样的关系？在晚清，"求富"一直是清政府与社会士人致力的目标，"求富"的另一面即是"求强"。那么对严复经济思想的探讨是不是需要探讨其背后的"思想资源"

和"社会资源"？研究方法上，多拘于严复的经济学主张，忽略了严复整体学术思想在《原富》和其他严译中的相互融会贯通，忽略了严复与晚清社会及晚清政治的血肉联系与互动关系，致使严复成了孤立的个人，严复的译著和思想变成了与社会政治毫无关联的抽象的理论和观念（王宪明，2005：4）。不少论文多侧重严复经济思想的某一个方面，很少能比较全面、系统、深入地探析，专门阐述严复经济思想的专著也较少。读者（普通读者）不明白各个经济观点之间有何关联，严复的案语是随斯密的著作内容安排而写的，随译随论，往往后者对前者有所呼应，西方经济现象与中国经济现象比照，即便是抽出几项经济类的议题，也难考察出严复经济观点的内在联系性。严复经济思想研究尚具有辽阔的学术空间，还有许多地方有待进一步深入挖掘。

  本章对前期严复翻译研究成果进行综评，指出了前期研究的特点与不足，并在此基础上，强调"重探"严译研究的重要性。"重探"的基础得益于翻译学、史学、社会学、法学等多门人文社会科学研究成果在世界范围内的不断丰富，从而给予严译更多阐释的空间。本章还对《原富》和严复经济思想研究的前期成果，加以整理、分类和评析。以上综述可以看到严复经济思想研究取得了不少成果，也显示出不足、误识的遗憾，为研究的展开提供了丰富的视角和指引。

第二章 文本图谱：严复、斯密与《原富》

布迪厄（Pierre Bourdieu）提出"场域"（field）概念，是指某个特定时期在某个特定文化中获得独立并产生出自己的文化惯例的自主领域，包括文学、语言学、艺术、思维或科学中的场域。在新旧观念和秩序共存的特定时期，翻译成为新旧观念对抗与对话的场所。本章重点关注严译《原富》产生的时代，详细追溯严复翻译动因与过程（1896~1901），揭示西方社会科学翻译引发的传统与现代交涉中的一面。

第一节 严复的翻译与思想

严复（1854~1921）是近代中国著名的启蒙思想家和翻译家，是全面、系统而深入地译介西方政治、经济、社会、法律等各方面社会科学著作的第一人，也是近代中国向西方学习和追求新知的重要代表人物之一。如果以严复的翻译作为生平与思想的划分尺度，那么可以大体分为三个阶段。以个人学识、经历、思想为主的积累期（1854~1893），著述、译述迸发的丰产期（1894~1911），学术、社会活动相对减少的消淡期（1912~1921）。对严复的生平、思想的总结与划分，已有多种讨论，也存在不少争执。不少学者，如周振甫（1936/1987）认为，严复的思想缺乏一贯性，可分为由进步到倒退两个阶段，其政治立场飘忽不定，直至保守堕落。也有学者力证严复一生思想具有一致性，其政治的取向近于保守主义和威权主义的系统，如黄克武（2000）指出，严复思想与传统具有连续性，并非如一些学者所强调的严复思想与传统文化的非连续性，认识到这点将有助于认识严复在译介密尔思想时所遭遇到的各种困难[①]。还有学者，如林启彦（1999）专门考察严复一生的文化思想，论

[①] 黄文并没有具体举例说明哪些研究者和成果强调其中的非连续性，也没有进一步解释"非连续性"的确切含义和出处。林同齐（2006）则认为黄文对史华兹、严复的研究有误读和歧见。

证严复在评价中西文化过程中,以持平的态度既肯定二者的长处又揭示相应的缺陷与不足,得出其思想具有一贯的理性。史华兹对《支那教案论》译案进行分析后指出,通过严复对"孝"的认知和对原作者宓克观点的采用("孝则中国之真教也"),认为严复在这一时期,及之后很长的一段时间中对"孝道这一传统的价值观念持有比较肯定的态度",继而间接地推翻了周振甫提出的这一时期严复"全盘西化"阶段划分法和事实。

有关严复的生平、思想及影响研究,学界的研究成果非常丰富,加之不断涌现的新史料和新视角,较为完整、多层性地描绘出其个人影像①。这些研究也特别注意从他的生活起居、《年谱》为起点,由他的文章来看他的思想,了解其学问与思想的流变及影响,从而可以由他的变化和影响反过来了解严复本人和当时的晚清社会②。严复的才学颇受当时中国驻外第一任公使郭嵩焘(1818~1891)的赏识,这段历史在郭氏的日记中多有记载。甚至离任之后,郭氏写信给留学生监督李凤苞(1834~1887)推荐严复,信中有言:"出使兹邦,唯严君胜其任,如某者,不识西文,不知世界大势,何足以当此?"③余英时在《现代危机与思想人物》(2005)中对严复留学生活加以总结:

> 历数英、法两地的高才留学生,郭嵩焘独许严宗光(复)"交涉事务,可以胜任",并说"以之管带一船,实为枉其材"……这些记载说明在郭氏眼中只有严复才能对西方有比较全面而深入的认识。换句话说,严复不止是一位海军专家,而且是一勘任使节的通才……严复正式接触到专业以外的西方学术和思想大概始于他在英国习海军的时期……在当时许多留学生中,他显然是最具通识而观察力也最

---

① 记录严复生平成果丰厚:陈撰《墓志铭》,严璩《侯官严复年谱》,侯毅《筹安盗名记》、《严几道与熊纯如书节钞》等四种资料;王蘧常《严几道生平》、皮后锋(2006)、王栻(1986)、林耀华(1933)、王允晢《侯官严复行状》,闵尔昌纂《碑林补集》卷末,燕京大学国学研究所印,线装石印本;福州市纪念严复诞辰140周年活动筹备组编《严复诞辰一百四十周年纪念活动专辑》。
② 历史社会学研究可以为翻译史研究提供重要的研究方法和史料资源,如对译者生平可采取集体历史记忆的研究思路。
③ 关于郭嵩焘与严复的交往,参见钟叔河(1984:197-497)。

敏锐之一人……严复、梁启超和胡适都属于以学术推动现代化的通才，而不是终身从事于"博士之学"的专家。(2005：110－115)

无论上述诸学者如何评价严复，他为西学翻译与传播做出的巨大贡献已得到中外学者的一致认可。1910 年，出生于麻（马）六甲、在新加坡莱佛士图书馆担任高级管理员的孔天增（Kung Tien Cheng）在《寰球中国学生报》(*World Chinese Students Monthly*) 介绍受过西方教育能通外语的近代中国知识分子，其中有《杰出的受教育的中国人——严复小传》的英文报道，介绍其译著《天演论》和《原富》。严复八大译著皆是悉心择选西方社科经典，学科门类涉及社会学、经济学、法学和教育学等，仅《天演论》就曾引发自 19 世纪末开始直到 21 世纪今天的"探索救国图强之路"。

严复的翻译活动开启了兼有明确的理论形式和思想内容的西学传播之滥觞，他借助译文与案语传达了外来新思想和新观念，更阐发了其个人对中国传统思想与文化的见解。他提倡的"以自由为体，以民主为用"的主张，深刻地批判了当时广为推崇的"中学为体，西学为用"的论调。在政治思想上，严复一贯主张君主立宪制，即以英国式议会民主制为模式，提倡君民分权①；其经济思想核心则是要保护经济命脉，实行经济自由主义，强调国富民亦富。在严复译述的众多西学名著中，其中分量最重、规模最大、耗时也最长的当属英国著名政治经济学家亚当·斯密的《原富》。严复翻译斯密此书的最直接初衷是深植心中富民强国、"系乎黄种之盛衰"的爱国情怀。他在《译斯氏〈计学〉例言》中讲，"夫计学者，切而言之，则关乎中国之贫富；远而论之，则系乎黄种之盛衰。故不佞每见斯密之言于时事有关合者，或于己意有所枨触，辄为案论，丁宁反复，不自觉其言之长而辞之激也"。严复给曾担任南洋公学译书院院长、商务印书馆编译所所长张元济（1866～1959）的近二十封函札中讲述《原富》译述过程，信中屡次提到《原富》的翻译价值和对国民的影响，"此书的系要书，留心时务、讲求经济者不可不读"。

---

① 陈舍（1994：119）认为，严复提倡的君主立宪制，虽不如革命民主派的民主共和政体彻底，但是与专制主义者和"保皇派"的政治主张有区别。但是，对严复支持君主立宪制提出的批评反而更多。

重要性在于该书讨论"理财法例及财富情状"启开山立学的功用,而且多处征引"银号圜法及农工商诸政、西国成案",更在于"其书所驳斥者多中吾国自古以来言利理财之家病痛"。

第二节 严复的经济著述与思想

严复对西方经济学了解已久。从其日记和《原富》案语可知,先生曾研读过斯密、穆勒父子(Mills)、耶方斯(William Stanley Jevons)、李嘉图(David Ricardo)等人的经济学著作,并做出相应的评论①。严复对当时出版的经济类图书也很留心,曾寄送友人阅读厦门英领事名嘉托玛者著一理财书,名《富国真理》(*Simple Truth*),评论此书翻译质量"欠佳"②。经济学思想部分表述见于其未完译稿《国计学甲部》的案语。《国计学甲部》究竟何时翻译,现在学界并不清楚。王栻主编《严复集》(四)称"《国计学甲部》,法国巴黎法典学堂讲师齐察理原著,严复翻译,原著及翻译的时间均未详,可能是早期的翻译,仅译3000字左右便终止了"。

在严复的生平和传记中,有过接触具体经济活动的记录并不多。较为突出的是他在1901年5月受原开平矿务局总办张翼之邀任开平矿务有限公司华部(设于天津)总办,1903年11月请辞。由于公司加招洋股为中外合办,财权、人事权等完全为英方所控制,严复"名为总办,其实一无所办"(王栻,1986b:546),其职责不过是办理文案及公司契券、刊布翻译诸事,并无实权。当时开平煤矿采矿权被英巧夺,暗中酝酿收购中国股东股票。为此,严复化名"唐山人"在《中外日报》头版发表了近两千字的《奉告开平矿务有限公司中国诸股东启》,奉劝中国股东不要抛售股票,以同英方力争利权。随后,严复又在《中外日报》连续发布公告,提醒中国股东兑换股票。他还在《大公报》发表《论〈中外日报〉论开平矿事书》,为张翼辩解。从严复在晚清经济事务上的作用和贡献上来看,他首先是一位翻译家、思想家而不是从事商业事务,

---

① 这些评论在《原富》的案语中多次出现。
② 出自"与张元济书二十封"中第三封,写作时间为1899年5~8月间。

如盛怀宣一样掌管官督企业的事务性权力的"官僚企业家",也不同于朝中权臣张之洞,更不同于从事多年经济探索的王韬,而是费维恺已给出的评定,作为改良派的严复"是没有实际政治和经济力量的小官员、学者和作家"(1958/1990:43)。

不过,严复对西方经济思想的了解却远远早于以上参与的经济活动。严复于1876年2月在福建船政局实习期间,曾短期访问日本的长崎、兵库、大阪、神户、横滨等地。据日本著名中国史学家内藤湖南在《燕山楚水》(2007:4~5)① 中记录,严复与他在日本会面,采用"笔谈"的方式进行了简短的交谈。内藤询问严复有何缓解政府财政枯竭的良策。严复认为只有实行新政,删减旧政,减少"无用的军资"。1877年至1879年严复作为第一批留学生被派往英国留学,首先进入朴次茅斯(Portsmouth)大学学院学习,肄业后又进入格林威治皇家海军学院(Greenwich Naval College)深造。其间,严复接触到一些西方经济学说著述。在《天演论》的案语中,严复提到"理财计学"对国计民生的重要性。

> 复案:自营一言,古今所讳,诚哉其足讳也。虽然,世变不同,自营亦异。大抵东西古人之说,皆以功利为与道义相反,若薰莸之必不可同器。而今人则谓生学之理,舍自营无以为存。但民智既开之后,则知非明道则无以计功,非正谊则无以谋利。功利何足病,问所以致之之道何如耳,故西人谓此为开明自营。开明自营,于道义必不背也。复所以谓理财计学,为近世最有功生民之学者,以其明两利为利,独利必不利故耳。(转引自王栻,1986d:1395)②

严复留英期间,正逢马克思(Karl Marx,1818~1883)旅居英国,

---

① 内藤湖南(1866~1934)是日本著名中国史学家。《燕山楚水》是内藤1899年旅行中国时的记录。本书最精彩的部分是他与严复、张元济、文廷式等很多改革派知识分子之间讨论中国政治局势的笔谈记录。
② 该案语出自《天演论·下卷》《论十六·群治》。在《天演论》译文后附的词语表已经收录"economist"译为"经济学家"。《天演论》有涉及经济学问题,如马尔萨斯的《人口论》。

德文《资本论》第一卷已出版十余年，但他对马克思主义似乎并不感兴趣[①]。严复在经济学方面可谓是"悟而不作"，他没有写过关于经济问题的专书或论文，有些论文虽部分涉及经济问题，但经济问题不是论文的侧重点。不过，严复并不是没有经济思想，他还是有自己独特的经济观点的，而且在中国近代经济思想史上占有相当重要的地位，"尤其对经济范畴的论述颇有见解，这在中国近代的经济思想文献中对经济范畴的论述是极少的"（赵靖，1998：720）。严复对国人缺乏对外商务往来常识深表痛恨。在《原富》中，他曾写下相当长的一段案语。

> 欧洲各国之于进出口货也，务出熟而进生，所以求民自食其力之易也。独中国之通商不然，其于货也，常出生而进熟，故其商务尤为各国之所喜。中国士夫高谈治平之略，数千百年来本未尝研究商务，一旦兵败国辱，外人定条约，箝纸尾督其署诺，则谨诺之而已，不但不能驳，即驳之亦不知所以驳也。所识税则者，有国有土之专权也，而我则进出之税欲有增减，必请诸有约之国而后行。国之官事，晋用楚材，古今有之，而未闻监榷之政付之他国之吏者也。且古今各国之用外人也，必有人弃本籍而从仕国，功赏过罚，可以加诸其人之身，方其策名而授之以政也。有盟诅之礼，有易服之制，故虽为异产，而其人则可用也。而今，则执我至重之税政利权，而其人则犹敌国之臣子也，所操者吾之政柄，而受封爵于其本国。立严约密章，禁吾国之人之为其属，而入其藩篱者，而其所监之税，又其本国者居什八九焉。呜呼！此真斯密氏所称自有史传以来，人伦仅见之事者矣。《易》曰："作事谋始。"吾之所以为始者既若此矣，又何怪金镑之价，货物之情，大异于昔，而吾欲取其旧者，稍一更定而不能也。（此书成于光绪二十六年，故如是云云）夫中国虽于今为奥国，而终为外人所严惮，而恐为其子孙忧者有二事焉：一曰土地广大，物产浩博也；一曰民族而勤，作苦治生也。以是二者为之资，设他日有能者导其先路，以言通商，则转物材以为熟货，

[①] 黄克武（2000）指出当时英国已有马克思主义社会学著作传入。另可参见谈敏（2008）。

其本轻价廉，以夺彼欧人之市有余；以言兵战，则坚忍耐战，人怀怒心，决非连鸡为栖者所可及。而是二者之中，其前一尤为政人之忌，故吾今者之故步自封，虽笑讥鄙夷，而实则彼之所祷祀以求者也。设一旦吾之民智日进，天诱其衷，幡然改之，吾知彼方奋其沮力，以与我争一旦之命，其必不坐视以听我之精进，又灼然可知者矣。嗟乎！二三十年以往，假炎黄种族犹足以自存，则吾之所以与彼力争者方炽。立后来之基址不难，去当前之阻力难。去当前之阻难矣，而救前人之失计乃尤难也。顾此数十年之间，将瓜分鱼烂而破碎乎？抑苟延旦夕而瓦全乎？存亡之机，间不容发，视乎天心之所向，亦深系乎四万万人心民智之何知也！后此之变，将不徒为中国洪以来所未有，其大且异，实合五洲全地而为之，夫岂不佞区区之智所能逆睹而预策之者哉！虽然，有可知者，曰顺天者存，逆天者亡。天者何？食然之机，必至之势也；阅今而考古，格物而致知，必求真实而后已者。凡为此耳，夫非妖祥呇征之谓也，吾党有志图存之士，其求深识，此所谓天者。（斯密，1902/1981：524－525）

这段案语中，严复强调外贸出口原材料、进口加工品等商务活动会引发国权丧失，因而要提高民智、考古阅今。严复认为西方经济学是"格物而致知"，是当作"格致之学"来看。所谓格致之学，就是学夷之"技"。在严复看来，经济学的研究对象不过是财富的消长，研究经济学的目的不外是足民富国而已。而经济学的重要性，不仅在于它关系到中国的贫富，而且在于它关系到中华民族的生死存亡盛衰。严复提出的具体经济思想主要集中在《原富》书中大量的案语中，涉及价值、货币、工资、利润、利息地租等范畴。现将严复在一些篇章中涉及的主要经济学观点整理如下（见表2－1）。

表2－1 严复在各类著述中的主要经济论说

序号	文章名称	文集/页码	出版时间	内容与性质
1	原强	《严复集》/页5~15	1895年	自由被视为经济增长的前提。探讨自由与富强

续表

序号	文章名称	文集/页码	出版时间	内容与性质
2	奉告开平矿务有限公司中国诸股东启	《〈严复集〉补编》/页 5~7	1901 年	采矿权
3	开平矿务有限公司广告	《〈严复集〉补编》/页 8~10	1901 年	强调保护矿权
4	路矿议	《严复集》/页 104	1902 年	修建铁路、采矿权为国家商业发展的根本,是积累资本（母财）的重要来源
5	读新译甄克思《社会通诠》	《严复集》/页 146~151	1904 年	路矿权益
6	论抵制工约之事必宜通盘筹划	《〈严复集〉补编》/页 21~24	1905 年	严复对抵制美约的不同意见
7	论铜元充斥病国病民不可不急筹挽救之术	《严复集》/页 178~187	1906 年	币值改革
8	原贫	《严复集》/页 292~295	1912 年	"计学",强调农工商共同发展,开矿、币制改革
9	论中国救贫宜重何等之业	《严复集》/页 295~298	1913 年	振兴实业
10	救贫	《严复集》/页 319~322	1913 年	强调"求富"的价值,发展交通和制定法令

资料来源：该表以《严复集》（五册）（王栻，1986）为文献查找来源。

这部分汇总以严复著述为主，不包括散落在各类译著案语中的观点。严复专门性的经济类论述不多，并且从篇名很难推测是否涉及经济观点。大量有关经济、财政等方面的议论往往杂糅在不同篇目之中。

第三节 实学文化背景

从明清交替之际开始，中国在各个方面开始同世界越来越紧密地联系在一起。从 17 世纪下半叶到 19 世纪初，中国的经济规模尤其是农业生产的规模空前扩大。由美洲引进的适于在坡地上生长的新作物，不仅扩大了中国的农耕范围以及农业生产的规模，也造成了人口迁徙模式的改变——人们在向城市集中的同时,也移往未被开发和开垦的地区。与此同时,随着中国的经济规模不断扩大,为支付由中国进口的丝绸、茶叶和瓷器,国外白银和铜也大量进入中国,从而满足了中国因经济规模扩大而产生的货币供应量增加的需要,并成为支持经济进一步发展的关键性因素。清代前期的休养生息、和平发展以及中国同世界联系的加强不仅带来了经济和社会的繁荣,也造成了由于人口急增而产生的各种压力。到了乾隆时代,人口过剩的压力已经明显在中国经济生活的各个方面表现出来,尤其是导致了粮价的上涨和通货(特别是白银)的膨胀。乾隆盛世是一个镀金时代,透过表面的繁荣去探究社会财富的分配以及资源、财富和人口的关系,就可以发现社会深层潜藏的危机以及这些危机在社会意识层面上的反映。人口对资源和财富的压力当然并不是平均地分摊到每个人头上。不同地区和不同社会阶层不仅受到的实际压力不同,他们对压力的感受和应对能力也不同。随着时间的推移,其间的差距也日益扩大,人口压力的增加意味着生存竞争的加剧[①]。

另一方面,19世纪中叶以后,西方势力的入侵愈来愈严重,知识分子阶层的危机意识也因此不断深化,他们对这种危机的解救出路完全寄托在图富求强上面。王尔敏在《新史学圈外史学》中对该现象加以描述:

> 近代史上所已造成之简明教训,传世已不少,而就最重要,并自1860年以贯通至于当今者,用简化一言,而可凝结为四字,当是"富强运动"。简单言,第二次鸦片战争,在中国是创巨痛深,京城沦陷,圆明园、畅春园被帝国主义者抢掠焚毁,皇帝奔逃热河,自是刺激中国上下反省,有识之士提自强求富之见,用以因应世变,有各种教育、工业、军事、外交,以至营商,起而因应西方冲击。(2010:3)

以上两种认识,都让当时的国人迫于各种压力寻求解救的方法,其

[①] 不少海内外研究者对中国经济有过深入的分析:Naquin and Rawski(1987);Elvin and Skinner(1977);Zelin(1984)等。

中包括向西方学习。有关中国经济思想史的研究著述中①，赵丰田所著的《晚清五十年经济思想史》（1939/1989）可称为晚清50年经济改革思想史，内容包括来自西学译著、与在华外国人接触和欧美个人经历的思想与感触。费维凯（1990）批评赵著没有对统治中国的保守派高层官僚们的经济思想做实质性的说明。他认为，保守派与改良派核心分歧是保守派不仅对中国古典著作解释互相矛盾，而且对西方的知识与经验相对阙如。费维凯肯定了改良派的建议，"那些改良派理论家，尽管对传统术语的主旨和见解的意义尚未充分理解，但是他们能够指向中国经济改革将赖以成功的最重要的因素"。存在的问题则是，"没有一位论者能够将所有这些观点结合到一个相关的方案中去，也没有任何系统的理论化的轨迹"（1990：43-44）。

对外经济活动的增多，对中国社会、经济、文化产生很大影响，侯继明在《外资与中国经济发展：1840~1937》（Hou, 1965）中指出鸦片战争前的中国经济属半闭锁状态，是典型农业经济国家。五口通商后，外资在华设厂筑路开矿，形成传统部门与现代部门并存、贡献与损害并存的双元经济。侯继明（1965）进一步指出，"这种双元经济形态，也形成了双元社会"。这种双元社会状态，造成"外来文化与固有文化的冲击、排斥、混合、接纳，进而再形成新文化形态"（179-188）。尽管外资在华活动的经济影响很大，但是更重要更深远的是短期内根本"无法显示的社会与文化改变"。面对西方的武力和经济入侵，中国士大夫的危机意识也在不断深化中。余英时指出，在这个危机意识中埋藏着一个最核心的问题，即"怎样去认识西方——当时称之为'外夷'"（2005：107）。清廷对"外夷"及背景完全不知，"以夷治夷"的策略不过是贾谊对付匈奴之策的修订版而已。至于和夷人办交涉的官员，则只会运用中国官场上和社会上套交情、拉私人关系的一套手段。中国的"封贡制度"被译为Tributary System，当代学者多批斥讥议，责备中国视邻邦为属国②。

---

① 最早较为系统的中国近代经济思想史成果有：赵丰田（1939）、夏炎德（1948）、叶世昌（1980）、胡寄窗（1982）和赵靖（1983）等。中国经济思想史综述类文章可参见叶坦（1998）和程霖（2004）。

② 关于封贡制度的讨论，见王尔敏（2006）。

王尔敏在《弱国的外交》(2008)中，以"夷"探讨中国认识西方的错误视角带来的祸端。刘禾围绕主权想象的跨文化知识传统和话语政治的研究对象，考察"夷"(barbarian)作为历史概念在汉语中的变迁和运用，在清廷与大英帝国的外交、军事冲突中，"夷"字是如何获得特殊的跨文化和跨语言的定位的①。晚清中国与西方的经济知识互通、贸易往来是中西国际关系中很重要的一个方面。方维规（2012）在《"夷"、"洋"、"西"、"外"及其相关概念——论19世纪汉语涉外词汇和概念的演变》一文中，通过考察1860年前后知识分子的旅行记录，研究发现"夷"一词及搭配被逐渐淘汰、演变，"夷务"逐渐被"洋务""外务"取代。以上对"夷"的分析，都说明当时对西方既缺乏了解的方法，也缺乏了解的途径。在经济贸易往来中，西方经济学知识的匮乏带来外交商约巨大的窘境与失败。

第四节 《原富》的翻译动因与实施

在晚清经济知识空间与社会现实下，严复的经济学知识背景对选译斯密《国富论》的影响，透露出他对东西方文化的态度。Pym（2008：143-149）认为寻找翻译活动的深层动因是翻译史研究核心问题之一。他指出，一个翻译现象产生的原因复杂多面，建议采用亚里士多德归纳的四大类原因，即物质原因（material cause）、最终原因（final cause）、形式原因（formal cause）和效率原因（effect cause）来说明如何更全面地解释翻译现象的起因。韦努蒂（Lawrence Venuti）在《译者的隐形》(*Translator's Invisibility*) 中重点强调了翻译选材的重要性和策略性。异化翻译的"异"表现为翻译的"选材之异"（蒋骁华、张景华，2007）。韦氏的这一观点其实也源于施莱马赫思想的启发。施莱马赫认为异化翻译的出现首先表现为翻译的文本选择，译者可以通过翻译那些被主体文化所排斥的文本，重构外国文学的经典，从而抵制主体文化中的主流话语。

---

① 刘禾会议发言《超级符号与观念的生成——鸦片战争中"夷"字之辨的由来》（国际日本文化研究中心第26次国际研究集会"近代东亚诸概念的成立"，2005年8月）分析了语词演变为一种物质力量的过程。关于"夷"的讨论，另可参见Liu（2004：169）。

在翻译过程中，选择与目的语主流文化风格迥异的异域文本，其价值在于不仅能打破目的语的文化准则，而且能改变目的语文化构成，使翻译成为异质性的话语实践，从而把翻译作为研究和实践"差异性"的场所，而不是盲目地认同目的语的主流文化。所以，翻译的"选材之异"实际上不仅暗含了翻译话语的演变，还对目的语的主流话语有一种修正作用。本节中，严译《原富》英文底本的发掘，有利于从整体内容安排、结构、编者注释、译者案语等方面比较译本与原著，进一步精准地揭示出译本内在特点。尤其是底本上留下的"译者手批"展现出翻译过程中鲜见于文的细节，明确揭露出严复翻译过程的思考线索和密码。

19 世纪以来，西方经济学说派别林立，经济学新著层出不穷，严复为何选译这部距他一百多年前的古典政治经济学的代表作呢？《原富》的翻译目的和译述原则是否与严复其他译著具有延续性，还是另有变动？如果有差别，原因是什么？严译著述研究的一个共同内容，就是探究严复所选原著翻译的真实意图。严复读到卫西琴（Alfred Westharp）《中国教育议》，因其中有赞美孔子的表述转而翻译（林启彦，1999：27）。史华兹在谈到严复翻译《支那教案论》（Missionaries in China）的动机时说，"当时正值教案风行中国，严复的翻译无疑是期望借用外国人自己的话语，为中国文人学士的反洋教运动提供一个有力的新武器库"①。这里史华兹更感兴趣的议题是，严复的翻译初衷是否反映出他本人思想形成的早期阶段与中国传统思想之间的关系。作为当时主张变法革新的代表性思想家之一，严复在《法意》中试图阐明的翻译宗旨是根据他对中西方社会形态的独到体察，中国走向现代过程中不能回避的制度障碍。而非基督徒的严复出面翻译《圣经·马可福音》（前四章）并非出于信仰，其动机正是同他写作《辟韩》《救亡决论》，翻译《天演论》一样，是输入外来文化冲击中国文化的一个举动。显然与赞助人英国公理会（Congregational）教士文显理（George Henry Bondfield，1855~1925）请严复

---

① 严复翻译的《支那教案论》有南洋公学译书院刊本。苏格兰学者亚历山大·宓克（Alexander Michie）在 1891 年撰写的《在华传教士》（Missionaries in China）中，对在华传教士的传教方法进行了"尖锐而审慎"的批评（penetrating yet judicious attack on the methods of the missionaries in China）。参见 Schwartz（1964：38）。

翻译的初衷大相径庭。义和团运动之后，文显理作为代表公理会在华宣传基督教的执行人提请严复"用文言翻译《圣经》，争取知识界的读者"。他在报告中说，"严复可不是一个老牛破车般循规蹈矩的平庸作家，而是在众人之外自具水准作家。中国朋友向我保证说：恭亲王以下，直至全国的官员、缙绅都会欣然阅读由严复翻译的基督福音。在他们看来，这不是一部外国书，而毋宁说是中国文献"①。雷中行（2009）对严复译赫胥黎《天演论》的研究即指出严复翻译此书的原因之一，就是借此说明西学本身独特的历史发展，批评西学中源论，以纠正官绅士子对西方的浅薄认识。

前期研究中，不少学者对《原富》的翻译出版做过一些很好的总结，如受近代西方文化的冲击、严复对斯密及其著作的崇拜、重农主义对严复的影响和"洋为中用"等（皮后锋，2006；俞政，2003）。"西方的冲击"②常常成为严复译著动因之一。史华兹认为需要谨慎看待"西方的冲击"。他指出，这一观点的错误之处在于，"把西方看作是一个完全的已知数"，传统的中国文化在与西方的冲突中毫无活力，只有在外部的刺激下才具有回应的能力（Schwartz，1964：1-4）。这样，"西方的冲击"的概念可能会导致对传统文化的复杂性和发展动力估计不足。张灏也认为，强调外部因素影响，容易产生忽视中国传统内涵的危险（1971/

---

① 大英圣书公会请严复翻译全本《马可福音》，据文显理报告，翻译中断的主要原因是严复太忙。在完成前四章的翻译之后，严复为保证译文的准确性，译本将提交给一个由圣书公会选定的由三到四个传教士学者组成的委员会审核。文显理共在全国各地投发 400 本严译《马可福音》，并向 70 多位重要的教会人物发出了调查表。问卷除要求审读者对经文整体的风格和个别章句的准确性进行随意具体的批评外，文显理还给读者三个简单的选择题：一、严译是否比旧译有改进？二、严译是否忠实？三、出版严译是否是明智之举？一年之内，有 33 人返回意见，其中 29 人为传教士，4 人是中国文人。问题一有 18 人表示肯定，9 人怀疑，3 人否定；问题二有 9 人表示好，13 人说要修改，6 人不表意见，1 人说不好也不忠实；问题三有 19 人表示应该出版，7 人不表意见，2 人反对。这是首次通过分发译本与问卷的形式对严复的翻译质量进行评估，尤其值得注意的是受试对象 100% 为专业人士，90% 为外籍人士。参见李炽昌、李天纲（2000：51-75）。
② "西方的冲击之说"的源头是西方心理学发展的两项成果：其一是弗洛伊德，讲精神分析与人之潜意识，其二是俄国人巴普洛夫，讲制约反应。人心一切反应，皆可由外加以控制。费正清等人提出的西方冲击的理论来源值得进一步考察。

2005：176 - 177)①。此外，还有学者认为，严复选译《国富论》而不选译新古典经济学派的著作，是因为专业所限、知识不足，可能根本不知道有德国国民经济学派可供借鉴（赖建诚，2009：3）。不过，从《原富》的案语来看，严复对西方经济学的源流与发展以及经济学常识在西方社会的普及等状况还是有所了解的，而且可能通过英文经济学著述了解到德国国民经济学派的概况②。

严复的选译不仅有其"个人的体验"，同时受到"中国史境"总体文化的影响。他在《原富·译事例言》中首次提出翻译的四项原因：

> 计学以近代为精密，乃不佞独有取于是书，而以为先事者，盖温故知新之义，一也。其中所指斥当轴之迷谬，多吾国言财政者之所同然，所谓从其后而鞭之，二也。其书于欧亚二洲始通之情势，英法诸国旧日所用之典章，多所纂引，足资考镜，三也。标一公理，则必有事实为之证喻，不若他书勃窣理窟，洁净精微，不便浅学，四也。（斯密，1902/1981：9）

以上四点原因大体是从著作内容和影响力来谈。本书认为，严复择译斯密的《国富论》还有如下几个方面：①严复对"自由主义"思想的追求；②经世思想的回潮；③斯密与《国富论》在西方的声誉；④译者借文发表自己的观点。

首先，一个不容忽视的原因就是经世思想的"回潮"。许多学者认为中国有抑商和政府统制经济的传统。王尔敏（2003：235）曾说，"中国自汉以来之重农抑商政治传统，与贱工轻商之社会风气，历二千余年之传承，以至十九世纪，实为不争之事实，共喻之常识"。一些重要的经典和史籍一再强调"重农抑商"原则，农业不仅持续被认为是中国经济唯一可行的基础，而且是唯一合适的基础。最近的研究则揭示，自中世纪（14世纪）以来，中国就逐渐意识到商人和商业的重要性，这一趋势

---

① 近30年来，中西比较史学的研究有很大的进展，研究突破了长期支配这一研究领域的西欧中心主义，也突破了20世纪50年代以来流行的"对西方冲击的回应"模式。

② 严复确曾部分地翻译了其他经济学著作，主要有如下几种：《国计学·甲部》、《计学浅说》和《富国真理》。

在19世纪前期达到顶峰。这种重视商业的思想是否从18世纪就不断增强，也受到学界的关注。晚清经世致用思想的回潮，作为一种起作用的理想重新出现，一方面使中国出现的社会经济现实开始改变人们的观念，另一方面突破了以往文化对社会经济的影响。

19世纪前期，经世风格的文体可以分为两种类别：一种强调拟古，重视文章的结构；另一种则主张创新，着重音韵。后一类别的学者更倾向于追随今文经学派的治经方法，将孔子抬高到"素王"的尊位，以约束世俗的君王。林满红认为，喜好拟古的那批学者则倾向主张政府出面干预；重视行为讲求创新的那一批学者，倾向于认为市场发生危机时，其本身力量沛然莫之能御。后一批俨然形成了干预派，前一批学者形成了放任自由派。19世纪前期，当货币问题日益威胁到国家的安危之际，也正是强调多元力量的放任自由学派占上风的时期。后来到了50~80年代，持干预主张的学派一跃成为经济思想领域的主导。放任派主张在19世纪前期曾经取得暂时的胜利，但在19世纪后期整个经济思潮又转向干预主义。这种转向也表现在学习经典的方法和对古文写作风格的选择上。桐城阳湖学派鼓励创造词句，强调个人的主动性以及放任主义的自由贸易。林满红（2007：186~237）指出，随着对经世思想日趋浓厚的学术兴趣，知识界的主流文体也发生改变，可以拿来改造社会的浅显易懂的文体渐趋流行。受这一学派影响，严复对经济自由主义思想格外关注。

其次，《国富论》所提及的经济自由主义、自由贸易等一套观点，正是严复所认可的。严复吸收了斯密的某些理论和分析方法，主张用资本主义生产方式改造整个国民经济，适应民族资产阶级发展资本主义的要求。通过理论上的论证后，严复对原有传统的某些经济理论范畴进行改造或重新解释。这里需要注意辨别两个问题：严复对当时中国的弊病是否认识清楚；他选择宣传斯密的学说是否最符合当时中国国情。严复又从保护进出口关税、保商、免受西人之害方面进行了阐述：

> 争进出差之正负，斯保商之政。优内抑外之术，如云而起。夫保商之力，昔有过于英国者乎？……自斯密论出，乃商贾亦知此类

之政,名曰保之,实则困之。虽有一时一家之获,而一国长久之利所失滋多。于是翕然反之,而主客交利……斯密计学之例所以无可致疑者,亦以与之冥同则利,与之舛驰则害故耳。("译事例言",斯密,1902/1981:10-11)

从严复个人说来,他对"自由主义"的追求不仅体现在政治思想上,也包括对自由主义经济学说的向往。严复选译这部著作,最大的契合点是看到《国富论》倡导的自由主义经济学说对世界经济的繁荣所做出的贡献。《国富论》批驳了重农主义和重商主义学派的理论,以及在这两种学派影响下的国家所推行的一些妨碍经济自由发展的政策与措施,但同时也吸收它们提出的自由主义经济理论。严复对自由贸易政策的益处特别认可,曾附加案语专门强调:

农宗此论,其所明自由平通之义,不独能使工商之业自无而为有,自困而为亨也,且能持已倾者使不至于覆,保方衰者使无及于亡。呜呼!惟公乃有以存私,惟义乃可以为利,事征之明孰逾此者?(斯密,1902/1981:546)

史华兹坚信,严复是斯宾塞的崇拜者,严复选译《国富论》,原因之一就是斯密所阐发的自由主义经济学理论在斯宾塞的综合哲学体系中相当重要。这种解释受到质疑。皮后锋认为,这种解释明显有悖于严复本人的陈述,同样令人难以信服。他举例说,1901年初,严复函告友人:"办得《原富》一部脱稿,近已付梓,大约二三月当可出书。(郑)国之产有言,吾以救世也。"由此可见,严复选择《国富论》亦取决于中国救亡运动的需要,而非出于"对斯宾塞的崇拜"(皮后锋,2006:412)。

再次,严复眼中的自由主义经济学说不只是一种普通的经济理论,而且是中国作为落后的农业国借以除弊起衰的真理。严复经济思想中最具特色的东西,并不是他对一些经济范畴的论述,而是他用以表达中国资产阶级的发展要求和改革要求的那些内容。严复曾经说,虽然他认为当时流行的一些西方经济学说比斯密的学说在理论上更完善,但他不选择这类著作进行翻译,而是选择斯密的著作,是因为《原富》中所讲的一些理论，最适合当时中国的需要。斯密所批判、所反对的弊政，正是当时清朝"言财政者所同然"（斯密，1902/1981："译事例言"）。这些话清楚地表明严复翻译《原富》的目的之一，是为当时中国寻找理论武器。斯密一书实质上批判了中国的类似经济现象。严复明确指出，该书"所指斥当轴之迷谬，多吾国言财政者之所同然，所谓从其后而鞭之……其书于欧亚二洲始通之情势，英法诸国旧日之所用之典章，多所篡引，足资考镜"（同上）。严复给张元济①的信中屡次提到《原富》的翻译价值和对国民的影响："此书的系要书，留心时务、讲求经济者不可不读"，重要性在于该书讨论"理财法例及财富情状"启开山立学的功用，而且多处征引"银号圜法及农工商诸政、西国成案"，更在于"其书所驳斥者多中吾国自古以来言利理财之家病痛"（俞政，2003：132－143）。严复翻译此书的最直接初衷，是深植心中富民强国、"系乎黄种之盛衰"的爱国情怀。

夫计学者，切而言之，则关于中国之贫富；远而论之，则系乎黄种之盛衰。故不佞每见斯密之言于时事有关合者，或于己意有所怅触，辄为案论，丁宁反复，不自觉其言之长而辞之激也。（"译事例言"，斯密，1902/1981：13）

……且其事何烦远引，即自斯密氏之一身言之，当其居噶克洛谛也，形貌不逾中人，蔑然若无能为者，而自其《原富》书出，西国养民经国之术斐然大变。至于今，虽计学之家益深益宏，而斯密氏之述作其星宿海也，虽显者如前数公，方之蔑矣。故斯宾塞尔谓，世若以讲学著书为无用，则请观斯密氏之《原富》，吾人今日一饭一衣皆其赐也，而斯密氏特不自知耳。（斯密，1902/

---

① 与张元济书共二十函，原件除第二十函藏中国历史博物馆外，其余十九函均存上海图书馆。张元济（1866~1959），字菊生，浙江海盐人。光绪十八年进士，刑部主事。戊戌政变后去上海，先后任南洋公学译书院院长、商务印书馆编译所所长。这二十封书信，是揭示《原富》译述过程的一手资料，价值很大。有关严复与吴汝纶就《原富》翻译过程的书信往来，可另参见赖建诚（2009：9－14）。2013年5月底，香港中文大学主办"翻译与东亚现代性"国际会议，日本关西大学沈国威教授发言题为《从〈天演论〉到〈原富〉：以严复吴汝纶的书札为素材的考察》。

1981：642－643）

严复对斯密颇为赞赏，曾多次说"斯密氏此言最窥财政深处，非高识远量之士未易与此也"（斯密，1902/1981：55）。严复提出斯密的经济思想并不在于首创，而在于"为新学之开山"。严复在"译事例言"中说道：

> 谓计学创于斯密，此阿好者之言也。夫财赋不为专学，其散见于各家之著述者无论已。中国自三古以还，若《大学》、若《周官》，若《管子》、《孟子》，若《史记》之《平准书》、《货殖列传》，《汉书》之《食货志》，桓宽之《盐铁论》，降至唐之杜佑，宋之王安石，虽未立本干，循条发叶，不得谓于理财之义无所发明。至于泰西，则希腊、罗马，代有专家。而斯密氏所亲承之师友，若庚智仓，若特嘉尔，若图华尼，若休蒙大辟，若哈哲孙，若洛克，若孟德斯鸠，若麦庚斯，若柏抵，其言论謦欬，皆散见于本书。而所标重农之旨，大抵法国自然学会之所演者，凡此皆大彰著者也。独其择焉而精，语焉而详，事必有征，理无臆设，而文章之妙，喻均智颎。则自有此书，而后世知食货为专科之学。此所以见推宗匠，而为新学之开山也。（斯密，1902/1981：7－8）

严复认为当时流行的经济学说没有比斯密的学说更完善、更适合晚清国情①。斯密反对的正是当时清朝的"言财政者所同然"，他在《原富》案语中就曾提到，"顾不佞之为译，乃独有取于是书者，则以其论之中于吾病者方多，不陛登高行远必先卑迩已也。此亦梭伦造律先其利行之义也夫"（斯密，1902/1981：436）。

最后，从翻译角度来说，严复借助原著来发出自己的声音。徐中约（1970/2002：430）的评论很中肯。他认为，"严复是一位政治评

---

① 陈文亮（1994）在文章中并没有明确说明当时有哪些流行的经济学说。严复是做过一些比较，然后才最终选定斯密的学说的。

论家,他通过写作和译书来鞭挞中国的软弱,自由地阐发被压抑禁锢的思想"[1]。译者在另外一种语言和文化中寻找自己的代言人,寄希望于来自另一种语言的原作来表达译者的心声。从这个意义上说,译者与原作者往往在思想、观点追求上得到一致,借助原作和原作者发出了自己的呼唤和声音。译者通过带有独特诠释和表达的译笔,将原作者、原著、译者和译本结合起来。译者的共同之处在于他们与原作者、原著捆绑在一起,作者和译者的个人生平经历和翻译活动结合在一起。在严译《原富》这个案例中,译本不仅体现了原作者的身影,更加融合和凸显了译者的声音和诉求,同时也重塑了译者严复的人生价值和经济思想[2]。

第五节 斯密与 The Wealth of Nations

亚当·斯密(Adam Smith,1723~1790)[3]出生在苏格兰法夫郡(County Fife)科尔卡第(Kirkcaldy)的一个中产家庭。其父名也是亚

---

[1] 徐中约(1970/2002:429-432)对严复的认识颇受史华兹影响,文中多次引用史华兹的观点,但是他更加突出严复对西方的认识和思想表达的独特方式。徐氏非常认可严复的观点,如"中国和近代西方的根本区别在于两者对人的能量的不同态度","使一个国家变得强大和富有,是思想而不是军事强权"等。

[2] 中外翻译史上均有这样的翻译案例。日本明治时期新女性文学社团"青踏社",由于受到权力关系与意识形态的制约,不得不采用与西方话语中处于显赫地位的女作家和著作"联姻"的方式,使译文与原文产生共生关系,加入日本女性译者的改写,凭借原作者和原著在西方的声望和影响力,使译著受到日本读者的关注同时也发出译者的声音。关诗佩在分析清林纾翻译哈葛德的作品时发现,在受尽外国侵略的晚清,利用帝国殖民主义文学,暗度陈仓,把殖民文学变为协助中国建立国族观念、抵抗外侮的利器及工具。参见Levy(2011:213-233);关诗佩(2011:138-169)。

[3] 对于《国富论》的研究成果可谓是汗牛充栋。格拉斯哥大学设有亚当·斯密研究所;亚当·斯密研究网站资源:www.adamsmithslostlegacy.com。斯密研究的一手资料主要有《亚当·斯密通信集》(Correspondence of Adam Smith,2000)。由于研究者众多,各自的理解与评论各有不同,大体可分为传记和斯密政治经济学思想这两类研究。《亚当·斯密通信集》由英国的欧内斯特·英斯纳和伊恩·辛普森·罗斯编写。斯密的信件作为其著作的一部分,真实地反映了他一生尽力追求的事业和他的主要活动,对于我们了解和研究这位伟人的生平事迹、学术观点和思想、生活、友谊及交往都有重要的价值。从通信集中我们可以看到斯密写作《国富论》一书时部分资料的来源,也可以看到斯密修订《道德情操论》的一些情况,他同休谟等人的学术交流和友谊以及休谟对他的影响等。

当·斯密，在斯密出生前已经去世。斯密受家族托管金的协助，得到了很好的教育，14岁时便考入格拉斯哥大学。由于学业优异，斯密17岁时被送往牛津大学就读。斯密在牛津大学学习了7年。他在这个时期阅读了大卫·休谟（David Hume，1711~1776）的哲学名著《人性论》（A Treatise of Human Nature，1739~1740），很受启发，也与休谟之间建立了很好的友谊。牛津大学毕业后，斯密于1748年接受了爱丁堡大学的聘请，在校讲授修辞学和文学。1777年，斯密被任命为苏格兰的海关税务司司长，定居爱丁堡。他于奉公守职之余仍继续研究，从事写作。从1787年至1789年，他担任格拉斯哥大学校长职务。1790年7月斯密与世长辞。临终前，他将所有尚未完成的著作全部焚毁。

1751年斯密在格拉斯哥大学任教，是他人生经历的新阶段。斯密起初担任逻辑学的教学，后改为道德哲学，涉猎很是广博。授课讲义共分四部分：神学、伦理学、法学和政治学。第二部分伦理学经过斯密的精心研究，后来著成今日大家熟知的伦理学大作《道德情操论》（The Theories of Moral Sentiments）①。该书于1759年出版，共修订过6次，斯密本人也因此声名鹊起。斯密从人类的情感和同情心出发，讨论了善恶、美丑、正义、责任等一系列概念，进而揭示出人类社会赖以维系、和谐发展的秘密。《道德情操论》对于促进人类福利这一更大的社会目的起到了更为基本的作用，是市场经济良性运行不可或缺的"圣经"，堪称西方世界的《论语》。授课讲义的第四部分虽名为政治学，其实举凡贸易、价格、国家收入、税收等相关经济理论和财政问题都包括在内。直到1765年，斯密才开始研究政治经济学。欧洲大陆旅行期间（1764~1765），斯密结识重农学派的创始人魁奈（Francois Quesnay，1694~1774）②和重农主义经济政策实行者杜尔阁（Anne Robert Jacques Targot，1727~1781），并深受重农学派影响。

《国富论》的早期写作始于这段旅行，斯密在给巴黎朋友的书信中，

---

① 《道德情操论》中文译本有蒋自强等（1998）、余涌（2003）、韩巍（2005）和谢宗林（2008）。《道德情操论》的译本研究成果不多，主要有罗卫东（2005；2008）。罗卫东（2008）认为，《道德情操论》翻译中不少错误在于并未能真正了解斯密的"经济自由主义"思想核心。

② 有关斯密与魁奈"无形之手"与"放任自由"思想比较可参见李非（2001）。

谈到写作的进程①。1766年从欧洲大陆返国后，斯密请辞教师职务，专心致志于《国富论》著述，其间三年润色，共耗时十二年之久（1765~1776）。斯密的《国富论早期草稿》（Early Draft of Wealth of Nations, 1763）收录在《法学讲稿》（Lectures on Jurisprudence, 1861）中。1776年3月此书出版后引起大众广泛的讨论，影响所及除了英国本土，还有欧洲大陆和美洲也为之疯狂，因此世人尊称亚当·斯密为"现代经济学之父"和"自由企业的守护神"。这部著作的出版，不仅经济学界极为重视，就是当时在国会里进行辩论时，议员们也以引证这本著作的文句为荣，而且一经引证，反对者也多不再反驳。

斯密曾写过十几种有关社会科学的著作，但他在临终前焚毁了自己所有手稿，有关政治经济学的著作，仅保留《国富论》一部。《道德情操论》与《国富论》有密不可分的关系。从《道德情操论》和《国富论》的交替创作、修订及其整个研究、写作计划来看，斯密学术思想体系在本质上具有一致性。1759年4月，《道德情操论》首次出版，是在斯密道德哲学讲稿第二部分的基础上完成的，时至1774年共出版了四版。从1763年开始，斯密在道德哲学讲稿的第四部分基础上酝酿创作《国富论》，并于1776年最终出版。在《国富论》的创作期间，斯密并未停止对《道德情操论》的修订，直至1790年他去世之前，最终完成了《道德情操论》的第六版。可以说，这两部巨著是斯密整个写作计划和学术思想体系的有机组成部分。斯密本人也是把《国富论》看作是自己在《道德情操论》中所论思想的继续发挥②。

《国富论》堪称经济科学的百科全书，共分五篇。第一、二篇属于政治经济学范畴，后三篇分别是经济史、经济学说史和财政学。在斯密所处时代，经济科学的各门学问分支并没有严格划分开来。资产阶级经济科学体系逐渐确立起来是在工业革命完成之后。该书最大的特色之一是研究对象与"自由主义"的基本观念贯穿全书，并且观点始终如一。

---

① 这里这位朋友实际上即指大卫·休谟（《斯密书信集》）。参见斯密（1972/2010：7~8）。
② 在政治经济学的研究中，长期以来存在着对亚当·斯密以及他所提出的市场经济思想认识的偏差，认为亚当·斯密在《国富论》中持自私是人的本性与《道德情操论》中同情心是人的本性是矛盾的与冲突的，构成了"亚当·斯密的矛盾"。有关这两部巨著之间是否存在矛盾多有不一致的观点。可参见沈敏荣（2008）。

斯密始终关心的问题是国民财富的性质和原因,他的基本观念就是"自由主义"。

第一篇,斯密从分工开始讲起,说明了分工与一个国家国民财富的关系、分工的作用。首先,他论证了分工能够促进劳动生产率,是增加国民财富的一个积极因素。其次,他认为分工的发展必须以合理的交换为基础,进一步说明了货币的起源及其机能,把货币作为流通手段来研究。商品和货币的交换,就必然会发生价值及价格问题。所以,斯密又用了三章的篇幅来讨论商品的价值及价格,提出商品的自然价格(即价值)是进行交换的前提。这样,交换、货币、价值和价格与斯密的分工论紧密结合起来。根据斯密的理论,在前资本主义社会中,商品的价值是由劳动决定的;在土地私有权和资本出现以后的社会中,价值是由工资、利润和地租这三种收入决定的[1]。因此,他把分配论也跟价值论和分工论联系在一起。最后,他又以四章的篇幅研究了分配问题:工资、利润和地租。第二篇研究资本。不同于第一篇中货币作为交换的工具,斯密本篇从货币作为资本的角度展开讨论。他首先说明了资本是积累的一部分。斯密认为资本量增加,可使劳动人数增加,也就使分工得到进一步发展,提高生产效率,产生出更多的国民财富。所以,资本同分工一样,也是增进国民财富的一个积极因素。其次,他指出了资本的构成有固定资本和流动资本两类。另外,斯密还讨论了借贷资本和资本的其他各种用途。在讨论资本积累时,斯密提出了生产劳动和非生产劳动的理论。在这个问题上,他克服了重农主义者认为只有从事农业的劳动才是生产劳动的偏见,认为从事工业的劳动也是生产劳动。所以,他在这个问题上比重农主义者迈前了一大步。当然,他在这个问题上也是有缺点和错误的[2]。

第三篇的重点放在"诸国民财富的增进"这个问题上。其实,斯密的真正研究对象是国民经济史,即从罗马帝国崩溃直到他所处时代的经

---

[1] 对于价值是否由工资、利润和地租这三种收入决定,学者们并未达成一致意见。陈其人认为这种理论是错误的(2012:7)。
[2] 本文研究并不特别关注斯密的经济观点是否受到各种抨击,不同经济学家对他的分析、赞扬与指摘,重点是在严复对斯密思想的认识和理解上,也就是以西方经济思想的输入为考察对象,探讨严复对中西方文化的态度。

济发展过程与状况。斯密根据事实,论证一个国家所实行的政策正确与否、对分工和国民财富的影响。在这一部分中,斯密又谈到了分工,与第一篇不同之处在于,他研究的是城市和乡村的分工及分工与城市兴衰的关系。他认为最好的经济政策是国家不要去干涉个人的经济活动。就是说,国家应采取放任态度,让每个人的经济活动得以自由。第四篇是第三篇的继续。在第四篇中,斯密讨论的是经济学说史上的各种问题,重点是对重商主义和重农主义的批判。但是,斯密对两个批判对象的态度有所不同。他着大量笔墨以近八章的篇幅对重商主义的经济思想和经济政策进行深刻、全面的分析与批判,认为它们妨碍了个人经济活动的自由,从而妨碍了国民财富的增进。只有一章的篇幅针对重农主义。其中的原因在于,他本人受重农学派的影响颇多。(陈其人,2012:6)如果说,第一、二篇是研究国民财富增进的积极因素,那么,第三、四篇就是研究其消极因素了。第五篇"论君主或国家的收入"主要研究内容为财政学,包括国家的支出、收入和公债三个问题。虽然是财政学,但斯密在这一篇中论证了国家收支对于资本积累的影响,他认为一个国家的财富自由在收入超过支出的情形下才能发展,因为只有在这种情形下,才能促进资本积累,从而增进国民财富。

全书五篇的研究对象是前后一致的,经济活动的自由即自由主义这个中心思想也是始终贯穿全书。斯密的出发点是自然秩序。他所了解的自然秩序,是从人的本性产生而又合乎人的本性的、正常的社会制度。他所理解的人的本性就是利己主义,他所理解的正常的社会制度就是资本自由制度。既然是自然秩序,那么资本主义制度必须合乎人的利己本性,所以在斯密看来,每个人只有他自己最关心个人的私利。所以,每个人的经济活动的自由,也就成为十分必要的了。《国富论》第一、二篇所研究的分工、交换、货币、价值、工资、利润、地租、资本等经济范畴都是自然秩序的表现。在他看来,分工、交换和货币都是自然而然发生的;而价值则叫做自然价格;工资、地租和利润则研究其自然率,即所谓自然工资、自然利润和自然地租;资本、资本构成及其各种用途也都是合乎人的利己主义本性之自然秩序的表现。第三、四篇虽然研究经济史和经济学说史方面的课题,但他在这两篇中说明了自然秩序的斗争史。他不否认在人类历史上除自然秩序即资本主义制度外,还有其他经济秩序存在。但他认为那种非自然的经济秩序不合乎人的利己本性。例如在第三篇内,他以事实证明,只有克服那种非自然的经济秩序,并且建立起自然的经济秩序,才能促进国民财富发展。第四篇也贯穿了这种精神。如果说在前两篇内,他从正面说明了自然的经济秩序,那么在第三、四两篇内,他从反面说明了自然秩序为自己发展清除道路的斗争过程。在他看来,只有自然秩序才是永恒的经济秩序。这样,他就把资本主义制度绝对化、永恒化了。在第五篇内,虽然他研究的是国家的财政收支和公债,事实上,他依然是以自然秩序为基础来论证国家经济活动的范围和财政收入规模的。由此可见,从形式上看,上述五篇是具有经济学科百科全书性质的,而从研究对象及其主导思想——经济自由观念来看,则全书五篇是首尾一贯的。

经济自由主义,或者放任自由(Lesser ~ faire)是斯密经济思想的核心。在斯密看来,经济的自由主义具体体现为反对重商主义、反对保护政策(保护主义、贸易保护)、反对国家干预、反对管制,主张自由贸易、自由通商。斯密认为,各种经济理论(文中所述)是"自然秩序"(natural order)在各个经济范畴中的表现,斯密也将"自然秩序"的思想作为自己的经济自由主义思想的出发点。(陈其人,2012:219)他认为,让资本家自由地追逐个人利益,发展资本主义经济,即只有实行放任自由才符合自然秩序规律性的要求。在自由贸易论这个领域,斯密并不是开风气之先的首创者。即使按照偏于保守的估计,在斯密之前,至少有五位作者为"自由贸易的完全的支持者",至于倡导"较自由贸易"者,则人数起码还可翻倍。英国的经济学思潮在17世纪便呈现自由化的倾向,那些被斯密笼统地冠以"重商主义者"称号的(政治)经济学家大多在日益转向"重商自由主义"的立场。

第六节 《原富》的翻译与译本特点

本节将这一研究考察对象和范围拓宽,分为原文和译文文本内在结构比较、译文修订、译本特点三个部分。

一 结构比较

1901 年，严复在完成《原富》五部翻译任务后，撰写"译事例言"，专门对译本内容加以详细说明：

> 是译与《天演论》不同，下笔之顷，虽于全节文理，不能不融会贯通为之，然于辞义之间，无所颠倒附益。独于首部篇十一释租之后，原书旁论四百年以来银市腾跌。文多繁赘，而无关宏旨。则概括要义译之，其他如部丁篇三，首段之末，专言荷京版克，以与今制不同，而所言多当时琐节，则删置之。又，部甲后有斯密及罗哲斯所附一千二百二年至一千八百二十九年之伦敦麦价表，亦从删削。又此译所附中西编年，及地名、人名、物义诸表，则张菊生比部、郑稚辛孝廉于编订之余，列为数种，以便学者考订也。（斯密，1902/1981：13）

从该段内容可以看出，全文章节依序基本全部翻译。明确提出概述要义翻译的是第一篇第十一章第三节中的旁论谈过去四世纪的银价变动。删节未译的两个部分是：第一章末尾"伦敦麦价表"和第四篇第三章第一节末尾（并非严复所说"首段之末"）的旁论谈阿姆斯特丹的存款银行问题①。严复对译本的整体内容有哪些调整和改动呢？为便于从整体上了解《原富》内容与结构，特将该译本与原著底本做出详细比较（见表 2-2、表 2-3）。

（1）所选用英文底本是 Thorold Rogers 注释的 1880 年版，该版分上、下册，正文共 560 页，正文英文词数为 38 万，注释英文词数约为 3 万。注释条目统计为脚注。页码统计不足一页时按一页记，页数合计时不再累计。

（2）严译本《原富》1981 年由商务印书馆印发，分上、下册，总字数为 44 万，译文约 38 万字。

---

① 这二处省略分别在斯密（1776/1880）上册第 265~271 页和下册第 53~62 页。从英文底本的记录可见，严复阅读了部分内容，并做了笔记，提出一些问题。

表 2-2 《国富论》(Smith, 1776/1880) 原著与严译《原富》(斯密, 1902/1981) 的结构比较

	第一篇 劳动生产率改善的原因，以及要素所得的分配					第二篇 资本的性质、累积与运用					第三篇 各国经济发展的不同途径					第四篇 经济政策					第五篇 公共财政				
	原书章别与内容	原书页数	原书脚注	严译页数	案语条数	原书章别与内容	原书页数	原书脚注	严译页数	案语条数	原书章别与内容	原书页数	原书脚注	严译页数	案语条数	原书章别与内容	原书页数	原书脚注	严译页数	案语条数	原书章别与内容	原书页数	原书脚注	严译页数	案语条数
	1~3 分工	28	1	12	4	引论	3	1	2	2	1 富裕的自然过程	6	0	4	1	引论	1	1	2	1	1 政府支出	30	44	119	42
	4 货币	8	2	6	3	1 资本的分类	9	2	7	1	2 罗马帝国后欧洲农业的衰微	13	13	12	5	1 重商主义	25	12	22	5	2 政府收入	103	74	78	30
	5~7 物价	38	27	36	17	2 货币为资本的流通工具	50	27	34	12	3 罗马帝国后都市的发展	12	11	10	2	2~6 贸易自由论	110	53	78	31	3 公债	45	13	38	7
	8 工资	26	18	25	16	3 资本累积	20	18	25	11	4 城市商业发展对农村的贡献	14	9	14	4	7 殖民地	92	38	77	20					

第二章　文本图谱：严复、斯密与《原富》

续表

第一篇 劳动生产率改善的原因，以及要素所得的分配					第二篇 资本的性质、累积与运用					第三篇 各国经济发展的不同途径					第四篇 经济政策					第五篇 公共财政				
原书章别与内容	原书页数	原书脚注	严译页数	案语条数	原书章别与内容	原书页数	原书脚注	严译页数	案语条数	原书章别与内容	原书页数	原书脚注	严译页数	案语条数	原书章别与内容	原书页数	原书脚注	严译页数	案语条数	原书章别与内容	原书页数	原书脚注	严译页数	案语条数
9 利润	12		16	8	4 利率	10	5	7	3						8 重商主义总结	21	5	14	4					
10 不同部门的工资与利润	49	39	43	24	5 资本的各种运用	19	13	14	10						9 重农主义	28	14	20	3					
11 地租	22	85	93	44																				
合计	183	222	231	116		111	66	89	39		45	33	40	12		277	123	213	64		178	131	235	79

表 2 – 3　译本《原富》副文本信息

原书内容类别	原书页数	严译页数
编者前言	35	8
编者版本说明	1	0
作者版本说明	2	0
附录	0	0

严复译本篇首另加"吴汝纶序",原译者前言改为"斯密亚丹传"和"译事例言"两部分,"中西年表"为编者另附。译本中的"斯密亚丹传"是依据"编者前言"缩删翻译而来。与英文底本内容相比较后发现,严复略去了原编者 Rogers 对斯密的少年生活与经历、斯密母亲的介绍。严复对相邻段落的内容加以总结,并在页边空白处标注简短概括说明,如"生时"、"性孝"、"少时为人所掳"、"学塾"、"十四十七"、"受廪饩"(benefaction)、"家教"、"堂政"、"题名"、"学费"、"本业教士"等。这些底本中大段介绍斯密的文字,在严译"斯密亚丹传"中只留有只言片语,简而概之了。不过,严复详细介绍了斯密的《道德情操论》(Theory of Moral Sentiments),书名译为《德行论》,并解释说,"moral philosophy"就是"德行学"。

二　译本修订

1904~1908 年,严复曾对南洋公学译书院出版的《原富》做过校对、修改。严复校改过的"斯密亚丹传"、"译事例言"、"发凡"以及部甲前八篇,若按篇幅计仅占全书的八分之一强,现由其亲属收藏①。严复是否将《原富》全书校改完毕,尚无确定信息。可知的是,经他校改过的部分内容已散落异处,《原富》的通行本,并没有吸收严复所作的校改。严扬(1997)修改稿中提到,严复在 1904 年翻译并出版《社会通诠》后,修订了《原富》部甲的部分篇目。严文列举出严复对原译文的删、改和增添,没有对严复修改译本的原因给出明确的结论。表 2 – 4 为部甲各篇修改情况。

---

① 严复校改过的部甲篇七、篇八,现藏于上海华东师范大学图书馆,笔者在该馆古籍部见到严复修订的部甲第七章手迹。皮后锋已对这部分信息详细整理,参见皮后锋(2000:309 – 330)。

表 2-4　《原富》部甲（篇一至篇七）修订情况

目录	正文			案语			备注
	增	删	改	增	删	改	
译事例言		1			1		
发凡				1			
篇一		1	1	6	2	2	
篇二	1			2	1	1	
篇三		3	1	5			
篇四		2		3			
篇五		1		3			篇五"论物有真值与市价异"
篇六		3		7	2	1	
篇七			7		3	3	

表中数字为在原文中增、删、改的累计次数。

比对表 2-4 修订内容和原文，严复的修订主要有这样几个方面：①已揭示出的信息中，删改译文 200 余字，使文字更加精练。②删去"译事例言"中一段说明文字；删去篇四中两段译文；删去篇五全部。③新增案语 27 条，并对原有的 11 条案语中的 7 条作了修改，将案语分别改为"罗哲斯曰"和"严复曰"，使得读者了解哪些案语是译自罗哲斯的注释，哪些是严复自己的看法。

今天看来，最值得重视的当然是严复的新增案语。其中之一指出专业分工有利也有弊，如"专一之瑟瑟，不变之饮食，有疲神厌世之效"。另一条案语介绍西方国家的专利权及版权，认为"文明之国欲工业之日精，新知之日出，舍专利、版权之鼓励，其道无由"（严扬，1997：364）。还有一条案语讨论币制整顿，不赞成中国马上仿行金本位制并对造币问题提出了重要建议。对新增案语是否与原文一致？或有何差异，严复为何减删？这些问题将在本书后面的章节中有所论及。

随着一手材料不断发掘出来，严复翻译《原富》的时间、过程与吴汝纶的信件往来、序言安排及一些翻译细节均得到进一步考证（俞政，2003；皮后锋，2006；赖建诚，2009）。本文对此不再赘述，这里只补充新发现的译史信息。严译《原富》最早于光绪二十七年（1901）五月由南洋公学译书院出版。在第一册扉页背面印有"光绪二十七年南洋公学译书院第一次印行"18个大字，但正文只有严复写的"发凡"和目录，没有吴汝纶撰写的"序"、严复"译事例言"以及"中西年表"等①。光绪二十八年（1902）十月正式出版全套《原富》四册。正文前有"序""斯密亚丹传""译事例言""中西年表"等。最后一册封底印有"光绪二十八年十月南洋公学译书院第一次全书出版"及"书经存案翻刻必究"字样。民国学者郑啸崖曾在上海交通大学举行的工业展览会上见到《原富》样稿（清样），对严译着实欣赏，特著文《观严译原富抄稿之感想》（1933），其中有言：

> 严复毕生事业，仅译书数种；论其才力，倘出为世用，成就当不止此；愿即此数种译作，已是为不朽之事业。频年以来，坊间译品丛杂，佳构未必绝无，然草率之作，触目皆是。严译数种，其历久而弥传也宜矣。不佞生也晚，为获亲聆严复之声欬，对于严复译作，则百读之而不厌。诗云："高山仰止，景行行之，虽不得至，心向往之。"不佞之于严译，亦如是云焉而！

他对于《原富》手稿的精妙细说，为后世读者留下宝贵的记录。

> 上海交通大学举行工业展览会，不佞前往参观，于交大出版物陈列部分中，获观严译《原富》抄稿。稿纸印有"南洋公学译书院"字样；墨书朱痕，满纸皆是，显见经人细为校雠。其中抄胥之讹误，固经指出，即字句之间，亦多所商榷；或增一"而"字，或

---

① 华东师范大学古籍部所藏记录1901年出版线装石印本共两册。封一上写"斯密亚当""原富"字样，封二上写二十七年南洋公学译书院第一次印刷，上海北京路商务印书馆代印。一册部甲上（篇一至篇九），一册部甲下（篇十、篇十一）。原著中的中西年表和地名人名物义诸表，均出自清末学者张菊生和郑稚辛之手。国家图书馆现存1901年版三套：①铅印本，三部、三册，上海南洋公学译书院，清光绪二十七年印。书名页题：斯密亚丹，原富。排版为15行32字小字双行同黑口四周单边单鱼尾，牌记题光绪二十七年南洋公学译书院第一次印行，钤"长汀江瀚捐置京师图书馆"印。②铅印本三部，3册，同样是光绪二十七年南洋公学译书院第一次印行，钤"会文堂庄督造书籍""一九四九年武强贺孔才捐献北平图书馆之图书"印。③刻本八卷7册，清光绪二十七年，版式12行32字黑口左右双边双鱼尾，有墨笔圈点。

删一"矣"字,辄由校者签加眉注以询严复,严复亲以"是""否"批之。此外篇前章后,严复批注之语句,不一而足;考证辞源,推敲译字,思精虑密,可以概见。此虽抄稿,无异严复手迹;其足珍贵,自不待言。惟分订三巨帙,装以硬面,削足适履,切短书眉,以致眉注残缺不全,滋可惜也!

郑氏所提抄稿,不同于近年发现的《原富》付印清稿本。该稿本现收藏于西安交通大学档案馆①,一套共计10本,系红格写本,且抄笔端谨,书尾有严复签上的"几道复勘"的字样。1901年,上海南洋公学译书院出版《原富》,后南洋公学迁至西安,为西安交通大学前身。

有关严复翻译《原富》的时间安排及与吴汝纶的书信往来信息,俞政(2003)有过仔细的考察。自1898年3月起,严复陆续将译稿寄给吴汝纶校阅,并请吴汝纶为《原富》撰写序言。为方便读者对照中西时间概念,严复又请张元济、郑孝柽制作《中西年表》。译本的后期刊印同样颇费苦心。《原富》交稿后,他曾致信张元济提出了他对书籍体例格式的要求:"鄙意上石时可将字格缩小,约得三分之二,而书之额脚,均使绰有余地,则尤合格好看也。"(俞政,2003:132)同时,严复考虑读者充分理解译文传递的语词与思想,对译本的"副文本"信息做出了详尽的安排与说明。他在给张元济信中特意嘱咐:"此书开卷当有序述、缘起、部篇目录、凡例、本传诸作",还提到"拟加年表","全书翻音不译义之字,须依来教(指张元济来信),作一备检,方便来学"(俞政,2003:135)。

三 译本特点

《国富论》在20世纪初终由严复完成首译《原富》,作为标志性西方经典传到晚清中国。尽管从该著在世界范围内的传播来看,在中国的译入已经是这一股译潮的尾声(赖建诚,2009:4)。但是由于晚清的中国社会处于思想启蒙与转型重要阶段,经济活动复杂,社会上凝结着对社会经济发展状况的高度关注和富国裕民理想的执着追求,《国富论》

---

① 这一清样已由西安交通大学档案馆收藏。

一直拥有众多读者和译者。皮姆用"频率"（frequency）一词讨论翻译史中重译、复译现象出现的原因。他认为这类现象层出不穷的原因很大程度上取决于对翻译策略的争执，因而复杂难译的文本更容易产生不同译本。这一假说确实可以在中外译史中得到印证。这些复译本由于翻译动因、译者身份、意识形态、社会政治等因素差异而形成思想传播的分途与重构。郭、王早期合译是为马克思《资本论》翻译作知识与宣传的准备，后期修订本（另取名为《国富论：国民财富的性质和原因的研究》，1972年出版）却是借鉴《资本论》中马克思对斯密问题的吸收和批评，重新解读斯密思想，修正初译本受学识、时代影响造成的理解与表达及"错误"（斯密，1972~1974/2010，"改译本序言"：8）。台湾版《国富论》则受日译本的影响较多。《国富论》的重译与复译体现出翻译史研究具有叙事的特点①。翻译活动都是在特定时空里发生，通过不同译者的表述（representation），按照译者自己的理解建构起来的译本即成为再表述（re-representation），复译本的存在说明对于同一叙事存在两种或更多种不同的解释，在文本的旅行中，凸显自我的声音。

　　《国富论》曾多次被晚清知识分子在著述中加以介绍②。来华西方传教士的经济学译著中，也多次提及和引用斯密的理论。在晚清知识空间下没有哪一部西方经济学著作，能够像斯密和《国富论》这样声名显赫。但是，由于《国富论》所涉经济学理较深，篇幅长，全译本《国富

---

① 这一主张的历史叙事被称为后现代主义的历史叙事。杜赞奇（1995/2009）讨论了线性的历史叙述的特征。他认为近代历史叙述存在着一个自我分裂的难题：一方面试图掌握进化的、进步的未来，另一方面则固守过去的不变的本质；在线性的历史时间中一切都是变化的，但其中有着一个不变的内核。这种分裂是线性历史叙事（尤以民族历史叙事为代表）中特有的一个结构性问题。
② 传教士和本土知识分子编译、论著中屡有评议斯密和《国富论》，这部分史料有不少已揭示出来。《万国公报》刊载的美国传教士卜舫济的《税敛要例》（第67册，1894年8月，第14576~14581页）、李提摩太、蔡尔康编译的《大同学》，马林与李玉书的《各家富国策辨》（第121~122册，1899年2~3月，第18268页起）、《论地租归公之益》（第125册，1899年6月，第18550页起）等文都提到了斯密的有关理论。郭嵩焘（1818~1891）在出任驻英大使时期的日记和当时出使英国的副使刘锡鸿的记述中都对亚当·斯密有所记载，刘锡鸿明确提到"此书系挨登思蔑士所著，难于翻译，非习英文者不能翻译"。1890年，王韬撰写的《西学原始考》中谈到了斯密的经济思想。1896年，驻英使馆参赞宋育仁著有《泰西各国采风记》，其中曾介绍斯密的分工理论。主要研究成果有：王韬（1890）、宋育仁（1896）、钱仲联（1998：84-85）、刘锡鸿（1986：119-120）、戴金珊（1990）、张登德（2007）和赖建诚（2009：4）等。

论》的出版较晚。据美国学者任达（Douglas R. Reynolds）讲，上海南洋公学于1896年初曾出版斯密的《国富论》，由时任《时务报》的日文翻译古城贞吉转译自日译本的《富国论》①。按照《国富论》在日本的译介情况，古城倘若真有转译日译单行本，最有可能是石川1882年出版的《富国论》（第一卷），或1885~1886年的《富国论览要》（第一、二卷）。

  1902年严复将《国富论》首次翻译成汉语出版，南洋公学译书院铅印，即清光绪二十八年"南洋公学译书院第一次全书出版"线装大开本，共八册。1929年商务印书馆出版的万有文库版的《原富》，一套九册。商务印书馆在20世纪30年代曾经出版"严译名著丛书"共八种，其中之一为《原富》，1981年此套丛书曾经以简体字横排版重印。辛亥革命之后，斯密学说在中国的传播并未停止，《国富论》的译名趋向定型。1912年，上海科学书局出版《经济原论表解》，出现了《国富论》这一译名（戴金珊，1990：19）。刘光华②致力于研究经济学，早在留学日本期间，就将英国经济学家亚当·斯密的 The Wealth of Nations 以语体文译出，采用《国富论》的书名，1934年5月出版，大32开平装，共250页，由南京民智书局发行。

  五四运动之后，随着马克思主义经济学的传播，为了帮助读者理解

---

① 任达原文为：1895~1896年间，康有为、梁启超等已经注意到日本军方通过翻译求取知识。例如1896年初，盛宣怀在上海办的现代学校——南洋公学，出版了按日文翻译中文版的英国经典著作亚当·斯密的《国富论》（1776），证明了运用日语是获得西方知识的捷径。该书中文译者古城贞吉（1866~1949），在1896年受聘于上海《时务报》，专门翻译日本报刊的社论及文章（任达，1998：128）。任达在该文字下面加注，标明信息的来源是谭汝谦主编的《中国译日本书综合目录》词条550.218。后经笔者查阅该书，记录下这一词条的全部内容：译书《万国通商史》是英国人琐米而士著，最初由日本经济杂志社翻译，后古城贞吉重译，上海南洋公学1895年（光绪二十一年），共553页。参见谭汝谦（1980：348）。谭注并未提到由盛宣怀主持出版《国富论》一事。该书共收集中国译日本人书目除去部分来源于图书馆书目，大量的信息是编者从书店目录、参考书目、未定稿和非卖品种收集。参见"编后记"，谭汝谦（1980：963）。
② 刘光华（1892~?），字味辛，岭南人。民国二年（1913），考取官费留学日本。从东京第一高等学校毕业后，升入京都帝国大学经济学部。民国十四年（1925），获经济学硕士学位归国。民国三十六年（1947），派往台湾巡视教育。次年，当局委任其为台湾大学校长。刘曾任湖大财经学院教授兼企业管理系和财政金融系主任。刘光华致力于经济学研究，早在留学日本期间，就将英国经济学家亚当·斯密的《国富论》译出。其他著作还包括1930年商务印书馆出版的《殖民政策》、1932年南京书店出版的《农业政策》和《交通政策》、1935年商务印书馆出版的商学小丛书《经济常识》。

和区分马克思主义经济学与古典经济学，1931年，王亚南、郭大力先生用现代白话文翻译了斯密的巨著，并选名为《国富论》。郭大力①和王亚南②两人分别对西方经济学思想有所了解。郭大力在上海大夏大学哲学系就读期间开始接触马克思主义，并由此决心深入研究马克思主义的经济理论。王亚南在30年代初开始钻研马克思主义政治经济学，寻找变革社会的救国之道。《资本论》③是公认的博大精深的巨著，但在此之前中国一直没有完整的译本。若要准确无误地译成中文，不仅要具备精湛的中文表达能力，还要有深厚坚实的理论修养和渊博的学识积累。按照他们二人的计划，先用8年时间，翻译马克思之前的6部经济学和经济史名著，包括亚当·斯密的《国富论》，为全面翻译《资本论》做好准备④。马克思主义思想在中国的早期传播就已经包含其经济思想，确切地说，早在1921年中国共产党成立之前，马克思主义的经济学说就已经输入到中国。按照时间顺序来看，郭大力和王亚南合译的《国富论》始于1930年。民国学术期刊《十日》批评严译《原富》的翻译质量，为郭大力、王亚南二人出版《国富论》做宣传。

自1931年郭大力和王亚南重译《国富论》以来，新译本多次印刷⑤，可见当时国人对这部译著的渴求和热爱程度。1972~1974年，郭

---

① 郭大力（1905~1976），江西南康人，又名秀勃，是中国著名经济学家、翻译家。1923年以优异的成绩考入厦门大学，后入上海新创办的大夏大学哲学系就读。就在这段时间里，他开始广泛涉猎社会科学著作，接触马克思主义，并由此始决心深入研究马克思主义的经济理论，为后来翻译《资本论》打下了扎实的基础。1933年独立翻译完成马尔萨斯的《人口论》，1941~1943年翻译《剩余价值学说史》。

② 王亚南（1901~1969），湖北黄冈人，原名际主，号渔村，笔名王真，中国著名现代经济学家。早在1929年，王亚南曾东渡日本，其间阅读了大量马克思主义及欧洲古典经济学著作。1932年，王亚南流亡欧洲，其间他曾在马克思的故乡德国、《资本论》的诞生地英国广泛收集西方经济学资料，关注西方经济学的发展动向，同时翻译了一些西方经济学著作。1931年之后，王亚南相继翻译了《地租思想史》（高富素之著，上海神州国光社1931年出版）、《经济学绪论》（克莱士著，上海神州国光社1933年出版）、《欧洲经济学》（乃特著，上海世界出版社1935年出版）等经济学著作，著作有《经济学史》《世界政治经济概论》等。部分内容参见高妙永（2004）。

③ 有关《资本论》的翻译研究成果有刘大明（1998a，1998b，1998c）、胡培兆（1978）等。

④ 《资本论》的翻译工作进展并不顺利。郭、王两人从1935年至1938年，完成《资本论》三卷本的翻译。《资本论》的出版不仅是中国经济科学研究中的关键环节，更是马克思经济学说在中国系统传播的里程碑，对中国的共产主义运动产生了重要影响。

⑤ 有上海中华书局1931年（二册）初版；上海神州国光社1932年8月再版；后上海中华书局于1934年、1936年4月、1949年11月分别发行第二、三、四版。

大力与王亚南二人的修订本《国富论：国民财富的性质和原因的研究》（上、下册）由商务印书馆陆续出版。而在此之后的近30年中，《国富论》在国内的翻译较为平静。从世界范围来看，这部作品的翻译活动也渐渐趋于减少[①]。不过，以杨敬年译本（斯密，1999/2001）"因学而译"为开端，《国富论》这部经济学巨著在2002年之后的中国大陆被一再重译，速度之快、数量之多，是该书在世界范围传播史上独一无二的翻译事件，值得注意，耐人寻味。百年间，各类中文重译本《国富论》多达35种（附录一），如此庞大的数量，恐怕超过了一般文学作品的翻译，在社科著作翻译中极为罕见。与之相反，台湾和香港地区的翻译市场较为寂寞，并没有出现新的复译本。这些新译本多有相似之处，封面上均印有宣传噱头：如某某大人物"一手《道德情操论》，一手《国富论》"。不论是作为出版商的赞助人还是读者都希望在重读《国富论》时寻找到新的"求富之路"。这些译本有节译、摘译和英汉对照本，也不乏"山寨译本"。后一类译本没有前言、译者序，内容格式与前人译本基本相似，仅仅调整个别字眼即以全新译本发行。这样的翻译现象背后凸显的翻译生态、国家话语权力和社会现实诉求之间的矛盾是值得深思的翻译学问题，也是一个社会学问题。

（一）辅文

从辅文入手对《国富论》多个汉译本进行比较分析，可以发掘出翻译活动文本外许多重要信息。法国叙述学家 Genald Genette 在 1978 年提出 "Paratext"（"辅文"，又译为"衍生文本"）。他在 *Paratexts: Thresholds of Interpretation*（1997）一书中提出，"辅文"指所有用于提示标准文本（text proper）的材料，包括封面设计、标题、致谢、前言、序言、广告、目录、插图、封底、后记、跋、脚注等。最初的辅文研究强调其修辞功能，而并非其他功能，如提供信息、建议、劝告和诠释等。"辅文"信息还包括许多非作者或译者决定的信息，如版式、字体、编者、印刷公司和出版社。另外译者姓名、原著名称、原著作者都应包括在辅文中

[①] 从赖建诚的考察来看，该书在欧洲的传播集中在18世纪中期到19世纪初，韩国集中在1950~1970年之间，日本是1870~1890年。截至1998年，据笔者掌握到的信息，还有新的丹麦文、韩文和西班牙文译本在进行中。参见赖建诚（2009：31-34）。

(Pym，2008：62)。辅文为深刻理解译作的产生与接受提供了价值参考，是翻译史研究中一个主要的史料来源，因而被广泛地应用到翻译研究中。

辅文研究可分为历时研究和共时研究。尽管 Genette (1997：14) 看重辅文的共时研究意义，但是他同时意识到辅文在历时研究中的重要价值，是文学活动中最具有社会性的一面 (the most socialized side of the practice of literature)。就这点而言，在翻译研究中，每一个译本或复译本中的辅文都体现出特定历史文化时期的独特性 (culturally-specific moment)，体现出特定历史时期的读者群需求。由于辅文的丰富性和多变性，最终会影响到译本，辅文具有重要的文化翻译研究价值，也可成为文化翻译的研究工具 (Watts，2000：31)。辅文是正文本周边的辅助文本，应当全面、辩证地认知辅文。它是正文本的互文本，它也是整个文本的构成部分。Genette 最初所指辅文的作用在于吸引更多的读者，从外部吸引到关注书籍的内部。在翻译史研究中，辅文的功能则更倾向于希望吸引文化"他者"(Watts，2000：31)。这在殖民和后殖民时期的译本中常常体现出来。辅文具有史料揭秘、阐释、经典化等多重价值。从反面观之，它则可能对正文本产生遮蔽、拆解乃至颠覆的效用。辅文研究使翻译史的再解读具有了从细节和边缘处切入，进行全面了解译者、译本等一系列翻译行为的可能。

(1) 表 2-5 内所选择的译本，以文内是否有序跋、译者说明、底本来源等信息为选取标准。

(2) "出版社"请参照附录一。表格中空白处为无此项内容。"？"处为有待进一步查证。

(3) 唐日松在"中译本导论"中说明，使用的版本是 1930 年由 Methuen & Co. Ltd. 出版的，是斯密生前最后一个版本 (斯密，2010：7)。由此推测，应该就是坎南的编注本。

(4) 杨敬年译出了坎南的全部页边提要，选译了他的大部分注释 (有星号者为斯密原有注释)，另外附有全书各编及第一、二编各章的导读。另外，杨加入了熊彼特的注释和导读。

第二章　文本图谱：严复、斯密与《原富》

表 2－5　《国富论》主要汉译本辅文信息

译者者	译本名称	出版信息					原著版本	序跋				文内注释			译者导读	附录			术语表
		出版时间	出版地点	出版社	原文页数	译本页数		原作者序	总序	代译序	译者序	Smith注释	编者注释	译者注释	页边提要		原书附录	参考文献	Index	
严复	原富	1902	北京	✓	✓	✓	Rogers 1880				✓		✓	✓						有脚注
郭大力、王亚南	国富论	1931	北京	✓	✓	✓	Rogers 1880			✓										
刘光华	国富论	1934	北京	✓	?	✓	?	?	?	?	?	?	?	?	?	?	?	?	?	?
周宪文	国民财富的性质和原因研究（上）	1964/1974	台北	✓	✓	✓	Cannan 1904				✓	✓	✓							✓
张汉裕	国民财富的性质和原因研究（下）	1974	台北	✓	✓	✓	Cannan 1904	?			?	?	?	?	?	?	?	?	?	
郭大力、王亚南	国富论：国民财富的性质和原因的研究	1972~1974	北京	✓	✓	✓	Cannan 1904		✓		✓	✓								
杨敬年	国富论	1999/2001	西安	✓	✓	✓	Cannan 1904				✓	✓	✓		✓					
谢崇林、李华夏	国富论	2001~2005	台北	✓	✓	✓	?				✓	✓		✓						
唐日松	国富论	2005/2012	北京	✓	✓	✓	Cannan 1930		✓		✓									✓
谢祖钧	国富论	2007	北京	✓	✓	✓	?		✓		✓									

以上各个复译本，从辅文研究角度来看，区别点较为清晰。下文具体选取"原著底本"和"译序"两个方面分析辅文对译者、译本及整个翻译过程的影响。可以看到英文底本选择的不同，对正文的翻译影响颇大。《国富论》版次差异，即"原著底本"分别选取1880年Rogers的编著本和1904年Cannan的批注本。我们所选择的四篇"译者序"分别是严复（斯密，1902/1981）、郭大力和王亚南（斯密，修订本，1972~1974/2010）、周宪文（斯密，上册，1964）和杨敬年（斯密，1999/2001），比较这些文字中透出的社会背景印迹和"译者心声"（translators' voice）。

（二）版本

早在公元5世纪，版本校勘和文献考证就已成为翻译和学术研究的首要条件。圣·奥古斯丁（Aurelius Augustinus，354~430）明确提出《圣经》翻译必须以严肃的版本研究为基础（Robinson，2006：33）。公元9~10世纪的阿拉伯语翻译家面对的希腊文本大都是古叙利亚语译文，翻译之前的重要工作是从大量的文本（手稿）中确定真实的原文，文献考证与辨别构成这一类别翻译活动与研究的关键环节（Delisle & Woodsworth，1995：115）。图里（Toury，1995：74）认为，文化取向的翻译研究首要的问题就是确认真实的原本，版本的选择本身就构成了一个非常有趣的研究课题，研究结果能够说明翻译的功能、过程和结果之间的互动关系。但是，图里并没有具体说明是怎样的互动关系。历史上对原著版本的研究价值也曾发生过争议和忽略。19世纪英国翻译家阿诺德（Mathew Arnold，1822~1888）论及荷马的翻译时，就认为版本等相关外部研究难以定论又无法穷尽，译者完全可以置之不理，应该以最单纯的心态来接近荷马，才能真正领略到荷马的本色（Robinson，2006：252）。

由于译者所依据同一著作的不同版本或底本，间接造成译本差异性的专门研究在文学作品翻译中会有所涉及①，但是社会科学译著中并不

---

① 例如，《红楼梦》的原文版本研究发现，杨宪益与戴乃迭合译本前80回采用有正本，后40回则根据人民文学出版社1959年版本翻译。但是，霍克斯、闵福德的《石头记》是否以程乙本为底本（人民文学出版社1964年出版），前80回是否参照了脂抄本的内容存有争议。有研究认为杨译本中对原文中涉性的粗话有明显雅化和淡化的倾向，并将这一差别归结为意识形态等外部因素。而实际上这种情况主要是原文的版本差别造成的。相关研究可参见洪涛（2006；2008）。

多见。严肃的版本考证是社会科学著作复译本研究重要的起步环节和译文比较的基础；也是对译本差别做出更加科学和翔实解释的依据。另外，译者对英文底本的选择会对原著主旨的把握、译本翻译产生进一步的影响，甚至是巨大的偏差。在社会科学著作翻译中，底本的选择甚至会决定译本的学术价值和学术地位。

《国富论》原著的版本变化主要是受该书的接受和流传演变影响，是研究译本及复译本比较不能忽略或轻视的重要一环。版本研究对深刻了解斯密的创作写作意图、修订者的思想倾向、把握原著的整体结构和思想内涵，从而精准地再现原著作品的面貌，具有重要的意义。而《国富论》的译者在版本选择时也受到诸多主客观因素的限制。文本的语言具有"历时性"和"共时性"特点，这不仅包含了所处时代文化思潮、政经关系等因素对语言的干扰，也包含了作者个人（或后人）在不同阶段运用语言的社会、地域和个人特色（social dialect, geographic dialect, idiolect）。《国富论》汉译本所依据的英文版本主要是 Rogers 1880 年版和 Cannan 1904 年版（见表 2-5）。

严译《原富》和郭大力、王亚南合译的《国富论》（斯密，1931）所依据的英文底本都是英国经济学家、历史学家罗哲斯教授（James Edwin Thorold Rogers, 1823~1890）编订的第二版，即 1880 年版，由牛津大学出版社专门负责出版学术专著的 Clarendon 分社发行。罗哲斯是英国汉普郡人，曾于 1880~1886 年期间担任英国国会下议院自由党议员，推崇自由贸易（free trade）和社会公正（social justice）。他采用历史学和统计学方法分析维多利亚时期英格兰地区出现的一些重要的经济、社会问题。最有影响力的著作是六卷本的《1259~1795 年英格兰农业和价格史》（History of Agriculture and Prices in England from 1259 to 1795, 1886~1902）和《六个世纪的工作与工资史》（Six Centuries of Work and Wages, 1884）。罗哲斯倾注很大精力编订《国富论》，在 1869 年完成第一版后，在接下来的修改版中增改了大量的注释，并添加了许多经济学界新成果，其中包括他本人的新著[1]。

---

[1] 文本笔者尚未找到 1869 年编订本，因而无法与 1880 年版内容进行具体比较。只能参照 1880 年版中的"第二版说明"中提供的信息指出前后两个版本的差异。

坎南（Edwin Cannan, 1861～1935）是英国经济学家、经济史学家，对货币、人口和供求理论研究有贡献，因编辑和注释斯密的《国富论》而名声显赫。坎南曾任伦敦大学政治经济学教授、英国科学促进会经济组主席、皇家经济学会会长。他的主要学术成果有《初等政治经济学》(*Elementary Political Economy*, 1888)、《英国政治经济学生产与分配史：1776～1848》(*A History of the Theories of Production and Distribution in English Political Economy from 1776 to 1848*, 1898)、《生产理论史》(*History of the Theories of Production*, 1898) 和《经济理论评论》(*A Review of Economic Theory*, 1929) 等。坎南曾专为编辑的《国富论》写过很有见地的前言和导读，后成为学术专文《亚当·斯密〈国富论〉前言与导读》(*Preface and Introduction to Adam Smith's* The Wealth of Nations, 1904)。表2-6详细列出两个版本的比较情况。

表2-6 《国富论》英文编订版比较

编者	斯密简介	编者前言	斯密版本说明	编者版本说明	编者导读	页边提要	编者脚注	斯密脚注	附录	索引	增添图表
罗哲斯 1880	✓	✓	✓	✓			✓			✓	✓
坎南 1904		✓			✓	✓	✓	✓			

《国富论》作为现代经济学的奠基之作，其思想源头可以在其他思想家中找到，斯密甚至直接抄用了其他人的文字而未做注释。罗哲斯尽力寻找和恢复这些注释的来源，实为不可多得的一部加注版本[①]。读者不但可以通读斯密原著，并且可以参照脚注，从不同角度分析和研究百年来西方经济学家对斯密的批评、补充、解释等内容。

坎南选用斯密生前最后一版（即第五版），进行加注编订。坎南的编订版中有长达42页的"编者导读"（editor's introduction）和103页的拓展索引（Index）。坎南的注解中详细、具体地标明了每一处"借用"。"页边提要"是这一版本的最大特色，最大限度地帮助读者掌握斯密思想的主旨。

---

① 笔者在华东师范大学图书馆古籍部查阅到该英文版本。信息来源参见刘重焘（1985）。

（三）译序

译者序跋①等辅文信息广泛存在于文本周围，是编者和译者各自或共同"谋划"的一套言说空间，引领读者从外部进入译本必经之途。"译序"试图直接干预和控制读者的阅读习惯和认知解读，凸显编、译者"先入为主"的呼唤与诉求。译作序跋无疑是宗教典籍、文学翻译、自然科学翻译和社会科学译著研究②的重要一手史料，客观存在于中外各时期翻译作品之中。这些序跋展示出编、译者与所处社会历史文化的互文关系，使翻译与译作、译者、编者、赞助人、文化语境和翻译规范等之间的张力得以显现，文本产生机制的差异也昭然若揭。但目前翻译研究对序跋的运用大多限于史料，缺乏从翻译史、学科史、思想史角度出发，将其视作一复杂历史事件的集中呈现，寻找这一翻译背后与其他事件的关联与隐含意义，参照现代学理话语，洞察其与历史语境的动态关联中所透射出的译史价值。译作序跋在历史的文本性与文本的历史性的互涉中，透射出历史与叙述的多重镜像。

在《国富论》这个社会科学译作案例中，译者一方面熟悉外国语文，另一方面他们本身从事经济学、经济史的研究，进而使得这类翻译者承担了双重职能，既是语言的转换者，又是经济观点、思想的解读者。在这样的情形下，专业翻译者具有了较强的操纵能力。在辅文层面，其作为操纵者的主导作用还表现在译者对经济文本的选择、译者撰写的译序或译后记、译者添加到翻译文本中的脚注或尾注等解释性文字上。本

---

① 译者序研究是译者翻译过程研究中越来越重要的资料之一。此类成果可参见 Rodica (2009)、Papadima (2011)、Ricci (2012)、Lütfiye & Neslihan (2012) 和 Crawford (2013) 等。

② 严复的八大译著中，除《穆勒名学》和《法意》外，都有"译者自序"或"译凡例"，前者多介绍原著内容，后者多探讨译述心得或翻译方法。在许多科技、社会科学文献译著中，也存有大量序跋文字，却一直未被投以较多关注。李约瑟等合作翻译的《中国科学技术史》中，专设第一卷为"总论"，其中包括"序言""本书的计划""参考文献简述"等几部分。利玛窦的"译几何原本引"、徐继畬的"《瀛寰考略》序"、李善兰的"《谈天》序"等都有相关内容。1615 年，杨廷筠曾编辑有关《几何原本》序跋，集名为《绝徼同文纪》。杜鼎克（A. Dudink）博士将这批序跋的名目整理列表，收入《对引入西方科学的抵制与南京教案》（*Opposition to the Introduction of Western Science and the Nanjing Persecution*，1615-1617）。有关这一序跋详情，参见安国风（2008：332）。

节以《国富论》中严复、周宪文、郭大力和王亚南及杨敬年四个"译序"为例（见表 2-7），将不同时期译作序言作为一个有机的、历时的整体，通过文本细读，在厘清与特定文本关系的同时，探讨这类翻译研究素材中体现出的译者对翻译价值取向、翻译手法与译本安排的思考。在复译本研究中，考察"译序"的演变特征对进一步译本比较先导性的作用，同时透露出《国富论》在华百年译介的地位变迁。

表 2-7 《国富论》汉译本"译序"比较

译者	页数	选（复）译目的	著者介绍	原著介绍	翻译过程	内容编排	出版资助	版本参照	翻译方法	特点说明
严复	8	✓	✓	✓	✓	✓			✓	解释关键词
周宪文	10	✓	✓	✓	✓	✓	✓	✓	✓	比较日译本
郭大力、王亚南（1972~1974）	8	✓	✓	✓	✓			✓	✓	从马克思主义经济观出发
杨敬年	15	✓	✓	✓	✓	✓		?		学界评论

注：表格中空白处为无此项内容。"?"处为译者并未明确提及。

表 2-7 较为详细地比较了同一部译著、不同译者的"译序"安排与重点倾向。严复的《原富·译事例言》开篇即对 economy（计学）加以题解。严复对所选原著、翻译过程和翻译目的也特别加以说明。

> 《原富》本文排本已多，此译所用，乃鄂斯福国学颁行新本，罗哲斯所雠阅者。罗亦计学家，著《英伦麦价考》，号翔赡，多发前人所未发者，其于是书，多所注释匡订，今录其善者附译之，以为后案。不佞间亦杂取他家之说，参合己见，以相发明。温故知新，取与好学深思者，备扬榷讨论之资云尔。（斯密，1902/1981"译事例言"：13）

严复还在"译事例言"中提到《史记·平准书》、《盐铁论》、《周官》、《管子》、《孟子》以及杜佑和王安石。罗哲斯在斯密（1776/1880）版撰写的"编者序言"，长达 39 页，严复择要编译为"斯密亚丹传"，仅约 1500 字。与严复的译序不同，周宪文①的"译序"为 10 页，记录了资助困难、译本分工、译书凡例、著者和原著介绍等 6 项内容。周序特别提及，为翻译 Cannan 版中大量的注与脚注，译者参考了几部日译本。这部分内容相当难翻译。事实上目前《国富论》汉译本没有任何一个版本把注释译出，均被省略。郭大力和王亚南在"译序"中批评前一译本的不足之处："所用的语言是上个世纪 20 年代末的语言，也不太适合现代中国人的阅读习惯。"这次的修订版，则是"为宣传马克思主义政治经济学做准备"（斯密，1972/2010，"序言"：8）。这里额外补充一点，译者谢祖钧在 2007 年出版译著《国富论》后，曾专门著文讲述翻译过程和翻译的必要性，强调社科典籍的翻译价值②。

复译不能沦为灵巧的拼缀乃至抄袭，即便是对其他前人译本的借鉴也应该用之有度，并且在译本序跋中加以补充说明。周宪文的"译序"非常规范，不仅指出自己在翻译中的困难、参照的其他译本类型与数量，更为可贵的是这些译文背后的工作，其目的是为读者提供一个更加精准、全面的专业译本。可以看到，在翻译实际活动中，译者首先是以读者的身份接触作品，无论是出于对作家文风的景仰，还是对原作意蕴的认同，都视为实现对读者的影响。译者唯恐读者不能领会原作的意义，着大量笔墨撰写引言或译序，介绍作者的生平、创作氛围、题材的社会文化背景与原著、译著的特点。这些序言中包含译者个人的兴趣和倾向。尚未正式接触作品，读者在编者或译者所提供的辅文中已对作品形成先见。

郑海凌（2003）指出，译本的老化促使人们更新译作，原作不断地从新的译本里获得新生。从另一个角度来看，读者审美趣味的多元化，译者理解、接受和阐释的视角不同，审美表现力的差异化，都要求出现不同的译本。原著的结构和内容依赖于多种文本的补充和调整，从而使之不断趋向完整。就《国富论》而言，不论其语言本身还是所涉及的经济思想、历史背景和政治体制都较为复杂，不同时代产生的译作自然会受制于该时代特定的历史性。这其中既包括译者本人所携带的主客观因素，还包括读者所期待或给予的历史性解读。

---

① 周宪文，生于 1954 年，台湾著名经济史学家，被称为"台湾经济史的拓荒者"。
② 谢祖钧，长沙理工大学外语系教授，曾发表文章，专门谈其翻译《国富论》的经历和感想（谢祖钧，2010）。

文本的经典化也赖于复译本的补充，但也受到不同时代译者与读者的主客观因素的制约，即使是同一个时代同一译本也会受到读者不同的反馈，蕴含着新的复译本出现的推动力。能够被不断复译的作品说明其经典地位和价值较高，或者具有被不断阐释的价值，或者是成为响应时代文化转型或变革的工具。如果说文学作品的复译大体上可以是经典化的表现，社会科学思想典籍重译次数的多寡并不能完全与原作的经典地位与价值高低成正比，而是与不同社会时期社会经济现实的需求、读者的诉求等密切相关。

第三章 英文底本：手批、注释与案语

自1898年以来，严复翻译完成重要的译著，除了本文所涉及的《原富》英文底本（*The Wealth of Nations*）之外，便是北京大学王宪民教授所藏严译《柏克传》的部分手批。其余译著的英文底本情况尚不明确。《原富》翻译正是严复翻译活动较为密集的年代，从1892年购书到1901年翻译完毕，1902年全部出版完成，中间有七八年的光景。这部手批记录的恰好是严复翻译艺术上最辉煌的年代。

第一节 朱蓝墨笔批，译事迹可循：
底本手批的来龙去脉

严复读过的书，无论英文、中文几乎都有或多或少的批注，如中文手批《庄子》等，已广为外界所知。手批是中国文学鉴赏和批评的重要形式和传统的阅读方法，是阅读者自身感受的笔录，在文中空白处对文章进行批评和注解。手批直入文本，少有迂回，多是些切中肯綮的短词、短句。严复翻译英国古典经济学家亚当·斯密巨著《国富论》时所选用的英文底本的线索和整体面貌先后由刘重焘（1985）和皮后锋（2000）两位史学家分别揭示出来，但并未对具有重大价值的317处手批进行深入的整理与研究。

笔者在上海华东师范大学古籍部找到了这部已有百年历史的英文底本，第一次完整阅读了这部迄今为止第一部完整公布于众的严复手批《原富》英文底本上、下两册。底本微微磨损的棕红色封面，略发黄的纸张上带有一丝细微的烟草味，铅笔、朱蓝墨水留下的手批清晰可见，讲述着百余年未被完全启封的翻译秘密。能够目睹这类宝贵的英文手批底本，已不能说"先睹为快"，而是用"震惊"都不足以描述当时的感受。这里所说的"震惊"，是震惊于手批的主人完整地展现了他的翻译过程、思考过程，数量之多，内容之丰富，前所未有。仅就这部两册底本而言，严复五年来翻译实情的记录，完全超出了此前对这位翻译家的想象与理解。笔者不知当这部英文底本面世之后，是不是很快就将有研究者依据这些可靠的一手资料，为严译研究完成更接近译者人物本真面貌的文章；但有一点是肯定的，面对英文底本、手批，严译研究又打开了一扇通往深度研究的大门，进一步拉近了与真相的距离。

严复对翻译的体会越多，在底本手批中的内容也就愈加丰富。因为无从得见全璧，我们很难武断地判定其他译著的英文底本部分是更精彩抑或较乏味，但仅从这一部分看，这些手批让严复以这种近乎本真的方式面世，更是一种对翻译研究、历史研究负责的态度。目前所揭示的严复英文手批极少，此处所提《国富论》是迄今为止唯一一部完整的严氏手批英文底本。王宪民（2014）曾披露出他受友人馈赠，得到了严复翻译《柏克传》的英文底本手批。该底本共计10章315页，严复手批共137页，前后留有360多处批注和勾画。可以说，还有相当数量的严复英文底本手批待发掘和整理，研究价值极大。

严复的"译者手批"可视为一种独特的翻译日志（translating journal），指译者在翻译过程中直接标注在英文底本上的记录（translator's notes and marks），不同于霍克斯在翻译《红楼梦》过程中形成的翻译笔记（*A Translator's Notebook*）（张婷，2013）。Munday（2013；2014）和 Rundle（2014）从历史文献学、档案学等角度对翻译史史料发现和使用进行深入研究，提出采用一手资料对翻译微观史（microhistory of translation）的理论和研究方法展开探索。Munday（2013）更强调手稿（manuscript）对研究译者决策过程（decision-making）的作用。本节研究的问题在于，严复的"翻译日志"有哪些独特性？是否可以借此揭秘严氏的翻译思考与决策，后者又是如何在严复对斯密经济观点的理解、诠释和最终的翻译中体现？手批与译文、案语有哪些互动、哪些呼应、哪些隐而未显？是否可从中发现严复本人的自述与译本实情矛盾之处？通过细读"日志"并考证周边相关文献，是否存在可以挑战前期研究成果的发现，厘清一些误识，还原译本视域研究下所不及的历史影像[①]？

[①] Blouin & Rosenberg 合作完成 *Processing the Past: Contesting Authority in History and Archives*（2011）（《溯源过往——质疑历史与档案的权威性》）一书探讨随着历史学家开始提出传统文献难以回答的问题，如何通过新的历史思维、新的档案概念来解构历史权威概念，提倡史学研究的"档案转向"，更加趋近历史的本真。

一 严译手批《国富论》整体面貌与特性

严复翻译《原富》时使用的英文底本已公布于世。先生对所选英文本曾有简要说明,"《原富》本文排本已多,此译所用,乃鄂斯福国学颁行新本,罗哲斯所斠阅者。罗亦计学家,著《英伦麦价考》,号翔赡,多发前人所未发者"(斯密,1902/1981:13)。斯密这一版的编者是英国著名经济学家罗哲斯(Rogers)。他曾于1869年编订《国富论》并出版,1880年修订完成第二版。严复选用的正是1880年版《国富论》。

(一)手批特点

底本分为上、下两卷,共1056页,棕红色布面精装,开本为22cm×14cm。底本上卷的封三右上角分四行用铅笔英文书写着,"Yen Fuh""Imperial Naval Academy""Tientsin 91, China""April 1892/ 18/3/28",分别为严复英文姓名、时任总教习的天津水师学堂以及购书地点与时间(光绪二十八年三月十八日)(见图3-1)。英文底本上卷封五、封七和下卷书名页上均盖有"大学堂译书局图章"。封七页上端盖有篆体"尊疑堂"阴文朱印。

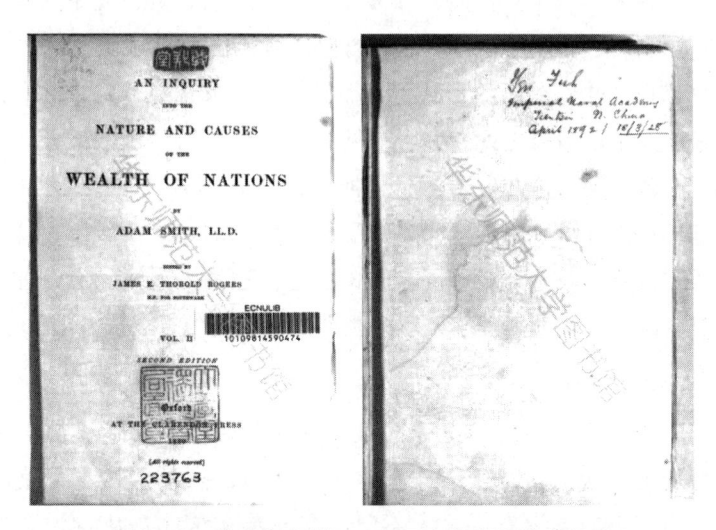

图3-1 英文底本封二、封三上印章和购书记录

严复非常重视《国富论》一书,在师友书信往来和《原富》案语中多次提到其重要性。他在《原富》"译事例言"中讲道,"独其择焉而精，语焉而详，事必有征，理无臆设，而文章之妙，喻均智顽。则自有此书，而后世知食货为专科之学。此所以见推宗匠，而为新学之开山也"（斯密，1902/1981：7-8）。在翻译过程中，严复每有所得，则随手加批，两卷900多页的正文上，朱墨、丹铅满纸。底本各类边批、眉批处多达317处，中文33处、英文284处，其中包括记录翻译进展的英文日期102处。具体来说，上卷正文有中文旁注7处、英文旁注及案语31处；下卷正文有中文旁注2处、英文旁注及案语117处。"编者序言"（Editor's Preface）中有中文旁注24处、英文旁注34处。至于翻译日期的记载，上卷有25处，下卷有77处。所记日期多为公历与清历对照，有时还注上星期，但以清历为主。

另外，严复不仅对底本正文加批，还特别关注编者罗哲斯的脚注，批注的痕迹随处可见。严复充分利用这一英文底本中编者 Rogers 提供的146条注释中的经济学信息，进行了解读、批判和吸取，在译文与案语中构建了自己的"经济知识"空间。严复对底本选定和编者特加以说明，"《原富》本文排本已多，此译所用，乃鄂斯福国学颁行新本，罗哲斯所斠阅者。罗亦计学家，著《英伦麦价考》，号翔赡"。他进一步强调底本中多有注释，"（罗哲斯）多发前人所未发者，其于是书，多所注释匡订"。严复对注释也进行了详细的阅读，他自己也承认吸收了罗氏注释中的部分思想，并以案语的形式保留下来，"今录其善者附译之，以为后案。不佞间亦杂取他家之说，参合己见，以相发明"。"温故知新，取与好学深思者，备扬榷讨论之资云尔。"（斯密，1902/1981：13）事实上，严复在部甲和部乙中并没有明确标明具体哪些是罗氏的思想。所以，这部分经济思想常常被错误地认为是严复本人的思想。这种汇入大量编者注的英文版对严复的翻译确实助力不少，不过也产生了案语中观点来源的纷争。

（二）手批分类

手批是中国文学鉴赏和批评的重要形式和传统的阅读方法，是阅读者自身感受的笔录。手批直入文本，少有迂回，多是些切中肯綮的短词短句。先生阅读时常常有手批，不限中文或英文著述。从点评王荆公诗可见一斑（见图3-2）。英文底本的批注本在翻译学界极其少见，是译者将其校勘注文或心得体会附记于书中空白之处的一种刊本。手写批注尤为珍贵，在刊本上用墨笔（或朱笔）手书批点校注。《原富》所留近万字（词）的底本手批是严复自购此书后，正式开始长达六年（1896~1901）翻译过程的记录，留下大量的中、英文批写，文字简练，内容丰富，寓意精深。严复在英文底本上留下的大段英文批注、简要的中文批语、记录的日期等共317处。卷后有严复批读的公历和清历年月日记录。一般来说，所用颜色不同，批注类别会有不同。其中，用铅笔书写的英文批语因年代久远，略显模糊，又是手写花体，辨认有一定的难度。笔者通过上下文来还原批语，得以精确反映出先生阅读、研究和翻译的思考与脉络。

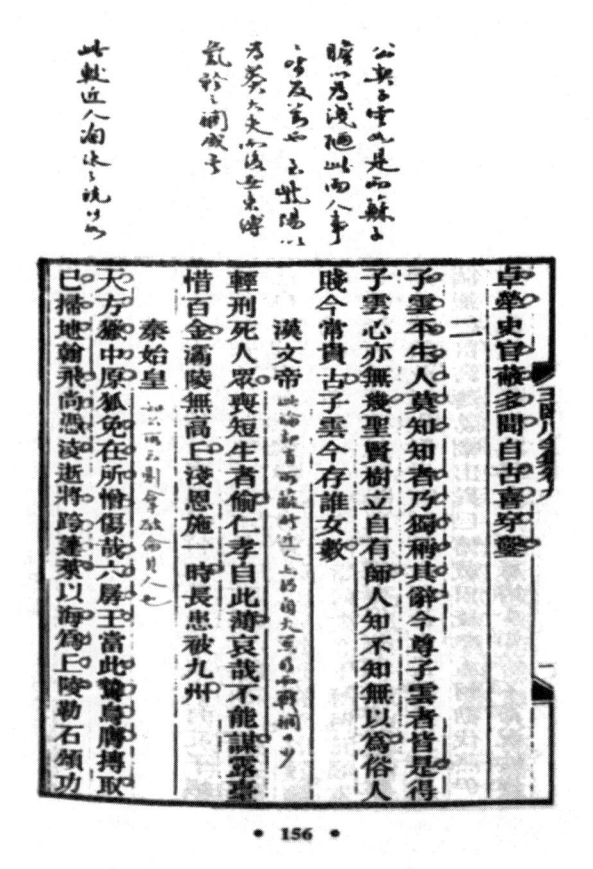

图3-2 侯官严氏点评王荆公诗（上）

这近万字（词）的底本手批经笔者细细分辨之后，将其大体分为三类，即"标注"或"注释"（正文和脚注上留下的红笔或铅笔圈点、勾画，译文的整体安排和说明，翻译进展和时间进度，翻译删略的标志，翻译税金和酬金的换算，参考出处，词义解释，偶有提及与经济相关的大事记录等)、“提要”(概括核心思想,把握脉络,提示语言特点)和“批语”(分析、训诂、评论,更有赏析、感慨和疑问等)。就其中的第三类“批语”来说,由于数量多,又关涉严复思想,可大致进一步分为:①质疑式批语,是对斯密论说的思考与挑战,也是中西经济观点对撞的具体体现;②评价式批语,这部分发挥出严复作为读者和译者的主体地位,充分体现出其本人的阅读体验和对阅读做出或褒或贬的评价,也是严复对斯密经济思想的评判;③感想式批语,由斯密原文所引发或深或浅的感想,大多是以案语的形式保留在译本当中;④联想式批语,严复由此及彼,能够自觉地由文内迁移到文外,从对西方经济话语的讨论迁移到中国古代经济话题;⑤补充式批语,严复往往就某一话题,顺着作者的思路或思想,接着谈下去。后三类批语常常混杂在一起,难有特别清晰的界限(见图 3 - 3)。

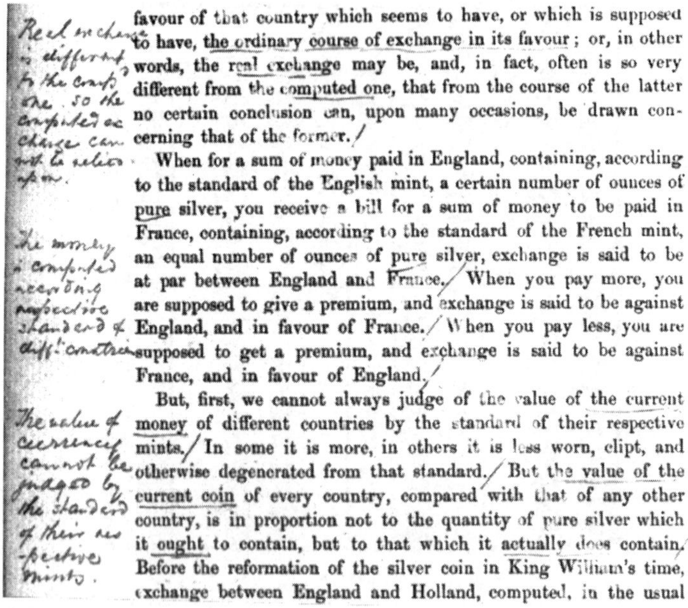
favour of that country which seems to have, or which is supposed to have, the ordinary course of exchange in its favour; or, in other words, the real exchange may be, and, in fact, often is so very different from the computed one, that from the course of the latter no certain conclusion can, upon many occasions, be drawn concerning that of the former.

When for a sum of money paid in England, containing, according to the standard of the English mint, a certain number of ounces of pure silver, you receive a bill for a sum of money to be paid in France, containing, according to the standard of the French mint, an equal number of ounces of pure silver, exchange is said to be at par between England and France. When you pay more, you are supposed to give a premium, and exchange is said to be against England, and in favour of France. When you pay less, you are supposed to get a premium, and exchange is said to be against France, and in favour of England.

But, first, we cannot always judge of the value of the current money of different countries by the standard of their respective mints. In some it is more, in others it is less worn, clipt, and otherwise degenerated from that standard. But the value of the current coin of every country, compared with that of any other country, is in proportion not to the quantity of pure silver which it ought to contain, but to that which it actually does contain. Before the reformation of the silver coin in King William's time, exchange between England and Holland, computed, in the usual

Real exchange is different to the comp. one. So the computed exchange can not be relied upon.

The money is computed according respective standard of diff. countries

The value of currency cannot be judged by the standard of their respective mints.

图 3 - 3 *Wealth of Nations* Book Ⅳ (Smith, 1776/1880, Vol. Ⅱ: 50)

严复译书乃是边读、边批、边译,是融合阅读过程、个人体验和语言转换的翻译镜像。手批数量庞大,尤其要特别与译文《原富》、案语对应比照,才能进一步厘清严复的真正观点。大部分手批都标识在相关内容的旁边,遂称“边批”。大体上,手批与所批之处的原文都能够对应得上。

先生常在原文边上做一标记，有的写作“β”，多有对应的标识可为参照。不过，也有不少批注略微随意排列，需要读者和研究者仔细排为合理的顺序，眉目仔细辨别和使用。如讨论“价值论”这一话题，前后三四页都有手批，一定要核实它们的原始位置和针对的话题。

1. 标注类与提炼式手批

标注类手批包括严复对底本部分内容的圈点、勾画，还有多处是翻译时间、地点的记录，如“Sunday Jan 6th. 1901，26/11/16”（Smith，1776/1880，Vol. Ⅱ：471）、“Jan. 29th. 1901，26/12/10，my birthday”（Vol. Ⅱ：548）。偶尔严复会在时间记录后再加批注。如第二卷“Sept 2nd. 1900，26/8/9，Shanghai”之后，严复写到，“I commenced my translation again after 51/2months. Boxers have delayed my work.”（Vol. Ⅱ：337）。

英文底本“编者序言”长达39页、14000余词，留有中文手批23处、英文31处。编者罗哲斯是英国经济学家，在“序言”中他详细地讲述了斯密的出生、少年时代、求学历程和学术成就以及罗哲斯本人编定该书的过程。逐字比较底本与译本之后，笔者发现严复并未完全将序言逐词译出，而是择要编译为“斯密亚丹传”，仅约1500字，占8页篇幅。严复在阅读序言时，对相邻段落的内容加以总结提炼，并在页边空白处标注简短词语概述要旨。如“生时”“性孝”“少时为人所掳”“学塾”“十四十七”“受廪饩”“家教”“堂政”“题名”“学费”“本业教士”等（见图3－4）。英文手批主要出现在“序言”中、后部分，以提炼斯

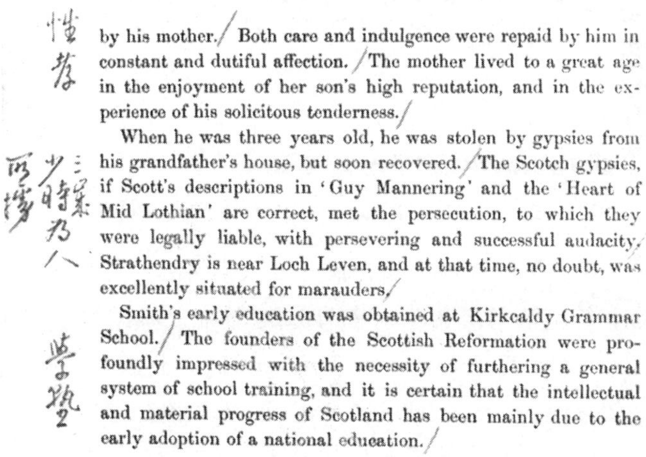
by his mother. Both care and indulgence were repaid by him in constant and dutiful affection. The mother lived to a great age in the enjoyment of her son's high reputation, and in the experience of his solicitous tenderness.

When he was three years old, he was stolen by gypsies from his grandfather's house, but soon recovered. The Scotch gypsies, if Scott's descriptions in 'Guy Mannering' and the 'Heart of Mid Lothian' are correct, met the persecution, to which they were legally liable, with persevering and successful audacity. Strathendry is near Loch Leven, and at that time, no doubt, was excellently situated for marauders.

Smith's early education was obtained at Kirkcaldy Grammar School. The founders of the Scottish Reformation were profoundly impressed with the necessity of furthering a general system of school training, and it is certain that the intellectual and material progress of Scotland has been mainly due to the early adoption of a national education.

图3－4　严复手批（Smith，1776/1880，Vol. Ⅰ：vi）

密行文特点、介绍知名经济学家和学术成果为主,如"Note of references supplied by the present editor","Mills (') comments","The full effect of Smith's works"等(见图 3-5)。

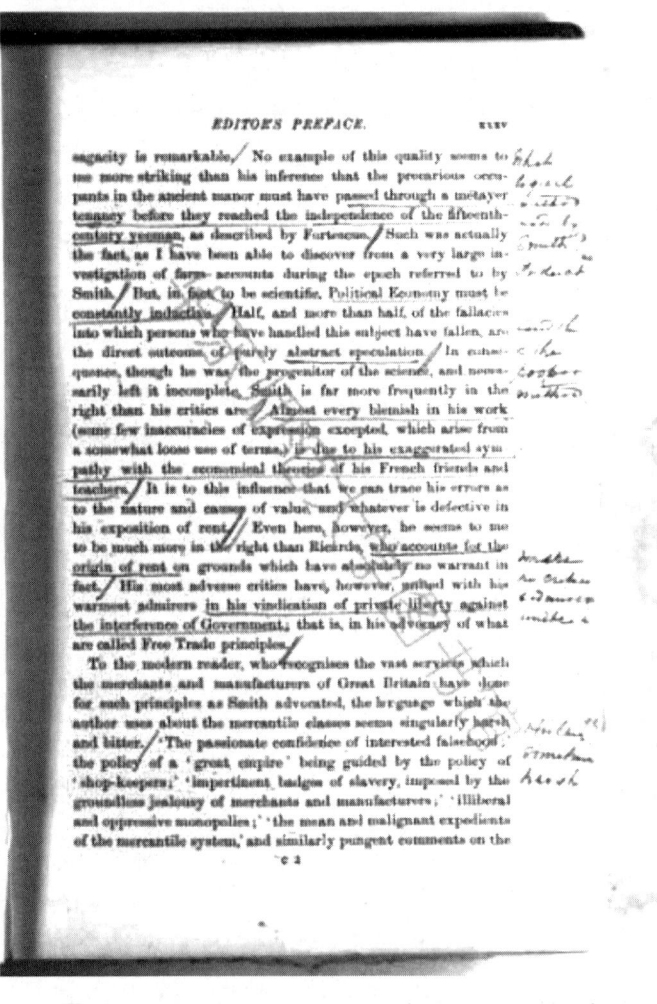

图 3-5 *Wealth of Nations* Book (Editor's Preface)

严复在《原富》译本序"斯密亚丹传"中略去"编者序言"中罗哲斯对斯密的少年生活与经历、斯密母亲的介绍,却详细介绍了斯密的《道德情操论》(*The Theory of Moral Sentiments*)成书始末。他把书名译为《德性论》,解释说,"moral philosophy"就是"德学"(斯密,1902/1981: 4)。严复在1901年翻译工作基本结束后,执笔起草"译事例言",

对斯密及其的思想详加介绍，其中有吸取“编者序言”的内容。

2. 质疑类手批：“前后内容冲突而批”

严复不仅对正文圈点、勾画、增添标注类手批，尤其对翻译原文中发现的问题加以特别标明。质疑类批注是前期研究中隐而未知的重要信息，不仅具体展现出严复思考的痕迹，更体现出严复与斯密经济观点的差异。例如，部甲篇五“论物有真值与市价异”中，严复对商品和劳动的真实价格（real price）和名义价格（nominal price）的讨论颇有微词（见图 3－6）。

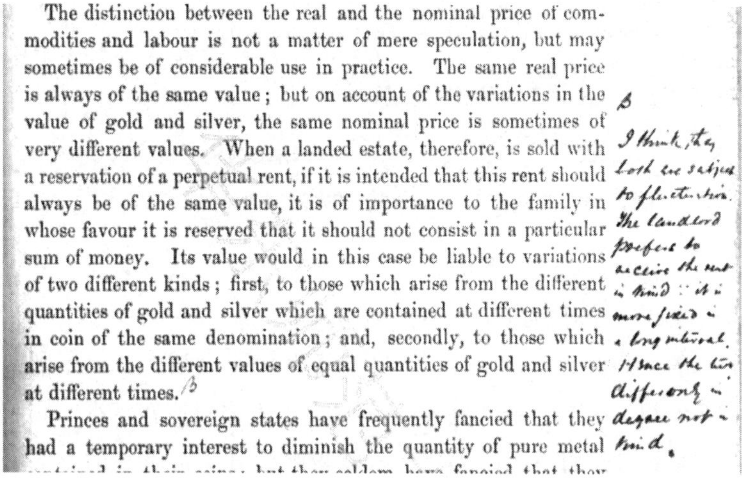
The distinction between the real and the nominal price of commodities and labour is not a matter of mere speculation, but may sometimes be of considerable use in practice. The same real price is always of the same value; but on account of the variations in the value of gold and silver, the same nominal price is sometimes of very different values. When a landed estate, therefore, is sold with a reservation of a perpetual rent, if it is intended that this rent should always be of the same value, it is of importance to the family in whose favour it is reserved that it should not consist in a particular sum of money. Its value would in this case be liable to variations of two different kinds; first, to those which arise from the different quantities of gold and silver which are contained at different times in coin of the same denomination; and, secondly, to those which arise from the different values of equal quantities of gold and silver at different times. β

Princes and sovereign states have frequently fancied that they had a temporary interest to diminish the quantity of pure metal

β I think they both are subject to fluctuation. The landlord prefers to receive the rent in kind ∵ it is more fixed in a long interval. Hence the two different in degree not in kind.

图 3－6　严复手批（Smith，1776/1880，Vol. Ⅰ：35）

他在段尾做“β”标记，在页边空白处批到：“I think they both are subject to fluctuation. The landlord prefers to receive the rent in kind ∵ （because）it is more fixed in a long interval. Hence the two（are）different in degree not in kind.”（Smith，1776/1880，Vol. Ⅰ：35）严复指出，实物租金和货币租金都易发生波动，地主宁愿收取货币租金是因为贵金属便于存放，而且价值固定。因此，这两种租金的差别在于实际含有的价值是否会有折损，而不在于具体种类。此处批语发挥了严复作为读者和译者的主体作用，充分体现出其本人的阅读体验，对阅读文本做出质疑，并提出自己的认识。在《国富论》英文底本中，严复批注的经济学观点多达 80 余处，是严复经济学思想体现的一手资料。

在翻译过程中，严复不是单纯质疑斯密的观点，还会对原文前后加以比较，结合手批和案语来进一步思考和挑战斯密的论说，同时建立起严复经济学说的知识空间。在图3-7和图3-8中，严复发现斯密前后观点存在矛盾，特加标注。

> The reduction in the real price of the coarse manufacture, though considerable, has not been so great as in that of the fine.
> In 1462, being the 2nd of Edward IV. it was enacted that

图3-7　严复手批（Smith, 1776/1880, Vol. I：258）

> The consideration of these circumstances may perhaps in some measure explain to us why, in those ancient times, the real price of the coarse manufacture was, in proportion to that of the fine, so much lower than in the present times.
>
> Compare with the paragraph marks ※ in page 258.

图3-8　严复手批（Smith, 1776/1880, Vol. I：261）

这两份手批分别来自部甲篇十一"释租"中，斯密以粗呢和呢绒为例来讨论改良进程对制造品真实价格的影响。斯密在图3-7中总结说，粗呢（coarse manufacture）真实价格的下降尽管也很大，但不如上等呢绒下降那么大。在图3-8中，斯密又说，"考虑到这些情况，也许可以在某种程度上向我们说明，为什么古时粗呢的真实价格相对于呢绒比现在要便宜这么多了"。严复在图3-7左边空白处标上"※"号，而在图3-8右边空白处批写"Compare with the paragraph marks ※ in page 258"。从这两处批注形式和内容可知，严复认为斯密前后文对粗呢和呢绒真实价格的分析有矛盾之处，特做出独特标记来提醒自己。

笔者按图索骥考察译文，发现尽管严复认定斯密前后观点有冲突，但是他在这两处仍秉持忠实翻译，未对原文擅作一丝改动。有趣的是，在该段译文尾后，严复专门增添近百字案语，把他本人的观点细细道来（斯密，1902/1981：219-220）。他指出，"此与今英一切熟货无不降而日廉"，"故制造之事，力庸增长虽已数倍往日，而物之廉贱自如"，原因在于"机器之用，千百于昔，分功之细密广远，几于不可追求"，并且"舟车大通，懋迁有无遍诸大地，则资财坯朴亦无由贵"。可以说，案语准确地分析出随着社会发展、改良和耕种的扩大，制造成品的价格就自然会降低。

遂可见，严复在翻译过程中对这部分斯密原文精意是"呵护备至"，不敢有半点逾越，尽其所能忠实地传达。但是，严复的高妙之处在于他有自己的经济观点①，又通过案语发表出来。此处批语发挥了严复作为读者和译者的主体地位，充分体现出其本人的翻译体验，对斯密文本做出质疑，并在手批中明确提出自己对价值与价格的认识。也可看出，严复的翻译工作态度是相当严谨与认真的。底本中共有严复批注的经济学观点80余处，这是甄别和分析严复经济学思想的一手资料。其他类别的手批形式，限于文章篇幅暂不再说明。

二 手批揭示严复翻译决策

目前，对翻译过程的研究多倾向于采用研究者后视视角来分析。译史研究面对的是往事，而且大都已经沉淀，很难完全避免由结果看前事的研究视角。而在实际翻译进程中，译者并不知后事如何发展，各种可能性和变化都存在。就严译而言，出现的问题是译者真实的翻译进程难以全面、真实地展现出来。一些间接的方法如自省法（retrospection）被采用来试图重建翻译的内在过程。正如图里指出的，其缺点在于译者首先不得不回忆在翻译过程中大脑的思考过程，有许多因素会干扰和阻碍大部分记忆的回顾行为，因而收集到的数据令人质疑，难以保证真实、充分和前后一致（Toury，2002：180）。手批作为译者在翻译过程留下的即时记录，避免了后期译者回忆的劣势，能够尽可能多地保留原始翻译思考的痕迹和翻译决策，因而可以较为理想地解释译文中的部分翻译现象。严复在翻译过程中对原文进行的语意缩改、删减等决策可以在手批中寻到一些蛛丝马迹。

（一）翻译单位

一直以来，严复的翻译单位是翻译研究中的一个难点，不少研究只能通过译文和原文的比较做出尽可能真实的推测（黄忠廉，2009；彭发胜，2011；等等）。随着斯密（1880）英文底本浮出水面，严复

---

① 关于译本《原富》案语中严复经济观点的来源，笔者考察发现并非完全来自其本人，有不少是对1880年版编者罗哲斯注释中信息、观点的概译。

对英文段落、句式的切分，语义的选取和重构得以有新的依据。底本上，严复用红笔或铅笔以句子为单位加斜线重点划分出来，一些自认为关键的词句也用下划线标出，这样的勾画在正文和注释中俯拾皆是。如图 3 - 9 中严氏手批所示。

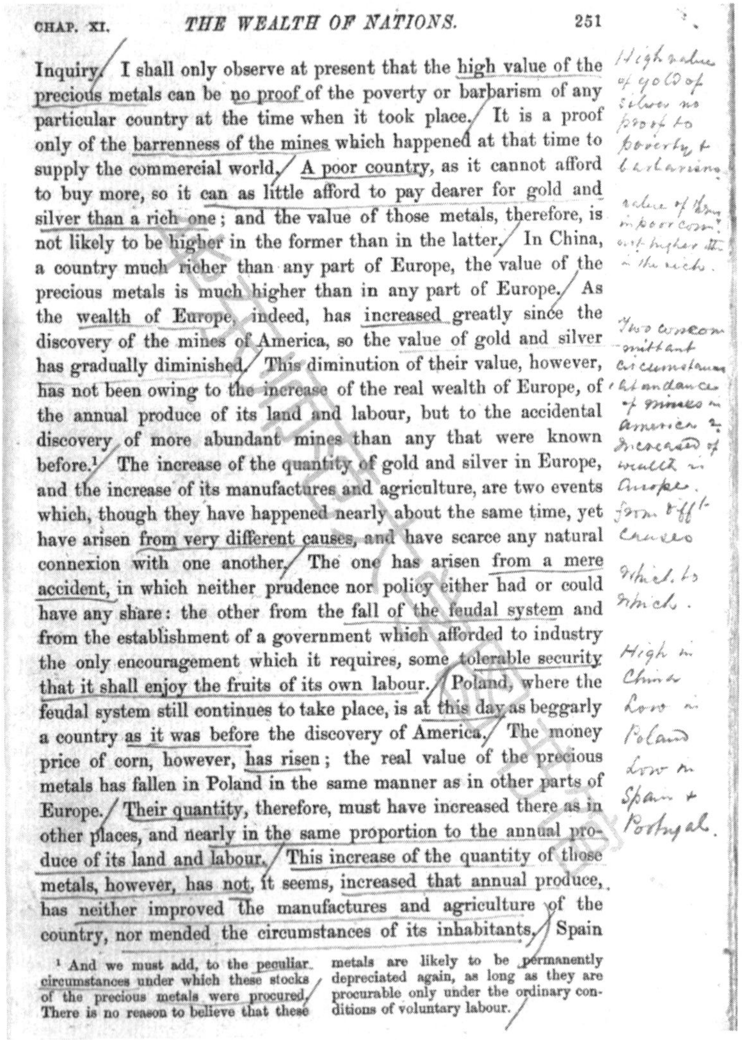
CHAP. XI. *THE WEALTH OF NATIONS.* 251

Inquiry. I shall only observe at present that the high value of the precious metals can be no proof of the poverty or barbarism of any particular country at the time when it took place. It is a proof only of the barrenness of the mines which happened at that time to supply the commercial world. A poor country, as it cannot afford to buy more, so it can as little afford to pay dearer for gold and silver than a rich one; and the value of those metals, therefore, is not likely to be higher in the former than in the latter. In China, a country much richer than any part of Europe, the value of the precious metals is much higher than in any part of Europe. As the wealth of Europe, indeed, has increased greatly since the discovery of the mines of America, so the value of gold and silver has gradually diminished. This diminution of their value, however, has not been owing to the increase of the real wealth of Europe, of the annual produce of its land and labour, but to the accidental discovery of more abundant mines than any that were known before.[1] The increase of the quantity of gold and silver in Europe, and the increase of its manufactures and agriculture, are two events which, though they have happened nearly about the same time, yet have arisen from very different causes, and have scarce any natural connexion with one another. The one has arisen from a mere accident, in which neither prudence nor policy either had or could have any share: the other from the fall of the feudal system and from the establishment of a government which afforded to industry the only encouragement which it requires, some tolerable security that it shall enjoy the fruits of its own labour. Poland, where the feudal system still continues to take place, is at this day as beggarly a country as it was before the discovery of America. The money price of corn, however, has risen; the real value of the precious metals has fallen in Poland in the same manner as in other parts of Europe. Their quantity, therefore, must have increased there as in other places, and nearly in the same proportion to the annual produce of its land and labour. This increase of the quantity of those metals, however, has not, it seems, increased that annual produce, has neither improved the manufactures and agriculture of the country, nor mended the circumstances of its inhabitants. Spain

[1] And we must add, to the peculiar circumstances under which these stocks of the precious metals were procured. There is no reason to believe that these metals are likely to be permanently depreciated again, as long as they are procurable only under the ordinary conditions of voluntary labour.

图 3 - 9　严复对正文和注释中英文句子的划分（Smith，1776/1880，Vol. Ⅰ：251）

从底本上的标记大体可以判断出，严复关注较多的语法结构是句，翻译单位常以句为主。以句子为意群单位，这与他自己的翻译心得基本一致。严复在《原富》“译事例言”（斯密，1902/1981）中曾提到，“是译与《天演论》不同，下笔之顷，虽于全节文理不能不融会贯通为之，然于辞义之间无所颠倒附益。"严复在《群己权界论》"译凡例"（穆勒，1981：ix）中讲述句式转换的缘故在于"原书文理颇深，意繁句重，若依文作译，必至难索解人，故不得不略为颠倒，此以中文译西书定法也"。以句子为翻译单位可能与严复的中、英文阅读习惯相关。

（二）点评经济话题

《原富》的翻译是欧洲经济强盛文化选择性影响、中国政治经济衰微、文化时代性诉求以及译者严复个人气质、价值观念、政治立场、文学理念和文化价值观等内外部多重因素制约下的产物，政治、经济和外交形成互动影响。严复在翻译策略和语言观等方面的操作规范，或融"西经"于中国时政和社会生活之中，或以中国传统经济学说简化或概化西洋观点，"附会""复古"的翻译策略，远非单纯的翻译认识论的抉择，更是受伦理性和政治性的抉择，反映出文化吸收、融合的艰难，从本质上看是思想的现实性与社会现实争执在翻译领域的延伸。严复的手批已成沟通中西文化的另一座桥梁。这也是严复手批英文底本中学术价值最大的一部分，有近百条手批都是围绕经济观点展开。严复的底本手批本身就是中西文化的比较，从中我们可以看到中国学者对西方文化的理解、吸收与批评，甚至是批判，看到时代变迁的历史背景下优秀的翻译家是如何理解中西方文化的差异、解读差异背后的渊源，而且为中方学者带入较完整的西方思想。这些手批正是严复自觉、周密地对西方经济学观点的理解、分析、讨论和评价的第一手证据，其中不乏他个人经济主张的根苗，甚至是成熟的观点。

《原富》正文共分五大部分，从首部"分工论""价值论"开始，到"自由贸易""国家干预"，针对多处批注探讨。严复的文字深奥难懂，从标划中可以预测到"批"的过程的前因；"手批"中可以窥探到"读"的果；而呈现给读者的却是遵循原文、原作者不越雷池半步的"译本"。手批是"读"的过程、思考与反省，与"译"的通达与忠实的桥梁，也是思想呈现的集中体现。如第一卷第 251 页有"which to which"，"High in China (,) low in Poland (,) low in Spain and Portugal"手批，这是在翻译比较美洲与欧洲的玉米价格时留下的，严复自己增加了中国玉米价格（High in China），又专门提到西班牙和葡萄牙，这都是原文当中没有的内容。这些手批看似零星琐碎，容易被宏大的译著所遮蔽，被忽视和遗忘。在手批当中，严复把自己的想法清楚地分开，发展成他自己的思想的一部分，手批构成对斯密思想新的关联和解读。

学术界对严复翻译《原富》一书褒贬不一，对他的经济思想有不少批评之辞，言辞凿凿。但是这份手批作为旁证，翻译中的某些细节算是可以坐实了。把斯密"一只看不见的手"(an invisible hand) 还专门用红色铅笔画出。尽管在《原富》中出现一次，只能称其为一个文化信息，难以称为经济学思想，或是理论，斯密也就没有定性解释过它的本质特性。严复对这一隐喻所含思想未予足够的理解。他把含义融入译文之中，略去喻体，并非是单纯的"漏译"。19 世纪末至 20 世纪初期，围绕经济学术语、概念的汉译问题、"译名之争"，反映现代知识和思想形态的转变，晚清知识分子试图自创经济学译名来构建具有现代性的经济学话语都在手批当中有所体现。这些手批能够被揭示出来，确实是研究一代翻译大师译事历程和解读其经济学思想的珍贵史料。

(三) 酬金与出版

严复对《原富》的发行和税金非常重视。他陈述的理由是：①翻译此书意义重大，"使泰西理财首出之书为东方人士所得讨论"；②鼓励严肃学术著作的翻译，即所谓"于书价之中坐抽几分，以为着书者永远之利益。此与鄙人所关尚浅，而于后此译人所劝者大，亦郭隗千金市骨之意也"，"复译课总不放松，局成亦译，不成亦译；有钱译，无钱亦译"(王栻，1986c：537～538)。严复与让三先生的往来四封信透露了《原富》付梓后的分"译金"事宜。严复回顾译书过程中的辛苦，询问译本的销售情况，"颇闻今夏《原富》以公调度得法，销场尽旺，乃至数千万部之多。此乃售书人相告之数，不知确否？回思当日辛苦操觚，非无谓其然，而非花之力不及此也。再有肯者，惠复时乞将以下数条查明见示为祷。今年此书印过几次？每次印者若干部？目今此书存着尚有若干？"(孙应祥、皮后锋，2004：266～271) 至于翻译的酬金，严复估价银圆 3000～3200 两，出版方承诺支付 2000 两，严复起先表示满意，后来提出在预定酬金之外，还要再抽两成版税，时限 20 年。

图 3-10 为卷二正文的最后一页。页面标有先生完成译书的时间为

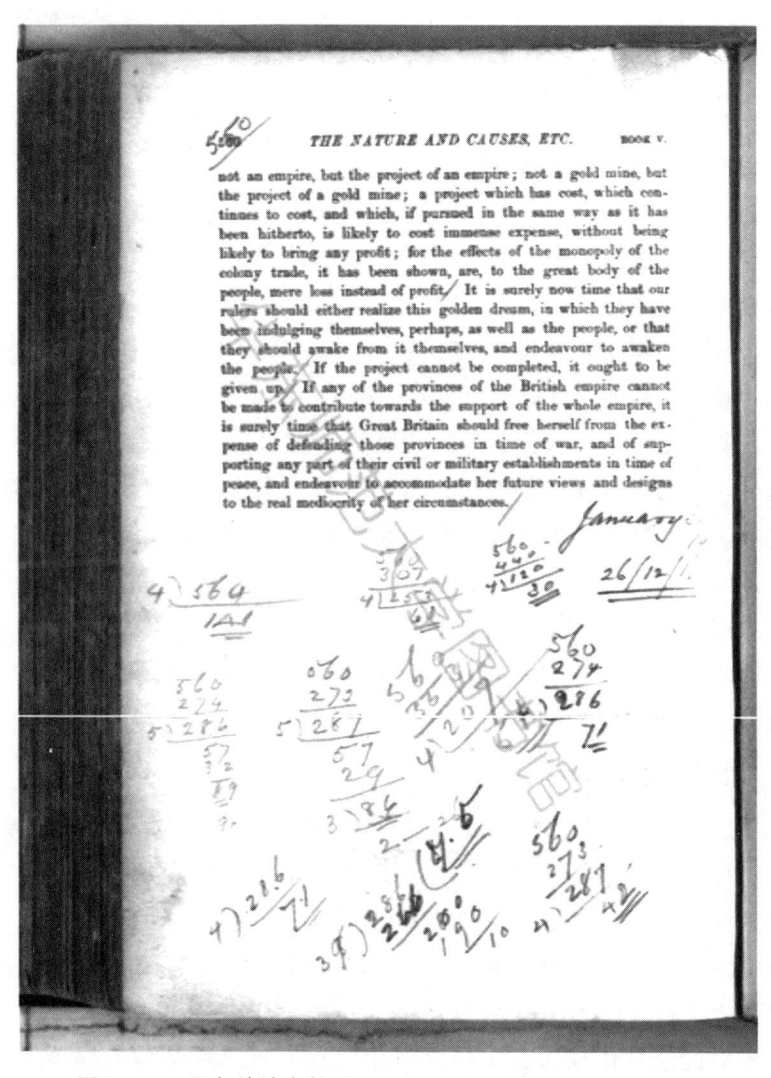

图 3-10 严复统计字数 (Smith, 1776/1880, Vol. Ⅱ: 500)

公元 1901 年 1 月 30 日。空白处的除法列式大概是严复在计算字数。《原富》由上海的金粟斋译书处（邹振环，2011）和商务印书馆共同出版。包天笑负责校阅严复的译稿，在《钏影楼回忆录》中曾谈及对严复的几部译著"我总是小心翼翼，无论如何不敢擅改一个字的"（2009：222）。晚清的文化出版市场实际处于自我管理的经营状况，商业化的驱动使得盗版现象时有发生，政府鞭长莫及，心有余而无力顾及。书籍的重复出版、翻刻及粗制滥造现象在当时文化市场上大量存在，很多作（编）者

（像严复、梁启超）、出版商（如广智书局、文明书局）就在这种现象中深受其害。严复所译之《原富》《群学肆言》等书经常被书商盗版。《原富》《群学肆言》两书，在"湘、粤、沪、浙之间"，石印或者木版盗印的有七八副，即使是刚出版的《群己权界论》和《社会通诠》，有湖南书商正在谋印盗版。尽管著作权和版税受损，但从另一侧面说明，严复的译著颇受大众的欢迎，推进了传播的速度，客观上也加深了严译对中国人思想的启蒙和影响。

严复在天津北洋水师学堂时期（1880~1890）与吕增祥、吴汝纶等人结为师友，对他的翻译助力颇多。其中，吴汝纶亲自为之修改、作序、节录，使严复译著受到赞助人大师级的"助力"，使译者本人的声望陡然提升。以现代翻译产品的生产与销售模式来说，严复从原著的选定、译述的语言、出版社和代理人的选定，《原富》的翻译都具有了现代意义上翻译产业的模式。对严复而言，翻译工作是他仕途之路失意后的不得已之选择，虽然并非他真正想要成就的"君行道的经国过大业"，但是可以学术工作达到其政治抱负，借西方典籍传达自我心声，亦有裨时政。

（四）严复与时事

在这部底本手批里，恰好记录了中国近代史上的一些重大政治、经济事件，有关严复翻译、思考的许多事实，更可以从中得到最为可靠的第一手资料的印证。在严复手批里，我们看到他的经济学思想与对斯密的批评，同时也看到当时的社会动态的记录。严复并非完全以翻译为生，社会上所发生的种种变化，都会引起他的关注。不过，对于时事的讨论多体现在日记或文章中，在手批当中流露真是意外。如第二卷"Sept 2nd. 1900, 26/8/9, Shanghai"之后，先生写到，"I commenced my translation again after 5 1/2 months. Boxers have delayed my work."（Smith，1776/1880：Vol. II：367）先生在翻译所涉的时间段，中国社会的变化与动荡并不少见，却唯有此处专门批出义和团运动和时间，又提因此而延误翻译工作，恐怕并非偶然。结合严复生平事略可知，发生义和团运动之后，他毅然离开天津水师学堂，先后任天津开滦煤矿华人总办、京师大学堂信译局总办、复旦大学校长、安徽高等师范学堂校长、北京学部（教育部）名词馆总纂等职，最终成为闽派翻译的魁首。

至于今人，我们要感谢严复留下这样一份珍贵的翻译底本，让我们由此可以闯入这个此前从未为外界所知的领地，真切触摸到那个年代一位伟大的翻译家有质感的工作空间。我们看到了先生在翻译生涯巅峰时期散落在底本中的种种细节译述：是先生将阅读体验和翻译历程结合，对翻译的删减、单位、思考与决策的准确记录；是先生对西方经济学思想的理解、诠释、批评及其"经济知识空间"建构的隐蔽内幕；也是先生的学术思想萌芽及发展的轨迹；更是先生不趋时、不逐利，从购买到译出，辗转近八年之久，字字斟酌，不敢轻易执笔一字，竭尽精力读书、思考、译书的学者人格的真实体现。当然，还要感谢严氏宗亲慨然允许将这手批公之于世。这些手批的价值远远超越了先生本人的译述史实和个人的翻译价值，对于中国翻译史乃至中国现代史研究，具有无可比拟的价值。研究者纵使和严复再接近，也不可能完全了解他的翻译过程和真实的翻译世界，更难以奢望其切入如此深的翻译细节和考量角落。现在我们拥有了严复手批《国富论》，总算有机会获得一个记录译者阅读、翻译、思考最有价值也最有迹可循的文本。本书第六章还将从译本层面举例分析严复的手批与翻译决策之间的互动。

第二节　译者严氏之言说，还是编者罗氏之言说？
——案语来源甄辨研究

严复翻译《原富》过程中加入的大量案语，成为研究严复经济思想的第一手资料。但这些案语学理深奥、征引广泛、数量繁多，后期严复又对其进行了修删，不禁使人对严复的经济知识面和思想来源产生很大质疑。本书首次以新发现的1869年版和1880年版两个英文底本、严复的底本手批、译本《原富》和修订稿为研究依据，对编者罗哲斯注释和严译本《原富》中的案语进行文本细读与比较。严复在案语中构建的"经济思想"有三大来源，分别是编者罗哲斯的版本注释、中国古代经济思想和严复新近了解的西方思想。严复在这些纷杂的经济学观点中充分吸收各类经济思想，对斯密的经济思想进行了解读，做出批判和取舍，在案语中构建了自己的"经济知识空间"，已经体现出他本人对经济思想的辨别力和认识力，其价值和地位是值得肯定的。同时也需进一步指出的是，直接来源于他个人思想、对斯密经济观点进行深入探讨的案语在数量上和深度上都相当有限，厘清案语中经济观点的来源是下一步展开严复经济思想评议的基础。

　　本节以商务印书馆 1981 年版为依据，该译本分为上、下两册，约 30 万字，其中案语共计 310 条。这些数量庞大的案语，一直被认为是严复经济思想的集中体现。中国著名经济史学家胡寄窗先生推赞严复是"中国接触英国古典政治经济学的第一人，……在所译的《原富》中他加了许多案语……在辛亥革命以前，他的资产阶级古典政治经济学知识是无与伦比的"（1981：465）。绝大多数学者对严复经济思想的分析也基本出自《原富》案语（罗耀九，1978；侯厚吉、吴其敬，1983；叶世昌，1980；陈文亮，1994；俞政，2003）。笔者在比较原著与译本《原富》时发现，严译本中有很大比例的案语旁征博引，其中涉及多位英国著名经济学家的观点和近三百年来西方经济思想的学术成果。虽然个别案语语焉不详、来源不明，但仍有较明显的参考痕迹。严复在"译事例言"中曾说"今录其善者附译之"（斯密，1902/1981：13），那么到底有多少案语来源于"其善者"？又有哪些案语的实质是"附译之"？原著上编者罗哲斯的注释与严复经济观点又是如何"参合己见，以相发明"（斯密，1902/1981：13）？胡寄窗凭借案语内容推测，"严复参考过相当数量的经济书籍"（1981：465），严复当真涉猎过这些书籍吗？笔者首次在底本、注释、手批、译本和案语等第一手材料的基础上，试图厘清《原富》案语与罗哲斯注释之间的联系，探索严复经济观点在案语中的呈现特点，强调原著底本、手批对严译案语研究的重要价值，力求在今后研究中避免讹传。

一　罗哲斯编订《国富论》的始末

　　刘重焘先生（1985）最早揭示严译《原富》选用的英文底本是英国经济学家、历史学家罗哲斯教授（James Edwin Thorold Rogers, 1823~1890）编订的 1880 年版。罗哲斯推崇自由贸易（free trade）和社会公正（social justice），他采用历史学和统计学方法分析维多利亚时期英格兰地区出现的一些重要的社会、经济问题。胡寄窗曾指出："斯密这部著作连英国的经济学家也认为它的理论错综复杂并有不少含混和矛盾之处，不是一般读者易于看懂的。"（1981：465）罗哲斯着手校订的《国富论》，采用的脚本是亚当·斯密修改的第三版，即1784年版。罗哲斯先后于1869年完成第一版，1880年完成第二版，这两版均由牛津大学出版社中专门负责学术专著的 Clarendon 分社出版发行。罗哲斯校订这套书，费了很多心血。他在1869年版"编者前言"（Editor's Preface）中写到，"我依照原版重新修订了斯密这个本子；按照如今读者的拼写习惯修改了一些词语的拼法，纠正了拼错的人名。书中标明参考他人文献的注释多有不详或缺失，而且打印、引用的错误很多，这都需要重新一一核对。还有不少文献的参引没有写出确切的出处，这都需要补加进去"（Smith，1869：xiv）。罗哲斯承认有些文献的源头难以查到，不过他全力以赴，"我下的苦功是之前几个版本编者从未有过的"（ibid.）。罗氏校本为后来坎南（Edwin Cannan，1861~1935）编订版（1904）提供了大量的信息和依据。

严复于1894年购得此书，全书分为上、下两卷，共计1056页，内容包括编者序言（Editor's Preface）、编者第二版说明（Second Edition）、亚当·斯密第三版出版说明（Author's advertisement to the third edition）、亚当·斯密第四版出版说明（Author's advertisement to the four edition）、正文、编者注释（Notes）、文后的索引（Index）、图表（Tables）和附录（Appendix）等部分。罗哲斯在"第二版说明"中提到，他修改了第一版中全部的注释，添加了新近研究成果和相关统计数据，例如，他把自己即将出版的三卷本著作 History of Agriculture and Prices in England 1401~1582 里考察到的英国1401~1582年期间"平均麦价表"作为补充内容添加到了《国富论》的注释中。除此之外，他还添加了1582~1892年、1830~1879年期间的麦价表，这与亚当·斯密所提供的数据相互补接，使之更为完整。与此同时，罗哲斯还增补了一份近期羊毛价目表，便于读者从历时角度了解羊毛生产质量的变化。

严复对所选底本和编者进行了特别说明："《原富》本文排本已多，此译所用，乃鄂斯福国学颁行新本，罗哲斯所斠阅者。罗亦计学家，著《英伦麦价考》，号翔赡。"严复进一步强调底本中多有注释："（罗哲斯）多发前人所未发者，其于是书，多所注释匡订。"严复承认吸收了罗氏注释中的部分思想，并以案语的形式保留下来。他说："今录其善者附译之，以为后案。不佞间亦杂取他家之说，参合己见，以相发明。温故知新，取与好学深思者，备扬榷讨论之资云尔。"（斯密，1902/1981：13）这种汇入大量编者注释的英文版对严复的翻译确实助力不少，不过也产生了案语中观点来源的纷争。

二 《原富》案语功能与类别

严复夹杂在译文中的案语是一种特殊的"译注"（translation commentaries），它既具有常规译注的特点，又具有表达译者意图的功用。王克非曾指出《天演论》中所附大量案语是严译的重要特色，"有的广征博考，拓宽读者的知识面，有的是阐发和评点，所采用的阐述式的翻译方法，也是由于他深谙读者的心理、文化状态和接受水平"（1997：127，132）。案语反映出特定译本的表达方式、功能作用和所侧重内容的比例分布，以及受特定历史、政治、文化影响的译者对翻译、源文化和译入语文化的选择、立场和态度等。作为重要的副文本信息，案语与严译本中的译序、脚注、词汇表、封面设计及附录在定位译者、读者和其他参与者的时间和空间关系时起到了一定作用。

笔者统计了编者罗哲斯的 1880 年版脚注，发现其数量多达 327 条，仅第一部（部甲）就有 13000 多英文词语，其中包含大量自 1774 年以来西方经济学界对亚当·斯密思想的解释、补充、批评、纠正和说明等。可以说，罗氏编订本为 19 世纪末期及以后的斯密读者们在政治经济学思想方面提供了新的丰富内容。严复所使用的英文底本上留有 317 处手批，涉及翻译内容的批注共计 205 处，对研究严复经济思想有较大价值（刘瑾玉，2015）。笔者统计《原富》案语的数量共计 310 条，其中"又案"为新一种案语，总字数不计标点近 64000 字。严扬（1997）发现在《原富》前七章修订版的案语中，严复新增 27 条，删去 8 条。笔者将严复案语与罗哲斯批注的 1880 年版注释全部抽出制成文本形式，阅读比对后发现了大量隐藏在严复案语中的"他言之说"。赖建诚（2000/2009）曾对案语进行了分类，但是由于没有对照英文底本，在数据统计时遗漏了相当一批来源于底本注释的案语。表 3-1 是重新整理和统计后的案语性质与数量分布，大体可以分为如下几类。

表 3-1 《原富》案语性质与数量分布

序号	类别	部甲 第一篇	部乙 第二篇	部丙 第三篇	部丁 第四篇	部戊 第五篇	合计
1	说明《国富论》成书、译书之时的欧洲概况	22	5	1	4	1	33
2	增补原文、说明不足	34	12	5	25	19	95
3	评论原文说法	33	17	2	24	13	89
4	以中国式的说法与原文相比较、中国经济与欧洲相比较、以洋例喻中国之失误	23	3	4	9	23	62
5	源于编者罗哲斯的注释	57	34	3	23	26	143

注：该表案语分类部分有吸取赖建诚（2009）之处，特此致谢。笔者借助原著斯密（1776/1880）着重更新第三、四、五部分的统计数据。

从整体分布情况来看，案语基本有五个类别。《原富》案语的内容常常多个类别相互交错，一条案语可能同时具有多个类别的性质。严复在评议斯密思想时不仅比较中西经济思想的异同，还不忘参照罗哲斯的注释。案语可进而细分为"直接引用"和"间接引用"两类。"直接引用"指严复会在案语旁直接标明此段案语为"罗哲斯曰"。如《原富》部戊篇一"论君主及合众国家之度支"中的案语："罗哲斯曰，法国国学，至于今此币未全祛也。"（斯密，1902/1981：621）"间接引用"则指严复虽未标明来源，但从内容上可考证其出自罗哲斯的注释（见表3-2）。

表 3-2 《原富》部乙引自注释的案语数量分布

序号	类别	引论	篇一	篇二	篇三	篇四	篇五	合计
1	案语总数（"又案"为一条）	2	1	12	11	3	10	39
2	注释条数（包括※和阿拉伯数字两类注释）	1	2	28	19	6	9	65

序号	类别	引论	篇一	篇二	篇三	篇四	篇五	合计	
3	案语全部引自注释	0	0	4	5	1	3	13	34
4	案语中部分内容来自注释	1	1	5	6	1	7	21	
5	严复对罗氏注释有手批/勾画	0	1	10	15	2	8	36	

以 1981 年商务印书馆版本的部乙"引论"、"篇一"和"篇二"为例，案语全部引自罗哲斯注释分别在第 242、295、263、266 页。案语的部分内容来自罗哲斯注释分别在第 230、235、248、255、265、266 和 271 页。篇四最后一条案语"然而业终以有地为贵者，其故有二：一曰地日降贵……；二曰有地之荣"（斯密，1902/1981：294），便是直接引自罗氏注释（斯密，1776/1880：362）。严复对斯密的评论也有不少出自罗氏注释。如部乙篇五有案语，"所谓工之利皆准人力为比例，无自然之进若农者，斯密此语常为后世之所驳"（斯密，1902/1981：298）。经查可发现英文底本上册有注释"Every one who handled the text of Adam Smith has commented on this singular error of the author"（斯密，1776/1880：368）。另如，"斯密所指诚有然者"（斯密，1902/1981：306），对应英文"Many reasons may be given in explanation of the fact that Adam Smith has stated in somewhat exaggerated languages"（斯密，1776/1880：380）。从部乙可以看出，带有数据统计性的案语多直接译自罗哲斯的注释；篇幅较长的案语中多夹杂罗氏注释。

严复在案语中对编著罗哲斯的注释吸收方式多样。有的注释被翻译后，悉数接受；有的提取注释要点概译，混杂于案语中西经济学说当中；有的注释被严复拿来批驳，从而引出他自己的论说；有的则"偷梁换柱"隐身于译文和译者注当中（斯密，1902/1981：259），读者读而不自知。本书第六章中将详细说明案语与注释的隐含关联甄辨。诚然，研究目的并非以当下学术规范来苛求严复，而拟通过厘辨，重在揭开案语中经济观点相互混杂、纠缠的复杂面貌。循之而行的同时，须警惕案语研究中细微的阙漏。《原富》案语数量繁多，而一般读者又难有机会接触到原著底本。因此，留在译本中的案语也就自然而然地被视为严复本人思想的体现。底本注释揭示出译者的部分经济观点和思想来源；严复如何在案语中吸收罗哲斯的思想，并且转化为当时读者可以接受的方式。在严译与严复思想研究中，绝大多数先贤研究者从未质疑过案语的来源，反而将其全部归为严复个人的思想阐发，并以此为依据做出下一步的讨论与评价。随着新研究资料的发现，从上文统计和例证可以看出，严复的案语确实有其个人的完全贡献，但也有来自编者的注释，"录其善者附译之"其实是混杂了多数人思想的集合，用这些观点解释西方经济发展和对应清末的经济改革，力度很有限。严复本人实际对西方经济学著作的阅读量有限，在他留英期间，适逢马克思（Karl Marx, 1818~1883）旅居英国，德文《资本论》第一卷已出版十余年。严复若在案语中有明确驳斥斯密的部分，往往是依据罗哲斯的注释。尽管如此，严复仍能在这些纷杂的经济学观点中，做出批判、取舍，已经体现出他本人对经济思想的辨别力和认识力，其价值和地位值得充分肯定。

第四章 记忆地图：《国富论》在中国的早期汉译研究

西方经济学著作作为一门经世济民的致用之学，19世纪四五十年代在中国的翻译和传播才渐为显著，逐渐营建出以"富"为主题的近代西方经济学著作翻译话语。可以说，它是近代中国"求富图强"时代背景下衍生出的一种特殊翻译文化。史学家王尔敏（2006：5）曾指出，"富强"是贯穿中国近代史的一条主线，也是各类事业追求的最终目标。无论是早期对西洋先进技术的引进还是后来对西方政治甚至民主制度的推崇备至，其根源都在于对富强的热衷。《国富论》被奉为指导社会经济发展的圭臬，而其百年来的汉译历程成为西方经济思想进入中国的重要途径。遗憾的是，以往对早期传教士的零散翻译、民国译本和新译本等相关研究明显不足，港台译本的研究基本没有涉及，对近代东亚现代化背景下日译本对汉译本的影响分析更缺乏足够的关注。

第一节 世界传播：以近代日本为例

环顾东亚诸国，中国、日本和朝鲜半岛在19世纪下半叶的现代化进程中，共同的西学呼唤与交流必定产生出相似又存差异的经历与特征。《国富论》在这一时期三个东亚国家的翻译史实能够折射出哪些异同？其流布的过程与结果又有怎样的差别？熊彼特在《经济分析史》（1996：294）中曾评论："18世纪结束以前，《国富论》就已出了九个英文版本，这还不算爱尔兰和美国出的版本，并（据我所知）被译成了丹麦文、荷兰文、法文、德文、意大利文和西班牙文（德文不只有一种译本；俄文的第一个译本出版于1902~1906年）。由此可以看出《国富论》一发表，就取得了巨大成功。"熊彼特尚不知早在1902年，中文的全译本就已经诞生。赖建诚（Lai，2000：404-431）对《国富论》在世界范围的翻译与传播做了大量调查。他的研究表明，截至2000年，《国富论》共在 18 个国家传播，并且有 18 种语言的译本。其中，日本自 1870 年首次翻译以来，多有复译本出现，累计多达 14 次（包括全译本和节译本）。韩国在 1957 年出现韩文译本后，复译次数有 5 次之多，而赖氏统计的中文译本仅有 4 次。不过，赖建诚对《国富论》汉译本统计实际上不够全面①。在这 18 种语言译本中，从亚洲各国来看，仅有中、日、韩文译本，没有泰国、马来西亚和其他语言的译本。《国富论》在世界范围复译、重译的时间、数量、速度、质量等，展现出不同国家、不同时期社会经济发展阶段的要求、文化政治、诗学和意识形态的决定作用。该翻译现象背后凸显的翻译生态也反映出国家话语权力和社会现实诉求之间的呼应。这些译入国的翻译动机、接纳与拒斥、意义与影响都是饶有趣味、值得深入比较研究的话题。

日本对西方经济学的译介比中国早了 20 多年。福泽谕吉（Fukuzawa Yukichi，1835~1901）被认为是最早向日本系统传播西方经济学的人。1868 年，福泽在自办的庆应义塾讲授美国经济学家弗兰西斯·威兰德（Francis Wayland）的《政治经济学原理》（*The Elements of Political Economy*，1843）；同年还翻译了苏格兰出版的供学校和私人使用的《经济学教科书》②。亚当·斯密的名字传入日本是在明治维新（1868）的前夕。1863 年，由德川幕府派往荷兰学习的留学生西周和津田真一郎在介绍 E. W. de Rooy 所著的《欧洲政治经济学史》中首次提到斯密。日本对《国富论》的译介始于 19 世纪 70 年代，早期译介以零星的章节翻译为主。第一个全译本《富国论》是石川暎作（Eisaku Ishikawa）与瑳峨正作（Shosaku Saga）合译的三卷本（1884~1888，明治十七年至二十一年），由日本经济学讲习会出版。

在这套全译本正式出版发行之前，石川以期刊连载的形式翻译该书，登在《东京政治经济学译介》（*Tokyo Keizaigaku Koshukai Kogiroku*）上。1882 年《富国论》第一卷正式出版，比中国严复译本《原富》整整早了 20 年，全书语言通俗，一般读者均可接受。日本经济杂志社于 1885~1886（明治十八年至十九年）陆续出版了石川暎作已翻译的两卷本，取

---

① 1999 年由陕西人民出版社出版的杨敬年先生译本并未收录其中。
② 有关福泽和西方经济学在日本传播研究，可参见 Sugiyama（1988：37~57，59~72）和 Sugiyama（1968；1994）。

名为《富国论览要》。1892年，这套三卷本由日本经济杂志社正式出版。后来有不同的译本，如学者三上正毅（Masatake Mikami）1910年版的《富国论》，1921年有斐阁出版社出版的竹内谦二（Kenji Takeuchi）全译本，取名《国富论》（第1卷），另有神永文三（Bunzou Kaminaga）1925年和1937年译本、1926年的气贺本、1928年的青野本、1940年的大内本、1960年的大内与松川本（一般简称为松川本）和1961年的水田本。每个译本都经过译者的多次改订。以出版较早的竹内本为例，从1921～1962年，先后发行过七版，改订过四次。又如出版较晚的大内本，从1940～1949年，已重版五次[①]。近世，水田洋（Hiroshi Mizuta）等日本学者对《国富论》的翻译与斯密[②]研究取得了很多成果。

据坎南（1904）的统计，《国富论》在斯密生前只有过5种版本，为何日本有14种译本，并且直到现在还要不断地进行修订译本？从上文的调查可以看到，这其中不仅有全译本、节译本，还有根据5种英文版的各种译本，甚至还译出英国学者为《国富论》所作的不同批注版（赖建诚，2009：34）。这一点在后文有关周宪文翻译坎南批注本时得到验证。周氏就曾借助阅读日译本寻找英译本中注释的具体来源[③]。日本经济学界对《国富论》的阅读和研究，可说是位居世界前列的。梁启超旅居日本期间，习得日文之后，再读日本人翻译的西方政治学、经济学著作，感觉打开了一片新天地。1899年，梁启超有感而发《论学日本文之益》（1999：324）："吾中国之治西学者固微矣，其译出各书，偏重于兵学、艺学，而政治、资生等本原之学，几无一书焉。"

20世纪初以来，大量的经济学著作从日译本转译过来。关于严复与

[①] 资料来源："明治期表记、亚当·斯密"（Lai, 2000：181-183）；"译序"（斯密，1964：4）和图书馆网络查询。

[②] 参见网络水田洋介绍：http://www.gerenjianli.com/Mingren/02/n041bo8ltglme35.html（检索日期为：2013年2月3日）。日本学者高岛善哉、大河内一男和大道安次郎是日本第一代斯密研究者，水田、内田义彦和小林升是较为出众的第二代研究者。

[③] 周译所使用的坎南批注版有大量斯密本人留下的注释和坎南的脚注，其中有不少是书名。对这类信息的处理，周宪文个别仍有保留，均略去不译。如第一编第四章，斯密原注为"Plin. Hist. Nat. lib. 33. cap. 3"，周查遍各种日译本，都未曾把该注译出，后采用加案语的方式补充了"Pli. 著博物志"几个字。原著中个别坎南的脚注，周译按照大内译本的译法，略去不译。参见"译序"（斯密，1964：5）。

福泽谕吉经济活动与思想比较研究，陆续有成果问世①。王克非（柯飞，2002：31-32）指出比较近代中日对西方经济学思想的翻译，其价值在于首先得以了解明治时期翻译对于日本近代经济学、近代经济思想的进步与发展无疑具有先导作用；其次，从中了解日本最初摄取的是何种经济思想和最早翻译的是何种西方经济学著作；再次，可从中了解经济学的新概念、新术语是何时、以何种方式引进和创立的；最后，可以探究何种经济思想较为受重视，在何种程度上影响了中国经济学的发展。《国富论》在近代东亚文化圈的翻译不失为一个值得研究的案例②，无论在思想史或翻译史上都具有重要意义。

第二节　共同文本：传教士对西方经济学说的译介

一　《国富论》在中文世界的汉译脉络

《国富论》在欧洲的传播集中在 18 世纪中期到 19 世纪初，据熊彼特在《经济分析史》（1996：294）中的统计，19 世纪前《国富论》已有 9 个英文版本，并先后被翻译成丹麦文、荷兰文、法文、德文、意大利文和西班牙文。《国富论》在亚洲的传播主要集中于日本（1870~1890）、中国（1901~1931）和韩国（1950~1970），而包括泰国、马来西亚在内的其他亚洲国家都没有相应译本。《国富论》的汉译史大致分为六个

---

① 这类研究文献有王中江（1991）。该书将严、福泽二人置身于中日启蒙思想的大历史背景下，从历史演变、意义和局限性分别清晰地比较了二人思想言论与行动事迹的共同特点和差异，并以此作为案例探索近代中日两国近代化道路发展上日本迅速前进、近代中国迟缓落后的原因所在。此类相关研究可参见吴仪（1998）。

② 有关《国富论》在东亚语境中的多语种译本比较，由于对研究者语言能力要求较高，还尚未有成果出现。台湾经济学家周宪文在翻译《国富论》时曾参照多种日译本，除仿效个别翻译手法之外，对其中的部分翻译有所评价。周提到原著中颇多名词，如 industry、trade、stock、employment 等词，意义并不确定，很难有统一的译语。"industry"一词，有时应译为"工业"，可与"农业"对应；有时应译"产业"，包含"工业"和"农业"；有时则有"劳动、勤劳"的意思，极易译错。第一编第七章坎南有注释："Industry suits itself to the effectual demand."日译本大内本译为"产业适合与其本身的有效需要"，周译本则为"勤劳（或劳动）使其本身适合于有效需要"。此处，译者大内理解上出现错误，因此正文的翻译也就有误差。此处原文可参见斯密（1776/1994：66）。本文笔者查阅杨敬年译本，此处译为"劳动自行适应有效需求"（斯密，1999/2001：75），可佐证周氏的评断。

阶段：①19世纪80年代西方传教士和本土译者的早期翻译；②清末严复的全译本《原富》（1901~1902）；③20世纪二三十年代的早期白话译本，主要译者有刘光华、郭大力和王亚南；④台湾地区深受日译本影响的汉译本，译者为经济学家周宪文和张汉裕（1967~1974）；⑤借鉴《资本论》马克思对斯密问题的评价而展开的修订译本《国富论：国民财富的性质和原因的研究》（1972~1974），译者是郭大力和王亚南；⑥21世纪初，杨敬年、谢祖钧、谢宗林等多位经济学家和翻译家对《国富论》的重译。

截至2016年10月，《国富论》汉译本情况如附录1所示。

二 译者：翻译身份与决策力

西方传教士在晚清的经济事务活动曾受到学者们的关注，研究者从不同角度切入，试图理解传教士在这些活动中扮演了何种角色，参与了近代中国历史上哪些重要的活动，传播了哪些重要的思想观念。在二手文献中，已经有了一些较重要的研究成果①。遗憾的是，对传教士"脸谱化"的定位妨碍了客观展现他们在早期经济学说宣传和具体商务事务中发挥的作用。除大量向西方"译出"中国经典外，传教士同时还承担了西方科学的"译入"工作，这包括自然科学和人文社会科学两类翻译活动。关诗珮（2012）在认可英国伦敦布道会传教士理雅各（James Legge，1815~1897）翻译工作多重贡献的同时，更着重考察殖民语境中，通过译者口语培训建构出另一番殖民地权力与知识面向。

在晚清知识空间下没有哪一部西方经济学著作能够像亚当·斯密和《国富论》一样被多位来华西方传教士和本土知识分子在各自译著中提及。无论是片段式的"摘译"、加入个人理解成分的"截译"，还是改头换面的"缩译"，甚至是"认错作者、译错书"的"伪译"，其结果都毫无疑问地促使更多国人熟悉《国富论》，在一定程度上宣传了西方经济学知识。柯文在《1900年以前的基督教传教活动及其影响》（1978/1985）一文中从文化交流与思想史的角度，对传教士的西学翻译活动提

---

① 对西方传教士西方经济学说传播的研究有：李竞能（1979）、戴金珊（1985）、胡寄窗（1988）、梁捷（2007）和张登德（2009）。这些成果多是从经济学研究为出发点，以史实整理为主。

出可深入研究的几个方面：译介内容的清晰度、准确度和可阅读性、传播的接受者、影响范围等。前期研究虽把《国富论》等经济学译著作为西方经济学思想输入中国的重要文本载体，但是并未深入译本与原作当中，就该译案的翻译史实来说，也还存有一些误识。重点分析的内容是美国传教士丁韪良所译《富国策》、傅兰雅译《佐治刍言》和艾约瑟译《富国养民策》三个案例中有关《国富论》的翻译话题，并与严译《原富》做了一番比较。这一研究着力阐明汉文西学经济类经典在晚清西学译场通过翻译活动的构建过程和特殊意义，揭示中国传播西方经济学的渊源及学术脉络[①]。具体来说，一方面以《国富论》翻译个案为主线，尝试探讨在晚清中文世界这一特定历史背景下，以西方传教士和本土学人为主力，译介和传播西方经济学说与思想的方式与过程，从翻译文化史的角度探究其早期译介动向与脉络、语词与思想之翻译模式的延续与转变；另一方面尝试探究西洋经济学说初次引介阶段里，作为译者的西方传教士眼中的中国形象是否具有某种整体性的特点，是否蕴含某种一以贯之的立足点与意图，从而有助于中国古代经济思想与西方经济学说建立起承上启下的关联，得以经历从传统到现代的转化。

从16世纪到19世纪末期，译入的西方经济文献的来源、类别、性质和数量，反映出当时译书的动机及知识分子（包括传教士）的思想动向，同时也反映出翻译活动受西方经济学自身发展特点的影响。西方经济学知识早在17、18世纪的耶稣会传教士中有所提及，这一时期经济知识的译介特点以较为单纯的商贸常识为主（"序言"，周振鹤，2001）。18世纪以来，西方经济学界先后出现诸如李嘉图（David Ricardo，1772 ~ 1823）、斯密、凯恩斯（John Maynard Keynes，1883 ~ 1946）等一些重要的经济学家，在斯密的《国富论》出版之前，经济思想已经比较成体系和规模，但是尚未形成比较完整的理论框架。同样，在工业革命之前，西方的货币、银行、公司、国家财政等体制也尚未完全建立起来。西方

[①] 邹振环（2011：1）提出，中国近代的知识传统来自西学的多个系统，有明末清初天主教系统的西学、晚清西方新教传教士带来的西学与转道日本引入的西学，以及五四时期从苏俄输入的马克思列宁主义的西学。有关传教士与西学知识输入专题性的研究成果主要有地理学（邹振环，2000）和史学（邹振环，2007）。对史学类著作的翻译研究有：Burke（2007：125 - 141）、Levy（2011：13 - 43）。

经济学知识较为密集的输入是从19世纪马礼逊（Robert Morrison，1782~1834）大量译介和传播近代西学开始的。以斯密的《国富论》早期在中国的翻译为例，从19世纪八九十年代开始，已经有多部译著提到斯密的名字和理论观点，如1885年清政府总税务司署出版的《西学论述》（由英国人J. Edikin编译）；1896年总税务司署出版的英国杰文斯的《政治经济学入门》（中译本译名为《富国养民策》）；1890年王韬撰写的《西学原始考》；等等。但这些著作只提到亚当·斯密的名字和理论简介，并未明确提到《国富论》一书。第一次提到《国富论》的著作是1894年英国传教士李提摩太（R. Tymothy，1845~1919）在其主编的《万国公报》上发表的《泰西近百年大事记》。在该书第9章中，论及英国重商主义政策的缺陷时提到"幸而1776年（清乾隆四十一年）英人师米德·雅堂著《富国策》一书，镂版通行，立通商根本，新策既行，旧章尽废，诸英人所创之新机，至是始大用之而大效矣"。这与现代欧洲文明兴起的历史、技术的空前发展、经济增长和西方经济体系发展较为成熟等先决条件得到满足相关。从19世纪30年代后，英、法两国的资产阶级取得并巩固了自己的政权，古典经济学也日益被庸俗经济学所代替。从19世纪中期起，英国逐步废弃重商主义政策，推行自由贸易政策。代表新兴资产阶级利益的自由党执政（1848~1868），自由贸易政策遂成为国策。与这种国策相适应，经济理论领域也开始发生变化，即英国古典政治经济学向庸俗经济学过渡。

另一个重要原因则与前章所讨论晚清"求富图强"的社会环境密不可分。王尔敏在《晚清变法思想析论》一文中指出，以"求富求强"这一思想因子为动力的变革，"在晚清并非新出，国史上颇有成例。最有名者为商鞅变法与王安石变法，二者皆以求富强为求变的动力。不过，前者求富强以与列国争，而后者求富强以御敌国之威胁"。晚清变法思想虽然以富强为动机，与前者不同之处在于"其目的不仅仅是御敌，亦不仅仅是与列国争，同时要应'三千年未有之变局'……有此一历史巨变，乃有反映此变的不同思想"（汪荣祖，2008：2）。自洋务运动起，除帮助中国组建近代海陆军的军事顾问、教官及重要建设项目——造船、机器制造、铁路、电报等的工程技术人员外，还有一批西方人加入晚清经济活动中，部分人掌握了清廷的税收权，如任总税务司或海关负责人等职,参与到晚清经济商贸活动甚至经济政策的制定中。其中不乏活跃在文化教育领域中、充任各类学堂的教习,并长期从事翻译活动的传教士。新教传教士再次入华,带来包括经济学在内的大量新知,传播手段愈加丰富。他们采用开办期刊报纸、筹建学校、修订教材、翻译新著和举办洋务等手段,一边传播教会思想,一边传播西方的自然、人文与社会科学思想。而这一时期中国对西学的关注度不断深入,从早期如数学、水利、天文、地理等自然学科的传入,逐渐转向社会科学著作的译介,关注的视角转向社会经济和人类自身的发展。就经济知识的译介与传播来说,涌现出如郭实腊、丁韪良、傅兰雅、李提摩太、艾约瑟等一批传教士,他们通过《万国公报》、《富国策》、英华学院等颇具代表性的媒介和机构,传播西方经济思想(有关西方传教士翻译的经济学说译著和报刊统计,参见附录二),其中一些传教士借助日益增多的外事经济活动,参与到清政府经济政策和法规的制定当中,更有甚者参与到中西外交商约的起草和拟定活动中(王宏志,2012)。王尔敏在考证《五口通商章程》草拟与签订内情时发现,英国国家档案馆档卷中收藏的昔日五口通商章程初草竟是英文本,并且是由传教士马礼逊(John Robert Morrison,1814~1843)所拟写,再由华人译手转译为中文交到晚清执政者手中[①]。由此可见,当时中英双方代表商讨中方税则章程时,英方在其中起着决定性的作用。这一点在鸦片战争期间和之后签订的一些有关商约、贸易、治外法权中涉及经济事务的活动中均有体现(王宏志,2011)。传教士充当了译者与协调人作为与影响的双重身份,大量地、深入地渗透到了晚清政治、经济、外交、文化等事务中。

三 经典的移植:《国富论》为"共同文本"

正如前文所述,西方传教士在经济学说传播和经济事务活动中独特的多元身份(口笔译者、中外商务活动实施者、清政府政策制定参与

---

① 其草稿注明:Drafted of the Custom House Rules for the Trade of the Five Ports, by Morrison. 英文原稿俱在。Public Record Office, F. O. 17/68, pp. 143 - 155. 转引自王尔敏(2009:35)。这里 Morrison 可能是马礼逊的儿子马儒翰。时间上《五口通商章程》是 1843 年 7 月签订。由此可知,《五口通商章程》先以英文草为底本,然后由黄恩彤、咸龄势经手翻译润色,使之合于中国文牍形式。有关马儒翰的研究,可参见香港浸会大学硕士学位论文 Leung(2001)、王宏志(2012:25 - 35)。

者)、采用的多种翻译形式(执笔或口述)和多种媒介途径(报月刊、编译著),是日后学术型译者所不能企及的。

他们与中国本土译者合作完成的《富国策》《佐治刍言》《富国养民策》三部译书均出版于19世纪80年代,篇幅相当,侧重点不同,所译内容有所不同。《富国策》原著者法思德是英国古典学派最正统的继承者,其教科书被称为是对自由主义经济学的标准解说。而《佐治刍言》虽非经济学专著,但是其中一大部分有关经济学的记述是遵循古典学派学说理论的。《富国养民策》的原著作者杰文斯是边际革命(Marginal Revolution)的拓荒者,被认为是新古典学派的经济学家。该著是赫胥黎所编《科学入门》(Science Primers)丛书中的一册,内容极具启蒙性,基本构成与古典学派的教科书相同。几位译者的共同之处是在翻译过程中均大力推崇亚当·斯密的自由经济理论,力图以书面翻译活动的形式,宣扬西方经济学说。《富国养民策》的译者英国传教士艾约瑟就曾强调:"英人亚当·斯米所著有《富国探原》书,英国斯时兴盛多由于研求其生财之学术致之也。缘其书能使人洞晓贸易应无过禁、工作应无定限之一应利益。"(1886:第一章第一节"导言")就具体翻译的内容来讲,随资本主义兴起而流行的经济范畴,如分工、资本、工价、地租、利润、利息、经济周期等,都按照西方通常的观点作了常识性的介绍。这三部译著是早期西方经济学思想在华传播最重要的学术成果,整体上代表了那一时期西方经济学说在中国的译介特点和传播情况,在西学东渐中占有重要地位。

不过,遗憾的是,这三部译著还未得到有效的开发与利用。新经济思想进入,语汇表达不足,译者丁韪良、傅兰雅、艾约瑟和本土翻译合作者都采取了怎样的译述方法和转换途径传达斯密的经济思想?他们的译本和著述中如何体现这些转化?他们的介绍和翻译展现了早期译者对《国富论》认识与探索的完整图谱与全貌吗?这些疑惑恐怕尚未回答。下文着力在知识生产、知识运作的主体意识和历史特性中加以解读分析美国传教士丁韪良译《富国策》、傅兰雅译《佐治刍言》和艾约瑟译《富国养民策》三个案例,重点是这一时期译述的主体、目的、方法、文体特征,社会历史环境对译文的制约与驱动,思想引介与经济实务活动在晚清的互动关系,突出在19世纪的中外文化交流史中,西方传教士在清民中西文化关系、文化异同中体现出的反思的力量。

（一）丁韪良与《富国策》

《富国策》① 是由传教士丁韪良和中国同文馆教习汪凤藻共同完成的②，是第一本译成中文的西方经济学书籍。1880 年，上海同文馆出版《富国策》聚珍版，次年有乐善堂聚珍版本，1882 年有上海美华书馆铅印本。该译本的英文原著为 Manual of Political Economy（《政治经济学提要》，以下简称《提要》），系 19 世纪中期英国经济学的主要代表者法思德（Henry Fawcett，1833~1884）所著。法思德曾担任剑桥大学第一任领薪的政治经济学教授，拥护自由贸易，反对国家干涉，以激进自由主义者的面貌从事政治活动。1863 年《提要》出版问世，立即受到社会重视，颇享盛名。法思德不断对《提要》进行修订，先后有 1865 年、1869 年、1874 年、1876 年、1883 年、1888 年、1907 年等诸多修订本③。丁韪良与汪凤藻合作的《富国策》，所采用的英文底本为 1874 年版，即第 4 版。法思德非常重视修订工作，他在第二版序言中指出，虽然无法对全书整体进行大的改动，但是每一章都进行了精心的修订，其中包括不少图表，新版中同时还会收录初版中其本人序言④。1874 年的第 4 版收录了 1863 年初版序言，还增加了新版序言。1888 年和 1907 年版本均由法思德的妻子米利森特·法思德（Millicent Garret Fawcett，1847~1929）修订。法思德夫人同样致力于经济学思想的研究与普及，1870 年完成《政治经济学初级读本》（Political Economy for Beginners）。日本明治时期

---

① 宋人李觏曾有同名编著，亦为《富国策》。李觏（1009~1059），北宋思想家，主张改革政治，反对道学家不许谈"利""欲"的虚伪说教；主张"量入为出"的财政政策，重视发展生产；主张"限人占田"，以防土地不均。

② 关于汪凤藻在译该书中的角色和作用，学界意见并不一致。学者们相互争执的意见汇总，可参见张登德（2006，2009：85-87）。

③ 晚清的译介与传播过程颇为复杂。早在 1867 年（同治六年），北京同文馆开设"富国策"课程，时任主讲是美国传教士丁韪良（W. A. P. Martin），所用教材即为该书，译名为《政治经济学教本》。李竞能考察其所用教材的版本是法思德 1863 年本。之后，同文馆重新译印由汪凤藻著译、丁韪良校订的《政治经济学教本》，更名为《富国策》。汪、丁此次合作《富国策》所采用的英文底本，戴金珊认为是 1874 年的修订本。有关丁韪良授课、经济著述的相关研究可参见李竞能（1979）、唐庆增（1929）、戴金珊（1998：178）和张登德（2009：93-96）。

④ 此处信息来源，参见法思德 1865 年出版的 Manual of Political Economy。张登德对 1874 年之后的版本章目差别有所比较（2009：40-42）。

大量译介西方经济学著作，该书就是其中非常重要的一部。当时曾有两个译本：永田健助1877年译成的《宝氏经济学》（592页）和永田健助1879年编述的《经济说略》（146页）①。

不同于本章中拟讨论的另外两部译著，《富国策》在晚清共有三个汉译本。除去丁、汪合译本之外，早期维新思想家陈炽（1855～1900）与其友人合译《重译富国策》②，1896年后陆续在《时务报》上发表。译本由陈炽以"通正斋生"之名作序，译本较简洁，不是全文翻译。第三种译本是《无锡白话报》上梁溪毋我室主人概译《富国策》。该报第一、二、三、五、六、十三、十四期连载了《富国策》。《富国策》的译本类型归属翻译研究中的两类。第一种是语际翻译（interlingual translation），即是上述丁、汪二人合作的中英跨语际翻译实践译本和晚清知识分子陈炽的《重译富国策》；第二种是语内翻译（intralingual translation），即无锡《白话报》上刊登的是从文言文《富国策》"翻译"成的"白话文"本。

丁、汪合作《富国策》与原著的差距主要体现为译者对原著在内容选择的增删和表述形式上的挪移。从文字数量上来说，英文1874年第4版正文约计25万英文词。全书共分三卷，第一卷论生财，即现在的生产理论；第二卷论用财，即现在的消费理论；第三卷论交易，即现在的交换、分配理论。而《富国策》全篇约10万字，原著42章保留了27章，三分之二不足，属于节译本。从目录来看，所删减部分主要为三类：涉及副文本信息的序言、目录、注释和附录等均略去，删减一些在译者看来与"富国"相关较小的章节和论证中的举例。如卷一的第八节"资本

---

① 资料来源：http://www.aplink.co.jp/ep/4-902454-09-2.htm。
② 本文作者并未见到陈炽的译本《重译富国策》，文中所提信息来源于《陈炽集》（1997）、胡寄窗（1982）和赖建诚（2009）。据赖建诚（2009：7-8）所讲，从现存的陈译目次看，其章节编排都与同文馆汪凤藻所译福赛特著作相同，陈译的内容也与汪译本大同小异，而不同于斯密的《国富论》。可见，陈炽翻译的并非斯密的原著，并且一直将福赛特的二流著作当成了"纵横四海"的"天下奇文"《国富论》。陈炽对斯密的高度评价，是建立在误解和传闻基础之上的。胡寄窗（1982：160-161）对陈炽批评较重，指出陈以为自己和汪凤藻翻译的是斯密的著作，甚至还写了一本《续富国策》自比《国富论》。考察陈是传统科举出身，仔细查阅陈炽年谱，并无他曾留洋或学习英文的记录，这个所谓的《重译富国策》是否系他本人所译也值得怀疑，试想如果真的通英文，又怎会连原作者都弄错。

的增殖"（On the Increase of Capital），卷二的第七节"分益耕农与佃农"（Metayers and Cottiers）等都因为与中国现实关系不很紧密而被省略不译。卷二的空想社会主义（Private Property and Socialism）、义务教育法案（Compulsory Education）等内容也被删去。丁、汪合译及白话本都翻译了卷首《富国策》序言，试比较如表4-1所示。

表4-1 《富国策》部分古文与白话文译文比较

Manual of Political Economy	Political economy is concerned with those principles which regulate the production, the distribution, and the exchange of wealth. The first great work on political economy was called by Adam Smith The Wealth of Nations, but political economy is concerned alike with individual and national wealth. Those who share the popular error above alluded to, make this inquiry. (Fawcett, 1865: 2)①
丁、汪译文	首篇《总论》昔斯密氏首创是学，名其书曰邦国财用论，其实此学所论财用，固合民生国计而言也。
白话译文	从前英国有一个人，名叫斯密得，第一个讲这富国的道理做一部书，名叫邦国财用论。这部书上，不是专讲国家的用度，连百姓赚钱的道理，都讲得明明白白的。人活在世上，若没有钱用，都要活饿杀的。你看天底下的人，盈千累万，辛辛苦苦，那一个不想赚些钱发些财?②

从表4-1两段译文可以看出，法思德原文共包括政治经济学定义、重要代表人物与著作和纠正对"政治经济学"的误识三层意思。从丁、汪译文可见，略去第一层，直接提到"斯密"和《国富论》来引起读者的关注。白话文译本基本依照丁、汪译文的取舍，在语言上比较直白、通俗，把"合民生国计而言也"化解为"不是专讲国家的用度，连百姓赚钱的道理，都讲得明明白白的"。这样的"翻译"处理比较适合一般报刊读者的理解程度。

专有名词的翻译是西方经济学思想传达过程中首先碰到的难点。斯密的赋税论"Taxation should possess equality"（公平纳税）译为"均输"。传教士在翻译时，采用中国传统经济学说中的词语翻译西方经济学术语。"均输"是中国封建社会为解决贡物运输而采取的一项官营经济措施，其含义后有变化。宋代王安石在变法中也推行了均输法，主要指靠征收赋税、土贡实物充实国库。除漕粮外，实物贡赋形态及封建劳役

---

① 该"前言"同样保留在1874年版本中。
② 原文无句读，标点为本文作者所加。

日益退居次要地位，均输措施才随之消失。丁韪良、汪凤藻对西方经济术语的译名选取上，与严译《原富》有不小差别。表4-2列举部分译词。

表4-2 《富国策》与《原富》部分译词比较

Manual of Political Economy	丁、汪译《富国策》	严译《原富》
Population	民数	庶、户口
Productive labor	生财之力	能生之功、生利之功
Wage	工价	庸、庸钱、力庸
labor	人功	功、功力
Capital	资本	母本、母财、母、本
Circulating capital	运本	循环母财
Fix capital	恒本	常住母财

我们可以从表4-2看到，丁、汪的译词还有个别留用到现在，如"工价""资本"。严译词除"户口"之外，基本都已消失。

斯密在《国富论》第一编第十章讨论工资随职业固定与否而发生变动，以泥瓦匠的工作与收入为例，论证他在文中提出的工资的决定因素，这一部分英文被法思德完全节录到自己的著作中。表4-3抽取这部分英文在《富国策》、《原富》和《国富论》三部译著中的对应译文，并比较其译述特点。

表4-3 《富国策》、《原富》和《国富论》部分译文比较

Manual of Political Economy/The Wealth of Nations	A mason or bricklayer, on the contrary, can work neither in hard frost nor in foul weather, and his employment at all other times depends upon the occasional calls of his customers. He is liable, in consequence, to be frequently without any. What he earns, therefore, while he is employed, must not only maintain him while he is idle, but make him some compensation for those anxious and desponding moments which the thought of so precarious a situation must sometimes occasion. Where the computed earnings of the greater part of manufacturers, accordingly, are nearly upon a level with the day wages of common laborers, those of masons and bricklayers are generally from one half more to double those wages. (Fawcett, 1865: 149; Smith, 1994: 119)

续表

《富国策》	砖瓦匠之类，遇风雨则不能作，遇霜雪冰冻则不能作，而且今日有佣，明日或无佣。一日已竣，后工不可期，非若他项手艺之得按日工作以食其力也。故砖瓦匠之工价，必较他业倍优。盖不优则无以为赋闲坐食之地，人皆不愿托此业矣。①
《原富》	独至筑垣垒石之工，严霜淫雨皆可辍业，又必俟雇者之呼于其门，而后能奏其勤也。事故一年之内，坐以待雇者半之，则其受庸也，不仅资当日之养，必有以均其作辍，且务偿其望工之苦，与其不或必得之虞，次所以常佣之日廪，石工、圬者常加半，抑倍之矣。（斯密，1902/1981：99）
《国富论》	反之，一个泥水匠或砖匠，在冰冻或恶劣的气候中就不能工作，而在所有其他的时候他的工作也全凭顾客的偶然召唤。结果他不免常常无事可做。因此，他在受雇时所赚得的钱不仅要能维持他在闲散时的生活，而且要能略为补偿他的焦虑和沮丧的时刻，此时他想到那样一种不确定的情势有时必然出现。因此，大部分制造业者的估计收益只是接近于普通劳动者日工资的水平，泥水匠和砖匠的估计收益却要比那种工资高出一半到一倍。（斯密，1999/2001：133）

丁、汪译的最后一句结论，"盖不优则无以为赋闲坐食之地，人皆不愿托此业矣"，并没有出现在斯密的讨论中。斯密以泥水匠和砖匠具体的日收入为例，说明该职业收入之所以高，并不在于其技术含量高，而是在于工作不稳定。也就是说，"这些工人的高工资与其说是对他们技能的报酬，不如说是对他们工资不稳定的补偿"。显然，丁氏和汪氏对这类并不稳定的行当不很赞赏，在译文中加入自己的评判"人皆不愿托此业"。

关于译本的翻译质量评说较多。丁韪良对合作者汪凤藻颇为认可，在1878年出版的《公法便览》"自序"中评论汪氏的译书才华，"兹译以华文而词义尚能明晰者，则汪君芝房凤藻之力为多。芝房既具敏才，复精英文。余为之讲解一切易于领悟。其笔亦足以达之，且能恪遵原本，不增不减，余省点窜之劳"（王健，2001：152）。陈炽在《重译富国策·叙》中对丁、汪合译《富国策》的翻译批评很重："斯密德（斯密）

---

① 亨利·法思德著（1880）《富国策·论工价》，丁韪良、汪凤藻译，光绪六年京师同文馆聚珍版。此例是张登德从汪译与严译中择出比较，特此说明。参见张登德（2009：165）。

著《富国策》，李提摩太译述《泰西新史》，推原英国富强之本，托始是书。因忆十五年前，曾见总署同文馆所译《富国策》，词旨庸陋，平平焉无奇……因假得西人《富国策》原文与同文馆所译，彼此参校，始知原文闳肆博辨，文品在管墨之间，故为重译。"

（二）傅兰雅与《佐治刍言》

这一时期，对西方自由资本主义思想介绍最为详细、系统的一部书是由英国传教士傅兰雅[①]（John Fryer，1839～1928）口译、清人应祖锡[②]笔述合作完成的《佐治刍言》（回译英文书名为 Homely Words to Aid Governance），1885 年（光绪十一年）江南制造总局首刊，后在戊戌变法前后被收入多种丛书，如《质学丛书》、《西学富强丛书》（张荫桓编）[③]等，在晚清知识界产生了重大的影响。该书编译自苏格兰人钱伯斯兄弟（W. & R. Chambers）[④] 出版公司"教育丛书"（Chambers' Educational Course）中的一部，书名为 Political Economy for Use in Schools, and for Private Instruction，全书共 154 页，1852 年由伦敦的 Thoemmes Press 发行，后 1872 年、1877 年均有多次印刷。日本明治时期曾译入该书，是"Western Economics in Meiji Japan" 系列下 "Collection of Early Japanese Translations, Series 1: 1867～1880" 中的一部，即明治初期经济学译书系列第一期共七卷中的一本[⑤]。

[①] 关于傅兰雅的生平、来华及其翻译工作，可参见邹振环（1986）、吴淳邦（2000）、王扬宗（2000）、杨珂（2004）、Bennett（1967）等。

[②] 应祖锡（1855～1927），字韩卿，芝英人。清朝光绪十四年（1888）举人。旋入官办广方言馆，攻外文。后随清使任二等参赞于西班牙，西班牙国王曾赠予宝星勋章。1902年（清光绪二十八年）辑《洋务经济通考》16 卷（石印本，鸿宝斋）、西文手著《西班牙日记》3 卷等。

[③] 另还有梁启超编《西学书目表》（无学科分类）、徐维则编《东西学书录》（政治法律第二），徐维则、顾光编《增版东西学书录》（同前），胡兆鸾等辑《西学通考·西学书》（政治类）和梁启超辑《西政丛书》。可见所属科目多归入政治类，而非经济类。

[④] 该兄弟二人是英国 19 世纪著名的出版商，曾出版大量有关教育丛书、百科全书和词典。《佐治刍言》一书选择时政治经济学知识正作为基础教育的重要组成部分。

[⑤] 资料来源：http://www.aplink.co.jp/ep/4-902454-09-2.htm（检索日期：2012 年 7 月 23 日）。由日本关西学院大学教授井上琢智对这部分文献历史进行整理。该系列分三期，共翻译西方经济学著作 19 部。

作者伯顿（John Hill Burton，1809～1881）①是苏格兰历史学家和经济学家。1854年伯顿被委任为苏格兰监狱委员会秘书长，1877年任苏格兰监狱总长，曾于1846年出版《休谟传》(David Hume) 引起很大反响。伯顿的 Political Economy for Use in Schools, and for Private Instruction 曾先后在日本、中国和韩国被翻译，出版后得到了东亚三国的积极响应。1867年，日本福泽谕吉②将其选译为《西洋事情·外编》；1885年，寓华传教士傅兰雅与应祖锡根据同一底本，择要翻译为《佐治刍言》；1895年，韩国的俞吉浚又参照福泽译本，将其翻译为《西游见闻》。这部著作先后在东亚三国的翻译与流传脉络反映出东亚知识人对现代性的思考和积极响应，可以说是东亚早期现代性的"共同文本"③。

原作 Political Economy for Use in Schools, and for Private Instruction 共35章476节。《佐治刍言》截取前31章418节，最后的4章58节没有翻译④。全书前13章主要论述个人、家庭、社会、国家、法律和政治方面

---

① 关于该著的作者，美国学者 Albert M. Craig 研究后认为，此书作者应为苏格兰历史作家、法学家 John Hill Burton (1809～1881)。参见 Craig (1984: 238-18)，转引自 Trescott (1989: 482)。孙青提出，日本名古屋大学政治经济学教授水田洋，经过考证后亦得出了相同结论。以上信息可参见孙青 (2007: 13-14)。胡其柱认为，王林称《佐治刍言》原著为 "Homely Words to Aid Governance"，是不对的。这一名称，是西方对中译本《佐治刍言》书名的再翻译，并非其原著名字。参见王林 (2008)、胡其柱 (2010)。

② 《西洋事情·初编一》(Things Western) 共分初编三册、外编三册、二编四册。原本电子扫描本见 "Digital Gallery of Rare Books and Special Collections", http://project.lib.keio.ac.jp/dg_kul/fukuzawa_title.php?id=3 (检索日期：2012年8月12日), http://project.lib.keio.ac.jp/dg_kul/fukuzawa/flipper/F7-A02-01/book150.html (同前)。福泽谕吉在访问伦敦期间 (1862～?), W. and R. Chambers 兄弟向他推荐 J. H. Burton 的《政治经济学》，即 Political Economy for Use in Schools, and for Private Instruction。福泽1868年开始翻译，取名为《西洋事情: 外编》(Seiyo Jijo, Things Western, 西洋事情, 1867～1870)。《西洋事情》的第二卷仅翻译了 Burton《政治经济学》的前面63页，是着重于家庭、人际关系、个人权利与义务等面向，也就是儒家思想所一向关注的内容。韩国的俞吉濬 (유길준，1856～1914) 于1881年以日本考察团"绅士游览团"之随行人员身份至日本，就读于福泽谕吉开办的"庆应义塾"。1885年归国后，开始参照《西洋事情》《文明论概略》，引介日本进化论思想，并以当时已回到美国的生物学家 Edward Sylvester Morse (1838～1925) 的思想为蓝本，推广"开化"思想，1895年出版《西游见闻》，是与韩国"文明开化"和社会竞争相关的第一本书。另可参见〔韩〕梁台根 (2006)、徐兴庆 (2009)。

③ 《佐治刍言》影响研究取得了一些成果，参见孙青 (2007)、Trescott (1989: 481-52)。关于这三个译本之间的关联及其与原著的关系，可参见〔韩〕梁台根 (2006)。

④ 这四章分别是 "Commercial convulsions"、"accumulation and expenditure"、"Insurance against calamities" 和 "Taxes"。

的问题，宣传英国的家庭观、法律制度自主、自由和平等的思想，对英国的议会制度的建立和演变也有详细的介绍。自第14章起论述经济学问题，重点介绍了自由资本主义的基本经济原则，包括保护私有财产、财产分配、分工、劳动、工资、资本、贸易通商、货币制度与纸币、银行、借贷信用等。作者强调国家保护个人财产的合理性和重要性，大力宣扬英国工商业发展成就及在世界商贸往来中的重要地位，多举英国经济案例，大量的褒奖之词溢于言表。第27章"论各国通商"第345节讲与英国通商之国不愿与英方失和，就是为了保护贸易往来。列举英法战争期间法国人尤喜英棉布，法国周边各国不得不把英产棉布冒称自产，私运法国，"以拿破仑战无不克之威力，尚不能禁止棉布一事，通商之有益于民不愈信哉"（傅兰雅，1885/2002：116）。该书一直以来以政治方面的宣传价值为重。据孙宝瑄《忘山庐日记》（1983）所写，他自光绪辛丑（1901）三月二十七日至九月五日曾耗时近半年系统研读此书，称"熟之能换凡骨"。把该书评论为"论政治最通之书"，其实是错把一部论经济学常识的书目当成了政治经典。（孙青，2007：13）该书第14章"论财用"专门概述全书的内容安排：

> 第一百五十四节　前十三章皆申论各国民情，并指明人人俱有天生性情与其本领，可以自养生命，自保身家。若能激厉诱掖之，使常由正路，则作乱犯上之萌绝，而国中自享承平之福矣。

> 第一百五十节　以下所论，大半为国家撙节财用之事。夫治民与节用，其事相关，固不能截然分论，惟前各章只论百姓皆宜守分，免至良莠不齐，作祸乱以为国害，此下则论各人日用饮食所不可缺之物，并如何能为国内生财，使百姓咸登康乐。是即前后分论之大旨也。（傅兰雅，1885/2002：56）

从引文可见，该书主要讨论"治民"与"节用"两个方面，关系密切，"固不能截然分论"。前13章可使"百姓皆宜守分"，后面各章则考察如何使各人"能为国内生财，使百姓咸登康乐"。从全书内容分布来看，详细谈及经济学、商贸方面所占篇幅约三分之二，实为所论主旨。

Chambers 兄弟的"序言"里曾表达该书编写目的,是淡化政治经济学中条目式的讲述方式,避免过多地涉及社会组织和技术性讨论,采用简单易懂的语言,"使学生了解国家富足的重要常识"(it cannot but be important to instruct the young in things vital to the wellbeing of states)("Notice",Burton,1852)。结合该书书名 political economy 的选定,并综合以上分析,本文认为该书是经济知识的科普读物,而非"论政治最通之书"。读者对该书产生理解的偏差,其主要原因可能在于两点。一是该书书名为"佐治",亦即"辅佐"之意,政治意味稍强;二是中国传统文化中"经世济民"本就是混杂着政治、民生的概念。所以,梁启超的评论和对该书的类别编撰也就易于理解了[①]。

该书中大量有关经济学词语的译名被汉语吸收使用,如"合同"(contract)、"资本"(capital)、"公司"(company)、"银行"(bank)、"股份"(stock)等。傅兰雅在《佐治刍言》中首次把"政治经济学"概念引进中文语境,把文中对"政治经济学"(political economy)的解释,简化为 economy,译为"伊哥挪谜"。该书第 14 章"The Nature of Political Economy"第 156 节解释 economy 的含义(见表 4-4)。

表 4-4 《佐治刍言》英文、译文比较

Political Economy for Use in Schools, and for Private Instruction	《佐治刍言》
The origin of the term political economy, does not convey an accurate impression of the sense in which it is now used. Economy is derived from two Greek words, which together mean house law, or the regulation of a household. Economy is, therefore, the art of property managing household affaires; and as the saving of unnecessary expenditure is generally held to be an essential part of his art, the word economy has sometimes been held to apply to this alone, and to refer simply to the means of living cheaply. The adjective "politica L" applies to states and nations. (Burton, 1852: 19)	此章所用伊哥挪谜字样,系希腊古时人语。按是字希人训为治家之法,近人则以节省之意释之,其见解不无小异。然细参希人语意,亦以节俭为治家之本,是近人所训仍本之古义也。因特合古今两义,占此字以为是书之目,亦以别此章与前章不同之处也。(傅兰雅,1885/2002:56)

比较原文与译本可见,傅、应二人对 Economy 一词来源译述,采用了缩略原文、取其主旨的翻译方法,仅表达出古今之意的区别("治家"与"节俭")。原文段尾"The adjective 'politica L' applies to states and na-

---

① 梁启超在《西学书目表》(2018)中突破"永制"的四部分类法,按照"西学"和"政学"两类体系分类,《佐治刍言》被列入到"政学"体系中。

tions"被译者略去,改为"因特合古今两义,占此字以为是书之目,亦以别此章与前章不同之处也"。译者对该节的理解实与著者有异。前者认为本节区别 economy 的词义演变,在于讲明"书名",突出此章与前文章节的区别。后者,则从对 economy 的词源分析入手,逐渐进入全书之核心重点。所谓 economy,从家政到国政,包括家中大小事务与经济生产之安排布置,而扩展到社会国家的经济治理,章节内容如家、国、法律、教育、生产、资本、货币、银行到国际贸易等面向的管理问题,全部都包含在内。译者对原文的有意取舍与操纵,最终影响到读者对该书主旨理解的变化。

从篇目结构与内容来看,这本西方经济学小册子同样提到了斯密著名的分工理论、工资价值、工资与资本理论,还特别讨论了货币和银行制度。其基本逻辑仍旧是建立于亚当·斯密的自由主义经济,从个人之利益与竞争原则,到分工与互助。傅兰雅与应祖锡合作翻译过程中,每章涉及一个主题,逐节译出,结构与原著保持一致。每节具体内容并非逐字、逐句翻译,内容中加入不少译者的理解,但小节之间内容连贯,论述完整;语言表述生动流畅,说理清晰易懂,全无佶屈聱牙之感。《佐治刍言》译文中多有增补、修改之处,文中有插入译者的评译,如表4-5在第14章"论财用"第一百五十五节专门提到斯密与《国富论》。

表4-5 《佐治刍言》英文、译文比较

Political Economy for Use in Schools, and for Private Instruction	《佐治刍言》
[1] The first great work on political economy was named *The Wealth of Nations*. It was seen that men acquires wealth by household economy; and it was considered that the same term might be usefully applied to the good earned by nations from a proper application of the laws of political economy. [2] It would be an entire mistake, however, to suppose that political economy is a system for acquiring riches, or even for saving what is acquired. It is not a system for controlling men's actions, but for discovering how men are included by their natural propensities to act; it has not so much influence in teaching men how to direct each other, as in teaching them the cases in which control is useless or mischievous. [3] But in assign from social to political economy, it may be useful to give you a more full idea of the objects of the latter. (Burton, 1852: 19)	[1] 著理财之书者,始于英人阿荡司,按其书名曰《万国财用》,言人家生财之法,必于家内随事撙节,免其浪费,铢积寸累,久之自能足食足用,成为小康之家。一家如是,一国如是,即极之万国亦无不如是。[2] 旨哉其言,诚能探源立论也。故余所谓财用者,并非孳孳为利,欲令国中富强,可以夸耀一时也,实欲使朝野上下皆知爱惜钱财,节省浮费,庶几闾阎有丰亨之象,国家无匮乏之虞。[3] 作书之意,如是而已。(傅兰雅,1885/2002: 56)

这段不但强调了著书的主旨,此书的选择、编目,还表明了傅兰雅

对经济与政治关系的看法,即经济的最终目标是使得百姓"咸登康乐",不得推卸这个责任。同时,这也符合中国人传统的由"义"及"利"的思路,言语通俗晓畅,故而能够大受欢迎。对比英文可以看到,译文中专门增添了"始于英人阿荡司,按其书名曰《万国财用》"内容,"阿荡司"和"《万国财用》"的译法首次出现在《富国策》之中,可见斯密在当时中国颇有影响力。傅兰雅在"论工艺并造成之物料"一章中谈工资的构成,与斯密的观点非常相似,即"工之价值,原不在筋骨用力之多小,亦不在时刻之长短也",工人所得工资,"必视工之精粗巧拙以为准⋯⋯其利愈厚,其工愈难,人之所能,己不能为之也"(傅兰雅,1885/2002:76)。

译者在《佐治刍言》的翻译中嵌入第一人称的叙事方式,对译文内容加以点评(见表4-6)。

表4-6 《佐治刍言》英文、译文比较

Political Economy for Use in Schools, and for Private Instruction	《佐治刍言》
It may be said, that the capital is embarked in machinery, and not in labor. That much of it is embarked in machine is true; and if machines were brought from the moon, the money paid for machines would not be paid for labor; but machines are made by human hands, with human labor. (Burton, 1852: 89-90)	或又谓资本虽多,徒为购办机器之用,于工人仍无所益处。余乃笑应之曰:"机器若从月宫中造出,其购价诚为虚掷。如仍须人工制造,则所付之价即为机器之人得之,何谓于人工无益耶?"(傅兰雅,1885/2002:94)

此处讨论比较机器出现,代替人工的重要性。译文中"余乃笑应之曰"在原文中没有对应。纵观整个译本,加入"余以为"共达四处[①]。这样的译述方式在《富国策》和《富国养民策》中都未曾出现。翻译过程中,译文的内涵完全可以因为译者选定的人称视角在意境、含义表达效果上产生微妙差异。第一人称叙述可以使读者如听当事人侃侃而言,具有鲜明的译者突出效果和主动阐释。这是在翻译中国古典诗歌中会经常用到的翻译手法,但是在相对严肃的社科文本中,颇为少见。原文"if machines were brought from the moon"译为"机器若从月宫中造出"也有调侃的意味。

---

① 例如,"余以为不若将此捐款兴办工程,如开路之类,即招集穷民为之,较于地方有益"。

（三） 艾约瑟与《富国养民策》

1896 年上海着易堂书局和海关总税务司署出版了英国传教士艾约瑟（Joseph Edkins, 1823~1905）翻译的《富国养民策》。该书的作者是英国著名经济学家和逻辑学家威廉·杰文斯（William S. Jevons, 1835~1882，又译"耶方斯"）。艾约瑟翻译中依据的英文底本信息一直不确切，研究者意见不一致。① 本文经考察比较原文、译文及译序后，确定原著即为杰文斯撰写的科普读物《政治经济学入门》（Political Economy；或 Primer of Political Economy, 1878），厘清以往研究中的错误。② 该书是英国"科学入门"（Science Primers）系列丛书中的一册，与杰文斯的另一经济学专著 The Theory of Political Economy（1871）大为不同。杰文斯是边际效用学派的创始人之一，数理经济学派早期代表人物。日本明治时期译入杰文斯的三部著作，1883 年大岛贞益翻译《日奔斯氏货币论》（Money and The Mechanism of Exchange, 1875）；1884 年渡边修二郎译《日奔斯氏经济初学》（Political Economy, 1878）和 1893 年吹田鲷六译《劳动问题》（The State in Relation to labor, 1882）③。

艾约瑟是拥有文学学士、神学博士头衔的博学之士，与伟烈亚力一起被称为英国传教士中的"中国通"，对中国的语言、历史、宗教、经

---

① 王立新（1997：163）认为《富国养民策》即是亚当·斯密的《富国探源》（《国富论》），不过艾约瑟译时加上了自己的见解，属于编译。另据台湾学者赖建诚考察，杰文斯所著《政治经济学理论》（The Theory of Political Economy, 1871）的内容与《富国养民策》的对应并不很好，得出"艾约瑟大概是综述几本著作而成此文的"（2009：5）。日本学者森时彦（2012）考证，艾约瑟根据的底本是英国经济学家杰文斯的《政治经济学》（Political Economy, 1878）。The Theory of Political Economy（1871）一书共分 8 章，作者考察了在既定的所有权结构下，经济人如何通过消费、交换、生产以获得最大的满足。内容还涉及快乐痛苦理论、边际分析、生产和分配理论，以构建经济学理论体系。该书与杰文斯（1878）是截然不同的两部书，与艾约瑟所译《富国养民策》更是完全无法对应。1936 年，郭大力将其译为《政治经济学原理》。

② 杰文斯 1878 年出版 Science Primers: Political Economy，后分别于 1881 年、1884 年、1887 年、1892 年、1898 年、1902 年、1905 年、1910 年和 1917 年重新印刷。Jevons（1878/2005）依据的是 1905 年英国麦克米伦公司（Macmillan and Co.）版本。英国曼彻斯特大学的主图书馆（John Ryland Libray）设有杰文斯档案馆。信息来源：http://plato.stanford.edu/entries/william-jevons/（检索日期：2013 年 3 月 4 日）。严复曾翻译该著，取名为《计学浅说》，仅译几个小节，数千字，残稿存中国历史博物馆。

③ 信息来源：http://www.aplink.co.jp/ep/4-902454-09-2.htm（检索日期：2012 年 7 月 23 日）。

济等方面都有独到的研究。① 同时，艾约瑟也被认为是 19 世纪后半期一位重要的汉学家，曾在《皇家亚洲学会北中国支会（又译亚洲文会）会刊》（*Journal of the North China Branch of Royal Asiatic Society*）、《皇家亚洲学会会刊》（*Journal of the Royal Asiatic Society*）、《教务杂志》（*The Chinese Recorder and Missionary Journal*）、《中国评论》（*The Chinese Review*）等刊物上发表了大量文章。艾约瑟的经济译著与他的身份、参与的经济活动紧密相关。1880 年，艾约瑟从伦敦退休，进入海关当翻译。他曾受当时海关总税务司赫德（Robert Hart, 1835~1911）委派，在《万国公报》上从 1892 年 8 月至 1896 年 5 月共发表文章 40 篇，后集成《西学十六种启蒙》第一函《富国养民策》。

原书共分 16 章 100 节，共 134 页。内容从讨论"什么是'政治经济学'""什么是'财富'"开始，涵盖经济领域的基本常识，分为财富的产生、分工、资本、利润分配、工资、工会、地租、交易、货币、贷款、贸易、国家职责和征税等方面，属于西方经济学的启蒙类图书。艾约瑟完全依照该书章节目次来译，也分为 16 章 100 节。艾约瑟的译文全文 3.5 万余字，采用文言文。译文整体内容忠实原文，除去个别地方的改动外，行文中略有增补，属于全译本。《富国养民策》以报刊连载的方式在《万国公报》② 长期刊登（1892 年 8 月至 1896 年 5 月，页 12992~16030）。从各册所占的篇幅来看，长者达 7 页（如首篇的页 12992~12998），短者不到 1 页（如页 15774~15775 "论国家承办之利益"和页

---

① 艾约瑟是西方传教士中研究较为欠缺的一位重要角色，沈国威认为艾约瑟是晚清向中国人大规模介绍西学的第一人。关于艾约瑟生平与著述介绍可参见伟烈亚力（2011：187-191）。艾约瑟本人有关经济类著作有《鸦片史》（*Opium: Historical Note or the Poppy in China*, 1898）、《中华帝国的岁入和税制》（*The Revenue and Taxation of the Chinese Empire*, 1903）、《中国的金融与价格》（*Banking and Prices in China*, 1905）、《上海方言中展现的汉语通俗语法》（*A Grammar of Colloquial Chinese as exhibited in the Shanghai Dialect*, 1853）、《官话通俗语法》[*A Grammar of the Chinese Colloquial Language* (1857)、*Progressive Lessons in the Chinese Spoken Language* (1863)] 等以中国口语为研究内容的语言学著作。艾约瑟译《西学述略》由总税务司署出版，清光绪十二年（1886）刻本。目前的研究成果集中在艾约瑟对自然科学、西方史学著作的传播、语言、佛经，主要研究成果有邹振环（2007：218-268）、陈喆（2008）。
② 《万国公报》的电子版可在大成老旧刊全文数据库中查阅下载，纸质影印版在国家图书馆中有存。李天纲（1998）编选《万国公报文选》共收录内容项为"宗法""时政""经济"，其中对国富、民富等问题多有文章探讨。

15824~15825"论国家承办之各弊"),1896年收录到《西学启蒙十六种》中发行。经济范畴中常用专有名词也已经有了明确的汉语翻译,如表4-7所示,文中多处使用"资本""有定资本""流行资本"等。"有定资本"即"定而不移者","流行资本"即"流行不息者"①。

表4-7 《富国养民策》与《原富》"capital"译名比较

英文术语	《富国养民策》	《原富》	《国富论》
Capital	资本	母财	资本
Fix capital	有定资本	常住母财	固定资本
Flowing capital	流行资本	循环母财	流动资本

作为启蒙类的科普读物,《富国养民策》特别注重使读者了解"富国养民策",即经济学的内容,不应以学科的局限对"财富"(wealth)等概念持误识。《富国养民策》的第一章是"冠首导言","冠首导言"共分四节,表4-8中所截取的是第一节。

表4-8 《富国养民策》原文、译文比较

Science Primers: *Political Economy*	《富国养民策》
What is **Political Economy**? Political Economy treats of the wealth of nations; it inquires into the causes which make one nation more rich and prosperous than other. It aims at teaching what should be done in order that poor people may be as few as possible, and that everybody may, as a general rule, be well paid for his work. Other sciences, no doubt, assist us in reaching the same end. The science of mechanics shows how to obtain force, and how to use it in working machines. Chemistry teaches how useful substances may be produced—how beautiful dyes and odors and oils, for instance, may be extracted from the disagreeable refuse of the gasworks. Astronomy is necessary for the navigation of the oceans. Geology guides in the search for coal and metals. (Jevons, 1878/2005:7)②	何为富国养民策?富国养民一书,特论国中民财。此国较彼国充足富饶,实有数种原由。兼有善法使民庶贫苦者极寡,百工技艺俱得丰盈善价。要非谓属格致之诸种学问均为于富国养民无济助也。重学书中发明,如何可得力,如何可得助力并各等器具供使之力。化学书示知者,以法化生出有用之诸物,如煤油一种。原煤气局中积物可制为极嘉燃料,可炼成最美香品并可炮制为大有用之数种油。天文书赐予人者,驾货船行海面,测天之经纬度,即知行至地上何处。况翻阅地学兼能指引余等人得地中蕴藏之煤,并金银铜铁锡及他等有用物之诸利益乎?(艾约瑟第一章第一节"导言")

该书的导言开篇即指向全书的核心问题,即什么是 political economy?

---

① 《富国养民策》第五章"资本"三十三节和三十四节。另可参见李天纲(编)(1998:537)。
② 引文中加粗为原英文形式。

艾约瑟把这一重要术语翻译为"富国养民策",简而言之就是关于"论国中民财"。原作者杰文斯采用类比的方法,通过阐述其他学科的功用价值,来说明"富国养民策"同样是一门独立科学。艾约瑟曾大量翻译西方科学著作(如与李善兰合译《重学》),译文中把"science"译为"格致"之学,"力学"译为"重学","地理学"译为"地学"。在具体解释四项学科时,艾约瑟的译文在表述上明显有语序调整和多处增补,如"为大有用之数种油","测天之经纬度,即知行至地上何处"和"并金银铜铁锡及他等有用物之诸利益乎"。这样的翻译手法多出于为读者考虑。晚清时期,普通读者的科普知识所学有限,采用这样的带有解释性的翻译方法有助于初学者的理解。

在接下来的段落中,艾约瑟指出,"富国养民策"与其他自然科学和社会科学虽然有不同之处,但是会有利于其他各学科的发展。《富国养民策》当中有专论"开财源节财流之各等实政",即所谓财为何物、如何用财、如何增财(见表4-9)。

表4-9 《富国养民策》原文、译文比较

Science Primers: Political Economy	《富国养民策》
People are fond of finding fault with political economy, because it treats only of wealth; they say that there are many better things than wealth, such as virtue, affection, generosity. They woud have us study these good qualities rather than mere wealth. A man may grow rich by making hard bargains, and saving up his money like a miser. Now as this is not nearly so good as if he were to spend his wealth for the benefit of his relatives, friends, and the public generally, they proceed to condemn the science of wealth. (Jevons, 1878/2005: 8)	有轻视夫是策者,谓财利何足为忧虞,亦惟于仁义道德爱民爱物。器量宽宏处加之意而已,存残忍刻薄吝惜心,以与世人交接即可聚财致富,广收金银。不分散积蓄过多,诚恐招祸聚敛钱财远不若多费钱财为愈也。聚财则民散,财散则民聚。广施银钱济助,即得人心之美事。悉必请求夫生财招财之卑陋事哉,亦惟于高大者用力而已。(艾约瑟,1986:第一章第一节"导言")

艾约瑟深知中国人传统中有重农轻商的思想意识,翻译中多使用"仁义道德爱民爱物",采用儒家和宗教话语相结合的方式加以解释。译文稍显啰唆冗长,论理说教较多,如"器量宽宏处加之意而已,存残忍刻薄吝惜心","聚财则民散,财散则民聚"。虽然颇符合晚清知识分子阅读习惯,反而失去了科普读物语言平实简单、说理清晰简练的特点。难怪梁启超《西学书目表·读西学书法》中称,"《西学启蒙十六种》中

有数种为他书所未道及者，如《希腊志略》、《罗马志略》、《富国养民策》，皆特佳之书也……（这套书）译笔甚劣，繁芜佶屈，几不可读"（1980：100~101）。艾约瑟增译太多，反而致使译文繁多芜杂，失去了论述的核心，反而不如《佐治刍言》的译文处理得简洁干净。

早在1886年，清朝海关总税务司署出版了艾约瑟编译的介绍西方的语言、科技、经济等学说的《西学述略》。该书中第8卷"经济卷"中，作者就曾概述了亚当·斯密的经济理论。《富国养民策》明确提到亚当·斯密的论说有三处，分别是第四章第二十六节"亚当斯米论分工"、第七章"工价"第四十五节"亚当斯米论工价五则"和第十六章"征税"第九十七节"酌定税之数端要理"。本书以第四章"分工操作"中第二十六节题目"亚当斯米论分工"为例，考察艾约瑟对斯密观点的理解与阐发（见表4-10）。

表4-10 《富国养民策》转《国富论》原文、译文比较

The Wealth of Nations	To take an example, therefore, from a very trifling manufacture; but one in which the division of labor has been very often taken notice of, the trade of the pin-maker; a workman not educated to this business (which the division of labor has rendered a distinct trade), nor acquainted with the use of the machinery employed in it (to the invention of which the same division of labor has probably given occasion), could scarce, perhaps, with his utmost industry, make one pin in a day, and certainly could not make twenty. But in the way in which this business is now carried on, not only the whole work is a peculiar trade, but it is divided into a number of branches, of which the greater part are likewise peculiar trades. One man draws out the wire, another straights it, a third cuts it, a fourth points it, a fifth grinds it at the top for receiving, the head; to make the head requires two or three distinct operations; to put it on is a peculiar business, to whiten the pins is another; it is even a trade by itself to put them into the paper; and the important business of making a pin is, in this manner, divided into about eighteen distinct operations, which, in some manufactories, are all performed by distinct hands, though in others the same man will sometimes perform two or three of them. I have seen a small manufactory of this kind where ten men only were employed, and where some of them consequently performed two or three distinct operations. But though they were very poor, and therefore but indifferently accommodated with the necessary machinery, they could, when they exerted themselves, make among them about twelve pounds of pins in a day. There are in a pound upwards of four thousand pins of a middling size. Those ten persons, therefore, could make among them upwards of forty-eight thousand pins in a day. Each person, therefore, making a tenth part of forty-eight thousand pins, might be considered as making four thousand eight hundred pins in a day. But if they had all wrought separately and independently,

续表

	and without any of them having been educated to this peculiar business, they certainly could not each of them have made twenty, perhaps not one pin in a day; that is, certainly, not the two hundred and fortieth, perhaps not the four thousand eight hundredth part of what they are at present capable of performing, in consequence of a proper division and combination of their different operations. (Smith, 1776/1994: 4~5)
《原富》	不见夫业针者乎？使不习者一人而为之，穷日之力，幸成一针，欲为二十针焉，必不得也。今试分针之功，而使工各专其一事，拉者、截者、挫者、锐者，或磋其芒、或钻其鼻、或淬之使之犀、或药之使有耀、或选纯焉、或匣纳焉。凡为针之事十七八，或以手、或以机，皆析而为之，而未尝有兼者，则计一日之功，可得八万六千针，而或且过此数，此见诸实事者也。使以十八人为此，是人日四千八百针也。往者不分其功，则一人之力虽曰勤极敏，日不能二十针，今也分其功而为之，则四千针而裕如也。然则以分功之故，而益人力二百倍有余也。治针如是，他制造可类推矣。吾故曰：益力之事，首在分功。(斯密，1902/1981：6)
《富国养民策》	斯密曾如是云：铁匠打造铁钉，凤昔未习学其业者，一日成造二百枚，且不甚嘉。曾经习其业者，一日可成造八百枚、千枚不等，自幼习熟其手艺者，一日中成造至二千三百枚亦可。此等譬喻无庸多增，凡余等所见极精工雅致之器用什物，均为费若许时日习熟此业之人造成者也。(艾约瑟，1886：第四章第二十六节)

　　艾约瑟转译斯密的内容却并没有领会斯密的真意，把斯密以"分工"带来的生产效率的提高，理解为由于"习熟此业"而得出"此等譬喻无庸多增"的结论。相比较严复译文，完整地传达了斯密以扣针制造为例，"制钉"分工前后效率的变化来证实这一章开篇的重要论断，从而证明"分工"的必要性和重要意义。在斯密整部论著中，"分工"是整个理论体系建立的基础，也是被屡屡质疑的观点之一。严译中增改最多的地方是在段首和段尾。除此之外，译文完全传达出原作者的观点。有不少学者对斯密的分工论提出批判，分歧点在于斯密把人们在职业上表现出来的不同才能，归结为是分工的结果[①]。

四　经典的渗透：共识与差异

　　以上三部译著均选择用介绍亚当·斯密和他的著作《国富论》来推介己书，可以看出斯密对西方经济学界的重要影响和经济自由理论的核

[①] 对斯密分工论的批评较多，如马克思曾指出斯密不明白社会分工和工场手工业分工的差别。参见陈其人（2012：19-22）。

心地位。这一时期的译述特点可以总结为：第一，以耶稣会传教士译介较为浅显的商贸常识为开端，逐渐转向关注经济政策，但整体仍处于西方经济思想和知识输入的初级阶段。就具体翻译内容而言，随着资本主义的兴起而流行起来的分工、资本、工价、地租、利润、利息和经济周期等经济范畴，均完全按照西方共识作了常识性的译介。第二，通过开设经济学科，把《富国策》等西方经济学著作列为经济课本，较为系统地传授西方经济学知识。第三，译者以西方传教士为主，翻译传播多借助译社组织和报刊名录等渠道。第四，译者对亚当·斯密推崇备至，译文当中都增加了不少笔墨来推介斯密的学说。

  法思德在《富国策》中提到斯密及其学说之处达30多次，这足以说明他对《国富论》的重视程度。作为早期的传播者，传教士和本土翻译合作者对原著选择都是较为成功的。这些原著均以科普性、常识性形式撰写，在当时和之后数年多次修订和印刷，足以说明其学术价值和译者的鉴别力。这些小册子页数不多，语言简单、条例清晰、解释明确。译本经过这些译者在语言方面的调整、重组，以译入语读者为中心。作为新知的传播，其发行的方法也尤为可取。《富国养民策》在《万国公报》连载近四年，将西方经济学的观点逐渐疏导给中国读者，其潜移默化的效果是非常大的。斯密大部头《国富论》学理深奥，内容丰富而庞杂。作为经济学原典，除非进行大手笔的"改译"以适应当时社会经济状况和读者的知识水平，否则很难与短小精悍的大众通行本相比拟。从传播的内容来看，三部均以分析政治经济学的内涵为切入点，详细介绍了西方经济学的基本知识。从三部著作每一章的章名上可以看到西方经济概念、术语的译名衍变（见附录三）。

  我们可以看到在每一部译著的卷首都附有较长的"导言"或是"序"，不失为原著与译著内容设计上的共同点。从《富国策》和《富国养民策》的序言可以看出，译者特别强调"富国"思想的重要性。由于不少晚清读者已经接受西方自然科学译著和思想，译者通过"增、补"的翻译手法，使读者与已熟知的内容为参照对象，建立联系，易于接受新事物、新学知。这一翻译策略的使用无疑是从读者的接受角度来加以考量的，与其说是"吸引读者"，不如说是"对读者的控制与支配"。贝克（Baker，2006：37）曾指出，"在任何情况下，通常都是由支配地位的一方确定争辩表述方式,从某种意义上讲,这会使支配方有决定的优势"。但从另一方面来看,"受支配方采用控制方的表达方式(或叙事)也能受益,通过诉诸不同地区的听众,利用西方本土话语的异质性和好斗性,因此将他们(同弱势一方)与西方国家的跨文化辩论转为西方国家的内部争论"(Baker, 2006: 37)。这一点在上述译著中确实得到了印证。

尽管上述译作有不少思想直接或间接取自斯密,但是从翻译的角度来看,与严译《原富》相比,仍有较大的差异。亚当·斯密详细考察了国家财政的各项收入后,在第五篇第二章第二节"论赋税"的引言中提出了征收一般赋税的四种原则,法思德将斯密的观点基本全部抄录在《富国策》当中。① 巧合的是,艾约瑟编译的《富国养民策》第十六章"征税"第九十七节"酌定税之数端要理"也同样提到四个方面。艾约瑟在此节的引言中指出,之所以取自斯密理论是因为"国家酌拟赋税,首先道及应遵之诸要理者,即亚当斯米所创声明也。论诚至善,凡习富国养民学者务宜拳拳服膺而弗失也。试为依次列于下"。这四个方面分别为公平、确定、缴税的方便、尽量轻税。艾约瑟把斯密的原文做了忠实完整的译写。下面分别取《富国策》、《富国养民策》和《原富》译文与斯密《国富论》原文加以比较(见表4–11)。

表4–11 《国富论》英文、译文比较

The Wealth of Nations	《富国策》	《佐治刍言》	《富国养民策》	《原富》
I. The subjects of every state ought to contribute towards the support of the government, as nearly as possible, in proportion to their respective abilities; that is, in proportion to the revenue which they respectively enjoy under the protection of the state.	一、量民力以均税,谓因其产业之多寡,以定税额之重轻,所谓均平税法也。	无	一、国中人民均应循分量力。	一曰平。赋因民力,凡民出赋,以供国用,其上加征之时,必须与诸色民出赋之能有比例。

---

① 该资料来源于张登德(2009),特此鸣谢。

续表

The Wealth of Nations	《富国策》	《佐治刍言》	《富国养民策》	《原富》
II. The tax which each individual is bound to pay ought to be certain, and not arbitrary.	二、取民有常制。	无	一、国之完税应有定额也。	二曰信。赋必以信，信于时，信于多寡，信于疏数。
III. Every tax ought to be levied at the time, or in the manner, in which it is most likely to be convenient for the contributor to pay it.	三、因时以便民。如地租房租等税，宜令业主收租时完纳，凡以乘其有余也。	无	一、征税应在完税人极便之候。	三曰便。赋必便民，征收之时，输纳之法，皆当以最便于出赋之民为祈向。
IV. Every tax ought to be so contrived as both to take out and to keep out of the pockets of the people as little as possible over and above what it brings into the public treasury of the state. (Smith, 1994: 887–890)	四、节费以恤民。无论何项税敛，其取于民之数，务使核实归公，而又必因业而施，使无夺民利，斯上下各足矣。	无	一、税银之数以出乎花户出者与收入府库者，所差益少益嘉也。	四曰核。赋必核实，国之所收，与民之所出，必使相等。不中之赋，往往民之所出者多，而国之所收者寡。

斯密提出赋税的四种原则是从经济自由主义立场出发，平等原则、确定性原则、便利性原则和最少征收费用原则一直以来被认为是自由经济下的良策。严复案语中，援引罗哲斯的评注说，"斯密氏国税四例，已为后此言赋者玉律金科，国家创一新赋，必于是四者察当否利弊矣"（斯密，1902/1981：687）。他还补充，"耶万斯尚有税子不税母，税熟不税生二例，此皆可赅于斯密氏第三例者也"（689）。这四原则道理显明，效用昭著，一切国家在制定税法时，都多少留意到了。严复、丁韪良和艾约瑟的译文比较来看，三者皆能准确把握斯密各原则的核心含义，表达基本清晰，只是在读者的接受效果上有很大差异。《富国策》译文明显有压缩原文，语言为典型文言文，基本文从字顺，择要而译，译者的中文水平甚佳。严复译文首先精选字词以"平"、"信"、"便"和"核"提炼斯密原文各段段首主旨，然后再将细则逐一译出。这样的翻译着实体现出严复的翻译手法，"于全节文理，不能不融会贯通为之"，提取大意，"然于辞义之间，无所颠倒附益"（斯密，1902/1981：13）。

《富国养民策》语言比较直白简单，有很强的口语译述的痕迹，艾约瑟在其中翻译的贡献可能会多些。整体而言，两位传教士在早期引介的西方赋税制度里表达出纳税日期、输纳方法，务求其确定和便利于纳税者等内容。文字简洁明了，也便于当时读者掌握大意，普及税收常识。严复译文意准且醒目，完整地表述了斯密的思想，在西方经济学说传入较前期多而繁的时代，有助于读者与其他经济学家思想加以辨别。

译文中值得注意的是，丁韪良译文有"均平税法"一词。古代宋朝王安石变法推动"方田均税"法，分"方田"与"均税"两个部分。"方田"是每年九月由县长举办土地丈量，按土塥肥瘠定为五等。"均税"是以前者丈量的结果为依据，制定税数，大体具有按比例制定税法的意思。这里"均平税法"的翻译使用，很容易与中国传统税制中专有名词混淆，反而不易于读者理解。倒是严复译为"必求与诸色民出赋之能有比例"，含义更加通畅些。另外艾约瑟用"花户"来表达斯密文中"people"，"府库"对应"the state"。"花户"原指户口册上的户口，在《元典章·圣政二·均赋役》和《清史稿·食货志一》中都有使用，如"差科户役……开具花户姓名"，"册内止开里户人丁实数，免列花户"等用法。"府库"旧指收藏文书财物和兵器的地方。艾约瑟的这个译法十分贴近普通百姓生活用语，比起另外两个译文中的"民"和"公，国"含义更加确切，易于特定读者群的理解。

税收总是出于三个不同的来源，即地租、利润与工资。每种赋税，归根结底，必定是由这三种收入之一或共同支付。严复在第三条原则后附案语说，"耶万斯尚有税子不税母，税熟不税生二例，此皆可赅于斯密氏第三例者也"。案语中的"耶万斯"正是上文所提到的英国经济学家William Stanley Jevons。这也进一步证明，严复对西方经济学说是有一定研究的。严复案语中对斯密赋税原则提出批评，认为"其例未尝无可议也"。他指出，斯密的赋税原则"骤闻其言，若理之公且明莫若此者"，但是仔细思量，可以发现虽然"设精以析之，则斯密所谓力者，果何解乎？以力为任赋之能欤？则人将谓斯密氏之，谓赋职产业之多寡为差。此昔者差级税所行之而弊滋者也。将以力为享用之等欤？则守财之虏宜先免税，何则？彼未尝识财奉其生，其享用固最絜也"（斯密，1902/1981：687）。斯密的赋税四原则只是特殊历史时代的产物，其思想代表着自由贸易和放任自由下的经济发展方向。随着社会和经济活动的变迁，不能够涵盖经济生活对税收制度的原则性各类目标要求。

从 19 世纪中期至末期，传教士与本土国人的合作翻译是有关"西方经济之学"最主要的知识来源。口译与笔述的合作形式，使得翻译过程经历了从西文原本（英文）—中文（传教士译者）—中文（本土译者）两个中间环节的翻译。这样的翻译正是 Jacobson 所界定的语际翻译（interlingual translation）与语内翻译（intralingual translation），经历了理解—表达—再理解—重新表达。这样转译而来的本子，掺杂了两位不同国别、文化、历史、学术背景的译者共同合作生成的译本，构建了近代知识分子了解西方经济学的"知识资源"，这也使得译本的质量多受指摘。1894 年，马建忠批评当时翻译界的状况时说，"未有将其政令治教之本原条贯译为成书……间有摘译，文辞艰涩，于原书之面目尽失本来；或挂一漏万，割裂复重，未足资为考订之助"（郑大华，1994：225）。严复在《论译才之难》中批评译文的错误太多，"曩闻友人言，已译之书，如《谭天》、如《万国公法》、如《富国策》，皆纰缪层出，开卷即见"（王栻，1986a：91）。严复对译者的经济学素养提出质疑，"理财一学，近今学者以微积曲线，阐发其理，故极奥妙难译。至于商务，大者固即在理财之中，未尝另起炉鞴也。总之，前数项固属专家之学，然译手非于西国普通诸学经历一番，往往不知书中语为何，已先昏昏，安能使人昭昭？无是理也。又或强作解事，如前者次亮诸公之译富国策，则非徒无益，且有害矣。选书固无难事，公如访我，尚能开列一单"（斯密，1902/1981：528）。梁启超在《读西学书法》中评论道："同文馆所译《富国策》，与税务司所译《富国养民策》，或言本属一书云，译笔皆劣，而精义甚多。"（2011：1166）尽管是经济学入门读物，其中一些说理与解释涉及不少专业知识和术语，晚清缺乏相应术语，把该书翻译得准确流畅、解释恰当、语句晓畅是相当难的。

与日本比较，中国的西方经济学著作的译入，在时间、数量、原著类型上都晚了。不容否认，这些译本为晚清时期中国的经济学知识普及做出了巨大的贡献。这三部重要经济学科普性著作的翻译，使国人对西方经济学的基本知识和范畴有了大致的了解。无论是在社会大众层面，还是在学术精英团体层面，都有了最大范围的普及。作为西方经济学思想经典的《国富论》，其特点并不适于在西方经济学思想初期输入。而传教士这一环节的翻译活动和翻译文本的宣传，为严复《原富》的出现奠定了良好的知识储备和读者基础，也符合知识、思想传播的自然发展步骤①。

第三节 20世纪前后正式译入：近代和当代知识分子的新译本

一 20世纪前近代知识分子的译介

郭嵩焘在担任驻英大使期间的日记和当时出使英国的副使刘锡鸿的日记都提及了斯密。1890年，王韬在《西学原始考》中谈到了斯密的经济思想。1896年，驻英使馆参赞宋育仁在《泰西各国采风记》一书中介绍了斯密的分工理论。1901年，南洋公学译书院铅印出版了首个《国富论》全译本，全书共8册。但它在中国的面世则归功于严复，在1904~1908年间，严复对这套书做了校对和修改。从篇幅上来看，经过校改的"斯密亚丹传""译事例言""发凡"和部甲前8篇占比不足全书的八分之一。严复译《原富》的英文底本已得到部分揭示与研究（刘瑾玉，2015）。这一时期的译述特点在严译本中得到集中体现。具体而言：第一，早期的学人已经开始关注斯密的学说，并有了初步的引介。第二，严复的翻译目的在于通过对《国富论》的译介探寻西方富强的根源，因此在案语中大量提及有关中国古代经济学说的著述、观点和思想，如史书《汉书·食货志》，《洪范》中对"八政"的阐述，司马迁、王安石超前的经济思想等。案语中7次谈及孟子的"分工论"、3次谈及"义利论"。第三，英文底本上的"译者手批"由此受到重视并被发掘，这些直接标注在英文底本上的手批记录，展现出严复的翻译思考与决策，对斯密经济观点的理解、诠释。通过比对细读手批与相关文献，发现英文底本上留有编者百余条注释，英文字数约3万，这对严复翻译影响很大，

---

① 日本学者丸山真男与加藤周一指出，过快、过早地大量输入西方原典翻译造成日本政治上的激进、思想上的早熟，引发了后续一系列的社会问题，强调反思日本文化翻译活动诱发的风险和隐忧（Hagg, 2011）。

甚至直接被严复吸收、融入案语当中。严复谈论中国经济必然涉及对社会问题的分析，而脱离晚清社会经济的现实，很难得出一个全面的分析图像。因此，如果没有英文底本的参照，我们将很难溯及严复对西方经济思想的认识来源。

二 民国初期（1910~1930）：经济学汉译本

辛亥革命之后斯密学说在中国的传播并未止步。1912年，上海科学书局出版的《经济原论表解》中出现了"国富论"这一译名。曾就读于日本京都帝国大学经济学部、后担任台湾大学校长的刘光华在留日期间把《国富论》以语体文形式译出，后于1934年5月由南京民智书局出版发行，全书共250页。1919年五四运动之后，郭大力和王亚南计划用8年时间翻译马克思早期的6部经济学和经济史名著，为全面翻译《资本论》做好准备。1931年，两位译者用现代白话文翻译了斯密的这部巨著，并选定译名为"国富论"。民国学术期刊《十日》发表评论文章，批评严译《原富》的翻译质量，从而为郭、王二人《国富论》的出版造势。这一时期的翻译特点是：出现了一小批具有经济学教育背景的专业译者，翻译质量大大提高，选用的原著英文底本是为后世较多选用的坎南（Edwin Cannan）编辑加注本，翻译用语以半白话文为主。

三 20世纪六七十年代：海峡两岸译本的更新

最早的台湾汉译本《国富论》是经济学史家周宪文和张汉裕在20世纪六七十年代完成的。周宪文因深受日译本的影响，其译文除包含大量斯密本人留下的注释外，还有不少使用坎南批注版脚注的痕迹，且有很多涉及书名。斯密常常引经据典，但是文献来源未注明。这些文献对现代读者有巨大的参考价值。在翻译这些注释的过程中，周查遍《国富论》的各种日译本，吸取了日译者的考证结果，通过加案语的方式对斯密原文中的注释进一步进行了补充。值得一提的是，周译还借鉴了不少大内的译法，除仿效个别翻译手法之外，还勘正了日译本中的一些错误。例如，原著中的一些诸如industry、trade、stock、employment的名词，意义并不确定，很难有统一的译名。周宪文指出，"industry"一词，有时译为"工业"，与"农业"相对；有时应译"产业"，涵盖"工业"和

"农业"；有时则有"劳动、勤劳"之意，极易译错。通过参照第一编第七章坎南的注释"Industry suits itself to the effectual demand"，周认为日译大内本译为"产业适合与其本身的有效需要"不符合语境，而应改译为"勤劳（或劳动）使其本身适合于有效需要"（斯密，1964，"译序"：4）。

1967年，郭、王二人借鉴《资本论》中马克思对斯密问题的吸收和批评，开展了修订初译本《国富论》的工作。新译本《国富论：国民财富的性质和原因的研究》（1972~1974）重新解读了斯密的思想，弥补并修正了初译本受学识、时代影响造成的理解与表达上的不足与错误。王亚南在新译本"译序"中说到，"所用的语言是上个世纪20年代末的语言，也不太适合现代中国人的阅读习惯……这次的修订版，则是为宣传马克思主义政治经济学做准备"（"序言"：8），如"the power of the ancient barons"，严译本取中国古汉语中的"侯"来对应西方贵族制度中的"baron"；郭、王合译的1931年本翻译为"封建权力"（斯密，1931/2009：306），而修订版则改译为"贵族权力"（斯密，1972~1974/2010：374）。可以看出，郭、王二人在1938年合作翻译出版《资本论》第三卷后，更加纯熟地运用了马克思主义研究中国经济的现实和历史，并纠正了之前翻译中的错讹。这一时期的翻译进一步提高了对译本学术质量的要求。具体表现为：第一，翻译过程求助于日译本，以达到学术著作翻译的精准性和完备性。鉴于当时日本对《国富论》和斯密研究已经取得了丰硕的成果（Sugiyama，1988；1995），台译本批判性地借鉴日译本的做法值得借鉴。第二，以中国大陆郭、王的修订本为例，译本不仅比较符合现代人在经济学方面的知识体系，而且在语言表达的流畅性、术语翻译的规范化和含义把握的准确度上均有所完善。

四 21世纪：学术译本的繁荣与不足

20世纪后期，世界范围内对《国富论》的翻译活动渐趋减少。反观中国大陆，南开大学经济学教授杨敬年先生的《国富论》中译本广受好评。他的翻译活动始于1972年，但临近21世纪才得以出版。杨译本"因学而译"，英文底本选择了批注最翔实的坎南版（斯密，1776/1994）版。杨敬年教授不仅翻译了坎南的页边提要和大部分注释，还将全书各编包括第一、二编各章的导读、经济学家熊彼特的注释和导读一一译出。

可以说，杨译本是大陆目前最完整的汉译本。这吸引了不少研究者开展了对《国富论》译名的激烈讨论（包振宇、曹斌，2012）。2002 年后的中国大陆，《国富论》作为非小说类畅销书被一再复译，新译本之多、译者之众、速度之快、数量之多，使之成为学术著作汉译史上绝无仅有的翻译个例。这一时期的翻译特征表现为：第一，学术专著翻译的特点愈发鲜明，具体表现在翻译专业术语译名的规范、英文版本选定、译者的学术修养等方面。第二，国家政策决策者对亚当·斯密的青睐。第三，译本数量激增呈现出不平衡的特点。在不到 20 年的时间里，各类中文重译本多达 35 种，如此庞大的数量，在社科著作翻译中甚为罕见，甚至一度超过了一般文学作品译本的版本数量。相比之下，虽然台湾地区重新全套发行了严复译本《原富》，但整体上港台地区的翻译市场没有新的复译本出现，显得有些寂寥。第四，翻译质量参差不齐。新译本主要有节译、摘译和英汉对照本，也不乏"山寨译本"和"抢译"现象，不少译本没有前言、译者序、英文版本说明，内容格式与前人译本基本雷同，甚至连正文的措辞都惊人地相似。

第四节　百年汉译史中对"富"翻译话语的营建与嬗变

百年《国富论》汉译史对经济学说的传播，足以见证中国在现代化过程中对"求富图强"的孜孜以求。尽管《国富论》直到晚清才作为标志性西方经典进入中国，甚至从该著在世界范围的传播节点来看已经逼近译潮的尾声，但其却凝结着近代以来人们对富国裕民理想的执着追求和社会经济发展状况的高度关注。译史在翻译问题的探讨、术语汉译纷争、译者群体面貌的转变和意识形态论战等方面体现出相应的脉络特征。

一　译史地位

以《国富论》为代表的西方经济学思想的译介和传播在近代中国形成一个由微而著、由点及面的过程，译介和传播活动产生的直接与间接影响及其在中国文化史、思想史上知识传布和思想变革有着重要意义。西方经济学思想最早于明末清初由耶稣会士传译到中国，19 世纪初又通过新教传教士再度东传。特别是20世纪初的10余年间,以中国本土学者为主体的经济学译者群体的出现,以及大量出版机构介入经济学译著的出版发行,使西方经济学思想在近代中国的译介和传播,无论是译介的内容与规模、传播方式与渠道,还是影响的范围和深度,都大大超过了明末清初。这为近代中国系统引进了一整套西方经济学知识、思想体系和专业术语,初步建立了能在理论与方法上进行实际传授的经济学教育体系。西方经济学思想在近代中国历史传递、变化与深入的过程中,与中国传统的知识和思想体系发生了激烈的碰撞,刺激并催发了思想的变革,引发了19世纪末20世纪初经济学研究发展的"加速度现象",从而改变了中国传统的经济学思想和经济学知识结构。中国经济学在晚清(近代)发生了从传统到近代的学术转型。西方经济学新思想的引进和宣扬给近代中国带来了多种经济学思想的异质因素,促使中国传统经济学逐渐形成了自省意识,打开了一种国际经济学思想交流的新视野,使中国经济学的思想研究走出旧学术范式的同时,又能够重新反省中国经济学思想在世界范围的地位和影响。

二 译述群像

百年《国富论》汉译史折射出一个怎样的整体翻译群体特征和译事立场?整体而言,译者群原本是一个较为分散的文化群体,受不同社会规范、社会期望与学识背景等变量因素的影响,在观点认识和译介择取方面都有各自历史背景、总体政治诉求、文化倾向甚至个人品格的分歧和差异,使之在翻译过程中难以形成整齐划一的翻译诗学。就传教士和严复而言,无一人称得上经济学家,他们只是把"经济自由理论"作为中国走向现代化的指导思想,认为这种理论有助于冲破当时中国前进道路中对社会生活全面专制式的控制和自然经济发展的落后观念。此类翻译活动具有"政治功用性"与"实用性",体现出或倡古、或中庸、或激进的繁杂翻译观和难以量定的译者操守等。我们应该注意到,无论传教士还是严复都没有按照学科思想来传播西方经济学说。中国有着悠久的"理财学"传统,从早期的魏源、徐继畬、郑观应和太平天国的王韬到19世纪晚期通过洋务、办报等现代化方式表达思想的严复和梁启超,他们始终关心的是"国"的问题,而非"富"的理论。"富"的焦虑非但不能盖过"国"的恐慌，甚至都无法脱离"国"的语境。被传教士刻意曲解的西方经济学理论，再经过中国启蒙思想家先入为主式地阐述，早已面目全非。我们现在再对照这两类中西文本就可以发现有些难以接榫。19世纪30年代，政治势力对社会各方面的渗透，使经济学著作常带有较强的意识形态论战色彩，"资产阶级经济思想"的标签使得大量经济学专著的译学价值，在某种程度上被有意无意地淡化。20世纪60~70年代，《国富论》的汉译使中国主体文化体系中的西方经济学各翻译群体间有关翻译的对话和讨论逐渐形成了一个协同的翻译走向，即学术著作的翻译。不过，即使是学术思想的传达与移译，大陆和台湾对斯密的观点、概念阐释还是有很大差别的。

三 译介内容

百年《国富论》汉译史在翻译内容上体现出由简单的经济学常识向系统的经济学理论过渡的过程。长期以来，中国的学术文化以儒家经学为主，实用知识则被视为"形而下"不重要的知识，经济思想更不过是"商贾负贩之学"，难登学术殿堂。明朝末期直到鸦片战争前的中西文化交流，来华传教士向中国输入了西方经济知识与政策，但是这些传播尚停留在肤浅零碎的层面，并没有触碰到西方近代经济思想的"内核"，且对中国的士大夫阶层和传统的经济思想没有起到触动作用。但应当肯定的是，这一阶段的来华传教士对鸦片战争后近代西方经济思想的大规模引进有着重要的先锋作用，堪称晚清经济思想近代化的先声。此外，鉴于当时中国相对封闭的对外环境，在经济学说的引入中，具有介绍西学必须以迎合中国社会需要为条件的特点。传教士只能根据近代中国人对西学认识的程度和中国社会的需要对西方文化进行有选择的引进，翻译不得不以迂回透迤的形式进行。严复对斯密学说、观点的翻译过程实际是严复对中西方经济观念比较、分析和梳理的过程。严复的叙事不仅体现出他对西方经济学说的思考与认知，也体现出其个人在中国传统文化与西方文化对撞、转化中的立场与态度，其根源所在也颇有趣味。

四 译名选择

考察概念内涵与外延的演变，一直是思想史、文化史和翻译史研究的重点（Richter，1995；Burke，2012）。西方经济学术语和概念的翻译、衍变与本土化的复杂过程，可以揭示出国人吸收外来思想的轨迹和现代经济词语的生成与演化规律，是探讨中国经济学从传统到现代学术转型的重要视角。19世纪西方经济思想进入中国，由于语汇表达不足，传教士译者群、本土翻译合作者采取了不同的译述方法和转换途径去传达斯密的经济思想。《富国养民策》汉译本对经济范畴中常用专有名词给出了明确的汉译术语。如与Capital、Fix capital和Flowing capital等相关名词译为"资本""有定资本""流行资本"，其中"有定资本"即"定而不移者"，"流行资本"即"流行不息者"。译名争夺突出体现在"economy"的汉译上。严复的观点在于是否可以用来自中国古代的经济术语和相应的衍生词对译西方经济术语。诸多中国本土经济学术语如"食货"、"理财"和"计学"相继被淘汰。《原富》中经济类名词的翻译手法变化和译词消亡等表面现象背后反映出一定的心理、文化及社会意涵。19世纪末至20世纪初期，经济学关键概念在翻译（输入）过程中发生了现代知识和思想形态的转变，晚清知识分子试图自创经济学译名来构建具有现代性的经济学话语，反映出晚清知识分子在吸收外来思想中接受与抵制的矛盾性。"经济"等术语概念翻译的衍变与"译名之争"，实质上反映出译入语内部与外部的相互争夺、本土经济话语地位渐次削弱乃至消失的过程。1901年之后，"经济"一词正式进入汉语体系，不少国内外学者先后从经济学学术史、词源学、历史语义学等角度，考察中国人使用"经济"一词的内涵与外延、古义与今用、来源与输入的历史轨迹，丰富或修补前人研究和考释方式，甚至还有激烈的观点争辩（见本书第五章）。随着西方经济学在中国的传播，21世纪以来译本中的重要译名已经完全确定或约定俗成，很难看到关于经济学、经济思想著作关于概念的纷争，这与其他学科如哲学还在针对其核心概念的争执不同。

五 译述方法

西方经济学思想的译入，有趣之处在于早期西方传教士均力图以"经济自由"为中国现代化道路开启思源。《富国策》、《佐治刍言》和《富国养民策》三部书皆以斯密和《国富论》为书中重要的例证支撑，把已建立经典地位的文本重新植入到新译文中。在原作者笔墨描述的基础上，译者将原著的影响力与效应加以强化，引起译入语读者群的同等关注，从而提升该译著的地位与传播力。其实，无论其中的哪一部，都只属于中国主流或中心之外的"边缘系统"，却丰富和完善了晚清译入文化与知识体系。丁韪良、傅兰雅和艾约瑟三位译者在翻译过程中时有随感发挥，因此译文中常随附个人的评论与补充。这类社会科学类题材的文本译入，是非常独特的翻译现象。这些独特的"发挥"，显示出中西译者合作过程中读者、听者、书者多元的译述身份。论述内容的独特性把西方经济学思想中有关个人、家庭与国家关系的阐述与中国传统的人伦观、家庭观和社会观结合在了一起，并将西方经济活动与中国经世思想相互杂糅。这是西方传教士在经历了之前耶稣会士翻译活动，从以地理、天文、物理、化学、数学等自然科学向历史、经济、文学等人文社科译介活动转向过程中，逐渐形成的一种译写方法。严复在翻译策略和语言观等方面的操作规范，或融"西经"于中国时政和社会生活之中，或以中国传统经济学说简化或概化西洋观点，"附会""复古"的翻译策略，远非单纯翻译认识论观点的选择，而是受伦理性和政治性影响的抉择，反映出文化吸收、融合的艰难，从本质上看是思想的现实性与社会现实争执在翻译领域的延伸。

在《国富论》案例中，中国大陆和台湾迥然不同的经济发展模式、社会状况和主流经济思想对译本生成的影响至关重要。如对"封建"一词的翻译在马克思主义经济思想框架和社会组织形式下的理解与台湾译本有着显著的差异。文本的经典性赖于对复译本的补充，但也受到不同时代译者与读者的主客观因素的影响，即使是同一个时代同一译本也会收到读者的不同反馈，这其中常常蕴含着推动新复译本出现的力量。能够被不断复译的作品说明其拥有较高的社会地位和翻译价值，或者具有重复阐释的价值，或者其本身成为响应时代文化转型或变革的工具。与文学作品的复译推动其经典化不同，社会科学思想典籍重译次数的多寡并不能完全与原作的经典地位和价值高低成正比，而是与不同时期社会政治改革、意识形态的变动、社会经济现实的需求、读者的诉求密切相关。这种从经典到边缘再到经典的过程，是译本在知识界的演变历程，《国富论》的翻译就具有了边缘与经典并存的共生性。

六 译本接受

译本不同的接受命运，远非是单纯翻译认识论的选择，更是受伦理和政治影响的抉择，反映出文化吸收、融合的艰难、矛盾和冲突。它从另一方面证明人文社科思想翻译比文学翻译更受制于宏观历史文化。西方经济学著作《国富论》的汉译过程是欧洲经济强盛文化选择性影响、中国政治经济衰微、文化时代性诉求以及译者群体与众不同的群体气质、价值观念、政治立场、文学理念和文化价值观等内外部多重因素综合制约下的产物，政治、经济和外交在其中形成交互影响。如中日两国19世纪末期对《国富论》的翻译接受产生了很大的差别。1885~1886年间，日本石川瑛作的译本《富国论》刊行，时逢日本思想界自由贸易论与保护贸易论争论激烈，使之在日本思想界引起了强烈反响。斯密及其学说竟由此成了日本学术界争论的一大中心议题和研究的学术课题。相比之下，严复译本在当时远没有形成那么大的影响力。

就《国富论》而言，不论其语言本身还是其中所涉及的经济思想、历史背景和政治体制都较为复杂，不同时期自然会产生带有明显时代烙印的译作，这既包含了译者本人所携带的主客观因素，还有读者所期待或给予的历史性解读。跨越不同历史背景的译作，受政治因素、意识形态等的影响，读者对译作期待自然发生很大改变，对译作的理解与认可更会大相径庭。这一点在严译和郭、王译作中体现得非常明显。民国学术期刊《十日》在宣传郭大力、王亚南版《国富论》的同时，批评了严译《原富》的翻译质量，"严书系择要而译，且任意增修，将西方学者之言，易以孔孟韩非之说，大失原书面目，亦不合现代要求。此书为世界经济学第一书，无待烦言。理嘉图之经济及赋税之原理已由译者译出，两书为世界古典经济学之金字塔，为治近代经济学所必读之书"[①]。虽然严复没有过多关注当时已较为流行的马克思主义经济学，但是，《原富》的出版对晚清民初西方经济思想的传播、《资本论》的翻译、立宪、革命及新文化运动均产生了重要影响。不同时代读者的阅读喜好或思想趋

---

① 参见《十日》1931年第3卷第41期，第155页，"书讯"。

势虽然不能同一划归,但加以引导和操控相对容易。当郭、王的译述目的表述为宣传马克思主义思想时,《国富论》的翻译价值便带有了一定的政治倾向、权力导向和意识形态的判定。这一时期的读者,在阅读《国富论》时,显性的趋导目标是寻找马克思批评的对象(当然不能排除纯粹的学术性阅读)以及马克思是如何通过批评斯密而使《资本论》的翻译和传播获得新生。

第五节 以"富"为主题的翻译话语

自然科学与人文社会科学著作的翻译与传入,最大的翻译策略之一就是在译本选择和序言中提倡原著与中国现实的呼应。19世纪中叶以来,传教士传播教义与宣扬西学与我们国家和民族对"求富与求强"的渴望相一致。作为西学传播的代表,传教士成为支配者,在传播其思想并使其自身地位不断合法化的努力中,受到来自被支配者社会、政治、文化和思想意识的束缚。他们为了获得被支配方的认可与接纳,不得不采用后者的话语和表达方式。米怜(William Milne, 1785~1822)曾有过"坦白":"对于那些对我们的主旨尚不能很好理解的人们,让中国哲学家们(即指儒家学者)出来讲话,是会收到好的效果的。"(2008)柯文指出:

> 在近代中国进行的传教事业只是它的世界范围活动的一部分。这种活动由许多渠道形成:宗教的、文化的和民族的。当然,基督教始终主张全人类的得救,因而它具有传布教义的动力,但是,要使这种动力大规模地实现,必须具备某些历史前提。(1978/1985:625)

这些前提除了经费支持、组织构成等技术之外,更重要的则是来自"民族的和文化的"前提。

这些西方传教士也力图以"经济自由"为中国现代化道路开启思源。三部书皆以斯密和《国富论》为书中重要的支撑例证,把已建立经典地位的文本重新植入到新译文中,不仅作者加以笔墨描述,译者更是强化这种影响力与效应,使得在译入语读者群中同样可以引起关注,从而也提升该译著的地位与传播力。其实,无论其中的任何一部,在埃文·佐哈(Itamar Even-Zohar)的多元系统中,只属于中国主流或中心之外的"边缘系统"(Even-Zohar, 1990),却丰富了晚清译入文学、译入文化与知识体系。

西方经济学理论传入中国,其意义不仅仅在于对中国经济的指导作用,还在于对中国文化产生了深刻的影响。长期以来,中国的学术文化被儒家经学所控制,实用知识被视为"形而下"的不重要的知识,经济思想不过是"商贾负贩之学",难登学术殿堂。桐城派文人姚鼎称:"学问之事有三端焉:曰义理也,考据也,词章也。"(龚书铎,1988:68)他断然把经济之学排除在了学问之外。以经济为研究对象的经济学随着中国近代资本主义的发展和传教士的介绍与宣传逐渐发展成为一门学问。因此,近代经济学理论的传入是儒家经事之学摆脱理学的钳制而趋向独立,并且中国学术文化由封建旧学发展成为近代新学过程中非常重要的一环。在艾约瑟看来,研究中国对认识西方自身具有不可估量的价值。中国不仅可以满足西方世界在现实中的需求,同样也能为一些西方人正在苦苦探索的超越现实需求之外的问题提供答案(陈喆,2008)。

经济学说的大量译介绝非是单纯的翻译,更不是在勒菲弗尔(Lefevere, 1992:14)所抨击的"真空"(vacuum)状态下进行的活动。西方传教士多重的翻译身份是翻译事实发生的必然条件。不少传教士曾参与清廷的经济活动和经济政策的制定,甚至有参与到中西条约的拟定与修改(王宏志,2012)。从某种意义上来说,译者所处的史境决定了翻译的政治体验。翻译受特定的历史、政治、文化影响,正如19世纪以来大量输入的西学之作,大体而言,来自的渠道,由于受译者语言能力的影响,或直接译自外文,或转自英文,或转移自日文,其中以后种为众。借助翻译、再翻译生成的论述都在一定程度上被显而易见,或显而未见的政治事实和政治权力所控制与侵犯,因此我们不能忽视作为社会成员之一的译者兼生产者与其自身环境之间的联系。李提摩太等以欧洲传教士的身份来华,他们对西洋经济学说的翻译必然暗藏了种种有意识或无意识的"译者身份"痕迹。本来就经过传教士"重新阅读"的西方经济学理论,再经过中国启蒙思想家先入为主地阐发,面目已经更改较多,以至于对照中西文本就可以发现难于一一接榫。因此,对丁韪良、傅兰雅、艾约瑟经济政策、商务约定翻译的考察与解读，离不开特定知识生产、知识运作的主体意识和历史特性。

上文以"求富图强"为切入点，围绕经济学说传播这个主题，从整体上阐明西方传教士在中国社会和思想变迁过程中所起到的作用，尤其强调以"他者"（西方传教士）身份的描写与观察。无论早期的传教士还是汉学家，除了从事书面的翻译沟通工作（如翻译中国古代经典的英译），还通过多种途径在亚洲进行殖民知识生产。西方经济见解和知识的输入是一个渐进的发展过程，与其他学科的输入有相似之处，但又有不同之处。内容上大体从最初单纯的一些经济政策等的介绍，到后期随着经济学科的开设、经济课本的编写，对西方经济有了最初较为系统的介绍。李天纲认为传教士介绍传播西学的轨迹是一个圆圈。"西学"在"东渐"中受着中国社会需要的调节，传教士们只能根据当时中国社会思潮对西方文化有选择地介绍。纵观明末以来直到鸦片战争前的中西文化交流运动，来华传教士向中国输入的西方文化知识，虽然多限于自然科学，但亦开始了西方经济知识与政策的传播。尽管这些传播尚是肤浅的、零碎的，并没有涉及西方近代经济思想的一些"内核"，且对中国的士大夫阶层和传统的经济思想没有起到根本的触动作用。但应当肯定的是，这一阶段的来华传教士为鸦片战争后西方近代经济思想的大规模引入起了重要的铺垫作用，其作用堪称晚清经济思想近代化的先声。鉴于当时中国较为封闭的环境，在经济学说的引入中，必须以迎合中国社会的需要为条件。传教士只能根据近代中国人对西学认识的过程和中国社会的需要对西方文化进行有选择的引进，翻译事件不得不以委托而透迤的形式进行。

本章从翻译文化史的视角重新审视了西方经济学经典《国富论》的百年汉译，不仅借助可资佐证的史料、文本以及译者的人际关联与社会角色，梳理译者所构成的文化群体及文化地位，揭示不同社会历史时期对翻译活动、思想驱动和制约的因素，而且对人文社科类翻译研究、西方经济学说独特的翻译特征和传播价值进行了补充，使其走出"被遮蔽"的状态。这段百年翻译史话展现出与时代诉求一致却又看似矛盾的特征。初期体现出鲜明的以"富"为主题的翻译话语营建，但是"富"的话语始终裹挟在"国"的焦虑当中，关注的核心是"国"的问题，而非"富"的理论。早中期总体趋势是零散、片段化的介入式移译，中后期逐渐走向更加契合原文内涵、尊重学理的系统性学术翻译。后续研究还可借助近些年数字人文在史学研究领域的勃兴，书目整理、档案考察方面新材料的发现，旧材料的新观点、新视角的突破，找寻多种解读的可能性，以还原历史的多元性、延续性和完整性，对这段译史的历史价值和现代学思做出积极思考。

第五章 "概念史"视域下的译名演变：Economy 与中国古代经济词语的对译

本章从"概念史"①视角出发，试图将这一语汇研究模式引入到翻译文化史框架中。具体来说，以西方经济学概念在近代中国输入、兴起、演变与逐渐本土化的复杂过程为背景，以 economy 在严复译本和著述文字中多样的译名呈现为研究语料和对象，重点考察 economy 在汉译脉络下与中国传统经济表达词语"食货"、"平准"、"商战"、"理财"和"计学"的历史渊源，译名之间竞争消长、相互争夺的复杂轨迹，试图揭示的是现代经济学概念的生成与演化特点、国人对外来知识的历史诠释和重构图景。问题意识落在思考 19 世纪末至 20 世纪初，关键性概念如何在翻译（输入）过程中发生现代知识和思想形态的转变，晚清知识分子如何自创经济学译名来构建具有现代性的经济学话语，反映出怎样的晚清知识分子吸收外来思想的轨迹。本章认为，社会的变迁必然在其政治和社会概念上留下语义痕迹，在改变基本价值或实践方式时，也必然改变规范性词语。对外来概念汉译名的分析必须回到翻译变迁和社会变化集合的文化间和文化内语境中，突出交流与调适的多层面复杂性。economy 的译名"经济"并非一蹴而就，有其独特的形成史。译名"经济"最终取得主导性地位的过程，是其他译名含义的碎片化、整合化、再概念化的历史过程，也是翻译主体、译本生成文化与历史差异的具体呈现，更是民族自觉与适应新的社会体制范式符号认同的过程。

第一节 问题的提出

术语、概念的移译，往往成为异质文化接触与冲突过程中最先遇到

---

① 有关概念史和观念史的主要研究还有金观涛、刘青峰（2010）；方维规（2011，2012）。王尔敏在《中国近代思想史论》中采用的研究方法也有观念史的痕迹，如对"商战"的讨论。参见王尔敏（2003：199 – 322）。

也最为复杂的问题。自然科学文本中，这一问题似乎不甚尖锐，但是误解的危险、传统意义的纠缠无法排除在外①。人文社会科学著作的翻译过程，也是大量新观念、新思想的输入、交涉过程。探讨中国近代思想，往往接触许多创新观念，其不断演变的历史常使研究颇费思索②。其原因多在于，被介绍到中国的西方学说具有异质性特点，并对全新的文化生存环境完全陌生或所知甚少。在宗教文献的翻译中，概念的转换相当困难，外来的佛教词语与本土术语、文体、基本概念之间存在复杂的相互影响关系。最严重的一个问题是语言的传递：仅有很少的几个"阿什利"能用汉语自由表达③。而在公元4世纪以前，似乎还没有中国人知道任何梵语知识。各个学科新知传入都同样面临问题，仅有很少的一些术语可以用古汉语自由表达，即便是形式一样，内涵也会大相径庭。王克非（1992a）比较中日译名时指出，"汉字译名是中日近代汲取西方文化的重要媒介……译名的创立和衍生反映出外来新文化与传统文化在概念上的阙如或异同，以及学者们对此的警觉和探索"。辜正坤（1998：16）曾经明确指出，术语翻译一方面固然可以丰富本族语尤其是那些具有重大意义的关键性术语，一旦进入中文，常常会产生连锁反应，引起中国学术用语的相应变化。若翻译不当，这些术语会破坏原有民族语言的规范性，甚至喧宾夺主，迫使汉语的某些术语改变自己的本意而屈从于外来术语强加的内涵与外延。Joachinm Kurtz（顾有信，2001）认为，一些语言学家把这些术语视为专有名词，认识到仅从一些介绍特定概念的各种翻译，并不能全面理解该概念的真实含义。思想史的研究者则可以通过分析某个概念融入其他语言和文化环境的路径，进而洞察历史与社会的变迁，特别是在知识的转型时代（fundamental intellectual changes）。Burke & Richter（2012：21）进一步指出，"对亚洲思想领域中的

---

① 如"重""力""机器""机械"等术语涉及物理、化学、植物学等自然科学术语研究成果，可参见 Lackner & Vittinghoff（2004）。数学术语中的"点""线""三角"的翻译，可参见安国风（2008：7）。
② 目前的主要研究热点集中在通过对关键词进行概念史、观念史考察，揭示语词内涵、翻译变化与历史文化的相关性。
③ 许理和以佛经传递为例，指出原因在于一方面随意的、脱漏的和经常是几乎无法理解的译文改变了原样的中介；一方面通过因使用中国术语而增加的误导，而这些术语已经有了确定的哲学含义并因而拥有了广泛的非佛教意蕴（2005：2）。

概念迁移与衍变的分析，必须放置到参与者所处的极不平等的权力脉络中……当一个概念在两种不同文化中发生迁移，研究需要呈现出交流与调适过程中的多层面复杂性。翻译的效果分析要结合目的语的接受情况和译者的翻译策略来共同考察"。

"经济"可能是现今人类使用频率最高的一个词，至少在20世纪末和21世纪初中国的新闻和传播媒介中的表现即是如此。"经济"一词进入中文的来龙去脉，有不少国内外学者从经济学学术史、词源学、历史语义学等角度做过探讨，其中包括传教士对这一词的早期汉译（Mateer，1904；Mateer，1913；Masini，1993；Liu，1995，2004；Lippert，2004；王克非，1987，1996；汪丁丁，1997；叶坦，1998；方维规，2003，2008；冯天瑜，2010；沈国威，2010）。一般认为，经济学在中国学术中是"舶来品"，是"西学"之一种，提倡"化西入中"和"经济学的语言学转向"（汪丁丁，1997：59）。也有学者强调现今中国经济学科中的"非西学"性质，即以所谓"旧学"为主要内容的"中国经济思想史"，并不认同economics完全是一个西来的词语（叶坦，1997：135）。研究发现，目前围绕"经济"一词的主要研究思路是对原初语义（economy和"经济"）的视野追踪，发掘凝结在"经济"一词中的切实含义，并考索中国人使用"经济"一词的内涵与外延、古义与今用、来源与输入的历史轨迹，丰富或修补前人研究和考释方式，甚至激烈地进行观点商榷。事实上，economy在中文世界的译名最终落到"经济"一词，除上述各种考量之外，还有一重要论题，即诸多中国本土经济学词语（如"食货""理财"等）是如何加入译名争夺，经历了怎样的被选择和被淘汰的崎岖历程。而这方面的研究尚未得到足够的重视①。

---

① 陈其南（1994：10-11）从社会学研究出发，强调提炼本土概念和术语的重要性，指出"在基本的术语和概念尚未能给予正确的界定和了解之前，即引进西方社会学的研究技巧，并无法妥当地掌握到中国社会的本质"，必须"以中国社会现象的本身为起点，重新界定和分析中国传统制度的特质，进一步厘清一些基本用语和概念"。

第二节 以"概念史"作为研究视角

作为思想史研究方法,有学者曾从观念史、关键词和概念史①角度,对"夷""自由""革命""总统"等影响社会发展的重要概念有过研究(Williams,1985;金观涛、刘青峰,2010②;方维规,2008,2009,2011,2012;潘光哲,2012;孙江,2012)。王尔敏(2003:199-322)对"商战"一词的研究方法也有鲜明的概念史痕迹。沈国威(2010:6)提到用概念史路径研究近代中日词语交流。"概念史"(Begriffsgeschichte/ Conceptual History,也称为 the history of concepts)一词最早见诸黑格尔(G. W. F. Hegel)的《历史哲学》(The Philosophy of History),指基于普遍观念撰述历史的方式。在德语世界里,该词主要被用于语言学和历史辞典的编纂③。从 20 世纪五六十年代开始,"概念"在历史进程中所展现出的时间性和多重性日益受到思想史家们的重视,由此开辟了概念史研究。

20 世纪 70 年代以降,"概念史"逐渐发展为关涉语言、翻译、思想、文化和历史研究的新路向,其受到极大关注④的原因之一是研究者对语言关注的增加和对以往研究方法的不满。概念史把词源和词义变化看作理解当代文化、概念和语言学的重要基础。如果说词语是描述语言

---

① 里克特(Melvin Richter)提出,不要把"概念史"与"观念史"(History of Ideas)和"思想史"(Intellectual History)的任何形式等同起来(Richter,1995:5)。概念史研究与观念史研究的差别在于,前者关注文本的语言和构成,后者则将文本作为分析手段,用以考察其背后的情境。
② 金观涛、刘青峰(2010)的主要贡献在于对政治思想中关键词语进行量化研究,其研究也有不足之处,如对语意与社会现实两者间的辩证关系的掌握略弱,对同一概念的不同翻译以及中国原有的观念与词语的演变方式与原因的分析与解释有限。
③ 该词在德语中的意涵较为宽泛,一般意指与"历史中的基本概念"(Geschichtliche Grundbegriffe)相关的研究路向和著述。方维规(2007:12)指出,"概念史"由于缺乏牢靠的科学方法作根基而饱受语言学家的批评。德语 Begriffsgeschichte 很难译为外语,与英文通用的表述 History of Concepts 或 Conceptual History 难以真正符合。方维规进一步指出,概念难以在语言符号的外形层面和语义、作用层面上共同描述和勾勒出一个概念的常态、断裂及其变化。Concept 一词进入近代中国时,马礼逊(Robert Morrison)早期的翻译为"稿",在解释 conception 时,多与 notion 对应,译为"意""意见"。
④ 目前,概念史研究的理论和方法已经发展得较为系统和成熟,并形成了"概念修辞"[以斯金纳(Quintin Skinner)为代表]和"社会转型与概念变迁"[以柯史莱克(R. Koselleck)为代表]两种不同的研究路径(参见汉普歇尔-蒙克,2010:2)。

单位的外在形态，那么概念来源于词语，是词语更深层的一种形式。它由各种线索累积而成，是一定的社会、历史、文化、政治相互影响与积淀而成的、具有特定含义和使用范畴的词语。因此，概念是具有实体性意义的聚集。概念史的主要研究思路是通过研究概念在时间和空间中的移动、接受、转移和扩散，来揭示概念如何成为社会和政治生活的核心，讨论影响和形成概念的要素、概念的含义和这一含义的变化。同时，它还关注概念发生转换、消失和最终被新概念取代的原因和方式（Richter，1995：124 - 142）。从考察的词语范围来说，既可是人文社科领域中的术语，也可是自然科学中的术语（樊洪业，1988；杨儒宾，2014），甚至是日常生活用品的名称（徐涛，2014）。

《原富》首二篇出版后，梁启超于 1902 年 1 月 1 日（光绪二十八年元旦）在日本横滨创刊的《新民丛报》第一号中登文两篇：一是亚当·斯密的新说引介，二是书评《绍介新著〈原富〉》①。在第一篇文章中，梁启超对 political economy 的译名提出了个人意见。很快，严复在《新民丛报》第七号做出了回应，标题为《与〈新民丛报〉论所译〈原富〉书》。之后，又有许多读者参与到译名选定的热议之中。严复与梁启超在《新民丛报》上掀起的译名之争是近代史上著名的公共学术事件。它涉及翻译研究中社会科学概念的理解以及话语权力争夺等复杂层面，实质上反映出甲午战争之后中国思想界在学术观念上的分歧。中国近代自 1860 年之后，求富求强一直是数代人追求的理想。这种思维模式也反映在这一时期社会氛围、知识分子对"富"的独特理解与阐释上，这些阐释无法摆脱所处时代面貌、社会现状的迫切需求。大量带有"求富"的目的性极强的标题、内容是社会各界所关注的对象。又如"洋务"一词，本来是用来处理与西洋相关事项的过程中，将诸外国与中国作比较时而产生的观点，但后来在自强的名义下，却成为当政者为了对付西洋而采取的对策。于是对"洋务"也出现了争论，而且是一种政策性的分歧（滨下武志，1989/2006：32）。

因而，本章依然是把严复对《原富》的翻译放在晚清西学东渐的历史、文化背景下进行考察，以关键词"经济"的翻译为切入点，细致地

---

① 关于该文是否为梁启超所写，李国俊先生已经证明为梁氏。

展现严复为解决学科术语输入困难,自创经济学译名"计学",试图构建具有现代性的经济学话语,反映了晚清知识分子吸收外来思想的轨迹。具体来说:

(1) economy 的译名从英译名"伊哥挪谜"和合成新词"计学"转变为出自"经世济民""经世"的"经济"。是否发生了误植现象①?

(2) 在严译中,旧有的经济概念"食货""商战""理财"发生了怎样演变,如何逐渐被"计学""经济"取代,这一过程传递了哪些现代性的信息?

内容安排上从"比较"与"辨别"的路径出发,一条线索是考察"经济"一词的起源、转变、输入和传播整个过程,从该词在中、西历史文化中的最初确切的语义和含义衍变,到早期在华传教士、本土国人及日文的翻译与使用。另一条线索则是以严译语料为研究材料,中国传统经济表达词语"食货""商战""理财"的翻译与演变过程。本书后附有严译部分单词表。

第三节　Economy 的历史考察

在严复译著中外来术语、概念的翻译研究,对经济类词语的关注一直存在②。由"计学"到"经济"的转变、"经济"一词的来龙去脉,不少国内外学者从经济学学术史、词源学、历史语义学等角度做过探讨③。不过,围绕这些研究,本文发现,"经济"一词的内涵与外延、古义与今用、来源与输入等问题有诸多不同之观点,有些甚至发生抵触。唐庆增分析中

---

① 关于译入术语、概念倒置的问题,日本学者柳父章(Yanabu Akira)曾多次著文讨论西学东渐过程中大量社会科学术语进入日文。他认为这是一种"珠宝盒效应"。他以"他""她""社会"词义的衍变探讨外来词语进入的方式和影响。参见 Akira(2011)。

② 对严复经济译名研究的主要论文有王克非(1987,1992a,1996)、沈国威(2010)和吴建林(2004)。

③ 沈国威采用概念史和词汇史并用的方法研究近代中日词汇交流,他认为概念史研究"即导入外来新概念的历史的一面"(2010:6)。沈认为,这里的概念史不仅讨论来自西方的概念的传入和接受的方式、途径、时间、中介者、手段与媒介、动机;还要考察外来的新概念汇入已有的知识体系时发生的时代史境、接受者的反应及新概念发生的异变等。"经济"一词的研究,可另参见叶坦(1998)、方维规(2003)、沈国威(2010:170-175)。

国经济思想史不发达的原因之一就是思想层面"经济"定义的混淆。

> 晚近中国社会对于经济智识,已有相当之重视,顾在数百年或数千年前,"经济"二字,究指何物,无人加以注意也。在昔国人以食货二政,替代现今之所谓经济智识,食货二字,初见于《尚书》之《洪范》,正史中材料之分类,亦以此为据。明清以降,国人心目中之经济二字,则指经世济民之学识而言,举凡政治法律外交等等智识,一概网罗其中。考经济二字,在古籍中乃出自《易》之屯卦云,君子以经纶,《系辞》云,周乎万物而济天下,近人称经济为经世济民之学,盖以此语为根据。至于译名,歧异更多,或称计学(如严复、梁任公、章行严诸君),或称富国策(如汪凤藻君),更有人称之谓理财学者(如陈焕章君),仅言名词一端,已有如许解释,各不相同,混淆如此,乃能有纯粹之经济思想产生乎?(1936/2010:23)

冯天瑜曾对"经济""封建""形而上学"等词加以研究,他在《汉字术语近代转换过程中误植现象辨析》(2010)一文中指出:

> 由于汉字的多义性,汉字词往往可以在同一磁性下包蕴多种含义,故借用古汉语对译西洋概念,常常发生引申和变义,这也就是新语创制的必需。然而,这种"引申"应当以原词的古典义为起点,或令外延缩扩;或令内涵发生相关性转化。置于"借形变义",则要能够从该汉语词词形推导出新义来。然而,如果以古汉语对译西洋概念,既与古典义毫不搭界,又无法从汉字词词形推导出新的词义来,其新义全然是强加上去的,这种对译则谓之"误植",是汉字新术语创制中的败笔。①

冯天瑜认为,"经济"一词是"既与古典义相去甚远,又无法从其

---

① 引文中略去部分例词。冯文认为,"封建"一词是"既放弃古典义亦不合西义"的典范,就此也引发了非常大的争议。另参见冯天瑜(2006/2008);中国社会科学院历史研究所(2008)。

词形推导出今义来，是一个在'中—西—日'语汇传译过程中发生意义歧变的词语"。我们不禁诧异"经济"一词的来龙去脉究竟是怎么回事？下文首先展现关键性概念 economy 在输入过程中经历的三重知识形态翻译的转变：中文语境下的"经济"到日文语境下的"经济"、从西文语境下的 economy 到日文、从日文再到中文及从西文到中文多重比较的问题。

一 中文语境中的"经济"

"经济"在古汉语中原本是"经"与"济"的合成词。"经"一词最初在《周易》一书中出现，"经"解释为"径"，即指阡陌（纵横的田地），为名词，后转为动词，义与"治"同。"济"字从水旁，解释为"渡"，即指渡水。"经济"两字的连用，最早见于《晋书·长沙·王乂传》记录长沙王司马乂（277~304）致书其弟："同产皇室，受封外都，各不能阐敷王教，经济远略。"隋代王通（？~617）的《中说》（又名《文中子》）"礼乐"篇里的"经济之道"，原意是指"经邦济世"或"经国济民"，即治理国家的意思。可见古人所讲的"经济"一词，意在治国平天下，并不能完全等同于今天的"经济"。古时人们对衣食住行、国家财政等方面的指涉，最初是用"食货"来表示。《汉书·食货志》对"食货"做出解释："食"指农业生产，"货"指农家副业布帛的生产以及货币。此外，还出现了其他与经济相关的词语，如"理财""富民""货殖""平准"等。

至晚清，"经济"一词虽仍沿用其古义，但是词义的内涵有所扩大。曾国藩主张在传统学术"义理""考据""辞章"之外，加上"经济"。这里的"经济"，即指"经邦济国"的实学。《劝学篇·变科举第八》中多次提到"经济"。文中写道："近数十年，文体日益佻薄，非惟不通古今，不切经济，并所谓时文之法度、文笔而俱亡之。"在科举制度改革中区分了"中学经济"（包括"中国史事、本朝政治论"）和"西学经济"（涵盖"西方各国政治、兵制、学校、财赋、商务"）两方面的人才，目的是把儒家伦理和西方制度划分为两个不相干的领域。"中学经济""西学经济"的分类是否来自日本，还需要进一步考察。因为，经济仍然是指经世济民之学和相应的治国才干；虽然尚没有脱离传统的意义框架，在西方文明冲击下，中国社会具有中西兼通知识技能的治国才干，也即精通"西学经济"。中国文化本身亦存在用"经济"指涉 economy 内在的资源。"经济"一词从扩大了的"经世才能"指涉西方经济事务，到最后涵盖了 economy 的各项内容。

在《切问斋文钞》和《皇朝经世文编》这些文类中，多以"经济文钞、经济类编、经济文辑"或"经世文编"命名的专书出版，时间可上推至晚明。"经世"比"经济"一词似乎更多地用作专书名称。不过，清康熙五十七年（1718）左右定稿的《古今图书集成》，则是将所有收录资料分门别类为历象、方舆、明伦、博物、理学、经济六个汇编。在"经济汇编"中，则再统包有选举、铨衡、食货、礼仪、乐律、戎政、祥刑、考工八个"典"，其中"食货典"涵括与经济现象关联的各类书文①。1911 年刊行的《普通百科新大辞典》② 编撰用以撰写经济与法律现象相关词条的取舍标准，则已几乎全部采用西方近代学术分科的知识分类架构。《普通百科新大辞典》收录有"经济"词条。

> 经济者，经纶于济也，而吾国通俗以善计者曰经纪，日人输入中语，因音近而误作经济（原注：此类甚多）。今此一名词又回输吾国，而沿用为生计义，与原义全别，虽已积习难返，然其本原界限，不可不知也。③

该词条作者对"经济"一词的界定大致有三层含义：一是传统中国用来做动词的"经纶于济"。二是传统中国用作名词的"经纪"（即中介商人，明清中国方志、小说、文集等文献中也常称其为"牙人"或"居停主人"）一词进入日本后被日本人错写成"经济"。三是英文中用做新

---

① "祥刑典"则收录与法律现象有关的各种资料。由此而论，则明清两代以"经世、经济"命名的专书文类，以及《古今图书集成》以"经济汇编"统摄"选举、铨衡、食货、礼仪、乐律、戎政、祥刑、考工"诸种材料的分类方式，其实都指向明清中国以"经济、经世"专门名称作为界定使用知识的分类架构，或许已形成当时一些中国读书人用以区分知识的某种学术分科意思，并非只反映目录版本学方面的图书分类技术。
② 该百科全书在收录词条时，几乎是以西方近代知识分类结构取代了传统中国的知识分类。参见黄人（1911）。
③ 《普通百科新大辞典》，十三划，359 页，"经济"见第 35 页。

学科名称的"经济"(economy)或"经济学"(economics),此词在晚清常被译为"生计"或"计学"。重要的一点是,该词条明确指出,再次输回的"经济"一词已经与原词"经纪"和原意"善计者"完全不同。至于日本人把"经纪"误作"经济"的说法,须进一步验证①。邱彭生(2009)对该词条的解释提出批评,认为这个解释本身即已表明作者已遗忘了明清以来各种经世文编与经济文钞、经济类编、经济文辑的"经济"传统,也完全忽略了不少中国士人以"经世济民"理念编辑《古今图书集成》"经济汇编"等既有学术传统的认知架构。究其原因,《普通百科新大辞典》"经济"词条作者的上述意见,可以算是反映当时中国主流知识氛围的一项例证,具体而微地反映了清末最后十年间中国知识界借以分类与评价实用知识的一种"知识型断裂"(邱彭生,2009)。

"经世"与"经济"两词是何关系,有何误解呢?王尔敏详细说明了这两个词的出处和用法。

"经世"辞旨,本不深奥,由"经国济世"一词简化而来。同时"经国济世"亦可转化为"经济",二者应具同等意义。20世纪以前,意义明确,人人共喻。实与今日所谓"政治"一词相同,而与今日所谓"经济"(Economics)一词不同。在梁启超羁旅日本期间,尚能作清楚区别。至今日则已完全改观,此乃日本名词影响中国之一种结果。20世纪以前,"经济"、"经世"两词频繁出现,引用"经济"一词者尤通行广泛,久成文牍中常识用语。宜"经济"一词更见重用。然自明代华亭(今上海)陈卧子编辑《皇明经世文编》更成为后世学者追摹仿效,争相编著之目标。后世之论经世思想者,自当以经世文编内容性质定其意义,不可另生别估,以后来观点夺前人数百年沿袭之定名。(2005:33-34)

可以看到,王尔敏认为20世纪之前"经世"与"经济"使用频繁,

---

① 日本江户时代的兰学家左藤信源(1769~1850)《经济要录》于1872年出版,讨论当时西方传入的"政治经济学"(Political Economy),寄希望于"解救国家脱离贫穷与饥馑之中,并建立日本的军事力量"。由此推测,不太可能是"误作"。参见 Lippert (2004:120)。

含义等同于当今的"政治"一词,却与 economy 不同。对这两词内涵的界定需要放置到不同的历史语境之中。

直到 1905 年以后,中国学者才逐渐采用"经济学"作为学科名称①。不过其中高一涵和杨昌济将"economics"称为"生计学"。到 1918 年,傅斯年仍然把"economics"称为"计学"。30~40 年代,经济学家在翻译马克思主义经济学著作时,使用"政治经济学"或"新经济学"。1949 年中华人民共和国成立后,中国经济学界大多数把马克思主义的理论经济学称为"政治经济学",而对政治经济学以外的理论经济学和应用经济学称为"经济学"。80 年代以来,"经济学"② 已逐渐成为各门类经济学科的总称,具有经济科学的含义。"经济"可能是现今人类使用频率最高的一个词语,至少在 20 世纪末和 21 世纪初中国的新闻和传播媒介中表现如此。

二 西文语境中的 Economy

与中国"经济"一词发展演变史一样,economy 在西方文化中也经历了词义内涵演变和使用范围的变化。我们首先讨论一下西方经济学中的 economy 的含义演变和从 political economy 到 economy 的使用区别。political economy 中"政治"(political)一词,源于希腊语"politicos",含有"社会的""国家的""城市的"等多种意思;"经济"(economy)来源于希腊语"oikonomia"③,原意是"家庭经济管理"。最初的 political economy 是关于生产、买卖行为及其与法律、风俗和政府的关系。"政治经济学"这一名称最早出现在法国重商主义者安·德·蒙克

---

① 1905 年 10 月,孙中山在《民报》发刊词中提出用民生主义来解决"经济"问题,他指出:"世界开化,人智益蒸,物质发舒,百年锐于千载,经济问题继政治问题之后,则民生主义跃跃然同。二十世纪不得不为民生主义擅扬时代也。"

② 按照《现代汉语词典》的解释,"经济"一词有五个义项,关于经济一词的来历,众说不一,颇有争议。但是现代意义的经济学似乎并没有在中国产生。现代意义"经济学"当中的"经济",系指国民经济或部门经济以及经济活动,包括生产、流通、分配和消费以及金融、保险等活动或过程,亦有概指其为"社会物质生产和再生产的活动"。

③ 古希腊哲学家色诺芬的著作《经济论》中论述了以家庭为单位的奴隶制经济的管理,这和当时的经济发展状况是适应的。

莱田①（1576～1621）于1615年完成的《献给国王和王太后的政治经济学》②一书中。在整个重商主义时期（大致），政治经济学还只限于研究流通领域的个别经济现象，也包括国家管理，但还没有成为独立经济科学。

17世纪时，political economy含义发展为对政府的经济研究，取代了政府理论（the theory of government）中的财产论（the theory of property）。一些政治经济学家，如约翰·洛克（John Locke）（1980）首先提出劳动价值论（the labor theory of value），认为劳动是价值的真正来源，这一观点得到亚当·斯密和卡尔·马克思（Karl Marx）的发展。重农主义学派与以斯密和李嘉图为主要代表的古典政治经济学的兴起和发展，使政治经济学研究的重点开始转向生产领域和包括流通领域在内的社会再生产过程，从而接触到财富增长和经济发展的规律。古典政治经济学论述范围包含了经济理论和经济政策的大部分领域，已经同政治思想、哲学思想逐渐分离。由此，政治经济学作为一门独立的科学逐渐形成，并发展成为专门研究经济现象和经济过程规律的理论科学。1775年，卢梭为法国百科全书撰写了"政治经济学"条目，把政治经济学和家庭经济区分开来。

18世纪西方现代社会形成，经济学亦随之成熟，《国富论》的出版，被公认为是经济学这门学科政治诞生的标志。17～19世纪末，西方政治经济学逐渐被用作研究经济活动和经济关系的理论科学的名称。马克思和恩格斯通常也都沿用这个名词。他们把政治经济学的研究贯穿于人类历史的各个发展阶段，从局限于资本主义生产方式，扩展为整个人类社会的各种生产方式。只研究资本主义生产方式发生和发展的政治经济学，

---

① 但这里的"政治"与我们现在一般使用的"政治"概念不同，它是国家范围或社会范围的意思。"政治经济学"就是指所研究的是国家范围和社会范围的经济问题，突破了以往研究社会经济问题只局限于研究家庭经济或庄园经济，或只作为某一学说的组成部分的格局。

② 方维规（2008）认为，蒙克莱田的这本名著并不是真正的"治国"献策之书，只是建议"皇家家业"应该超出农业而向工场、水运及商业发展。他只有了解书的内容才能理解此书为何"献给国王和王太后"，并对这著名的第一次"政治经济学"做了限定。尽管中世纪王室与国家常画等号，但在蒙克莱田的书里是有区别的。蒙克莱田之后几乎150年之久，这个概念在整个欧洲与时兴的重商主义经济中的商业无缘。

称为狭义政治经济学；研究人类各种生产方式及其发生和发展的政治经济学，称为广义政治经济学。19 世纪晚期，随着经济学研究对象演变为更倾向于对经济现象的论证，而不注重国家政策的分析，有些经济学家改变了政治经济学这个名称。英国经济学家杰文斯在他的《政治经济学理论》1879 年第二版序言中，明确提出应当用"经济学"代替"政治经济学"，认为单一词比复合词更为简单明确；去掉"政治"一词，也更符合学科研究的对象和主旨。1890 年马歇尔出版了他的《经济学原理》，从书名上改变了长期使用的政治经济学这一学科名称。到 20 世纪，在西方国家，经济学这一名称就逐渐代替了政治经济学，既被用于理论经济学，也被用于应用经济学。political economy 基本被 economics 取代，更强调经济研究的数学基础，而不是之前的生产与消费的关系。自近世以来，political economy 的内涵和研究对象已经发生很大转变，虽然仍是关于经济与政府行为，但是突出把经济与其他领域研究相结合，使用不同的基本假设挑战正统经济学。我们可以看到，political economy 在西方语境中无论是内涵还是使用范畴均发生了很大变化，那么曾取而代之的 economy 在中国和日本又有怎样的词义演进呢？这是下文将讨论的问题。

三 早期 Economy 的汉译

西方现代经济学早在洋务运动之前就已经传入中国。1904 年，益智书会主席狄考文（C. W. Mateer, 1836~1908）出版了术语词典，可以说是对传教士百年术语创制工作的总结。表 5-1 记录了有关 economy 的早期翻译情况。

表 5-1　早期传教士、国人对 Economy、Political Economy 等术语的翻译

序号	时间	姓名	出处（最早）	Economy	Economics	Political Economy	Finance
1	1822	马礼逊	《五车韵府》	节用、节俭			
2	1880	丁韪良、汪凤藻	《富国策》	理财		富国策	
3	1885	傅兰雅	《佐治刍言》	伊哥挪谜			
4	1892~1896	艾约瑟	《富国养民策》			富国养民策/学	

续表

序号	时间	姓名	出处（最早）	Economy	Economics	Political Economy	Finance
5	1895.5~8	严复	《救亡决论》	理财			
6	1895	严复	《天演论》（1895~1898）	叶科诺密、计学		计学	
7	1896	梁启超	《变法通议·论译书》《时务报》	富国学、资生学、理财学			
8	1899	梁启超	《论近世国民竞争之大势及中国之前途》	资生、经济		资生学、经济学	
9	1902	梁启超	《论中国学术思想变迁之大势》	生计学			
10	1902	梁启超	《史学之界说》	平准学			
11	1902	梁启超	《新民丛报》《生计学学说小史》	计生学、资生学、理财学		政术理财学	
12	1902	康有为	《大同书》（1912年出版）	计学			
13	1903	汪荣宝、叶澜	《新尔雅》①	释计			
14	1905	孙中山		经济			
15	1913	M. Ada	New Terms for New Ideas②		经济		经济
16	1920	李大钊	《经济学批判序文》（马克思）			经济学	

从表5-1的统计可以看出，这一时期economy、political economy的译名演变从最初直接借用中国传统词语"理财"和意译造词"富国学（策）"，逐渐向生发于中国传统词语的"计（生）学"、日译词"经济"转变。中国所理解的"计学"与"生计学"本是与政治、百姓生活息息

---

① 《新尔雅》中，有"释计"一篇，其中谈及"计"、"生财"、"分功"、"户口藩息例"、"租"、"庸"和"赢"。参见汪荣宝、叶澜（1903：113），另见松浦章、内田庆市与沈国威合编《新尔雅：附解题索引》（2005）。

② Ada Mateer于1913年编写的词汇表中"经济"对应的英文是"finances""economics"。参见Mateer（1913：9）。

相关的问题，所以并没有着意区分。郑观应在《盛世危言》（1894/1982）中，系统论述中国为了达到富强的目标，必须引进西方政治经济制度。经济是该书讨论得最多的议题，但郑观应在用"经济"这两个字时，其意义仍是传统的经世计学，他宁可将学西方经济事务归纳在"商战"[①] 的名目之下。

福泽谕吉对西方经济学在日本的译介与输入发挥了巨大作用。1868年福泽在庆应义塾讲授美国弗兰西斯·威兰德的经济学说，课程名称译作"政治经济学原理"，后来福泽据此撰《经济全书》，给"经济学"下定义。日本自明治时期以来，大量译介西方经济学各类著作，这些译著题名的变化反映出当时词汇表达的变化。

表 5-2　日本对 Economy、Political Economy 等术语的翻译

序号	时间	编（译）者	编（译）作	Economy	Economics	Political Economy
1	1862	崛达之助	《英和对译袖珍辞典》	经济家		经济学
2	1867	传教士黑本 J. C. Hepburn	《和英语林集成》	经济		
3	1867	神田孝平	《经济小学》（Economy Outlines of Social，1850）	经济		
4	1868	福泽谕吉	撰《经济全书》，给"经济学"下定义	经济		
5	1937	小幡笃次郎	《英氏经济学》（Elements of Political Economy，1937）	财学	财学	
6	1872~1874	何礼之	《经济便蒙》（Elements of Political Economy）			经济
7	1873	林正明	《经济学入门》（Political Economy for Beginners，1870）			经济学
8	1877	永田健助	《宝氏经济学》（同前）			经济学
9	1877	大野直辅	《经济新话》（Lectures on Political Economy）			经济
10	1879	永田健助	《经济说略》（同前）			经济

---

① 王尔敏（2003：202）认为，中国近代一代思想中心主流，则可以"富强"二字概括。"商战"一观念之创生据文献最早出现于同治元年（1862），曾国藩致湖南巡抚毛鸿宾函中。

续表

序号	时间	编（译）者	编（译）作	Economy	Economics	Political Economy
11	1880	川本清一	《彼理氏著理财原论》(Elements of Political Economy)			理财
12	1884	渡辺修二郎	《日奔斯氏经济初学》(Political Economy, 1878)			经济
13	1885	高桥是清	《勤业经济学》(The Economics of Industry, 1879)		经济学	
14	1889	岛贞益译，富田铁之助校	《李氏经济论》(Das nationale System der politischen Oeconomie, 1841)			经济
15	1891	天野为之	《高等经济原论》(Principles of Political Economy, 1848)			经济
16	1892	井上辰九郎	《经济原论》(The Elements of Economics of Industry, 1892)		经济	

资料来源：日本图书馆所藏数据与网络信息。

如表5-2所示，早在1862年，日本已经出现具有现代意义的"经济"，不过对"经济学"与"政治经济学"基本没有什么区分。尽管此后偶尔出现"财学""理财"等译名，就整体而言，这30年的译名选用是非常稳定的。日本经济史学家山崎益吉（1981）认为"经济"就是"经世济民""经国安民"，近代以来，"经济的真实意义被遗忘，单纯讲追求财物和合理性，而失去了本来面目"，今用"经济"一词已抛弃"经世济民"古典义。后来economy译名定为"经济"，与汉译日籍（尤其是日本的经济学教科书）的强劲影响力有关。1903年，日本学者杉荣三郎任教京师大学堂经济学教习后编写了《经济学讲义》，被确定为京师大学堂的授课讲义，其中"经济学"这一译名取自日本学界对economy、political economy的译法。该讲义包括西方经济学的一些基本范畴，如生产、交易、分配、消费等，并且颇为详细地论述了价值与价格、固定资本与流动资本、货币与信用和再生产等问题。同年，持地六三郎的《经济通论》在商务印书馆译印出版。之后，又有几部日本经济学编著陆续译出，如山山夸觉次郎的《经济学》和《经济学讲义》。与其他日源新语迅速在中国传播不一样,"经济"一词直至辛亥革命仍未被中国人广为接受,原因即在于此词的新义与古义相去甚远。而日本普遍在理财、节俭、合算义上使用"经济"一词,脱离了中国古典词的原意。就 economy 一词在日的翻译来说,金观涛(2010:87-88)认为日本的翻译之所以能够脱离中国古典词原意,比中国更早采用"经济"作为译名,是因为儒学在日本的发展状况与中国不同。早在江户时代,"经济"就开始与儒学伦理相分离。日本东京大学在 1880 年后,把经济学课程名称更名为"理财学"。此后一个时期,日本所译出的经济学书籍,也多用"理财学"这一名称(赵靖,2002:470-482)。

第四节 从"食货"到"理财":本土词语作为译名的选取

"概念史"源于对思想史的探索,其研究思路适于分析西方社会科学概念在近代东亚各国翻译与输入的崎岖脉络。黄兴涛(2012:13)曾指出,晚清民初的新名词和新概念,借助现代媒体的流播,不只是丰富了中国语言而已,还由此多方面深刻而微妙地影响了中国人的思维方式和价值观念的变化。翻译研究尤应对社会科学领域中的重要概念汉译进行"概念史"考察。economy 这一概念虽来自西文词语,但含义比单纯的词语复杂、含混。当词语凝聚了社会的、政治的经验和意义时,词语就变成了概念。因为 economy 这个概念常常体现出与社会、政治、经济的动态关系,所以本身就是"变量"。而这个概念进入到中文体系后,也需要经历从词语到概念的转变,同样需要凝聚中文语境中特定的社会的、政治的经验和意义。

对 economy 的概念史研究需要包含:词语的历史,不仅是西文也包含中文词语的历史;词语被赋予了怎样的政治、社会内涵并因此变成概念的历史;同一个概念的不同词语表述或概念在文本中的不同呈现;文本得以生成的社会政治语境。沈国威(2010:170-175)提出,概念史研究"即导入外来新概念的历史的一面"。也就是说,这里的概念史不仅讨论来自西方的概念传入和接受的方式、途径、时间、中介者、手段与媒介、动机,还要考察外来的新概念汇入已有的知识体系时的时代史境、接受者的反应及新概念发生的异变等。即使是 economy 的英文概念,含义也并非始终如一,该词尽管一直在被人们使用,或者在同一个时期被不同的人们所使用,但其含义已经发生了很大的变化①。正如柯史莱克等学者在《历史中的基本概念》中所说,基本概念"既是历史进程中的一个推进器(factor),又是历史进程的一个指示器(indicator)"(汉普歇尔-蒙克,2010:2)。因此,在历史发展的过程中,概念既然成为历史的载体,那么对概念内涵的考察自然也就成为历史研究的对象。但是概念史研究不单是考察一个概念,深描单个重要词语的历史,还要注意概念词源的复数性,研究同时代其他与此相近或相邻的一些概念,也就是"对构成概念的词语群加以研究"(孙江,2012:10)。柏克(Martin J. Burke)与里克特(Melvin Richter)在合编的《为什么概念重要?社会与政治思想概念翻译论文集》(*Why Concepts Matter: Translating Social and Political Thought*)一书的序言中,先肯定了翻译理论研究已取得的丰厚成果,后指出尽管翻译在跨时空、跨地区知识传播中具有不可取代的作用,但是在政治、社会思想翻译领域内,许多关键概念并没有得到足够的探讨,尤其是概念史研究所强调的历史与社会话语中语言与翻译所占据的中心地位还未得到重视(2012:1)。

作为外来概念,economy 的译名选择并不是固定不变的。就概念和译名的关系来说,每一个概念一定是与某个词相联系,也会有一个或几个译名与之相对应,但并不能够说某一个词、一个译名就是一个概念。当某个词最终被选为这个概念的译名时,必须是在一定的社会和政治语境中为了特定的目的而不断地被使用,具有一定的意义和指向功能,并在固定下来之后,成为输入国所接受与认可的概念译名。针对 economy 的译名演变,研究不仅关涉 economy 在英文世界中的词义衍变,还需要关注不同空间下,尤其是近代东亚空间里同一西来概念在输入国内对应概念的翻译②。

---

① economy 一词在英文世界中也经历了词义内涵演变和使用范围的变化,它来源于希腊语 oikonomia,原意是"家庭经济管理";political economy 是关于生产、买卖行为及其与法律、风俗和政府的关系。直到 17 世纪,political economy 的含义发展为对政府的经济研究,18、19 世纪现代意义上的"经济"含义才逐渐建立。

② 作为现代知识的西方经济学关键概念,economy 在进入近代中国的过程中深受日语译名的影响,中国概念史的考察需放置在东亚近代历史的共同空间下进行。关于 economy 一词在日语中的翻译,限于篇幅,本书不加以讨论(可参见 Sugiyama, 1988; 1995)。

严复在《原富》《天演论》等译文与案语中，使用了不少旧有的经济术语"食货""平准"，还使用了与今日"经济""经济学"概念相近的词语，如"计学"、"理财"、"商战"和"经济"。就 economy 汉译名的"概念史"，除研究较多的"经济"译名外，还要辨别同一概念的多样译名。它们共同构成了 economy 的译名概念群，形成一种概念结构，或一种概念的谱系。在历史的演进中，"概念的含义一般都是在多种概念的集合中才能得到很好的理解"（李宏图，2012：6）。对于 economy 词语的历史和词源研究，缺乏的正是对这一概念在同一文化语境中的不同词语表述和在不同文本、译文或著述中不同呈现的研究。严复本人对外来术语、概念翻译的困难深有体会。在《天演论·译例言》中，他曾说"新理踵出，名目纷繁"，为新概念寻找中文相应的表达法，"索之中文，渺不可得，即有牵合，终嫌参差"（王栻，1986e：1322）。面对这样的问题，严复只能"独有自具衡量，即义定名。顾其事有甚难者……此以见定名之难，虽欲避生吞活剥之诮，有不可得者矣"（斯密，1902/1981：xii）。这些术语在对接英文话语中的 economy 时发生了怎样的选择和演变？这一过程传递了严复对上述词语怎样的理解与认知？这将是下文讨论的问题。

一 "食货"

"食货"古代用来指称国家财政经济，至东汉初年已经确立为比较完整地表述财政内涵和外延的财政概念，后来不断发展与完善。《汉书·食货志》里，班固对"食"与"货"这两个概念做了明确的解释："食谓农殖嘉谷可食之物，货谓布帛可衣，及金刀龟贝，所以分财布利通有无者也，二者，生民之本，……食足货通，然后国实民富，而教化成。"（孙文学，2003：84）① 可见，"食"是指农业生产，"货"是指农家副业布帛的生产及货币流通。"食货"包括我国封建社会国与民之间的经济活动、经济利益分配关系，及与此有关的政策、制度、措施等。"食货"研究的范围涵盖了我国封建社会国家处理这些关系的理论与实践。

---

① 有观点认为中国古代的"财"和"政"是分开使用的，很早就开始使用"生财""财富""国用""利益分配"等概念。孙文学（2003：84）对此持反对态度，认为这种架空或扩大"食货"概念的论断，有违班固的原意。

唐庆增在回顾 economy 的中文译名时，认为"食货"可对译 economy，指出"昔国人以食货二政，替代现今之所谓经济智识，食货二字，初见于《尚书》之《洪范》，正史中材料之分类，亦以此为据"（1936/2010：23）。据笔者考察"食货"一词在《严复集》中的使用情况来看，严复在论述和译著案语中均有使用，如"中外食货"（王栻，1986a：80）、"国家食货不增"（斯密，1902/1981：1：167）等，唯独一直未出现在译文中。严复多用"食货"与现代意义上的"经济"作比较，甚至指代"经济"。他在《原富·译事例言》中讲，"则自有此书，而后世知食货为专科之学。此所以见推宗匠，而为新学之开山也"（王栻，1986a：98）。在《与梁启超书（第三封）》中，严复又讲到，"此如化学有时可谓物质，几何有时可翻形学，则计学有时自可称财政，可言食货，可言国计，但求名之可言而人有以喻足矣"（王栻，1986c：518）。《原富》案语中有"谓微斯密氏之书，犹昧于食货之理者"（斯密，1902/1981：388）的用法，显然"食货之理"是"经济学"的意思。这些都表明严复大致赞同"食货"可用来解释 economy，但没有选为译名（见表5-3）。

梁启超（1902）在"译名之争"中提出不同观点。他指出，《洪范》有"食货"二字，与经济学的内容很相近，但是"食货"只有"客体"没有"主体"，仅是动宾结构，无法让人满意，也就无法成为 economy 的译名。另外，梁启超还提到出自《论语》的"货殖"一词。司马迁曾写过《货殖列传》，"货殖"的意思与"经济学"也很相近，但是 political economy 的意义在于注重公共财富，"货殖"却强调私有财富，而且没有政治的含义，因而也不适合做译名。

表5-3 "食货"在《严复集》中使用统计

序号	篇名	时间	摘文
1	有如三保	1898	驱夷闭关之说既不可行，则中外之通，日甚一日，虽甚愚亦知之既通矣，则中外食货，犹水互注，必趋于平。
2	与梁启超书（第三封）	1902	此如化学有时可谓物质，几何有时可翻形学，则计学有时自可称财政，可言食货，可言国计，但求名之可言而人有以喻足矣。

续表

序号	篇名	时间	摘文
3	原富（案语）	1902	《汉书·食货志》，国师公刘歆言，周有泉府之官，收不雠与欲得。所谓不雠，即供过求者；所谓欲得，即供不及求者。
4	原富（案语）	1902	国家食货不增，而徒务金银珠玉之为积，此何异博者见今日一筹所值者多，他日更博，则多具此筹以为富。
5	原富（案语）	1902	夫如是之民，谓微斯密氏之书，犹昧于食货之理者，吾不信也。
6	原富（案语）	1902	而秦氏修《五礼通考》，自天文地理军政官制，都萃其中，旁综九流，细破无内，惜其食货稍缺。
7	译事例言	1902	中国自三古以还，若《大学》、《周官》，若《管子》、《孟子》，若《史记》之《平准书》、《货殖列传》，《汉书》之《食货志》，桓宽之《盐铁论》，降至唐之杜佑，宋之王安石，虽未立本干，循条发叶，不得谓于理财之义无所发明。
8	译事例言	1902	则自有此书，而后世知食货为专科之学。此所以见推宗匠，而为新学之开山也。
9	路矿议	1901	此其理无他，不过使市廛椟通，食货川流，尅捷程期，省节运费，化前者之跋涉险阻以为平夷利安已耳。
10	论铜元充斥病国病民不可不急筹挽救之术	1906	论吾国之圜法，可一言而尽也，铜钱而已。《汉书·食货志》有三品裹蹦货布之属，然度即其时，已不恒用。

二 "平准"

"平准"是中国古代封建政府贵时抛售、贱时收买，以求稳定市场价格的一种经济措施。《史记》中有《平准书》，内容是朝廷理财各类事务。汉代推行平准制度的目的是吸取天下的财富，集中于京师。从这个意义上说，"平准"本不是为了社会全体人民的利益，不足以表达 political economy 的意义。但是，就"平准"二字而言，仍然有"为民均利"的意思；又语出《史记》，表意清晰，不至于和其他名词相混淆。1902年，梁启超曾推荐把 political economy 译为"平准学"。严复只在《原富》部甲篇七"论经价时价之不同"的案语中提到"平准"，即"古之均输平准常平诸法，所欲求而一之者，皆此所谓平价者也"（斯密，1902/1981：48-49）。严复仅使用"平准"一次，还是依从它的古义，即"稳定市价"。可见,严复并没有把 economy 与"平准"或"平准学"联系在一起。而梁启超把"平准"作为这一概念的译名之一,是受其经济学观点的影响①。

三 "商战"

不同于"食货"和"平准",据王尔敏(2003:202)考证,"商战"一词是中国近代史上的产物。依文献可知,"商战"最早出现于同治元年(1862)曾国藩致湖南巡抚毛鸿宾函中,旨在强调朝廷对与西方国家经济商贸往来的反应②。曾国藩常以儒学为修身立命治事处世之原则,何以会生出"商战"意念?王尔敏(2003:203)指出,"国藩酝酿此一观念,予近代中外通商情势以如此形容,真是一语中鹄,反映一新时代之新局面新景观,深渺清明,透辟入里,诚为表达同时代现势简易概括之重要观念"。他还认为"商战"观念的提出,"其产生之自然资源,不免仍由传统旧学根柢出发,而古老典籍之熟习,尤以灵活应用而有创新启示。商鞅耕战,即其直接引括。创机渊源,实甚明显。以秦之富强印证西洋各国,以耕战政策,抽绎商战词旨,用此对比古今致富强之方术,自为'商战'词汇创造立旨之先导。而后推衍百年,固显见其愈发愈明,颠扑不破"(203)。

不过,"商战"观念在中国的 19 世纪至 20 世纪,实为中国人共有之观念,反映同时代共通之理解,并非曾国藩一人可代表。晚清一些知识分子,如早期维新思想家认为,外国侵略者对中国进行经济掠夺,是造成中国贫弱的主要原因,因而特别强调大力发展民族工商业,同"西方列强"进行"商战",而不仅仅是讲求加强国防装备,以抵抗"兵战"。

---

① 严复与梁启超虽然都是西学传播的推手,但两人其实是通过不同的"透镜"来看待西方和西方文化。严复是身临其境地直接感受和直接阅读,而梁启超是在日本避难、留学的经历中,透过日本来认识西方,认识中、日、西三者的关系。因此,虽然严复与日本明治时期重要学者没有思想上的关联,但是通过梁启超,二者之间建立了联系。梁启超对严复翻译的认可与批评,也很大程度上受日本对西学译介模式的影响。严复通过翻译直接了解西学知识,而梁启超由于不通英文,他所了解的西学知识是通过转译之后融合近代西方、明治日本与中国传统的产物。

② 原文:至秦用商鞅以耕战二字为国,法令如毛,国祚不永,今之西洋以商战二字为国,法令更密于牛毛,断无能久之理。然彼自横其征,而亦不禁中国之榷税;彼自密其法,而亦不禁中国之稽查。则犹有恕道焉(曾国藩,1985:44)。

此后李璠、薛福成、郑观应、王韬等人多呼应商战，提出己见，使"商战"一词意旨发展引申出不同方向，其于近代思想之创生，具有重要意义。湖南善化黄荨对这一词提出异议，他认为"兵战""商战"不如"学战"（王尔敏，2003：210）。严复曾任开平矿务局总办，因矿权多受英方挟制，对"商战"现象有切身体会，著作和翻译中有 7 次用到"商战"。早在《天演论》的翻译中，严复在案语中就讨论了"商战"的激烈："商战烈，则子钱薄，故用机必最省费者"（王栻，1986e：1351），"即如以欧洲政教、学术、农工、商战数者而论"（1355）（见表 5-4）。在《国富论》第四部"论各种政治经济体系"（"Of Systems of Political Economy"）第一章第二节中，斯密指出，各国普遍认为他们的利益在于使一切邻国变得穷困，各国嫉妒他国的繁荣，并把这些国家的获利，看作是自己的损失。

表 5-4　"商战"在《严复集》、《天演论》和《原富》中的使用情况①

序号	出处	时间	页码	摘文
1	《天演论·导言十五最旨》案语	1895	1351	商战烈，则子钱薄，故用机必最省费者，造舟必最合法者，御舟必最巧习者，而后倍称之息收焉。
2	《天演论·导言十六进微》案语	1895	1355	即如以欧洲政教、学术、农工、商战数者而论，合前数千年之变，殆不如挽近之数百年。
3	"书本馆译报后"，《严复集》（第二册）	1898	479	俄起波罗的海滨，由悉毕尔以至东海滨，常欲得一不冻之海口，以便其商战。
4	《原富》（上册）案语	1902	265	至今英人哆口动目，辄言商战夸海权，而其实非英之食致，皆欧洲各国使之然也。
5	《原富》（下册）译文	1902	399	惟其不知大道，而其见与委巷坐列者侔，是以商战炽然，而以己利为人害，人利为己害也。
6	"《古文辞类纂》评语"，《严复集》（第四册）	1917	1216	今日中国与欧、美商战，其患正复如此。故非保护税法行，仿造洋货，必败之道也。

早在《天演论》的翻译中，严复已经使用"商战"。中国近代遭受西方工商业的冲击，《天演论》的案语中就讨论了"商战"的激烈。

"商战"一词在斯密原文中并没有明确使用，斯密采用"an invidious

---

① 共有"商战"8 处，去掉"协商战团"一处，有效使用 7 处。

eye"来比喻各国之间商贸往来不友好的态度。严复综合斯密原文翻译大概意思，植入了"商战"这个观念来强调西方各国对外贸易竞争之激烈（见表5-5）。严复最早使用这个词语是在《天演论》的案语之中，后一直延续使用表达中西经济活动冲突，成为这段历史中特定的经济概念。

表5-5 译文中的"商战"

原文	By such maxims as these, however, nations have been taught that their interest consisted in beggaring all their neighbors. Each nation has been made to look with an invidious eye upon the prosperity of all the nations with which it trades, and to consider their gain as its own loss. Commerce, which ought naturally to be, among nations, as among individuals, a bond of union and friendship, has become the most fertile source of discord and animosity. (Smith, 1776/1880: Vol. II: 1)
严译	惟其不知大道，而其见与委巷坐列者侔，是以商战炽然，而以己利为人害，人利为己害也。彼以谓他国不求有利，则亦已矣，苟求有利，非致损于他邦，固不可也。欲为富乎？尽力以使余国之贫，斯吾富矣。（斯密，1902/1981：399）
郭大力、王亚南译	依据这样的原则，各国都认为他们的利益在于使一切邻国变得穷困。各国都嫉妒与他们通商的国家的繁荣，并把这些国家的利得，看作是他们的损失。国际通商，像个人通商一样，原来应该是团结与友谊的保证，现在，却成为不和与仇恨的最大源泉。（斯密，1972~1974/2010：508）

四 "理财"

"理财"一词最早见于《易·系辞下》，宋以后成为经常使用的经济术语。1880年，丁韪良（William Alexander Parsons Martin）、汪凤藻合译的《富国策》把political economy译为"富国策"，而economy译为"理财"。1896年，梁启超在《变法通议·论译书》（1896/2002）中译之为"理财学"。严复在著述和译文案语中也多次使用"理财"，那么"理财"如何被剥夺了传递现代话语的译名身份？表5-6是该词在严复论说中具体使用情况。

表5-6 《严复集》和《原富》中"理财"的使用情况

序号	篇名	时间	摘文
1	救亡决论	1895.5~8	至于西洋理财之家，且谓农工商贾皆能开天地自然之利，自养之外，有以养人，独士梗然，开口待哺。……因于西洋最要之理财一学，从未问津，致一是云为，目亏目损，病民害国，暗不目知。

续表

序号	篇名	时间	摘文
2	原强修订稿	1896	然而此之为患,又非西洋言理财讲群学者之所不知也。彼固合数国之贤者,聚数百千人之智虑而图之,而卒苦于无其术。……及观其治生理财之多术,然后知其悉归功于亚丹斯密之一书,此泰西有识之公论也。
3	书中国备赴美费城商会事	1897	又吾中国之商,于理财之学,素不讲求,其各业盈亏消长之故,本未尝了然于心。
4	拟上皇帝书	1898.1	盖古今谋国救时之道,其所轻重缓急者,综而论之,不外标、本两言而已,标者,在夫理财、经武、择交、善邻之间……其言理财也,则崇本而抑末,务节流而不急开源,戒进取,敦止足,要在使民无冻饥,而有以剂丰歉、供租税而已……且臣闻天下非求财之难也,而理财为难;又非求才之难也,而知才寔难。……或云理财最要矣,则请造铁路、开各矿而设官银号;义以事事雇用洋人之不便也,则议广开学馆以培植人才。
5	西学门径功用	1898.8	群学之目,如政治,如刑名,如理财,如史学,皆治事者所当有事者也。
6	与吴汝纶书（第三函）	1899	近厦门英领事名嘉托玛者,新著一理财书,名《富国真理》,已译出,然欠佳。姑寄一部去。其原书名 Simple Truth……
7	给吴汝纶信（第九函）	1899	见所译者,乃亚丹斯密理财书,为之一年有余,中间多以他事间之,故尚未尽其半,若不如此,则一年可以蒇事,近立限年内必要完工,不知能天从人愿否?……一问:门类以政治、法律、理财、商务为断,选书最难,有何善策?……理财一学,近今学者以微积曲线,阐发其理,故极奥妙难译。至于商务,大者固即在理财之中,未尝另起炉鞴也。……包译事诚简捷,总校复亦愿当。但译事艰深,至于政法理财,尤为难得好手。
8	斯密亚丹传	1901	理财禁民之际,一私之用,则祸害从之。执因而穷果,以斯密处此,犹畴人之于交食,良医之于死生,夫何难焉!
9	给吴汝纶信	1901	开平矿务,自夏间合办议定,其中用人理财一切皆在西人掌握,鄙人名为总办,实无所办。
10	《原富》案语	1897~1901	又计学之旧界说曰:计学者,理财之学也。

续表

序号	篇名	时间	摘文
11	《原富》案语	1897~1901	设官斡之,强物情,就己意,执不平以为平,则大乱之道也。用此知理财正辞,为礼家一大事。观古所设,则知其学所素讲者。汉氏以后,俗儒以其言利,动色相成,不复知其为何学矣!
12	《原富》案语	1897~1901	主计者不知此皆出于自然,故使理财,靡靡大乱也。斯密之后,英国有宾德门尝深论之,悒意同此。故咸同之间,制息之令皆废。
13	《原富》案语	1897~1901	与言矿事,闻有黄白之矿,则生歆羡;言及煤铁之矿,则鄙夷之。此惑不解而云理财,无异不知经首之会,而从旁论割痈。其不杀人者,寡矣!
14	《原富》案语	1897~1901	官不为民谋,民不乙己谋,国日以庶,而养民理财之计,若一任大运之自然者,其贫且弱,非不幸也。
15	《原富》案语	1897~1901	至译此为计学,而不曰理财者,亦自有说。盖学与术异。学者考自然之理,立必然之例;术者据既知之理,求可成之功。学主知,术主行。计学,学也;理财,术也。
16	《原富》案语	1897~1901	吾不意中国号为文明者四千余年,而于民生最急之端,坏乱至于此极。此而不图,于他理财之政,尚何问焉!(页四七七)
17	《原富》案语	1897~1901	千古相臣,知财计为国之大命,而有意于理财养民者,荆公一人而已。其法虽病,然事难助霸使然。而其用意固为千古之大虑,不容后人轻易排击也。
18	《原富》案语	1897~1901	西国之尽力于兵者如此。大抵继今以往,国之强弱,必以庶富为量。而欲国之富,非民智之开,理财之善,必无由也。
19	《原富》案语	1897~1901	故今日之中国,患不知理财而已,贫非所患。……故曰:患不知理财而已,贫必非中国之患也。
20	《原富》案语	1897~1901	斯密氏所分国费之目,守圉、治狱、便民、奉君,至详尽矣。而后之言治与理财者,则云官治之事,往往较之民办,费多而事监。
21	《原富》案语	1897~1901	嗟乎!理财之道,通之一言,足以蔽之矣。今之忧贫者,日求国富,而恶乎其通。
22	《原富》案语	1897~1901	王荆公变法,欲士大夫读律,此与理财,皆为知治之要者,蜀党群起攻之,皆似是实非之谈。
23	《原富》案语	1897~1901	观于今日出洋学生,人人所自占,多法律、政治、理财诸科,而医业、制造、动植诸学,终寥寥焉!
24	《原富》案语	1897~1901	是名理财,实以禁制天下之发财。

续表

序号	篇名	时间	摘文
25	《原富》案语	1897~1901	虽然，理财为国之道，各有时宜，而议尤不可以一端尽也。
26	《原富》案语	1897~1901	乃至一郡一邑，其为相视莫不然也！若夫用人理财，则尤不为其后者计。
27	《原富》案语	1897~1901	假如将为理财立法，而摈户部，是户部所历甘苦，于议法时，毫无用处。
28	《原富》案语	1897~1901	英国计学家即理财之学。
29	《原富》案语	1897~1901	后议者以理财启蒙诸书，颁令乡塾习之，至道光间，遂阻力去，而其令大行，通国蒙其利矣。
30	《原富》案语	1897~1901	复所以谓理财计学，为近世最有功生民之学者，以其明两利为利，独利必不利故耳。
31	与《新民丛报》所译《原富》书	1902	计学之书，所论者果在此乎？殆不然矣。故吾重思之，以为此学名义苟欲适俗，则莫若径用理财，若患义界不清，必求雅驯，而用之处处无扞格者，则仆计学之名，似尚有一日之长，要之后来人当自知所去取耳。
32	局章	1903	一、现在所译各书，以教科为当务之急，由总译择取外国通行本，察译者学问所长，……教科分门：一、地舆……二十一、理财……西籍各有其浅深，今所译者，则皆取浅明以符普通之义。一、以上三科而外，所余大抵皆专门专业之书，然如哲学、法学、理财、公法……
33	为张燕谋草奏	1903	臣闻西国理财学家之言曰：国之殖财，常资二物：地也，人也，母本也。
34	论铜元充斥病国病民不可不急筹挽救之术	1906.3	夫中国自吾有生以来，以理财之无法，固无日不在贫患之中。
35	论南昌教案	1906.3	厘定章规，部勒机关，有修道者，有治学者，有司教育者，有理财政者。
36	与端方书二封（第二函）	1906.9~12	有理财用人之责，虽经费出入，向系叶、张二庶务手理，而稽察无方，致令纠纷如此，诚无所逃罪者也。
37	（从文章标题此文竭力提倡忠孝节义等封建道德，当亦作于此时）	1913	以言其标，则理财而诘戎；以言其本，则立法而厉学。

从统计结果发现，严复对"理财"的使用有几个特点。从时间跨度

上看，从 1895~1913 年，严复的著述、译作案语中始终都贯穿着"理财"一词。从该词的使用范围和含义来看，既包括国家范畴的财政立法和财政措施，如"理财立法"（王栻，1986e：1313）、"理财之道"（王栻，1986d：914）；也包括官方企业、百姓民生的具体商贸往来，如"若夫用人理财"（王栻，1986d：1006）；还作为学科术语"理财诸科"（王栻，1986d：1001）。一个最显著的特点是，早在 1895 年，严复就选用"理财"来表达现代意义上的"经济学"，如在《救亡决论》一文中就提到"至于西洋理财之家""西洋最要之理财一学"等（王栻，1986a：47，49）。在《原富》案语中，严复多次采用"理财"来解释"计学"，如"又计学之旧界说曰：计学者，理财之学也""英国计学家即理财之学"等（斯密，1902/1981：419-420）。严复用"计学"来解释"理财"，使读者逐渐了解并接受新词"计学"，以表达现代 economy 概念。在《原富》近 30 万字的译文中，从未出现过"理财"二字。可以说，曾被西洋传教士选作 economy 译名的"理财"，在严复经济话语中完全被"计学"所取代。

五 "经济"

严复对"经济"一词的理解与使用，包括来源于古汉语语境的"经济"和回归汉语的日语借词（return loan）"经济"①。本文以《严复集》和《原富》为第一手资料来考察严复对该词的理解和使用的变化。

严复所提"经济"之处，大致可以分为三类：第一，讨论译名的使用。如"盖其训之所苞至众，故日本译之以经济，中国译之以理财"（斯密，1902/1981：97）。"夫字义本与时代推移，如今日吾国新学家所云经济，其义岂为古有？"（王栻，1986e：1280）第二，晚清建"经济殊科"，以古义谈之。如严复在《救亡决论》中曾说，"若夫词章一道，本与经济殊科，词章不妨放达，故虽极蜃楼海市，惝恍迷离，皆足移情遣意"（王栻，1986a：533）。《熊生季廉传》中有"光绪廿八年，始罢帖括为策论，且令各省举经济才"（王栻，1986a：273）。第三，实指今

---

① 日本自明治时期以来，大量译介西方经济学各类著作，这些译著题名的变化反映出当时词汇表达的变化。可参见叶坦（1998：61）。

日"经济"用法。如"此书的系要书,留心时务、讲求经济者所不可不读"(同上:533)等。到了1913年之后,严复文中所用"经济"含义有变。如"武汉发难,以政治种族二主义呼噑天下,顾外人旁观觊国,则以为纯粹的经济革命"(同上:273);"日本之意,则欲我独向彼中借贷,但肯经济同盟,或许其监督财政,六七千万,唾手可得"(同上:640);"恐破产即在目前,政府经济将愈涸竭"(同上:651)等。

表 5-7 "经济"一词在《严复集》和《原富》中的使用情况

序号	篇名	时间	页码	摘录
1	救亡决论	1895	45	若夫词章一道,本与经济殊科,词章不妨放达,故虽极蜃楼海市,惝恍迷离,皆足移情遣意。
2	与张元济书二十封 五	1899	533	此书的系要书,留心时务、讲求经济者所不可不读。
3	《原富·译事例言》①	1902	97	盖其训之所苞至众,故日本译之以经济,中国译之以理财。
4	政治讲义 第五会	1905	1280	夫字义本与时代推移,如今日吾国新学家所云经济,其义岂为古有?而使报章言论,数数用之,其义自然渐变。
5	熊生季廉传	1909	273	光绪廿八年,始罢帖括为策论,且令各省举经济才。
6	救贫	1913	321	武汉发难,以政治种族二主义呼噑天下,顾外人旁观觊国,则以为纯粹的经济革命。
7	与熊纯如书一〇九封 34 封	1916	640	日本之意,则欲我独向彼中借贷,但肯经济同盟,或许其监督财政,六七千万,唾手可得。
8	与熊纯如书一〇九封 41 封	1916	651	恐破产即在目前,政府经济将愈涸竭。
9	《愈壄堂诗集》(卷上)郑太夷时文	不详	367-368	瞠目倚虚愶,旧学等无术。往者经济谈,洎今令人恶。

严复在《政治讲义》中提到,"夫字义本与时代推移,如今日吾国新学家所云经济,其义岂为古有?而使报章言论,数数用之,其义自然渐变"(王栻,1986e:1280)。由此可以推断,严复坚持把 political economy

---

① 共查得"经济"字样 16 处,其中 14 处均为 1981 年版出版社编者解释严复译名时对应使用。

翻译为"计学"而不接受日译词，是因为他认识到，日译词"经济"与汉语中"经济"之意相差甚远，提出"其义岂为古有"的质问。如果采用"经济"这个译名，必然与其在古汉语中的意思相左。但是，严复认同语言会随着社会、历史的变迁发生转变，产生新词义，或扩充新词义，逐渐被社会接受。他进一步举例说明，"然则彼用自由名词，必欲扩而充之，使于前指俗义，无所不包，是亦未尝不可。但我辈所言政治，乃是科学。既云科学，则其中所用字义，必须界线分明，不准丝毫含混。假其不然，则虽讲至口㗞舌桥，于听者无几微之益也"（王栻，1986e：1280）。这个例子也部分地解释了严复抵制日译词之缘由。严复通晓英文和古汉语，认为这些本是取自古汉语的日译词，如果被用来翻译西文，在词义内涵上不能与西文原词完全对应。另外，这些回归的日译词又在古汉语的词义、用法上发生异变。如果这样的日译词重新引入汉语，势必在两个方面都会产生混淆。

第五节　"经济"与"计学"的对峙

上文对严复著述、译文、案语中 economy 对应的本土译名使用与翻译情况进行了整理与分析。这一西方经济学领域中概念的翻译与译名衍变，展示出严复对西方经济学思想的认知进程，以及对中国传统经济思想的认知转变。西方经济学说的翻译和引入过程，透露出严复接受与抵制兼具的矛盾态度：中国传统经济自创的概念能否与外来语汇的内涵相呼应？严复在译著中虽然使用了不少中国传统经济学说中的词语，但是大量使用自创新译名"计学"。这两类词语的并用，是否会给读者带来困惑与混淆？

"计学"在严复译本和著述文字中的分布和使用情况如表 5-8 所示。

表 5-8　《严复集》、《天演论》和《原富》中"计学"的使用情况

序号	篇名	时间	次数	备注
1	《天演论》译文、案语	1895~1898	10	
2	与吴儒林书 4 封	1898~1899	6	
3	《原富》案语	1896~1902	78	
4	拟上皇帝书	1898~1899	1	

续表

序号	篇名	时间	次数	备注
5	与张元济书二十封 六	1899	1	
6	与张元济书二十封 十四	1902	1	
7	译斯氏《计学》例言	1902	17	
8	新民执事原标题为《尊疑先生覆简》	1902	8	《新民丛报》第十二期。
9	读新译甄克思《社会通诠》	1904	2	
10	政治讲义	1905	2	
11	论铜元充斥病国病民不可不急筹挽救之术	1906	5	
12	原贫	1912	1	
13	救贫	1913	1	首次出现"经济革命"。
14	与熊纯如书信 第十二封	1913	1	
15	《国计学甲部》(残稿)案语	未详	9	

(1) 以"计学"为搜索词,不包括"计学家"。《严复集》与《天演论》、《原富》的译文与案语重合部分不另计。

(2) "计学"一词主要来源于这样四类内容,包括独立文章、书信、译著案语(《天演论》《原富》《国计学甲部》)、译著正文(《原富》《政治讲义》部分)。

可以看到,从1895年直至1913年,严复一直在使用"计学"这个概念。从"计学"分布时间来看,"计学"一词最早出现于《天演论》①(1895~1898)案语中,共计10次。除《天演论》文后附"译名表"所注"计学家"乃为英文economist之外,其余9处均来自严复案语。从出现的时间和讨论的内容来看,可算是严复对"计学"的早期译名定位。表5-9提取《天演论》译本中有关"计学"使用部分片段,试图观察严复在这一时期对"计学"的认知情况。

---

① 所选《天演论》为1981年商务印书馆版。

第五章 "概念史"视域下的译名演变：Economy 与中国古代经济词语的对译　189

表 5-9　《天演论》译本（译文、案语）中出现"计学"一览

序号	篇节	来源	摘录
1	导言三趋异	案语	英国计学家即理财之学。马尔达有言：万类生生，各用几何级数。
2	导言八乌托邦	案语	如英国平税一事，明计学者持之盖久，然卒莫能行，坐其理太深，而国民抵死不悟故也。
3	导言十一蜂群	案语	古之井田与今之均富，以天演之理及计学公例论之，乃古无此事，今不可行之制。
4	论十三制私	案语	且以感通为人道之本，其说发于计学家亚丹斯密，亦非赫胥黎氏所独标之新理也。
5	导言十四恕败	案语	晚近欧洲富强之效，识者皆归功于计学，计学者首于亚丹斯密氏者也。
6	导言十五最旨	案语	斯宾塞之言如此，自其说出，论化之士十八九宗之，计学家柏捷特著《格致治平相关论》，多取其说。
7	论十六群治	案语	开明自营，于道义必不背也。复所以谓理财计学，为近世最有功生民之学者，以其明两利为利，独利必不利故耳。
8	导言十八新反	案语	前吾谓西国计学为亘古精义、人理极则者，亦以其明两利为真利耳。
9	译名表	对照表	计学家 economist。

从表 5-9 的摘录可见，除《天演论》文后附"译名表"所注"计学家"乃为英文"economist"之外，其余 9 处均来自严复案语。仔细考究起来，从出现的时间和讨论的内容来看，可算是严复对"计学"的早期译名定位。在《天演论》"导言八乌托邦"译文后面，严复增加"复案"，其中首次提到"如英国平税一事，明计学者持之盖久"。严复通过添加案语，补充说明这一译名下所指涉的"经济学"是"亘古精义、人理极则者"，具有"富强之效"的"近世最有功生民之学"。同时他也指出，由于"计学"所涉及的内容"坐其理太深"，国人早期接触中曾有"抵死不悟"的现象。

令人格外关注的是，严复在"导言三趋异"的"复案"中提"英国计学家即理财之学"，这里"计学家"恐为"计学"之误，"计学"即"理财之学"，后"群治"又将"理财计学"并提。在早期的翻译中，严复常把"计学"与"理财"放置在一起，以便读者易于理解与接受这个表达西方 economy 之意的新术语。在严译新词中，旧有的术语常与新译

名并置,如"辜榷垄断"(斯密,1902/1981:119,124)等。尽管戴金珊认为严复受过系统经济学训练①,但是表 5-9 几处涉及严复对"计学"的介绍较为浅显。在着手翻译《原富》之前,他对 political economy 的了解还是比较有限的。

表 5-10 是"计学"在《原富》中出现的统计情况,从中我们可以发现严复经济思想的动态构造和变化过程。

表 5-10　严译《原富》"计学"在译文和案语中出现一览②

序号	出处	译文/案语	页码	摘录
1	部甲篇六论物价之析分	译文	44	今夫计学之于物价,犹化学之于物质也,必析之至尽而后其物之情可知,而公例可以立。
2	部甲篇六论物价之析分	译文	47	凡国之俸禄饩廪饷糈,自君公将相,以至抱关之隶,执戟之士,贵贱有异等。所受于国,于吾计学,皆名庸钱。
3	部甲篇七论经价时价之不同	译文	50	故有验之求,必愿力相副,能具经价,以分酬货之租庸若息利者,夫而后与供者之物有相剂之效。计学之事,不计无验之求也。
4	部甲篇八释庸	译文	79	凡此之伦,皆簿录所不能尽也,而言计学者往往据之以定物产之数,考天下之盈虚,则其去真远矣。
5	部甲篇九释赢	译文	87	以计学公例言之,庸厚赢薄之效,必非国财日退之国所能有也,大抵当赢率岁戚之时,发贮殖货之家,……
6	部甲篇十论业异而庸赢不同之故	译文	117~118	然而计学之事,固必取通国之损益而计之。
7	部甲篇十一释租	译文	202	此以计学之理言之,则常息之外,加以保险者也。息未尝加,所加者乃保险费耳。

---

① 戴金珊(1985)认为,严复在 19 世纪 90 年代写的时论文章,经常提到西方理财法。他在 1898 年又动手翻译亚当·斯密的名著《国富论》。可以肯定,他在 19 世纪 70 年代留学英国时系统学过西方经济学。关于严复在英国留学的记录揭露不多,还需要深入挖掘。

② 在《原富》(上、下册)译文与案语中共出现"计学"字样 126 处,未包括标题、他人言论、"计学家"等含"计学"字样的内容,目前共得 78 处,案语篇衔接归入 46 项中。

第五章 "概念史"视域下的译名演变：Economy 与中国古代经济词语的对译　191

续表

序号	出处	译文/案语	页码	摘录
8	同前	译文	204~205	计学之所讲求，凡为富强而已，今三涂之损益既讲而明之如此……
9	部丁篇一论商宗计学之失	译文	348	计学者，制治经国之学之一支。其所讲求者二：一曰足民食，次曰富国用。计学之所求，在君民各足而已。世界民殊，国之进于富厚者各异，故言计学者有二宗焉，而皆以足民为本，曰商宗，曰农宗。
10	同前	译文	349	如洛克言，则金银乃一国食货中最为悠久坚固者，彼谓计学之书，理财之政，皆当以厚积金银为第一义者，宜已。
11	同前	译文	368	言计之士皆以务聚敛、谨漏卮二者为不易之财政……盖商宗计学之家，能违之者寡矣。
12	部丁篇三论两国通商以进出差为负而设法来货之非	译文	389	此商宗计学所以为国广积金银之第二术也，如英法之事是已。
13	同前	译文	395	商宗计学之理，专务多积金银。顾两国通商，心疑进出差为负，条禁纷然，惟恐其货之至者，于务积金银之计，仍无当也。
14	部丁篇五论奖外输	译文	434	由前而观之，知吾英之谷法其用意造谋，大抵与设为奖令者同出于商宗之计学。商宗计学者，以多积金银为本者也，使吾说有可信者存，则时人众口交称，谓其政之利行者甚无谓矣。
15	部丁篇六论通商条约	译文	440	而以造币劝民，其旨本于商宗之计学。
16	部丁篇七论外属（亦译殖民地）	译文	471	政之不中，而皆商宗计学保商一言致之耳。
17	同前	译文	488	徒耸于一时之近利，而不知弃此适彼实无利之可收，仅使一涂偏胜，拥肿无伦，且国之大命悬其通塞，则不通计学之士岂可预人财政也哉！
18	部丁篇八结论商宗计学之旨	译文	523	商宗计学所据之以经纬一国之财政，而蕲其民之日富者，要之不外二术而已。
19	同前	译文	537	不然，非下愚之夫，即商宗计学之为也。
20	部丁篇九论农宗计学	译文	539	农宗计学者，以地产为财赋之大原，而本之以立说者也。吾之于商宗计学也，为说有不得不繁之势，理有相形，则农宗之说将不待烦辞而可以解。

续表

序号	出处	译文/案语	页码	摘录
21	同前	译文	541	农宗计学所名为能生之费,尽于力田者之岁本二者与治田者之坪费,三物而外,皆不生随尽之费,而不得以能生名之。
22	同前	译文	549	农宗计学,要成一家之言,为言计者所不废。
23	同前	译文	552~553	农宗计学,其言虽不能无过如此,然其学要为斯人最大之制作,而自有计学以来,此为最近真实者,诚言治之家所不可忽者矣。……晚近浸淫,遂成风气,于法国学者之中别树徽帜,号曰计学专家。……农宗学者著论日多,所发明者不独计学,道国刑政并包为说。
24	部戊篇三论国债	译文	780	顾虽以计学甚精之家,其为国筹财赋也,即令岁入递增,国债之降微有日矣,而终不敢谓从此无邻敌纠纷之事,而国债不至于再增也。
25	部甲篇八释庸	案语	63	以计学之道言之,固于北美为大利……
26	同前	案语	71	庸之高下,常与粮食之价相反;庸率不可以法强齐云云,皆成计学中建言矣。
27	同前	案语	78	而计学之论,为之先声焉。斯密之言,其一事耳。
28	部甲篇九释赢	案语	81	大生财能事者,计学最要之音,故功力之廉费,必不可于庸率贵贱中求之。
29	同前	案语	81~82	然不曰租庸息,而常曰租庸赢者……以一家之所获,故计学专论之而不分也。
30	同前	案语	87	使不为此,一任事势之自食然,则益充斥无疑也。凡此皆计学公例之行,而不可遏者也。
31	同前	案语	93	斯密氏成书以来,计学家后起者有二大例焉,其关于民生治乱之源甚巨,今译以附于此篇之未。一曰马罗达之户口蕃息例,二曰理嘉图之田租升降例。二家皆英人,自其论出,而计学之理益精密矣。
32	同前	案语	95~96	人但知过庶之为患,不识过富之为忧者,此不知计学者也。
33	同前	案语	96	今之曰,谋人国家者。所以不可不知计学也。
	部甲篇十一释租	案语	138~139	其言曰,后人尝谓斯密虽计学开山,顾多漏义,浅者乃肆意排之。
34	同前	案语	220	此其为功,岂仅计学一端而已?若测算,若格物诸学,昔实为之。

续表

序号	出处	译文/案语	页码	摘录
35	部丁篇一论商宗计学之失	案语	347	今计学界说曰：计学者，所以穷生财、分财、用财之理也。其于义进矣。而名学家病其所用生、分、用三名之多歧义，则又曰：计学者，所以讲鼓功、被物而兴易值之力理者也。……以嫌其与经济全学相混。（日本已谓计学为经济学矣）……顾计学所有事者，实不外财富消长而已，故曰浑也。……至译此为计学，而不曰理财者，亦自有说。盖学与术异。学者考自然之理，立必然之例；术者据既知之理，求可成之功。学主知，术主行。计学，学也；理财，术也。术之名，必不可以译学，一也；财之生分理积，皆计学所讨论，非理之一言所能尽，二也；且理财，已成陈言，人云理财，多主国用，意偏于国，不关在民，三也。吾闻古之司农，称为计相。守令报最，亦曰上计。然则一群之财，消息盈虚，皆为计事。此计学之名所由立也。
36	部丁篇二论沮抑外货不使争销之政	案语	376	至道光十九年，戈布登、卜来德等诸商立辟各法会于孟哲沙，广刊计学启蒙诸书，颁于乡塾，而众议汹汹。
37	部丁篇五论奖外输	案语	433	英国今日计家帜志，莫若马狭尔。马尝谓计学为人事中最大之一支，而计学之外则莫若教宗事天之事。
38	同前	案语	436	斯密氏此书，于商宗计学之说，可谓辞而辟之廓如者矣。
39	部丁篇六论通商条约	案语	440	斯密氏计学于此等处最窥其深，其理已与后贤所谓全力常住不可增减之例通而为一。
40	部丁篇八结论商宗计学之旨	案语	538	善学者于是篇之所述，可以得无穷计学之理……岂辈自私之意中之深而不自克欤？抑于理财计学之道都无分晓也？
41	部戊篇一论君主及合众国家之度支	案语	576	此计学之所以兴，而士之所以乐反覆于此也。
42	同前	案语	617	至于身为一国之民，闵其国工业之后人，发愤集资，以开物成务为己任，此其为公爱国之心，固亦足尚，顾自吾计学之道言之，则如是之公司，其利一国也，常不敌其害一国。
43	部戊篇二论国家度支之源	案语	681	古及今如一丘之貉，不知误者几何国家。幸今者吾欧诸政家稍明计学，不致重寻覆辙。

续表

序号	出处	译文/案语	页码	摘录
44	同前	案语	706~707	盖计学公例之行，必任物竞之食至，使其为民俗成宪之所沮，则有行而不尽行者。……按，罗所指之税极，与云民俗成宪可以沮抑公例之行，使之隐而难见，皆计学中要语，学者察之。

表 5-10 表明，严复在《原富》译文与案语中，多次对"计学"这一概念所属学科性质、涵盖内容加以界定和说明。《原富》部丁"引论"开篇，就有一例：

原文：Political economy, considered as a branch of the science of a statesman or legislator, proposes two distinct objects: first, to provide a plentiful revenue or subsistence for the people, or more properly to enable them to provide such a revenue or subsistence for themselves; and secondly, to supply the state or commonwealth with a revenue sufficient for the public services. It proposes to enrich both the people and the sovereign.

(Smith, 1776/1880, Vol. Ⅱ: 1)

译文：计学者，制治经国之学之一支。其所讲求者二：一曰足民食，次曰富国用。计学之所求，在君民各足而已。

(斯密, 1902/1981: 347)

斯密把"政治经济学"视为政治家或立法家的一门科学[1]，其首要目标是为人民提供生活资料，其次是为国家供应维持公共服务的收入，从而达到人民和国家都富起来的目的。

---

[1] 关于政治经济学的目的或性质、缺陷与批评，斯密在《国富论》一书中多次提及。艾德温·坎南（Edvin Cannan）编订的版本中，增设 political economy 索引条目，具体可参见斯密（1999/2001：237-238, 239, 352, 397, 403, 418, 627, 629, 630, 636, 637, 638, 642, 643, 706, 713）。

第六节 "计学"的再商榷

Economy 译名"经济"的形成并非一蹴而就,而是有其独特的形成史。通过分析中国近代早期知识分子与译者严复的写作方式、译述特点、修辞立意及隐藏在其背后的政治诉求,可以发现这一外来概念内容转变和定型的历史脉络。在概念史视角下,翻译文本不仅仅体现语言的变迁,更将翻译活动对社会政治生活的实用性功能体现出来,因此,透过概念的翻译可透视社会变迁的影像。严复的"阐释处境"(places of enunciation)决定了他对译文用语、风格和解释的创造(Tymoczko,2002:181)。他在翻译中不断重复和强化"计学"作为学科和富国的重要性,并在案语中再次完成对该概念的自我理解,阐释属于自己的经济思想传统(当然,如前所述其中有部分观点来源于英文底本)。严复在"译事例言"开篇提出"计学"的含义。

> 计学,西名叶科诺密,本希腊语。叶科,此言家。诺密,为聂摩之转,此言治。言计,则其义始于治家。引而申之,为凡料量经纪撙节出纳之事,扩而充之,为邦国天下生食为用之经。盖其训之所苞至众,故日本译之以经济,中国译之以理财。顾必求吻合,则经济既嫌太廓,而理财又为过狭,自我作故,乃以计学当之。虽计之为义,不止于地官之所掌,平准之所书,然考往籍,会计、计相、计偕诸语,与常俗国计、家计之称,似与希腊之聂摩较为有合。故《原富》者,计学之书也。(斯密,1902/1981:347)

然而,正是这样的变化过程,我们看到思想观念不同表达形式和引用的不同词语,反映出思想在输入和发展进程中的不同阶段:从初创、兴起、演变到成熟的过程,从不稳定到相对稳定的动态发展过程。严复已经把"计学"概念的翻译作为一种"话语事件",力图从中衔接起中国传统经济学话语与西方学说的必然联系。他主张透过不同文化处境中各自熟悉的那些词语去翻译外来概念,如"大例还""小例还""母财",而不是那些中国人不熟悉的经济词语"垄断""资本""经济"。在严复的翻译中,可以找到大量经过这样"土格义"的词语翻译。这些都表明了严复翻译西学的一种理想,只有超越外在对应的专门词语,才能够深入体会到词语之间的互通之处。实际上,严复主张"归化"、"意译"或"借用"的翻译策略,是为了在西方经济学经典的翻译中,合法性地介入中国传统经济学的思想传统,在翻译中把中国传统经济中的"土格义"合理化。

在引入西学的迫切心情下,译者急于把中国传统经济思想纳入西方经济学的脉络中加以重释,或者把西洋经济学观点、思想纳入传统中国经济思想中,译者的知识结构能否完成这项工作?严复借助什么样的工具,将这一术语的地位确定下来?对于 economy 的译名确定,严复与吴汝纶有过多次信函交流,详细地讨论了"计学"的选取原因和词语来源。"计学"得到翻译赞助人吴氏的大力支持①,仿佛是受到大师的"加持"而更有影响力②。严复反复与梁启超商榷译名(朱俊瑞,2004:56 -68),实际上借助了梁启超的政治和学术影响力、《新民丛报》的声誉与读者群,推动了"计学"这个概念在中文世界中的普及化和合法化。严复从西方科学研究范畴为"计学"建构科学基础与价值。严复受同一时期翻译的《穆勒名学》(1900 - 1902)影响很大③。他从"学"(science)与"术"(art)角度出发,论证"计学"的科学属性。在《国计学甲部》(残稿)案语中,他还从"主"与"客"的区别讨论译名"计学"与"理财学"的差异。他指出"计学之所论,主于养欲给求,主观之说"(王栻,1986d:847 - 848),而理财则是"客观之说"(同上),是"主体"与"客体"的辩证关系。不仅如此,他采用了许多穆勒《逻辑论》(1843)中提到的社会科学研究方法。严复从学科的类别属性来

---

① 有关"计学"译名的书函往来、讨论的细节,可参见俞政(2003:132~143)。
② 黄克武(2005)翔实地揭示了严复在北洋水师期间的翻译活动和与吴汝纶友谊的建立细节。
③ 关于"学"与"术",日本学者西周(Nishi Amane, 1821~1897)在育英舍所作的英文讲义《西学连环》(1870)中,首次系统地介绍了西方近代的知识体系,并对 science 与 art 给出了多个面向的解释。沈国威认为西周的部分观点有与严复一致之处,如"学"的根本在于考察研究(investigation)、观察法(observation)、经验(experience),强调演绎法(deduction)和归纳法(induction)。参见西周(2010)、沈国威(2011)。

分,把"计学"视为"内籀"①。

严复认为中国的"计学"思想,尽管自有其传统,但是许多核心观念仍然应该置于普适性的问题和对话式的互动关系中才能获得更有意义的诠释,中国传统"计学"思想,也只有在这种比较的背景中才得以彰显。可以看到,严复是颇费一番周折地证明中国古代经济思想何以有资格堪称"思想",何以与西洋的经济思想在概念"计学"上得以呼应,展现了新词语"计学"的提出、兴起,并在本国语言中获得合法性的过程。在张之洞撰《书目答问》中,"政学第一"中分十二门,"计学"与"史志学"、"政治学"、"法学"、"辩学"等并列成为其中一门。赵惟熙在"计学"之后,解释说:"即理财学也,英人言之最精,专门名家者不一其人,故国以富饶,如斯密亚丹、如马罗达、如安得生、如魏斯特等其尤著者也,其学于言利剖析毫芒,独得精义,大致主于合力以举事,分功以治事,用收生众食寡之效,欧洲富强之基,识者多归功于计学云。"(熊月之,2007:576)

西学在中国传播过程中,语言传达是最基本的手段,处于整个传播系统中的核心层面。中国古代经济专有名词往往有其特殊之意,这类名词在通常的字典中难以觅得,又与西方经济学差异显著,在翻译中既不能"借用"现有词语,又需要贴近原词的内涵。严复依古尊今,译名选择的背后都裹挟了一定的"感情色彩"与"隐含动机",即他与中国传统文化思想的连续性。严复大量使用古语,拒绝采用当时晚清出版物中已经引入的新词②。他用"母财"来翻译 capital,而不是重返的外来词"资本"(shihon)。他还把 bank 翻译成"钞店""钞商",或者"版克"(音译),取代当时已经流行的"银行"(gink)。严复对外来概念的"移入""互译",借助了"思想根源"与"概念工具"两种方法(王汎森,2001:149-164)。这种对"思想根源"的依赖与寻求,是早期译者翻

---

① 关于严复"内籀""外籀"的讨论,主要集中在对《穆勒名学》的研究上。基本的观点是"内籀"和"外籀"是严复的科学观和科学研究方法的体现。刘青峰、金观涛(1989)曾对这一研究方法提出批评。
② 严复对来自日本的东学持批评态度,这可能会影响他并不认可日译名。参见王栻(1986b,38~39)。

译外来文本常用的方法①。桑兵（2015：96）指出，"大多数情况下西文词汇所指的事物，尤其是那些并非有形物质的抽象概念，在中国传统社会并不存在，即使按照后来的观念找到类似情形，仔细揣摩，也往往是形似而实不同。况且，文言以字为单位，不以词为单位，在古代典籍中排列顺序相同，不一定是专有名词，甚至根本不是名词"。这时期的译者因在自身语言文化范畴中难以找到确切表达客体文化的词语，常求助于主体文化体系中内涵相似的词语来表达异质概念，这种翻译方法在当时确实缓解了译入的压力。但是不能忽视的是，这种生发自本土文化的新译词，造成大量概念置换混乱、"名实不符"，甚至错误的严重后果，在一定程度上扭曲和制约了新思想、新文化的传播与接受。

许崇信（1992：33）曾评价严复的翻译，"在社会科学翻译实践中，严复的工作是和时代紧密地结合在一起的，'物竞天择'的进化论社会发展观，是和当时的变法维新直接地联系在一起的，是和学习先进技术、使国家臻于富强的目的结合在一起的……在《原富》译事例言中，他对'economics'一词的推敲，不但联系到希腊语的词源，还比较了日本的译名，参照了汉语的传统释义，反复琢磨，刻意探索，这正是他那句著名的'一名之立，旬月踟蹰'的实践，尽管他所主张的'计学'不为后人所接受，那是另一个问题了"。至于严译术语为何被日语译名所取代，廖七一（2017：31）认为，清末民初国人对整个日本教育体制、现代知识体系的引介和接受，使西方的学术思想经由一条"道源西籍、取径东瀛"的道路，保证了日语外来语在中国的顺利融入。与此同时，大量的社会科学和自然科学的著作通过日语传译到国内，形成了以日语借词为核心的公共知识基础，并通过中国"日本化"的教育体制，日本教习和日语转译的教材，使日语借词成为交流中表达新概念的基本词汇。"计学"与"经济学"之间的这场竞争，不只是有关译名的选择、概念的理

---

① 12世纪西班牙把大量阿拉伯作品译入拉丁语，把异域知识纳入拉丁语体系，13世纪则把阿拉伯语作品大量译入西班牙语以普及知识并融入西班牙文化之中，这两种翻译考虑及其策略是不同的。译者在自身语言文化范畴中难以找到表达源文本中异质文化的对等词语时，要么通过引入新词并加以解释来补充、扩展目的语语言文化体系，要么在目的语文化体系中寻找类似词语来表达异质文化。英国16~17世纪伊丽莎白一世时期对后一策略的青睐也使得这一时期呈现了源文本的自然化（Naturalization）现象。参见 Delisle & Woodsworth（1995：119-203）。

解与阐释，它背后存在着对现代性的不同立场和更深远的文化和意识形态权力的冲突。

余 论

20世纪30年代，陈寅恪赞扬沈兼士先生的大作《"鬼"字原始意义之试探》，"凡解释一字即是做一部文化史"（1986：202）。20世纪60年代，日本学者柳父章（Yanabu Akira）曾多次著文讨论西学传入过程中大量社会科学术语进入日文，以"他"、"她"和"社会"词义的衍变探讨外来词语进入日本文化的方式和影响（Akira，2011）。翻译研究中引入概念史这一方法对掘发近代中国西方人文、社会科学概念的翻译脉络、知识的生产与重构有重要意义。翻译研究要在社会变迁的背景下来理解外来概念的变化，在长时段中把握概念的兴起与衰亡及其对应译名的演变。一个社会改变了其基本价值或实践方式的时候，也会改变它的规范性词语。因此，翻译研究要在社会变迁的背景下来理解外来概念的变化，在长时段中把握概念的兴起与衰亡及其对应译名的演变。

从economy曲折而富有争议的译介与移植过程，我们可以对西方经济概念和学科输入的整体进程有一个了解，"至少可以明确一些特殊知识或者一些学科分支经历了怎样的早期移植和本土化的过程"（Kurtz，2001：173）。从方法论来看，概念史研究与翻译研究的共同之处在于都关注文本具体而微的印证，即文本的语言和结构。通过对关键概念演变史进行追溯和研究，而揭示概念所经历时代的特征。翻译史与概念史、阅读史、传播史结合起来，促使翻译研究不再禁锢于历史信息的简单挖掘与罗列，探寻将直指社会建构的基础，带有强烈的现实意义。概念史研究路径可以为翻译研究开拓更为鲜活的研究思路和路径，为译史研究和书写方式带来显著变化，将语言研究的意义拓展。以"概念"为核心的历时与共时研究，无不借用语言学的相关理论而展开，其目的并非将概念史发展成为带有浓厚语言学色彩的分析范式，而只是将之作为一种分析工具来多层面和多维度地深化译述现象和译史活动的理解，最终回归到语言本体的研究。

第六章 译本呈现：《原富》的翻译与比较

本章仍然继续回答第一章提出的问题，亦即"翻译的思想"在行旅途中出现的衍变。研究侧重点是讨论严复对斯密经济思想的理解与严译《原富》叙述传达方式的结合，在更为广阔的多译本比较中解读这一翻译事件的种种历史意蕴。也就是说，严复的翻译与他个人对经济思想理解的程度有何关联？译文是否将斯密的思想表达清楚，或者是否存在严复个人的解读，被研究者视为"误译""曲解""掺杂个人见解"的翻译现象？严复在译文中是否宣扬、肯定或忽略了斯密一些观点？新发现的底本手批和注释在协助译本生成中扮演什么角色？译者如何从中国传统经济思想中寻找"思想根源"？

严译《原富》包含大量严复有关中、西方经济观点、思想的译述与评论，大致有这样几个面向的翻译内容：第一类是一般性经济范畴，如分工、价值、价格和货币等。第二类是严复通过结合斯密的观点，提出对西方经济学进入中国的讨论，如关税、通商等；严复对晚清政府与西方经济活动交往中有重大失误之处提出批评，如商税涉外法权、利益均沾等。第三类是在严复自身思想体系中占有重要地位，如经济之自由主义等。严复对西方经济学说的了解与批评，其经济思想来源包括中西经济活动接触之初熟知的经济知识。同时，还包括严复在面对中西关系产生问题时所产生的新观念（这些新观念显然是近代中国独有的观念，不同于中国古代，也不尽同于西方近代）。另外一些是严复把西方经济学移植到中国古代经济学说的思考。

基于上述认识，本章在具体分析上选取两个部分的重合点，即各小节把严译本翻译特征和斯密经济学话题结合起来。通过考察严复的译文及其经济观点在斯密重要经济论题中的呈现，从译文中讨论严复翻译思想的内涵和转变。同时，本章比较多个汉译本相应话题，从更广阔的领域内解读、补充和批评严译，从而形成一个较为完整的认知图景。所涉及的经济学考察内容有"富"民还是"富"国、分工论、价值论、供求关系、资本、价格、货币、本末论、社会经济形式"封建"与"拂特"、西方人眼中的"中国镜像"。同时，以具有典型"中国性"的严译《原富》个案研究，对贝克"框架设定"理论提出一些补充。

第一节 严复英文底本手批与翻译过程揭秘

Munday（2014）建议翻译研究者要重视历史学、社会学和文学理论研究的方法论，这些不同学科的最新成果适当调整之后可用于翻译研究当中。他认为，对译者历史的研究一定要把其个人的文章、手稿、档案以及从回忆录和自传中提供的现场实录（witnessed testimony）密切结合起来，针对不同的文献采用相应的研究方法。Munday（2013）强调手稿（manuscript）对研究译者决策过程（decision-making）的作用。本节以翻译时使用的英文底本为研究对象，揭示出严复在翻译过程中散落在底本中的种种手批细节。这些手批既包含先生将阅读体验和翻译历程结合，对翻译的删减、单位、思考与决策的准确记录；也记录了先生对西方经济学思想的理解、诠释、批评及其"经济知识空间"建构的隐蔽内幕；更体现先生的学术思想萌芽及发展的轨迹和竭尽精力读书、思考、译书的学者人格。作为第一手原始资料的译者手批，其价值远远超越了严复个人的译述史实和翻译行为，对于中国翻译史研究乃至中国现代史研究具有重要意义。

一 严复自述与译文实情相矛盾："删"还是"留"？

严复对译本的整体内容是否有调整和改动呢？1901年，严复在完成《原富》五部翻译工作之后，开始撰写"译事例言"，专门对译本内容、翻译手法详加说明。严复专门提到译本有删减3处、增加1处。

> 独于首部篇十一释租之后，原书旁论四百年以来银市腾跌。文多繁赘，而无关宏旨。则概括要义译之，其他如部丁篇三，首段之末，专言荷京版克，以与今制不同，而所言多当时琐节，则删置之。又，部甲后有斯密及罗哲斯所附一千二百二年至一千八百二十九年

之伦敦麦价表,亦从删削。又此译所附中西编年,及地名、人名、物义诸表,则张菊生比部、郑稚辛孝廉于编订之余,列为数种,以便学者考订也。(斯密,1902/1981:13)

从上述"例言"可以看出,严复明确说明对原英文部甲和部丁的内容有"删削"。这几处翻译删节的原因在"例言"讲明,"文多繁赘,而无关宏旨","以与今制不同,而所言多当时琐节,则删置之"。那么,他是否在英文底本中也有什么标识呢?译本的实际情况是否与严复所说相一致呢?

笔者考察英文底本记录时发现,严复曾仔细阅读了这几部分内容,还批注一些疑问,符合"例言"中所提到的"删削"。严复在首部(即部甲)篇十一"释租"之后相应的英文旁标有"Omit"字样(斯密,1776/1880,Vol.Ⅰ:93)。部甲篇十一第三节中的旁论"谈过去四世纪的银价变动"(265-271)的确是"概括要义译之"。但是,删节的具体所处章节与"例言"略有出入。"谈阿姆斯特丹的存款银行问题"(斯密,1776/1880,Vol.Ⅱ:53-62)是在部丁篇三第一节末尾,而非"首段之末"。删减未译的"伦敦麦价表"是在部甲篇一的末尾而非"部甲后"。

在翻译过程中,严复在原文一些段落、句子旁添加"叉"号,如图6-1、图6-2所示。

> This rise too in the nominal or money price of all those different sorts of rude produce has been the effect, not of any degradation in the value of silver, but of a rise in their real price. They have

图6-1 严复对原文的删减标记(Smith, 1776/1880, Vol.Ⅰ:239)

> previous to the improvement and cultivation of the land which is destined for raising it. Gain is the end of all improvement, and nothing could deserve that name of which loss was to be the necessary consequence. But loss must be the necessary consequence of

图6-2 严复对原文的删减标记(Smith, 1776/1880, Vol.Ⅰ:239-240)

考察原文与译文发现,严复所标图6-1中"×"号的整句(This rise too in the nominal or money price of all those different sorts of rude produce has been the effect, not of any degradation in the value of silver, but of a rise in their real price.）都略去没有翻译。倒是在译本之后，严复加了一段案语："华人尝言西国税重，中国税轻，西国物贵，中国物贱。二皆实录，而常俗之情且即以此为民生乐业之据。而岂知吾中国所以贫弱之由，即在此欲税重而不堪，欲物贵而不能之故乎？"（斯密，1902/1981：206）可以看到，原文的含义却以案语的形式出现了，这是令研究者始料不及的。同样，严复也略去未翻译图6-2中"×"对应的句子（This rise in the price of each particular produce must evidently be previous to the improvement and cultivation of the land which is destined for raising it. 每种产品价格的上涨，显然是在用于生产它的土地开始改良和耕作之前。）（斯密，1902/1981：206）。

底本手批上的勾画表明，严复对这两处曾仔细阅读，是在一番考虑之后略去未译，而并非是简单的删减或漏译。从斯密上下文的讨论来看，这两部分内容在前文中都有过表述，严复大概是认为言语重复，所论较为啰唆，便做上标记略去不翻译。但是在序言中并没有交代出来。或许因为篇幅不长，译者认为没有必要提及。

通观两卷底本手批，笔者发现严复在底本多处标有"×"。其中，上卷序言有1处（页 xvi），正文有9处（页199和页202均两处，页201、232、238、239和251各一处），注释2处（页80、202）；下卷也有两处标为"×"的段落（页208、259）。另外，上卷从93页到97页专论英国捕鱼业的内容，翻译时也被省略。下卷共有两处明确标着"Omit"（页93、454）。下卷正文第560页之后共计43页的"Index"（561～604）和 Clarendon 出版社推出的8页新书介绍都没有译出。严复除对个别标记有只言片语的说明之外（如下卷第486页标有"Job rearranged before harm taking."），其余均没有在英文底本上留下任何蛛丝马迹。对于这些未译的内容，严复有的是真正略去不加翻译，有的却是在案语中加以补充。

二 "一只看不见的手"：是漏译还是不译？

严译《原富》上、下两册，译文达30万字，案语有310条，8万余字。在比较译文与原文过程中，研究者纵使发现译文存在错译、漏译等翻译问题①，也多半依靠其他资料推测其中的原委。这一过程难免出现所查不实的问题。斯密的重要经济观点"一只看不见的手"（an invisible hand）虽然在《国富论》中仅仅出现一次。如今，这句用来比喻受人类利益驱动来操纵经济社会运作的名言早已成为研究市场经济的重要理论，它所表达的思想也渗透在斯密全部社会和道德理论之中。一些研究者阅读严复译本《原富》之后，并没有发现严复相应的翻译（如译为"一只隐形的手"），遂认为，"严复是由于翻译上的问题，疏于对这个重要观点加以必要的关注。亚当·斯密相当重要的'一只看不见的手'（an invisible hand）的比喻为严复所漏译"（林载爵，1999：193）。笔者考察底本相应的英文段落，发现真相并非如林先生所言。严复非但没有"疏于对这个重要观点加以必要的关注"，反而在底本加上额外的标注，非常重视这个观点。正如图6-3所示。

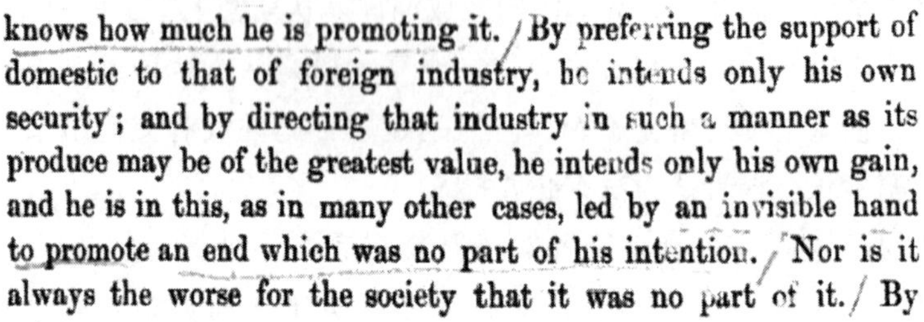

> knows how much he is promoting it. / By preferring the support of domestic to that of foreign industry, he intends only his own security; and by directing that industry in such a manner as its produce may be of the greatest value, he intends only his own gain, and he is in this, as in many other cases, led by an invisible hand to promote an end which was no part of his intention. / Nor is it always the worse for the society that it was no part of it. / By

图6-3 严复对底本"an invisible hand"的标注（Smith, 1776/1880, Vol. II: 28）

严复用红色铅笔勾画出"an invisible hand to promote an end which was no part of his intention"，确实关注到这个表达。严复翻译为："彼之舍远而事近者，求己财之勿失耳；彼之务厚而不为薄者，求所赢之日多耳。"（斯密，1902/1981：371-372）能够确定的是，严复确实看到了该短语，有过一些思考，只是没有明确翻译为"看不见的手"。表面上看，这是一个翻译上语言转换的问题。进一步思考却发现严复对这样一个重要隐喻的翻译决策（没有译出）是与严复当时的经济学知识和对经济现象的认识密切相关的。斯密在《国富论》中提出的命题，最初的意思是，个

---

① 刘瑾玉（2012）对严译部甲前六篇（英文有20464词，译文正文约18300字；案语19条，约3500字）曾做过细致的译文与原文比对。比较发现，译文谨慎细密，基本忠实原文，严译变动之处以增译为主，共有27处，概译5处，改译7处，错译、误译5处，减译7处。译文变动的具体原因难以逐一确定。

人在经济生活中只考虑自己的利益，受"看不见的手"驱使，即通过分工和市场的作用，可以达到国家富裕的目的。人人为自己，都有获得市场信息的自由，自由竞争，无须政府干预经济活动。这与严复在译文中的表达意思是吻合的。斯密认为，国家经济的发展不应由政府干预，而应由整个社会需求进行选择。这种社会需求被认为是调节市场的"看不见的手"。后来，"看不见的手"便成为表示资本主义完全竞争模式的形象用语。

　　严复虽然反对政府干预，但并没有完全否定保商政策。他认为对创造发明实行专利政策也会"致不平"，但考虑到"不专利无以奖劝激厉，人莫之为，而国家所失滋多"（斯密，1902/1981：371-372），因此仍主张实行之。保商政策和自由贸易主张都是为了维护民族资产阶级的利益，只是两者强调的角度不同。民族资本主义为了求得自身的发展，既需要国家政权对它的扶持，也需要给它以自由。国家对自己的经济基础绝对不是消极无为的，例如没有国家暴力的作用，就没有资本的原始积累。亚当·斯密之所以主张自由贸易，是因为当时英国的资产阶级已经有了一定的力量，自由贸易有利于它的发展。在中国当时图存求强的年代里，无论哪一种主张都不能真正解决问题，这也是斯密的思想不能迅速得到认可和推行的原因所在。"An invisible hand"出现一次，只能称其为一个文化信息，难以称为经济学思想，或是理论，斯密也就没有定性解释过它的本质特性。严复对这一隐喻所含思想未有足够的理解。他把含义融入译文之中，略去喻体，并非是单纯的漏译。

三　手批中的"价值论"

　　林其泉（1993）认为，《国富论》这部书最主要的科学功绩在于它奠定了劳动价值论的基础，并对剩余价值的各种具体形态进行分析。斯密认为劳动是衡量一切商品交换价值的真实尺度（labor, therefore, is the real measure of the exchangeable value of all commodities.）（斯密，1776/1994：33）。但是斯密也承认，劳动虽是一切商品交换的价值尺度，但一切商品的价值，通常不是按劳动估定的。在进行交换时，不是按任何准确的尺度来调整的，而是通过市场上的议价来作大体上两不相亏的调整。对于斯密的价值论，严复似乎不太赞同。在原英文底本中，严复格外标注了一段文字。

表 6-1 严复对底本"价值论"的标注

原文	In exchanging indeed the different productions of different sorts of labor for one another, some allowance is commonly made for both. It is adjusted, however, not by any accurate measure, but by the higgling and bargaining of the market, according to that sort of the rough equality which, though not exact, is sufficient for carrying on the business of common life. (Smith, 1776/1880, Vol. I : 32 或 Smith, 1776/1994: 34-35)
严复译	【a】事故物之相易也,其值其价皆取定于两家当市之评。【b】甲仰而乙俯之,乙出而甲入之,商榷抑扬,至于各得分愿而后止。夫如是者谓之市价,市价必不皆真值也,而交易常法必待是而行也。(斯密,1902/1981: 24)
杨敬年译	诚然,在不同种类的劳动的不同产品互相交换时,普通也对艰难或智巧作出相当的认可。可是,这不是用任何精确的尺度来调节的,而是通过市场上的讨价还价,根据足以使普通生活的日常业务得以进行的大致的而不是精确的平等。(斯密,1999/2001: 43)

从译文【a】可见,严复认为不仅生产物的价格还有价值,都是在交换过程中,由市场议价来决定。【b】处增译"甲仰而乙俯之,乙出而甲入之,商榷抑扬,至于各得分愿而后止",详细描写了日常买卖交易中,双方讨价还价的场面(见表 6-1)。严复对译文改动较大,与原文两处不符,似乎不甚赞同斯密的价值论,对市场决定价值与价格颇为认可。那么,严复是错误地理解斯密"价值"(real price)和"价格"(nominal price)理论;还是受到中国古代经济思想的影响,强调供求关系呢;抑或是受到其他经济学家观点的影响?严复本人对这部分的讨论颇为重视,不仅在重点部分用蓝色铅笔画出(见英文加下划线部分),还在原著页边空白处,用铅笔、红色墨水笔写下许多的心得。表 6-2 整理出严复在英文底本上对"价值论"的几处批注。

表 6-2 有关"价值论"批注

序号	部甲篇五论物有真值与市价异
1	Here Smith seems to have touched the real ground on【a】the theory of value: Viz, that it is adjusted by demand and supply. (Smith, 1776/1880: 32)
2	Here again Smith alludes to【a】the true theory: demand and supply determines the value of everything, labor or other material commodities. (Smith, 1776/1880: 34)
3	Will then, one may ask what are these necessaries and conveniences of life consist of? If they are something else then labor can not be regarded as the ultimate standard of value, and there is no end of it. In a word,【a】the theory is wrong from the beginning to the end, and hence renders his example of explanation abortive. (Smith, 1776/1880: 34)

在这份宝贵的严复手迹中,我们可以看到严复曾三次提到"真理",即是价值的真理。他认为价值,无论是劳动还是其他商品的价值,都是由供求关系决定的。劳动不能成为最终决定价值的标准,还有其他构成因素。简而言之,严复不但认为斯密"此说自始至终皆误",而且就斯密的举例,都认为是"由此自废其释例"。从翻译的效果来看,挖掘译者在原著底本留下的"考古"痕迹,使得译者的翻译思路得到追踪,并反映出思考的轨迹。

在《原富》案语中,严复更明确反对斯密的劳动价值论:

> 斯密氏以产物之功力为物之真值,值之高下,视功力之难易多少为差。其言虽近理,然智者千虑之一失也。盖物无定值,而纯视供求二者相剂之间。供少求多,难得则贵;供多求少,易有则贱。方其难得,不必功力多;方其易有,不必功力少也。一亩之地,处僻邑边鄙,价数金而莫售,及在都会之中,虽万金而争买,此岂有功力之异耶?一树之果,向阳者以甘大而得善价,背日者以小酢而人弃之,此岂又有功力之异耶?故值者直也,两相当之名而对待之数也。以功力言,则物物所独具,而无随时高下之殊矣。此所以后之计学家,皆不由斯密氏物有真值之说也。(斯密,1902/1981:24-25)

从这段案语可以看出,严复的批驳是有问题的。严复虽然承认"财之所生,皆缘民力"(斯密,1902/1981:847),但他所说的"力"还是指创造使用价值的具体劳动,同价值无关(叶世昌,1980)。他不承认商品有内在价值,认为商品的价格完全决定于供求关系,责问:同是一亩土地,处于偏僻农村,"价数金而莫售",处于城市,"虽万金而争买";同是一棵树上的果子,向阳一面的长得好而价贵,背阳一面的长不好而被弃,这难道是劳动上的差别?接着他又说:"故值者直也,两相当之名而对待之数也。以功力言,则物物所独具,而无随时高下之殊矣。"(斯密,1902/1981:24-25)以马克思主义经济学思想来看,商品的内在价值是看不见摸不着的,劳动价值论是科学的抽象,这种抽象"以一个十分发达的实在劳动种类的总体为前提,在这些劳动种类中,任何一种劳动都不再是支配一切的劳动"(转引自叶世昌,1980:73)。当时的中国还不具备这个前提，因此也难以理解这个抽象。商品价格反映价值，但又随供求关系而变动。有些没有价值的东西却可以成为商品而且有价格。其中的原因，叶世昌分析认为，价格和价值的不一致，使严复感到劳动价值论说不通，因而干脆用供求关系来解释关于商品价格的一切。

在经济学家罗哲斯编辑改版英文底本过程中，对斯密的价值论也颇有微词，尤其是斯密对商品交换价值的真实尺度判定，在底本增添大段注释阐发己见。罗哲斯认为，劳动是构成价值的部分因素，而不是唯一因素，因而，劳动不能成为衡量尺度（labor is a cause of value, but not the sole cause, still less the measure of value.）（斯密，1776/1880：30）。严复充分利用底本信息，转化为个人见解中的一部分，成为思想来源的最直接要素。

严复对罗哲斯的注释内容是经过一番思考与对比的。在这套上、下两册的英文本《国富论》（1776/1880）中，注释主要集中在上册，字数有2万~3万，涉及的经济学家众多。这些注释多采斯密之后学者对斯密之学提出的异议、补充与修正。严复特别看重这部分内容，在阅读与吸纳后增补到译文相应的案语中，市场成为对某个问题阐论的理据，这与后来杨敬年译本采用坎南编本完全保留编者注的翻译形式大为不同。考察严译其他译作，这样大量吸收编著的注释汇入案语，《原富》是唯一一例。可惜的是，据严扬揭示的《原富》未完成修改稿里，严复把篇五"论物有真值与市价异"全篇删去，时间大概是1908年。篇五论述货物的价值与价格的不同点，进而论及货币制度。从案语中看，严复反对斯密的价值论，又因谈论货币制度斯密多举英制，翻译对此颇有微词，到此番修改，故将全篇删去。这部修改始终未能完成，也没有付梓出版。

胡寄窗（1982：218）认为，严复受供求价值论的影响很深。在斯密的《国富论》中，关于价值论部分较为复杂，除重视劳动价值说外，其他价值学说不论其为错误的或庸俗的无不应有尽有，后世各派资产阶级价值学说均从《国富论》中找到其雏形。严复在此问题上，可能是又受到后来资产阶级庸俗经济学的影响而独宗斯密的供求价值说，把它看成是"斯密所独到"，错误地认为斯密的劳动价值论是"智者千虑之一失"。他指责斯密对"供求相济之例，往往信之不笃、守之不坚"，不懂这正是斯密的优点。由于他坚持供求说，故对工资、地租、利润、利息以及其他许多经济问题的分析，无不以供求律去解释。

第二节　严复译文、案语与底本注释来源甄辨

一　是"译"还是"议"："计学"名与实的讨论

在《原富》部丁开篇"引论"中，亚当·斯密首次解释"政治经济学"（political economy）的含义，他认为"政治经济学是政治家或立法家的一门科学，其首要目标是为人民提供生活资料，其次是为国家供应维持公共服务的收入，从而达到人民和国家都富起来的目的"。从笔者直接取英文底本截图（见表6-3）可见，罗哲斯在"Political Economy"之后添加了近两百词的英文注释，而严复也在译本相应位置写下五百余字的案语。

表6-3　罗哲斯注释与严复案语比较

罗氏注释和严复手批	¹ The meaning which Adam Smith assigned to Political Economy has passed away. The terms are now understood to mean—the science which discovers the laws which determine the production, consumption, and distribution of wealth. Unfortunately, nearly all these words are ambiguous. It has been suggested that a better definition is found in the following:—The science of those forces which set labour in motion, in so far as that labour is employed on objects which thereby acquire a value in exchange. Adam Smith's definition is nearly co-extensive with the modern theory of politics, from the Benthamite point of view, which seeks to establish the greatest possible good for the greatest possible number. Such a theory of political economy tends to make the science co-extensive with that of morals, by accounting for all the causes which affect the well-being of a community, while modern economists limit their inquiries to the causes which increase or waste wealth. The distinction was seen by Aristotle, Nicom. Eth. Book vi. caps. 6-8. (Smith, 1776/1880, VOL II：1)
严复案语	【1】斯密氏计学界说如此，而后人病其浑侻，著论说者希复用之。今计学界说曰：计学者，所以穷生财、分财、用财之理也。其于义进矣。而名学家病其所用生、分、用三名之多歧义，则又曰：计学者，所以讲鼓功、被物而兴易值之力理者也。进而弥精，非明格致者未易猝解矣。盖斯密氏所标，聊而明旨，本非界说正门。其所以为浑侻者，以嫌其与经济全学相混。（日本已谓计学为经济学矣）英儒宾德门经济界说，谓其术所以求最大之福，福最众之人。如用斯密氏之义，则足民一语，必合德行、风俗、智力、制度、宗教数者而言，其说始备。顾计学所有事者，实不外财富消长而已，故曰浑也。又足民国者，本学之祈向，而所探讨论证者，财之理与相生相养之致也。而斯密氏独标所求，不言所学，故曰侻也。【2】至译此为计学，而不曰理财者，亦自有说。盖学与术异。学者考自然之理，立必然之例；术者据既知之理，求可成之功。学主知，术主行。计学，学也；理财，术也。术之名，必不可以译学，一也；财之生分理积，皆计学所讨论，非理之一言所能尽，二也；且理财，已成陈言，人云理财，多主国用，意偏于国，不关在民，三也。吾闻古之司农，称为计相。守令报最，亦曰上计。然则一群之财，消息盈虚，皆为计事。此计学之名所由立也。（斯密，1902/1981：347-348）

罗氏注释主要围绕"Political Economy"含义的演变展开，大体包含以下几层意思：指明斯密所提出的"Political Economy"的含义已不存在；Political Economy应是一门"科学"，包含财富的生产、消费和分配；指摘斯密对"政治经济学"界定的不足。从注释截图可见，严复将这段英文标分出七句，并做了仔细的阅读。比较二人论说后可发现，严氏案语标【1】部分有300余字，均是逐字逐句直接译自罗氏的注释，如"而后人病其浑侻，著论说者希复用之"（assigned to Political Economy has passed away），"英儒宾德门经济界说"来自注释中的"the modern theory of politics, from the Benthamite point of view"。可以说，严复相当忠实地把注释中的信息转述至案语，但由于使用了不少中国古代经济话语中带有鲜明特点的表达方式，如"生财、分财、用财"等。额外增加的是"日本已谓计学为经济学矣"，省去未译注释中亚里士多德著作《伦理》的引文出处。

在【2】中，严复并没有沿着罗氏所谈继续下去，而是转向论证他本人把"Political Economy"译为"计学"的科学性。他指出将其译为"计学"而非"理财"的原因有三：一是"计学"和"理财"这两个不同的译名体现了汉语中"学"与"术"内涵的差异；二是"计学"中包含"生财""分财""用财"等理论，单一译为"理财"则无法涵盖丰富的语义；三是按照斯密的观点，"计学"讲求"足民食"与"富国用"，而"理财"多偏向于国家行为，并"不关在民"，不能包含国、民俱富强的意思。可以看到，严复借助案语来阐述他个人道德"计学观"和"理财观"。早在1895年，严复就选用"理财"来表达现代意义上的"经济学"。严复在《原富》案语和《严复集》（王栻，1986）中共使用"理财"37处，其中文章和信函有9处、《原富》案语28处。

二 融"释"于"案"："分工论"的讨论与修订本的删减

不少注释隐藏在严复案语之中，如果不借助英文底本仔细辨别根本无法发现，斯密和严复对"分工论"的"讨论"就是其中一例。斯密认为，"劳动生产力最大的改进，以及劳动在任何地方运作或应用中所体现的技能、熟练和判断的大部分，似乎都是劳动分工的结果"（斯密，1999/2001：3－4）。如何分工才能取得最大的效益呢？斯密认为小作坊易见成果,而大工厂则相对较难。表6-4首先比较了斯密原文与严复译文。

表6-4 "分工论"斯密原文与严复译文比较

原文	In those great manufactures, on the contrary, which are destined to supply the great wants of the great body of the people, every different branch of the work employs so great a number of workmen that it is impossible to collect them all into the same workhouse. We can seldom see more, at one time, than those employed in one single branch. Though in such manufactures, therefore, the work may really be divided into a much greater number of parts than in those of a more trifling nature, the division is not near so obvious, and has accordingly been much less observed. (Smith, 1776/1994: 4)
严复译	至于大制造则不然,其所仰给者非一廛之肆能所办也。往往取轮于甲,求舆于乙,衡轸盖橑,各异其地,攟而聚之,而后成车,其功之分,难以见也。故欲明分功之有益力作,则莫若明以小工作之业。(斯密,1902/1981:5)

可见,严复采用加例、加释的方法重新"创作"。他以中国古代制造马车为例,把其流程和分工的复杂性类比西方大制造厂,把抽象的说理性文字,转化为当时中国士人能够理解的语言。对于刚刚接触西方经济学观点的读者来说,这样的"变通"与"改良"不失为一种达到译介、传播思想的好方法。同时,例子的选取与语言表达体现出译者深谙原文深意,又兼顾译入语境中读者的社会、历史场景和理解能力,以通俗的"归化之例"帮助读者把握原文。但是,关于大制造业的生产分工,严复并不赞同斯密的观点,他在接下来的案语中提出不同意见。

表6-5 "分工论"严复案语、罗哲斯注释与严复修改后的案语比较

严复案语	斯密氏成书于乾隆四十年,去今百余岁矣,【1】故其所言多与西国今日之情形异。今日之大制造,【2】多萃于一厂一肆之中。盖铁轨既通,会合綦易,而一以省中偿之费,二以交相保险,而受利不畸轻重,此虽大制造所以不散处也。(斯密,1902/1981:5)
罗氏注释	This statement 【1】 has long ceased to be true of the great industrial undertakings in this country. There is a growing tendency towards 【2】 aggregating the various contributors to a joint product under one roof. The motives which lead to this appear to be twofold. 【3】 Such a system tends to eliminate intermediary agents. 【4】 It tends to obviate the risk of losing profit in any one of the co-operative employments, by distributing risk and profit over the whole operation. (Smith, 1776/1880: 6)

续表

修改后的案语	严复曰：斯密氏成书于乾隆四十年，去今百余岁矣，故其所言多与西国今日之情形异。今日之大制造，多萃于一厂一肆之中。盖铁轨既通，会合綦易，不必若前之各异其地矣。（严扬，1997：360）
手批	无

严复能够洞悉这背后的原因吗？如表 6-5 所示，严复在案语中指出，现今大生产厂与斯密时代有很大不同，分工合作生产快速成为主流生产模式。原因在于：一是这种生产方式逐步取缔中间商环节；二是通过合理配置，可以规避经济风险。我们核对严复翻译《原富》时所使用的英文版原著，发现编者罗哲斯对斯密上述观点同样提出了异议。罗氏的注释主要包括四层含义："long ceased to be true"，"under one roof"，"【3】to eliminate intermediary agents" 和 "【4】"。可以确定，此处的案语基本上吸纳了罗哲斯的观点。而严复的个人贡献在于，就著作与译本的时间差向中国读者补充说明分工合作理论（"斯密氏成书于乾隆四十年"），并提出交通便利（"盖铁轨既通"）也是导致该模式快速发展的原因之一。

严复认为，斯密对分工的讨论并不全面。因此，他在接下来的案语中又增补了四项内容："不异人而事办"、"不异事而效收"、"人得各审其才之所当"和"地得各出其产之所宜"（斯密，1902/1981：10）。但在《原富》出版四年后的 1906 年，严复对案语进行了修删（严扬，1997）。表 6-5 可见，修改后的案语完全删除了来自罗哲斯的部分，只保留严复自己的观点，并明确以"严复曰"的方式标明案语出处。由于罗哲斯英文底本的价值得到发掘，严复着手修订这些案语的原因就更加明确了。在修改本新增的 27 条案语中，严复分别加入了"严复曰"、"罗哲斯曰"或"维克非曰"等，明确标注观点的来源。严扬推测，"他作此稿的初衷，是要将这部译作进行大量的删削改易，并增添更多的案语，使之成为一部内容更切实际，文字更优美，有指导意义的经济书籍"（1997：360）。至于严复为何如此重视"知识版权"问题，目前还没有发现他本人留下的只言片语。

分工理论在斯密的经济学体系中占有重要地位，斯密本人对它亦非常重视。斯密不同时期的三本有关经济学的论著《法学演讲》（*Lectures* on Jurisprudence)、《早期草稿》(The Manuscript of Early Draft) 和《国富论》中，尽管多数理论内容经过了相当大的调整，但分工理论部分几乎没有显著的变化[①]。斯密所处的时代，正当英国资本主义成长、工场手工业开始向机器大工业过渡之际，迫切要求扩大商品生产以增加利润。作为产业阶级的代言人，斯密自然把自己注意的中心放在如何增加国民财富上，以揭示那些促进或障碍国民财富发展的原因和因素为己任。斯密认为分工足以促进劳动生产率的发展，促进财富的增值。因此，他在《国富论》第一篇中研究的中心问题便是分工，并分析了作为分工的前提和后果的交换、货币和交换价值以及产品的分配问题。开篇第一句，斯密即表明生产率的提高与分工的关系。

表6-6 "分工论"原文与严复的案语比较

原文	The greatest improvement in the productive powers of labor, and the greater part of the skill, dexterity, and judgment with which it is anywhere directed, or applied, seem to have been the effects of the division of labor. (Smith, 1776/1994: 3)
案语	案：天下之常言曰：民生在勤。然则，力作者将斯人所定于天之分而无可逃者欤？虽然，均力作矣，其得效则此多而彼少，其致力则此益疾益巧。而彼常拙常迟，其故果安在也？曰：其事首判于功之分不分。(斯密, 1902/1981: 5)

这段英文（见表6-6）可简单明了地表达为："劳动生产力最大的改进，以及劳动在任何地方运作或应用中所体现的技能、熟练和判断的大部分，似乎都是劳动分工的结果。"（斯密，1999/2001：3-4）严复采用增译法，译文开首添加了一个转折问句，引发读者的兴趣："天下之常言曰：民生在勤。然则，力作者将斯人所定于天之分而无可逃者欤？"显然，斯密的这段文字并无此语此意。原文中，因为确实存在其他促使劳动生产力提高的因素，斯密采用了较为缓和的表达法"seem to"，"似乎是"或"几乎"。但是，严复在译文中改译为设问句，一问一答（"其故果安在也？曰：其事首判于功之分不分。"），非但没有一丝疑虑，更进一步加重原文的语气。这样的处理方法，表明严复对英国生产中的分

[①] 斯科特（William. R. Scott）曾比较了斯密在《早期草稿》和《国富论》中关于分工理论的论述。他指出，《早期草稿》共计12113词，但论述分工理论的第二章却占据了7800余词，而《国富论》直接抄录了其中的近3500词。参见Scott (1935)。

工协作非常赞赏，也认可是分工带来生产率的显著提高。另外，译原文中"the greater part of the skill, dexterity, and judgment"处理为"此多而彼少"、"益疾益巧"与"常拙常迟"，其中"多"与"少"、"疾"与"迟"、"巧"与"拙"词义分别对立，虽然与原文语序不够贴近，但充分表达出由于分工不同而导致三个方面的显著差异。严复的增、改译使原文含义通达，语言颇有气势。如何分工才能取得最大的效益呢？斯密认为小作坊易见成果，而大工厂则相对较难。

表6-7 "分工论"原文、严复译文与杨敬年译文比较

原文	In those great manufactures, on the contrary, which are destined to supply the great wants of the great body of the people, every different branch of the work employs so great a number of workmen that it is impossible to collect them all into the same workhouse. We can seldom see more, at one time, than those employed in one single branch. Though in such manufactures, therefore, the work may really be divided into a much greater number of parts than in those of a more trifling nature, the division is not near so obvious, and has accordingly been much less observed. (Smith, 1776/1994: 4)
严复译	至于大制造则不然，其所仰给者非一廛之肆能所办也。往往取轮于甲，求舆于乙，衡鞃盖幨，各异其地，攟而聚之，而后成车，其功之分，难以见也。故欲明功之有益力作，则莫若明以小工作之业。（斯密，1902/1981：5）
杨敬年译	反之，大型制造业为大多数人供应巨大的需求，每一个不同的工作部门都雇用大量的工人，不可能将他们全都集中在同一个工场内。我们在同一个时间能够看到的，只是一个小部门中所雇用的工人。因此，虽然在这种制造业中，比起那些微小的制造业，工作实际上分成了更多的部门，分工却不是十分明显，因而较少被人注意到。（斯密，1999/2001：4）

严复的增、改译远比杨氏亦步亦趋"我们在同一个时间能够看到的，只是在一个小部门中所雇用的工人"，含义通达得多，译文忠实于原文（见表6-7）。

后来的学者对严复补充的"分工论"多有批评，认为他对斯密的原意理解有误。胡寄窗尖锐地指出，严复的增补均系未深入领会斯密分工论的画蛇添足的意见。胡文进一步指出严复不同意斯密的具体方面（1982：221-223）。第一，严复说："人群分功之事，莫先于分治人与治于人者"（斯密，1902/1981：230），如果他所说只限于说明脑力劳动与体力劳动的分工，那是正确的。恩格斯已论述过这种"分工

的规律"是古代社会分裂为剥削阶级与被剥削阶级的基础。但是，严复把它用作论证近代"勤事"（指劳动者）与"督功"（指雇主）之分的理论基础，那就会同孟轲一样是极其错误的。第二，严复认为斯密所说"有积贮而分功自生"是不正确的，应该是"有积贮而后有分功"。斯密是在分析积贮时涉及分工问题并特别强调分工的"自生"。严复的意见无异是说分工不是"自生"而是资产者的有意的行动，不懂得分工的发生，不论是自然分工、农牧分工或企业内部的分工，一般均系随着客观经济条件的发展而自然形成，绝对不是资产者有意的行动结果。

学界对斯密分工论的批评还有其他许多方面，其中最重要的批评是关于斯密《国富论》第一篇和第五篇的矛盾问题。这个问题最早由马克思提出，近几年成为西方经济学界一个争论的热点①。

三 转"释"为"译"，案从"译"出："五百年麦价表"的来龙去脉

不少学者质疑过严复的经济学知识面。如赖建诚（2009：109）就曾怀疑严复对西方经济知识的了解程度，认为只有专业人士才会给具体的数据统计。笔者以"麦价表"为例，把罗氏注释、严氏案语和罗氏的补充详列如下（见表6-8）。

表6-8 "麦价表"相关案语、注释与附录比较

罗氏注释	The reader will find the prices of corn, extracted from the Editor's work on Prices, from the years 1259 to 1582, at the foot of this chapter, and the same prices calculated by decades of years. (Smith, 1776/1880: 196)
严氏案语	佛理秃所考一千二百七十年麦价云云，似不必然，而斯密氏据之，为所误矣。尝有人更考其实，知当时麦价每括打乃六先令四便士，而洛方木及那福克二部，其年七月麦价则九先令也。……此言正与斯密相反，存之俟更考可也。（斯密，1902/1981：177）
严氏手批	无
罗氏附录	*Prices of the Quarter of nine Bushels of the best or highest priced Wheat at Windsor Market on Lady-day and Michaelmas, from 1595 to 1764, both inclusive; the Price of each Year being the Medium between the highest Prices of those two Market Days.* (Smith, 1776/1880: 268)

---

① 不少学者由此引出关于斯密的分工理论与马克思劳动异化理论的关系问题。参见 Lamb (1973)；Wood (1984：357-377)。

严复在案语中首先指出，佛理禿（Fleetwood）提供的 1270 年麦价表有误，斯密以此为据进行论说显然不够准确。接下来，他提出"尝有人更考"得知当时的麦价约为"每括打乃六先令四便士"。那么严复所提到的"有人"又指何人？严复从哪里得知如此精确的经济学信息？又是怎么知道 Fleetwood 提供的麦价表有错误？

笔者核查英文底本后发现，第一部（Book Ⅰ）第十一章结尾附有一份长达 8 页（Smith，1776/1880：265 – 272）的附录"麦价表"（Wheat Prices），记录了从 1259 年至 1879 年英国的麦价，呈现了六百余年麦价的起伏变化。这些数据并非来自斯密，而正是罗哲斯在校订过程中特意增加的。罗哲斯在麦价表中指出斯密的错误："显而易见，斯密给出的麦价基本均取自 Fleetwood，却是完全不可靠的（wholly untrustworthy），特加入 1259 年至 1582 年麦价表。"（Smith，1776/1880，Vol Ⅰ：270）他在部甲的末尾更新并补加了详细的索引，作为对斯密观点的校正。索引列出多位经济学家在不同时期的麦价记录，包括 1595 ~ 1764 年、1582 ~ 1839 年的牛津麦价表（来自 Mr. Lloyd's Collection，牛津市场职员的记录）以及 1830 ~ 1879 年和 1259 ~ 1582 年（该时段记录取自罗哲斯著作 *A History of Agriculture and Prices in England from* 1259 *to* 1793，1902）麦价表。罗哲斯在注释最后写道，"The reader will find the prices of corn, extracted from the Editor's work on Prices"（Smith，1776/1880：196）。这里的编者正是罗哲斯本人。严复在罗氏注释的指引下，对麦价表进行了细读，明确"有人"即指罗哲斯。如果没有英文底本的帮助，那么这些案语会令不少读者感叹严复经济学知识的广博，以此遮蔽了编者罗哲斯的贡献。

第三节　重要经济范畴翻译话语空间的建立

本节试图从翻译叙事学的角度去解读晚清著名学者严复《国富论》译本的翻译过程，分析其中隐含或凸显的严复翻译思想和译本对中国经济现代化进程中的作用。具体分析中，重点阐述形成原文文本或话语叙事的四类关键策略，即时空建构框架（temporal and spatial framing）、选择性采用建构（framing by selective appropriation）、标记建构（framing by labeling）以及对人物事件的重新定位（repositioning）。贝克在时空叙事中，解释了文本或话语含义要受到他所处的时代制约，正因为译本与原著诞生的时空差别常常迥异，译者在新的叙事环境中往往引导读者与现实生活中的叙事联系或"捆绑"起来。在"人物事件的再定位"分析中，贝克指出翻译活动参与者的自我定位、参与者相互之间以及与该事件局外人之间的定位关系，译者通过不断调整"读者"与"译者"的身份，体现出一定的社会和政治现实与关系（Baker，2006：202）。

一 释义明源："财富"的来源

不论是文学翻译还是自然、社会科学著作的翻译，重要的信息往往隐含在书名里或是通过书名揭示出来。作者也是借书名突出原著的特点，使读者的注意力集中在原著的某一点或层面上。贝克采用"标示式建构"，即指使用单词、用语或短语来识别人物、地点、群体、事件以及叙事中的其他关键元素，这样的话语过程都加标示，其中命名与标题是非常有力的建构手段，操控人们对叙事的解读（Baker，2006：188）。以 *The Wealth of Nations* 的日译本为例，译名经历了早期的"富国论"到"国富论"的变化。表6-9列出了百年来汉译本《国富论》的译名变化。

表6-9 *The Wealth of Nations* 曾用译名（1886年至今）

时间	译者	书名
1880	丁韪良、汪凤藻	邦国财用论
1885	傅兰雅编译	万国财用
1886	艾约瑟	富国探源书
1894	李提摩太	富国策
1901~1902	严复	原富
1931	郭大力、王亚南	国富论
1934	刘光华	国富论
1972	郭大力、王亚南	国富论：国民财富的性质和原因的研究[①]
1968	周宪文、张汉裕	国富论
2001	杨敬年	国富论
2008	谢祖钧	国富论：国民财富的性质和原因的研究
2001年至今		国富论

---

① 郭、王二人于1965年修订版完成。1972年至1974年正式由商务印书馆印发。

可以看到，只有郭大力和王亚南的修订本采用完全依据原标题的翻译，但这个译名很快被后期不断出现的复译本《国富论》所取代。从译名揭示功能可以看到，不论是在晚清还是当下中国，无论是西方传教士还是后来的本土译者，《国富论》的译名始终围绕着"财富"和"富强"二词①。王尔敏（2006）曾指出，贯穿中国近代史的一条主线，也是各类事业追求的最终目标。无论是早期引进西洋之西技还是后来的西政直至民主制度，其根源都在于对富强的热衷。富国裕民始终是赞助者、译者和读者关注的主题②。在西方，wealth 一词的本义与 commonwealth（全体国民、国家）相关，原来等同 commonwealth，意指"公益""公共福利"。依照古典政治经济学的观点，少数人的财富会逐渐向社会下层渗漏，从而造福整个社会。但是，到了 19 世纪下半期，wealth 一词逐渐与社会整体福祉无关，发生了重要的偏移③。至 1900 年以后，"富强"较少使用，其中严复使用较多。"富强"也不再是唯一的国家目标，含义也不局限于兵商，在表述国家目标时，常常和"文明""太平"等连用。严复对"富强"的使用也发生了变化。在《实业教育》里，他说："果使四百兆实业进步，将优胜富强，可以操券；而风俗民行，亦可望日进于文明。"（王栻，1986a：27）

---

① 胡寄窗（1981：704 - 705）提出中国古代就有财富、财富与伦理关系的讨论。
② 金观涛、刘青峰（2010）曾对"富强"二字在 1830 ~ 1895 年汉语文献中的出现进行分布统计。研究发现，1840 年以来，"富强"常用来描述外国国力强大，而在 1860 年后，许多人主张以"富强"为中国的目标，包含工商、国防两方面的内容。1880 年后，"富强"便明显地偏重于工商方面的含义，19 世纪 90 年代以后，"富强之术"开始涉及政治组织方面的内容，是通过对富强之本的讨论来表达的。还发现在 1895 年至 1990 年间，尤其是 1898 年，"富强"的使用次数达到了最高峰，使用最为普遍，主要指工商、政治、教育等方面的改革。
③ 威廉斯从社会文化角度对"财富"（wealth）一词的历史演变做了批判性的研究，告诫国人，不应遗忘"财富"的本义，更不要让在少数人手中的财富成为整个社会不幸的根源。威廉斯对"wealth"的词义偏重历史考察，这种词源学上的兴趣与他的政治关怀难以分割。该词起源于"well"（副词，意为"好"）和"weal"（名词，意为"福利"），在 15 世纪的时候指"幸福"。例如 1463 年的例句"为了我灵魂的福祉"中"福祉"一词用的是"wealth"的异体"welth"。一直到 17 世纪和 18 世纪，"wealth"一词才与金钱、财产发生直接联系，它背后的"个人主义"与"占有"的意涵渐渐突出，原先所含的"幸福"（happiness）与"福祉"（well-being）的词义竟被人遗忘。威廉斯在文中提到 19 世纪下半叶英国艺术史家约翰·罗斯金看到当时"财富"一词已与社会整体的福祉无关。他根据该词古义发明新词"illth"，作为"幸福"的反义词。参见 Williams（1983：514 - 516）。

关于严译书名"原富"引起一些争议：nations 究竟是"国"富，还是"国民"财富等。依据斯密原文，nation 有"国家"的意思，但当时"国家"不同于现今意义上的"国家"（state）。在斯密看来，经济学传统的关怀就是国民财富的增加，以人民为本位的国家富裕和强盛。"国家"理解为"以人民为本位的国家"。就严复与斯密两人核心关注是"国富"还是"民富"，史华兹提出自己的看法。他认为严复所真正关心的是国家的富强，而斯密则主要关注构成国民全体的个人之富。

> 假如对于斯密来说，"国民财富"首先是指构成民族—社会全体个人的财富，那么，对于严复来说，"国"的财富，则首先是指民族—国家的财富，从而也指其实力而言。（史华兹，1964/2010：79）

王中江（1991：273）指出，通常意义上严复所讲的富强是指国家的富强，国家之富与国民全体个人之富的总和是等值的，不过后者是前者的前提。下面的译例（见表6-10）取自《原富》译文，由此来查看严复对"国富"和"民富"的立场。

表 6-10 译名比较

原文	Though the encouragement of exportation and the discouragement of importation are the two great engines by which the mercantile system proposes to enrich every country, yet with regard to some particular commodities it seems to follow an opposite plan: to discourage exportation and to encourage importation. (Smith, 1776/1994: 694)
严复译	商宗计学所据之以经纬一国之财政，而薪其民之日富者，要之不外二术而已。曰劝出货也，曰沮入货也，虽有时亦反其道而扞之，其宗旨则未尝变也。（斯密，1902/1981：523）
郭大力、王亚南译	重商主义提出的富国两大手段，虽是奖励输出和抑制输入，但对于某些特定商品，则奉行的政策又似与此相反，即奖励输入和阻抑输出。（斯密，1972~1974/2010：211）

从上述译文可以看出，严复把斯密原英文中"enrich every country"译为"薪其民之日富"。他对"民"的理解，其实暗含了"国"的意思。严复曾说，"今夫国者非他，合亿兆之民以为之也。国何以富？合亿兆之财以为之也。国何以强？合亿兆之力以为之也……天下之物，未有不本单之形法性情以为其聚之形法性者也。是故贫民无富国，弱民无强国，

乱民无治国"（王栻，1986a：25）。史华兹（1964：122）认为严复本身的思想（尤为政治思想）态度，影响他对西方思想的认识。在 wealth of nations 这一词语的使用时，斯密所指是组成国家社会（nation-society）之个人之财富总和，但对严复而言，"民"是"国"的基础，"国富"主要是指国家（nation—state）之"富"（wealth），其次是指伴随"国富"而生的"国强"（power）。严复对于"国""富"的阐释受当时中国危急存亡此一外在形势影响，因而有不同于斯密的解读。或许正因为这种对于"国"与"富"不同的认识，严复乃将斯密 An Inquiry into the Nature and Causes of the Wealth of Nations 原书名简译为《原富》，并在"原富·译事例言"内解释道："原富者，所以察究财利之性情，贫富之因果，着国财所由出云尔。"在部甲第五章"论真实价格与名义价格"中又说"既在富财之原，则物求真值，事不可费"。严复的"富财之原"指 causes of wealth，这里的"原"是"探求、追寻"的意思。其中 Nations，无论是汉语使用，或是严复的认知，或读者的阅读期待，均为"国家财富"，而非斯密原意之"国民财富"①。

二 中西之"供求关系"：西学新知的传统诠释

供求价值论是中国封建社会占统治地位的价值理论。《管子·国蓄》："夫物多则贱，寡则贵。散则轻，聚则重。"此观点一直延续到近代。严复反复强调供求价值论，用这种理论来解释一切经济现象，甚至用来批判重农主义。重农主义者认为工商业是不生产的，严复认为这不符合供求理论。他说："物之贵贱无常，视求其用者之缓急"，"急则值贵"，"使知价由供求之多寡缓急而成，则农宗（重农主义）工商无所生财之说，将不待辨而自废矣。"（斯密，1902/1981：676）严复所认为的最根本的经济规律就是供求规律，供求价值论是严复经济理论的核心。

严复的供求论深受中国传统经济学说影响，以《原富》为例，严复经常在案语中用国人熟悉的事例对经济学概念和原理进行解释，例如，"《汉书·食货志》，国师公刘歆言，周有泉府之官，收不雠，与欲得。所谓不雠，即供过求者；所谓欲得，即供不及求者……周有泉府之官，

---

① 该书的通用译名均为《国富论》，亦会使读者对斯密所指"富"的内涵产生误识。

而孟子亦非'狗彘食人之食不知敛,野有饿殍而弗知发'。故管氏之轻重,李悝之平籴,宏羊均输,寿昌常平,亦有从徕云云,皆供求相剂之事。古人所为,皆欲使二竞相平而已"。此处,严复列举国人耳熟能详的古人事例,来对供求关系进行解释。

在翻译中,严复为突出作为译者对"供求关系"的个人阐释,对译文进行大手笔的改写(见表6-11)。

表6-11 译文比较

原文	The same increase of competition would reduce the profits of the masters as well as the wages of the workmen. The trades, the crafts, the mysteries, would all be losers. But the public would be a gainer, the work of all artificers coming in this way much cheaper to market. (Smith, 1776/1994: 142)
严复译	操业之易如是,竞为是业者多,势且供溢于求,业利坐减,是徒者亦失也。徒者失,则操是业者皆失也,此其所以不为,而终以徒限为公利也。(斯密,1902/1981: 117)
郭大力、王亚南译	竞争这样的增大,不仅会减低工人的工资,也会减低师傅的利润。而从事手艺、工艺和技艺的,都将成为损失者,但社会却将成为得利者,各种技工的制造品,将以比现在低廉得多的价格,在市场出售。(斯密,1972~1974/2010: 117)

从郭大力、王亚南译文中可看到是斯密对工资和利润随劳动和资本用途的不同而进行不同的论证。对于严复的"供求价值论",胡寄窗(1982:196)指出,"在中国历史上,从来没有人正面提出过价值论,甚至连极简略的乃至于不正确的初步价值概念,也只有极少数的思想家才无意地间接地接触过。严复已理解到价值与价格区别,自然价格与市场价格的区别,尽管是因袭斯密之说,也就难得了。虽然他的供求价值观点是错误的,却是中国数千年来第一次正式提及价值论的思想家"。

在西学翻译过程中,此类"附会"或"比附"、"格义"与"会通"的方法被研究者采用,用来描写严译中常常用以化解西方思想输入中缺乏表达方式或矛盾、困惑的地方。彭发胜认为,严复以《易》和《春秋》为媒介引进西方逻辑,是"明智之举","比附的解读"具有一种特别的开启民智的作用[①],有助于新思想的引进。然而,正如他所说"但

---

① 彭发胜(2011:100)认为,"尽管当时的满清王朝已经摇摇欲坠,传统的思想框架和价值观仍然占主导作用,严复用《易》和《春秋》为媒介引进西方逻辑的做法,无疑是明智之举。这种比附的解读与引进在浑然一体的思维框架中轻松地加入一个楔子,其尖端是微细而难以察觉的,但其后续的膨胀力量却大得惊人,加速了传统体制与价值体系的崩溃,虽然这样的后果也许超出了严复最初寻找富强的愿望"。

其后续的膨胀力量却大得惊人",是否"加速了传统体制与价值体系的崩溃",则不得而知。我们这里试图探讨的是:这种以上古时代《易》和《春秋》来比附西方18、19世纪的西方逻辑,如何比附?两类完全不同的思想如何得以比附,会不会在思想传播中造成以讹传讹的结果?在下面的例子中,严复以中国传统经济说法替代英文表达(见表6-12)。

表6-12 译文比较

原文	The prejudices of some political writers against shopkeepers and tradesmen, are altogether without foundation. So far is it from being necessary, either to tax them, or to restrict their numbers, that they can never be multiplied so as to hurt the public, though they may so as to hurt one another. (Smith, 1776/1994: 391)
严复译	古之言治者,以贾人逐利之近而易见也,则相与鄙恶其行,以为污处,厚征以困之,著之市籍以辱之,若惟虑民业贾之多也者。(斯密,1902/1981: 296)
杨敬年译	某些政论家对店主和商人怀抱的偏见是完全没有根据的。零售商的增多,虽然会彼此造成伤害,却不会对公众造成伤害,不必对他们课税,或限制他们的人数。(斯密,1999/2001: 406)

原文强调"政论家的偏见是完全没有根据的",严复将中国古代抑商办法"厚征""市籍"等词语用到译文中,分别代表课税与限制人数的意思。"厚征""市籍"是中国古代经济发展的重要观念,这里严复把"抑商"措施附会进去,既不符合斯密本意,也不符合斯密时代英国经济发展的主流思想,也令人误认为英国也有"辱"商、"困"商之政。

在分析"真实价格"与"名义价格"时,斯密在探讨这个问题时,专门以伦敦与中国广东的物价做比较来证明货物的名义价格或货币价格最终决定一切买卖行为适当与否。所以,它比真实价格受到更多的关注是不足为奇的。严复把斯密所谓"自然价格"译为"经价"或"评价",指出中国古代的所谓"均输""平准""常平"诸法"所欲求而一之者,皆此所谓评价者也",并举王莽的"市平"(即各重要商品在一季中的各种标准价格)以为证。此又是似是而非之论,不一定同斯密的"自然价格"的概念相符合。斯密所谓的"自然价格",是指一种商品的足以补偿其工、地租和利润的价格而言,事实上即斯密设想的商品价值之一种。王莽的"市平"仅是指每一季度第二个月的一定商品的市场价格的平均值,显然同斯密所讲的不是一个意思。至于"均输""平准""常平"等更与"自然价格"概念风马牛不相及。

黄遵宪①曾专门著文对《原富》的翻译提出一些批评,其中他在译词部分指出佛经翻译中的附会之处,"佛经中论德如慈悲,论学如因明,述事如唐捐",这些词语"本系不相比附之字,今则沿习而用之,忘为强凑矣"。这种"比附"之法,是中国文化与西方文化相遇时的应激变法之一,在译介的当时暂时缓和了译入的压力。但是,这些并不能协助思想的进一步顺利传播,反而在思想传输中对词语、概念造成很大的模糊、歧义与断裂影响,成为今日一些学者在反思西学传入隐忧时的批评对象。

三 "本与末":中国传统经济话语替换西方话语

一些严译研究中,常以严复的翻译为例来说明"归化翻译"在文化接触之初的交流中起到了积极的作用②。这样的表述可能会有不妥之处,一是对"归化翻译"的含义有曲解;二是把严复采用中国传统经济话语来传译西方经济界定为一种"归化"的翻译策略,而且有悖于这个策略指导下翻译的真实接受情况。韦努蒂指出,把异化和归化看作仅仅是话语策略或词语选择的策略容易引起误解。他本人并不认为严复的翻译是归化翻译,原因是严复传播的思想与中国传统的思想根本不同。他翻译传播的是西方思想的影响,因为这些思想挑战了中国传统的儒家价值观(郭建中,2010)。

"重本抑末"论在中国传统经济思想中占有很重要的地位,其原因很大程度在于对工商业认知不足,对农业生产效能缺乏信心,认为"重农"必须"抑末",在很长一段时间内得以大力推行。洛克伍德(Lock-

---

① 黄遵宪(1848~1905)最重要、最有影响力的著作是《日本国志》。该书完成于1887年前后,1895年出版,当时正是中国对日本及其政治变革的思想形成期。黄对中国改革提出许多具体建议,其著作成为"中国改革的参考书",见 Kamachi(1981);另见任达(1993/1998:26);王栻(1986d:1571)。
② 郭建中(2010:46)从"归化翻译"的角度,评论了严译:"为了唤醒中国的知识分子,在把西方政治和社会科学著作介绍给中国时,他(严复)采取了十分明显的归化策略,对当时中国的改革运动产生了深远的影响。因为他的翻译得到了中国学者的欢迎和接受。如果采用异化翻译的话,就不会得到那么好的接受效果,中国的改革运动也可能会延迟。所以,我认为,以历史的观点来看,归化翻译在文化交流中起了积极的作用,尤其是在两种文化接触之初。"

wood, 1954: 25) 的考察发现, 日本的基础经济是建筑在传统基础之上的农业和小工业的扩张物, 这说明了当时国家的生产力和收入有了很大增长。费维恺 (1958/1990: 46) 指出中国与日本明治维新之前, 就"需要发展传统的经济基础"必要性已呈现出显著的对照。与日本正相反, 从"自强"时期直到前不久, 中国的农业状况却无所改变。在某种程度上, 改良派理论家已认识到作为工商业发展基础之一的农业改革的重要性。但是, 他们在这一点上的见解是相当有限的。《原富》中斯密在第一部《论劳动生产力增进的原因》第十章"论工资与利润随劳动与资本用途的不同而不同"中对"本末"有什么讨论？严复又是如何理解"本末论"并加以翻译的呢（见表 6–13）？

表 6–13 译文比较

原文	[1] They give the traders and artificers in the town an advantage over the landlords, farmers, and laborers in the country, and break down that natural equality which would otherwise take place in the commerce which is carried on between them. The whole annual produce of the labor of the society is annually divided between those two different sets of people. By means of those regulations a greater share of it is given to the inhabitants of the town than would otherwise fall to them; and a less to those of the country. [2] The price which the town really pays for the provisions and materials annually imported into it is the quantity of manufactures and other goods annually exported from it. The dearer the latter are sold, the cheaper the former are bought. The industry of the town becomes more, and that of the country less advantageous. (Smith, 1776/1994: 114)
严复译	[1] 夫如是, 则工商利优而农民利逊。始本平也, 有业联而自然之平势坏。一国之所岁出, 利分于在邑在野之民, 自为业联垄断之, 则在邑之利优, 而农人始病矣。财者易中, 而未尝为易之终事。[2] 是故谷畜资材之生货, 邑之所受于野者, 即以邑中所出之熟货为酬, 野邑相受, 多寡之数大较略均。故熟货之为售重, 即生货之为购轻, 此本业之所以伤, 而末业之所以利也。(斯密, 1902/1981: 119~120)
郭大力、王亚南译	[1] 这种规约, 既然给了都市商人匠人一种较大的利益, 使较优于农村的地主农业家及农业劳动者, 所以在都市与农村的商业上, 应该发生的自然均等, 就被这规约破坏了。我们知道, 社会劳动的年产额全部, 是逐年分配于都市和农村这两方面的人民。但因为有此等规约, 都市住民, 就享得了格外较大的份额, 同时, 农村住民, 只获有格外较少的份额。[2] 都市年年由农村输进食品原料, 又年年以制造品及其他物品输往农村。为前者输入而实际支付的价格, 即是后者输出的数量。出品的卖价愈高, 则输入品的购价愈廉。都市产业就更为有利, 农村产业更为不利了。(斯密, 1931/2009: 99)

第六章 译本呈现：《原富》的翻译与比较

续表

郭大力、王亚南译（修订版）	［1］此等规则，使都市商人的技工享有比农村的地主、农场主及农业劳动者更大的利益，因为破坏了都市与农村商业上应有的自然均等。社会劳动的全部年产物，每年都是在都市和农村人民中间分配的。由于有了此等规则，都市住民，就享有此等规则未制定前所不会有的较大份额，而农村住民，却享有较少的份额。 ［2］都市对每年由农村输入的食品和原料，实际上所给付的代价，乃是它每年输往农村的制造品及其他物品的数量。输出品的卖价愈高，输入品的买价便愈低。都市产业就更为有利，而农村产业就更为不利。（斯密，1972~1974/2010：119）
杨敬年译	［1］它们使城市的商人和工匠比乡村的地主、农场主和工人处于更优越的地位，破坏了城市乡村贸易中所应有的自然平等。社会劳动的全部年产物是每年在这两部分人民之间进行分配的。由于有了这些规章，城市居民所得的一份比应有的大，乡村居民所得的一份比应有的小。 ［2］城市对每年输入的食物和原料所支付的真实价格，就是每年输出的制造品和其他货物的数量。售出后者贵一点，则购入前者贱一些。城市的产业变得更有利，而乡村的产业则变得更不利。（斯密，1999/2001：157-158）

整体比较原文与译文可知，斯密用词146个，严译162字，郭大力、王亚南译文247字，修订版226字，杨敬年译文258字。斯密喜用长句，此部分共有5句，在严译等对应译文中均为6句。从词语的翻译来看，natural equality译作"自然之平"、"自然均等"和"自然平等"。在经济学中，natural equality是在政治、法学、经济领域中经常谈及的一个词①。regulation在严译中没有出现，其他译本分别译为"规约"、"规则"和"规章"。严复选用"业联垄断"来具体解释regulation的内容。［2］句中"price"译为"酬"、"价格"、"代价"和"真实价格"。观察这几个译词的变化，可以看到对经济学理认识的逐渐清晰。对于城市从农村购买价廉物品，再出售给农村的价高问题，几位译者的表述各有不同。严译与郭大力、王亚南的翻译强调了出售价格越高则购入的价格越低的强烈反差，认同这样的商业往来对城市的经济发展有裨益，而对农村经济发展损坏很大。杨敬年译"售出后者贵一点，则购入前者贱一些"的处理，从措辞与语气上弱化了两者之间的矛盾。

在这部分译文比较中，最重要的翻译话题是严复对"本""末"业

---

① 有关中国古代平等思想的评论中，西方有学者认为中国古代只关注人与生俱来的自然平等，而对于价值平等避而不谈，"一切人都是自然平等的（natural equality）"。此处"自然平等"是描述性术语，指人类生而具有的共同的属性或特性。

的定义与讨论。在《原富》案语中，严复首先明确展示中西方对"本""末"业不同的定义，"农桑树畜之事，中国谓之本业，而斯密氏谓为野业；百工商贾之车，中国谓之末业，而斯密氏谓为邑业"。之后，严复进一步解释自己的翻译中为何没有使用中国的"本末"替代"野邑"。他说：

> 谓之本末者，意有所轻重；谓之野邑者，意未必有所轻重也。或谓区二者为本末，乃中土之私论，非天下之公言，故不如用野邑之中理。虽然，农工商贾，固皆相养所必资，而于国为并重，然二者之事，理实有本末之分。古人之言，未尝误也，特后人于本末有轩轾之思，必贵本而贱末者，斯失之耳。物有本末，而后成体，而于生均不可废。夫啖蔗者取根，煮笋者择梢。本固有时而粗，末永亦有时而美，安见本之皆贵乎？必本之贵者，不达于理者之言也。（斯密，1902/1981：120）

严复所处正值中国工业化始兴阶段，工商业的重要性日益凸显，他反对因"重本"而"抑末"的主张代表了时代的要求。为了阐明对"重本抑末"的不赞成，严复首先明确自己的"本末观"中的"本末"不再含有原来的"轻重"意蕴。严复把"城市"译为"邑"，"城市工商业发展"译为"邑业"，又称"末业"；而农村为"野"，"农业经济事务"为"野业"，又译"本业"。严复对农业与工商业的关系有一些自己的看法，将农业译为"野业"，把工商业称为"邑业"，也就是沿用了传统的本末概念。第一，严复指出斯密把农工商业以"town"和"country"代替，即严译的"野业"与"邑业"的"本末观"不再含有原来的"轻重"含义，反而认为斯密的提法"用野邑之中理"。第二，严复提出，虽然"农工商贾，固皆相养所必资，而于国为并重"，但是"二者之事，理实有本末之分"，中国古代的思想并非是错误的。后人认为本业、末业有了高低、优劣之分是因为考察不全面。严复认为无论"本"还是"末"皆有重要之处，对经济发展都是同样重要的，特举例"啖蔗者取根"和"煮笋者择梢"生动说明"本"与"末"的辩证关系。可以看到，这里严复的"本末"已具有新意，汲取了斯密提倡的"野邑"论，剔除中国传统含义当中的轻重之分。

但是，严复在《原富》中并没有沿袭他本人对"本""末"业新的阐释，翻译中时而又转用旧义，前后矛盾。斯密在《原富》中谈论城市从农村输入原材料，转而在农村输出加工品的经营方式，使严复联想到中国进出口贸易中，中国对外输出很少有加工品，而进口也很少有原材料，遂将这种情形比作"犹郊野之于都邑，本业之于末业也"（斯密，1902/1981：120）。严复认为这是中外通商之利病，因而又援引孟子"言近而指远"，希望读者能借古喻今，而有所启发。在后文的翻译中，严复常常译 industry 为"本利"，country 为"末利"，"而力与财之择优而舍毅者，又自然之势也。故其趋事也，常舍本而之末，附邑而弃野"（But stock and labor naturally seek the most advantageous employment. They naturally, therefore, resort as much as they can to the town, and desert the country. Smith，1776/1880：145）。虽然严复也曾指出"谓之本末者，意有所轻重"，却在实际的翻译中仍以"舍本而之末"来表述"由于资本和劳动力的问题，人们会自然转向城市，离开农村"。面对存在的译事矛盾，他做出的解释是"故此译于农工二业，野邑本末杂出并用，取于人意习而易达，不斤斤也"。也就是说，严复为了读者熟悉其"意"，又容易"达"的目的，把"本末"与"野邑"同时用在译文中。遗憾的是，由于"本末论"中含有深厚的中国传统文化内涵和外延，体现出中国数千年以来把发展农业当作"立国之本"，而把商业当成"末业"来加以抑制，以农为本、重农抑商的思想。严复以中国传统概念，将"本""末"等词加进译文里去，体现出严复作为译者对译文的再次改写，使读者不仅受译文的影响，无法探清斯密的本义，而且对原意产生很大的曲解。

值得肯定的是，严复逐渐走出中国传统的"重本抑末，重农抑商"的迂见，指出四业应当是同样重要的，"农工商贾分四业而不可偏废，亡其一则三者不能独存，乱其一则三者不能独治"。能够认识到，工商业和农业都是维持人们的物质生活所必不可少的手段，国家要实现富强，不仅要重视农业的基础地位，也要大力发展工商业，二者相互促进，不可偏废，传统的"重农抑商"思想并不可取。

四 意识形态:"资本"还是"母财"?

资本是《国富论》第一编第二篇主要的研究对象。不同于第一篇,斯密把货币作为交换的工具,这一篇是把货币作为资本展开讨论。斯密认为资本量增加,可使劳动人数增加,也就使分工得到进一步发展,提高生产效率,产生出更多的国民财富。所以,资本同分工一样,也是增进国民财富的一个积极因素。在讨论资本积累时,斯密提出了生产劳动和非生产劳动的理论。在这个问题上,他克服了重农主义者认为只有从事农业的劳动才是生产劳动的偏见,认为从事工业劳动也是生产劳动。所以,他在这个问题上比重农主义者前进了一大步。

严复在卷首突出"母财"一词(见表6-14):

表6-14 译文比较

原文	(a)① There are two different ways in which a capital may be employed so as to yield a revenue or profit to its employer. First, it may be employed in raising, manufacturing, or purchasing goods, and selling them again with a profit. The capital employed in this manner yields no revenue or profit to its employer, while it either remains in his possession, or continues in the same shape. The goods of the merchant yield him no revenue or profit till he sells them for money, and the money yields him as little till it is again exchanged for goods. His capital is continually going from him in one shape, and returning to him in another, and it is only by means of such circulation, or successive exchanges, that it can yield him any profit. Such capitals, therefore, may very properly be called circulating capitals. (Smith, 1776/1994: 302-303)
严复译	发贮食功,治业求赢,是谓母财。母财亦分为二物:一曰常住母财,一曰循环母财。循环母财者,主于变易流转者也。由财殖货,由货鬻财,财复成货,周流无滞,而后利生。方财之在橐,货之在庾也,既常为一物,斯无利之可言,故必资于循环。常住母财者,主于便事益力者也。(斯密,1902/1981: 231)
郭大力、王亚南译	对于投资家,提供收入或利润的资本,有两种使用方法。一,投下资本,把物品开采出来,若留在所有者手中保持原状,对于投资家,就不能提供任何收入或利润。商人货物,在未卖出而换得货币以前,决不能提供任何收入或利润;货币在未付出而换得货物以前,亦是一样。他的资本,不断在这一形态用出,在别一形态收进;亦就靠了这种流通,靠了这种继续的交换,才有利润可图。这样的资本,宜称为流动资本。(斯密,1931/2009: 209)

---

① 此处(a)标号为笔者另加。

续表

杨敬年译	有两种不同的方式可以使用资本来为使用者提供收入或利润。第一，可以使用资本来生产、制造或购买货物，重新将其出售以取得利润。这样使用的资本，当货物保留在手或处于同一形态时，不能为使用者提供收入或利润。商人的货物在售得货币以前，他的货币在重新换成货物以前，均不能为他提供收入或利润。他的资本不断地以一种形态离开他而又以另一种形态回归他，只有通过流通或连续的交换，才能为他提供利润。因此，这种资本可以合适地称为流动资本。（斯密，1999/2001：316）

三段译文相比起来，近期的杨敬年译文比较符合现代人对经济学知识了解的习惯。在语言表达的流畅性、术语翻译的规范化和含义把握的准确度上都要强于郭大力、王亚南的合译。社会科学文本的重译必要性之一，就是要用越来越符合学科规范的用词、造句与行文来准确传达原文。这与文学作品重译是为了满足当下社会人群读者的品位截然不同。严复不仅在句首增加"发贮食功，治业求赢，是谓母财"，而且补充"母财"的含义与功用。同时，他又把斯密引起下文讨论的承接句（a）改译为"母财亦分为二物：一曰常住母财，一曰循环母财"，接下来则分别谈这两种"母财"各以什么样的方式增进收入和利润。

这里严复将原著的科学性或逻辑性较强的文句，有意加以压缩，以适应文言文的简练形式，不仅降低了原著的说服力，甚至有失去原文真义之处。严复在《群己权界论》译凡例中讲述句式转换的缘故在于"原书文理颇深，意繁句重，若依文作译，必至难索解人，故不得不略为颠倒，此以中文译西书定法也"。对于中文与英文的表达方式上的差距，严复又说"西人文法，本与中国迥殊，如此书穆勒原序一篇可见。海内读吾译者，往往以不可猝解，訾其艰深，不知原书之难，且实过之。理本奥衍，与不佞文字固无涉也"（"译事例言"）。严译由于"语言古奥"在受到大加赞赏的同时也备受指责，严复指出是原著义理深奥，所以作为表达的文字也就艰深难懂。这似乎使《原富》的传播大受限制。可以设想，倘若严复的译文也如梁启超在《时务报》发表的文章那样通俗流畅，也许此译本也可不胫而走。对异质文化尤其是抽象的理论类、思想类的文本，最初的译介环节如果能采用平和、易懂的语言，则更有益于普通读者的理解和经济学知识的普及与推广。从这一点来看，严复的翻译和传教士翻译的初衷与策略大相径庭。对严译来说，他有特定的拟想"精英"读者群，与传教士心目中的"普罗大众"是有根本区别的。

斯密的一个著名论点是欧洲以及西方国家强大和成功的真正原因在于思想和构造良好的制度,并不是技术和资本积累。那么严复究竟是怎么看待西方资本的?其背后隐藏的动机和目的是什么?费维恺在探讨晚清经济发展出现的困境这个问题时,与同期的日本做比照,他认为就资本来说:

> 当然,不充足的资本积累是中国的环流经济所特有的。而且,这种以安全和威望为理由的似真似假的储蓄,通过购买另外的土地或以高利贷款给农民的方式把资金回投于农业。为了给他们的企业筹措资本,李鸿章和盛宣怀求助于那些自中国"开放"以来在上海及其他地方从对外贸易的利润中发了财的通商口岸的买办。可是,买办资本在数量上是确实有限的中国的外贸、通商口岸的银行业和中外之间航运业的利润,即使全都成了中国的剩余资本也不足以作为一个大规模工业化运动的基础。而且,还有强大的压力使这些资金不投于近代工业,而投于房地产和当铺。(1958/1990:338~339)

"资本"一词在中国古代有过一些发展变化。刘熙《释名》卷三:"姿,资也;资,取也;形貌之秉取为资本也。"(刘正埮、高明凯,1984:409)宋何薳《春渚纪闻·苏刘互谑》:"吾之邻人有一子,稍长,因使之代掌小解。不逾岁,偶误质盗物,资本耗折殆尽。""资本"谓经营工商业的本钱。"资本"一词进入日本,成为英文 capital 的对应词,日文 shihon。后又被重新引入现代汉语中,这样的借词称为回返(return loan)。早在《富国策》①中,卷一的第八节"资本的增殖"(On the Increase of Capital),capital 就已经译为"资本"。当时很多中国学者仍然不喜欢"资本"这个翻译。严复在后来翻译《国富论》的时候,还是坚持把 capital 一词译为"母财",即"财货之母"之意。与之关联的一些经济术语,如 fix capital,严复译为"恒本""常住母财"而非"固定资

---

① 由 1863 年的《政治经济学教本》第四版或第五版翻译而成。但此书并非全译,译者只是从此书前三卷中节选编译了一些内容。

本",flowing capital 译为"循环母财",而不是"流动资本"。不仅如此,stock 也被严复译为"母财"。杨敬年在译者按中指出,斯密在不同编章中常常会因 stock 的含义不同,而改变译名。在第一编中,斯密使用的 stock 一词的含义就是"资本",但在第二编中,斯密拓宽了这个词的意思。可是,更多学者似乎还是喜欢使用与日语相通的"资本",随着时间的迁移,"资本"的翻译就逐渐被固定下来。

早期的翻译中有"母财生利",所谓"母财"即资本。严复对"母财"的作用非常重视,在《原富》多处案语中提及。他认为"母财"不仅具有斯密提到资本运用的四个方面,即农、工、商(指大商业)和贾(指零售商)四种用途①,还加上第五种用途,叫做"具资习业之事",即用来办技术教育。他指出这是"国富彼关,殆不可略"(斯密,1902/1981:295),因为人们要增加财富的"智巧",须经过一定阶段的学习和训练,这一阶段所需要的费用,无异是一种资本支出。这个观点显然受罗哲斯影响,罗氏在长达两页的注释中就提到了 skilled labors②。

严复之所以译为"母财",多半由于可以"生利"的原因,由此择用"母"。"母财生利",指利润是由资本生出的,母财愈多,生利愈多。依照严译,斯密说,"养生之功者,为仁人,为义举,耗于不生利者,为不仁,为非义,则大不然"。对此,严复在案语中作了发挥,他说,"此篇分功之生利不生利","求生利之功众"。母财"实且以多为贵",这样国家就会"文明日盛",达到"民生乐而教化行"。他借用《管子》书中"仓廪实而知礼节,衣食足而知荣辱"的话而后指出:"礼生于有而废于无";"国之务富者,所以辅民善治也"。严复的案语中透露出他的"母财"观,其思想在译文中也有所体现。严复对"母财"的看法受到 20

---

① A capital may be employed in four different ways: either, first, in procuring the rude produce annually required for the use and consumption of the society; or, secondly, in manufacturing and preparing that rude produce for immediate use and consumption; or, thirdly, in transporting either the rude or manufactured produce from the places where they abound to those where they are wanted; or, lastly, in dividing particular portions of either into such small parcels as suit the occasional demands of those who want them. (Smith, 1776/1880: 363)

② Unless we are to exclude skilled labor from the catalogue of national wealth, and deny the outlay devoted to the production of such labor the name of an investment of capital, we should give a fifth head, since it is not easy to determine under which of the preceding schedules such a form of expenditure would come. (Smith, 1776/1880: 262 - 263)

世纪80年代国内许多有马克思主义经济学背景的经济学家的强烈批判，他们以马克思主义经济学观点驳斥严复对资本主义剥削与被剥削关系的认识不清。叶世昌（1980）认为严复"前积之力役，养后来之力役"是把剥削和被剥削的关系说成是养和被养的关系，严重歪曲了资本的本质。只有拿来剥削工人的剩余价值时才转化为资本。王凤贤（1987）指出，从历史发展的总趋势来看，物质文明的发展与精神文明的进化确是相适应的。在资本主义社会里，随着物质文明的发展，精神文明的发展规模和程度，比之中世纪的封建社会，当然是一大进步。从这个意义上说，严复的论断有一定道理。然而，资本主义社会的弊端，当时的严复并没有足够注意。

从翻译规范与意识形态出发讨论译本有助于揭示严译和其他译本的社会背景，但是由于过分关注和强调宏大的社会历史结构与背景，强调社会多项力量的限制（hierarchical relationship），尤其是规范与意识形态常常被描写为"决定"（deterministic）因素，往往导致忽视译本自身的复杂性。不可否认，在语言与社会的关系中确实存在不平等的阶层权力分配，但是存在更多平等的权力。所以，在后结构主义理论中，规范和意识形态与其他因素具有平等权力。研究中如果不过分关注社会的决定因素，有助于产生更加复杂和细致的讨论。另外，目前对规范和意识形态的引用出现的另一问题是过分简化（over-simplification）。对翻译不断变化的特征描写，被误认为是不同历史时期具有不同的规范与意识形态并受其影响，这是把问题过于简化的趋势。如何解释同一历史时期出现的多译本现象？Sebnem Susam-Sarajeva（2003）在考察1975～1990年法国理论家Barths的作品在土耳其多次翻译的现象后，发现大量复译本的出现并不是原译本"变老"，也不是"时过境迁"，而是在于接受方的接受体系（effervescent situation in the receiving system）的变化。《国富论》复译本的骤增，是现行经济体制下要求经济自由，减小政府干预的思想意识的集体反应。

五 "封建"与"拂特"

18世纪的西方学者仍视封建为一种法律制度，如孟德斯鸠在其《论法的精神》一书中，在"封建法律"的题目下，分析了西欧的封建制度，涉及封君封臣关系、采邑制度、农奴制度等。亚当·斯密则认为封建法律是领主统治权、裁判权，其推行原是为了加强王权，但结果王权并未加强，领主权力依然过大，形成了封建等级制。正如马克垚（1997）教授指出的，西方"封建"概念的内涵经历了由法律政治制度到社会或社会形态的变化。这时正是西欧启蒙思想发扬、批判旧制度的时代，封建渐被等同于贵族统治，是剥削、压迫的根源，表现为各种领主特权、农奴制残余、分裂混乱等，所以1789年的法国大革命才有了废除封建制度的决定。在案语中，严复详细地评述了欧洲、中国历史上的社会组织形态的差别。

> 考欧史，知欧洲诸种大抵皆自西域安息流徙而西，其先皆游牧种民，降而后有耕稼，随畜荐居，蕃生日众。其建国本始之事知此，非必有锡土胙茅之事若中国也。希腊之制为合众，罗马有藩镇而无建侯，至于中古宋元之代，国相并灭，于是论功行赏，分壤而食其租，盖若汤沐食邑矣。顾分土因而分民，于是乎有拂特之俗。拂特者，众建之末流也。一国之地，分几拂特，分各有生，齐民受廛其中而耕其地，则主人有应尽之职役，而莫大于出甲兵应调发之一事。用拂特之制，民往往知有主而不必知有王，故地大民众者，王力不足以御临之。英伦王势较尊，通国所共戴，故其中拂特之制最先废（顺治十七年），若苏格兰，则略后矣（乾隆十二年）。而法国群贵，厉民尤深，其执持亦尤固，则因之以肇乾隆五十四年民变革命之大衅，世变之烈，古未尝有。民怨其上，其报之也，但贵即足以死其躯，不问有罪无罪也，则拂特之遗孽，自无有存者矣。而德奥诸土，其制转绵绵延延，至道光末年而始废，亦以见变制之难为也。然世进而民智开，则食租衣税之家，有虽欲如前之束湿而不得者。拂特之制，虽名存而实则异古久矣。（斯密，1902/1981：336）

严复从欧洲发展的历史考察起，他所理解的"封建制度"是以"分土因而分民"而生。从这个道理出发，"中古宋元之代"是"论功行赏，分壤而食其租"，类似中国古代贵族受封的汤沐邑，是一种食邑制度①。严复认为，封建制是"众建之末流也"，其原因在于"民往往知有主而不必知有王，故地大民众者，王力不足以御临之"。由此，封建制在英格兰最早被废除，而在德国一直延续到道光末年才废除，可见封建制取消的难度。封建制也造成许多"民怨"，法国的废封制引起了1789年（乾隆五十四年）的法国大革命。现在，随着社会进步和"民智"开化，一些曾经依靠"食租衣税"②之家，虽然还想依赖封建制而驭下苛酷，已经不能实现。严复特别强调，"拂特之制"已经名存实亡，并且与古代的意思相差很远。严复先在案语中对"feudal"一词加以分析，然后才在正式的译文中翻译（见表6-15）。

表6-15 英中文比较

原文	Among our feudal ancestors, the long time during which estates used to continue in the same family sufficiently demonstrates the general disposition of people to live within their income. (Smith, 1776/1994: 981)
严复译	欧洲拂特封建之世，田宅陌常十数代不易主人，知其岁费之不逾岁入矣。虽广筵大酺见诸记载者至众，自后人观之，若非酒池肉林不足以给之也者，然彼自彼为之，自亦谨度制节，未尝过于其力之所有余者。（斯密，1902/1981: 755）

斯密在《国富论》中共有25次提及"feudal"，多数是关于"feudal law"（8次）、"feudal government"（6次）和"feudal system"（3次）的讨论。《原富》中出现"拂特"16次、"封建"3次。"feudal law"译为"拂特律"，其他有译为"拂特之世"、"拂特群侯"、"拂特小侯"、"拂特之臣隶"、"拂特草昧之世"、"拂特侯伯"（"the institution of feudal subordination"）、"其制"等（斯密，1902/1981: 337）。在翻译中，严复并没有处处使用"拂特"字眼，常常以"其"替代。另外，杨敬年译本中还出现变动较大的译法，如"under the feudal governments"译为"至欧洲近代"、"以后在封建诸政府统治下"、"以后在各封建政府统治

---

① 贵族受封的汤沐邑，是一种食邑制度。秦汉以前，卿大夫在食邑内享有统治权力并对诸侯承担义务。秦汉推行郡县制，受封者在其封邑内渐无统治权力，食禄已改为以征敛封邑内民户赋税。食邑随爵位升降而损益，可以世袭。
② 食租衣税是指：依靠百姓缴纳的租税生活。出处西汉司马迁《史记·平准书》："县官当食租衣税而已，今弘羊令吏坐市列肆，贩物求利。烹弘羊，天乃雨。"东汉班固《汉书·食货志下》："县官食租衣税而已。"

下"和"在封建统治下"① 等。

严复已经在他的译本中尝试使用"封建"这一译名。《原富》中"封建"并不是仅仅对应英文"feudal"一词,下面的译文中便是一例。

表 6 – 16 译文比较

原文	Upon the authority which the great proprietor necessarily had in such a state of things over their tenants and retainers was founded the power of the ancient barons. They necessarily became the judges in peace, and the leaders in war, of all who dwelt upon their estates. (Smith, 1776/1994: 442)
严复译	且由是而小侯众建之制成焉。夫群侯者,其始皆拥地之奈已耳。以其服从之众也,浸假而狱讼质其成矣,浸假而战阵为之帅矣。(斯密,1902/1981: 335)
郭大力、王亚南译	在这种情况下,大领主对于其佃农家奴,必然有一种驾驭的权威。这种权威,便是一切古代封建权力的基础。他们在平时,是境内居民的裁判者,在战时,是境内居民的统领者。(斯密,1931/2009: 306)
郭大力、王亚南译(修订版)	在这种情况下,大领主对其佃农和家奴,必然有一种驾驭的权威。这种权威,便是一切古代贵族权力的基础。他们在平时,是境内居民的裁判者,在战时,是境内居民的统领者。(斯密,1972~1974/2010: 374)
杨敬年译	古代贵族的权力,就是建立在大地主在这种情况下对于他的佃农和侍从所必然具有的权威上。他们必然成为所有住在他们地产上的人的平时审判官和战时的统领。(斯密,1999/2001: 387)

从表 6 – 16 的译文比较可以看出,"ancient barons"在四个不同时期译本中的变化。严译取中国古汉语中的"侯"来对应西方贵族制度中的"baron"。中国自汉以来,"君侯"为贵重之称,故口语相沿,凡称达官贵人皆为"君侯"。郭大力、王亚南在修订译本中把 1931 年译本中的"封建权力"改为"贵族权力"。1938 年,王亚南、郭大力合作翻译出版《资本论》第三卷以后,能更加纯熟地运用马克思主义研究中国经济的现实和历史,已接受了"封建地主制"的观点。

"封建"一词是日译词。hōken 原指欧洲中世纪君主把领地分给信任的人。中国古汉语有《左传·僖公二十四年》:"周之有懿德也,犹曰莫如兄弟,固封建之。"(刘正埮、高明凯,1984: 103)1870 年,日本学

---

① 参见斯密(1999/2001: 659 – 661, 715, 734, 337, 562, 218)。

者西周第一次使用"封建"一词对译英文"feudalism",该词与日本历史特点、历史情形是比较吻合的。"Feudal"与中国古代汉语词的对接,最早是英国汉学家理雅各(James Legge,1814~1897)在翻译《周易》时,把"侯"译为"feudal ruler"。林则徐和魏源分别在编译《四洲志》(1839~1840)和《海国图志》(1843)时译为"封建"(冯天瑜,2008:315)。

关于中国封建制度与社会形态的讨论曾在20世纪20年代末、30年代初激烈地讨论过。Feudalism与"封建"的对译是否准确,史学界是有争议的,侯外庐早在1956年就提出过不同意见。21世纪初,中国对"封建"社会形态的划分和词义的理解又重新引发新的争执①。从严译"feudal"一词的考证来看,冯天瑜(2008:311-317)对严译"feudal"研究错误有二。其一,从严复在英文底本上标注的时间来看,1899年部戌篇一"论君主及何种国家之度支"谈论希腊、罗马建立共和国之前的社会形态时,译文中首次用到"封建"。他采用"封建之世"和"封建初开之世"对应英文"feudal governments",同时把"under the feudal governments"译为"而欧洲中叶"和"至欧洲近代"。篇三《论国债》谈及欧洲社会时,"feudal ancestors"译为"拂特封建"②。其二,冯天瑜(2008:317)认为"严译并非是对林、魏译法的承袭,也不是对日人译法的仿效,而是独立进行的,但其时晚于林、魏及日人的翻译数十年则是事实"。冯这一说法,显然缺乏明确的证据③。依据严复《原富》案语及译文时间可以推断,严复在翻译这部分章节时已经了解到新译名"封建",并且更是明确指出"封建"一词的"名"与"实"的差距。这一时期,严复对"feudal"的翻译是来描述欧洲中世纪或近代社会形态,并

---

① 王亚南曾在1931年4月的《读书杂志·中国社会史论战》第一辑发表《封建制度论》,该文的观点是中国封建社会始于西周,崩溃于战国。对于这一主张,王后来多次公开承认自己的错误,并自我批评。时隔多年,冯天瑜认为,当年王在中国社会史论战时期提出的这个观点是正确的,并大加宣传。由此,引发了学术界对"封建"一词的新一轮争辩,李根蟠认为"冯天瑜先生是如何歪曲马恩列斯的理论及其关系的,这种说法也完全背离王亚南思想发展的实际"。参见李根蟠(2008)。其他相关研究有冯天瑜(2008)、刘绪贻(2008)。

② 许多学者都误认为严复是在《社会通诠》(1904)中才首次使用"封建"一词。另外,还有观点认为严复是拿中国的历史与西欧作比较,认为中国古代的"封建"与西欧中世纪的feudalism相对应,因为严复译为"封建"。这样的说法尚待查考。

③ 对于林、魏所译"封建"的英文原词需要进一步核对。

未涉及中国社会形态的划分，后者是在翻译甄克思的《社会通诠》（1903）时才着重讨论①。

严复引入"feudalism"概念来分析中国历史，并以"封建"为译名，是把它理解为一种社会形态或社会发展阶段，而非当作单纯的政治法律制度。从这一点来讲，他大大超越了中国古代学者仅把"封建"理解为一种政治制度的认识。他虽然还不可能像马克思主义者那样从生产关系、所有制和经济基础上去把握"封建社会"；但他已经意识到封建社会是建立在一定的生产类型基础之上的（冯天瑜，2008）。严复还采用增译，评说封建制取消之难，"天下有其始若甚微，而后效则至巨；有常智所视为无益，而用之反以有功。此事理之赜，所以非师其成心者所能察也。古者拂特之敝，豪暴侵欺，穷黎无告，虽有强王，其救之也不过一时。非无明约屡盟，其相维也，终于叛散"（斯密，1902/1981：337）。

六 "帝国"的转变

中国是"帝国"，它的统治者——皇、帝（或者汗）自动成为帝国的皇帝（emperor），这在18世纪以后，在欧洲各种语言论述中国时达成共识。不过，这仍然没有对中国历史产生任何大的影响。在近代之前，汉语中找不到任何词语同时带有"皇帝—国家"（emperor-country）和"帝国"（empire）的复合意义。中国自古以来已有"皇帝"一词，但这是有别于表达"王"或"霸"的词，而且亦从来不曾与"地"及"国"等空间概念连用。那么，中国人自己何时发现中国是"帝国"呢？什么时候把中国的皇帝有意识地看成等同于西方的"emperor"呢？

据黄兴涛在《文化史的视野》（2000：69）一书所言，"帝国"一词是由留学东京的学生于19世纪90年代末带回中国的，原因是他们在日本早已被日语新词耳濡目染。这当然不是不可能，但目前我们还缺乏证据。另外，刘禾（Liu，1995：269）指出，"empire"的现代汉语"帝国"是由严复译介而来。意大利学者马西尼（Federico Masini）在《现

---

① 严复在1904年翻译英国法学家爱德华·甄克思《社会通诠》，把feudalism译为"拂特封建制"或"封建制"。至于严复对中国"封建"社会形态的划分正确性的讨论不是本文要点。此后20年左右，严复在译介该词时，其含义保留了中国古义与西义，亦未出现语义的混乱。

代汉语词汇的形成》中（1993：168－169）有同样的说法，指严复在翻译《原富》时，首次译入"帝国"一词。刘禾及马西尼都指明，自己无法判定这个词是否借自日语。从严复相关译词的选择及他的引文可以了解当时的翻译过程。

> 案：罗马旧民主治至沃古斯达而极盛，东界亚洲之波斯，北抵达牛河，循鄂林河左转达北海，而英法皆隶之，西尽大西海，南逾地中海，而苞加达、埃及，号罗马帝国焉。盖沃古斯达挟战胜之威，遂改民主称帝也。盛极而衰，罗马之日纷自此始。日耳曼者，始于亚洲之安息，与印度、波斯同为阿利安种。夏周之间西徙，据今德意志、那威、瑞典诸国地，于罗马为北陲。罗马解纽，日耳曼种人之力最多，而其沾被罗马之教化亦最深也。斯吉地亚者，游牧种民。（斯密，1902/1981：312－313）

亚当·斯密说到"帝国"时，接着谈到了马其顿国王菲利普东征西讨的霸业及其统领的常备军。严译为：

> 用此〔额兵〕而定希腊，亦用此而兼波斯。夫希腊合众之民兵，于时称最精，而斐立百战终克之。若波斯民兵，则息土之民，偷弱选耎，其克之也者，发蒙拉朽而已，岂有难哉。此为欧洲兵制置用额兵之始，亦即为一国并兼数部号英拜尔之始，载诸史传，亦世运之变局也。（斯密，1902/1981：221）

严复附加了译者注，补充"英拜尔"一词的含义：

> 英拜尔近人译帝国，亦译一统，或译天下。亚洲之英拜尔若古印度、波斯，今日本皆是。其欧洲则古希腊、罗马、西班牙、法兰西，今俄、英、德、奥，其主皆称帝者也。（斯密，1902/1981：221）

从这段可见，"empire"在当时仍属一个新词，同时存在着多种译名。"empire"音译为"英拜尔"表明严复对 empire 的理解是来自英文，而非日语。严复认为，中国并不被构想为"帝国"，亚洲帝国中只有印度、波斯以及（现代以来的）日本，而非大清国。

> 案：罗哲斯曰，英之据芝伯罗塔也，政治之家与讲外交之学者，皆未尝以为得计也。其始之取之也，盖一时用兵之宜，不得已耳，至于冷未见其有所用也。且其事于英常有大费，徒为西班牙之奸窦，货之阑入者皆由之。是其始之夺其地也，已为邦交公法中最为并理之行，而其终据之也，又承为化国之大辱，人心所子平虽有巧辩，不能为詈英解也。此曩斯密氏《古洛图音帝国录》一书所已论者矣。（斯密，1902/1981：255-256）

如果我们进一步探讨这个问题，便会发现在中国文献中早在19世纪末已零星出现"帝国"一词。最早使用这个词是在1820年出版的《察世俗每月统记传》中传教士马礼逊（1782~1834）撰写的文章《全地万国纪略》当中。

七 "中国"镜像的重塑

18世纪中叶至19世纪上半叶，西方世界对中国的认识大致有三种观点：法国重农学派的中国兴盛论、亚当·斯密的中国停滞论、萨伊和约翰·穆勒的中国衰败论[①]。古典经济学家在当时欧洲中国热的氛围影响下对遥远的中国给予了程度不一的关注，他们以经济学家的审视眼光对中国的兴衰进行了研究，以此勾勒古典经济学家视野中的中国由盛而衰的历史进程（谈敏，1992；安田朴，2000）。唐庆增谈及西洋经济学说曾受中国影响时讲到：

> 亚丹·斯密斯（Adam Smith）颇受重农学派之影响，故其学说间接的与中国经济思想，亦不无关系。又斯氏之巨著《原富》（The Wealth of Nations）一书中，常叙述中国之经济状况，如农业、工艺、

[①] 西方人眼中的中国形象研究最早可以追溯到《十九世纪西方人眼中的中国人》（2006）一书。"青龙过眼图"则是中国人揶揄西洋矮人的代表，从中可见中国与西方彼此观察时的视角落差。参见阿林顿（2011）。

国外贸易、货币、利息、劳工、土地税等问题,皆屡屡论及。盖斯氏于凯奈、透葛诸法儒,相知有素,当一七六四——一七六五年间赴法旅行时,曾在法聚首作学术上之讨论,故氏岁未尝研读中国书籍,生平亦未尝一履华土,于中国情形,究能略知一二,实从重农学派方面得来也。(1936/2010:440)

下面的译例中,斯密屡次提及中国的历史与现状(见表6–17)。

表6–17 译文比较

原文	The improvements in agriculture and manufactures seem likewise to have been of very great antiquity in the provinces of Bengal, in the East Indies, and in some of the eastern provinces of China; though the great extent of this antiquity is not authenticated by any histories of whose authority we, in this part of the world, are well assured. In Bengal the Ganges and several other great rivers form a great number of navigable canals in the same manner as the Nile does in Egypt. In the Eastern provinces of China too, several great rivers form, by their different branches, a multitude of canals, and by communicating with one another afford an inland navigation much more extensive than that either of the Nile or the Ganges, or perhaps than both of them put together. It is remarkable that neither the ancient Egyptians, nor the Indians, nor the Chinese, encouraged foreign commerce, but seem all to have derived their great opulence from this inland navigation. (Smith, 1904/1994: 22–23)
严复译	东揽夫亚细亚,则印度之孟加拉国最富庶。而支那各省,财赋最盛称三吴。一则濒印度洋而承殑伽之冲,一则临东海而扼扬子之吭,此皆与埃及之尼禄河同其利用者也。埃及、印度、支那三古国皆有海禁,以内地市场已广,不感有外交以致窥伺。然而是三国者,皆古盛而今衰。(斯密,1902/1981:16)
郭大力、王亚南译	东印度孟加拉各省,以及中国东部的几个省,似乎也在极早的时候就已有农业和制造业上的改良,虽然关于这种往古事迹的真相,我欧洲有权威的历史家尚未能予以确证。印度的恒河及其他大河,都分出许多可通航的支流,与埃及的尼罗河无异。中国东部各省也有若干大江大河,分成许许多多支流和水道,相互交通着,扩大了内地航行的范围。这种航行范围的广阔,不但非尼罗河或恒河所可比拟,即此二大河合在一起也望尘莫及。但令人奇怪的是,古代埃及人、印度人和中国人,都不奖励外国贸易。他们的财富似乎全然得自内陆的航行。(斯密,1972/1974/2010:19)
杨敬年译	在东印度的孟加拉各省,以及在中国东部的某些省份,农业和制造业的改进似乎也具有非常古老的历史;虽然其古老的程度,没有得到我们住在世界这一方的人所确信的历史权威的实证。在孟加拉,恒河以及其他几条巨大河流形成了大量的可以航行的河道,也像尼罗河在埃及那样。在中国东部各省,也有几条大河,通过它们的各个支流,形成了一个河道网,彼此交叉,为内陆航行提供了比尼罗河或恒河、甚至比两者加在一起更为广泛的领域。值得注意的是,不论是古代的埃及人、印度人还是中国人,都不鼓励对外国的贸易,似乎全都从内陆航运获得了巨大的富裕。(斯密,1999/2001:25)

第六章 译本呈现：《原富》的翻译与比较

"支那"在《原富》译文中对应"China"，共出现43次；"中国"提到61次，全部出现在严复的案语中。"支那"偶尔会用在案语之中，与"中国"并用，如"今印度、日本亦用金准，用银之国，独有支那。故中国银多进口，金多出口，此银贱所由然也"（斯密，1902/1981：172）。斯密所指"历史学家"即不少西方经济家早在18世纪中期便开始关注中国[①]。

通过对原文搜索发现，斯密共提到69次"China"和"Chinese"、19次"Canton"、2次"Pekin"。涉及讨论的话题有分工、真实价格与名义价格、工资、资本、殖民、重商主义、商业发展状况自由贸易、自由市场制度及对重商主义的评价等。[②] 欧洲大陆旅行为斯密的创作注入了大量信息，受欧洲大陆中国热的影响，斯密对中国产生了更大的兴趣。斯密认为，制造业是增进国民财富的主要产业，若想制造业完善，必须完全依赖分工；制造业所能实行的分工，又受市场范围的支配。他的结论是中国的富有与中国市场巨大有关。[③]

表6-18 译文比较

严复译	民生彫盛，胥视此已，天下之国，莫不然也，见于北美，见于欧洲，见于支那。
郭大力、王亚南译	世界各地，不论在北美，在欧洲，或是在中国，支配和决定人口繁殖程度的正是这一需求。

"支那"一词是中国人音译印度语而来的。若从文字由来而看，"支

[①] 这类经济学家有重农学派的创始人、被其门徒波多神父誉为"欧洲的孔夫子"的魁奈（1694~1774）。魁奈几乎全盘肯定中国文化，把中国作为他在政治上和经济上倡导改革的范本。他结合中国的伦理观念和政治制度，全面地论述了他的基本思想与政治经济学。另一个重农学派的经济学家、被马克思誉为将"重农主义体系发展到最高峰"的杜尔哥对中国也极为关心。

[②] 斯密讨论中国之处见杨敬年译本（斯密，1999/2001），"分工"（第25页）、"真实价格"与"名义价格"（第49-50页）、"劳动工资"（第93-94、160、230页）；"资本利润"（第121-122页），（斯密对中国的利润和利息之高提出批评）、"矿产"（第207、245页）；"贸易"（第244页）。

[③] 斯密曾说："中国幅员是那么广大，气候是各种各样，因此各地方有各种各样的产物，各省间的水运交通，大部分又是极其便利，所以单单这个广大国内市场，就够支持很大的制造业，并且允许很可观的分工程度。就面积而言，中国的国内市场，也许并不小于全欧洲各国的市场。"（斯密，1999/2001：247）。

那"一词并无不妥。因此,严复在翻译《原富》时,把 China 皆译为"支那",对于当时的中国社会而言是可接受的。而1931年郭大力、王亚南译本出版时,"支那"已成为对中国的一种蔑视性称谓,因此,二人选译为"中国"(见表 6 – 18)。斯密考察了世界各国经济发展的情况,认为存在着迅速发展、停滞不前、退步三种类型。斯密在《国富论》中曾两次提到中国的经济,"支那之治,虽不进尚未退也"(斯密,1902/1981:65)。对于造成"停滞"状态的原因,斯密认为在于中国的法律与制度(laws and institutions),而严复在译文中却增加了"民智"这一条①。严复自己加以断定、增译之处颇多,又如"此所以支那、印度,亘古重农,其流品利获,乃在太半工商之上"② 一句中"亘古重农"就是译者擅自加入的。可以看到,严复在译文中通过添加、拓展等翻译手法,将个人的思想、观点渗透到译文之中,将斯密的译文加以改造,形成凸显严复个人"自我叙事"的翻译特征。贝克(2006:173)认为对文本内容的选择性采用,是通过对文本本身的干预而不是依赖语境来阐述文本所描写的内容,目的是要抑制、强调原文中隐含的叙事或更高一个层面叙事的某些方面。对译文内部的选择性采用,表现为文本内部有迹可循的种种省略和添加。从表面上看,严译的处理使译文更加流畅,读者在不知不觉中接受了混杂在译本中的隐藏的"中国信息",对原作产生一种译者有意拉近的亲切感。这对译本的理解与接受大有裨益,改写式的翻译(指换取译例)在早期社会科学思想进入中国时较为普遍。不过这一"替换"式的改写也体现出更深层次的理论需要——文化之间

---

① 严复译:问天下有如是之国乎? 无有也。泰东之建国曰支那,支那,富国也,既充其量矣乎? 曰:未也。何以知其未耶? 曰:支那之富,充其人事之量云尔,所不加进者,民智与其政法教俗囿之也(斯密,1902/1981:90)。英文为:But perhaps no country has ever yet arrived at this degree of opulence. China seems to have been long stationary, and had probably long ago acquired that full complement of riches which is consistent with the nature of its laws and institutions. But this complement may be much inferior to what, with other laws and institutions, the nature of its soil, climate, and situation might admit of. (Smith, 1776/1994:109)

② 英文为:In China and Indostan accordingly both the rank and the wages of country laborers are said to be superior to those of the greater part of artificers and manufacturers. (Smith, 1776/1994:22 – 23)

是否能够通约?①

本章以"思想翻译"产生的误歧为研究对象，借用贝克的翻译叙事理论，分析和比较了严复与斯密思想异同的若干话题。贝克的叙事提出了"四个"框架，部分解释了严译《原富》中的一些翻译现象。严译本中话语建构和阐释的空间不同于原著诞生的时空，严复采用了选择性的翻译手法，在新叙事环境中建立了读者与现实生活的衔接，无论是增删还是改写，都透露出译者对西方文化的回应立场。书名的选择和副文本（案语）的评论体现出特定的社会和政治对译本的制约。严复利用自己的话语叙事，借助原著构建并共谋了译本的诞生，产生了新的学术话语叙事，这种对西方现代性追求的叙事方式表达了严复作为思想家和翻译家的心声。

---

① 刘禾指出，在对符号的政治经济学基础做出分析讨论的时候强调，一旦所谓的差异性进入不平等的交换体系，并且作为价值实行符号的交换时，这个差异性必然被翻译成为与普世价值相对的价值，从而也必然沦为普世价值的牺牲品（Liu, 2000: 13 - 41）。如果说文化之间的差异性、能否建立某种方式的通约，也成为文化间翻译可能性假说建立的基础，这种通约需要回归到特定历史语境与话语空间中，也往往只能在宏大的思想空间和话语空间中展开（刘禾，2009: 261）。

第七章　思想资源：严复对斯密经济思想的解读与传播

前一章从叙事的表征和表达层面分析了译本《原富》中重要经济话语的翻译，揭示出译者严复在翻译过程中呈现原著斯密学说、观点的方式和特点。值得注意的是，翻译的过程也是严复对中、西方经济观念比较、分析和厘清的过程。严复的叙事不仅体现出他本人对西方经济学说的思考与认知，也体现出其个人在中国传统文化与西方文化对撞、转化中的立场与态度。本章的关注点将延续上文，探讨严复对斯密经济观点的个人理解与阐释，即"个人叙事"上升到译文呈现给读者的"公共叙事"和经济学科发展的"学科叙事"过程后，严复汲汲追求的经济自由主义在译本《原富》中进一步发挥的空间。严复翻译的经济思想与斯密的"放任自由"能否呼应，其根源所在也是颇有趣味的。

为了回答这些问题，我们首先回到严复留给我们的译文与案语当中，以严复当时选译《原富》缘由中最重要的一个方面，即严复的经济自由主义与斯密的"放任自由"作为研究对象。具体的讨论包括以下层面。

第一，严复对斯密的"放任自由"思想是如何认识的？其深刻程度是否通过翻译自由与自利、国家干预、政府职责、自由贸易等问题充分表达出来？

第二，严复将"经济自由主义"这一思想借助《原富》传入中国时，当时的社会如何回应和接受这样的思想，给出了怎样的反馈？严复译介西洋经济学说对清末的思想空间产生了怎样的影响？

第三，严复对经济自由主义的推崇是否与他在政治上的"自由"思想相关联，或一脉相承？反映出严复对西学怎样的态度？

第一节 "放任自由"与"经济自由"

严复对经济问题的讨论中,"放任自由"和"个人自利"是受斯密影响最深的两项。严复对斯密的"放任自由"经济思想极为赞赏,认为"是故后之政家,金谓是故后之政家,金谓民之生计,只宜听民自谋,上惟无扰,为神已多。而一切上之所应享,下之所宜贡者,则定之以公约"(斯密,1902/1981:286)。只有这样才能"上下相安而以富"(286)。也就是说,只有个人最关心也最懂得自己的利益,如果使社会上每个人能得到自己的最大利益,整个国家利益和财富就能得到最大程度的增加。在分析资本主义国家经济发展状况的基础上,严复提出中国发展经济应实行放任自由政策。他首先明确个人拥有经济自由的权利,"财者民力之所出,欲其力所出之至多",因此必须给予人民"廓然自由,悉绝束缚拘滞而后可"(407)。如果个人的自由遭到破坏,必然会破坏经济的发展,"盖法术未有不侵民力之自由者,民力之自由既侵,其收成自狭,收成狭,少取且以为虐,况多取乎"(407)。严复认为经济若有突破性发展,需要放任自由,要使每个人能够为自己谋求最大利益,就必须给予个人以进行经济活动的充分自由,"凡事之可以公司民办者,宜一切诿之于民,而为上者特谨其无扰足矣"(677)。严复认为"民"之经济事务应该由他们自己处理,极力主张经济活动的自主性。

严复的"自由""自利"观念虽来自西方,但是中国古代经济思想对他也有很大影响。在中国历史上,主张"因民之所利而利之"和"自利"、"自为"等思想,自先秦以来已屡见不鲜。严复要求"因势乘便,顺民所欲","听民自由,无所梗阻",并认为"未有不自损而能损人者,亦未有徒益人而无益于己者,此人道绝大之公例也"(斯密,1902/1981:480-481)。同时,他又引证司马迁的话说:"史迁、申、老之言曰,善者因之,其次利导之,其次教诲之,其次整齐之,最下与之争。又曰,此岂有政教发征期会哉!各劝其业,乐其事,若水之趋下,日夜无休时,不召而自来,不求而民出之。岂非道之所符,而自然之验耶?其丁宁反复之意,可谓至明切矣!"(286)他坚持经济的自由能解决一切问题,甚至认为英国历史上之所以能由弱转强、由贫转富,均系导源于实行亚当·斯密的经济自由主义的福音。对严复的经济自由主义的看法,学者们所持观点并不一致。赵靖(1998:717)认为,"严复经济思想的最大特点是经济自由主义,宣扬经济自由主义,反对洋务派的官僚垄断政策"。佐藤慎一在《严复的〈政治讲义〉与专制论》一文中,分析了20世纪初以来中国从不同立场展开的有关专制与自由的讨论。他进一步指出,除了严复之外,所有的论者都是将专制与自由作为质的问题来把握的,创造出"文明之自由"与"野蛮之自由",或"直接的专制"与"间接的专制"等各种各样的范畴。他认为,严复在《政治讲义》中围绕专制的议论,最大的特色在于用彻底量化的态度来对待专制与自由这一问题,具有强烈的将范畴本身相对化的倾向,"在近代中国具有这样想法的思想家是极为稀有的"(2011:125)。不过,严复常常是把"富"与"强"并谈,"求富"成为"求强"的手段,强调发展的顺序是人民取得自由,才能"自利"。一个政府若想使人民获利、受益,必先给予人民自由。由此推及,自由是国家富强的基础。一国之民能够自治与自由兼得,依赖于其力、其智、其德的发展;一国能否富强与兴盛,其根本也在于此三者的推进。例如,严复在《原强修订稿》中说道:

> 夫所谓富强云者,质而言之,不外利民云尔。然政欲利民,必自民各能自利始;民各能自利,又必自皆得自由始;欲听其皆得自由,尤必自其各能自治始;反是且乱。顾彼民之能自治而自由者,皆其力、其智、其德诚优者也。是以今日要政,统于三端:一曰鼓民力,二曰开民智,三曰新民德。夫为一弱于群强之间,政之所施,固常有标本缓急之可论。唯是使三者诚进,则其治标而标立;三者不进,则其标虽治,终亦无功;此舍本言标者之所以为无当也。(王栻,1986a:27)

严复特别强调国富之后,应极力给予民富。这也可以看出,严复眼中"国富"在"民富"之前,"国富"与"民富"并非一致。

> 案:此篇分功之生和不生利,正与本部第一篇之分岁殖为支费母财相表里。斯密意主进富,故其用意措词于第一篇则重为母之财

多，于此篇则求生利之功众。然此皆致富之由，而非享富之实也。今使一国之民，举孜孜于求富，既富矣，又不愿为享用之隆，则亦敝民而已。况无享用则物产丰盈之后，民将缦然止足，而所以励其求益之情者不其废乎？是故理富之术在一国之母财支费相酌剂为盈虚，支费非不可多也，实且以多为贵而后其国之文物声明可以日盛，民生乐而教化行也。夫求财所以足用，生民之品量与夫相生相养之事，有必财而后能尽其美善者，故曰仓廪实而知礼节，衣食足而知荣辱，礼生于有而废于无。由此观之，国之务富者，所以辅民善治也，家之务富者，所以厚生进种也，皆必财之既用而后得之。藉曰不用，则务富之本卤荒矣，此支费之所以以多为贵也。顾事必求其可长，而养必期其无竭。且国之户口既以日滋，则财之为物亦必日进以与之相副，此忧深虑远务盖藏积聚之民，所以又为一群之母也。约而论之，财如粟然，其专尚支费而不知母财之用者，获而尽食者也，其独重母财而甚啬支费者，罄所收以为子种者也。二者皆讥，独酌剂于母财支费二者之间，使财不失其用，而其用且降而愈舒者，则庶乎其近之矣。（斯密，1902/1981：288）

从以上可以看出，严复提出"致富之由"、"享富之实"、"求富"、"理富之术"同"务富之本"之间的关系。严复一方面强调国家要积累财富，另一方面要让国民能够受用这份财富。他认为，一国之民只有受惠于国家的富庶，才能够"乐而教化"和"知礼节"，否则国民不能"享用之隆"，则生活困乏，"亦敝民而已"，国民也将"缦然止足"，难以继续发展。他把国家富庶与一家之富裕相类比，强调财富积累与支出之间的关系。严复认为国家既不能支出超过积累，导致"获而尽食者"，也不能只重视积累，出现"罄所收以为子种者"后续发展的无力。在严复看来，母财之所以称之为"母"，乃是因为它是一国发展之本。国家经济的发展要处理好资本与支出的关系，"独酌剂于母财支费二者之间，使财不失其用，而其用且降而愈舒者，则庶乎其近之矣"。

一　主张自由贸易

严复对斯密的自由贸易也极为推崇，自言"顾不佞之为译，乃独有取于是书者"（斯密，1902/1981：436）。斯密在国际贸易方面贯彻了经济自由主义思想，主张实行自由贸易。他把对外贸易看作是剩余产品的交换，认为这种交换可以为满足人民的消费需要提供更多商品，并因国外市场相应扩大而促进生产的发展和国民财富的积累。斯密说："如果某个外国供应我们某种商品，比我们自己生产这种商品便宜，那就不如把我们自己的劳动用于我们有某种优势的部门，而用我们自己劳动的一部分产品向这些国家购买这种商品。"（斯密，1972~1974/2011：28）他认为，按照优势原理，富有国家应该专业化于制造业，而贫穷国家则应专业化于农业。

严复虽然肯定自由贸易理论，但是他并没有全盘接受斯密的观点，而是有所肯定，亦有所批评。严复认为自由贸易符合经济规律，有助于促进国家经济的发展，"自由贸易非他，尽其国地利、民力二者出货之能，恣贾商之公平为竞，以使物产极于至廉而已"（斯密，1902/1981 "译事例言"：9-10）。严复批评重商主义，提出国之贫富和货币无关，在对外贸易中"争进出差之正负"是错误，就使"保商之政，优内抑外之术，如云而起"，这些政策"既非大公至正之规，而又足沮国中商业之发达"（10）。

早在严复翻译《原富》之前，梁启超、谭嗣同等人就已提出自由贸易，多是受到前期传教士宣传的西方经济主张影响，希望借助自由贸易理论推动中国经济发展。严复推崇斯密的自由贸易、争取关税自主权的斗争和要求实行保护关税的政策。但是，他忽视了斯密提倡的自由贸易论的历史境遇与中国大不相同，中国近代的"保商权，塞漏卮"主张同西方重商主义者的"争进出差之正负"不是一回事。严复对重商主义的不赞成，其实也是当时中国现状的直接反映。严复提倡经济发展变化应该"理有固然"，"势有必至，决非在上者所得强物从我，倒行逆施"（斯密，1902/1981：10）。他反对国家干预经济，指出设官管理，"强物情，就己意，执不平以为平"，是"大乱之道"，是寄希望于清政府认识到自由政策的益处。

二 反对国家干预

在经济学上，亚当·斯密竭力反对国家（政府）干预经济活动，主张大规模地缩小国家权力,以形成廉价政府,这与他的伦理学研究观点一脉相承。斯密反对政府全面介入经济活动的重商主义经济政策,他在经济学的研究上论证了市场本身存在着"自然秩序"(natural order)——"一只无形之手",因而对于市场没有必要从外部加以管理。这是斯密在社会科学上的重大贡献。他认为,市场必将滋生自律性的秩序,个人与社会利益必将自然调和,因而政府"就被完全解除了监督私人产业、指导私人产业、使之最适合于社会利益的义务"(斯密,1999/2001:753),私人自治遂告成立。国家的任何介入和干涉不仅没有必要,而且借"大众利益"之名干涉私人经济活动,往往是反公共利益的。这正是贯穿《国富论》全书的一个基本论调。

对于政府的职责,斯密讨论了公认的几个方面(国防、司法、公共工程和机构以及"君主的尊严"),除此之外,他还加入了其他许多有争议的方面。对于支持"放任自由"观点的群体来说,这是一个基本原则,而对另一个群体来说则是关于界线的争议。维纳(Jacob Viner)得出的结论是"斯密不是一个教条主义的放任自由的拥护者"(1928:153)。斯密反对国家或君主干预经济生活,认为任何干预都是违反自然的。他说:"阻碍这种自然发展,强迫它向其他方向发展以及在某些具体方面阻止社会进步的一切政治,都是不自然的。"(陈冬野,1992:26)在第四编"论各种政治经济学体系"的第二章"论限制能在本国生产的外国货物的进口"中,斯密谈到:

> 很显然,每一个人的资本应投入何种本国劳动,何种劳动产品具有最大的价值,他根据当地情况,可以比任何政治家或立法家作出更好的判断。试图指导私人应采用何种方式去使用其资本的政治家,不但使他自己枉费了最不必要的辛劳,而且僭取了这样一种权力:这种权力不但不能放心地付托给任何个人,而且不能放心地付托给任何的委员会或参议院,而在将它交到任何一个愚蠢和荒唐到妄以为自己适于行使这种权力的人手中时,是最危险不过的。(1999/2001:503)

斯密屡次提到反对国家干预经济活动。在第二编"论资财的性质、积累和使用"的第三章"论资本积累,或论生产性劳动和非生产性劳动"中,斯密再次批判国家对经济活动的法律约束。

严复又是怎样反对国家干预经济呢?严复在案语中曾说①:

> 罗哲斯曰,斯密所指,盖先英之日用律,今则废不用矣。当斯密时,尚为民害,故其言如此,考古今所至不同者,今谓国家民之公隶,古谓君上民之父母。既曰父母,则匡拂劳来之政,樊然兴矣。辛之元后聪明,不必首出于庶物。其为颛愚计者,名曰辅之,适以锢之;名曰抚之,适以苦之。生于其政,害于其事。此五洲国史,可遍征以知其然者也。是故后之政家,佥谓民之生计,祗宜听民自谋,上惟无扰,为祸已多。而一切上之所应享,下之所宜贡者,则定之以公约。如此,则上下相安而以富。史迁、申、老之言曰,善者因之,其次利导之,其次教诲之,其次整齐之,最下与之争。又曰,此岂有政教发征期会哉!各劝其业,乐其事,若水之趋下,日夜无休时,不召而自来,不求而民出之。岂非道之所符,而自然之验耶?其丁宁反复之意,可谓至明切矣!(斯密,1902/1981:286)

在这段案语中,严复批判了政府对私人经济活动的制约与监管,弊(disastrous)大于利。他首先承认继承并宣扬了罗哲斯的一些观点,百姓的生活应由个人管理,国家只要制定好政策即可。严复还引用上古老子的言论来论证"放任自由、最小政府"的必要性。老子理想中的政治是一种放任无为的政治,最好的政府(统治者)应是一个无为的政府,老百姓知道它(他)的存在就可以了。这样的政府是很少发号施令的,但又能"功成事遂"。

对于国家和政府的职责,严复提出非常重要的两点。第一点是国家不能"阻碍""干预"。他指出国家需要协助人们发展经济,而非阻碍,"国家每一宽贷,民力即一恢张,而其致力之宜,则自与其所遭之外境相剂。如是之民,其出赋之力最裕,有非常识所可测度者。若主计者用其私智,于一业欲有所丰佐,于一业欲有所沮挠,其效常终于纠纷,不仅

---

① 可以看出,这段案语部分内容是来自罗哲斯的注释。

无益而已"（斯密，1902/1981：407）。第二点是反对政府垄断。严复说："盖当时格物之学，如夜方旦，斯密氏以所得于水学（今水力学）者通之理财，知物价趋经，犹水趋平，道在任其自己而已。顾任物为竞，则如纵众流以归大壑，非得其平不止。而辜榷（垄断）之事，如水方在山，立之堤鄣，暂而得止，即以为平，去真远矣。"（斯密，1902/1981：55）严复把物价比作流水，认为只要顺其自然，最终总会达到平衡。如果政府专门横加干预，则会违背事物发展规律，"强物情，就己意，执不平以为平"，会引发混乱。官方垄断价格必然会破坏这种自然形成的平衡。

三 提倡"最小政府"

从上节看到，斯密与严复反对的具体对象有所不同，那么他们各自所处的时代特点和要求又有什么区别？了解这一点有助于我们深入理解严复推崇的"最小政府"能否或者是否符合当时晚清的政治、经济、社会的需要。

斯密强调的"最小政府"的背景与含义是针对18世纪处于资产阶级上升期的英国来说的。斯密的放任自由经济思想，实质上针对的是封建势力对资本主义经济活动的干预，让资产阶级自由地经营工商业，自由地以其在工业上的领先地位向外扩张，从中获得所需要的廉价工业原料和粮食，进一步发展资本主义生产。这种思想适应了当时资本主义发展的客观要求，并促进了资本主义生产方式和交换方式的国际化，有利于在国际范围内发展社会生产力，因而起过进步的作用。

严复经济思想的最大特点是经济自由主义，宣扬经济自由主义，反对洋务派的官僚垄断政策（赵靖，1998：732）。在上述两个方面中，宣扬经济自由主义并用以讥评清政权下的现实，是严复经济思想的最大特点。他宣扬西方古典经济学者的说法，认为只有个人最关心也最懂得自己的利益，而使社会上每个人能得到自己的最大利益，合起来就最能增加整个国家利益和财富。要使每个人能够为自己谋求最大利益，就必须给予个人以进行经济活动的充分自由。斯密把这种经济自由说成是一种"自然秩序"和"必至之势"，即不可违抗的自然规律。他认为一个国家的政策，必须顺应这种"自然之机"和"必至之势"，废止一切妨碍私人资本活动的政治措施，对经济活动实行完全的放任自由。

严复对经济自由的必然性进行了这样的理论论证之后，就把攻击的矛头指向清朝的洋务派集团，指责洋务派新式工业的官僚障碍，指责洋务派的官督商办制度，是私人经济活动自由的严重障碍，指责洋务派打着富国利民的幌子办新式工业，实际上却是为了他们自身和自己派系集团的私利。洋务派官僚把持着新式工业，借以掠夺人民，因而办工业几十年，只是"靡无穷之国帑，以仰鼻息于西人"（斯密，1902/1981：418），只是使国家更加贫困，更加在经济上依附于外国资本的势力。

严复依据古典学派的主张，要求把国家直接进行的经济活动缩减到最低限度，具体说限于以下三个方面（斯密，1902/1981：674）。一是少数由国家统一经营，比较经济和有效率、不适宜私人分散经营的事业，如邮政、电报等；二是一些私人经营无利可图，但对整个社会、整个国家的经济发展又有重大作用的事业，如教育事业、技术革新和技术发明等；三是一些个人资力不能胜任的大企业，在社会上还没有形成集股投资的风气以前，可先由国家创办以为私人倡导。前两方面规定的范围是明确的，而且，由于私人资本不能经营或不愿经营，由国家来经营，也不会同私人资本发生竞争。至于第三方面，严复生怕洋务派用作借口，任意实行官办或官督商办（事实上，洋务派正是借口"开风气"，"官为倡导"而对新式工业实行官僚垄断的），因而马上补充说，这种做法只能是"至不得已而后为之"，而决不可以为常，决不可像洋务派集团那样"攘臂奋肒，常以官督商办为要图"（724）。严复对洋务官督商办在其职而不能为其政深恶痛绝，他在《读新译甄克思〈社会通诠〉》中说：

> 而议者曰：中国固有财。则吾且与之作有财观，而又如不习其事何耶！夫中国路矿无民办者也，必官督商办而后可，而督者于事云何，又天下所共见也。然令雇用外人，亦必有其能用之者。夫民出至重之母财，以供不习其事者之挥霍，一旦汲深绠短，辄委之商业利钝之常，则招股之时，彼掉头而去者，亦其所耳。（王栻，1986a：149）

从上文中可以看到，严复比较了解封建政权是不会给予私人资本以充分的活动自由的，资产阶级要取得经济上的自由，就必须以在政治上争取一定民主权利为前提。严复驳斥了洋务派张之洞所宣扬的，要变法但不可要民权的谬论，强调人民没有自主权了，变法便不能实现；私人若不能得到经济活动的自由，国家也不可能达到富强。采用西方经济自由主义做武器，反对洋务派对新式工业的官僚垄断，是中日甲午战争后资产阶级改良派经济思想的一个共有特征。

甲午战争宣告了洋务政策的破产，人们看清了洋务派对新式工业的官僚垄断阻碍了中国工业的发展，而日本允许和鼓励私人资本自由兴办工业的做法促进了国家的富强。同时，在几十年来外国资本主义侵略的刺激下，一些地主、官僚和商人产生了投资办新式工业的要求。在这种形势下，人们越来越把洋务派对新式工业的官僚垄断，看作是"中国工艺不兴之大原"，强烈要求废除洋务派对新式工业的官僚垄断政策，给予私人资本主义充分的活动自由。严复正是适应这种需要，从西方寻求经济自由主义作为理论依据。

不仅严复是这样，19世纪末变法维新运动的其他一些重要代表人物谭嗣同、梁启超等人，当时都不懂得政治经济学，不能直接阅读西方的经济学著作，他们对经济自由主义的理解和解释，还往往会有自相矛盾和牵强附会之处。相比之下，严复由于阅读过较多的西方政治经济学著作，能够直接从中汲取更多思想。他对经济自由主义的宣传和运用，不致生硬牵强，在传播经济自由主义方面，也比谭、梁所起的作用大。斯密之所以主张自由贸易，是因为当时英国的资产阶级已经有了一定的力量，自由贸易有利于它的发展，资本主义发展到垄断阶段后，自由贸易理论就失去了它存在的依据。叶世昌（1980）认为，在中国当时的条件下，则无论哪一种主张都不能真正解决问题，严复的自由贸易论，如果不考虑它的理论错误，则是反映了在帝国主义和封建主义双重压迫下的民族资产阶级要求解除束缚的呼声。

第二节 严译《原富》在近代中国知识空间的传播

在19世纪下半期中国社会现代化进程中，作为"异质"文化的西方经济学说《原富》的流布与接受体现出怎样的旅行过程？在翻译过程中，他使用不同的翻译策略、方法来传达原作的内涵，读者接受他这样的翻译吗?"斯密思想"与严复"翻译的思想"之间有何差异和差距?另一个很值得关注的问题是:斯密所代表的经济自由主义在严复的译作中扮演怎样的角色呢?严复对斯密的"自由理念"有更深的理解、更强的肯定,还是有更多的误会?他所提倡的"自由贸易""反对国家干预"的经济主张得到了进一步发挥吗?严复从这部巨著中能够找到适用于清末社会条件的医治良方吗?下文首先选择学界反馈这一角度来了解《原富》当时的接受情况。

一 学界反馈

1901年《原富》部甲二卷和部乙、部丙各一卷分别由南洋公学出版。徐维则在《增版东西学书录》中收录严译《原富》的信息,在《叙例》中讲到:"亚密斯丹《原富》甲、乙、丙三集,泰西政学家言也,严幼陵观察译之,于全书精到靡不洞彻,与昔译《天演论》足以媲美,盖能以周秦诸子之笔,达天择物竞之理,发明处尤足耐人三日思,新译书中佳本也。"(转引自熊月之,2007:7-8)徐又加评说道:"斯密氏当英国行护商法时创立自利利他一贯之说,而自由贸易之局由是开焉,英以致富。其言繁博精辟,多足为中国近状之药石,今去著书时已百余年,枝叶之义或为后出之说所胜,严复悉附著之,而又时援中国近状以相证,可谓完善矣。"(84)

严复翻译的《原富》,由于"译文过于艰深典雅"等原因,"不曾引起任何值得重视的反响"(斯密,1972~1974/2011:"改订译本序言")。俞政(2003)以吴汝纶、梁启超、孙宝瑄和《申报》为例,仔细探讨了《原富》的社会反应后指出,严译《原富》在20世纪初的中国已经产生了相当影响。但是,这种影响力只局限在文化素养高而且喜爱西学的维新知识分子中。因此可以这样说,《原富》影响的范围比较小,但它影响的社会层次则比较高。

王国维在1904年所写的《论近年之学术界》对严译的价值有所评论,是当时国人对《原富》评论的第一手资料。

> 外界之势力之影响学术,岂不大哉?……今置宗教之方面勿论,但论西洋之学术……至明末,而数学与历学,与基督教俱入中国,

遂为国家所采用。然此等学术，皆形下至学，与中国思想上无丝毫之关系也。咸、同以来，上海、天津所译书，大率此类。唯近七八年前，侯官严复所译之赫胥黎《天演论》出，一新世人之耳目。比之佛典，其殆摄摩腾之《四十二章经》乎？嗣是以后，达尔文、斯宾塞之名，腾于众人之口，"物竞天择"之语见于通俗之文。顾严复所奉者，英吉利之功利论及进化论之哲学耳。其兴味之所存，不存于纯粹哲学，而存于哲学之各分科。如经济、社会等学，其所最好者也。故严复之学风，非哲学的，而宁科学的也，此其所以不能感动吾国之思想界者也。

王国维认为，无论是当时国人的著述和译介，还是之前传教士的西籍汉译，多为"形下至学"，不能满足思想界的需要。严复的译著选材，无论是"功利论"还是"进化论"，都是属于哲学分支学科，并非纯粹哲学。王国维虽然没有明确提到《原富》，但是他把"经济、社会等学"列入哲学分支之中，是"科学"而非"哲学"。可以看出，王国维对严译《原富》对中国思想界的影响持保留态度。

唐庆增（1936/2010：9）提出中国经济思想发展有两点弊端：一是"仅有经济思想（economic thought）而无经济学科（economic science），内容固属简单，与政治及伦理思想，混淆不分，且乏显明之经济派别，不足与言科学也"。二是虽然中国经济思想发源确较西方经济学说早，但是至今止步不前处于落伍之地位，是由于"社会人士对之，亦不甚注意，遂使数千年来之中国经济思想，湮没无闻"。他在《清代泰西输入我国之经济思想》中，进一步分析了西方经济学著作没有在中国思想界产生重大影响的原因。

在我国，则译出书本不为不多，国中思想界并未发生有重大之影响。夷考其故，盖有下列数种原因。（一）社会人士，鄙视夷狄之心理，犹未尽泯灭。多数人民，以西学为不足道。当光绪之初，郭嵩焘氏曾著书谓"现今夷狄，与昔日不同。彼等有二千年文化"云云，大为朝廷所不满。可知当时士人之态度矣。清廷遣派留学生，且为社会所反对。则一切介绍西洋经济学说之书籍，研究者必不甚多。且"中学为主,西学为辅"一语最易引人误会。使人不肯潜心研究西籍,故卒无人才造就也。(二)其时国民程度,当较目前更为幼稚,不能领略西洋学说之佳处。能了解西文原著者,既属凤毛麟角。擅长于中文者,读此类译本,亦未能引起其研究经济学之趣味。(三)我国近百年之历史,实为一部丧师辱国之痛史。其间重大之外交事件,若中俄交涉,中日之战,庚子之战等等,大伤国家元气。国人忙于政治问题,更无暇作学术上之详细研究。(四)此外则科举之毒,实亦应负几分之责任。多数人士,仅知读书为博取功名富贵之计。国中青年所趋,仍不外科举一途。不但足以阻碍高等教育之发展,而学术之研究,尤受其影响焉。(五)又介绍者本身所用方法,亦未尽妥善。翻译一书,绝无注释(严复为例外)。若能以本国情形与西方学理相引证,必可引起国人之注意。今介绍既不得其方法,又乏人为之鼓吹,宜其不为士人所重也。(1929:328)

唐氏所提到的这五个方面,深刻地说明了清末译介的西方经济学说在传播与接受上受到的各种阻力。这些阻力在早期西方传教士翻译经济学著作和严译《原富》译案中也分别得到了验证。

胡寄窗在《中国近代经济史大纲》中对严译《原富》的价值加以肯定。

他的经济思想基本表现在为《原富》译本所作的数万言的各种"案语"和《译事例言》之中,《原富》的刊行在当时及以后并未产生特别显著的影响。当时知道外国有亚当·斯密其人的知识分子,最多只知道他是"商学大家",未真正了解他到底讲了些什么,连妄谈经济的在华传教士也不例外。严复实为中国登入英国古典经济学堂室的第一人。为了翻译《原富》就必须对其内容做一番较为细致的领会,这就必然会受到英国古典经济学的感染,从而使他的经济议论带有颇多的资产阶级经济理论的色调,而不是象在以前的或同时代的绝大多数著作家那样专从感性知识立论。而是世纪之初,懂得和介绍资产阶级经济学的人,固然大大增多了。但他们多系从广泛流行的西方庸俗经济学教科书中获取滋养,能直接从资产阶级古典经济学吸收滋养的人是很少的。列宁指出,英国古典经济学是马克思主义的三个来源之一。郭大力、王亚南在译完伟大经典著作《资本论》第一卷初稿后,才体会到如不懂得英国古典经济学就很难真正看懂《资本论》,于是从事翻译古典经济学代表著作,将《原富》一书重译,改称《国富论》。由此可知,严复翻译《原富》是很有意义的,只是他的目的另有所在。(1982: 214)

胡寄窗的这一段话肯定了严复引入英国古典政治经济学说的重要价值,并指出《原富》为后来的郭大力、王亚南二人合译《资本论》做了一定的启发和准备工作。胡寄窗总结中国近代以来思想变革的意义,积极的方面在于开阔人们的思想境界,消极方面在于思想意识变革的漫长过程,在经济思想领域也是如此。大体说来,整个时期均处在引进各种外来经济学说的由浅入深的学习过程,"何况在对资产阶级庸俗经济学尚未充分掌握的时候,又开始了一个学习马克思主义经济学说的新的征程,其接受和消化的过程的延长,更是意中之事"(胡寄窗,1982: 3)。

赖建诚(2009)研究了《原富》中的个别译词和案语。根据他的论述,当时的中文在词汇与概念这两个层次上,都还不足以统摄另一种文化的思想体系;而严复所受的专业训练(英国海军)也不足以让他能够认识并评论《原富》之要旨与学说的内在理路,因而在翻译《原富》时出现"误译与扭曲"。赖文认为严复在案语中所提出的自由经济政策,是一个不适用的处方,而德国学者李斯特所提倡的"国民经济说",实施保护关税才较合情理。赖建诚强调,以《原富》一书来说,该书的翻译对当时的经济政策没有产生影响力,"中国知识界也未因严复的译介,而对于西方经济学说有更明确、系统的了解"(143)。赖文并没有做译文与英文底本的对比研究,严复在语汇之外的思想内涵上是如何理解,并误解、发挥,没有做任何考证。由此也为严复经济思想研究提出了一个必须要履行的工作,从译文与原文比较考查严复的具体翻译内容,对赖文的观点再做推敲。

李竟能(1979)认为《原富》有一定影响力,有利的因素在于严复英语和汉语的水平都相当高,对政治经济学也有比较丰富的知识,"译文水平在当时的中国是第一流的,那些洋教士们粗制滥造的东西是望尘莫及的"。另一方面不利的原因是"译文也失之过雅,用的是一般老百姓不容易看懂的典雅的文言文……主要限于地主资产阶级知识分子","书中所译的经济学术语,大多数不够通俗,有的也欠准确,有时译文也过于简略,有伤原意"。

以上研究对严译《原富》在近代中国传播的评价,为今后深入分析这个问题提供了很好的思路。下文拟从思想分歧和译者局限两个方面来分析《原富》在清末的影响力,尝试回答上节提出的问题。

二 思想分歧

《原富》译入之后,不同学者对译本中传达的斯密经济思想有理解上的差异,在一定程度上限制了该思想的传播。以梁启超为例,他最初通过京师同文馆、广学会、江南制造总局等出版的译著,接触了西方经济学说,不过当时经济学方面译著非常有限。《西学书目表》中的"商政"下设有四类著作,而有关经济学的译著仅《富国策》和《富国养民策》两种,连《史记货殖列传今义》所引用的《佐治刍言》包括在内,也只有三种。

《原富》出版时,梁启超正在日本。梁公到日本一年后,"稍能读东文,思想为之一变",在日本接触到的"东学"使其对斯密提倡的古典政治经济学在认识上有了很大的转变。其著作《计生学小史》戛然而止,也是因为与写作之初的思想产生了矛盾,无法继续的结果。梁启超的第一部政治小说《佳人之奇遇》,原作者柴四郎借红莲女士之口,从美国建国初期的国民主义经济学的立场批判了英国古典学派自由主义经济学。日本学者森时彦在《梁启超的经济思想》(2012)一文中提出,"这部小说不但影响了他的政治思想,而且成为他经济思想发生转变的一个原因";"他的议论表面上已经没有了对托拟手法思想的古典经济学的世界主义的赞美,取而代之的是,从历史的观点通观以竞争为母的欧洲近代文明的形成,并以此作为他反复探讨亚当·斯密在此过程发挥作用的一环"。

在1902年创刊号的《新民丛报》上,梁启超发表《学术之势力左右世界》一文,其中讲到,"一八四六年以后,英国决行自由贸易政策 Free trade,尽免关税,以致今日商务之繁盛者,斯密氏原富之论为之也"。在该刊接下来的《绍介新著》中，梁启超又评价《原富》的价值："后期诸家之说，总不外引申此书，是正此书之两途，虽谓不出斯密氏之范围可也。然则欲治此学者，固万万不可不读此书。"梁启超在《绍介新著》中，希望严复"著叙论一卷，略述此学之沿革，斯密氏以前之流派若何，斯密氏以后之流派若何，斯密氏在此学中位置，功德若何，综其概而论之，以饷后学"。梁启超介绍了斯密及其思想在西方经济学史中所处时段、流派和特点，暗含他对以斯密为代表的古典政治经济学派的重新认识，更重要的是他对《原富》提倡的经济观点是否符合晚清现实产生怀疑。森时彦（2012）进一步论证了梁启超在日本吸收的经济学说其实是德国历史学派为确立国民经济而提出的理论。梁希望能突出斯密思想，依赖的却是德国历史学派思想，而并非严复所期待的英国古典经济学，由此可见《原富》的译介促生出分途的经济思想。

三 译者局限

严复的经济观点仍是基于中国经世济学中"人文经济"，而并非真正学科意思上的经济学。一种外来思想在任何社会中若想取得进展，必须适应该社会成员的需要。如果它需要适应的话，它怎样适应和对谁适应，这是非常困难的问题。对这些问题的解答要考虑下面因素：新的经济思想与旧的、传统的经济思想是否格格不入？它出现时的历史环境如何；宣传它的方式如何，是否出现了堪与匹敌的其他学说？严复这种掺杂着儒家、法家经济思想所谓中国传统经济学说与西方古典主义经济学观点是无法"附会"与"会通"的。唐庆增谈及中国经济思想不发达之原因时，提到很重要的一点。

> 中国经济思想材料，固感缺乏，而一般学者之研究方法不合，以致不能使旧有之经济思想，改良进步，尤为彰明较著之事实，今举其大者言之：（甲）中国研究经济思想史史料者，不能从著者之主张方面，加以公正之批评，往往将若干绝妙之经济思想材料，译研究文学之眼光读之，一唱百和，自诩得评论之奥妙，此中真不知埋没若干有价值之经济学说。其例之多，不胜枚举，若管子经济学说，为法家思想代表，其论商业货币诸问题，尤多精彩……自藏有

经济理论之著述,为世人当作文学作品看待,良好之经济思想,遂无由表现矣。(乙)中国往昔之研究经济制度者,其目的泰半在考古,而不在发明经济理论,此亦足以阻止经济学说之发达与进步也。夫研究经济制度之历史,考古原甚重要,然吾人研究经济制度之历史,乃在清理史料与理论,乃在引证以阐明学理与事实之关系,以促进经济思想之进步,今不能指出过去制度之优劣,而独断断于考古,以致于实际上毫无裨益。(1936/2010:28-29)

显然,这原因在于这一时期较有代表性的研究者,绝大多数系知识分子,多以历史学和经济学方法论作为研究中国经济思想史的指导思想和方法论。在研究方法上,研究者往往不顾中国经济思想的独特思维方式和范畴,而是套用西方经济学讲义体系中的四分法(即生产、交换、分配和消费)来叙述中国经济思想史,未能从中国经济思想史本身的内容和特点出发建立起本学科的完整体系。在研究的广度上,主要限于先秦和近代两段时间,从严复在《原富》案语中所参引的经济观点可知,他并未大量引用秦汉至清代鸦片战争前夕的数千年经济思想,即使有也只是零星的片段。事实上,这段时期的经济研究专著问世本来就少,更没有纵贯古今的经济思想通史。从译本的深度上来看,严复很大程度上处于按一定框架简单罗列的阶段,大多是对每一个人物或每一个学派的经济思想先安排下一个消费、分配、交换、生产的框子,然后把具体的经济思想资料分别纳入框子中,研究内容显得极为单薄。在对一些经济问题的认识上,在资料的发掘和使用上,严译也出现遗漏、割裂、牵强附会以致曲解等弊病。尽管这一时期的研究存在许多缺陷,不过严复筚路蓝缕之功仍值得尊重,也为学科的形成作了必要的准备。

严复的翻译原则是建立在中西文化比较的立场上的。他指出(也是他希望),使用中国传统的概念、术语来"翻译"西方思想,反而能够确切地切入斯密传达的西方经济思想文本"原义"(the true meaning of the original)当中。最突出的例子,是他批评和反对使用的日译词"经济"对economy的翻译。他认为这样的翻译是无法让当时的中国人了解economy在西方的真正内涵,因而选择了从中国传统经济学说中衍生出的"计学"取而代之,诸如此类的译名在《原富》中多有出现。问题的关键并不在于日译词或其他译者的翻译是否贴切，而在于严复这一批评背后所显示出的理据。他的理由虽然已在"译事例言"中反复强调，试图佐证己说，但是他的翻译否认了中西文化交流的不平等性，忽略了西方经济学说的现代性外壳，从"旧式思想"的观点出发，去接近西方新说，反而模糊了他翻译的精准性。在佛典西译中，缪勒（Max Muller）（1894）对东方经典的翻译，是主张从东方内部（within）而不是从西方的角度来进行理解。这样的翻译要求建立在严格的比较语言学基础上，反对在翻译中带入任何引申和诠释。缪勒认为这样的英译文因为具有"异化"的特色从而引起西方读者的兴趣，反对"用一种我们熟悉的语言抹平那种陌生感"，正是这种"陌生"可以在读者群引发更多的思考。缪勒提倡的翻译方法原文与译文的差异，通过构建"差异性"，完成"自我"与"他者"的对话，重新建立对自我的理解与认知。严复的翻译一直在有意识地逃遁一种翻译所应遵循的一般原则、规范或标准。他对翻译原则的解释和履行脱离了在比较语言学基础上建立起来的理想化的翻译标准，其译作更像是在中国传统思想关照下的西方典籍的重新诠释。这也成为严复煞费苦心择选的译名迅速消亡的原因之一。

第三节　译者思想构建与延续

尽管后人给予严译《原富》种种"后设"的评价，但是在中国社会科学翻译史上，该译著仍是一项杰出的成就。它是历史上欧洲与中国文化冲撞的一个侧面，其价值不仅仅限于经济思想史或社会科学史专业学科内，在近代中西文化交流史上亦具有重要意义。本节从"时代价值"、"翻译续接"和"思想构建"三个角度来分析严译突出的影响面向。

一　时代价值

自19世纪中叶以来，战败后的中国人向西方学习的热情渐增，寄望于寻求富民强国之道。在晚清这样特殊的社会、文化场景下展开的翻译活动，从一开始就带有鲜明的载道和宣导的功能。正是受这种政治功利主义或"实用主义"所推动（史华兹，1964），翻译一事成为晚清中国走向现代化的一种特殊措施，因此翻译的题材和原著的来源，常常指示并反映当时思想界的一些趋势或者政府政策的方向。汪荣祖《晚清变法思想析论》(2008:2)一文重申这一时期新思想输入的艰辛与不易,"盖本土文化与外来文化接触之际,或自觉,或无觉,每有抵制之倾向,何况中国文化遭外来文化之挑战,其反抗性更为强烈"。晚清新思想传播之阻力很大程度在于"中国传统政治与社会辄以保守为尚,弃旧换新,每多迟疑",所以,汪荣祖(2008:2)进一步指出,宣传者"固变法家欲变当时之法之前,必先批判保守之积习,翳除迟疑不前之心情。尤有进者,对当时之思想界,尤不得不论证变通之合理与必要"。

中国近代处于中、西文化相互作用时期,严复虽广为传介西方思想,但未因此而成为一个全盘西化论者,也没有成为一个对中国传统文化的批判者。他对待经典思想的态度是"统新故而视其通,苞(包)中外而计其全,而后得之"(严复,1996),在方法论上是甄别与批判共用。在严复看来,某些中国的传统经济思想与西方经济思想是可以配合的,"齐之得霸诸侯,由于国富,国富由于管仲经济思想实现之故"(唐庆增,1936/2010:240)。严复对西方经济思想的了解与批评,有这样几类"新"思想来源:中西经济活动接触之初遭遇的问题;中国官绅在面对中西关系而产生问题时所衍生的新观念,这些新观念显然是近代中国独有的观念,不同于中国古代,也不尽同于西方近代;移植西方固有观念,吸收为中国人自己思想的重要成分。他的诸多经济思想观点都是在借鉴前人的基础上并根据中国实际有感而发,复合特征格外鲜明。

据张登德(2010)考察表明,到20世纪二三十年代,经济学界对西方经济学思想的关注度大大提高。这种关注度的提高,主要表现在高校开设西方经济思想史课程和有关斯密的经济学说著作的大量出版,包括刘秉麟所著的《亚丹斯密》(1924)和唐庆增的《西洋五大经济学家》(1930)。另外还有朴之(1923)发表的《斯密亚当二百年纪念》。民国时期著名经济类期刊《食货》在1935年第三卷第1期发布《〈原富〉出版一百六十周年纪念征文启事》的公示[①]:

[①] 原文可从"大成老旧期刊网"下载查阅(检索日期:2012年7月23日)。参见:http://www.dachengdata.com/search/toRealIndex.action。

> 斯密·亚丹的《原富》，是经济学的基础，同时也是经济史学的先锋。因为他娴熟历史，所以能产生彻底的理论，有了理论，更能进一步解释历史。而第三四卷的几篇文章，就是一部简明扼要的经济史大纲。明年（一九三六年）是《原富》出版一百六十年纪念。我们为纪念经济史学的斯密亚丹起见，拟于明年一月，发行特刊。请国内向好惠赐关于此项的稿件！

在接下来的 1936 年第三卷第 3~7 期中，《食货》共发表纪念论文 6 篇，《原富》纪念论文同名文三篇，连士升译《论原富》、鲁深《读〈原富〉和〈国家经济学〉偶感》和赵迺抟《斯密亚当国富论撰述经过及其学说渊源》。

二 翻译续接

在西方翻译史上，一些译者一直在探索一种与流畅翻译不同的翻译策略，旨在彰显源语文本的异质性。18、19 世纪之交，异化翻译策略在德国文化中颇受重视。韦努蒂（1995：111）指出，施莱尔马赫在《论不同的翻译方法》中把翻译提上了民族主义议程，他认为翻译是再现文化差异的场所，而非再现文化同质性的场所，这一思想建立在对外国文化的沙文主义式屈尊之上，但内心则仍认同德国文化优胜于他国文化，因此要发展德国文化就必须关注异域文化差异。黄克武（2000：197）以严译《论自由》为例，指出严复思想表现出两个重要的面向：一个面向是被动的角色，他尝试了解西方思想，再将这种"了解"介绍给中国读者，另一个面向是主动的角色，他试图融合中西思想而建构出自身的思想体系。在《原富》中，严复所渴望的经济自由主义与他的政治思想具有一致性和连续性。这种与中国固有文化的连续性深深地影响到他对西学的"取便发挥"。在翻译过程中，严复是一位积极的西方思想译介者，他自觉地将这些西方思想引介到中国。他所构想的西方观念并非是，也不可能是西方观念的原貌，而是本土观念与西方观念相结合的重新叙事。严复采用这种"连续性"的翻译方法，将翻译后的西方思想呈现于国人。不得忽视的一个问题就是，"西方的斯密"与"被严复译介到中国的斯密"之间的差距。这些"差距"在一定程度上影响了西方文化、思想的译介、传播和接受。

三 思想构建

严复一生都在思考如何使中华民族摆脱危机，他理解和吸取西方近代学说的方式是一种综合的态度，而此前的研究多集中于考查围绕译著展开的政治、社会学和教育思想等。因此，要全面地重新理解严复的思想活动，自然不可忽视其经济思想，并明确与政治思想、社会思想的密切关系。黄克武同样强调严复的经济思想与政治思想的整体性，认为严复的自由思想也包括经济活动的自由。不过他强调严复对经济活动自由的观点是以"开明自营"的观念为前提，能够最大程度保障此种开明自营之精神的经济制度就是斯密式的资本主义体制，即实行自由贸易之策（黄克武，2000：227-229，280）。

严复的经济思想包括有这样几个层次：中国传统思想构成的基层、外来西学构成的中层和中西交汇的上层。此外，严复的思维活动还包括另外两个考虑：一是对西方经济学思想的过滤，即思考中国如何和怎样接受；二是能够引起严复个人阅历与思想共鸣。作为一位伟大的思想家和翻译家，走在译介和传播西方思想最前端，他首先必须思考的问题是引入的思想是否适合中国的国情，是否可以解决当时中国的问题，简而言之，即救国与图强。另一方面，即使某种西方思想假定在理论上是适合中国的，得到严复本人思想上的共鸣与认可，可以接受，才会被译介。

严复的翻译是以两种文化或语言能够对应转换为前提。严复对中西文化的态度正是通过传递两种文化间的差异体现出来。在凸显差异性时，翻译活动会呈现出鲜明的"翻译性"。严复进一步借助"翻译性"阐发和构建了自己的思想。这样的差异并非是后于翻译的，而在翻译之前，这样的倾向或预设已经存在，或有可能存在了[①]。就《原富》的翻译来

---

① 刘禾（Liu，1995）认为，"国民性"话语的背后，衬托的是人们对比较研究这个灰色地带的漠然。当研究者将两种不同文化相比较时，往往以二者之间各自有着孤立的传统为前提，却忽略了它们之间从前或者正在发生关系的这个灰色地带。在比较研究的过程中，当人们试图在甲文化中寻找跟乙文化对应的概念时，翻译就已经开始了。与此同时，人们又不得不通过翻译本身来表述差异。从认识论上说，这种差异是后于翻译的，而翻译的不可见或透明化，恰恰是比较研究的灰色地带形成的原因。如果这种思路形成定式，就势必造成先入为主的、孤立主义的文化概念。滨下武志（1989/2006）也指出文化交涉过程中的第三个地带。

看，原著与底本给予严复巨大的创作空间。他在译本中把对中国传统思想的坚持、对西学新知的选择通过充分使用底本与具体的翻译手法呈现出来，使严译《原富》再次成为展现严复思想的载体。从这一点来说，译者严复也就成为西方思想、文化的主导者、引介者和叙述者，而在译本中体现出中西文化交流中的矛盾，其根源在于严复本人对西学持有一种迎拒兼有的心态与立场。

本章主要探讨了严复对斯密经济核心思想"放任自由"的吸收和继承。严复的"经济自由"观点具体体现为提倡自由市场、限制国家权力、反对垄断、提倡"最小政府"等措施。严复摄取了斯密的一些思想，其中"放任自由"和"个人自利"是受斯密影响最深的两项；同时，严复也做出批评与取舍，如不赞成重商主义。严复做出评判的"思想资源"不仅来自原著和原作者，还包括来自对中国传统经济学说，尤其是管子思想的吸纳与发挥。译者在翻译中做出一系列的决策，一方面受他本人学识的影响，另一方面也是当时中国现状的直接反映。

《原富》在晚清知识空间的传播整体而言是成功的。由于受译者、时代语境与史境等诸多复杂因素的影响，中国固有文明对以西方为中心的近代文明传播，有吸收也有更多制约与抵抗，由此，严译本的传播和接受得到一些负面的反馈。但是，严译在翻译中传递西方学理并构建中西批评为基础新学说，在清末发挥了思想启蒙的重要作用，对中国经济史学和翻译史研究具有巨大价值。

第八章　结语

　　本书追踪亚当·斯密的《国富论》在中国不同历史时期的译介情形，透过这一巨著的输入，展现出百余年来中国与西学接触的多样面貌和演变轨迹。本书采用"旅行理论"描述出处于不同文化背景（生产脉络）中的译者，如何以不同的方式和策略来进行"他者的再现"：小到一字一词的中译（如书名或原作者名），大到整部书的呈现方式（语言形式、观点与立场）。无论是早期传教士的"共同文本"，还是近代译者的"译序"言说，《国富论》传达的经济学思想带有鲜明的译者操控和意识形态色彩，即使是社会科学著作同样被赋予不同的变调，演绎成不同的"故事"，每一个故事所表达的则是某一特定群体的心声。传教士从事书面经济知识的传译方法与中英官方主持的外交商约译述方式的显著差异，表明翻译活动具有政治性特质。这种不同的翻译与再现，显示了社科典籍翻译行为中的衍变、异常甚至难以预测。复译本质量显然受译者之意图、目标、能力与策略的影响，同时深受当下翻译生态和社会风气影响。译本呈现出巨大的差异性表明非文学翻译难以摆脱历史、政治、文化、译者、读者、译入语言（汉语）的深刻影响，在某种意义上说，大大超越了文学文本，带有鲜明的历史根源和时代痕迹。

　　主要的学术创新和学术价值主要体现为：第一，充分发掘和利用了严复在《国富论》英文底本上的手批，是多年来严译研究的重大突破，凭借严复留在英文底本上的317处手批，不仅可以弥补译者研究的不足和缺项，厘清了前期研究中对严复经济观点的部分误识，而且还得以揭露严复翻译自述与译本实情的诸多矛盾之处，反思、重估甚至是颠覆前期研究中的某些既定观点，为译史研究提供新发现和新视角。第二，对近代西方经济学思想的汉译研究是翻译文化史研究的一种努力，触及翻译学界尚无专门涉猎的经济学——这一重要社科翻译专门史领域。研究视角融合了社会学量的分析和文化学质的解释，结合了静态的结构分析与动态的历史阐释，把两种看似独立的研究思路统一到一个研究框架中，可以为翻译史研究提供一个崭新的认知视角。同时，研究把社会历史背景与学术文化传承相结合，力求通过多元化、多层次的脉络比较来凸显该方法在翻译史学研究中的价值和意义。第三，采用概念史研究方法对经济类译词开展研究，从翻译与演变进行脉络化、历史化分析，辨明经济学术语译名的最早来源与出处、衍变与接受情况并附加经济术语译词表，厘清由于借用日常用语来表达经济专业术语而引发的概念歧义与文本含混。第四，结论有助于从翻译文化视角重新审视这类经济学说的翻译，不仅借由可资佐证的史料、文本以及译者的人际联接与社会角色，梳理译者所构成的文化群体及其文化位置，揭示不同社会历史时期对翻译活动和思想的驱动与制约因素，可以弥补人文社科类翻译研究/西方经济学说独特的翻译特征和传播价值的缺项，使其走出"被遮蔽"的状态。同时，研究还结合当代史学方法与翻译研究的特性，揭示更为宏观、较有普遍意义的社科类文本译述原则和传播规律，探索西方经济翻译史的书写模式乃至翻译文化史的书写。

一 破解底本与译本

翻译研究的领域在不断拓新，但并不意味着对传统文本翻译研究的忽略，扎实和深入的文本研究仍然为翻译研究、史学研究等多学科提供了重要的基础和支撑。除翻译研究经常会使用的材料外（原著、译本、书信、日记等），本书以《原富》的英文底本为基础，分别从版本差异、结构比较、"译者手迹"、"译者案语"等角度，细致考察和比较了混合在译本《原富》中的各类思想。本研究特别关注译者严复个人经历与社会境遇对他的翻译观念与译本择取具体而细微的影响。研究发现，严复案语不同于一般翻译中的"译注"，而是旁征博引，善发议论，精于说理，"取便发挥"。严复通过译文中的案语，阐发自己的独识与先觉，自己的思想与主张。严复的案语不管是诠释性的，还是评说性的，都具有针对性，具有科学性和思想性。另一个发现则是，案语中大量的经济学观点并非来自严复本人，而是底本的编订者罗哲斯。这一结论提示严复研究者在采用严复案语时，首要的工作是甄别这些观点、思想的来源。这一发现也向经济学界对严复经济思想认定的一些观点提出挑战。在严复的八大译著中，本书是首次从考察英文底本版次和具体比对译文和案语的研究案例。这一发现也将有助于窥探到作为思想者的译者更深一层面，揭示出译者的生平经历、学识思想与翻译行为的关联，以及译本《原富》特定的生成机制。

二 传递话语

翻译是促成一个民族文化变迁与发展的外在动因，内在动因仍是历史与价值的冲突乃至由此导致的情感与理智的矛盾。严复的翻译和传播目的不在于扩大原作的影响，而是借助原著、原作者在"西方话语"中的影响力和地位，借助译作建构"西方话语"声音的同时，发出和传达严复争取民族独立、国富民强的呼声。受传统制度与国家权力的压制，译者常常为争夺自我的话语权而进行抗争。这种借"翻译"的形式传达自我创作的目的、过程和声音，是严复译著的共同特征。

严复话语的传递方式，是通过一方面支持或驳斥斯密的经济学说，另一方面批评或提倡中国传统经济观点，这样的双重路径中得以实现的。在严复的翻译思想中，不存在完全地支持或反对西方，也不存在与中国传统的决然分裂或顽固保守，他从西方反观中国，也透过中国去认识西方。因此，与其说他是在翻译斯密的学说，不如说他借斯密之名声与文字传播和构建自己的声音。严复通过解读和翻译原作，试图把中国传统文明和思想融入西方的认知图式中，也试图用西方新知重新诠释中国传统经济观念。

严复译笔用词文雅流畅，毫无翻译腔，与前期传教士所译述经济文献相比，可读性自然是有所超越。《原富》译文中，虽然有辞义、句序颠倒之处，增添删减之例，但文从字顺，说意明白。严复以文言文试图传达西方话语，语言选择受翻译内容和传达信息影响，更主要取决于译者本人的意图。严复这种融译、释、评、写于一体的译作，其价值和影响，是一般纯粹的译本无法比拟的。这种"非正体"的译文是严复在特定的历史条件下，摄取域外文化思想而采取的一种特定和特效的翻译手段。在面对翻译中所呈现的不对等的知识/权力关系，译者把思想/理论转译到另一个特定的时空脉络（清末）及特定的文本（《原富》）中，因此基本上是弱者借着翻译来再现强者/异己。此外，严复身处中国知识分子启蒙救国的时代氛围，兼具桐城派古文家身份，严译体现出意识形态的动机（ideological motivations）和诗学的动机（poetological motivations），其译作成果也是为了符合当时主要的意识形态和诗学潮流。

三 建构思想

严复对异质思想的接受与传播方式受其个人经验和中国史境的共同影响，译本《原富》显示出译者严复对斯密及其经济思想的了解与认知、主观上的诠释与评估。严复的翻译体现出与中国传统文化的关系，既有连续性也具有非连续性，隐含着对中国文化的批评，但并没有寄意于"全盘西化"。严译《原富》对西方文化输入的处理方式上，表现为与中国固有传统文化之间的连续性。在鼓励传播西学的态度中暗含自觉抵制的情绪，这种潜在的抵制具体表现为：外来概念的本土化转型与接纳、外来思想与中国传统思想观点比附、外来思想的影响判断（支持或批判）。严复对西方思想的"合法性"或"合理性"产生过质疑，并非是心悦诚服地拿来并"内在接受"。他的核心是在中西文化中间寻找到一条自创的出路，寻找自己的"中国性"和"现代性"。严复以中国传统文化对西方文化进行现代阐释，翻译中采用删、减、改、增的手法，被现代译学观视为失去了翻译的精准，曾备受指责。

在译本生成过程中，由于受译者本人学识、经历、观念和时代语境、史境的影响，输入的思想和表达形式受到再次选择和转变。从"概念"的翻译到"思想"传达的变化，反映出东方固有文明对以西方为中心的近代文明传播的制约与抵抗。严复的经济思想展现出的价值，正在于其理念根源与时代的关联性及对后世的影响力。这些理念集中体现在《原富》的案语与译文之中，由此展开的分析与辨别有助于了解严复及其时代士大夫之经济环境、经济思想根源与矛盾、思想之衍变与新生的来龙去脉；严复之经济思想在其时代的创新处、以译本与案语反抗西方又兼学西方的复杂情愫。不容否认的是，严复的译著中渗透和显现出他在厘辨、剔除与吸取西方文化、思想的过程中，一直在反思中国的传统文化与思想。就《原富》的翻译来说，与其说是严复翻译与传播了斯密的经济学说，还不如说，严复借着斯密进一步批判了中国的传统经济思想与制度中的不合理之处、吸取其精髓之处及应当向西学所学习的具体方面。《原富》确确实实是一部"中国版"的《国富论》。

严复以译者的独特身份，客观、冷静地审视着中、西两种不同的文化，在翻译中寻找着中西文化之间的一致性即连续性，也在清晰地辨认着两者之间的差异，即断裂性。因此，在严复的思想与翻译中，并行着这样两条主线。严复对中西文化进行批判与反思的努力，旨在寻求中西文化的交融与会通，冀能开创出一套适合现代中国国情的新文化。

四 中西抵触与融通

严复通过精选的翻译作品和多面的翻译活动，对中西文化展开比较、批判与反思，以探求中西文化相通相融的中间之道，期望于营建具有现代性的新文化。翻译并非是不同文化语言之间的"拷贝"和单纯性地"转换内容"，原本和译文之间也不是简单地以传"信"就可以完成思想间的对等转移，而是不断"重复所要达到的差异"。赖建诚（2009）曾经从一般翻译的标准批评严复在《原富》中的翻译，认为他缺乏对西洋经济思想精义深刻把握的能力。这其实只是问题的一面，情况远比这复杂。我们不能孤立于历史时代的处境，仅从文本和一种语词在技术上面的对应效果去判断和分析严复的译述。严复通过对西方异质思想的翻译，通过逐个与本国文化对照，不仅使域外文化越加清晰，也使本土思想愈加明了。如果说，史华兹为我们介绍了"一位西方总体思想的外国观察家"，本文更认为严复是一位借助翻译与传达西方思想而反观、辨析中国文化思想的本土观察家与执行者。由此推来，那些认为严复是对中国传统文化批判者的论断、"全盘西化"支持者的观点都嫌片面。严复翻译的西学汉译是从西学看中学、从中学看西学这样双重视野下展开的。

晚清翻译史中，严译《原富》个案如一多棱之镜，折射出的是一个缠绕了中西思想的更为宽广的社会、文化、历史氛围下，整个晚清社会的转型复杂、困惑、挣扎和探寻。反过来正是这多样、复杂的面向促成了一个独特的译本。该译作是原著 The Wealth of Nations 经济思想在世界范围内传布的重要环节之一，在百余年的译介史中，严复首译的价值与地位是无可比拟的，具有深入探讨的空间，无论是深度、广度还是高度。文章努力探求的是以译本为核心，所引发的诸多历史变迁的内在联系，这既包括译者和翻译过程在时序上的先后承继，还包括显现或隐藏在译本字里行间，与历史、文化、政治、经济息息相关的重要问题的沿革与变迁,强调晚清的翻译思想与翻译活动起到承前启后的重要地位,塑造的新一代"新民",与现代中国之间的联系。严复通过翻译活动确实起到传播西方思想的作用。严复的译本《原富》用词古奥,其本人也提及世人对《原富》的看法,如"《丛报》于拙作《原富》颇有微词,然甚佩其语;又于计学、名学诸名义皆不阿附,顾言者日久当自知吾说之无以易耳。其谓仆于文字刻意求古,亦未尽当;文无难易,惟其是,此语所当共知也"(王栻,1986a:463)。尽管后世对严复之经济观点及译著《原富》不乏质疑与否定,被视为幼稚浅薄,但他却是代表了晚清中国这一时代人真诚的理念与想象。

五 后续研究

严复留在《国富论》英文底本上的 317 处手批是严译研究(包括翻译研究和史学研究在内)的重大突破。严复翻译使用的英文底本和手批还需继续整理研究。后期拟重点考察和梳理 310 条案语中混淆的编者罗哲斯的观点。手批还有近 50 条需要进一步结合严复的译文和案语进行比较研究。可以说,底本和手批的进一步挖掘是后续研究中最重要的部分。

在《国富论》的早期传播环节中,传教士和本土国人通过各种途径、媒介,译介和传播了许多经济学知识,后续研究拟设想以经济学译著汇总的形式,进一步挖掘这部分译史活动的多面性和多重价值。进一步扩大晚清以来外来经济术语的译名收录表,尤重视译名的最早形式和出处。史料和文本查找范围包括传教士编纂的大量辞典、词典、报刊和译著,数据库和网络资源,力图在资料上和译名数量上有新的开掘与突破。在此研究基础上,接下来的研究还包括追踪溯源,查阅大量各类辞书,梳理近代外来经济类译词(包括日译词)。

在中国、日本、韩国 19 世纪下半叶的现代化进程中,《国富论》在近代东亚文化圈的翻译不失为一个值得研究的案例,共同的西学呼唤与交流必定产生出相似而又相异的经历与特征。限于笔者日文与韩文的局限,在本研究第二部分中未能深入探析《国富论》在日本和韩国的翻译史实,应继续深入研究这些译入国与严复的汉译在翻译动机、接纳与拒斥、意义与影响等方面的异同。

将来的研究可以考虑增加翻译语料库研究方法的应用,建立小型语料库。目前的量性研究所用数据分别是基于笔者手工进行的严复译著和《严复集》统计,下一步继续发挥中研院"汉籍全文资料库"和港中大中国近现代思想史专业数据对关键词进行概念史的考查。同时,取一定量的文本,建立小型译本比较翻译语料库,考查和统计关键词的出现与分布情况,把描写与解释、量性和质性研究结合起来。

下 编

本书下编以严复翻译过程中使用的 The Wealth of Nations 英文底本第一部前十一章（即《原富》部甲前十一篇）为主要内容，参照底本上严复的手批，展开英中文、英文脚注与案语比较，探讨严复的翻译过程和翻译特征。

严复所选用英文底本是英国经济史学家罗哲斯于1880年出版的校注本第二版。罗哲斯加入了大量脚注来补充说明斯密的思想，修订了斯密的错漏之处。因目前市面流行英文本 The Wealth of Nations 多为坎南版，罗版罕见，特保留后者以饲读者。收录过程中，本书作者修改了1880年版中英文单词的拼写错误。

脚注主要包括三部分内容：①汉译本《原富》编者注；②英文底本罗哲斯注；③本书作者针对严复部分译文和案语的比较分析。

Book I

Of the Causes of Improvement in the Productive Powers of Labour, and of the Order According to Which Its Produce is Naturally Distributed Among the Different Ranks of the People

发　凡①

凡一群生事之所需，皆于其民力是出，是故国之岁费与其岁殖，有相待之率焉。殖过费则为盈，盈则其民舒；费过殖则为朒，朒则其民蹙。其所视以为盈朒者，常在四事：一曰致力之巧拙，二曰出货之疾徐，三曰生者之众寡，四曰执业之损益。无论其国天时地利之何如，率之盈朒，恒视此四者。均是田也，甲十钟而乙五，则巧拙之分也。均是民也，此日一而彼日百，则疾徐之异也。至于游民众多，作为无益，国以之贫，其故尤易知耳。

虽然，四者孰重乎？曰：巧拙疾徐重，而众寡损益方之轻也。凡属初民，多为渔猎，稍进乃耕稼。夫渔猎之众，莫不操网罟，执弓矢矣。而耕稼之民，亦无一夫之不田，一女之不织。彼其生未尝不众也，其为未始无益也。顾今，如是之民往往赤贫羸苦，时忧乏绝。而游牧之国，乃常以生事弗供，如溺幼孩、播弃黎老，以食乌鹰狼虎而不怜。独至文物声明之国，其民生而不劳力者至多，而奉养之优，转什百于劳力者。一国之内，百产充盈，衣食饶衍，其中最下小民，苟勤谨治生，则口体之养有绝非草昧之民所能得者。然则既已事而观之，四者重轻大可见矣。

吾之为书，将以考国富之实，与夫所以富之由。以前说之故，首论力作生财之功所以益疾益巧之理，与夫生财之后，殊等之众食报所以不同之由，是为卷一。

---

① 发凡 introduction——原编者注。

夫力作生财之功，惟其巧拙疾徐既等，而后其所生之财与生者之众寡有比例也。而生者之众寡，又视积贮之盈虚，与夫发贮兴事者之得失以为差，故吾次及母财①。明其为物之情，讲其积畜之理，与夫母财异施而国中力作亦以不同之故，是为卷二。

巧疾交臻之后，则本末之趋其势常分，富国之效因之亦异。重本者，则厉力田树畜之民；要末者，则讲通商惠工之政。此其趣民力作均也，而有在野在邑之异。野邑之间，道国者意恒有所偏重。今夫亚洲②震旦③，亘古重农，而欧洲则自罗马不纲以来，国以制造戀迁相尚。此其所以致然之故，皆有至理定势为之，非微考而深论之，不可见也，是为卷三。

本末异重者，其始或由私利之抵牾，或由党类之偏见。初非于其流极利害有前识也，然由此而计学之家④宗旨大异焉。或以谓国之大命在农，或以谓利俗裕民莫若工贾，此其说始则见于著述议论之间，继则异于发政施令之际。吾欲取诸家之说，审其异同，穷其事验，用以见古今诸国生理之所以不齐，是为卷四。

前四部之言财也，考租庸，论本末，皆合通国之盈虚息耗而言之，于国家之赋税度支则未尝专及也。此论赋税，总为三章。首言国无论君主民主，皆有不容已之度支。自设官诘戎以至宫寝之御，何者为国之正费⑤？而此正费何者宜无区别，以赋诸通国之民？何者宜有区别，而于彼民宜蠲，于此民宜赋？次言征敛之事，术各不同。遵何术则赋广而民便之？失何道则赋糜而民以怨？末言近代诸邦。以何因缘皆有国债。而国债之事，其与民生国计，利病云何？盖是三者明，则成赋经国之理备矣，是为卷五。

---

① 母财 capital stock——原编者注。
② 亚细亚即古安息。1 转音。盖西人分大地为五洲，其三皆命于希腊，始皆一壤之名，其后乃举以被其全洲。希人谓其国之西地为欧罗巴，埃及与加达几。2 诸部则曰阿非利加，其始仅全洲之北地滨海者。犹东国之称亚细亚，乃分亚洲之西极，今则别之曰小亚细亚。小亚细亚者，汉所云安息。安、亚、息、细音近，而收音之亚则犹波斯、俄罗斯各名之收音例也——译者注。1 安息，国名，古代波斯之王国，其名因建之王阿息克（Arsaces）而来，西洋史称为帕提亚（Parthia），尝统辖波斯全部及其邻境之地——原编者注。2 加达几 Carthage，非洲东北部之古国——原编者注。
③ 震旦，印度古时称中国为震旦——原编者注。
④ 理财明富名曰计学——译者注。
⑤ 正费 necessary expenses——原编者注。

Chapter I   Of the Division of Labor①

篇一　论分功之效

I.1.1

The greatest improvement in the productive powers of labour, and the greater part of the skill, dexterity, and judgment with which it is anywhere directed, or applied, seem to have been the effects of the division of labour.

天下之常言曰：民生在勤。② 然则，力作者将斯人所定于天之分而无可逃者欤？虽然，均力作矣，其得效则此多而彼少，其致力则此益疾益巧。而彼常拙常迟，其故果安在也？曰：其事首判于功之分不分。③

I.1.2

The effects of the division of labour, in the general business of society, will be more easily understood, by considering in what manner it operates in

---

① For "labour" Mr. Gibbon Wakefield would substitute "employment." He observes that the word labour is used ambiguously, and that the title of the chapter suggests the direct reverse of that which the author contemplated. "The greatest division of labour," says the writer, "takes place among those exceedingly barbarous savages who never help each other, and division of employments with all its great results depends altogether on combination of labour, or co-operation." This co-operation he divides into simple and complex. In the former a number of persons do the same work together, in the latter a number perform different operations, each of which contributes to a single product. The latter is that which Smith illustrates under the term "division of labour." Wakefield's Smith, vol. i. chap. i. Note.

② 此句为严复增译。参照杨敬年（2001/2006：7-8）译文："劳动生产力最大的改进，以及劳动在任何地方运作或应用中所体现的技能、熟练和判断的大部分，似乎都是劳动分工的结果。"

③ 严复把陈述句改为反义疑问句，起到强调的作用。比较杨敬年译文（参见上一条注释）。

some particular manufactures. It is commonly supposed to be carried furthest in some very trifling ones; not perhaps that it really is carried further in them than in others of more importance: but in those trifling manufactures which are destined to supply the small wants of but a small number of people, the whole number of workmen must necessarily be small; and those employed in every different branch of the work can often be collected into the same workhouse, and placed at once under the view of the spectator. In those great manufactures, on the contrary, which are destined to supply the great wants of the great body of the people, every different branch of the work employs so great a number of workmen, that it is impossible to collect them all into the same workhouse①. We can seldom see more, at one time, than those employed in one single branch. Though in such manufactures, therefore, the work may really be divided into a much greater number of parts, than in those of a more trifling nature, the division is not near so obvious, and has accordingly been much less observed.

功以分而收效益多，此民生日用之中，所在在可见者也。顾其效于小工作易见，于大制造难知。小工作所居之地狭，所用之人寡，所作之事不繁，可一览而尽也。至于大制造则不然，其所仰给者非一廛之肆能所办也。往往取轮于甲，求舆于乙，衡轸盖橑，各异其地，擔而聚之，而后成车，其功之分，难以见也。故欲明分功②之有益力作，则莫若明以小工作之业。③

---

① This statement has long ceased to be true of the great industrial undertakings in this country. There is a growing tendency towards aggregating the various contributors to a joint product under one roof. The movies which lead to this appear to be twofold. 1. Such a system tends to eliminate intermediary agents. 2. It tends to obviate the risk of losing profit in any one of the co-operative employments, by distributing risk and profit over the whole operation.
② 分功 division of labour——原编者注。
③ 比较杨敬年（2001/2006：8）译文："反之，大型制造业为大多数人供应巨大的需求，每一个不同的工作部门都雇用大量的工人，不可能将他们全都集中在同一个工场内。我们在同一个时间能够看到的，只是在一个小部门中所雇用的工人。因此，虽然在这种制造业中，比起那些微小的制造业，工作实际上分成了更多的部门，分工却不是十分明显，因而较少被人注意到。"另见上篇有关"分工论"的分析。

案：斯密氏成书于乾隆四十年，去今百余岁矣，故其所言多与西国今日之情形异。今日大制造，多萃于一厂一肆之中。盖铁轨既通，会合綦易，而一以省中佮①之费，二以交相保险，而收利不畸重轻，此虽大制造所以不散处也。②

I.1.3

To take an example, therefore, from a very trifling manufacture, but one in which the division of labour has been very often taken notice of, the trade of the pin-maker; a workman not educated to this business (which the division of labour has rendered a distinct trade), nor acquainted with the use of the machinery employed in it (to the invention of which the same division of labour has probably given occasion), could scarce, perhaps, with his utmost industry, make one pin in a day, and certainly could not make twenty. But in the way in which this business is now carried on, not only the whole work is a peculiar trade, but it is divided into a number of branches, of which the greater part are likewise peculiar trades. One man draws out the wire; another straights it; a third cuts it; a fourth points it; a fifth grinds it at the top for receiving the head; to make the head requires two or three distinct operations; to put it on is a peculiar business; to whiten the pins is another; it is even a trade by itself to put them into the paper; and the important business of making a pin is, in this manner, divided into about eighteen distinct operations, which, in some manufactories, are all performed by distinct hands, though in others the same man will sometimes perform two or three of them. I have seen a small manufactory of this kind, where ten men only were employed, and where some of them conse-

---

① 中佮 middleman——原编者注。
② 本段案语来自编者罗哲斯的注释（参见下一条注释）。如："故其所言多与西国今日之情形异"（This statement has long ceased to be true of the great industrial undertakings in this country.）; "一以省中佮之费，二以交相保险，而收利不畸重轻，此虽大制造所以不散处也。"（1. Such a system tends to eliminate intermediary agents. 2. It tends to obviate the risk of losing profit in any one of the co-operative employments, by distributing risk and profit over the whole operation.）

quently performed two or three distinct operations. But though they were very poor, and therefore but indifferently accommodated with the necessary machinery, they could, when they exerted themselves, make among them about twelve pounds of pins in a day. There are in a pound upwards of four thousand pins of a middling size. Those ten persons, therefore, could make among them upwards of forty-eight thousand pins in a day. Each person, therefore, making a tenth part of forty-eight thousand pins, might be considered as making four thousand eight hundred pins in a day. But if they had all wrought separately and independently, and without any of them having been educated to this peculiar business, they certainly could not each of them have made twenty, perhaps not one pin in a day; that is, certainly, not the two hundred and fortieth, perhaps not the four thousand eight hundredth part of what they are at present capable of performing,① in consequence of a proper division and combination of their different operations.

不见夫业针者乎？使不习者一人而为之，穷日之力，幸成一针，欲为二十针焉，必不得也。② 今试分针之功，而使工各专其一事，拉者、截者、挫者、锐者，或磋其芒、或钻其鼻、或淬之使之犀、或药之使有耀、或选纯焉、或匦纳焉。凡为针之事十七八，或以手、或以机，皆析而为之，而未尝有兼者，则计一日之功，可得八万六千针，而或且过此数，此见诸实事者也。使以十八人为此，是人日四千八百针也。往者不分其功，则一人之力虽至勤极敏，日不能二十针，今也分其功而为之，则四千针而裕如。然则以分功之故，而益人力二百倍有余也。治针如是，他制造可类推矣。<u>吾故曰：益力之事，首在分功。</u>③

---

① Mr. Mill (Book I. chap. viii. § 5) criticizes the whole of this passage, and holds that Smith has exaggerated the advantages which ensue from continuity of labour in one operation.

② 严复此句有改译。比较杨敬年（2001/2006：7-8）译文："因此，要从一个微不足道的但它的劳动分工常常被人注意到的制造业来举一个例子，这就是制针业。一个没有受过这种业务（劳动分工已经使它成为一个独立的行业）训练、而又不熟悉它所使用的机器（同样的劳动分工使这种机器的发明成为可能）的工人，用他最大的努力，或许一天制造不出一枚针，肯定不能制造 20 枚。"

③ 严复增译，加以总结。比较杨敬年（2001/2006：9）本段结尾译文："这就是说，肯定不能完成他们现在由于适当分工和各种不同操作的结合所能完成的工作量的1/240，或许甚至不能完成其 1/4800。"

I.1.4

In every other art and manufacture, the effects of the division of labour are similar to what they are in this very trifling one, though, in many of them, the labour can neither be so much subdivided, nor reduced to so great a simplicity of operation. The division of labour, however, so far as it can be introduced, occasions, in every art, a proportionable increase of the productive powers of labour. The separation of different trades and employments from one another, seems to have taken place in consequence of this advantage. This separation, too, is generally carried furthest in those countries which enjoy the highest degree of industry and improvement; what is the work of one man in a rude state of society, being generally that of several in an improved one. In every improved society, the farmer is generally nothing but a farmer; the manufacturer, nothing but a manufacturer. The labour, too, which is necessary to produce any one complete manufacture, is almost always divided among a great number of hands. How many different trades are employed in each branch of the linen and woollen manufactures, from the growers of the flax and the wool, to the bleachers and smoothers of the linen, or to the dyers and dressers of the cloth! The nature of agriculture, indeed, does not admit of so many subdivisions of labour, nor of so complete a separation of one business from another, as manufactures. It is impossible to separate so entirely the business of the grazier from that of the corn-farmer, as the trade of the carpenter is commonly separated from that of the smith. The spinner is almost always a distinct person from the weaver; but the ploughman, the harrower, the sower of the seed, and the reaper of the corn, are often the same. The occasions for those different sorts of labour returning with the different seasons of the year, it is impossible that one man should be constantly employed in any one of them. This impossibility of making so complete and entire a separation of all the different branches of labour employed in agriculture, is perhaps the reason why the improvement of the productive powers of labour in this art, does not always keep pace with their improvement in manufactures.① The most opulent nations, indeed, generally excel all their neighbours in agriculture as well as in manufactures; but they are commonly more distinguished by their superiority in the latter than in the former. Their lands are in general better cultivated, and having more labour and expense bestowed upon them, produce more in proportion to the extent and natural fertility of the ground. But this superiority of produce is seldom much more than in proportion to the superiority of labour and expense. In agriculture, the labour of the rich country is not always much more productive than that of the poor; or, at least, it is never so much more productive, as it commonly is in manufactures. The corn of the rich country, therefore, will not always, in the same degree of goodness, come cheaper to market than that of the poor. The corn of Poland, in the same degree of goodness, is as cheap as that of France, notwithstanding the superior opulence and improvement of the latter country. The corn of France is, in the corn provinces, fully as good, and in most years nearly about the same price with the corn of England, though, in opulence and improvement, France is perhaps inferior to England. The corn-lands of England, however, are better cultivated than those of France, and the corn-lands of France are said to be much better cultivated than those of Poland. But though the poor country, notwithstanding the inferiority of its cultivation, can, in some measure, rival the rich in the cheapness and goodness of its corn, it can pretend to no such competition in its manufactures, at least if those manufactures suit the soil, climate, and situation of the rich country. The silks of France are better and cheaper than those of England, because the silk manufacture, at least under the present high duties upon the importation of raw silk, does not so well suit the climate of England as that of France. But the hard-

---

① It is one reason, but not the sole reason. The motive to improvement in the process of agriculture has been less energetic than in that of manufacture. For, first, the farmer is less able to appropriate the profit of an improved process, but is constrained sooner to share it with the landlord; next, agricultural labour is ordinarily superabundant, and must be maintained out of the poor rate. Where land is plentiful, labour scarce, and the demand of the foreign market is considerable, the application of machinery to agriculture is as fully developed as it is to manufacture. Such is the case with the North-Western States of the American Union.

ware and the coarse woollens of England are beyond all comparison superior to those of France, and much cheaper, too, in the same degree of goodness. In Poland there are said to be scarce any manufactures of any kind, a few of those coarser household manufactures excepted, without which no country can well subsist.

分功之为事，大抵分之愈简，则其益力愈多，而民生日优，则分功之事日细，盖二者皆有相资之用焉。今夫野蛮之国，其一民之业，在文明之国皆数人分治而不足者也。彼之耕稼陶渔，弓矢鞲幕，不异人而任之；而此则一寻常服食器用之微，其分功之多，有不可胜数者。夫如是，则即分功之繁简，又可以觇人国治化之浅深矣。虽然，事有殊形，不能皆分之至极简易如治针也。譬如田功，则分之不能若工贾之细矣。盖田功因时，春耕夏耘，秋收冬积，不能一时勤而三时逸也。其功之不可分以此，而农术之进不若他业之多者亦以此。富国与贫国较，其农与工固皆胜也，而胜之于农者，终不若胜之于工者之无穷。民力优，母财足，其播获也以时，其得稼也恒有以尽其地力，计其所胜，如是而已。然而其所出之粮，与其所费之财与力，常为比例，不能远过也。是故富国与贫国之粟，美恶同则价相若，富者之粟不能比贫者廉也。波兰之与法国，其贫富相悬远矣，法之与英，则又异也，其田畴之荒治则殊，而三国之谷价相若。此不仅谷之一事然也，地之所产皆如此矣。此所谓生货者也①。波兰所出太半生货，至于熟货②，则舍粗陋常物之外，往往而绝，欲与英法比隆，夐乎远矣。③

---

① 生货 raw material，即原料——原编者注。
② 熟货 manufactured good，即制造品——原编者注。
③ 此段译文，严复有多处概译，如："譬如田功，则分之不能若工贾之细矣。盖田功因时，春耕夏耘，秋收冬积，不能一时勤而三时逸也。其功之不可分以此，而农术之进不若他业之多者亦以此。富国与贫国较，其农与工固皆胜也，而胜之于农者，终不若胜之于工者之无穷。"可比较严复译文："波兰之与法国，其贫富相悬远矣，法之与英，则又异也，其田畴之荒治则殊，而三国之谷价相若。此不仅谷之一事然也，地之所产皆如此矣。此所谓生货者也。波兰所出太半生货，至于熟货，则舍粗陋常物之外，往往而绝，欲与英法比隆，夐乎远矣。"在此段文字中，严复略去斯密原文当中的一些例子，包括法国的丝绸、英国的铁器与毛纺织品。杨敬年（2001/2006：10－11）"法国的丝绸比英格兰的更好些、更便宜些，因为丝织业，至少是在现时对生丝进口课征高关税的情况下，不那么适合于英格兰的气候，不像在法国那样。但是英格兰的铁器和粗毛织物却远远优于法国的，就同一品质言价格也低廉得多。在波兰，据说很少有什么制造品"。

I.1.5

This great increase of the quantity of work, which, in consequence of the division of labour, the same number of people are capable of performing, is owing to three different circumstances; first, to the increase of dexterity in every particular workman; secondly, to the saving of the time which is commonly lost in passing from one species of work to another; and lastly, to the invention of a great number of machines which facilitate and abridge labour, and enable one man to do the work of many.①

功分则人力之收效益多，收效益多，则生财之能事愈大。此其所以然之故有三：事简而人习，一也；业专而玩愒不生，二也；用意精而机巧出，三也。②

I.1.6

First, the improvement of the dexterity of the workman necessarily increases the quantity of the work he can perform; and the division of labour, by reducing every man's business to some one simple operation, and by making this operation the sole employment of his life, necessarily increased very much dexterity of the workman. A common smith, who, though accustomed to handle the hammer, has never been used to make nails, if upon some particular occasion he is obliged to attempt it, will scarce, I am assured, be able to make

---

① Smith has omitted to notice another important consequence of the process referred to in the text. The division of labour makes it possible that the different agents in the joint product should be remunerated at different rates; whereas if the process were begun and completed by one man, the commonest or easiest labour bestowed by him would have to be paid at the rate of the highest and hardest. The first English author who appears to have called attention to this fact was Mr. Babbage, though he informed the Editor that he had subsequently met with a similar comment on the text of Smith in the works of an Italian author.

② 此段译文语言凝练，有概译的成分。比较杨敬年（2001/2006：11）译文："这种由于劳动分工而使同一数量的人所能完成的工作数量得到巨大增长，是由于三种不同的情况：第一，由于每一个工人的熟练程度的提高；第二，由于节约了从一种工作转向另一种工作普通所丧失的时间；最后，由于发明了很多的机器，便利和简单化了劳动，使一个人能干许多人的活。"

above two or three hundred nails in a day, and those too very bad ones. A smith who has been accustomed to make nails, but whose sole or principal business has not been that of a nailer, can seldom with his utmost diligence make more than eight hundred or a thousand nails in a day. I have seen several boys under twenty years of age who had never exercised any other trade but that of making nails, and who, when they exerted themselves, could make, each of them, upwards of two thousand three hundred nails in a day. The making of a nail, however, is by no means one of the simplest operations. The same person blows the bellows, stirs or mends the fire as there is occasion, heats the iron, and forges every part of the nail: in forging the head, too, he is obliged to change his tools. The different operations into which the making of a pin, or of a metal button, is subdivided, are all of them much more simple, and the dexterity of the person, of whose life it has been the sole business to perform them, is usually much greater. The rapidity with which some of the operations of those manufactures are performed, exceeds what the human hand could, by those who had never seen them, be supposed capable of acquiring.

所由于事简而人习者，此最易见也。盖用志不纷，虽事有至难，及其久之，皆若行其所无事。故欲事之习，必功之分，分之益简，习之益至。又，尝观铁匠之为钉矣，其非专业者，穷日之力仅二三百枚，而多不纯善，苟其专为，则日能八九百枚而善。吾见日成二千三百枚，而枚枚皆善者，问之，则童而习此，未尝他骛者也。专之为效，不其见欤！虽然，人为全钉，尚非极简之业也。鼓炉、聚炭、冶铁、奋锤，皆一人之事，而一钉之中，紧其头，蛋其尾，其用器致功皆不同也。故仅若此，使由是而益分之若治针之为者，则人之成钉，不啻倍蓰此数又可知也。

I.1.7

Secondly, the advantage which is gained by saving the time commonly lost in passing from one sort of work to another, is much greater than we should at first view be apt to imagine it. It is impossible to pass very quickly from one kind of work to another; that is carried on in a different place, and with quite different tools. A country weaver, who cultivates a small farm, must lose a good deal of time in passing from his loom to the field, and from the field to his loom. When the two trades can be carried on in the same workhouse, the loss of time is no doubt much less. It is even in this case, however, very considerable. A man commonly saunters a little in turning his hand from one sort of employment to another. When he first begins the new work he is seldom very keen and hearty; his mind, as they say, does not go to it, and for some time he rather trifles than applies to good purpose. The habit of sauntering and of indolent careless application, which is naturally, or rather necessarily acquired by every country workman who is obliged to change his work and his tools every half hour, and to apply his hand in twenty different ways almost every day of his life; renders him almost always slothful and lazy, and incapable of any vigorous application even on the most pressing occasions. Independent, therefore, of his deficiency in point of dexterity, this cause alone must always reduce considerably the quantity of work which he is capable of performing.

所由于业专而玩愒不生者，民之能勤，在无弃时而已。弃时无异于弃财也。业不专而屡易，其弃时必多。民之治一业也，饬其材，厎其器，而后从事焉。使不易业，无待更求也。易之，必饬他材，必厎他器，而前饬前厎者，皆无用矣。此其弃时一也。常人之情，于易事之顷，不能无趑趄。当其始为之时，心未能即专也，力未能即奋也，必有顷焉，乃臻服习，已服习而心专力奋矣。又使之转治他业，彼必辽缓徘徊，以为休息之顷，使如是日数易焉，何怪其功之尟而所需时日之多乎？此其弃时二也。此于一业固不觉也，使合一国通数十年计之，则为之不疾而财之所以不生，皆坐此矣。且民既以业专而习，亦以业纷而惰也。乡僻之佣工①所操之业，食顷辄易，每易之际，必延伫容与而后即功，初为之时，其于事亦多不精审。如是习之既久，遂成潦倒惰佣，盖比比也。

I.1.8

Thirdly, and lastly, every body must be sensible how much labour is facilitated and abridged by the application of proper machinery. It is unnecessary to

---

① 佣工 workman——原编者注。

Chapter I   Of the Division of Labor

give any example. I shall only observe, therefore, that the invention of all those machines by which labour is so much facilitated and abridged, seems to have been originally owing to the division of labour. Men are much more likely to discover easier and readier methods of attaining any object, when the whole attention of their minds is directed towards that single object, than when it is dissipated among a great variety of things. But, in consequence of the division of labour, the whole of every man's attention comes naturally to be directed towards some one very simple object. It is naturally to be expected, therefore, that some one or other of those who are employed in each particular branch of labour should soon find out easier and readier methods of performing their own particular work, wherever the nature of it admits of such improvement. A great part of the machines made use of in those manufactures in which labour is most subdivided, were originally the inventions of common workmen, who, being each of them employed in some very simple operation, naturally turned their thoughts towards finding out easier and readier methods of performing it. Whoever has been much accustomed to visit such manufactures, must frequently have been shoun very pretty machines, which were the inventions of such workmen, in order to facilitate and quicken their particular part of the work. In the first fire-engines, a boy was constantly employed to open and shut alternately the communication between the boiler and the cylinder, according as the piston either ascended or descended. One of those boys, who loved to play with his companions, observed that, by tying a string from the handle of the valve which opened this communication, to another part of the machine, the valve would open and shut without his assistance, and leave him at liberty to divert himself with his playfellows. One of the greatest improvements that has been made upon this machine, since it was first invented, was in this manner the discovery of a boy who wanted to save his own labour. ①

所由于用意精而机巧出者，西国益事省力之机，半由分功而出，盖

---

① The desire to get the greatest possible result, with the least possible expenditure of force, is the most powerful stimulant to the invention and improvement of machinery. To diminish cost, is to make labour most efficient, and increase profit.

用意既精，巧捷之术恍若来告。吾观于工厂而遇极巧之机，叩其所由，多由工佣前以手足专司此事，后得巧法，创成此机。如汽机初创时，凡百运转皆机自为，独汽鞴之囱①，开阖须由人力。以其事轻，司以童子。后此童子思欲趁闲游戏，因接杆系绳，使其随机开阖。此乃汽机中第一妙制，然其作者由于专业之童。举此一端，则机由习创，非虚语也。

I.1.9

All the improvements in machinery, however, have by no means been the inventions of those who had occasion to use the machines. Many improvements have been made by the ingenuity of the makers of the machines, when to make them became the business of a peculiar trade; and some by that of those who are called philosophers, or men of speculation, whose trade it is not to do any thing, but to observe every thing, and who, upon that account, are often capable of combining together the powers of the most distant and dissimilar objects. In the progress of society, philosophy or speculation becomes, like every other employment, the principal or sole trade and occupation of a particular class of citizens. Like every other employment too, it is subdivided into a great number of different branches, each of which affords occupation to a peculiar tribe or class of philosophers; and this subdivision of employment in philosophy, as well as in every other business, improves dexterity, and saves time. Each individual becomes more expert in his own peculiar branch, more work is done upon the whole, and the quantity of science is considerably increased by it.

I.1.10

It is the great multiplication of the productions of all the different arts, in consequence of the division of labour, which occasions, in a well-governed society, that universal opulence which extends itself to the lowest ranks of the people. Every workman has a great quantity of his own work to dispose of beyond what he himself has occasion for; and every other workman being exactly

---

① 汽鞴之囱 valve——原编者注。按，今译蒸汽机——编者注。

Chapter I Of the Division of Labor

in the same situation, he is enabled to exchange a great quantity of his own goods for a great quantity, or, what comes to the same thing, for the price of a great quantity of theirs. He supplies them abundantly with what they have occasion for, and they accommodate him as amply with what he has occasion for, and a general plenty diffuses itself through all the different ranks of the society.

【I.1.9】夫以机代工，则为之者疾，夫人而知之矣。然机之所以成，不必由执其工者。制造之师，以造机为专业，一机成，家以之富，故竭其耳目心力为之。格致家①者，不奋手足之烈，专以仰观俯察学问思索为功，故于物力阴阳，独具先觉之智。文明之国，格致之学与百工同，人专一途而易事通功，有相得之用。故民智愈高，学之分功愈细，业亦益精，此专家之学所以众也。方其聚精会神，人守一学，若甚瞆孤也者，逮合以成之，则一群之民智大进。此其有益人国，不仅富之一言所可尽也，而富为尤著。【I.1.10】盖功分而为之者疾，为之者疾，而百工之生物蕃。一人之所出，皆千百其所自需，人人有余，而交易之事起矣。农以粟易械器，陶冶以械器易布帛，转相为易，至于各养其欲、各给其求而后止。②然此犹是为未有圜法③泉币④者言也，泉币兴则其为易益神而财益进。故分功之国，民勤而生物蕃，生物蕃而交易起，交易起而财用足。

I.1.11

Observe the accommodation of the most common artificer or day-labourer in a civilized and thriving country, and you will perceive that the number of people of whose industry a part, though but a small part, has been employed in procuring him this accommodation, exceeds all computation. The woollen coat,

---

① 格致家 philosophers, men of speculation——原编者注。按，原文指哲学家或思想家——编者注。
② 严复增加了具体的例子"农以粟易械器，陶冶以械器易布帛"来说明分工的益处。比较杨敬年（2001/2006：14）相应部分译文："每一个工人自己劳动的产品，除了供应自己的需要外，还可大量出售；每一个其他的工人也完全一样，能用自己的大量产物去交换他人的大量产物或其等价品。"
③ 圜法 coinage——原编者注。按，即货币制度——编者注。
④ 泉币 money——原编者注。按，即货币——编者注。

for example, which covers the day-labourer, as coarse and rough as it may appear, is the produce of the joint labour of a great multitude of workmen. The shepherd, the sorter of the wool, the wool-comber or carder, the dyer, the scribbler, the spinner, the weaver, the fuller, the dresser, with many others, must all join their different arts in order to complete even this homely production. How many merchants and carriers, besides, must have been employed in transporting the materials from some of those workmen to others who often live in a very distant part of the country! How much commerce and navigation in particular, how many ship-builders, sailors, sail-makers, rope-makers, must have been employed in order to bring together the different drugs made use of by the dyer, which often come from the remotest corners of the world! What a variety of labour too, is necessary in order to produce the tools of the meanest of those workmen! To say nothing of such complicated machines as the ship of the sailor, the mill of the fuller, or even the loom of the weaver, let us consider only what a variety of labour is requisite in order to form that very simple machine, the shears with which the shepherd clips the wool. The miner, the builder of the furnace for smelting the ore, the feller of the timber, the burner of the charcoal to be made use of in the smelting-house, the brick-maker, the brick-layer, the workmen who attend the furnace, the mill-wright, the forger, the smith, must all of them join their different arts in order to produce them. Were we to examine, in the same manner, all the different parts of his dress and household furniture, the coarse linen shirt which he wears next his skin, the shoes which cover his feet, the bed which he lies on, and all the different parts which compose it, the kitchen-grate at which he prepares his victuals, the coals which he makes use of for that purpose, dug from the bowels of the earth, and brought to him perhaps by a long sea and a long land carriage, all the other utensils of his kitchen, all the furniture of his table, the knives and forks, the earthen or pewter plates upon which he serves up and divides his victuals, the different hands employed in preparing his bread and his beer, the glass window which lets in the heat and the light, and keeps out the wind and the rain, with all the knowledge and art requisite for preparing that beautiful and happy

Chapter I　Of the Division of Labor

invention, without which these northern parts of the world could scarce have afforded a very comfortable habitation, together with the tools of all the different workmen employed in producing those different conveniences; if we examine, I say, all these things, and consider what a variety of labour is employed about each of them,① we shall be sensible that without the assistance and co-operation of many thousands, the very meanest person in a civilized country could not be provided, even according to, what we very falsely imagine, the easy and simple manner in which he is commonly accommodated. Compared, indeed, with the more extravagant luxury of the great, his accommodation must no doubt appear extremely simple and easy; and yet it may be true, perhaps, that the accommodation of a European prince does not always so much exceed that of an industrious and frugal peasant, as the accommodation of the latter exceeds that of many an African king, the absolute master of the lives and liberties of ten thousand naked savages.②

民有相资之用，邦乃大和。今夫生于文明之国，而身为赁工③之佣，亦贫且贱矣。顾观其一身一室之所有，为计其所仰给之人，则百千万亿犹未尽也。闻者疑吾言乎？则先即其一属④而论之，出毛布者首羊，羊有牧者，毛有剪者，既剪而涷、而梳、而染、而纺、而织、而碾、而缝，而后成属。是独指至切者言之，其所待者固已众矣，然所待者又有所待

---

① 这部分英文的翻译有缺漏（"转而计之，岂有尽哉！然则，是佣一身一室之所有，其至粗极陋固也，顾其床榻卧具，刀几鼎铛，与夫饮食饼酒之事，其所待之人功，虽巧历不能计也。"）。完整的中译文参见杨敬年（2001/2006：15）："假如我们用同样的方式来考察一下他的衣着和家用器具的所有不同部分，他贴身穿的粗麻衬衫，他脚上穿的鞋，他睡的床，以及组成床的所有不同部件，他准备膳食的厨房炉灶，备膳所使用的从地层挖出的煤炭，这或许是通过遥远的海路和陆路运到他那里的，他厨房中所有其他的器皿，所有餐桌上的用具、刀子和叉子，用来盛上和分送饭菜的陶瓷盘子和锡镴盘子，为他制作面包和啤酒所使用的不同人手，用来放进热气和光线并抵御风雨的玻璃窗户，为了准备玻璃这种美妙的幸运的发明所需要的知识和技艺，没有玻璃，世界上这些北方国土就不可能提供一个非常舒适的住所，连同在生产这些不同的便利品中所使用的所有不同工人手中的工具；哎呀，假如我们考察一下所有这些东西，看一看每一种都要使用多少不同的劳动……"
② See for a similar illustration Turgot, Sur la Formation et la Distribution des Richesses, §3.
③ 赁工 workman——原编者注。
④ 毛毡 woolen coat——原编者注。

也。羊之毛，不必其地之所有也，于是乎有转运之事，以舟以车。舟必有造舟者，车必有造车者，编其帆、绚其索、均其轮、字其马，至于桨柂辔衔之细，皆必有工，缺焉则其事不举。剪，铁器也，于是乎有卬人，有炉匠，有陶、有冶、有樵，有立宫室者，有鼓炉鞴者，有奋锤者，磨者砻者，少焉则此剪与凡铁之事皆不生。<u>转而计之，岂有尽哉！然则，是佣一身一室之所有，其至粗极陋固也，顾其床榻卧具，刀几鼎铛，与夫饮食饼酒之事，其所待之人功，虽巧历不能计也。</u>是知人之在群，虽至贫贱，皆必有无穷之人与为通功易事之事而后济，微论富贵者矣。虽然，惟文明之国乃有是也。非洲野蛮之王，其壤地万里，亿兆之众，杀生随心，求如吾佣一日之奉，必不能也。<u>吾故曰：无化之王，不若有化之佣。</u>①

案：斯密氏之论分功也，可谓辨晰矣。虽然，自后之计学家观之，犹有未尽者。斯密之所言者，通功易事也，异事而相资也。然其事必自通力合作始。通力合作者，同事而相助也。十手而牵一纛，十足而举一碓，使不如是，事之不举者众矣，乌致有余而为易乎？且斯密所指分功之益，亦未赅也。② 所指之外，尚有四焉。一曰：不异人而事办。今驰传之人，其持一缄，与持百缄千缄，劳力均也；牧者之饲一牛，与饲十牛，为事相若也，功分则无赘人。二曰：不异事而效收。事固有饬材庀工之后，惟恐求者之不多。印书其一事也，功之未分，则人而钞书也，功分则无赘事。三曰：人得各审其才之所当。夫人各有能有不能，使不分功，则或强于其才所不当，而力糜事苦，惟分功而后各出其所长也。四曰：地得各出其产之所宜。夫粤镈宋削，产各有宜，不分功则迁地而不能良，既分功则地各收其所美。四者既合，人之能事益宏，而财乃大出也。

---

① 此处有严复增译。比较杨敬年（2001/2006：15-16）本段结尾译文可知："……而这个农民的生活用品却总是超过许多非洲君主的生活用品，这些君主正是数以万计的赤裸裸野蛮人的生命与自由的绝对主宰啊。"
② 本段案语，严复有吸收罗哲斯注释的痕迹，见【I.1.5】注释①。案语中所指"自后之计学家观之，犹有未尽者"可能包括如 Mr. Babbage, Mr. Mill 等学者的观点。另外原文段落【I.1.3】中注释认为斯密夸大了劳动连续性而提出批评（Mr. Mill criticizes the whole of this passage, and holds that Smith has exaggerated the advantages which ensue from continuity of labour in one operation.）。

Chapter II Of the Principle Which Gives Occasion to the Division of Labour

篇二　论分功交易①相因为用

Ⅰ.2.1

This division of labour, from which so many advantages are derived, is not originally the effect of any human wisdom, which foresees and intends that general opulence to which it gives occasion. It is the necessary, though very slow and gradual, consequence of a certain propensity in human nature, which has in view no such extensive utility; the propensity to truck, barter, and exchange one thing for another.

Ⅰ.2.2

Whether this propensity be one of those original principles in human nature, of which no further account can be given; or whether, as seems more probable, it be the necessary consequence of the faculties of reason and speech, it belongs not to our present subject to inquire. It is common to all men, and to be found in no other race of animals, which seem to know neither this nor any other species of contracts. Two greyhounds, in running down the same hare, have sometimes the appearance of acting in some sort of concert. Each turns her towards his companion, or endeavours to intercept her when his companion turns her towards himself. This, however, is not the effect of any contract, but of the accidental concurrence of their passions in the same object

---

① 交易 barter or exchange——原编者注。

at that particular time. Nobody ever saw a dog make a fair and deliberate exchange of one bone for another with another dog. Nobody ever saw one animal by its gestures and natural cries signify to another, this is mine, that yours; I am willing to give this for that. When an animal wants to obtain something either of a man or of another animal, it has no other means of persuasion but to gain the favour of those whose service it requires. A puppy fawns upon its dam, and a spaniel endeavours by a thousand attractions to engage the attention of its master who is at dinner, when it wants to be fed by him. Man sometimes uses the same arts with his brethren, and when he has no other means of engaging them to act according to his inclinations, endeavours by every servile and fawning attention to obtain their good will. He has not time, however, to do this upon every occasion. In civilized society he stands at all times in need of the cooperation and assistance of great multitudes, while his whole life is scarce sufficient to gain the friendship of a few persons. In almost every other race of animals, each individual, when it is grown up to maturity, is entirely independent, and in its natural state has occasion for the assistance of no other living creature. But man has almost constant occasion for the help of his brethren, and it is in vain for him to expect it from their benevolence only. He will be more likely to prevail if he can interest their self-love in his favour, and show them that it is for their own advantage to do for him what he requires of them. ① Whoever offers to another a bargain of any kind, proposes to do this. Give me that which I want, and you shall have this which you want, is the meaning of every such offer; and it is in this manner that we obtain from one another the far greater part of those good offices which we stand in need of. It is not from the benevolence of the butcher, the brewer, or the baker, that we expect our dinner, but from their regard to their own interest. We address ourselves, not to their humanity but to their self-love, and never talk to them of our own

---

① In all voluntary contracts, both parties gain. For a long time, however, people were possessed of the idea, that one man's gain is another's loss. Unfortunately, legislation proceeded on this fallacy, and consequently busied itself with restrictions, prohibitions, compensations, and the like.

Chapter II Of the Principle Which Gives Occasion to the Division of Labour

necessities but of their advantages. Nobody but a beggar chooses to depend chiefly upon the benevolence of his fellow-citizens. Even a beggar does not depend upon it entirely. The charity of well-disposed people, indeed, supplies him with the whole fund of his subsistence. But though this principle ultimately provides him with all the necessaries of life which he has occasion for, it neither does nor can provide him with them as he has occasion for them. The greater part of his occasional wants are supplied in the same manner as those of other people, by treaty, by barter, and by purchase. With the money which one man gives him he purchases food. The old clothes which another bestows upon him he exchanges for other old clothes which suit him better, or for lodging, or for food, or for money, with which he can buy either food, clothes, or lodging, as he has occasion.

功分而生财之能事益宏，其事非俟圣人起而后为之施设也，非前知其能生财而后分之若此也，盖起于不得已焉。夫人生而有群，天与之以有欲，其所以养此欲者，求之一人之身不能备也，则其势必取于相资。是故交易之事，国而有之，其利钝繁简，各视其进化之深浅为差。独至禽兽，则虽最灵者不能。两狗之逐兔也，一角之，一掎之，有相资之用焉，顾其事起于适然，各逐其欲而偶有合，非相为约而各任其一事也。鸟不相易虫，猿不相易果，盖易者必先有此彼之分，此彼之分，禽兽未尝有也。故交易之事，惟人为能。^①且禽兽之得食也，于其类则以争，强者得之，不问其谁属也。其于人则以媚，摇尾磕舌，伏身帖耳，幸主人之已悦，分其馂以果腹焉。人之有求于其类也，婥阿卑伏，曲体顺旨，与禽兽同术者，固有之矣，然而不可常用也。生夫群之中，盖无时焉不

---

① 此处严复有增译（"鸟不相易虫，猿不相易果，盖易者必先有此彼之分，此彼之分，禽兽未尝有也。故交易之事，惟人为能"），也有缩译（见英文画线部分）。试比较杨敬年（2001/2006：17－18）此段前后译文可知，"……然而，这并不是任何契约的效果，而只是在某一个时候出于对同一目标的欲望的偶然契合。没有人看到过两只狗用两根骨头彼此进行公平的有意识的交换。没有人看到过，一只动物用姿势或自然嚎叫向一只动物表示：这是我的，那是你的；我愿意用这个交换那个。当一只动物想要从人或另一只动物得到什么东西时，它除了获得它所乞求的对方的好感之外，没有其他的说服诱惑的手段。一只长毛垂耳狗作出千般姿态，去吸引餐桌上主人的注意，以便得到食物。人对他的同胞有时也使用相同的手腕，当他无法使他们按照自己的意愿行事时，就百般卑颜屈节、阿谀奉承，企图博得他们的欢心。……"

待无数人之我供而后足,使必俟悦我者,则竭毕生之精力,所结而相欢者,能几人哉?虽欲用禽兽之术自给,势有不能。夫吾既常有求于群,而他人之惠养又不足恃,吾将何所恃以奉吾生乎?曰:恃天下之各恤其私而已矣。人,自营之虫也,与自营之虫谋其所奉我者,是非有以成乎其私,固不可也。市于屠,酤于肆,籴乎高廪者之家,以资吾一飱之奉,非曰屠肆高廪者之仁有足恃也,恃是三者之各恤其私而已。入日中之市,而与蚩蚩者为易也,意皆曰与我彼,吾与若是。是之于若,方彼之于若为有赢也,则市之人皆歆之矣,此吾所以奉吾生者也。今夫无所易而受人之惠养者,盖有之矣,行丐是也。然而无所易者其一,而有所易者多也。受财物于仁人,而是财物者,不能适如其所求也。方举是以与市人为易,饥所食,寒所衣,风雨所庇覆,皆必易焉而后得之,则固与不丐者同也。然则交易者,固人道所不能外也。

I.2.3

As it is by treaty, by barter, and by purchase, that we obtain from one another the greater part of those mutual good offices which we stand in need of, so it is this same trucking disposition which originally gives occasion to the division of labour.① In a tribe of hunters or shepherds, a particular person makes bows and arrows, for example, with more readiness and dexterity than any other. He frequently exchanges them for cattle or for venison with his companions; and he finds at last that he can, in this manner, get more cattle and venison, than if he himself went to the field to catch them. From a regard to his own interest, therefore, the making of bows and arrows grows to be his chief business, and he becomes a sort of armourer. Another excels in making the frames and covers of their little huts or moveable houses. He is accustomed to be of

---

① Mr. Wakefield has justly observed, that the division of labour, or as he prefers, of employments, has been induced much more by the extension of human wants or desires, than by the mere disposition to exchange. Where there is no demand, there can be no reciprocity, the desire to exchange being developed from our necessities. To get part of that which others possess, we must offer something of our own in exchange, but the desire to possess, and the labour needed to acquire that which may be bartered for the object of our desire, must precede the exchange itself.

Chapter II Of the Principle Which Gives Occasion to the Division of Labour

use in this way to his neighbours, who reward him in the same manner with cattle and with venison, till at last he finds it his interest to dedicate himself entirely to this employment, and to become a sort of house-carpenter. In the same manner a third becomes a smith or a brazier; a fourth a tanner or dresser of hides or skins, the principal part of the clothing of savages. And thus the certainty of being able to exchange all that surplus part of the produce of his own labour, which is over and above his own consumption, for such parts of the produce of other men's labour as he may have occasion for, encourages every man to apply himself to a particular occupation, and to cultivate and bring to perfection whatever talent or genius he may possess for that particular species of business.

有质剂①，有交易②，有买卖③，而生事以供。亦有是三者，而分功以著。射猎游牧之民，其中有善为弓者，善为矢者，以其弓矢，易他人之禽获牛马。如是而得，方之自猎自牧之得为多，则彼将终于弓矢之业，而为弓人矢人矣。又有善为屋庐鞲幕者，为他人之屋庐鞲幕，而他人与之牛羊脯鲜。如是而得，方之自猎自牧之得为多，则彼将终于屋庐鞲幕之业，而为梓人幕工矣。又如是而有攻金之工，为之刀斤剑削。又如是而有攻皮之工，为之衣裳冠履。是故治化既开，易事乃始，易事既有，乃各审其耳目手足之所最宜，各操一术焉以前其群之用④。劳一人之心与力，而各有所出，自享不尽，斥其余以为易，以给他人之求，而己亦得其所欲。始也以材力地势异其业，异之既久，乃为习者之门，独擅能事，众莫能与之争。

I.2.4

The difference of natural talents in different men is, in reality, much less than we are aware of; and the very different genius which appears to distinguish men of different professions, when grown up to maturity, is not upon many

---

① 质剂 treaty——原编者注。又，谓相易以约者——译者注。
② 谓相易以物者——译者注。
③ 买卖 purchase——原编者注。又，谓以财为易者——译者注。
④ 以前其群之用。"前"字疑系"全"字之误——原编者注。

occasions so much the cause, as the effect of the division of labour. The difference between the most dissimilar characters, between a philosopher and a common street porter, for example, seems to arise not so much from nature, as from habit, custom, and education. When they came into the world, and for the first six or eight years of their existence, they were perhaps, very much alike, and neither their parents nor playfellows could perceive any remarkable difference. About that age, or soon after, they come to be employed in very different occupations. The difference of talents comes then to be taken notice of, and widens by degrees, till at last the vanity of the philosopher is willing to acknowledge scarce any resemblance. But without the disposition to truck, barter, and exchange, every man must have procured to himself every necessary and conveniency of life which he wanted. All must have had the same duties to perform, and the same work to do, and there could have been no such difference of employment as could alone give occasion to any great difference of talents.

I.2.5

As it is this disposition which forms that difference of talents, so remarkable among men of different professions, so it is this same disposition which renders that difference useful. Many tribes of animals acknowledged to be all of the same species, derive from nature a much more remarkable distinction of genius, than what, antecedent to custom and education, appears to take place among men. By nature a philosopher is not in genius and disposition half so different from a street porter, as a mastiff is from a greyhound, or a greyhound from a spaniel, or this last from a shepherd's dog. Those different tribes of animals, however, though all of the same species are of scarce any use to one another. The strength of the mastiff is not in the least supported either by the swiftness of the greyhound, or by the sagacity of the spaniel, or by the docility of the shepherd's dog. The effects of those different geniuses and talents, for want of the power or disposition to barter and exchange, cannot be brought into a common stock, and do not in the least contribute to the better accommodation

Chapter Ⅱ   Of the Principle Which Gives Occasion to the Division of Labour

and conveniency of the species. Each animal is still obliged to support and defend itself, separately and independently, and derives no sort of advantage from that variety of talents with which nature has distinguished its fellows. Among men, on the contrary, the most dissimilar geniuses are of use to one another; the different produces of their respective talents, by the general disposition to truck, barter, and exchange, being brought, as it were, into a common stock, where every man may purchase whatever part of the produce of other men's talents he has occasion for.

虽然，天之生才，其为异也始微。彼之各以其能鸣而相望若不及者，非用异以为分，实因分而致异。苟自后而观之，<u>则圣人之与游手</u>①，度量相越，岂有涯哉？虽然，非生而异也。服习游处被教砥砺之不同，由斯异耳。乳齿未毁，性情智虑不相绝逾，当此之时，虽父母比邻不能指其异也。洎丁壮而操业不同，鹰爵之分稍稍见矣。其究也，一则乃圣乃智，一则为奴为隶。圣智奴隶，固有殊矣，而孰谓其始之未尝殊哉。今使民生而不易事，不易事则不分功，不分功则人之生事大致相若，事相若则习同，习同则民品一。草昧之民，其智若一丘之貉者，正坐此耳。故知民才相悬，待心力分劳而后有也。

案：才异始微，初民如是，至进化既久之后，则有种业积累之异，不尽同也。

由此观之，以人情之乐相为用，而有交易，而有分功，分功久而人品殊。然数者相为首尾，亦以乐相为用，而后收殊品之利也。禽兽类同而品殊者众矣，不待教，不由习，生而可见者也。人之生，圣智奴隶之为异，不若獒之与卢，卢之与厖，厖与牧狗之为异也。獒以绝有力著，卢以善走著，厖以警牧狗以驯著，其能品各殊而不相为用。此何故也？不易则不通，不通则虽有殊能而皆立于独，爪牙目鼻各用其所受于天者以自为养，而于同类则无利也。至于人则不然，或劳心焉，或劳力焉，

---

① 此处严复把"哲学家之与挑夫"（By nature a philosopher is not in genius and disposition half so different from a street porter）改为"圣人之与游手"。

而皆有相益之用。民生而能操一技，则皆有以食于其群。自圣智为一世之耳目，至于转移执事者之贱且劳，皆为其群所不能废。故分功交易，而人道尊。①

---

① 原文中并无"自圣智为一世之耳目""故分功交易，而人道尊"两句。严复经常在段尾加一句总结，强调本段的重点。《原富》不少段落的译文均有这样的特点。试比较杨敬年（2001/2006：21）："反之，在人中间最不同的才能对彼此都有用处；他们的各自才能的产品，通过互通有无、交易和交换的一般天性，仿佛变成了一种共同的财物，在这里每个人都可以购买到他所需要的其他人的才能的产品的一部分。"

Chapter Ⅲ That the Division of Labour is Limited by the Extent of the Market

篇三 论分功交易相为广狭

Ⅰ.3.1

As it is the power of exchanging that gives occasion to the division of labour, so the extent of this division must always be limited by the extent of that power, or, in other words, by the extent of the market. When the market is very small, no person can have any encouragement to dedicate himself entirely to one employment, for want of the power to exchange all that surplus part of the produce of his own labour, which is over and above his own consumption, for such parts of the produce of other men's labour as he has occasion for. ①

Ⅰ.3.2

There are some sorts of industry, even of the lowest kind, which can be carried on no where but in a great town. A porter, for example, can find employment and subsistence in no other place. A village is by much too narrow a sphere for him; even an ordinary market town is scarce large enough to afford him constant occupation. In the lone houses and very small villages which are scattered about in so desert a country as the Highlands of Scotland, every

---

① "The increased dexterity, the saving of time, and the invention of machines, which result from the division of employments, though the greatest, are not the only improvements in the productive powers of labour." Mr. Gibbon Wakefield. And this writer goes on to say that labour is productive in relation to the energy of labourers, quite as much as it is by the extent to which employments are divided.

farmer must be butcher, baker and brewer for his own family. In such situations we can scarce expect to find even a smith, a carpenter, or a mason, within less than twenty miles of another of the same trade. The scattered families that live at eight or ten miles distance from the nearest of them, must learn to perform themselves a great number of little pieces of work, for which, in more populous countries, they would call in the assistance of those workmen. Country workmen are almost everywhere obliged to apply themselves to all the different branches of industry that have so much affinity to one another as to be employed about the same sort of materials.① A country carpenter deals in every sort of work that is made of wood; a country smith in every sort of work that is made of iron. The former is not only a carpenter, but a joiner, a cabinet maker, and even a carver in wood, as well as a wheel-wright, a plough-wright, a cart and waggon maker. The employments of the latter are still more various. It is impossible there should be such a trade as even that of a nailer in the remote and inland parts of the Highlands of Scotland. Such a workman at the rate of a thousand nails a day, and three hundred working days in the year, will make three hundred thousand nails in the year. But in such a situation it would be impossible to dispose of one thousand, that is, of one day's work in the year.

分功交易，相为用则相为广狭。山城小市之民，贸易所通，其地甚狭，无取于专产一货②，专攻一业。何则？自用而外，多致余饶，匪所

---

① 严复翻译了主要内容，略去其中一些细节，稍有概译。英文对应的译文为："边鄙之民，聚而处者，多不过数十百家，其中农民为屠者，为饼师，为酿者。凡一家之所需，大抵求之一身而备。如冶如梓如攻石之工，约百里而一有，而鬐茅绚索，例皆家自为之，不能如都会之中雇某作治某事也。即有分功，亦分其大要而已。"对比杨敬年(2001/2006: 22 - 23) 译文："在散布在苏格兰高地一类荒凉农村中的独家住宅或非常小的村落，每一个农民必得为他自己的家庭屠宰牲畜、烤面包和酿酒。在这种情况下，我们甚至很难期望找到一个铁匠、一个木匠或一个泥水匠，在圆园英里以内，更难找到两个这样的人。离他们最近也有八英里到十英里的那些稀稀落落的人家，必须学会为自己干大量的这种零星小活，要在比较富裕的国家，他们是会叫各种工人来干的。乡村工人几乎到处都要干大体上使用同一种材料的所有各种不同的行业。"
② 《洪范》八政：一曰食，二曰货。食谓农殖嘉谷可食之物，货谓布帛可衣及金刀龟贝，所以分财布利通有无者。如此，则名货者独财帛其名，不但不能赅食，且不能赅余物矣。今是书中凡有交易之量者皆以货称，与古义异。学者详之——译者注。

与易故也。彼方舍其专而业其兼，辍其一业之有余补他业之不足，夫而后生事得粗具也。天下固有至微贱之工，而非大邑通都莫能存者，转移执事之佣是已。负戴提挈，其为技能浅矣，然不仅村墟屯集之中靡所用之，即在中市亦不能常得其雇直。边鄙之民，聚而处者，多不过数十百家，其中农民为屠者，为饼师，为酿者。凡一家之所需，大抵求之一身而备。如冶如梓如攻石之工，约百里而一有，而鬻茅绚索，例皆家自为之，不能如都会之中雇某作治某事也。即有分功，亦分其大要而已。攻木者总梓匠轮舆，攻金者总冶桃凫栗，事近则一工兼程焉，再析为细，势不能也。今如苏格兰之山邑①，岁用钉不过千数，而中巧者日制千钉，使其专之，则三百六旬中，<u>一日食而余日饿也，可乎哉</u>②？

I.3.3

As by means of water-carriage a more extensive market is opened to every sort of industry than what land-carriage alone can afford it, so it is upon the sea-coast, and along the banks of navigable rivers, that industry of every kind naturally begins to subdivide and improve itself, and it is frequently not till a long time after that those improvements extend themselves to the inland parts of the country. A broad-wheeled waggon, attended by two men, and drawn by eight horses, in about six weeks' time carries and brings back between London and Edinburgh near four ton weight of goods. In about the same time a ship navigated by six or eight men, and sailing between the ports of London and Leith, frequently carries and brings back two hundred ton weight of goods. Six or eight men, therefore, by the help of water-carriage, can carry and bring back in the same time the same quantity of goods between London and Edinburgh, as fifty broad-wheeled waggons, attended by a hundred men, and drawn by four hundred horses. Upon two hundred tons of goods, therefore, carried by the cheapest land-carriage from London to Edinburgh, there must be charged

---

① 苏格兰之山邑——The Highland of Scotland——原编者注。
② 严复增译反问句，强调劳动分工受到交换能力的限制。比较杨敬年（2001/2006：23）本段结尾译文："……但在这种情况下，他不可能售出一〇〇〇枚，而这只是全年中一天的工作量。"

the maintenance of a hundred men for three weeks, and both the maintenance, and, what is nearly equal to the maintenance, the wear and tear of four hundred horses as well as of fifty great waggons. Whereas, upon the same quantity of goods carried by water, there is to be charged only the maintenance of six or eight men, and the wear and tear of a ship of two hundred tons burden, together with the value of the superior risk, or the difference of the insurance between land and water-carriage. Were there no other communication between those two places, therefore, but by land-carriage, as no goods could be transported from the one to the other, except such whose price was very considerable in proportion to their weight, they could carry on but a small part of that commerce which at present subsists between them, and consequently could give but a small part of that encouragement which they at present mutually afford to each other's industry. There could be little or no commerce of any kind between the distant parts of the world. What goods could bear the expence of land-carriage between London and Calcutta?① Or if there were any so precious as to be able to support this expence, with what safety could they be transported through the territories of so many barbarous nations? Those two cities, however, at present carry on a very considerable commerce with each other, and by mutually affording a market, give a good deal of encouragement to each other's industry.

地势之于人事也，川所以为通，山所以为阻，故舟车皆以通货，而车不及舟。地为水所通者，其市场②必广，而百工以兴。此所以分功之所始，必在濒海多江河之国，而内地去水远者，常贫陋僿野而后时也。试为计之，以一大车运四吨之货，自伦敦以往额丁白拉，将车者二人，挽车者八马，需时七日者六，而后能达也。以水道言之，则操舟者七八人，为时亦四十二日，其由伦至额可以运二百吨，此实与百人、车五十、马四百者所致同也。夫此人百、车五十、马四百者，将非徒用也，必有

---

① Eastern produce, however, before the discovery of the Cape passage was chiefly conveyed by land. Of course it was very costly. See Sanuto in the Gesta Dei per Francos; and for the prices of tropical produce, as spices, & c., the Editor's Agriculture and Prices, vol. i.

② 市场 market——原编者注。

此四十二日人畜之糇刍，与夫车与马之所磨损，其他烦费，固无论已。至于水道，不过六七人之所食，一舟之磨损，与风波之偶然。此其难易廉费，岂可同日语哉！设此二邑者，无水以为通，则其所行之货，必其轻简珍贵，价高而利厚者，乃足以致，其不能若今日之百货莫不通，无疑也。故市场狭者其交易寡，交易寡者其功不分，则货弃于地而利壅矣。由伦敦以至羯罗屈阇①，其为远几何？使惟有陆可通，将行何货焉，乃可以当其费？当其费矣，而途中所过凶悍野蛮之国无数，能卒达者几何？然而是二邑者，今之交相为市者至众也，<u>互相为用而百工兴，民各以富，夫非斯水之力也哉</u>②？

I.3.4

Since such, therefore, are the advantages of water-carriage, it is natural that the first improvements of art and industry should be made where this conveniency opens the whole world for a market to the produce of every sort of labour, and that they should always be much later in extending themselves into the inland parts of the country.③ The inland parts of the country can for a long time have no other market for the greater part of their goods, but the country which lies round about them, and separates them from the sea-coast, and the great navigable rivers. The extent of their market, therefore, must for a long time be in proportion to the riches and populousness of that country, and consequently their improvement must always be posterior to the improvement of that country. In our North American colonies, the plantations have constantly

---

① 羯罗屈阇 Calcutta，印度孟加拉（Bengal）之一城——原编者注。即现在的加尔各答——本书著者注。

② 严复增译反问句，强调水运拓宽市场的重要性。比较杨敬年（2001/2006：23）本段结尾译文："……可是，现今在两个城市间彼此进行着巨额的贸易，由于相互提供市场，对各自的产业给予了大量的鼓励。"

③ Of course the force of this reasoning is greatly modified by the employment of railroads and locomotive engines. Still when time is no object, the use of a water-way, even though it be artificial, is vastly cheaper than that of any road on land. The idea which is entertained by some Americans, that the railroad across the northern continent will divert the trade of China and Japan from a sea to a land route, is it seems wholly visionary. This anticipation, made in 1869, is equally probable in 1880.

followed either the sea-coast or the banks of the navigable rivers, and have scarce anywhere extended themselves to any considerable distance from both.

是故，近水之土，民勤而业良，其为通愈遥，其为业弥奋，富厚文明，由此而出。远水之土，四境而外，与通者希，大海之滨，可漕之河，皆为四邻之所隔。其为市也，仅视本土之富庶以为差，故富教之效，皆劣于近水者。北美之始垦也，来而集者皆沿江海之壖，其深入内地者，往往而绝也。

I.3.5

The nations that, according to the best authenticated history, appear to have been first civilized, were those that dwelt round the coast of the Mediterranean sea. That sea, by far the greatest inlet that is known in the world, having no tides, nor consequently any waves except such as are caused by the wind only, was, by the smoothness of its surface, as well as by the multitude of its islands, and the proximity of its neighbouring shores, extremely favourable to the infant navigation of the world; when, from their ignorance of the compass, men were afraid to quit the view of the coast, and from the imperfection of the art of ship-building, to abandon themselves to the boisterous waves of the ocean. To pass beyond the pillars of Hercules, that is, to sail out of the Straits of Gibraltar, was, in the ancient world, long considered as a most wonderful and dangerous exploit of navigation. It was late before even the Phenicians and Carthaginians, the most skilful navigators and ship-builders of those old times, attempted it, and they were for a long time the only nations that did attempt it.

考之于史，尤可知矣。欧洲治化始于地中海之四周。天下水入地深者，莫此海若，不通潮汐，舍风所鼓，别无巨浪，小大诸岛，棋布星罗，故水恬而多可泊。初民舟制不坚，不识磁铁之用，于此海最宜。去岸过远，目不见山，则惮而不敢试。芝伯罗塔①者，地中海出大西洋之门户

---

① 芝伯罗塔 The Straight of Gibraltar——原编者注。按，今译直布罗陀——编者注。

也，大秦之人谓曰巨灵之峡①，过此以西，动色相戒。涉者独非尼加②、加达几尼亚③二部之民，垂千余年，余国之民莫有出者。

I.3.6

Of all the countries on the coast of the Mediterranean sea, Egypt seems to have been the first in which either agriculture or manufactures were cultivated and improved to any considerable degree. Upper Egypt extends itself nowhere above a few miles from the Nile and in Lower Egypt that great river breaks itself into many different canals, which, with the assistance of a little art, seem to have afforded a communication by water-carriage, not only between all the great towns, but between all the considerable villages, and even to many farm-houses in the country; nearly in the same manner as the Rhine and the Maas do in Holland at present. The extent and easiness of this inland navigation was probably one of the principal causes of the early improvement of Egypt.

环地中海之滨十余国，埃及最古，其民讲于农工最先。埃及分上下国，溯尼禄④以南为上埃及，皆并河为聚落，去岸不百里则荒地矣。尼禄下流，播为十数支，为下埃及，网分脉结，在在可以通航，城邑林立，而其民皆偷佚富厚焉。北之荷兰，蕞尔国也，其土与财，以比例言，于他国无所让，亦以濒海而有鄂林⑤、摩斯⑥二河之故。是故海国多港汊，内地多江河，不淤不滥而常可漕者，国之至宝，致富之资也。希腊、义大里⑦在古称富强，而至今为建国者，职是故耳。

I.3.7

The improvements in agriculture and manufactures seem likewise to have

---

① 巨灵之峡 The Pillars of Hercules——原编者注。
② 非尼加 Phoenicia——原编者注。
③ 加达几内亚 Carthaginians——原编者注。
④ 尼禄 Nile River，非洲东部之大河，长三六七〇哩——原编者注。按，今译尼罗河——编者注。
⑤ 鄂林 Rhine，今译来因河，自瑞士至北海，长八〇哩——原编者注。
⑥ 摩斯 Maese or Meuse，河名，在法、比、荷兰之东北部，长五七五哩——原编者注。
⑦ 义大里 Italy，今译意大利——原编者注。

been of very great antiquity in the provinces of Bengal in the East Indies, and in some of the eastern provinces of China; though the great extent of this antiquity is not authenticated by any histories of whose authority we, in this part of the world, are well assured.① In Bengal, the Ganges, and several other great rivers form a great number of navigable canals in the same manner as the Nile does in Egypt. In the Eastern provinces of China too, several great rivers form, by their different branches, a multitude of canals, and by communicating with one another afford an inland navigation much more extensive than that either of the Nile or the Ganges, or perhaps than both of them put together. It is remarkable that neither the ancient Egyptians, nor the Indians, nor the Chinese, encouraged foreign commerce, but seem all to have derived their great opulence from this inland navigation.

东揽夫亚细亚，则印度之孟加拉②最富庶。而支那各省，财赋最盛称三吴。一则濒印度洋而承殑伽③之冲，一则临东海而扼扬子之吭，此皆与埃及之尼禄河同其利用者也。埃及、印度、支那三古国皆有海禁，以内地市场已广，不愿有外交以致窥伺。<u>然而是三国者，皆古盛而今衰</u>④。

Ⅰ.3.8

All the inland parts of Africa, and all that part of Asia which lies any considerable way north of the Euxine and Caspian seas, the ancient Scythia, the modern Tartary and Siberia, seem in all ages of the world to have been in the same barbarous and uncivilized state in which we find them at present. The sea of Tartary is the frozen ocean, which admits of no navigation; and though some

---

① The reader is aware that great light has been thrown on the domestic history of India by the researches of Sanscrit scholars. In smith's time this language was hardly, if at all, known in Europe.
② 孟加拉 Bengal——原编者注。
③ 殑伽 Ganges，印度河流之一，长一五五七哩——原编者注。
④ 严复增译，感叹三个文明古国当下的发展状态，今不如昔。比较杨敬年（2001/2006：25）本段结尾译文：".....值得注意的是，不论是古代的埃及人、印度人还是中国人，都不鼓励对外国的贸易，似乎全都从内陆航运获得了巨大的富裕。"

Chapter III That the Division of Labour is Limited by the Extent of the Market

of the greatest rivers in the world run through that country, they are at too great a distance from one another to carry commerce and communication through the greater part of it. There are in Africa none of those great inlets, such as the Baltic and Adriatic seas in Europe, the Mediterranean and Euxine seas in both Europe and Asia, and the gulfs of Arabia, Persia, India, Bengal, and Siam, in Asia, to carry maritime commerce into the interior parts of that great continent: and the great rivers of Africa are at too great a distance from one another to give occasion to any considerable inland navigation. The commerce besides which any nation can carry on by means of a river which does not break itself into any great number of branches or canals, and which runs into another territory before it reaches the sea, can never be very considerable; because it is always in the power of the nations who possess that other territory to obstruct the communication between the upper country and the sea. The navigation of the Danube is of very little use to the different states of Bavaria, Austria and Hungary, in comparison of what it would be, if any of them possessed the whole of its course, till it falls into the Black Sea.

五洲之地，阿非利加最混沌无穷，其民终古称野蛮。而亚洲内地距水远者，如斯吉地亚①、鞑靼②、锡伯利亚③，亦亘古未进化，由北溟冱冻，大河散处不可漕通故耳。至如波罗特④、亚都里厄特⑤、黑海诸水之在欧，如亚剌伯湾、波斯湾、孟加拉湾、暹罗湾、渤澥⑥诸水之在亚，皆斗入大地数百千里，使之批窍导窾，以成互通之利，而非洲则未尝有也。且国有河而不播为小支，或踞其上游，而入海下流为他族所割据，则其通商不盛。盖无支流则不相汇通，失下游则出入多梗，此所以达牛河⑦虽长大，而于上游诸国匪所利者，<u>坐海口为土耳其所据也</u>。此与有

---

① 斯吉地亚 Scythia 古地名，跨欧亚二洲，在今俄罗斯境内——原编者注。
② 鞑靼 Tartary，区域不明，在亚洲及欧洲之东部——原编者注。
③ 锡伯利亚 Siberia，今译西伯利亚——原编者注。
④ 波罗特 Baltic Sea，今译波罗的海，在德意志之北，俄罗斯之西，广一六〇〇〇〇方里——原编者注。
⑤ 亚都里厄特 Adriatic Sea，在意大利之东，长五〇〇哩——原编者注。
⑥ 渤澥，疑即渤海——原编者注。
⑦ 达牛河 Danube River，今译多瑙河，长一七七〇哩——原编者注。

河之全,由源达海者,利害相悬远矣。①

案:中国北之黑龙,南之澜沧,皆坐此患。一失之于俄,一失之于法也。

---

① 此处严复有减译、也有增译。比较杨敬年(2001/2006:25)译文:"多瑙河的航行对于巴伐利亚、奥地利和匈牙利各国没有巨大用处,如果它们中间任何一国独占该河注入黑海以前的整个流域,情况就会不同。"可以看到,严复略去了部分国家名,段尾加入航海业发展对一国家经济发展重要性的认识。

Chapter IV Of the Origin and Use of Money

篇四 论泉币之始

I.4.1

When the division of labour has been once thoroughly established, it is but a very small part of a man's wants which the produce of his own labour can supply. He supplies the far greater part of them by exchanging that surplus part of the produce of his own labour, which is over and above his own consumption, for such parts of the produce of other men's labour as he has occasion for. Every man thus lives by exchanging, or becomes in some measure, a merchant, and the society itself grows to be what is properly a commercial society.①

分功局定，民之生事取足于己者日以少，待给于人者日以多。专营一业，自享有余，以与其群为易，懋迁有无，民皆待易而后足，如是之群，命曰商群②。

I.4.2

But when the division of labour first began to take place, this power of exchanging must frequently have been very much clogged and embarrassed in its

---

① "The power of exchanging," says Wakefield, "seems to depend on a great number of circumstances. Adam Smith has noticed only two of them, the facilities afforded by water-carriage, and the use of money." The fact is, acts of exchange can and do take place even in the absence of these conditions. "Power of exchanging," however, is matter of degree, and consists not only in the supply of facilities, but in the removal of obstacles. In our time, we are tolerably well informed as to the former, but we cannot anticipate the extent to which ingenuity and science may remove the latter.

② 商群 commercial society——原编者注。

operations. One man, we shall suppose, has more of a certain commodity than he himself has occasion for, while another has less. The former, consequently, would be glad to dispose of, and the latter to purchase, a part of this superfluity. But if this latter should chance to have nothing that the former stands in need of, no exchange can be made between them. The butcher has more meat in his shop than he himself can consume, and the brewer and the baker would each of them be willing to purchase a part of it. But they have nothing to offer in exchange, except the different productions of their respective trades, and the butcher is already provided with all the bread and beer which he has immediate occasion for. No exchange can, in this case, be made between them. He cannot be their merchant, nor they his customers; and they are all of them thus mutually less serviceable to one another. In order to avoid the inconveniency of such situations, every prudent man in every period of society, after the first establishment of the division of labour, must naturally have endeavoured to manage his affairs in such a manner, as to have at all times by him, besides the peculiar produce of his own industry, a certain quantity of some one commodity or other, such as he imagined few people would be likely to refuse in exchange for the produce of their industry. ①

为易之始，必有所窒。甲居一货而有余，乙于此货有不足，则甲愿以易，乙愿易而得之。然使乙之所以易，非甲之所欲有，则易之事穷。屠者鼓刀而宰，全牛之肉非一身一家之所能尽也。饼师酿者，皆乐分有之。饼师之易必以饼，酿者之易必以酒，设屠既有饼酒而不欲多，则易之事又穷。如是屠者苦于有余，饼酿苦于不足，卒不能相为用焉，此大不便也。有智者起，别储一物，使随时随地出以为易，人皆乐之而不吾拒，则生事得常给矣。

I.4.3

Many different commodities, it is probable, were successively both thought of and employed for this purpose. In the rude ages of society, cattle are said to

---

① The same train of reasoning is given in Aristotle, Ethic, Nicom. v. 5.

Chapter Ⅳ Of the Origin and Use of Money   313

have been the common instrument of commerce; and, though they must have been a most inconvenient one, yet, in old times, we find things were frequently valued according to the number of cattle which had been given in exchange for them. The armour of Diomede, says Homer, cost only nine oxen; but that of Glaucus cost an hundred oxen. Salt is said to be the common instrument of commerce and exchanges in Abyssinia; a species of shells in some parts of the coast of India; dried cod at Newfoundland; tobacco in Virginia; sugar in some of our West India colonies; hides or dressed leather in some other countries; and there is at this day a village in Scotland where it is not uncommon, I am told, for a workman to carry nails instead of money to the baker's shop or the ale-house. ①

如是之物，名曰易中②。方古之时，易中亦多物矣。有以马牛羊者，凡贸易之事，皆以马牛羊也。由今观之，甚拙可笑，然古之时，资产物价以马牛羊计者，载之传志不知凡几。鄂谟③之诗，谓谛阿默德④之甲直九牛，而格鲁古⑤之甲直百牛矣⑥。亚伯斯尼亚⑦之易以盐，印度以象贝，纽方兰⑧以干鱼，威占尼亚⑨以烟叶，支那以鹿皮、以布、以缣，卫藏⑩以茶砖，而苏格兰之民尚有携钉以入酒肆者，皆易中也。

Ⅰ.4.4

In all countries, however, men seem at last to have been determined by irresistible reasons to give the preference, for this employment, to metals above

---

① Turgot, Sur la Formation et la Distribution des Richesses, §39, mentions as ideal standards of value the pièce of the Paris rôtisseur, the pièce d'Inde of the slave dealers, the macute of the native Mandingo merchants, and the Bank money of Hollland. It appears from Speke's travels, that pieces of cotton cloth form a currency, or at least a measure of value, in Central Africa.
② 易中 common instrument of commerce or medium of exchange——原编者注。
③ 鄂谟 Homer, 古代希腊之大诗人——原编者注。按，今译荷马——编者注。
④ 谛阿默德 Diomede——原编者注。
⑤ 格鲁古 Glaucus——原编者注。
⑥ 《考工记》云："牛戴牛"——译者注。
⑦ 亚伯斯尼亚 Abyssinia, 东非洲之国名——原编者注。
⑧ 纽方兰 Newfoundland, 英国在北美之殖民地——原编者注。
⑨ 威占尼亚 Virginia, 美国州名——原编者注。
⑩ 卫藏，即西藏——原编者注。

every other commodity. Metals can not only be kept with as little loss as any other commodity, scarce any thing being less perishable than they are, but they can likewise, without any loss, be divided into any number of parts, as by fusion those parts can easily be reunited again; a quality which no other equally durable commodities possess, and which more than any other quality renders them fit to be the instruments of commerce and circulation.① The man who wanted to buy salt, for example, and had nothing but cattle to give in exchange for it, must have been obliged to buy salt to the value of a whole ox, or a whole sheep, at a time. He could seldom buy less than this, because what he was to give for it could seldom be divided without loss; and if he had a mind to buy more, he must, for the same reasons, have been obliged to buy double or triple the quantity, the value, to wit, of two or three oxen, or of two or three sheep. If, on the contrary, instead of sheep or oxen, he had metals to give in exchange for it, he could easily proportion the quantity of the metal to the precise quantity of the commodity which he had immediate occasion for.

治化渐开，易中必舍他品而用诸金者，必至之势也。诸金之为物也，不独经久不蠹，为万物尤，且析为至微，于值无损，而由散为合又易易也。夫可析易合者，易中最要之能事也，而他品不能。如宝石、如珠，大以毫厘，值相倍蓰，不得以轻为比例也，既析不能复合，合之不能复原值也，此其为易中不便明矣。如牛、如羊，未食则不可析也，已析则不可合也。今有以羊易盐豉者，凡易必以全羊，不可少也。苟欲多，则必倍之、必三之，此其为易中不便又明矣。至用诸金，则可析可合，而多少轻重皆可相准，此其独有之德也，故以为易中最宜。

---

① There are other reasons which have led to the selection of gold and silver. They are obtained in nearly equal quantities by nearly equal labour, and therefore are not in themselves liable to sudden fluctuations in value. Besides, the existing stocks are so large, that any great addition is of no such significance as it is in the case of other materials, the annual production and consumption of which proceed pari passu. A stream makes little difference to the volume of a great lake, though it may itself be changed from a rill into a torrent. See below, Chap. IX. * Plin. Hist. Nat. Lib. xxxiii. Cap. 13. "Servius rex primus signavit ans. Antea rudi usos Rome Timanus tradit. Signatum est nota pecudum, unde et pecunia appellata…Argentum signatum est anno Urbis 485, …quinque annis aute primum bellum Punicum."

案：汉贡禹于元帝时欲罢铸钱诸官，而用布帛及谷，议者亦谓交易待钱，布帛不可尺寸分裂，而禹议以寝。

I.4.5

Different metals have been made use of by different nations for this purpose. Iron was the common instrument of commerce among the ancient Spartans; copper among the ancient Romans; and gold and silver among all rich and commercial nations.

古今所用为易中者，贵贱诸金皆有之。希腊之斯巴丹①以铁，罗马以铜，印度以银，今欧洲各国则金银并用。

案：中国古者皮币，诸侯以聘享。金有三等，黄金为上，白金为中，赤金为下，是三品并用，与今英法诸国同也。至秦并天下，币二等。黄金以溢为名，上币；铜钱文曰半两，重如其文，下币。而珠玉、龟贝、银锡之属，为器饰宝藏不为币，是金铜并用也。汉兴，以秦钱重难用，乃更铸荚钱，降而为五铢。后代所用，大抵损益五铢汉钱，号为圜法，而齐布秦刀诸品微矣，黄白二金，亦无范以为圜法者。

I.4.6

Those metals seem originally to have been made use of for this purpose in rude bars, without any stamp or coinage. Thus we are told by Pliny, upon the authority of Timæus, an ancient historian, that, till the time of Servius Tullius, the Romans had no coined money, but made use of unstamped bars of copper, to purchase whatever they had occasion for. These rude bars, therefore, performed at this time the function of money.

---

① 斯巴丹 Spartan，即斯巴达（Sparta）之民，斯巴达者，古希腊拉哥尼亚（Laconia）之首都也——原编者注。

古用金为币，无圜法也。罗马之有圜法，自司尔威①始。

I.4.7

The use of metals in this rude state was attended with two very considerable inconveniences; first, with the trouble of weighing; and, secondly, with that of assaying them. In the precious metals, where a small difference in the quantity makes a great difference in the value, even the business of weighing, with proper exactness, requires at least very accurate weights and scales. The weighing of gold, in particular, is an operation of some nicety. In the coarser metals, indeed, where a small error would be of little consequence, less accuracy would, no doubt, be necessary. Yet we should find it excessively troublesome, if every time a poor man had occasion either to buy or sell a farthing's worth of goods, he was obliged to weigh the farthing. The operation of assaying is stillmore difficult, still more tedious, and, unless a part of the metal is fairly melted in the crucible, with proper dissolvents, any conclusion that can be drawn from it, is extremely uncertain. Before the institution of coined money, however, unless they went through this tedious and difficult operation, people must always have been liable to the grossest frauds and impositions; and instead of a pound weight of pure silver, or pure copper, might receive, in exchange for their goods, an adulterated composition of the coarsest and cheapest materials, which had, however, in their outward appearance, been made to resemble those metals. To prevent such abuses, to facilitate exchanges, and thereby to encourage all sorts of industry and commerce, it has been found necessary, in all countries that have made any considerable advances towards improvement, to affix a public stamp upon certain quantities of such particular metals, as were in those countries commonly made use of to purchase goods. Hence the origin of coined money, and of those public offices called mints; institutions exactly of the same nature with those of the aulnagers and stampmasters of woollen and linen cloth. All of them are equally meant to ascertain, by means of a public stamp, the quantity and uniform

---

① 司尔威 Servius Tullius——原编者注。

goodness of those different commodities when brought to market. ①

初以铜版资交易，其不便甚众。出入必衡，一也；惧其杂无以验，二也。贱金可忽，贵金铢黍之差为值甚巨，非审权微验不可，则废时失事之道也。小民挟零金易常物，必皆有事于衡，既已烦矣，而别其杂伪尤难。权金之器，验金之药，固不能以时具也，则相率为奸欺。奸欺日众，其群乃疑，而利用厚生之道，浸微浸灭。故欲富其国而圜法不谨，犹欲肥之人而日饮痟药也。知计之主，于一钱之入市，重几何，精几分，皆为著文明白，范而熔之，是曰制币②。此实与置监市司价之官同意，皆主杜绝奸欺，使民相任而已。③

I.4.8

The first public stamps of this kind that were affixed to the current metals, seem in many cases to have been intended to ascertain, what it was both most difficult and most important to ascertain, the goodness or fineness of the metal, and to have resembled the sterling mark which is at present affixed to plate and

---

① The service which the executive in the state does to the public in certifying the fineness of the metallic currency is far more important than that of its determining the weight of the pieces. It does not do more than issue coins of a certain weight, and enact that when they are worn below a certain weight, they shall be necessarily withdrawn from circulation.
② 制币 coined money——原编者注。
③ 严复对这段的翻译多有缩译、缺漏和改动（如："奸欺日众，其群乃疑，而利用厚生之道，浸微寖灭"中有省译）。试比较杨敬年（2001/2006：30-31）的译文："按照这种粗糙的状态使用货币，带来两种很大的不方便：第一是称量的困难；第二是化验的困难。在贵金属，小小的数量上的差异会产生重大的价值上的差异，而要进行极其准确的衡量，至少需要有非常精确的砝码和天平。尤其是黄金的衡量，那是一种颇为精密的操作。诚然，比较粗糙的金属，小小的误差没有多大关系，无疑地可以不必十分准确地去衡量。然而，如果一个穷人在需要购入或售出一个法新（farthing，英国从前使用的铜币，值一便士的四分之一。——译者注）的货物时，每一次都不得不去称这个法新的重量，我们会发现这是多么麻烦。化验的手续更为困难，更为烦琐；除非使用适当的熔剂，把一部分金属在坩埚中完全熔化，否则能从而得出的任何结论都不是十分可靠的。然而，在铸币制度建立以前，除非通过这种烦琐困难的手续，人们总是可能会受到最大的欺骗，他出售货物得来的不是一磅重的纯银或纯铜，而是掺了假的最粗最贱的材料，它们在外表上看来和银、铜一样。为了防止这种流弊，促进交易，从而鼓励各种产业和商业，在所有在改进方面有了重大进展的国家，都发现必须在普通用来购买货物的特定金属的一定分量上加盖公章，这就是铸币制度和造币厂这种国家机构的起源；这种制度，和麻布与呢绒检察官的性质完全相同。所有这些制度，用意都在通过使用公章，来确保那些投入市场的各种不同商品的数量和划一的质量。"

bars of silver, or the Spanish mark which is sometimes affixed to ingots of gold, and which being struck only upon one side of the piece, and not covering the whole surface, ascertains the fineness, but not the weight of the metal. Abraham weighs to Ephron the four hundred shekels of silver which he had agreed to pay for the field of Machpelah. They are said, however, to be the current money of the merchant, and yet are received by weight and not by tale,① in the same manner as ingots of gold and bars of silver are at present. The revenues of the ancient Saxon kings of England are said to have been paid, not in money, but in kind, that is, in victuals and provisions of all sorts. William the Conqueror introduced the custom of paying them in money. This money, however, was, for a long time, received at the exchequer, by weight and not by tale.

验精杂难于审重轻，而所系亦重，故制币先有官印②。官印者，课其精几分也。印其一方，不漫全幕。<u>犹今英国银器有狮子头印</u>③，西班牙金铤有库印，取以杜伪杂而已。古之用金，以重计不以枚计。传载，亚伯拉罕④买麦克非拉⑤田于伊佛狼⑥，以白金四百希格⑦为价，此犹支那⑧之用银两矣。英国当撒逊⑨种人为王时，收赋于民，任土作贡，不以泉币，至威廉⑩灭国造邦，乃以币赋。然是时主藏所课入者，仍言重不言枚也。⑪

I.4.9

The inconveniency and difficulty of weighing those metals with exactness,

---

① There is reason to believe, from the evidence of prices, as well as on other grounds, that payments were made by weight up to the time that Elizabeth reformed the currency. See also below, Chap. XI, on the wheat prices.
② 官印 public stamp, 货币法定之印证, 所以保证其成色重量也——原编者注。
③ "英国银器有狮子头印" 为增译。
④ 亚伯拉罕 Abraham——原编者注。
⑤ 麦克非拉 Machpelah——原编者注。
⑥ 伊佛狼 Ephron——原编者注。
⑦ 希格 Shekel, 古代巴比伦（Babylonia）之衡量单位名——原编者注。
⑧ "支那" 为严复增译。杨敬年（2001/2006: 32）译文为："据说银子是当时商人通用的货币，用重量而不是按个数来计算，就像现今的金条和银块那样。"
⑨ 撒逊 Saxon, 古居于德意志北部之民族——原编者注。
⑩ 威廉 William the Conqueror, 英王名, 生于一〇二七年, 卒于一〇八七年, 在位凡二十二年——原编者注。
⑪ 据严扬（1997）所揭示的信息, 严复在第二次校对版中, 本段译文全部删除, 原因尚不详。

gave occasion to the institution of coins, of which the stamp, covering entirely both sides of the piece, and sometimes the edges too, was supposed to ascertain not only the fineness, but the weight of the metal. Such coins, therefore, were received by tale as at present, without the trouble of weighing.

久之，乃定制重几何、精几分为制币一。币之面背，<u>像王面、纪年月、通印之，时或为边纹极致</u>，以绝杂伪摩鎗者。<u>夫而后国币齐一</u>①，价以枚称，衡验之烦，举无事焉。②

I.4.10

The denominations of those coins seem originally to have expressed the weight or quantity of metal contained in them. In the time of Servius Tullius, who first coined money at Rome, the Roman as or Pondo contained a Roman pound of good copper. It was divided in the same manner as our Troyes pound, into twelve ounces, each of which contained a real ounce of good copper. The English pound sterling in the time of Edward I., contained a pound, Tower weight, of silver, of a known fineness. The Tower pound seems to have been something more than the Roman pound, and something less than the Troyes pound.③ This last was not introduced into the mint of England till the 18th of Henry Ⅷ. The French livre contained, in the time of Charlemagne, a pound, Troyes weight, of silver of a known fineness. The fair of Troyes in Champaign was at that time frequented by all the nations of Europe, and the weights and measures of so famous a market were generally known and esteemed. The Scots money pound contained, from the time of Alexander the First to that of Robert

---

① 译文中画线两句"像王面、纪年月、通印之，时或为边纹极致"和"夫而后国币齐一"均为严复加译。比较杨敬年（2001/2006：32）译文："难于准确地衡量这些金属，这种不方便引起了铸币制度，铸币的两面完全覆盖印记，有时边缘也有印记，不仅用来确保金属的纯度，也用来确保它的重量。因此，这种铸币按个数流通，像现今那样，省去了称量的麻烦。"

② 据严扬（1997）所揭示的信息，严复在第二次校对版中，本段译文亦全部删除，原因尚不详。

③ For the distinction between these two pounds, and for information on the currency of the thirteenth and fourteenth centuries, see the Editor's Agriculture and Prices, vol. i. chap. 11.

Bruce, a pound of silver of the same weight and fineness with the English pound sterling. English, French, and Scots pennies too, contained all of them originally a real pennyweight of silver, the twentieth part of an ounce, and the two-hundred-and-fortieth part of a pound. The shilling, too, seems originally to have been the denomination of a weight. *When Wheat is at Twelve Shillings the Quarter*, says an ancient statute of Henry III. *Then Wastel Bread of a Farthing Shall Weigh Eleven Shillings and Four Pence.* The proportion, however, between the shilling, and either the penny on the one hand, or the pound on the other, seems not to have been so constant and uniform as that between the penny and the pound. During the first race of the kings of France, the French sou or shilling appears upon different occasions to have contained five, twelve, twenty, and forty pennies. Among the ancient Saxons a shilling appears at one time to have contained only five pennies, and it is not improbable that it may have been as variable among them as among their neighbours, the ancient Franks. From the time of Charlemagne among the French, and from that of William the Conqueror among the English, the proportion between the pound, the shilling, and the penny, seems to have been uniformly the same as at present, though the value of each has been very different. For in every country of the world, I believe, the avarice and injustice of princes and sovereign states, abusing the confidence of their subjects, have by degrees diminished the real quantity of metal, which had been originally contained in their coins. The Roman as, in the latter ages of the Republic, was reduced to the twenty-fourth part of its original value, and, instead of weighing a pound, came to weigh only half an ounce. The English pound and penny contain at present about a third only; the Scots pound and penny about a thirty-sixth; and the French pound and penny about a sixty-sixth part of their original value. By means of those operations, the princes and sovereign states which performed them were enabled, in appearance, to pay their debts and to fulfil their engagements with a smaller quantity of silver than would otherwise have been requisite. It was indeed in appearance only; for their creditors were really defrauded of a part of what was due to them. All other debtors in the state were allowed the same privilege, and might pay with the

Chapter IV Of the Origin and Use of Money

same nominal sum of the new and debased coin whatever they had borrowed in the old. Such operations, therefore, have always proved favourable to the debtor, and ruinous to the creditor, and have sometimes produced a greater and more universal revolution in the fortunes of private persons, than could have been occasioned by a very great public calamity. ①

泉币之等，其始皆即重以为名也。罗马之币名亚斯②，亦曰滂图③。滂图者，磅也，重如其名，盖精铜一磅也。英国之币名镑④，镑即磅也。当义都活第一⑤时，重如其名，得白金一台磅⑥。至显理第八⑦之十八载，始定制造币用杜雷磅⑧。杜雷者，法国邑名。当时欧洲懋迁，法国最盛，而杜雷为诸市辐凑处，故其权量各国通行之。法国之币名利佛⑨，利佛亦磅也。当察理第一⑩时，重如其名，得白金一杜雷磅。苏格兰与英吉利分治之世，自亚烈山大第一⑪至鲁勃德布鲁斯⑫，镑制与英同。英、法、苏三国皆有便士⑬，始亦权名也，二十便士为一翁斯⑭，故一便士

---

① There is good reason to believe that the incessant tampering with the currency, which was practised by the kings of France during the thirteenth and fourteenth centuries, had much to do with the political weakness of that kingdom through the epoch referred to; and similarly that the issues of base money by Henry Ⅷ and the Protector Somerset had equally mischievous effects in England during the sixteenth century.
② 亚斯 As，罗马币名——原编者注。
③ 滂图 Pondo，罗马币名——原编者注。
④ 镑 pound sterling，英国金本位货币之单位，等于二十先令——原编者注。
⑤ 义都活第一 Edward I，英王，生于一〇〇四年，卒于一〇六六年，一〇四二年嗣位——原编者注。
⑥ 台磅 pound tower weight，重五四〇〇 grains——原编者注。
⑦ 显理第八 Henry Ⅷ，英王，一四九一年生，一五〇九年即位，一五四七年卒——原编者注。
⑧ 杜雷磅 Troyes pound，衡量名，今译金衡，因源自法国之 Troyes 地方，故名——原编者注。
⑨ 利佛 livre，法国古银币名——原编者注。
⑩ 察理第一 Charlemague or Charles I，西罗马之帝，生于一七四二年，卒于一八一四年——原编者注。
⑪ 亚烈山大第一 Alexander the First，苏格兰之王，生于一〇七八年，一一〇七年即位，一一二四年卒——原编者注。
⑫ 鲁勃德布鲁斯 Robert Bruce，苏格兰之王，一二七四年生，一三〇六年即位，一三二九年卒——原编者注。
⑬ 便士 Penny，英国铜币之名，合一先令十二分之一——原编者注。
⑭ 翁斯 ounce，重量单位名，一镑十二分之一——原编者注。

者,二百四十分磅之一也。磅、便士之间有先令①,亦权名,然其重时升时降,无定程,不若磅、便士之可准。法古所谓稣②,即先令,易五便士,有时十二,或二十,或四十,不齐如此。英当撒逊时,每先令作五便士,然亦时变,与法互市,不能不随法以迁移矣。法自察理第一以来,英自威廉第一以来,镑、先令、便士三币相受之率,无大变改者,变者独其值耳。吾尝谓,各国君王多贪无信,务欺其民,故制币以重名,而其重日削。所可考者,罗马末年,亚斯之重,不过二十四初制之一,虽名滂图,半翁斯耳。法国最甚,<u>后之方前,仅六十六之一。</u>③ 苏格兰次之,三十六之一。英最善,今磅方古,犹余三之一焉。<u>盖其君操制币之权,则用仍名变实之术,以与其国人相遁,此其所以为聚敛之事也。顾一时所造之轻币,其君不能独用也,将必与其民共之,民亦操是以转相给,偿逋纳赋莫不以此,其负弥多,赢得弥厚,至使编户齐民,贫富易位。虽国经干戈水火之祸变,不如是之甚也。皆居上无厌阶之厉已。</u>④

  案:合观斯密氏之论,则泉币之为用可知已。<u>泉币之为用二:一曰懋迁易中⑤,二曰物值通量⑥</u>。此不必定金品也,而金品之泉币

---

① 先令 Shilling,英国银币之名,合一磅二十分之一——原编者注。
② 稣 sou,法国古代之币,原为金,后为银,最后为铜,今之五生丁,亦以是名——原编者注。
③ 本段内有缺漏未译信息,如"……二百四十分磅之一也。磅、便士之间有先令……"中间缺少"亨利三世的一个古老法律规定,当小麦售价为每夸特十二先令时,则每块售价一法新的上等面包应重十一先令四便士"。"后之方前,仅六十六之一"中间缺少"英格兰的镑和便士现今只有原值的三分之一左右"。
④ 严复此处有增译,如"偿逋纳赋莫不以此""编户齐民""皆居上无厌阶之厉已"。严复对本段译文信息传达比较模糊,不少关键性词语没有准确或者明确译出。如多次出现的"民"实际为"债权人"或"债务人",并非同一含义或普通民众。"聚敛之事"原文指"偿还债务和履行契约",此处也被简略翻译(此处是无法找到合适的中译名,无法进行英中转换。严复是否有意略去未译,尚待考查)。试参照杨敬年(2001/2006:33)本段结尾部分译文:"君主和国家通过采用这种手段就可用比原来要求的较少量的白银去偿还债务和履行契约。诚然,这只是在表面上看来是如此;因为他们的债权人实际被剥夺了应收债款的一部分。所有国内的其他债务人也因此享有相同的特权,可以用同样面额的贬值新币去偿还旧币债务。因此,这种办法证明总是有利于债务人,而极其不利于债权人,有时在私人财产上造成的革命,比起一场非常巨大的公共灾难来,还要巨大得多、普遍得多。"
⑤ 懋迁易中 medium of exchange,即交易之媒介——原编者注。
⑥ 物值通量 standard of value,即价值之标准——原编者注。

Chapter IV Of the Origin and Use of Money

有四德焉：一曰易挟①，二曰不腐②，三曰可析③，四曰值不骤变④。然自通商日广，而天下之矿产日多，此第四德亦难言矣。<u>国家制币之要道二：一曰铢两数均⑤，二曰精杂齐等⑥</u>。由是而生三善：一曰便事，二曰止奸，三曰美俗。夫泉币所以名财而非真财也，使其所名与所与易者亡，则彼三品者，无异土苴而已。

Ⅰ.4.11

It is in this manner that money has become in all civilized nations, the universal instrument of commerce, by the intervention of which goods of all kinds are bought and sold, or exchanged for one another.

Ⅰ.4.12

What are the rules which men naturally observe in exchanging them either for money or for one another, I shall now proceed to examine. These rules determine what may be called the relative or exchangeable value of goods.

Ⅰ.4.13

The word VALUE, it is to be observed, hastwo different meanings, and sometimes expresses the utility of some particular object, and sometimes the power of purchasing other goods which the possession of that object conveys. The one may be called "value in use"; the other, "value in exchange." The things which have the greatest value in use have frequently little or no value in exchange; and, on the contrary, those which have the greatest value in exchange have frequently little or no value in use. Nothing is more useful than water: but it will purchase scarce any thing; scarce any thing can be had in ex-

---

① 易挟 portability，易于取携——原编者注。
② 不腐 durability，耐久——原编者注。
③ 可析 divisibility，便于分析——原编者注。
④ 值不骤变 stability of value——原编者注。
⑤ 铢两数均，谓重量固定不变也——原编者注。
⑥ 精杂齐等，言各币成色不得参差也——原编者注。

change for it. ① A diamond, on the contrary, has scarce any value in use; but a very great quantity of other goods may frequently be had in exchange for it.

I.4.14

In order to investigate the principles which regulate the exchangeable value of commodities, I shall endeavour to show.

I.4.15

First, what is the real measure of this exchangeable value; or, wherein consists the real price of all commodities.

I.4.16

Secondly, what are the different parts of which this real price is composed or made up.

I.4.17

And, lastly, what are the different circumstances which sometimes raise some or all of these different parts of price above, and sometimes sink them below their natural or ordinary rate; or, what are the causes which sometimes hinder the market price, that is, the actual price of commodities, from coinciding exactly with what may be called their natural price.

I.4.18

I shall endeavour to explain, as fully and distinctly as I can, those three subjects in the three following chapters, for which I must very earnestly entreat

---

① It has been observed that Adam Smith, after rightly distinguishing between an economical use, and any other sense of utility, immediately confounds, in his illustration of a diamond, the moral use of an object with that of its value in exchange. The first condition of value is demand, —this existing, the relative value of objects is generally determined by the cost of producing them. Demand however may and does raise the value of objects above the cost of production. The fact that such an excess of demand over cost exists, gives origin to rent. See the first chapter of Ricardo's *Principles of Political Economy.*

Chapter IV Of the Origin and Use of Money

both the patience and attention of the reader: his patience, in order to examine a detail which may perhaps in some places appear unnecessarily tedious; and his attention, in order to understand what may, perhaps, after the fullest explication which I am capable of giving of it, appear still in some degree obscure. I am always willing to run some hazard of being tedious in order to be sure that I am perspicuous; and after taking the utmost pains that I can to be perspicuous, some obscurity may still appear to remain upon a subject in its own nature extremely abstracted.

言物之贵，有二义焉：有以利用①言者，有以交易②言者。物每有利用甚宏，生事所不可无，而不可以相易，空气水土是已。亦有易权③甚大，而利用盖微，珠玑宝石是已。夫欲明交易，先辨三理：一，物以何者为真值？真值以何者为差率？二，凡物之值，不仅一事之所为也，必有数事焉丛而为之。三，物自为言，则有真值，以之入市，则有定价④，价时高时下，非无故而然也。明其故，而后物价之情可得见矣。以下三篇，即言三理。其理既赜，其词自繁，理赜则有待于读者之专精，词繁则有待于读者之无厌。能专而不厌，而后斯理得共明也，在不佞亦勉为其难而已。请先论物之真值。⑤

案：空气水土三者，有时亦可相易，正文云云，特言其大凡而已。又，物值无自言之理，斯密此说颇为后人所攻⑥。

---

① 利用 use——原编者注。
② 交易 exchange——原编者注。
③ 易权 power of exchange，即交易能力——原编者注。
④ 定价 Price，今译价格，或译物价——原编者注。又，物与物相易为值，与泉币相易为价，后仿此——译者注。
⑤ 严复把篇四 I.4.11－18 英文合译为一段，在商务印书馆 1988 年版《原富》（上）中归入篇五。笔者考察多个《原富》中译版本，皆如此。现难以推断是严复把该段错放或有意置于篇五，还是最初 1901 年版有误。本书为便于英中对应比较，将译文移至篇四。
⑥ 这段案语中所提到"后人"可能包含编者罗哲斯。罗哲斯在【I.5.1】的注释中指出，"labour is a cause of value, but not the sole cause, still less the measures of value"。

Chapter V Of the Real and Nominal Price of Commodities, or their Price in Labour, and their Price in Money

篇五 论物有真值①与市价②异

I.5.1

Every man is rich or poor according to the degree in which he can afford to enjoy the necessaries, conveniences, and amusements of human life. But after the division of labour has once thoroughly taken place, it is but a very small part of these with which a man's own labour can supply him. The far greater part of them he must derive from the labour of other people, and he must be rich or poor according to the quantity of that labour which he can command, or which he can afford to purchase. The value of any commodity, therefore, to the person who possesses it, and who means not to use or consume it himself, but to exchange it for other commodities, is equal to the quantity of labour which it enables him to purchase or command. Labour, therefore, is the real measure of the exchangeable value of all commodities. ③

---

① 真值 real price or price in labour——原编者注。
② 市价 nominal price or price in money——原编者注。
③ Labour is a cause of value, but not the sole cause, still less the measure of value. For example, the annual value of an acre of a naturally rich pasture, in a densely peopled country, may be very high, though not more than a day's labour has been expended on it year by year. It is only when the element of rent is wholly excluded from the price at which an object sells, that labour is in any sense a measure of value, and even then the expression requires limitation. The labour must be as effective and intelligent as possible. But with one exception, the rent of natural powers and forces, labour is a condition precedent of value.

Chapter V Of the Real and Nominal Price of Commodities, or their Price in Labour, and their Price in Money

①民之生也，皆有其所需利欣悦者，而贫富之等，即以享此之权力为差。故化进而分功繁，民之所享待于人者日益繁多，产于己者日益专一，其贫其富，一视其驭功致物多寡之率而已矣。己之物甲，出以功力②者也，以易他人之物乙，则彼出乙之功力，宜与我出甲者相当，是名为值③。然则功力者，物相为易之真值也，而百产之值，皆可以功力第高下矣。

I.5.2

The real price④ of every thing, what every thing really costs to the man who wants to acquire it, is the toil and trouble of acquiring it.⑤ What every thing is really worth to the man who has acquired it, and who wants to dispose of it or exchange it for something else, is the toil and trouble which it can save to himself, and which it can impose upon other people. What is bought with money or with goods is purchased by labour, as much as what we acquire by the toil of our own body. That money or those goods indeed save us this toil. They contain the value of a certain quantity of labour which we exchange for what is supposed at the time to contain the value of an equal quantity. Labour was the first price, the original purchase-money that was paid for all things. It

---

① 据严扬（1997）所揭示的信息，严复在第二次校对版中，篇五译文全部删除。据严扬推测，严复可能因为这段信息过于冗余，遂略去不译。
② 功力 labour，今译劳力或劳动——原编者注。
③ 值 value——原编者注。
④ Value is a relative term. Hence there is no positive value, no general rise or general fall in value. Price, on the other hand, is the proportion in which any object stands at any given time to money, varying over short intervals according as it is scarce or costly, over long intervals according as money itself varies. For example, the relative values of wheat, barley, and oats have hardly changed at all for six countries. Their price varies from year to year, their value in relation to money has been materially modified since the period referred to.
⑤ This is a very important position. As a consequence, the value of foreign goods is in no sense determined by the cost of production, or by the labour expended on them, but in so far as labour determines it, by the cost of that against which they are exchanged. Hence it is possible that the product of a foreign country may sell at a lower price in an importing country than it does in the country which produces it.

was not by gold or by silver, ① but by labour, that all the wealth of the world was originally purchased; and its value, to those who possess it, and who want to exchange it for some new productions, is precisely equal to the quantity of labour which it can enable them to purchase or command.

人情狃于习，则昧其本然，故独视金银铜三品为财，而万物皆以此计贵贱。一若非泉币而莫可贵者，不知始也百产之登非力不办，其不由三品以市诸富媪明矣。即至今日一室之中，粗者械器，珍者珠玉，溯其元始，非力曷来？② 始也以力致物，今也积力于物。及其未毁，斥以与人，或易物焉，或得钱焉，自我观之，其所得者，必仇于是力者也。然则今之所为，不过假前积之力，以节吾今用之力已耳。何则？假使无物可斥，而吾欲有其钱物，其必奋吾今有之力，劳而后能得之，无疑也。

I.5.3

Wealth, as Mr. Hobbes says, is power. ③ But the person who either acquires, or succeeds to a great fortune, does not necessarily acquire or succeed to any political power, either civil or military. His fortune may, perhaps, afford him the means of acquiring both, but the mere possession of that fortune does not necessarily convey to him either. The power which that possession immediately and directly conveys to him, is the power of purchasing; a certain command over all the labour, or over all the produce of labour which is then in

---

① L'aegent et L'or sont deux marchandises comme les autres, et moins precieuses que beaucoup d'autres, puisqu'elles ne sont d'aucun usage pour les vertables besoins de la vie.' Turgot, §32.

② 这部分为严复增译，强调劳动是交换价值的真实尺度。比较杨敬年（2001/2006：41）本段译文："每一件东西的真实价格，即每一件东西对于想要得到它的人的实际价值，是获得它时所付出的辛苦和麻烦。每一件东西对于已经得到它并想要处理它或用它来交换别的东西的人来说，它实际所值，是它能为自己省去的并能加诸他人身上的辛苦和麻烦。用货币购到的或用货物交换来的东西，都是用劳动购来的东西，就像我们用自己的辛苦得来的东西一样。那种货币或那种货物诚然为我们省去了自己的辛苦。它们包含了一定数量劳动的价值，我们用来交换在当时假定包含同等数量劳动的价值的东西。劳动是为购买一切东西支付的首次价格，是最初的购买货币。用来最初购得世界上的全部财富的，不是金或银，而是劳动；财富的价值，对于拥有它并想要用它来交换某种新产品的人来说，正好等于它能使他们购得或支配的劳动的数量。"

③ Leviathan, part i. Ch. 10.

Chapter V Of the Real and Nominal Price of Commodities, or their Price in Labour, and their Price in Money

the market. His fortune is greater or less, precisely in proportion to the extent of this power, or to the quantity either of other men's labour, or, what is the same thing, of the produce of other men's labour, which it enables him to purchase or command. The exchangeable value of everything must always be precisely equal to the extent of this power which it conveys to its owner.

郝伯斯①曰：财者乃权②。虽然，权亦多物矣。有使众之权③，相之坐庙堂以进退百执事是已；有威众之权④，将之主兵柄以战胜攻取是已。斯之为权，不必有财者之所能得也。然则，有财者之权为何如权乎？曰：能致物⑤而已。其致物云何？曰：致他人之功力与其功力之所成就而已。入五都之市，其列肆而待沽者，皆功力之积也。故其致物弥广者，其称财弥雄；其积力弥多也，其为货弥贵。

I.5.4

But though labour be the real measure of the exchangeable value of all commodities, it is not that by which their value is commonly estimated. It is often difficult to ascertain the proportion between two different quantities of labour. The time spent in two different sorts of work will not always alone determine this proportion. The different degrees of hardship endured, and of ingenuity exercised, must likewise be taken into account. There may be more labour in an hour's hard work than in two hours, easy business; or in an hour's application to a trade which it cost ten years, labour to learn, than in a month's industry at an ordinary and obvious employment. But it is not easy to find any accurate measure either of hardship or ingenuity. In exchanging indeed the different productions of different sorts of labour for one another, some allowance is commonly made for both. <u>It is adjusted, however, not by any accurate measure, but by the higgling and bargaining of the market</u>, according to that sort of

---

① 郝伯斯 Thomas Hobbes，英之哲学家，一五八八年生，一六七九年卒——原编者注。按，今译霍布斯——编者注。
② 权 power——原编者注。
③ 使众之权 civil power——原编者注。
④ 威众之权 military power——原编者注。
⑤ 致物 purchasing，即购物——原编者注。

rough equality which, though not exact, is sufficient for carrying on the business of common life. （严复加下划线①）

夫物既有真值矣，入市之顷，何不准此以相易，乃更云与市价异者，何也？曰：论物值之所由起，固当言功力，而人未尝用此定市价者，则较物所积之功力难也。今使执功力以为准，则将以劳力之人数定乎？抑以用力之久暂殊乎？而无如二者可以较同事之人功，而不可以齐异曲之能事也。有劳逸焉，有巧拙焉，事固有一人之为难，瘁于十人之为易。又有一举手奋舌之技，待十年数十年勤苦服习而后能者。是之差率，又乌从而课乎？是故物之相易也，其值其价皆取定于两家当市之评。甲仰而乙俯之，乙出而甲入之，商榷抑扬，至于各得分愿而后止。<u>夫如是者谓之市价，市价必不皆真值也，而交易常法必待是而后行</u>。②

案：斯密氏以产物之功力为物之真值，值之高下，视功力之难易多少为差。其言虽近理，然智千虑之一失也。盖物无定值，而纯视供求二者③相剂之间。供少求多，难得则贵；供多求少，易有则贱。方其难得，不必功力多；方其易有，不必功力少也。一亩之地，处僻邑边鄙，价数金而莫售，及在都会之中，虽万金而争买，此岂有功力之异耶？一树之果，向阳者以甘大而得善价，背日者以小酢而人弃之，此岂又有功力之异耶？故值者直也，两相当之名而对待之数也。以功力言，则物物所独具，而无随时高下之殊矣。此所以后之计学家，皆不由斯密氏物有真值之说也。

I.5.5

Every commodity besides, is more frequently exchanged for, and thereby compared with, other commodities than with labour. It is more natural therefore,

---

① 此处严复加批注：Here smith seems to have…
② 严复增译，总结上文。比较杨敬年（2001/2006：24）本段最后一句译文："他的财产的大小，与这种力量的大小成精确的比例；或与他所能购得的他人劳动的数量，或他人劳动产品的数量成精确的比例。每一件东西的交换价格，一定总是恰恰等于它给它的拥有者带来的这种力量的大小。"
③ 供求二者 supply and demand——原编者注。

Chapter V Of the Real and Nominal Price of Commodities, or their Price in Labour, and their Price in Money

to estimate its exchangeable value by the quantity of some other commodity than by that of the labour which it can purchase. The greater part of people, too, understand better what is meant by a quantity of a particular commodity, than by a quantity of labour. The one is a plain palpable object; the other an abstract notion, which, though it can be made sufficiently intelligible, is not altogether so natural and obvious.

且交易之事，以物易物者多，以物易力者少。多则习而易喻，少则微而难知。物，实物也；力，悬意①也。故计物之值，以功力多寡言，不若以异物之多寡言。何则？取便常智，顺而明也。

I.5.6

But when barter ceases, and money has become the common instrument of commerce, every particular commodity is more frequently exchanged for money than for any other commodity.② The butcher seldom carries his beef or his mutton to the baker or the brewer, in order to exchange them for bread or for beer; but he carries them to the market, where he exchanges them for money, and afterwards exchanges that money for bread and for beer. The quantity of money which he gets for them regulates, too, the quantity of bread and beer which he can afterwards purchase. It is more natural and obvious to him, therefore, to estimate their value by the quantity of money, the commodity for which he immediately exchanges them, than by that of bread and beer, the commodities for which he can exchange them only by the intervention of another commodity; and rather to say that his butcher's meat is worth threepence or fourpence a-pound, than that it is worth three or four pounds of bread, or three or four quarts of small beer. Hence it comes to pass, that the exchangeable value of every commodity is more frequently estimated by the quantity of money, than by the quantity either of labour or of any other commodity which can be had in ex-

---

① 悬意 abstract notion，即抽象之观念——原编者注。
② In the internal exchange of any one country this will hold good, but the trade between two countries, though expressed in money, is effected by the barter of commodities, money itself in this case being only a commodity. （严复在英文底本此注释处加下划线。）

change for it.

然此犹是圜法未立，泉币未行时也。至圜法既立，泉币既行，则凡物入市，皆以易钱，罕以易物。屠者欲得饼酒，不复持其肉以与饼师、酿者为易也。彼方售其肉以得钱，更持其钱以求饼酒。夫如是，则其所出以为易之肉，与其所易之饼与酒，皆习以钱计而便之。其名值也，曰吾肉每磅值三便士、四便士，不曰若干枚饼，亦不曰若干斤酒也。是故泉币既行，则凡物皆名钱，是为物价①。不仅不以产物之功力言，且不以所当之他物言也。

I.5.7

Gold and silver, however, like every other commodity, vary in their value, are sometimes cheaper and sometimes dearer, sometimes of easier and sometimes of more difficult purchase. The quantity of labour which any particular quantity of them can purchase or command, or the quantity of other goods which it will exchange for, depends always upon the fertility or barrenness of the mines which happen to be known about the time when such exchanges are made.② The discovery of the abundant mines of America reduced, in the sixteenth century, (1) <u>the value of gold and silver in Europe to about a third of what it had been before</u>. As it costs less labour to bring those metals from the mine to the market, so when they were brought thither they could purchase or command less labour; and this revolution in their value, though perhaps the greatest, is by no means the only one of which history gives some account. But as a measure of quantity, such as the (2) <u>natural foot</u>, fathom, or handful, which is continually varying in its own quantity, can never be an accurate measure of the quantity of other things; so a commodity which is itself continually

---

① 物价 price ——原编者注。
② The value of the precious metals is determined generally by the cost of their production. It is reasonable to conclude that the fall in the value of these metals was not so much induced by the abundance of the mines and their fertility, as by the fact that the Spanish conquerors of the New World pillaged the native rulers, and afterwards worked the mines by the compulsory labour of the natives. To infer from the circumstances of the sixteenth to those of the nineteenth century would be an error.

Chapter V Of the Real and Nominal Price of Commodities, or their Price in Labour, and their Price in Money

varying in its own value, can never be an accurate measure of the value of other commodities. Equal quantities of labour, at all times and places, may be said to be of equal value to the labourer. In his ordinary state of health, strength and spirits; in the ordinary degree of his skill and dexterity, he must always lay down the same portion of his ease, his liberty, and his happiness. The price which he pays must always be the same, whatever may be the quantity of goods which he receives in return for it. Of these, indeed, it may sometimes purchase a greater and sometimes a smaller quantity; but it is their value which varies, not that of the labour which purchases them. At all times and places that is dear which it is difficult to come at, or which it costs much labour to acquire; and that cheap which is to be had easily, or with very little labour. Labour alone, therefore, never varying in its own value, is alone the ultimate and real standard by which the value of all commodities can at all times and places be estimated and compared. ① It is their real price; money is their nominal price only.

I.5.8

But though equal quantities of labour are always of equal value to the labourer, yet to the person who employs him they appear sometimes to be of greater, and sometimes of smaller value. He purchases them sometimes with a greater, and sometimes with a smaller quantity of goods, and to him the price of labour seems to vary like that of all other things. It appears to him dear in the one case, and cheap in the other. In reality, however, it is the goods which

---

① It cannot be correct to say that "as labour may sometimes purchase a greater, sometimes a smaller quantity of goods, it is their value which varies, not that of the labour which purchases them, and therefore that labour alone never varying in its own value, is alone," & c. , but it is correct to say, as Adam Smith had previously said, that the proportion between the quantities of labour necessary for acquiring different objects seems to be the only circumstance which can afford any rule for exchanging them for one another, or in other words, that it is the comparative quantity of commodities which labour will produce that determines their past and present relative value, and not the comparative quantities of commodities which are given to the labourer in exchange for his labour. ——Richardo, ch. i. p. 12.

are cheap in the one case, and dear in the other.

I.5.9

In this popular sense, therefore, labour, like commodities, may be said to have a real and a nominal price. (1) Its real price may be said to consist in the quantity of the necessaries and conveniences of life which are given for it; its nominal price, in the quantity of money. The labourer is rich or poor, is well or ill rewarded, in proportion to the real, not to the nominal price of his labour.

【I.5.7】夫天下既皆以钱名物矣，吾论物值，不以钱而以力，何也？① 盖惟己不变者，乃可以较物，钱之为物，不能不变也。② (1) 钱必以金银铜③三品为之，是三品者，其值之变化与他物同，有时易得，有时难求，故有时而贵，有时而贱。总天下而课其盈虚，视其时矿产之多寡肥硗而已。往者美洲新通，金银二矿所在多有，采运致之，不甚费功力，故其时金银之值，参昔之一。物产之费力少者，其驭力亦少，其驭力少者，其易物自不多。而俗不曰钱之贱，乃曰物之贵，此所谓囿习者也。三品之变如此，因而为泉币之变又如此，设用之为物值之程，何异古者以 (2) 肘量长短，以撮量多寡哉？随体为异，其不足整齐万物较差等，明矣。至于功力则不然，功力几何，无论何地何时，自劳力以产物致货者言之，一耳。精力肢体如平时，工巧便给相若，一功之程，其所服之劳苦，与其所不得自由之情，一也。其庸④固时有高下之差，然此其庸变，非其所施之功力变也。大校而言，费力多者其物贵，费力少者其物廉，惟功力有恒，可以为物值之准。以功力言者，物之真值也；以三品泉币言者，号为价者也。号为价者，市价也，市价不足定贵贱之

---

① "夫天下既皆以钱名物矣，吾论物值，不以钱而以力，何也？"此句为严复增译。比较杨敬年 (2001/2006: 44) 句首: "然而黄金和白银，也像每一种其他的商品一样，价值是变动的，有时便宜些，有时贵些，有时比较容易购到，有时比较难于购到。"

② 该句"盖惟己不变者，乃可以较物，钱之为物，不能不变也。"本在文"钱必以金银铜三品为之，是三品者，其值之变化与他物同，有时易得，有时难求，故有时而贵，有时而贱"之后，严复调整语序至前。

③ 原文只有"金银"，未列举"铜"。本段中"铜""三品"为严复自行增译、改译。

④ 庸 wages, 今译工资——原编者注。

Chapter V Of the Real and Nominal Price of Commodities, or their Price in Labour, and their Price in Money

实也。产一物，致一货，使其功力从同，则劳力者视之如一，是固然矣。① 【Ⅰ.5.8】然自雇役者视之，则有时而多与值，有时而少与值。【Ⅰ.5.9】故力役②与百货等，亦若暂贵暂贱无定程者。(1) 不知此乃所与以为值者之变，而非力役之能变也。是故以常法论，则力役亦有真值市价之分。真值云何？为一日之工，而一日之饮食与凡生事所必不可少者是已。市价云何？一日所得之钱是已。③ 劳力者之优绌贫富，与真值有比例，与市价无比例也。

Ⅰ.5.10

The distinction between the real and the nominal price of commodities and labour, <u>is not a matter of mere speculation, but may sometimes be of considerable use in practice. The same real price is always of the same value; but on account of the variations in the value of gold and silver, the same nominal price is sometimes of very different values.</u> When a landed estate, therefore, is sold with a reservation of a perpetual rent, if it is intended that this rent should

---

① "而俗不曰钱之贱，乃曰物之贵，此所谓囿于习者也。三品之变如此，因而为泉币之变又如此，设用之为物值之程" 和 "号为价者，市价也，市价不足定贵贱之实也。产一物，致一货，使其功力从同，则劳力者视之如一，是固然矣"，这两句均为严复增译，进一步解释了价格和价值的作用。比较杨敬年（2001/2006：44）："16世纪在美洲发现了丰富的矿藏，使欧洲的金银价值比原值下降了1/3左右。由于把这些金属从矿区送到市场所花费的劳动较少，所以当它们送到那里时，它们所能购买或支配的劳动也较少；金属价值上的这次变革虽然或许是最大的，但根据历史的记载决不是惟一的一次。但是作为数量的尺度，像一步之长、伸开两臂之宽或一手所握之重这种本身数量不断变化的自然尺度，决不能作为衡量其他东西的数量的精确尺度；因此，本身价值不断变化的一种商品，决不能成为其他商品的价值的精确尺度。同等数量的劳动，在所有的时间和地点，可以说是对劳动者具有同等的价值。按照他的普通的健康、体力和精神状态，按照他的技能和熟练程度的普通状态，必然总是牺牲相同部分的安逸、自由和快乐。他所支付的价格必然总是相同的，不管他得到回报的货物的数量如何。诚然，这种劳动所购到的货物的数量，可能有时多一些，有时少一些；然而，变动的是这些货物的价值，而不是用来购买它们的劳动的价值。在所有的时候和地方，凡是难于找到、或是要花费许多劳动才能得到的东西，价格就贵；凡是容易找到，或只花很少劳动就能得到的东西，价格就贱。因此，只有本身价值绝对不变的劳动，才是最后的真实的标准，一切商品的价值在任何时候和地方都可以用它来衡量和比较。劳动是商品的真实价格，货币只是商品的名义价格。"
② 力役 labour——原编者注。
③ 译文与原文段【Ⅰ.5.9】中句(1)相比，严复多加了一些解释。

always be of the same value, it is of importance to the family in whose favour it is reserved, that it should not consist in a particular sum of money. Its value would in this case be liable to variations of two different kinds; first, to those which arise from the different quantities of gold and silver which are contained at different times in coin of the same denomination; and, secondly, to those which arise from the different values of equal quantities of gold and silver at different times.

夫言物力设为真值市价之分者，<u>非虚为精审，无益事实也。盖其异不可不知，知者于人事有大裨</u>。① 譬如有人<u>买田</u>，而约岁收租②若干石，使其约纳禾稼地产，虽历千载无大差，使其约折色为金银，数十年可以绝异。何则？禾稼地产与力役有比例，而<u>三品泉币其贵贱可年月不同也</u>。故约租税以泉币折色交纳者，有二弊焉：圜法常变，名同而实异，一也；三品之饶俭有时，轻重虽等，而易物之权大殊，二也。

I.5.11

Princes and sovereign states have frequently fancied that they had a temporary interest to diminish the quantity of pure metal contained in their coins; but they seldom have fancied that they had any to augment it. The quantity of metal contained in the coins, I believe of all nations, has accordingly been almost continually diminishing, and hardly ever augmenting. Such variations, therefore, tend almost always to diminish the value of a money rent.

I.5.12

The discovery of the mines of America diminished the value of gold and silver in Europe. This diminution, it is commonly supposed, though I apprehend without any certain proof, is still going on gradually, and is likely to continue to do so for a long time. Upon this supposition, therefore, such

---

① 此处严复译"considerable use in practice"为"于人事有大裨"。严复没有翻译斯密解释的原因，只是笼统地讲价格和价值有不同。后文分析田地的价值时，严译改用中国古代度量衡单位"石"。
② 租 rent，即地租——原编者注。

Chapter V Of the Real and Nominal Price of Commodities, or their Price in Labour, and their Price in Money

variations are more likely to diminish than to augment the value of a money rent, even though it should be stipulated to be paid, not in such a quantity of coined money of such a denomination (in so many pounds sterling, for example), but in so many ounces, either of pure silver, or of silver of a certain standard.

【Ⅰ.5.11】何言乎圜法常变,名同实异也? 制币者国家之权,使为民上者,意谓吾存其名而制之轻,可以邀一切之利,则币日窳,而民又不能视轻与重者同也。斯折扣之矣,故虽租常如约,而岁入递微。何言乎三品饶俭有时,而易权大殊也?① 【Ⅰ.5.12】前者美洲得矿多,而欧洲之金值减,地不爱宝,其减方长,然则租之以金论者,又日削矣。前者以枚言而少,后者以重言而亦少。

Ⅰ.5.13

The rents which have been reserved in corn have preserved their value much better than those which have been reserved in money, even where the denomination of the coin has not been altered. By the 18th of Elizabeth it was enacted, that a third of the rent of all college leases should be reserved in corn, to be paid, either in kind, or according to the current prices at the nearest public market. The money arising from this corn rent, though originally but a third of the whole, is in the present times, according to Dr. Blackstone, commonly near double of what arises from the other two-thirds. The old money rents of colleges must, according to this account, have sunk almost to a fourth part of their ancient value; or are worth little more than a fourth part of the corn which they were formerly worth. But since the reign of Philip and Mary, the denomination of the English coin has undergone little or no alteration, and the same number of pounds, shillings and pence have contained very nearly the same quantity of pure silver. This degradation, therefore, in the value of the money

---

① 严复此处有增译,比较杨敬年(2001/2006: 46): "……因此,我相信在所有的国家,铸币包含的金属的数量几乎是不断地减少,而没有任何增加。因此,这种变化几乎总是在降低货币地租的价值。在美洲发现的矿藏降低了欧洲金银的价值。"

rents of colleges, has arisen altogether from the degradation in the value of silver.①

Ⅰ.5.14

When the degradation in the value of silver is combined with the diminution of the quantity of it contained in the coin of the same denomination, the loss is frequently still greater. In Scotland, where the denomination of the coin has undergone much greater alterations than it ever did in England, and in France, where it has undergone still greater than it ever did in Scotland, some ancient rents, originally of considerable value, have in this manner been reduced almost to nothing.

【Ⅰ.5.13】故租税贡赋之事,制折色者便一时,而任土物者可久远。往者,英后额理查白②十八年着令云:国中学校田业,其三之二为若干金,其三之一纳禾稼地产,或随时准照最近市廛时价,折色完纳。据柏来斯敦③言,此三之一者之所折纳,已倍其三之二之金数矣。然则今之金较古之金,为值不过四分得一而已。且此固由金值递减,易权世微,而非由圜法之敝。何则?英国制币,自马理亚④至今尚无有变,如镑如先令,其精其重,皆仍旧也。【Ⅰ.5.14】假其金之本值日贱,而国家制币又复世轻,则折色之受损,愈不可计矣。苏格兰国币递轻,方英为甚⑤,而法

---

① There is another, and far more powerful cause, viz. The increased rent of land due to a greater efficiency of agriculture. Had the corn rents been as permanent as the fee farm rents, the change in value would have been wholly due to the fall in the price of silver. But the corn rents were revised from time to time.

② 英后额理查白 Queen Elizabeth,英女王名,一五三三年生,一五五八年即位,一六○三年卒——原编者注。

③ 柏来斯敦 Sir William Blackstone,英之法学家,一七二三年生,一七八○年卒——原编者注。

④ 马理亚 Queen Mary,生于一五一六年,即位于一五五三年,卒于一五五八年——原编者注。

⑤ 该句的译文与原英文稍有出入。"金之本"被译为"白银";"苏格兰国币递轻,方英为甚"中有错译,是英格兰的纸币面额发生更大周折。试比较杨敬年(2001/2006:47)译文可知:"当白银价值下落和同一面额的铸币包含的白银数量减少相结合时,损失常常更大。苏格兰的铸币面额比英格兰的铸币面额经历了更大的变化,法国的铸币面额又比苏格兰的经历更大的变化,这样,两国的古老地租原先虽具有很大的价值,现在却落到几乎一钱不值。"

Chapter V Of the Real and Nominal Price of Commodities, or their Price in Labour, and their Price in Money

则更甚于苏。故法国折色之租①，在古为重，而今几与无租同焉。

I.5.15

Equal quantities of labour will, at distant times, be purchased more nearly with equal quantities of corn, the subsistence of the labourer, than with equal quantities of gold and silver, or perhaps of any other commodity. Equal quantities of corn, therefore, will, at distant times, be more nearly of the same real value, or enable the possessor to purchase or command more nearly the same quantity of the labour of other people. They will do this, I say, more nearly than equal quantities of almost any other commodity; for even equal quantities of corn will not do it exactly. The subsistence of the labourer, or the real price of labour, as I shall endeavour to show hereafter, is very different upon different occasions; more liberal in a society advancing to opulence, than in one that is standing still; and in one that is standing still, than in one that is going backwards. ② Every other commodity, however, will at any particular time, purchase a greater or smaller quantity of labour in proportion to the quantity of subsistence which it can purchase at that time. A rent therefore reserved in corn, is liable only to the variations in the quantity of labour which a certain quantity of corn can purchase. ③ But a rent reserved in any other commodity is liable, not only to the variations in the quantity of labour which any particular quantity of corn can purchase, but to the variations in the quantity of corn which can be purchased by any particular quantity of that commodity.

---

① 折色之租 money rent——原编者注。
② It does not follow that labour will be paid better in a society advancing to opulence if the number of labourers competing for employment increases faster than the capital available for their sustenauce or employment does. The highest remuneration of labour is accorded when profits are high, fertile land plentiful, capital sufficient, and labour scarce, as in the United States and most of the British colonies.
③ A fixed and permanent corn rent will be far from representing a fixed value. For example: the rent of the best arable land five hundred years ago was sixpence an acre, and sixpence would on an average purchase about three pecks of wheat; but a permanent rent of three pecks of wheat per acre would bear at the present day a very small proportion to the average rent of the best arable land.

物值之不变者，莫如功力，谷次之，金银为下。民待食而后能出力役，故以若干谷易若干力，以廪课功，年代虽远，其率略同。虽然，谷特较他货为有恒而已，遽谓其值不变，又未可也。大抵民食丰约，视治理之进退隆污。进者优于中立，中立优于退者。故曰以廪课功，不能无变，功之廪食变，则谷之为值，又乌能无变乎？顾其事以数理言之，则二者相待为变之率，有双单之异。谷值之变也，视其与功力相待之率，此单率之比例也。他货物之值之变也，必先视其与谷相待之率，而后及其与功力相待之率，此双率之比例也。单者变简，双者变繁，故租之舍谷而以他货物言者，其变大也。

I.5.16

Though the real value of a corn rent, it is to be observed, however, varies much less from century to century than that of a money rent, it varies much more from year to year. The money price of labour, as I shall endeavour to show hereafter, does not fluctuate from year to year with the money price of corn, but seems to be everywhere accommodated, not to the temporary or occasional, but to the average or ordinary price of that necessary of life. The average or ordinary price of corn, again is regulated, as I shall likewise endeavour to show hereafter, by the value of silver, by the richness or barrenness of the mines which supply the market with that metal, or by the quantity of labour which must be employed, and consequently of corn which must be consumed, in order to bring any particular quantity of silver from the mine to the market. But the value of silver, though it sometimes varies greatly from century to century, seldom varies much from year to year, but frequently continues the same, or very nearly the same, for half a century or a century together. The ordinary or average money price of corn, therefore, may, during so long a period, continue the same, or very nearly the same, too, and along with it the money price of labour, provided, at least, the society continues, in other respects, in the same, or nearly in the same condition. In the meantime, the temporary and occasional price of corn may frequently be double, one year, of what it had been the year before, or fluctuate, for example, from five and twenty to fifty shillings

Chapter V Of the Real and Nominal Price of Commodities, or their Price in Labour, and their Price in Money

the quarter. But when corn is at the latter price, not only the nominal, but the real value of a corn rent will be double of what it is when at the former, or will command double the quantity either of labour or of the greater part of other commodities; the money price of labour, and along with it that of most other things, continuing the same during all these fluctuations.

Ⅰ.5.17

Labour, therefore, it appears evidently, is the only universal, as well as the only accurate measure of value, or the only standard by which we can compare the values of different commodities at all times, and at all places. We cannot estimate, it is allowed, the real value of different commodities from century to century by the quantities of silver which were given for them. We cannot estimate it from year to year by the quantities of corn. By the quantities of labour we can, with the greatest accuracy, estimate it both from century to century and from year to year. From century to century, corn is a better measure than silver, because, from century to century, equal quantities of corn will command the same quantity of labour more nearly than equal quantities of silver. From year to year, on the contrary, silver is a better measure than corn, because equal quantities of it will more nearly command the same quantity of labour.

【Ⅰ.5.16】不折色之租，固较折色者为可久，然必自其既久而观之，乃可见耳。大抵米麦之值，稘与稘①较，其变常少，年与年较，其异转多。而力役庸钱②，常法不随当年粮食之贵贱为高下，而与通数年数十年谷食之平价③为差。而谷之平价，视金银铜三品之易权。三品之易权，视其物在市之盈不足。其物在市之盈不足，又视矿业之耗羡与运致之难易。此犹是以所费功力之多寡差之矣。夫三品之易权，稘与稘较，为变常大，年与年较，为变盖微。有经数十百年无甚相绝者，故其时谷食之平价，历久相若，而力役庸钱，亦历久相若。而其国之有大变故者，非所论也。至于上下数稔之间，客岁斗五十而今兹斗百者，则恒有之。当

---

① 百年为稘——译注。
② 力役庸钱 money price of labour——原编者注。
③ 平价 average price——原编者注。

其斗百,不折色者之所收,自倍于斗五十者,而力役之庸,则不必因之而为变。吾之所求,在得一物焉以衡量万物之真值,以审其贵贱之差。【Ⅰ.5.17】由前观之,物之最公独真,不以地殊,不以时异,可以为诸值之程准者,独人力明矣。三品之不可用者,以其棋而异也,五谷之不可用者,以其稔而殊也。不以稔殊,不以棋异,或久或暂,程焉皆可得其真者,惟人力耳。舍人力而欲衡量物值,则定百年以外之物值,金不如谷,饩同者其馭力同也。较数年以内之物值,谷不如金,价均者其食功均也。<u>三品者以世事为盈不足,五谷者以岁时为饥穰,二者均有所不通,故功力者,物值之程准也。</u>①

Ⅰ.5.18

But though in establishing perpetual rents, or even in letting very long leases, it may be of use to distinguish between real and nominal price; it is of none in buying and selling, the more common and ordinary transactions of human life.

Ⅰ.5.19

At the same time and place, the real and the nominal price of all commodities are exactly in proportion to one another. The more or less money you get for any commodity, in the London market, for example, the more or less labour it will at that time and place enable you to purchase or command. At the same time and place, therefore, money is the exact measure of the real exchangeable value of all commodities. It is so, however, at the same time and place only.

【Ⅰ.5.18】<u>畴物贵贱,而设为真值市价之分,与夫以金以粟以力评之之互异,言计学者必穷其源,不得已耳。</u>然知其义者,于国家任土作贡则壤成赋之道,或有补焉,至于民生日用治产积居,固无事此也。同地同时,物之市价必与其真值相为比例也。【Ⅰ.5.19】物之不劳而出者,其价必廉,物之索价高者,其真值自大。通一廛之货,其真值上下之差,

---

① 严复增译,总结谷物地租与货币地租的不同特点。试比较杨敬年(2001/2006:49)本段最后一句:"反之,就从一年到一年来说,白银是比谷物更好的衡量尺度,因为等量的白银更能支配等量的劳动。"

Chapter V Of the Real and Nominal Price of Commodities, or their Price in Labour, and their Price in Money

视其价而第之，可也。虽然，此必同地同时而后可。<u>或地异，或时异，或地与时俱异，徒以价畸万物之贵贱者，未有不失其情者也。</u>①

I.5.20

Though at distant places, there is no regular proportion between the real and the money price of commodities, yet the merchant who carries goods from the one to the other has nothing to consider but their money price, or the difference between the quantity of silver for which he buys them, and that for which he is likely to sell them. Half an ounce of silver at Canton in China may command a greater quantity both of labour and of the necessaries and conveniences of life, than an ounce at London. A commodity, therefore, which sells for half an ounce of silver at Canton may there be really dearer, of more real importance to the man who possesses it there, than a commodity which sells for an ounce at London is to the man who possesses it at London. If a London merchant, however, can buy at Canton for half an ounce of silver, a commodity which he can afterwards sell at London for an ounce, he gains a hundred percent by the bargain, just as much as if an ounce of silver was at London exactly of the same value as at Canton. It is of no importance to him that half an ounce of silver at Canton would have given him the command of more labour and of a greater quantity of the necessaries and conveniences of life than an ounce can do at London. An ounce at London will always give him the command of double the quantity of all these, which half an ounce could have done there, and this is precisely what he wants.

---

① "畸物贵贱，而设为真值市价之分，与夫以金以粟以力评之之互异，言计学者必穷其源，不得已耳"和"或地异，或时异，或地与时俱异，徒以价畸万物之贵贱者，未有不失其情者也"，这两句为增译。严复喜在段首段尾加译，引出下文或总结上文。本段可与杨敬年译文比较："但是，区分真实价格和名义价格在订立永久地租或缔结长期租约时虽然有用，在日常生活的普通交易中却毫无用处。在同一时间和地点，所有商品的真实价格和名义价格彼此保持准确的比例。例如，在伦敦市场上，你出售任何商品得到多少货币，它就能使你在当时当地购买或支配多少劳动。因此，在同一时间和地点，货币是所有商品的真实交换价值的准确尺度。然而，只是在同一时间和地点，它才是如此。"

I.5.21

As it is the nominal or money price of goods, therefore, which finally determines the prudence or imprudence of all purchases and sales, and thereby regulates almost the whole business of common life in which price is concerned, we cannot wonder that it should have been so much more attended to than the real price.

【I.5.20】地异则徒价固不足晓物之贵贱，然而通商行货之家，其操奇计赢，所谨稽出入者，又常在市价之间，真值非所论也。今假有商焉，通货于伦敦、广州之间，在广之银半翁斯，其易物与驭力之权①，或大于在伦之一翁斯。夫如是以真价言之，则广人之有半翁斯者，实富有伦人之有一翁斯者，而物之在伦价一翁斯者，实践于在广之价半翁斯者。然而彼通货之商，固不如是以晓物论盈绌也。彼但知货之能以半翁斯得于广，而继以一翁斯售于伦，则彼于此一入一出之间，夫已业百赢百，一若伦与广二地之银易权相等也者。赢与折之分，纯视乎市价之多寡，曷尝计真值哉！【I.5.21】是故懋迁之巧拙，恒以市价之高低为断，而常人之治生，自旦明而至向晦，所言与闻，又无时焉不在物之市价。习之既久，视为固然，斯天下攘攘熙熙，无一人焉能语物之真值者矣。

I.5.22

In such a work as this, however, it may sometimes be of use to compare the different real values of a particular commodity at different times and places, or the different degrees of power over the labour of other people which it may, upon different occasions, have given to those who possessed it. We must in this case compare, not so much the different quantities of silver for which it was commonly sold, as the different quantities of labour which those different quantities of silver could have purchased. But the current prices of labour at distant times and places can scarce ever be known with any degree of exactness.②

---

① 驭力之权 power to command labour——原编者注。
② See for the prices of labour in the thirteenth and fourteenth centuries the Editor's work on Agriculture and Prices, vol. i. Ch. 15.

Chapter V Of the Real and Nominal Price of Commodities, or their Price in Labour, and their Price in Money

Those of corn, though they have in few places been regularly recorded, are in general better known and have been more frequently taken notice of by historians and other writers. We must generally, therefore, content ourselves with them, not as being always exactly in the same proportion as the current prices of labour, but as being the nearest approximation which can commonly be had to that proportion. I shall hereafter have occasion to make several comparisons of this kind.

今所欲讲而明者，既在富财之原①，则物求真值，事不可废。顾真值必以人力言，而力役之庸，古及今贵贱之不齐，传记不少概见，末由考得其真②。独五谷之价，虽不尽载，间犹有一二存者。故欲定一物以为群值之程准，又不得不降求其次，舍功力而取五谷矣。此亦为其稍近真者，非曰其物果不变也。是书畴物真值，多取其时谷价而言，职此故也。

I.5.23

In the progress of industry, commercial nations have found it convenient to coin several different metals into money; gold for larger payments, silver for purchases of moderate value, and copper, or some other coarse metal, for those of still smaller consideration. They have always, however, considered one of those metals as more peculiarly the measure of value than any of the other two; and this preference seems generally to have been given to the metal which they happened first to make use of as the instrument of commerce. Having once begun to use it as their standard, which they must have done when they had no

---

① 富财之原 causes of wealth——原编者注。
② 此句为严复概译。试比较杨敬年（2001/2006：49）相应英文的译文："因此，由于货物的名义价格或货币价格最终决定一切买卖行为的适当与否，从而调节普通生活中几乎全部涉及价格的业务，所以它比真实价格受到更大的注意是不足为奇的。可是，在我们这样一本书中，有时这样做是有益的：那就是比较某一种商品在不同时间和地点的不同的真实价值，也就是说，它在不同的时间和地点赋予它的所有人对他人劳动的不同程度的支配力。在这种场合，我们所要比较的，不是它普通售出所得的不同数量的白银，而是这种不同数量的白银所能购到的不同数量的劳动。然而不同时间和地点的劳动的时价，很难准确地知道。"

other money, they have generally continued to do so even when the necessity was not the same.①

易事通功，交利俱赡矣。而独用一品之泉币，必不便也，则造为多品相权行之。夷考各国所用，大抵金银铜三品：大者以黄金，次者以银，又次以铜。若下品如铁、如锡、如链，顾虽殊品并行，民常颛立其一，以为余品之程，名曰本位法钱②。本位法钱立，余品之币之贵贱重轻，皆权本位而用之③，此不必最贵最重者也，惟其群所前用者。是故圜法之事，改本位法钱难，往往利用之情既迁，而民犹乐守其旧也。

案：欧美本位，先皆用银，至近数十年始改用金，而英吉利独早。至于中国，则至今犹用铜也。④

I.5.24

The Romans are said to have had nothing but copper money till within five years before the first Punic war, when they first began to coin silver. Copper, therefore, appears to have continued always the measure of value in that republic. At Rome all accounts appear to have been kept, and the value of all estates to have been computed, either in *Asses* or in *Sestertii*. The *As* was always the denomination of a copper coin. The word *Sestertius* signifies two *Asses* and a half. Though the *Sestertius*, therefore, was originally a silver coin, its value

---

① France still possesses a double currency, debtors having the option of paying their obligations in gold or silver. Of course the effect of this arrangement is to expel the undervalued metal from circulation. Up to the gold discoveries of 1850, gold was undervalued in France; since that time, silver was undervalued in the proportion. See Chevallier's treatise, translated by Cobden. At present (1880) the relation is again reversed. ∗ Pliny, lib. xxxiii. c. 13.
② 本位法钱 standard money，今译本位币——原编者注。
③ 这部分略有增译，"若下品如铁、如锡、如链"。比较杨敬年（2001/2006：50）译文："随着产业的进步，商业国发现将几种金属铸成货币是方便的：巨额支付使用黄金，小宗买卖使用白银，更小的交易使用铜或其他粗金属。可是它们总是认为其中一种金属比其他两种更便于作为价值尺度；而它们选中的那一种似乎都是首先用作商业媒介的那种金属。一旦开始使用这种金属作为它们的本位，它们一般就继续使用它，即使当初的必要性已经消失。"
④ 本段案语吸收了编者罗哲斯在英文底本【I.5.24】中的注释①。

Chapter V Of the Real and Nominal Price of Commodities, or their Price in Labour, and their Price in Money

was estimated in copper. At Rome, one who owed a great deal of money, was said to have a great deal of other people's copper.

当布匿战事①之先，罗马用铜钱而无金银之币。先耶稣生二百五十九年，始造银币，名塞西特尔希②，而铜者尚沿守以为本位法钱，资产货物皆以铜论，名亚斯。其银币塞西③，枚以二亚斯有半为率，故罗马以多铜称富。其负债者，曰家藏他人之铜。

I.5.25

The northern nations who established themselves upon the ruins of the Roman Empire, seem to have had silver money from the first beginning of their settlements, and not to have known either gold or copper coins for several ages thereafter. There were silver coins in England in the time of the Saxons; but there was little gold coined till the time of Edward Ⅲ. nor any copper till that of James I. of Great Britain. In England, therefore, and for the same reason, I believe, in all other modern nations of Europe, all accounts are kept, and the value of all goods and of all estates is generally computed in silver: and when we mean to express the amount of a person's fortune, we seldom mention the number of guineas, but the number of pounds sterling which we suppose would be given for it.

罗马解纽，欧洲北部代兴，考诸传记，皆原本用银，而黄赤二金圜法乃晚出之制④。英国自撒逊种人为王时已行银币，而金币自义都活第三⑤

---

① 布匿战事 Punic War——原编者注。又，考罗马布匿之战，前后二役。前役起耶稣生前二百六十四年，是时罗马民主正盛，与非洲北部之加达几争昔昔利岛 1 也——译者注。1 昔昔利岛 Sicily Island，中海之大岛——原编者注。
② 塞西特尔希 Sestertius，古代罗马货币之名，合铜币二亚斯（As）有半——原编者注。又，此即《史记·大宛传》所谓"以银为钱，钱如王面"者也——译者币注。
③ 塞西，即塞西特尔希——原编者注。
④ 欧洲北部日耳曼、峨特诸种，皆由安息绝黑海濒达牛河而入普、法、瑞典、不列颠诸境。意者，亚洲西域古行银币，其民虽散之欧洲，而犹守旧制也——译者注。1 峨特 Goth，欧洲条顿民族之一——原编者注。
⑤ 义都活第三 Edward Ⅲ，英王，一三一二年生，一三二七年即位，一三七七年卒——原编者注。

始，铜币自雅各第一①始。国中资产货物，皆以银计，其占资称若干镑，不曰若干几尼②。盖几尼金币，造于义都活朝，而镑者犹罗马之滂图，本银货之名。今之金钱当二十先令者，自本位法钱由银而金时乃有者也。余国以银计资者，所由来同此。

I.5.26

Originally, in all countries, I believe, a legal tender of payment could be made only in the coin of that metal, which was peculiarly considered as the standard or measure of value. In England, gold was not considered as a legal tender for a long time after it was coined into money. The proportion between the values of gold and silver money was not fixed by any public law or proclamation; but was left to be settled by the market. If a debtor offered payment in gold, the creditor might either reject such payment altogether, or accept of it at such a valuation of the gold as he and his debtor could agree upon. Copper is not at present a legal tender, except in the change of the smaller silver coins. In this state of things the distinction between the metal which was the standard, and that which was not the standard, was something more than a nominal distinction.③

欧洲诸邦，其泉币多品者，其交易、貣贷④、纳赋、偿负，必以本位为计，如是者谓之法偿⑤。法偿云者，如是之偿乃应法也。英古法偿皆银币，后义都活第三以黄金造几尼矣，然不得用为法偿者盖久。金银

---

① 雅各第一 James I，英格兰与爱尔兰之王，一六○三年即位，一六二五年卒——原编者注。
② 几尼 Guineas，英国自一六六三年至一八一三年间所发行之金币，一七一七年其价值定为二十一先令，因最初以非洲 Guinea 之金制造，故名——原编者注。
③ For an elaborate account of the various mint regulations in this country, see Lord Liverpool's Treatise on the Coins of the Realm. In early times, and down to 1664, the relative value of gold and silver was determined by proclamation, and till 1717 by the ordinary competition of the market. In 1717, the guinea was ordered to exchange for 21 shillings. Up to 1774, gold and silver were equally legal tender. At this date the legal tender in silver by tale was Ł 25, higher sums being payable by weight at 5s. 2d. the oz. In 1816, sixty-six shillings were coined out of a pound Troy of silver, instead of, as hitherto, sixty-two. This gives the government a seignorage 200/31 percent on the coinage. But silver is not a legal tender to a higher sum than forty shillings. These regulations effectually prevent silver from becoming the sole currency, as would have been the case if, from such an over-valuation of silver, gold had been driven out of the country.
④ 貣贷，即借贷之意——原编者注。
⑤ 法偿 legal tender——原编者注。

Chapter V Of the Real and Nominal Price of Commodities, or their Price in Labour, and their Price in Money

相受之率，旦暮有异，官不为定价也，盈缩折纳，当市者自为之。民偿逋以金不以银，主者勿受，可也；评价相准而受焉，可也。铜币虽通行，独取与贵币子母相权①，了畸零之数，从未用为法偿也。故本位法钱立，而殊品之用异。三品之别，不仅区区名字间也。

案：以他书考之，斯密氏此言颇失实矣。② 英始造金币在宋理宗宝祐五年，自此时已令民用为法偿，而与银折兑之率，则国主时时颁令定之，直至康熙三年犹用此法。则其云不得用作法偿久，而官不强定价者，误矣。当时所造金币，皆几尼，无名镑者。康熙五十六年，始定几尼枚当二十一先令，与先令并用为法偿。然每几尼真值，不足二十一先令之银。故民间纳赋偿负，其款大者皆趋用金，而先令则朝发夕毁，或输外国，其获留国中以资流转者，皆年久磨漫，铢两不及者耳。迨乾隆三十九年，即斯密氏《原富》成书之前一岁，议院着令，凡民间纳赋偿负，欲计枚论还者，不得逾五百先令，即二十五镑之数，其过此款目，即当以重论还。而定五先令二

---

① 子母相权，重币为母，轻币为子，民患轻则作重币以行之，民患重则作轻以行之；质言之，即以贵币供大宗之交易，贱币供零星之使用是——原编者注。
② 严复的这段案语吸收了罗哲斯【Ⅰ.5.26】中注释。段首提到的"以他书考之"，"他书"指罗哲斯在注释中提到的："For an elaborate account of the various mint regulations in this country, see Lord Liverpool's Treatise on the Coins of the Realm." 接下来的案语"英始造金币在宋理宗宝祐五年，自此时已令民用为法偿，而与银折兑之率，则国主时时颁令定之，直至康熙三年犹用此法。则其云不得用作法偿久，而官不强定价者，误矣。当时所造金币，皆几尼，无名镑者。康熙五十六年，始定几尼枚当二十一先令，与先令并用为法偿。然每几尼真值，不足二十一先令之银。"对应的英文注释为："In early times, and down to 1664, the relative value of gold and silver was determined by proclamation, and till 1717 by the ordinary competition of the market. In 1717, the guinea was ordered to exchange for 21 shillings. Up to 1774, gold and silver were equally legal tender. At this date the legal tender in silver by tale was Ł 25, higher sums being payable by weight at 5s. 2d. the oz."
"嘉庆二十一年，令制币官造银币先令时，于前之每镑造六十二枚者，今造六十六枚以轻之，而二十一当一几尼如故。即以所余之四先令，充匠器范冶之费，而国赋亦阴行其中，盖值百而征六五矣。"则对应英文注释："In 1816, sixty-six shillings were coined out of a pound Troy of silver, instead of, as hitherto, sixty-two. This gives the government a seignorage 200/31 percent on the coinage. But silver is not a legal tender to a higher sum than forty shillings. These regulations effectually prevent silver from becoming the sole currency, as would have been the case if, from such an over-valuation of silver, gold had been driven out of the country."案语把英文中的公历折为中国古代年号纪年方式。如果没有英文作比较，读者不易发现这段案语的来源。

便士为银一翁斯，数多则以重论不以枚论，用磨漫者无所利，盖欲救前弊也。嘉庆二十一年，令制币官造银币先令时，于前之每镑造六十二枚者，今造六十六枚以轻之，而二十一当一几尼如故。即以所余之四先令，充匠器范冶之费，而国赋亦阴行其中，盖值百而征六五矣。此令既行，而金银二品，仍均法偿。则民用之，其势必反前弊，匿金用银，而金币将无由立。于是着令纳赋偿负，款逾四十先令者，银币不为法偿，其为无限法偿者，独金而已。又，令官造先令不得逾若干数，以救过多趋贱之弊。至铜货二品，便士可为法偿者，不得过十二，当一先令之数。法丁不得过二十四，当半先令之数。盖自是而英之本位法钱立，而圜法之美，遂为诸国最也。其私造私销之弊所以绝者，非其擿奸行法独严也。英律凡官铸金币，由铤①而枚，毫不增损，而炉炭一切之费，皆取之先令便士之中。又，为精其范冶②，边幕藻刻③齐一巧密，使奸民私造者，非大举则不能，大举则旋败露。窃谓中国泉货之制，颓弊已甚，苟图富强，则五均三府当其所首事者。故详着于篇，俾览者有镜焉。

Ⅰ.5.27

In process of time, and as people became gradually more familiar with the use of the different metals in coin, and consequently better acquainted with the proportion between their respective values, it has in most countries, <u>I believe</u>④, been found convenient to ascertain this proportion, and to declare by a public law that a guinea, for example, of such a weight and fineness, should exchange for one-and-twenty shillings, or be a legal tender for a debt of that amount. In this state of things, and during the continuance of any one regulated proportion of this kind, the distinction between the metal which is

---

① 铤 bar，即金银条——原编者注。
② 范冶 process of coinage——原编者注。
③ 边幕藻刻 milling and designing，即货币边缘之刻痕与阴面之花纹——原编者注。
④ 英文当中的第一人称，严复在翻译过程中全部略去。

Chapter V Of the Real and Nominal Price of Commodities, or their Price in Labour, and their Price in Money

the standard, and that which is not the standard, becomes little more than a nominal distinction.

独至历时既久，泉货之制，百姓习知，而相受之率，不虞瞆乱，乃为立其定程，小大相准。如英往者，定每几尼金值二十一先令银，同作法偿，相权行用是已。夫如是则二品法钱，同称本位，异名同实，多寡攸殊，民之用之，匪所择也。

I.5.28

In consequence of any change, however, in this regulated proportion, this distinction becomes, or at least seems to become, something more than nominal again. If the regulated value of a guinea, for example, was either reduced to twenty, or raised to two-and-twenty shillings, all accounts being kept and almost all obligations for debt being expressed in silver money, the greater part of payments could in either case be made with the same quantity of silver money as before; but would require very different quantities of gold money; a greater in the one case, and a smaller in the other. Silver would appear to be more invariable in its value than gold. Silver would appear to measure the value of gold, and gold would not appear to measure the value of silver. The value of gold would seem to depend upon the quantity of silver which it would exchange for; and the value of silver would not seem to depend upon the quantity of gold which it would exchange for. This difference, however, would be altogether owing to the custom of keeping accounts, and of expressing the amount of all great and small sums rather in silver than in gold money. One of Mr. Drummond's notes for five-and-twenty or fifty guineas would, after an alteration of this kind, be still payable with five-and-twenty or fifty guineas in the same manner as before. It would, after such an alteration, be payable with the same quantity of gold as before, but with very different quantities of silver. In the payment of such a note, gold would appear to be more invariable in its value than silver. Gold would appear to measure the value of silver, and silver would not appear to measure the value of gold. If the custom of keeping accounts, and of expressing promissory notes and other obligations for money in this manner, should ever become general, gold, and not silver, would be considered as the metal which was peculiarly the standard or measure of value.

本位之关系，独见于二品相受之率有更张时。试为论之：今设前指几尼、先令二币，其相受之率，有时降为二十，有时升为二十有二者，而国中一切会计，民之张簿契彻，皆以银币言之，则凡交易往来逋负相偿之际，需银几许无异平时，独至以金计之，则二者绝异。于后率则几尼数少，于前率则几尼数多，如是则常觉银值无变而金值时低时昂，是之谓以银为准。以银为准者，资产货物皆以银称，而金虽经为币，实则等诸百货之一而已。又设金为本位，譬如某甲家藏钞商楮币①，上载存几尼金币五十，则无论何时可取几尼，同于此数，独至持易先令，则二率大异，于前率为千，于后率为一千一百也。如是则若金有定程，而银无常值，是之谓以金为准。以金为准者，一切会计，皆以金称，而银虽经为币，实则等诸百货之一而已。故或为本位，或不为本位，名实两殊，民之用之，有所择也。

I.5.29

In reality, during the continuance of any one regulated proportion between the respective values of the different metals in coin, the value of the most precious metal regulates the value of the whole coin.② Twelve copper pence contain half a pound, avoirdupois, of copper, of not the best quality, which, before it is coined, is seldom worth sevenpence in silver. But as by the regulation twelve such pence are ordered to exchange for a shilling, they are in the market considered as worth a shilling, and a shilling can at any time be had for them. Even before the late reformation of the gold coin of Great Britain, the gold, that

---

① 钞商楮币 banker's note——原编者注。
② Adam Smith ascribes more power to mint regulations than they probably possess. The value of the most precious metal does not regulate the value of the whole coin, but the value of all metals is determined by the cost of production, or in case they are produced by exchange, by the cost of acquisition. The regulations of the mint can produce one effect only, that of preventing the use of any one metal by undervaluing it. Of course when debtors are allowed to pay in one of two alternatives, they will pay in the cheapest, and if the government undervalues any metal, it become the dearest, at least, if the country be affected by foreign trade.

Chapter V Of the Real and Nominal Price of Commodities, or their Price in Labour, and their Price in Money

part of it at least which circulated in London and its neighbourhood, was in general less degraded below its standard weight than the greater part of the silver. One-and-twenty worn and defaced shillings, however, were considered as equivalent to a guinea, which perhaps, indeed, was worn and defaced too, but seldom so much so. The late regulations have brought the gold coin as near perhaps to its standard weight as it is possible to bring the current coin of any nation; and the order, to receive no gold at the public offices but by weight, is likely to preserve it so, as long as that order is enforced. The silver coin still continues in the same worn and degraded state as before the reformation of the gold coin. In the market, however, one-and-twenty shillings of this degraded silver coin are still considered as worth a guinea of this excellent gold coin.

Ⅰ.5.30

The reformation of the gold coin has evidently raised the value of the silver coin which can be exchanged for it.

【Ⅰ.5.29】多品泉货行，相受之率定，则诸品之值，常制于最贵者。今如铜币，英之圜法，便士十二枚重半磅。当未为币，此半磅铜值十二分先令之七而已，及其为币，则此半磅者当一先令，持此入市，随时可易。且钱之摩损，上币本较下币为轻，故圜法未修之前，几尼之重大致相若。而先令则摩损轻薄者大半，使徒以重言，则实不副名远矣。而此轻薄先令每二十一枚易一几尼，尚如其朔，持此入市，随时可易。近者圜法既修，严镌鑢取铪①之禁，且约征收巨款，以重为程，故几尼金币民愈珍袭，而漫者用希，独银币先令，则摩损如故，取易金币，与新出于冶者同科。【Ⅰ.5.30】然则圜法之修，于金币无所出入，而银铜二品则所当者皆过真值矣。

案：斯密氏谓多品货行，相受率定，则诸品之值视最贵者，此

---

① 镌鑢取铪，即窃蚀中金银之谓——原编者注。

说未然①。往者计学家马格乐②常驳之云，国之诸金，以事势不同，各自为值。金不能制银之贵贱，犹银不能制金之贵贱也，此在未成币者固然，在既成币者亦然。而暗夫浅人，不悟此理，常欲以法贵贱之，此圜法之所以乱而民生之所以被其毒也。考各国法偿，其用金用银皆出于必然之势，自其国先者之着令，有以致之。盖当金银二币并用之初，大抵为法偿，匪所畸重，自相受之率③以令定之，斯二者时羡时耗，几不能一曙而恒，于是用是币者，亦时利时不利。及真率与所定之率所差綦多，则纳赋偿负之家，必用其过实之币，而不及实者，则或聚而熔之，或攜而输之外国，虽用峻典，末由禁也。今夫用金为准，英国独先，终受其益。顾考其始，非在上者豫虑而为然也。此因康熙五十六年所定二十一先令作一几尼之率，当时金币，缘此以银为计名过实者，每几尼约四便士有奇，如是凡用金者，值百赢一分六厘三毫强，更遇雍乾之间，欧洲金饶银俭，赢者愈多。二品既均为法偿，交易之事遂无往而不用金矣，而后之人从而定之为本位。因势乘便，顺民所欲者也。至法、德、奥、义诸邦之用银，其势正与英相反。法国于乾隆五十年其金币名卢夷④者，值银币名利佛者二十四枚，而每卢夷真值乃二十五利佛又十鈌，如是则纳赋偿负，用金者遇每卢夷折一利佛十鈌，交易之事遂无往而不用银矣，既为通行，斯为本位。又立制者所无可如何者也。至于近世，始易银为金。故一国财赋之事，惟其理有固然，斯其势有必

---

① 本段案语中的部分内容与罗哲斯的注释（见【Ⅰ.5.29】）观点相同，严复在案语中多次提到经济学家马格乐。段首"斯密氏谓多品货行，相受率定，则诸品之值视最贵者，此说未然。"试比较：Adam Smith ascribes more power to mint regulations than they probably possess. The value of the most precious metal does not regulate the value of the whole coin, but the value of all metals is determined by the cost of production, or in case they are produced by exchange, by the cost of acquisition. The regulations of the mint can produce one effect only, that of preventing the use of any one metal by undervaluing it. Of course when debtors are allowed to pay in one of two alternatives, they will pay in the cheapest, and if the government undervalues any metal, it become the dearest, at least, if the country be affected by foreign trade.
② 马格乐 John Ramsay McCulloch，苏格兰之经济学家，生于一七八九年，卒于一八六四年——原编者注。
③ 相受之率 regulated proportion between the respective values of the different metals in coin，即法定两币相易之率——原编者注。
④ 卢夷 louis or louis dor，法国之金币——原编者注。

Chapter V Of the Real and Nominal Price of Commodities, or their Price in Labour, and their Price in Money

至，决非在上者所得强物从我，倒行逆施也。

I.5.31

In the English mint, a pound weight of gold is coined into forty-four guineas and a half, which, at one-and-twenty shillings the guinea, is equal to forty-six pounds fourteen shillings and sixpence. An ounce of such gold coin, therefore, is worth £ 3: 17: 10″2. in silver. In England no duty or seignorage is paid upon the coinage, and he who carries a pound weight or an ounce weight of standard gold bullion to the mint, gets back a pound weight or an ounce weight of gold in coin, without any deduction. Three pounds seventeen shillings and tenpence halfpenny an ounce, therefore, is said to be the mint price of gold in England, or the quantity of gold coin which the mint gives in return for standard gold bullion.

英国制币官定制，每磅法金①，造金币名几尼者四十四枚有半，枚值二十一先令，而二十先令为币一磅，是每磅法金，造币四十六镑十四先令六便士也。英权析一磅为十二翁斯②，则金币合重一翁斯者，当三镑十七先令十便士半也。造金币者，无炉鞴冶炭一切费，民持金铤③抵局，受成币与原金等，权色无抑减者，故号三镑十七先令十便士半为每翁斯法金之局价。法金法银者，谓精杂应圜法者也。

I.5.32

Before the reformation of the gold coin, the price of standard gold bullion in the market had for many years been upwards of £ 3: 18s sometimes £ 3: 19s

---

① 法金 standard bullion——原编者注。又，英制造币法，金约十二分之中精者十一，而其一为铜。若他品其不用纯金者，以金纯则柔，摩损愈易，故舍纯取杂——译者注。
② 严复此处有增译，解释英国货币的进制。试比较杨敬年（2001/2006：54~55）译文："在英格兰造币厂，一磅重的黄金能铸成 44 个半基尼，按每基尼换 21 先令计算，等于 46 镑 14 先令 6 便士。因此，一盎司这样的金币，值银价 3 镑 17 先令 10 便士半。在英格兰，铸造货币时不必付铸币费，一个将一磅重或一盎司重的标准金块送往造币厂的人，取回一磅重或一盎司重的金币丝毫没有减少。"
③ 金铤 gold bar，即金条——原编者注。

and very frequently £ 4 an ounce; that sum, it is probable, in the worn and degraded gold coin, seldom containing more than an ounce of standard gold. Since the reformation of the gold coin, the market price of standard gold bullion seldom exceeds £ 3: 17: 7 an ounce. Before the reformation of the gold coin, the market price was always more or less above the mint price. Since that reformation, the market price has been constantly below the mint price. But that market price is the same whether it is paid in gold or in silver coin. The late reformation of the gold coin, therefore, has raised not only the value of the gold coin, but likewise that of the silver coin in proportion to gold bullion, and probably, too, in proportion to all other commodities; though the price of the greater part of other commodities being influenced by so many other causes, the rise in the value either of gold or silver coin in proportion to them, may not be so distinct and sensible.

圜法未修前，每翁斯法金，或铤或块，市价常过三镑十八先令，间至三镑十九先令或四镑者，然以旧币多摩损，总其重或不及一翁斯。圜法既改，每翁斯法金，市价常不及三镑十七先令七便士。前则常浮于局价①，后则常减于局价，以金易以银易皆如是。故圜法改而金币所范之金，过于前时，由是而与金币子母相权之先令，亦与之俱贵。及他货物价同前者，所易实金，亦缘此而多。第货物市价之低昂，所由来者多且远，其差数微而难见耳。

Ⅰ.5.33

In the English mint, a pound weight of standard silver bullion is coined into sixty-two shillings, containing, in the same manner, a pound weight of standard silver. Five shillings and twopence an ounce, therefore, is said to be the mint price of silver in England, or the quantity of silver coin which the mint gives in return for standard silver bullion. Before the reformation of the gold coin, the market price of standard silver bullion was, upon different occasions, five shillings and fourpence, five shillings and fivepence, five shillings and six

---

① 局价 mint price, 即在造币厂之价格——原编者注。

pence, five shillings and sevenpence, and very often five shillings and eight pence an ounce. Five shillings and sevenpence, however, seems to have been the most common price. Since the reformation of the gold coin, the market price of standard silver bullion has fallen occasionally to five shillings and threepence, five shillings and fourpence, and five shillings and fivepence an ounce, which last price it has scarce ever exceeded. Though the market price of silver bullion has fallen considerably since the reformation of the gold coin, it has not fallen so low as the mint price.

又制币官定制，每磅法银，造银币名先令者六十二枚，枚值铜币十二便士，故每翁斯五先令二便士为局价。圜法未修前，法银市价，时低时昂，自五先令四便士至五先令八便士不等，而五先令七便士为常率。圜法既改，其价不逾五先令五便士，贱或至五先令三便士。盖圜法改而银铤①价跌，然未尝如局价之微也。

I.5.34

In the proportion between the different metals in the English coin, as copper is rated very much above its real value, so silver is rated somewhat below it. In the market of Europe, in the French coin and in the Dutch coin, an ounce of fine gold exchanges for about fourteen ounces of fine silver. In the English coin, it exchanges for about fifteen ounces, that is, for more silver than it is worth according to the common estimation of Europe. But as the price of copper in bars is not, even in England, raised by the high price of copper in English coin, so the price of silver in bullion is not sunk by the low rate of silver in English coin. Silver in bullion still preserves its proper proportion to gold; for the same reason that copper in bars preserves its proper proportion to silver.

观国币三品相受之率，知铜币所当，远逾本值，而银币所当，则较本值为不足。欧洲中原，如法、如荷兰之国，大较金银相受，其率十四，而英则十五之，则以银为计，金之在此，贵于中原也。顾英之铜币，所

---

① 银铤 silver bar, 大条银——原编者注。

当虽过,而铜之市价,不因以贵。银币所当,虽逊本值,而银之市价,不因以廉。银铤之易金,铜块之易银,皆守其通行常价也。

Ⅰ.5.35

Upon the reformation of the silver coin in the reign of William Ⅲ, the price of silver bullion still continued to be somewhat above the mint price. Mr. Locke imputed this high price to the permission of exporting silver bullion, and to the prohibition of exporting silver coin.① This permission of exporting, he said, rendered the demand for silver bullion greater than the demand for silver coin. But the number of people who want silver coin for the common uses of buying and selling at home, is surely much greater than that of those who want silver bullion either for the use of exportation or for any other use. There subsists at present a like permission of exporting gold bullion, and a like prohibition of exporting gold coin; and yet the price of gold bullion has fallen below the mint price.② But in the English coin silver was then, in the same manner as now, under-rated in proportion to gold, and the gold coin (which at that time too was not supposed to require any reformation) regulated then, as well as now, the real value of the whole coin. As the reformation of the silver coin did not then reduce the price of silver bullion to the mint price, it is not very probable that a like reformation will do so now.

考威廉第三③朝修改银币圜法,而市中银价仍较局价为昂。名理家

---

① Locke's Considerations concerning Raising the Value of Money, 2nd edit. (1695), p. 35 sqq.
② After the resumption of cash payments, the exportation of silver and gold coin was made free. Before that time, bullion and foreign gold coins could be exported. If bullion was exported, the dealer had to supply an affidavit that the bullion was not the produce of English coin, such bullion being called technically sworn-off gold, and being worth threepence an ounce more than foreign coin. This difference in value is instructive. It first shows how difficult it is for regulations affecting the trade in the precious metals to be operative, and next it affords a proof, by pointing out what was the market-price of porjury, how utterly ineffectual oaths and declarations are when they do not appeal to the moral sense of mankind, but to merely arbitrary regulations.
③ 威廉第三 William Ⅲ,奥伦治亲王(Prince of Orange)与其妻马利第二(Mary Ⅱ)并为英格兰、苏格兰与爱尔兰之王,一六五〇年生,一六八九年即位,一七〇二年卒——原编者注。

Chapter V Of the Real and Nominal Price of Commodities, or their Price in Labour, and their Price in Money

洛克谓此缘国家徒禁银币外输,而不禁银铤外输之故。国中银铤少而银币不乏,此市价所以昂于局价也。然洛说亦有不尽然者。盖民之日用,银币自较银铤为急,法宜使既成币之银贵,而未成币之银廉。且今日之律,亦许金铤出口,而禁金币外流矣,市之金价,不闻坐此而贵,大率皆在局价之下,阿耶? 银成币后,其所当之值,以金计之,实在本值以下,而三品之值,又皆取衡于金。前之修改银币圜法,既不能使银价因之而跌,与局价平,则知金银市价,皆非法之所能轩轾者矣。

案:银成币后,所当之值,以金计之,在本值下,特当斯密时如此,今大相反矣。又,英自嘉庆二十四年,金银币出国之禁皆弛①。

I.5.36

Were the silver coin brought back as near to its standard weight as the gold, a guinea, it is probable, would, according to the present proportion, exchange for more silver in coin than it would purchase in bullion. The silver coin containing its full standard weight, there would in this case be a profit in melting it down, in order, first, to sell the bullion for gold coin, and afterwards to exchange this gold coin for silver coin to be melted down in the same manner. Some alteration in the present proportion seems to be the only method of preventing this inconveniency.

夫银币所名,既劣本值,设英制币官收回摩损之银币,而悉易以足重新造者,将见一几尼所易之二十一先令②,是中所有之银,方之在市

---

① 本段案语"银成币后,所当之值,以金计之,在本值下,特当斯密时如此,今大相反矣。又,英自嘉庆二十四年,金银币出国之禁皆弛",有与罗哲斯注释【I.5.35】相似之处,如: "After the resumption of cash payments, the exportation of silver and gold coin was made free. Before that time, bullion and foreign gold coins could be exported…This difference in value is instructive."嘉庆二十四年即为公元1819年。

② 严复增加货币换算"将见一几尼所易之二十一先令"。试比较杨敬年(2001/2006: 56)译文:"假如要使银币接近它的标准重量,像金币那样,那么,根据现在的比例,一个基尼所能兑换的银币就可能比它所能兑换的银块多。这时,把包含十足标准重量的银币熔化就是有利可图的:首先,售出银块以取得金币,然后用金币兑换银币,再将银币熔化。要防止这种流弊,惟一的办法似乎就是略为调整这种比例。"

所买之银铤为优。民之趋利,犹水就下。则将收聚先令,熔凝成铤,由铤易金,由金更易先令,数番之后,获利孔多,虽严禁防,奸必不止。是故欲救厥弊,非于二币相受之率,详审更张,必不可也。

Ⅰ.5.37

The inconveniency perhaps would be less if silver was rated in the coin as much above its proper proportion to gold as it is at present rated below it; provided it was at the same time enacted that silver should not be a legal tender for more than the change of a guinea; in the same manner as copper is not a legal tender for more than the change of a shilling. No creditor could in this case be cheated in consequence of the high valuation of silver in coin; as no creditor can at present be cheated in consequence of the high valuation of copper. The bankers only would suffer by this regulation. When a run comes upon them they sometimes endeavour to gain time by paying in sixpences, and they would be precluded by this regulation from this discreditable method of evading immediate payment. They would be obliged in consequence to keep at all times in their coffers a greater quantity of cash than at present; and though this might no doubt be a considerable inconveniency to them, it would at the same time be a considerable security to their creditors.

详审更张奈何？曰：莫若更造银币,为之制轻。制轻云者,谓以金计之。先令所名,浮于实值,而定币银法偿,<u>不得过二十一先令当一几尼之数</u>①,以杜民之取巧用轻。譬如今之铜币便士,所名大过其实,而奸巧不滋者,亦以法偿立限,<u>不得过十二枚故也</u>。诚如是,则币银虽轻而民不病,有子母相权之便,而无趋利不平之忧。制之精详,莫如此者。计以此为不便者,独民间钞店②而已。彼之为业,造钞售财,贷财取息,最患挟钞者持据猬集,立索见钱,则常用巧术以展宕时刻,阴资转输。

---

① 严复增加换算"不得过二十一先令当一几尼之数"。试比较杨敬年（2001/2006：56）译文："这样做或许流弊会要少些；就是使白银在铸币中的估值高于它同黄金的适当比例（现在的估值低于这种比例）；但是同时要规定,超过一基尼的找头,银币就不是法定货币,就像超过一先令的找头铜币就不是法定货币一样。"

② 钞店banker,即银行——原编者注。

Chapter V Of the Real and Nominal Price of Commodities, or their Price in Labour, and their Price in Money

其术常以最小银币名半先令者，徐徐给支。前令诚行，则为法偿所限，须支几尼，转注无时，势必多储金币，则所贷以取子钱者隘矣，故不便之也。然而主计者，安能以一业之私不便，而废一国之公便乎。

案：今英与各国用金本位者，皆用此议。先令法偿，以四十为限，不仅二十一也。

I.5.38

Three pounds seventeen shillings and tenpence halfpenny (the mint price of gold) certainly does not contain, even in our present excellent gold coin, more than an ounce of standard gold, and it may be thought, therefore, should not purchase more standard bullion. But gold in coin is more convenient than gold in bullion, and though, in England, the coinage is free, yet the gold which is carried in bullion to the mint, can seldom be returned in coin to the owner till after a delay of several weeks. In the present hurry of the mint, it could not be returned till after a delay of several months.① This delay is equivalent to a small duty, and renders gold in coin somewhat more valuable than an equal quantity of gold in bullion. If in the English coin silver was rated according to its proper proportion to gold, the price of silver bullion would probably fall below the mint price even without any reformation of the silver coin; the value even of the present worn and defaced silver coin being regulated by the value of the excellent gold coin for which it can be changed.

一翁斯法金，易三镑十七先令十便士半者，局价也。当圜法修明，精权画一，则在铤在币，铢两齐均，五雀六燕，匪所弃择矣。虽然，金既成币，方未成者便给为多，且转铤为币，即无角尖之费。而民之持金抵局，须数七日始得领币，当官局工殷，则阅数月者有之。停金在冶，子钱不收，此之延宕，不殊抽赋，故金之在币贵于在铤也。前议欲救熔

---

① This slight indirect seignorage is still levied on gold by the loss of interest incurred while the metal lies at the mint. As a consequence, very little gold is coined except by the Bank of England, to which establishment no such loss attaches.

毁外输之弊，法宜银币制轻而立偿限。乃今观之，不必制轻，但使一如本值，则一时银铤市价，自比局价宜低，而前弊已绝。况今市中行用旧造先令银币，强半摩漫削薄，而相易之时，与新出于冶者乃无别择耶。

Ⅰ.5.39

A small seignorage or duty upon the coinage of both gold and silver would probably increase still more the superiority of those metals in coin above an equal quantity of either of them in bullion. The coinage would in this case increase the value of the metal coined in proportion to the extent of this small duty; for the same reason that the fashion increases the value of plate in proportion to the price of that fashion. The superiority of coin above bullion would prevent the melting down of the coin, and would discourage its exportation. If upon any public exigency, it should become necessary to export the coin, the greater part of it would soon return again of its own accord. Abroad, it could sell only for its weight in bullion. At home, it would buy more than that weight. There would be a profit, therefore, in bringing it home again. In France, a seignorage of about eight percent is imposed upon the coinage, and the French coin, when exported, is said to return home again of its own accord.①

进而论之，设造金银二币时益以制币之费②，则在币之金弥贵于未成币者。此如范金为器，价逾其坯。不徒销毁奸绝，国币亦不至外流，即有时阑出边关，转晌之间，势必自返。盖其制虽精，异国用之，计重估色，与未成币者等，故其易权常逊，而赉以返者，常有所赢也。往日法国造币，官铸之费，值百取八，其外流者皆自归也。

Ⅰ.5.40

The occasional fluctuations in the <u>market price of gold and silver</u>③ bullion

---

① The seignorage on French gold and silver coin was not more than 4/3 percent, in Smith's time. It is now only about 1/2 percent. On gold, 3/2 percent. On silver.
② 制币之费 seigniorage，即国家铸币之赢余——原编者注。
③ 严复概译为"黄金之价"，试比较杨敬年（2001/2006：57）段首译文："金银条块市场价格的偶然波动，其原因也和所有其他商品的市场价格偶然波动一样。"

Chapter V Of the Real and Nominal Price of Commodities, or their Price in Labour, and their Price in Money

arise from the same causes as the like fluctuations in that of all other commodities. The frequent loss of those metals from various accidents by sea and by land, the continual waste of them in gilding and plating, in lace and embroidery, in the wear and tear of coin, and in that of plate; require, in all countries which possess no mines of their own, a continual importation, in order to repair this loss and this waste. The merchant importers, like all other merchants, we may believe, endeavour, as well as they can, to suit their occasional importations to what, they judge, is likely to be the immediate demand. With all their attention, however, they sometimes overdo the business, and sometimes underdo it. When they import more bullion than is wanted, rather than incur the risk and trouble of exporting it again, they are sometimes willing to sell a part of it for something less than the ordinary or average price. When, on the other hand, they import less than is wanted, they get something more than this price. But when, under all those occasional fluctuations, the market price either of gold or silver bullion continues for several years together steadily and constantly, either more or less above, or more or less below the mint price, we may be assured that this steady and constant, either superiority or inferiority of price, is the effect of something in the state of the coin, which, at that time, renders a certain quantity of coin either of more value or of less value than the precise quantity of bullion which it ought to contain. The constancy and steadiness of the effect, supposes a proportionable constancy and steadiness in the cause.

黄金之价，有低有昂，与百货无以异也。其所以低昂之理，亦与百货无以异也。海陆之所湛没，涂饰缘绣之所消糜，在币在器之所摩损，散之难以见，聚之则甚多。是故国不产金，岁必有输入者以弥所耗，而金商之运筹逐时，与他商又无以异，大抵计求为供而已矣。彼竭其智虑而为之，而有时过不及者，供与求之间，相剂不易故也。假一时所供者过于所求，彼不能运以复去也，于是宁减于经价①而售之；又假一时所供者不及所求，则彼将翘之过于经价用以获利，此不遁之验也。故设国

---

① 经价 ordinary price or natural price——原编者注。

中金银市价,连岁相若,或较局价常盈,或较局价常不足,则知此盈不足而恒之故,必在其国制币之中。其名之所当,有常强常弱于其实者,而后有此效。<u>凡事之理,因恒而后果恒</u>①。

I.5.41

The money of any particular country is, at any particular time and place, more or less an accurate measure of value according as the current coin is more or less exactly agreeable to its standard, or contains more or less exactly the precise quantity of pure gold or pure silver which it ought to contain. If in England, for example, forty-four guineas and a half contained exactly a pound weight of standard gold, <u>or eleven ounces of fine gold and one ounce of alloy</u>, the gold coin of England would be as accurate a measure of the actual value of goods at any particular time and place as the nature of the thing would admit.② But if, by rubbing and wearing, forty-four guineas and a half generally contain less than a pound weight of standard gold; the diminution, however, being greater in some pieces than in others; the measure of value comes to be liable to the same sort of uncertainty to which all other weights and measures are commonly exposed. <u>As it rarely happens that these are exactly agreeable to their standard, the merchant adjusts the price of his goods, as well as he can, not to what those weights and measures ought to be, but to what, upon an average, he finds by experience they actually are. In consequence of a like disorder in the coin, the price of goods comes, in the same manner, to be adjusted, not to the quantity of pure gold or silver which the coin ought to contain, but to that which, upon an average, it is found by experience, it actually does contain.</u>

I.5.42

By the money-price of goods, it is to be observed, I understand always the

---

① 此句为严复增译,起强调作用。参照杨敬年(2001/2006: 58)本段最后一句:"这种影响之所以稳定和持续,是同造成这种影响的原因的稳定和持续成比例的。"

② At present (1880) sovereigns are coined out of 40 Troy pound's weight of gold 11 - 12ths fine. A sovereign therefore weighs 5 dwts. 3 171/623 grs., the fine weight being 113 1/623grs.

Chapter V Of the Real and Nominal Price of Commodities, or their Price in Labour, and their Price in Money

quantity of pure gold or silver for which they are sold, without any regard to the denomination of the coin. Six shillings and eightpence, for example, in the time of Edward I, I consider as the same money-price with a pound sterling in the present times; because it contained, as nearly as we can judge, the same quantity of pure silver.

【Ⅰ.5.41】泉币者，百货之权度也，必泉币审而后百货之贵贱可论，犹尺寸定而后万物之长短可差。<u>如英四十四几尼有半之币，常当一磅之法金，如是则此金币无论何地何时，皆可为物价之权度。设经摩取鎔，抑日久薄削，不惟成轻，且所轻不一，则难为权度。而操奇计赢之众，其计利也，常不以名而以实，故常视所与贾之国泉币精杂良楛之何如，以制为其价，主者徒标其名而阴蚀其实，固奚益哉</u>！① 【Ⅰ.5.42】如在义都活第一②之世，其六先令八便士与今之一磅等，名异而实同也。是书所言物价，皆以实不以名。

案：前篇因论真市价之殊，而及泉币之制，其于世轻世重之由，与夫推行尽利之效，可谓详晰矣。顾其中多举英制，又与其国今日圜法微有异同，散见错出，读者或病其纷，故今橐括于此，以便讲斯学者之考论焉。今案英法二国泉币，古皆用银，而以一磅为单位。此犹古黄金之称斤，今纹银之称两，皆以重行也，未尝以一磅为造币者。造币初制，乃取银一磅，析之造二百四十枚，号便士，而总十二便士名先令，由是而二十先令为一磅。曰先令，曰磅，皆总便

---

① 对比英文［1］可以看出，严复此处有明显缩译或减译。与杨敬年（2001/2006：58）译本比较："例如，如果在英格兰，44个半基尼恰恰包含一磅重的标准金，即11盎司纯金和1盎司合金，那么，英格兰的金币在任何特定的时间和地点都是货物实际价值可能得到的准确尺度。但是，如果由于磨损消耗，44个半基尼一般包含不到一磅重的标准金，而且磨损的程度又参差不齐，那么这种价值尺度就会不很准确，像所有其他度量衡常有的情形那样。由于完全符合其标准的度量衡并不多见，商人尽可能地这样来调整自己货物的价格：不是按照这些度量衡应当是怎么样，而是按照凭自己经验所发现的平均说来它们实际上是怎么样。由于铸币中出现了同样的混乱，货物的价格也同样不是按照铸币中所应包含的纯金或纯银的数量来调整，而是按照凭经验发现的平均说来铸币的实际含量来调整。应当指出，所谓货物的货币价格，我所理解的总是指它们出售所得到的纯金或纯的数量，丝毫不考虑铸币的名称。"

② 义都活第一 Edward I, 一二七二年至一三〇七年之英王——原编者注。

士之数，以重为名，无专币也。洎元大德四年，乂都活第一析一磅为二百四十三便士，以征其民，自兹以降，代有所增。至额理查白，当有明嘉、隆间，析为七百四十四枚，仍名便士，则愈无艺矣。盖以一磅之银，作三磅二先令用也。循是而计之，故每翁斯银得五先令二便士，此所谓法银局价者也。而二百四十便士，犹号为磅，实则七百四十四分磅之二百四十而已，弱于三分之一也，镑与磅之分自此始。有明之季，察理第二①为王，当时其民往非洲西部开垦者日众，多挟金归，乃造几尼金币。几尼者，以得金之地名名其币也。几尼初制，以当二十先令，犹今之金镑，然名不及实，如篇中指。而格物硕士②奈端适主鼓铸，建言几尼真值，过所名者八便士强，于是议院定其率为二十一先令，而三磅十七先令十便士半者，为法金之局价，局价之定自此始。然金银相受，时朒时朓，不可强定也。既定二十一先令为一几尼矣，而二品同为法偿，不立程限，又其时银贵，以是率计，每几尼金币，过其真值者四便士有奇，故其民争用金币以纳赋偿负，其银币先令，多经藏弃，或输外国。此一时之事势，而其流极至使通国用金。此英用金为准，独先诸国所由然也。然法偿定制，至一千八百一十六年始立，盖采斯密是书所言，与名理硕士③洛克国币不二准④之议，其资群策历久成宪乃如此。至于纯杂之分，则后之金镑，枚重一百二十三黍⑤又六百二十三分黍之一百七十一（四百八十黍为一翁斯），其中含精金一百一十三黍又六百二十三分黍之一，其十黍又六百二十三分之一百七十则铜也。粗而言之，十二分之十一为净金⑥耳，此所谓法金者也。民间行用，摩损至不及一百二十二黍又四分黍之三者，不得为法偿，宜受者拒之勿受可也。至于银币先令，则以一磅造六十六枚，如前所指。此与铜币便士皆取便小费，以与镑先令子母相权，故所名故过其实。

---

① 察理第二 Charles Ⅱ，英王察理第一之子，一六六〇年即位．一六八五年卒——原编者注。
② 格物硕士 great scientist，即大科学家之意——原编者注。
③ 名理硕士 philosopher，今译哲学家——原编者注。
④ 国币不二准，疑即单本位制——原编者注。
⑤ 黍 grain，今译喱——原编者注。
⑥ 净金 pure gold，今译纯金——原编者注。

Chapter V Of the Real and Nominal Price of Commodities, or their Price in Labour, and their Price in Money

今者银值大贱，与金相衡，道、咸间率十五，今乃三十有六，则其过实愈远。而国家取此为造币一切之费，而赋税亦阴行其中，然其制民便之而遵用不废者，则以有偿限故耳。

Chapter Ⅵ Of the Component Parts of the Price of Commodities

篇六　论物价之析分

I.6.1

In that early and rude state of society which precedes both the accumulation of stock and the appropriation of land, the proportion between the quantities of labour necessary for acquiring different objects seems to be the only circumstance which can afford any rule for exchanging them for one another. If among a nation of hunters, for example, it usually costs twice the labour to kill a beaver which it does to kill a deer, one beaver should naturally exchange for or be worth two deer. It is natural that what is usually the produce of two days or two hours, labour, should be worth double of what is usually the produce of one day's or one hour's labour.

I.6.2

If the one species of labour should be more severe than the other, some allowance will naturally be made for this superior hardship; and the produce of one hour's labour in the one way may frequently exchange for that of two hours' labour in the other.

I.6.3

Or if the one species of labour requires an uncommon degree of dexterity and ingenuity, the esteem which men have for such talents, will naturally give a value to their produce, superior to what would be due to the time employed

Chapter Ⅵ Of the Component Parts of the Price of Commodities

about it. Such talents can seldom be acquired but in consequence of long application, and the superior value of their produce may frequently be no more than a reasonable compensation for the time and labour which must be spent in acquiring them. In the advanced state of society, allowances of this kind, for superior hardship and superior skill, are commonly made in the wages of labour; and something of the same kind must probably have taken place in its earliest and rudest period.①

【Ⅰ.6.1】民始合群，无占田②亦无积聚③，交易之事，舍功力则差率无由见。譬诸游猎之部，其杀一鼷鼠，方之杀一鹿者，其难倍之，则一鼷鼠应易两鹿；事之资二日作苦而后成者，其值倍于一日作苦之所成者，自然之势也。【Ⅰ.6.2】又设彼事之作苦，其费精力过于此事，当其为易，以是费力，是以可贵。故有一时之功，可以当他人之两时者，又自然之势也。【Ⅰ.6.3】又设彼事之成，所资巧习过于此事，以是巧习，相易以多。盖巧习非人而能也，或以天分之独优，或以学久而后至，则其相易之所多，适以偿其前劳而已。故事以巧力兼至而交易优者，又自然之势也。群治既进，事之以巧力至而交易优者，于其廪饩庸钱④而见之，此文明之世然。而草昧之世，分功虽简，势亦不得不然也。

Ⅰ.6.4

In this state of things, the whole produce of labour belongs to the labourer; and the quantity of labour commonly employed in acquiring or producing any commodity, is the only circumstance which can regulate the quantity of labour which it ought commonly to purchase, command, or exchange for.

---

① In order, however, that any "allowance" should be made for the dexterity, ingenuity, or other mental quality distinguishing an individual's labour, it is necessary that the product of the labour should be in demand. Perhaps no writer ever conferred larger benefits on mankind generally, and on this country in particular, than the author of the Wealth of Nations. But of course no due "allowance" was made for this service. The labour to which allusion is made is mechanical. Or inventive of mechanical expedients, and concerned with the production of material utilities, such utilities being generally marketable, i. e. In demand.
② 占田 appropriation of land，使用土地——原编者注。
③ 积聚 accumulation of stock，储蓄资本——原编者注。
④ 廪饩庸钱 wages of labour，工资——原编者注。

I.6.5

As soon as stock has accumulated in the hands of particular persons, some of them will naturally employ it in setting to work industrious people, whom they will supply with materials and subsistence, in order to make a profit by the sale of their work, or by what their labour adds to the value of the materials. In exchanging the complete manufacture either for money, for labour, or for other goods, over and above what may be sufficient to pay the price of the materials, and the wages of the workmen, something must be given for the profits of the undertaker of the work who hazards his stock in this adventure. The value which the workmen add to the materials, therefore, resolves itself in this case into two parts, of which the one pays their wages, the other the profits of their employer upon the whole stock of materials and wages which he advanced. He could have no interest to employ them, unless he expected from the sale of their work something more than what was sufficient to replace his stock to him; and he could have no interest to employ a great stock rather than a small one, unless his profits were to bear some proportion to the extent of his stock.

【I.6.4】盖生民之始，百产登成①，皆资人力，是以酬庸享实，皆归肆力之家。物既以功力之多寡第其贵贱矣，则其相易之率，亦以功力为差，舍此而外，无可论者。【I.6.5】浸假乃有积聚矣，而生民之业，自耕稼陶渔以往，皆力作居先，食报居后，二者不能同时。方其力作，非先有以赡其口体，固不可也，则必仰于积聚者之家。积聚者斥其财实，以饫材庀工，是之谓母财②。力作者被其巧力于材，以成器而为天下利，转而售之，所得溢于前费者，是之谓赢利③。方其斥以相易也，或以泉货焉，或以材物焉，或以力役焉，蔑不可也。顾一转之余，其所收者必有以当原材之值，与夫力作者之饩廪。二者既得，又必有赢焉，乃为前

---

① 严复在段首有增译。试比较杨敬年（2001/2006：62）本段开首："在这种情况下，全部劳动产品属于劳动者；在获得生产任何商品时普通使用的劳动数量，就是规定它普通应当购买、支配或交换的劳动数量的惟一条件。"

② 母财 stock，即资本也——原编者注。

③ 赢利 profit，即利润——原编者注。

Chapter VI Of the Component Parts of the Price of Commodities

斥母财者之息利①，夫而后积聚之家，利其业而劝为之也。是故天生品物，得人力以成熟货，由生转熟，其值乃赢。其所赢者，当分为二，一资力庸②，一为本息③。而原材之值，与夫力役之庸，皆斥积聚者所前给者矣。故使发贮兴业之家，为其事而无赢利，则工贾之业皆不行。使所赢与前斥者之多寡无比例，彼将常为其少而不为其多。

I.6.6

The profits of stock, it may perhaps be thought, are only a different name for the wages of a particular sort of labour, the labour of inspection and direction. They are, however, altogether different, are regulated by quite different principles, and bear no proportion to the quantity, the hardship, or the ingenuity of this supposed labour of inspection and direction. They are regulated altogether by the value of the stock employed, and are greater or smaller in proportion to the extent of this stock. Let us suppose, for example, that in some particular place, where the common annual profits of manufacturing stock are ten per cent. There are two different manufactures, in each of which twenty workmen are employed at the rate of fifteen pounds a year each, or at the expense of three hundred a year in each manufactory. Let us suppose too, that the coarse materials annually wrought up in the one cost only seven hundred pounds, while the finer materials in the other cost seven thousand. The capital annually employed in the one will in this case amount only to one thousand pounds; whereas that employed in the other will amount to seven thousand three hundred pounds. At the rate of ten per cent, therefore, the undertaker of the one will expect a yearly profit of about one hundred pounds only; while that of the other will expect about seven hundred and thirty pounds. But though their profits are so very different, their labour of inspection and direction may be either altogether or very nearly the same. In many great works, almost the whole labour of this kind is committed to some principal clerk. His wages properly express

---

① 息利 interest，即利息——原编者注。
② 力庸 wages，今译工资——原编者注。
③ 本息 profit——原编者注。

the value of this labour of inspection and direction. Though in settling them some regard is had commonly, not only to his labour and skill, but to the trust which is reposed in him, yet they never bear any regular proportion to the capital of which he oversees the management; and the owner of this capital, though he is thus discharged of almost all labour, still expects that his profits should bear a regular proportion to his capital. In the price of commodities, therefore, the profits of stock constitute a component part altogether different from the wages of labour, and regulated by quite different principles. ①

驳者曰：发贮治生者之赢利，非赢利也，特庸之异其名而已。盖其人权责交重而顾虑者多，有督阅之勤②焉，有指麾之略③然，故其得利也，惟其功力，功力所得，则固庸也。谓之赢利，异名而已。应之曰：不然。④ 赢之与庸，其物绝异，制其消长，不关人力。夫督阅之勤惰，指麾之巧拙，固有攸殊，而制赢利之消长者，则别有物，不关二者。夫赢利者，视母财为高下者也。今设有市，其中常赢，岁百得十，治生之众，以此为期。甲乙二厂，甲产粗功，乙造细货，厂各雇工二十人，其

---

① Undoubtedly the capitalist who invests seven thousand three hundred pounds in his business, will except, and for sufficient reasons will obtain, a larger amount of interest on his capital than another who invests only one thousand. /But the hypothesis that the "common annual profits" can be treated as an invariable quantity is not warranted by facts. /The rate of so-called profit obtained by a small dealer in a country village is far in excess of that obtained by a merchant who carries on a large business over a wide market. / In those cases in which the labour of superintendence can be safely committed to subordinates, it will always be found that the business is of that character in which "good-will" or "connexion" is a conspicuous element. / Now this good-will is practically as much a part of the capital invested in a business as the plant and goods in a manufactory or a shop. / The late experience of joint-stock enterprise—in which it is not necessary to include fraudulent or speculative undertakings—proves that on the whole, and at an average, the rate of profit attainable in such kinds of business as require the superintendence of paid officials is not much, if at all, in excess of the ordinary rate of interest, and that the introduction of a system by which such officials are paid proportionately to "profits," does not materially alter this rule, though it imparts security to the transactions entered on. / 严复对这段注释画线标注。
② 督阅之勤 inspection，即监察之意——原编者注。
③ 指麾之略 direction，即指挥领导之意——原编者注。
④ 严复在段首有部分增译，如："驳者曰：发贮治生者之赢利，非赢利也，特庸之异其名而已。""谓之赢利，异名而已。应之曰：不然。"可比较杨敬年（2001/2006：62）段首译文："或许可以设想，资本的利润只不过是为某种劳动即监督和指挥的劳动所支付的工资的别名。然而，利润是截然不同于工资的。"

庸率岁十五镑，如是则年各出庸钱三百镑也。又甲之粗货，出者年值七百镑，乙之细货，年值七千，故甲厂岁需母财一千，而乙需者七千三百。以什一赢率计之，甲之所赢，岁可望百，而乙则七百三十。二厂赢利不齐如此，而问其所为督阅指麾之事，甲与乙不相悬也。此与运筹之烦，往往任之以一司计而已足。夫司计者之食则固庸耳，彼固以督阅指麾会计之勤而得之，即主人不仅酬其功力，以付托之重，或别有加，然是所加者，从未尝视所斥母财之多寡而与为高下也。且斥财为母者，既与人以庸矣，其所期之赢利，固计母以责子。是故物价之中，有一分然，当为母财之赢利。母财之赢利，非庸而异名。而赢利之所待为消长，与庸所待为消长者，亦绝非同物也。

I.6.7

In this state of things, the whole produce of labour does not always belong to the labourer. He must in most cases share it with the owner of the stock which employs him. Neither is the quantity of labour commonly employed in acquiring or producing any commodity, the only circumstance which can regulate the quantity which it ought commonly to purchase, command or exchange for. An additional quantity, it is evident, must be due for the profits of the stock which advanced the wages and furnished the materials of that labour.

<u>是故篇首所云交易以功力为差率者，必如合群之初，无占田亦无积聚之世</u>。洎乎合群稍久，<u>物产登成</u>①，非劳力者所得全而有之。彼既借积聚之家以受材受庸矣，则施功成货，肆今享实，必有起而与之分利者焉，否则发贮食功之事莫之肯为。发贮食功之事莫之肯为，则物产之登微而隘矣。故于此而课物之值，不得独以功力为差，谓酬是则已足也，其中必有一分焉，为出母财者之所应得。<u>施力成货者之所应得，是谓庸钱；出母财者之所应得，是谓息利</u>。②

---

① 严复增译"是故篇首所云交易以功力为差率者，必如合群之初，无占田亦无积聚之世。洎乎合群稍久，物产登成"，有承上启下的作用。比较杨敬年（2001/2006：63）段首译文："在此种情况下，全部劳动产品并不完全属于劳动者。"

② 严复增译，再次强调"庸钱"与"息利"的差别。比较杨敬年（2001/2006：63）段尾译文："显然，必须有一个额外的数量，作为垫付劳动工资和提供材料的资本的利润。"

案：赢利可以兼庸而言，息利不能兼庸而言也。

I.6.8

As soon as the land of any country has all become private property, the landlords, like all other men, love to reap where they never sowed, and demand a rent even for its natural produce. The <u>wood of the forest, the grass of the field, and all the natural fruits of the earth, which, when land was in common</u>, cost the labourer only the trouble of gathering them, come, even to him, to have an additional price fixed upon them. He must then pay for the licence to gather them; and must give up to the landlord a portion of what his labour either collects or produces. This portion, or, what comes to the same thing, the price of this portion, constitutes the rent of land, and in the price of the greater part of commodities makes a third component part.①

然而未已也。合群之先，地无所专属也，草昧建侯，分民分土，而天下之地皆私财矣。如是者谓之地主，地主不必用地也，而常分用地者所收之实。山麓之材木，牧场之刍茭，薮泽原隰之动植，凡其地之所自生者，当其未私，其有待于劳力者，不外采之、撷之、畋之、渔之而已，及其既私，则采撷畋渔者，不得劳其力而全有之也，将必有一分焉献之私是地者，而后可采、可撷、可畋、可渔也，如是者谓之租赋②。万物皆出于地，故物价亦常有一分焉，析之则租赋也。<u>租赋者，因地之私而有，犹庸钱之因于功力，息利之起于母财。</u>③

---

① Profit and rent do not constitute prices or values, but are consequent on them. / This will be clear, if we keep in view the fundamental fact, that price or value are determined by demand and supply. / Articles are not cheap or dear because profits are high and wages are high. / Wheat is nowhere cheaper than in Illinois and Ohio, where profits and wages are equally large. / Nor would the annihilation of rents cheapen produce, though rent does arise from the fact that, relatively speaking, produce is saleable at a higher price than is sufficient to cover the cost of production. /（严复对这段注释画斜线标注。）
② 租赋 rent, 即地租——原编者注。
③ 严复段尾增译"租赋者，因地之私而有，犹庸钱之因于功力，息利之起于母财"，再次强调"庸钱"和"息利"的来源。比较杨敬年（2001/2006：64）本段段尾："这一部分东西，或这一部分东西的价格，构成了地租，在大部分商品的价格中成为第三个组成部分。"

Chapter Ⅵ Of the Component Parts of the Price of Commodities

Ⅰ.6.9

The real value of all the different component parts of price, it must be observed, is measured by the quantity of labour which they can, each of them, purchase or command. Labour measures the value not only of that part of price which resolves itself into labour, but of that which resolves itself into rent, and of that which resolves itself into profit.

Ⅰ.6.10

In every society the price of every commodity finally resolves itself into some one or other, or all of those three parts; and in every improved society, all the three enter more or less, as component parts, into the price of the far greater part of commodities.

【Ⅰ.6.9】今夫计学之于物价，犹化学之于物质也，① 必析之至尽而后其物之情可知，而公例可以立。租、庸、息者，物价之原行也，【Ⅰ.6.10】即一物之价而论之，将见或此或彼，或仅一焉，或兼三焉，而皆统于是三物者。方民群之初合，物价一有所甚，一有所亡。至质散文滋，则物产或兼三而成价，其大较也。顾租、庸、息虽不同物，而其始则皆功力之所出，故皆可以功力为权度。

Ⅰ.6.11

In the price of corn, for example, one part pays the rent of the landlord, another pays the wages or maintenance of the labourers and labouring cattle employed in producing it, and the third pays the profit of the farmer. These three parts seem either immediately or ultimately to make up the whole price of corn. A fourth part, it may perhaps be thought, is necessary for replacing the stock of the farmer, or for compensating the wear and tear of his labouring cattle, and other instruments of husbandry. But it must be considered that the price of any

---

① 参照杨敬年（2001/2006：64）本段段首译文："必须指出，价格的所有不同组成部分的真实价值，是用它们各自所能购得或支配的劳动数量来衡量的。"严复增译了一句"今夫计学之于物价，犹化学之于物质也"。

instrument of husbandry, such as a labouring horse, is itself made up of the same three parts; the rent of the land upon which he is reared, the labour of tending and rearing him, and the profits of the farmer who advances both the rent of this land, and the wages of this labour. Though the price of the corn, therefore, may pay the price as well as the maintenance of the horse, the whole price still resolves itself either immediately or ultimately into the same three parts of rent, labour, and profit.

合三成价，观于谷价最明。其中必有田亩之租赋，必有长年佃者之庸钱，与牛马田畜之所食，凡皆庸也。二者之余，则有农人所斥母财之息利。总是三者，而后谷价成焉。或将谓，牛马田器积岁用之，必稍稍耗，不有以弥，势不可久，当其评价，是在其中，则三者之外尚有物也，三乌足以尽之乎？不知此牛马田器之价，亦乃合三而成。如畜养之场，必有场租，攻牧之夫，必资饔食，而农家先斥其财以赡是二，岁终会计，亦望赢息。是则谷价之内，虽有小分以为买生备器之需，顾确而言之，仍归三物，于吾前说，何能撼耶？

I.6.12

In the price of flour or meal, we must add to the price of the corn, the profits of the miller, and the wages of his servants; in the price of the bread, the profits of the baker, and the wages of his servants; and in the price of both, the labour of transporting the corn from the house of the farmer to that of the miller, and from that of the miller to that of the baker, together with the profits of those who advance the wages of that labour.

I.6.13

The price of flax resolves itself into the same three parts as that of corn. In the price of linen we must add to this price the wages of the flax-dresser, of the spinner, of the weaver, of the bleacher, etc. together with the profits of their respective employers.

I.6.14

As any particular commodity comes to be more manufactured, that part of

Chapter VI Of the Component Parts of the Price of Commodities

the price which resolves itself into wages and profit, comes to be greater in proportion to that which resolves itself into rent. In the progress of the manufacture, not only the number of profits increase, but every subsequent profit is greater than the foregoing; because the capital from which it is derived must always be greater. The capital which employs the weavers, for example, must be greater than that which employs the spinners; because it not only replaces that capital with its profits, but pays, besides, the wages of the weavers; and the profits must always bear some proportion to the capital. ①

【Ⅰ.6.12】麦转为面，则价增乎前，以磨者之庸与坊主之息利故。面转为饵，则价增乎前，以饼师之庸与号主之息利故。且麦不能自行也，由庾而坊，由坊而号，皆必有转运者之庸，与夫畜是转运者之利息，故前二之外，又且有增焉而后可也。【Ⅰ.6.13】食既如此，衣亦有然。麻之为物，合三成价，与麦等也。而麻布之价，则必增沤者、涷者、纺者、织者之庸，与夫各养其工者之利息。【Ⅰ.6.14】是故其货弥熟，其积功弥多，以积功之多也，故其价之中，庸与息累焉而常居其大分，所谓租者，相形渺矣。且方其积制造之功也，不仅斥本求息之家众也，后之所息，必巨于其前。何以知其然也？盖息之微巨视母，后母大于前母故也。譬诸麻业，畜织者之母财，必大于畜纺者之母财，畜织者之斥本也，必有以酬畜纺者之本息矣，又有以食其业之织工，夫而后能取其既纺之麻而织之，故曰其母财大也。<u>母大者子亦大，故曰后之所息，巨乎前也</u>②。

案：前说必分功既细，其理乃明。假如群治未恢，分功不细，则斯密氏所指以磨工饼师，与夫沤涷纺织之业，皆一家事耳。母子层累递增之微，虽其事具存，难以见矣。

---

① This is the case even in some unmanufactured articles. / The proportion which the rent of land bears to the price of coal, great as is the rental of a good colliery, is very small when compared with the proportion received by the capitalist who rents and the labourer who digs the coal. /（严复对这段注释画斜线标注。）

② 此处严译略有改动。英文为："and the profits must always bear some proportion to the capital." 杨敬年（2001/2006：64）本段段尾译文为："利润必然总是和资本保持某种比例。"

I.6.15

In the most improved societies, however, there are always a few commodities of which the price resolves itself into two parts only, the wages of labour, and the profits of stock; and a still smaller number in which it consists altogether in the wages of labour. In the price of sea-fish, for example, one part pays the labour of the fishermen, and the other the profits of the capital employed in the fishery. Rent very seldom makes any part of it, though it does sometimes, as I shall shew hereafter. It is otherwise, at least through the greater part of Europe, in river fisheries. A salmon fishery pays a rent, and rent, though it cannot well be called the rent of land, makes a part of the price of a salmon, as well as wages and profit. In some parts of Scotland, a few poor people make a trade of gathering, along the sea-shore, those little variegated stones commonly known by the name of Scotch Pebbles. The price which is paid to them by the stone-cutter is altogether the wages of their labour; neither rent nor profit makes any part of it.

前谓质散文滋，则价兼三物固然。即在文物极优之国，必有价焉不能兼三，或得二而无租，或去二而得庸，此质国文国之所同也。譬诸海鱼，其价之中，独函二物。盖渔者之庸，与夫庀船网养渔者之息利，海无租也。至于梁溪洿池，水常有主，则赋税兴焉，如欧洲各国渔鲂之业是已。苏格兰小民，于潮落时争循海堧拾怪石，其石有文章，任刻镂，美而难觏者，往往得善价，此则独以庸言矣。

案：今日海亦有有租者。

I.6.16

But the whole price of any commodity must still finally resolve itself into some one or other, or all of those three parts; as whatever part of it remains after paying the rent of the land, and the price of the whole labour employed in raising, manufacturing, and bringing it to market, must necessarily be profit to somebody.

Chapter VI Of the Component Parts of the Price of Commodities

I.6.17

As the price or exchangeable value of every particular commodity, taken separately, resolves itself into some one or other, or all of those three parts; so that of all the commodities which compose the whole annual produce of the labour of every country, taken complexly, must resolve itself into the same three parts, and be parcelled out among different inhabitants of the country, either as the wages of their labour, the profits of their stock, or the rent of their land. The whole of what is annually either collected or produced by the labour of every society, or, what comes to the same thing, the whole price of it, is in this manner originally distributed among some of its different members. Wages, profit, and rent, are the three original sources of all revenue, as well as of all exchangeable value. All other revenue is ultimately derived from some one or other of these.

【I.6.16】虽然，是不足以黜吾合三成价之说也。恒业之民，斥所产者以与人为易，私其土者则得租，生者为者转者则得庸，二者既偿，必有人焉得其余为赢利。【I.6.17】分而论之，凡物之值，终归是三；合而言之，通一国之所产，亦舍是三者无余物。衷其国财，最其岁入，而区其民之所分，或得一焉，或兼二三焉，不异乎此，此其所以为养也。是租、庸、息三者，国富之源也，民生之本也，而凡邦用财赇莫不资者也。

I.6.18

Whoever derives his revenue from a fund which is his own, must draw it either from his labour, from his stock, or from his land. The revenue derived from labour is called wages. That derived from stock, by the person who manages or employs it, is called profit. That derived from it by the person who does not employ it himself, but lends it to another, is called the interest or the use of money. It is the compensation which the borrower pays to the lender, for the profit which he has an opportunity of making by the use of the money. Part of that profit naturally belongs to the borrower, who runs the risk and takes the trouble of employing it; and part to the lender, who affords him the opportunity of making this profit. The interest of money is always a derivative revenue, which, if it is not paid from the profit which is made by the use of the money, must be paid from some other source of revenue, unless perhaps the borrower is a spendthrift, who contracts a second debt in order to pay the interest of the first. The revenue which proceeds altogether from land, is called rent, and belongs to the landlord. The revenue of the farmer is derived partly from his labour, and partly from his stock. To him, land is only the instrument which enables him to earn the wages of this labour, and to make the profits of this stock. All taxes, and all the revenue which is founded upon them, all salaries, pensions, and annuities of every kind, are ultimately derived from some one or other of those three original sources of revenue, and are paid either immediately or mediately from the wages of labour, the profits of stock, or the rent of land.

民之能以三物自养者，谓之自立之民，国之桢干也。① 奋手足耳目心思之烈，食其报者，贵贱异而皆庸也。其次则发贮鬻财，以殖其货，则赢利矣。治生者徒财不足以为赢也，将必有其经营之勤，与夫得失不齐之虑。赢利之中，所以报其勤虑者为庸，所以报其废居者乃为息耳。民之独以息利自养者，则子钱家是已。借财于人谓之贳，以财借人谓之贷。贷者拥资而不自殖其货，贳者受之以为殖货之资，而酬贷者以息。故息者，所以市用财之权者也。而业之成败利钝，贳者当之，于贷者无与也。独以租自养者，古有采地之君，与今之以田宅僦人者是已。南亩之民，田不已属，所得赢利，兼息与庸。其受田也，犹贾者之贳财，而报之以租。租者，所以市用地之权者也，而岁之丰歉，受田者当之，于名田者无与也。凡国之俸禄饩廪饷糈，自君公将相，以至抱关之隶，执戟之士，贵贱有异等。所受于国，于吾计学，皆名庸钱。小民固劳其肢体，而圣人亦竭其心思，以功力食于其群，一而已矣。是故一国之度支，所以为俸禄饩廪饷糈，以至振贫之粟，养老之粮，工程之所费，国债之

---

① 严复概述，后增译"民之能以三物自养者，谓之自立之民，国之桢干也"。杨敬年（2001/2006：66）本段段首译文为："任何一个从一种自己的资源获得他的收入的人，必然是从他的劳动、从他的资本或从他的土地来获得他的收入的。"

Chapter VI　Of the Component Parts of the Price of Commodities

息财，或远或近，亦皆于前三物者是取，外是无所于取也。①

案：国之分三物以赋于其民者，唐之租庸调是已。汉舟车之算，则豫征于赢利者。而杨可告缗，则兼三物而取之。他如孔仅之盐铁，桑羊之均输，则以天子为工商。如王莽所称周官之赊贷，宋王安石之青苗，又以天子为子钱家，非食租衣税之事矣。

I.6.19

When those three different sorts of revenue belong to different persons, they are readily distinguished; but when they belong to the same, they are sometimes confounded with one another, at least in common language.

I.6.20

A gentleman who farms a part of his own estate, after paying the expense of cultivation, should gain both the rent of the landlord and the profit of the farmer. He is apt to denominate, however, his whole gain, profit, and thus confounds rent with profit, at least in common language. The greater part of our North American and West Indian planters are in this situation. They farm, the greater part of them, their own estates, and accordingly we seldom hear of the rent of a plantation, but frequently of its profit.

I.6.21

Common farmers seldom employ any overseer to direct the general operations of the farm. They generally too work a good deal with their own hands, as ploughmen, harrowers, etc. What remains of the crop after paying the rent,

---

① 严复有增译，如"自君公将相，以至抱关之隶，执戟之士，贵贱有异等"，"小民固劳其肢体，而圣人亦竭其心思，以功力食于其群，一而已矣"。试比较杨敬年（2001/2006：67）本段段尾译文："所有的赋税，及所有源于赋税的收入，如所有的薪金、养老金和各种年金，都是最后从这三种原始收入来源中得来，是从劳动工资、资本利润和土地地租中直接或间接支付的。"

therefore, should not only replace to them their stock employed in cultivation, together with its ordinary profits, but pay them the wages which are due to them, both as labourers and overseers. Whatever remains, however, after paying the rent and keeping up the stock, is called profit. But wages evidently make a part of it. The farmer, by saving these wages, must necessarily gain them. Wages, therefore, are in this case confounded with profit.

Ⅰ.6.22

An independent manufacturer, who has stock enough both to purchase materials, and to maintain himself till he can carry his work to market, should gain both the wages of a journeyman who works under a master, and the profit which that master makes by the sale of the journeyman's work. His whole gains, however, are commonly called profit, and wages are, in this case too, confounded with profit.

Ⅰ.6.23

A gardener who cultivates his own garden with his own hands, unites in his own person the three different characters, of landlord, farmer, and labourer. His produce, therefore, should pay him the rent of the first, the profit of the second, and the wages of the third. The whole, however, is commonly considered as the earnings of his labour. Both rent and profit are, in this case, confounded with wages.

【Ⅰ.6.19】三物各有专属，则显而易别，三物同归一业，则微而难分，故其所称往往相乱。【Ⅰ.6.20】今如新占地亩，自垦自耕，如是而收，廪食之余，皆其所有，此租与赢合也，而人悉曰赢利，忘其中之有租。(1) 北美古巴①垦荒之人②，斥母财，庀田器，饲其僮奴马牛，以耕己所分地，于其岁入，皆计赢而止。【Ⅰ.6.21】常农之于田事也，督耕矣，而扶犁播耔耘获之事，皆与庸者共力作，如是而收，纳租雇佃之余，

---

① 古巴 Cuba，国名，在加勒比海（Caribbean Sea）之北，首都是哈瓦那（Havana）——原编者注。
② 原文中"North American and West Indian planters"改译为"北美古巴垦荒之人"，"Western India"被省略。

Chapter VI Of the Component Parts of the Price of Commodities 383

息与庸合，而彼悉曰息利，忘其中之挟庸。故前事租与赢混，后事庸与息混。【Ⅰ.6.22】此之相乱，不独农也，虽工亦有之①。斥其母财，以具其业之材与器，方其力作，资前储之财以供日食，如是成货，置于市以售之；其所得者息与庸合，而俗通曰赢利，是息与庸无辨也。【Ⅰ.6.23】种果者治隙地以艺树焉，一人之身，为园丁，为艺者，为果主人，是其产兼三物也，然其得利，通谓之曰吾之庸钱，是三者混也。

Ⅰ.6.24

As in a civilized country there are but few commodities of which the exchangeable value arises from labour only, rent and profit contributing largely to that of the far greater part of them,② so the annual produce of its labour will always be sufficient to purchase or command a much greater quantity of labour than what was employed in raising, preparing, and bringing that produce to market. If the society were annually to employ all the labour which it can annually purchase, as the quantity of labour would increase greatly every year, so the produce of every succeeding year would be of vastly greater value than that of the foregoing. But there is no country in which the whole annual produce is employed in maintaining the industrious.③ The idle everywhere consume a great

---

① 严复有增译。杨敬年（2001/2006：68）本段段首："一个独立的制造业者，有足够的资本购买原料，并能维持自己的生活直到将商品送入市场……"
② Rent does not enter into the price of commodities, but is a result of the price. Profit does not either, but is also a result, price being value interpreted by a conventional standard. If it can be shown that rent is part of the cost of production, it would enter into price, or value. But rent arises, because the cost of production is less than the value of the object in exchange, after labour is paid and profit is satisfied. The building rent, of which Smith speaks in the Fifth Book, is a part of the cost of production, as much as any other capital laid out in a permanent or fixed form, and so does enter into price. But its part in distribution is strictly limited by competition.
③ There certainly is not and cannot be any country in which the whole produce is expended in the maintenance of labour, for, to omit other cases, a considerable part of this annual produce is devoted to rearing children and supporting disease and old age. But there are and have been countries in which the idle adults form a small percentage of the community, as in Holland, during the last century at least, in Belgium and the United States at present. The question as to what would be the consequence if societies were consistently parsimonious, and were therefore constantly accumulating capital, has occupied the attention of some economists, and particularly. Mr. Mill—bk. Ⅰ. Ch. 11; bk. Ⅳ. Ch. 4.

part of it; and according to the different proportions in which it is annually divided between those two different orders of people, its ordinary or average value must either annually increase, or diminish, or continue the same from one year to another.

治化既进，则物价全出于功力者少，而兼之以租与息利者多。故通国之所岁登，较之原用之功力，所赢倍蓰。继乃更以所赢，食工役，垦荒地，转滞财，交相资以殖其货，则岁岁之出皆进乎前，数稔之间，法宜大富，而民生大舒。然而不能者，则害富之事众也。国有无名之费，而积畜者不尽为母财，有嘼惰游手之民，而食积畜者不尽有所出，而奇邪虚耗，一切无所赢之为作，又无论已。此天下之所以富国少而贫国多也。大抵勤惰愚智之民相待之比例率，国财之盈不足与物产之廉贵恒视之。

Chapter VII Of the Natural and Market Price of Commodities

篇七 论经价时价之不同

I.7.1

There is in every society or neighbourhood an ordinary or average rate both of wages and profit in every different employment of labour and stock. This rate is naturally regulated, as I shall show hereafter, partly by the general circumstances of the society, their riches or poverty, their advancing, stationary, or declining condition; and partly by the particular nature of each employment.

I.7.2

There is likewise in every society or neighbourhood an ordinary or average rate of rent, which is regulated too, as I shall show hereafter, partly by the general circumstances of the society or neighbourhood in which the land is situated, and partly by the natural or improved fertility of the land.

I.7.3

These ordinary or average rates may be called the natural rates of wages, profit, and rent, at the time and place in which they commonly prevail.

I.7.4

When the price of any commodity is neither more nor less than what is sufficient to pay the rent of the land, the wages of the labour, and the profits of the stock employed in raising, preparing, and bringing it to market, according to their natural rates, the commodity is then sold for what may be called its natural price.

【Ⅰ.7.1】都市民业不齐，而各业之中，功力之庸，与母财之息利，皆有常率。此其多寡饶俭之殊，由其群之有贫有富，其治之有进境有中立有退行，与其所治生业情形之互异。【Ⅰ.7.2】庸息如此，惟租亦然，系于民群之贫富与治化之进退矣。【Ⅰ.7.3】而其地势之远近夷险，与地方之丰瘠又主之。【Ⅰ.7.4】是故一时一地，庸租息常率者，生于理势之自然，非人意所能轻重者也。设有货物，其名价也，计本量委，以与是三者之常率相准。如是之价，谓之经价①，亦曰平价。

  案：古之均输平准常平诸法，所欲求而一之者，皆此所谓平价者也。如《汉书·食货志》，载莽令诸司市，常以四时中月定所掌，为物上、中、下之贾，各自用为其市平，毋拘它所。众民卖买物周民用而不仇者，均官有以考捡其实，以本贾取之，毋令折钱；物卬贵过平一钱，以平贾卖与民，氐贱减平，听自相市，以防贵庚者。其求平价之术，不知通三月之市价而取其平乎，抑会三物常率而为之也。惟其所谓本贾，则合三而成者耳。②

Ⅰ.7.5

The commodity is then sold precisely for what it is worth, or for what it really costs the person who brings it to market; for though in common language what is called the prime cost of any commodity does not comprehend the profit of the person who is to sell it again, yet if he sells it at a price which does not allow him the ordinary rate of profit in his neighbourhood, he is evidently a loser by the trade; since by employing his stock in some other way he might have made that profit. His profit, besides, is his revenue, the proper fund of his subsistence. As, while he is preparing and bringing the goods to market, he advances to his workmen their wages, or their subsistence; so he advances to

---

  ① 经价 natural price——原编者注。
  ② 严复采用中国古代社会经济生活中常用的"均输""平准"等词汇和著作《食货志》来解释斯密文中所提及的经济现象。

himself, in the same manner, his own subsistence, which is generally suitable to the profit which he may reasonably expect from the sale of his goods. Unless they yield him this profit, therefore, they do not repay him what they may very properly be said to have really cost him.

物以经价交易，则售者之所得，适如其货之真值。真值非他，所以致是货入市之全费也。惟是市中常法，售货称及本者，多不赅售者之赢利而言。然使货售仅得本价，无常率通行之赢利，则其人固已折钱，所得者非经价矣。设彼移此业之母财以贷人，则必有应得之息利也。且此赢利，若人所有为而治生者，当其治办一货之时，<u>诸工之饩廪，冗作之饷食，驼马之豆刍，不斥畜藏，无以事事，即其身家奉养之丰俭</u>，① 亦逆计所应入之常利以为差，使货出只如所谓本价者售之，是种种费，乌从出乎？故其交易为折钱，而不可以俗之所谓及本者为经价也。

I.7.6

Though the price, therefore, which leaves him this profit, is not always the lowest at which a dealer may sometimes sell his goods, it is the lowest at which he is likely to sell them for any considerable time; at least where there is perfect liberty, or where he may change his trade as often as he pleases.

故经价者，货物可售最廉之价。夫当市所售，劣于经价者有之。顾其事可暂为而不可久处，使其久处，则必有所牵率不得去者，否则不崇朝其业徙矣。故曰经价者，货物可售最廉之价也。

I.7.7

The actual price at which any commodity is commonly sold is called its market price. It may either be above, or below, or exactly the same with its natural price.

---

① 本段可与杨敬年（2001/2006：73）译文比较："因此，这种商品就恰恰是按照……"为了进一步解释斯密文中"利润就是收入，是生活资料的正当来源，……制造货物垫付的工人工资和生活费"，严复增译"诸工之饩廪，冗作之饷食，驼马之豆刍，不斥畜藏，无以事事，即其身家奉养之丰俭"加以解释。尤其"驼马之豆刍，不斥畜藏"均是选取中国读者熟悉的例子。

I.7.8

The market price of every particular commodity is regulated by the proportion between the quantity which is actually brought to market, and the demand of those who are willing to pay the natural price of the commodity, or the whole value of the rent, labour, and profit, which must be paid in order to bring it thither. Such people may be called the effectual demanders, and their demand the effectual demand; since it may be sufficient to effectuate the bringing of the commodity to market. It is different from the absolute demand. A very poor man may be said in some sense to have a demand for a coach and six; he might like to have it; but his demand is not an effectual demand, as the commodity can never be brought to market in order to satisfy it.①

【I.7.7】当市所售者曰时价②。时价与经价异，或等、或过、或不及，视供与求相剂之间。【I.7.8】物求售者谓之供，人欲得者谓之求。虽然，欲得虚愿，不可谓求也。褴褛之夫，每怀狐白，贫寒之丐，亦望肥甘，此曰虚愿，不足致物。③ 不足致物，则于物价无验。故有验之求，必愿力相副，能具经价，以分酬货之租庸若息利者，夫而后与供者之物有相剂之效。计学之事，不计无验之求也。④

I.7.9

When the quantity of any commodity which is brought to market falls short of the effectual demand, all those who are willing to pay the whole value of the

---

① "Ce sont toujours les besoins et tent le prix à la vente." Turgot, les facultés du consommateur qui met – 67.

② 时价 market price，即市价——原编者注。

③ 本段可与杨敬年（2001/2006：73）译文比较："每一种具体商品的市场价格，是受实际送到市场的数量与愿意支付商品自然价格的人即愿意支付将商品送入市场所必需的地租、劳动〔工资〕和利润的全部价值的人的需求两者的比例调节的……一个赤贫的人在某种意义上可以说是有拥有一辆轿式大马车和六匹骏马的需求；他可能很想得到这些；但他的需求不是有效需求，因为这些商品决不会送入市场去满足它。"严复增译"褴褛之夫，每怀狐白，贫寒之丐，亦望肥甘，此曰虚愿，不足致物"，加入了具体的例子，解释"绝对需求"的作用。

④ "计学之事，不计无验之求也。" 为严复增译。

Chapter VII Of the Natural and Market Price of Commodities

rent, wages, and profit, which must be paid in order to bring it thither, cannot be supplied with the quantity which they want. Rather than want it altogether, some of them will be willing to give more. A competition will immediately begin among them, and the market price will rise more or less above the natural price, according as either the greatness of the deficiency, or the wealth and wanton luxury of the competitors, happen to animate more or less the eagerness of the competition. Among competitors of equal wealth and luxury the same deficiency will generally occasion a more or less eager competition, according as the acquisition of the commodity happens to be of more or less importance to them. Hence the exorbitant price of the necessaries of life during the blockade of a town or in a famine. ①

使供之数不及乎求之数，则将有力胜者，宁出过经之价，不使愿虚。供少求多，则求者竞，竞而时价优于经价矣。价如是者，谓之腾，腾之数，视供者所少之几何，与竞者愿力之大小。<u>愿力等矣，则视其情之缓急</u>②。围城之内，饥馑之年，生事所资，千百往日，以供者有限而求者至多故也。

I.7.10

When the quantity brought to market exceeds the effectual demand, it cannot be all sold to those who are willing to pay the whole value of the rent, wages and profit, which must be paid in order to bring it thither. Some part must be sold to those who are willing to pay less, and the low price which they give

---

① At the conclusion of the seventeenth century, Gregory King (see Davenant's Works, vol. ii. p. 224) reckoned that a defect in the harvest would raise the price of corn in the following proportions:

Defect.		
1 tenth		3 tenths
2 tenths	raises the price	8 tenths
3 tenths	above the common rate	1.6 tenths
4 tenths		2.8 tenths
5 tenths		4.5 tenths

② 此处严复有缩译，可与杨敬年（2001/2006：74）译文比较："当送入市场的商品数量少于有效需求时，所有愿意支付将商品送入市场所必需的地租、工资和利润的全部价值的。"

for it must reduce the price of the whole. The market price will sink more or less below the natural price, according as the greatness of the excess increases more or less the competition of the sellers, or according as it happens to be more or less important to them to get immediately rid of the commodity. The same excess in the importation of perishable, will occasion a much greater competition than in that of durable commodities; in the importation of oranges, for example, than in that of old iron.

使供之数过乎求之数，以经价求者无多，而急售者众，求少供多，则供者竞，竞而时价劣于经价矣。价如是者，谓之跌。跌之数，视供者所过之几何，与竞者渴财之甚否，所储之坚脆，易腐败否，易失时否。<u>设其兼之，跌尤无算，逐利折阅，或至破产荡然，大抵坐供过所求已耳</u>。①

I.7.11

When the quantity brought to market is just sufficient to supply the effectual demand and no more, the market price naturally comes to be either exactly, or as nearly as can be judged of, the same with the natural price. The whole quantity upon hand can be disposed of for this price, and cannot be disposed of for more. The competition of the different dealers obliges them all to accept of this price, but does not oblige them to accept of less.

使供之数适如乎求之数，则时价与经价平。求者以货之足供，无待过经之价而后能得；供者以销之甚易，亦无待于劣经之价而后可售。盖有供之竞，则势不能腾；有求之竞，则势不至跌，此懋迁之最为平善者也。然其境为都市所绝无，近似则有之矣，无少出入者，未尝见也。

案：《汉书·食货志》，国师公刘歆言，周有泉府之官，收不仇，与欲得。所谓不仇，即供过求者；所谓欲得，即供不及求者。赞曰"《易》称裒多益寡，称物平施。《书》云懋迁有无。周有泉府

---

① 此处严复把段尾部分内容缩译。可与杨敬年（2001/2006：74）译文比较："市场价格会降到自然价格以下，降低多少，依超过的数额在多大程度上增加卖主的竞争，或依立即脱手商品对他们的重要性是大是小而定。容易腐烂的商品的进口过多，与耐用品的进口过多尽管程度相同，引起的竞争却更为剧烈，例如，橘柑之于旧式铁器。"

Chapter VII Of the Natural and Market Price of Commodities

之官，而孟子亦非狗彘食人之食不知敛，野有饿莩而弗知发。故管氏之轻重，李悝之平籴，宏羊均输，寿昌常平，亦有从徕"云云，皆供求相剂之事。古人所为，皆欲使二竞相平而已。顾其事出于自然，设官斡之，强物情就己意，执不平以为平，则大乱之道也。用此知理财正辞，为礼家一大事。观古所设，则知其学所素讲者，汉氏以后，俗儒以其言利，动色相戒，不复知其为何学矣。

I.7.12

The quantity of every commodity brought to market naturally suits itself to the effectual demand. It is the interest of all those who employ their land, labour, or stock, in bringing any commodity to market, that the quantity never should exceed the effectual demand; and it is the interest of all other people that it never should fall short of that demand.

I.7.13

If at any time it exceeds the effectual demand, some of the component parts of its price must be paid below their natural rate. If it is rent, the interest of the landlords will immediately prompt them to withdraw a part of their land; and if it is wages or profit, the interest of the labourers in the one case, and of their employers in the other, will prompt them to withdraw a part of their labour or stock from this employment. The quantity brought to market will soon be no more than sufficient to supply the effectual demand. All the different parts of its price will rise to their natural rate, and the whole price to its natural price.

I.7.14

If, on the contrary, the quantity brought to market should at any time fall short of the effectual demand, some of the component parts of its price must rise above their natural rate. If it is rent, the interest of all other landlords will naturally prompt them to prepare more land for the raising of this commodity; if it is wages or profit, the interest of all other labourers and dealers will soon prompt them to employ more labour and stock in preparing and bringing it to market. The quantity brought thither will soon be sufficient to supply the effectual demand. All the different parts of its price will soon sink to their natural rate, and the whole price to its natural price.

I.7.15

The natural price, therefore, is, as it were, the central price, to which the prices of all commodities are continually gravitating. Different accidents may sometimes keep them suspended a good deal above it, and sometimes force them down even somewhat below it. But whatever may be the obstacles which hinder them from settling in this center of repose and continuance, they are constantly tending towards it.

【I.7.12】曰供求相剂者,谓任物自已,则二者常趋于平也。夫供求相等,有实事所绝无,而势之所趋,又常以相等为的。① 今夫供者之家,或以其地,或以其力,或以其财,而致资生之一物,利在使供之数常勿过求。求者之家,所利反此。【I.7.13】今使供之数过求,则时价劣经价,而向者三物之中,必有一焉受其敝者矣。受其敝云者,其所得不能如其时其地通可得之常率也。使其在租,则有地者将改而他艺;使其在庸,则力作者将徙而他治;使其在息利,则斥母者将变而他事。是故时价劣经,而三物之一受敝,受敝则迁,迁则供者绌,供者绌而后与求者之不及相剂。供求相剂,则时价与经价趋平,自然之势也。【I.7.14】又设反此,使供之数不及求,则时价优经价,而向者三物之中,必有一焉享其休者矣。享其休云者,其所得不止如其时其地通可得之常率也。使其在租,则地将更辟;使其在庸,则工将更集;使其在息利,则财将更出。【I.7.15】是故时价优经,而三物之一享休,享休则徕,徕则供者众,供者众而后与求者之过相剂。供求相剂,则时价与经价趋

---

① 严复在段首的译文"曰供求相剂者,谓任物自已,则二者常趋于平也。夫供求相等,有实事所绝无,而势之所趋,又常以相等为的",是他本人的评价。试比较杨敬年(2001/2006:74-75)本段段首译文:"每种商品送入市场的数量,自然会自行适应有效需求,对凡是在将任何商品送入市场中使用其土地、劳动和资本的人来说,数量不超过有效需求于他们有利;对其他的人来说,数量不低于有效需求于他们有利。"

平，又自然之势也。是故通而论之，物价如悬摆然，而经价者摆之中点。摆之摇也，时前时却，而地心之吸力，常使之终趋于中点而成静。物价之腾跌也，时低时昂，而供求之相剂，常使之终趋于经价以为平。观于悬摆，而物价之情可见矣。故曰任物自己，则供求自趋于平也。①

I.7.16

The whole quantity of industry annually employed in order to bring any commodity to market, naturally suits itself in this manner to the effectual demand. It naturally aims at bringing always that precise quantity thither which may be sufficient to supply, and no more than supply, that demand.

I.7.17

But in some employments the same quantity of industry will in different years produce very different quantities of commodities; while in others it will produce always the same, or very nearly the same. The same number of labourers in husbandry will, in different years, produce very different quantities of corn, wine, oil, hops, etc. But the same number of spinners and weavers will every year produce the same or very nearly the same quantity of linen and woollen cloth.② It is only the average produce of the one species of industry which can be suited in any respect to the effectual demand; and as its actual produce is frequently much greater and frequently much less than its average produce, the quantity of the commodities brought to market will sometimes exceed a good deal, and sometimes fall short a good deal of the effectual demand. Even

---

① 严复译文（"物价如悬摆然，而经价者摆之中点。摆之摇也，时前时却，而地心之吸力，常使之终趋于中点而成静。"）增加了中国读者熟悉的钟表"悬摆"。以此为喻，来说明物价以价值为中心，受市场供求关系变化而发生波动。原英文中没有悬摆之说。参见杨敬年（2001/2006：75）译文："因此，自然价格仿佛就是中心价格，所有商品的价格都继续地向它移动。各种偶然事件有时使它们停留在中心价格之上，有时又迫使它们下降。甚至略低于中心价格。但是不管有什么障碍阻止它们固定在这个静止和持续的中心，它们总是经常地趋向这个中心。"

② The passage in the text is no longer applicable to the principle which it is intended to illustrate. Since Adam Smith's time, production has increased yearly, and supply has preceded demand, stimulating and extending the latter.

though that demand therefore should continue always the same, their market price will be liable to great fluctuations, will sometimes fall a good deal below, and sometimes rise a good deal above, their natural price. In the other species of industry, the produce of equal quantities of labour being always the same, or very nearly the same, it can be more exactly suited to the effectual demand. While that demand continues the same, therefore, the market price of the commodities is likely to do so too, and to be either altogether, or as nearly as can be judged of, the same with the natural price. That the price of linen and woollen cloth is liable neither to such frequent nor to such great variations as the price of corn, every man's experience will inform him. The price of the one species of commodities varies only with the variations in the demand; that of the other varies not only with the variations in the demand, but with the much greater and more frequent variations in the quantity of what is brought to market in order to supply that demand.

【I.7.16】惟供求之相剂，故力作懋迁之事，常准求以为供。通数岁而估之，视所销之多寡，以逆定一年之所出，毋使过求，致病其业，此发贮运筹者之常道也，物产之登成也。【I.7.17】有事恒而所登之物产亦恒者，有事恒而所登之多寡至无恒者。譬诸农功，一国之中，数稔之际，扶犁把镰缘亩之手指相若，而禾稼酒浆油蒸果蔬之所出岁殊。织纴之业则不然，苟手篗足机之民数不变，将麻枲丝䌹之绩，准去岁而可知。故农民之酌求为供也，最数岁之所出，稽平数而为之，顾当岁所收之实，往往有甚过甚不及者。故其供之于求也，亦或过焉，或不及焉，此时价之所为常变也。织者之业，事同则效同，其率求剂供易也，故其时价有微歧而无径庭，此夫人而知者矣。<u>盖织业之变，视求者之数，而农业之变，视求者之数，又视天时之不齐</u>①。

---

① 比较杨敬年（2001/2006：76）译文可知："每一个人凭经验就会知道，麻布和呢绒的价格同谷物的价格相比，变动既不那么频繁，幅度也不那么大。麻布和呢绒的价格只随着需求的变化而变化，而谷物的价格则不仅随着需求的变化而变化，而且还随着送入市场以满足那种需求的商品数量的巨大的频繁的变化而变化。"严复认为，谷物等农业产品不仅受供需关系的影响，还受天气的影响，遂加译了"视天时之不齐"。

Chapter VII Of the Natural and Market Price of Commodities

I.7.18

The occasional and temporary fluctuations in the market price of any commodity fall chiefly upon those parts of its price which resolve themselves into wages and profit. ① That part which resolves itself into rent is less affected by them. A rent certain in money is not in the least affected by them either in its rate or in its value. A rent which consists either in a certain proportion or in a certain quantity of the rude produce, is no doubt affected in its yearly value by all the occasional and temporary fluctuations in the market price of that rude produce; but it is seldom affected by them in its yearly rate. In settling the terms of the lease, the landlord and farmer endeavour, according to their best judgment, to adjust that rate, not to the temporary and occasional, but to the average and ordinary price of the produce.

时价之于经价，或优或劣，则成价三物，将必有享休受敝之家，此必至之验也。然而有轻重焉。以常法论，则在庸在息者常重，而在租者则轻也。使所纳之租，不任土物而为泉币，则任产物时价之腾跌何如，于彼无所出入也。独至任土作贡，则物之入市转售，自亦随时价为贵贱。故田主以田授农，其名租也，必最数稔、十数稔之所出，稽其平数而为之，未尝以当岁之时价而名之也。

I.7.19

Such fluctuations affect both the value and the rate either of wages or of profit, according as the market happens to be either over-stocked or under-stocked with commodities or with labour; with work done, or with work to be done. A public mourning raises the price of black cloth (with which the market is almost always under-stocked upon such occasions) and augments the profits of the merchants who possess any considerable quantity of it. It has no effect upon the wages of the weavers. The market is under-stocked with commodities,

---

① When the fluctuation is exceptional, the loss of low and the gain of high prices affect profit. When the fluctuation is frequent, it becomes a risk, and is compensated for by higher profits, and generally by higher wages. In a word, risk is an element of cost.

not with labour; with work done, not with work to be done. It raises the wages of journeymen tailors. The market is here under-stocked with labour. There is an effectual demand for more labour, for more work to be done than can be had. It sinks the price of coloured silks and cloths, and thereby reduces the profits of the merchants who have any considerable quantity of them upon hand. It sinks too the wages of the workmen employed in preparing such commodities, for which all demand is stopped for six months, perhaps for a twelvemonth. The market is here over-stocked with commodities and with labour.

价有低昂，其损益于庸与息者，甚于租矣。而二者之中，又时有所畸重，有时而专在息，有时而专在庸。供求不齐，在货者则归息，在工者归庸，此易见者也。今如忽逢国恤，而黑呢大昂①，黑呢常法在市者少，贾之前待此货多者，得息自厚，而于织呢之工则无与也。市所欲得者，已成之货，非成货之工也。而缝纫之工，其庸乃贵，制为丧服，求之过供，又在工也。杂采缣缯，价皆大跌，业此之贾，坐以耗亏，供过乎求，此又在货。丧期六月，或至一年，织染诸工，庸以之薄，工之与货，皆不仇也。<u>此以见价之低昂，变在庸息，或此或彼，视供求之不齐在工抑在货也。</u>②

Ⅰ.7.20

But though the market price of every particular commodity is in this manner continually gravitating, if one may say so, towards the natural price, yet sometimes particular accidents, sometimes natural causes, and sometimes particular regulations of policy, may, in many commodities, keep up the market price, for a long time together, a good deal above the natural price.

前谓任物自已，则供求二者自剂于平，而物价常趋于经价，<u>此犹水

---

① 西俗以缁元为丧服——译者注。
② 此处为增译。杨敬年（2001/2006：77）后半段译文为："它会降低彩色丝绸和白布的价格，从而减少手头持有大量这种产品的商人的利润。它也会降低从事制造这种商品的工人的工资，对这种商品的需求会停止6个月或者12个月。在这方面，市场存积的商品和劳动都过多了。"通过比较可以看出，严复加入"此以见价之低昂，变在庸息，或此或彼，视供求之不齐在工抑在货也"，总结了商品的劳动与供求、价格的关系。

Chapter VII Of the Natural and Market Price of Commodities 397

之归海，曲折赴此而后为平。^① 公例大法，固如是也。然有时以人事偶尔之不齐，地势自然之有异，抑或政令约束之所为，每能使一时物价大过乎经，历数十百年而不变者，此又不可不知也。吾得次第言之^②。

I.7.21

When by an increase in the effectual demand, the market price of some particular commodity happens to rise a good deal above the natural price, those who employ their stocks in supplying that market are generally careful to conceal this change. If it was commonly known, their great profit would tempt so many new rivals to employ their stocks in the same way, that, the effectual demand being fully supplied, the market price would soon be reduced to the natural price, and perhaps for some time even below it. If the market is at a great distance from the residence of those who supply it, they may sometimes be able to keep the secret for several years together, and may so long enjoy their extraordinary profits without any new rivals. Secrets of this kind, however, it must be acknowledged, can seldom be long kept; and the extraordinary profit can last very little longer than they are kept.

货物入市，使有力而欲得者日多，则时价或大逾经价，彼斥财而殖此货者，必谨秘之。盖使举国而知其然，则措本与角逐者将众，始则供与求平而赢利薄，继且供过乎求而价减轻矣，此所以必秘其情也。使其市场距出货之乡甚远，则其情历年不泄者有之，用长享其厚实。然而往往甚难，而所得之厚实，亦不易久享也。

I.7.22

Secrets in manufactures are capable of being longer kept than secrets in trade. A dyer who has found the means of producing a particular colour with

---

① 严复增译，加入"犹水之归海，曲折赴此而后为平"来说明价格受多种因素的影响而产生变动。可比较此处杨敬年（2001/2006：77）译文："但是，每一种具体商品的市场价格虽然可以说是按照这种方式不停地移向自然价格，但有时由于某种意外事件，有时由于自然的原因，有时由于某种警察规章，许多商品可以使市场价格长期维持在远远超出自然价格的水平上。"

② 此处"吾得次第言之"为严复增译，加以总结。可参照上一注释中杨敬年译文。

materials which cost only half the price of those commonly made use of, may, with good management, enjoy the advantage of his discovery as long as he lives, and even leave it as a legacy to his posterity. His extraordinary gains arise from the high price which is paid for his private labour. They properly consist in the high wages of that labour. But as they are repeated upon every part of his stock, and as their whole amount bears, upon that account, a regular proportion to it, they are commonly considered as extraordinary profits of stock①.

I.7.23

Such enhancements of the market price are evidently the effects of particular accidents, of which, however, the operation may sometimes last for many years together.

【I.7.22】上之所言, 商之秘也。商之秘, 不若工之秘。工之秘, 方之商之秘为难泄而易私。假有染工, 得一新诀, 设色佳而用料廉, 因享厚利, 使其谨之, 则其利可资其终身, 且可传之后叶。此其利而优者, 乃其庸也, 然以其斥本饬材, 而后术有所附而施也, 则往往谓之赢利矣。【I.7.23】前之二事, 皆起于人事之偶然, 然方其用事, 则物价不得趋平, 有至于数年、十数年之久者。

I.7.24

Some natural productions require such a singularity of soil and situation, that all the land in a great country, which is fit for producing them, may not be sufficient to supply the effectual demand. The whole quantity brought to market, therefore, may be disposed of to those who are willing to give more than what is sufficient to pay the rent of the land which produced them, together

---

① The advantage which the dyer, in Smith's hypothetical case, obtains, is all the difference between the cost of producing his colour and the price which the public are willing to pay for it. This price, again, is always just as much as will be sufficient to appropriate, by superior cheapness or quality, the trade which his less competent rivals had before the new process or new colour entered into competition with theirs. By degrees, the manufacturer learns that he may still further reduce his price. But he does this when he finds that greater cheapness induces increased demand, or develops a wider market.

Chapter VII Of the Natural and Market Price of Commodities

with the wages of the labour, and the profits of the stock which were employed in preparing and bringing them to market, according to their natural rates. Such commodities may continue for whole centuries together to be sold at this high price; and that part of it which resolves itself into the rent of land is in this case the part which is generally paid above its natural rate. The rent of the land which affords such singular and esteemed productions, like the rent of some vineyards in France of a peculiarly happy soil and situation, bears no regular proportion to the rent of other equally fertile and equally well-cultivated land in its neighbourhood①. The wages of the labour and the profits of the stock employed in bringing such commodities to market, on the contrary, are seldom out of their natural proportion to those of the other employments of labour and stock in their neighbourhood.

I.7.25

Such enhancements of the market price are evidently the effect of natural causes which may hinder the effectual demand from ever being fully supplied, and which may continue, therefore, to operate forever.

【I.7.24】地有其土壤之性，其方所之居，而最宜于一产者。一国之地，情势与埒者无多，则供常劣于求，其利为所独擅。盖求之者竞，则其产之价过经，而地偏产狭，专之可数百年而未已。第其因既起于地，故此过经之利，其果必归于租。此如法兰西之葡萄田，往往一乡一邑之中，肥硗正同，荒辟亦等，其租乃大异焉。而作治之庸钱，母财之息利，又与其地之常率，无大异也。【I.7.25】此其物价过经之故，则起于地利之自然。使其因不变，则其果与之俱不变矣。

案：自斯密成书以来，法国葡萄田地价大腾跃，每阀克②至千

---

① The value of such land has increased enormously since the time in which Adam Smith wrote. Vineyards in France, the produce of which is greatly esteemed, sell for more than £1000 the acre. Perhaps some of the most valuable agricultural land in England are the best hop-grounds in the value of Farnham, which are said to have been sold at £600 the acre.

② 阀克 acre，今译公顷，英亩，或哀克——原编者注。

磅以上矣。①

I.7.26

A monopoly granted either to an individual or to a trading company has the same effect as a secret in trade or manufactures. The monopolists, by keeping the market constantly under-stocked, by never fully supplying the effectual demand, sell their commodities much above the natural price, and raise their emoluments, whether they consist in wages or profit, greatly above their natural rate.

I.7.27

The price of monopoly is upon every occasion the highest which can be got.② The natural price, or the price of free competition, on the contrary, is the lowest which can be taken, not upon every occasion indeed, but for any considerable time altogether. The one is upon every occasion the highest which can be squeezed out of the buyers, or which, it is supposed, they will consent to give. The other is the lowest which the sellers can commonly afford to take, and at the same time continue their business.③

---

① 本段案语很显然是译自罗哲斯【I.7.24】的注释。(The value of such land has increased enormously since the time in which Adam Smith wrote. Vineyards in France, the produce of which is greatly esteemed, sell for more than £1000 the acre.)

② The tendency of a monopoly is to aim at the highest possible price, and as the holder of a monopoly seldom understands the conditions under which demand is stimulated, the price demanded is generally the highest attainable. A notable instance of this monopoly price is that of the Dutch spice trade. But on the other hand, a monopoly price may be lower than that which free competition would ordinarily reach. Thus, for example, the Post Office in this country is a monopoly. But the service, though exceedingly profitable to the revenue, is done at a cheaper rate than, in all likelihood, private enterprise would have fulfilled it. The projectors of the Post Office reform of 1840 anticipated the effects of stimulating a demand.

③ Free competition does not necessarily induce cheapness, especially when the service supplied involves a large outlay of fixed capital. There is a perfectly free competition for cab-service in London; but nobody doubts that this service could be rendered at far lower cost than at present if the cabs were fewer. So, again, there is a fairly free competition of railways; but transit has not been cheapened by this competition. Hence some economists, as for example Mr. E. Chadwiok, have argued in favour of competition for the field of employment, as contrasted with competition in the field.

Chapter VII Of the Natural and Market Price of Commodities

【Ⅰ.7.26】国家许工商以辜榷①之权，其效与商秘市情，工私方诀等。盖辜榷之家所以得利，在常使供不副求。供不副求，价乃逾经，而其业之庸息并进。【Ⅰ.7.27】故辜榷专市，其效与任物之竞②者正反。任物之竞，是谓自由生业，生业自由③，则供求相剂，物价不期自平，而定于最廉之经价。辜榷壅其所产，极于至昂之价而后售。自由生业，能竭供者之廉；辜榷懋迁，必尽求者之力。过前则供者不继，过后则求者莫徕。

Ⅰ.7.28

The exclusive privileges of corporations, statutes of apprenticeship, and all those laws which restrain, in particular employments, the competition to a smaller number than might otherwise go into them, have the same tendency, though in a less degree. They are a sort of enlarged monopolies, and may frequently, for ages together, and in whole classes of employments, keep up the market price of particular commodities above the natural price, and maintain both the wages of the labour and the profits of the stock employed about them somewhat above their natural rate. ④

Ⅰ.7.29

Such enhancements of the market price may last as long as the regulations of policy which give occasion to them.

---

① 辜榷 monopoly，今译独占——原编者注。
② 任物之竞 free competition，今译自由竞争——原编者注。
③ 自由生业 freedom of trade，贸易自由也——原编者注。
④ Corporations do not necessarily raise the rate of profit or that of wages. They will not do so, unless the number of those employed in supplying a necessity is strictly limited. Otherwise the exceptional profit obtained at first by the privilege is neutralized by competition. Apprenticeships do raise the rate of wages, partly by limiting the number of labourers, partly by enhancing the cost of producing the labour, for other things being considered and accounted for, the rate of wages follows the ordinary rule, that the price of commodities and services is determined by the cost of producing them. See for an illustration of the effects of corporate monopolies, strict apprenticeship regulations, &c., Wilberforce's Social Life in Munich.

【Ⅰ.7.28】他如工商各业之业联①徒限②，与凡立章程使相竞之家，有数而不得逾者，其事验皆与辜榷相若。盖皆欲业者无多，塞平均为竞之门，然后视求为供，常无使过，则价之逾经，历时可久，而其中之出力得庸，斥财得息者，皆可较常率而优也。【Ⅰ.7.29】是皆缘政令约束之不均，故其得利亦与政令约束之行废为终始也。

案：供求相剂之理，非必古人所不知，其发之精凿如此，则斯密氏所独到，此所谓旷古之虑也。盖当时格物之学，如夜方旦，斯密氏以所得于水学③者通之理财，知物价趋经，犹水趋平，道在任其自己而已。顾任物为竞，则如纵众流以归大壝，非得其平不止。而辜榷之事，如水方在山，立之堤鄣，暂而得止，即以为平，去真远矣。考字书，辜者，鄣也；榷者，独木之梁。故壅利独享者，谓之辜榷，而孟子则謦之垄断，大抵皆沮抑不通义也。又，斯密氏谓辜榷之事，能使求货者出最贵不可复加之价，而自由相竞，则物价最廉。以常法论之，其大例自不可易，然悬迁理赜，其效亦有不尽然者。今如荷兰之香业，则以辜榷而价逾经。中国之官盐，亦以辜榷而贵数倍。然如邮政一事，则欧洲诸国，转赖辜榷而邮费大廉，国家岁赋，此为巨款。假使用民间信局，有必不能者矣④。即自由为竞，物价转不能廉者，亦有之。如其业需母甚巨，则所贵逾多。英人最憎辜榷，故国中铁轨，亦听分行，然行者之载，未闻因此而约。伦敦都市，侯雇之马车几百万辆，然以车众而雇分，雇分而载

---

① 业联 exclusive privileges of corporation，即设立公司之特权——原编者注。
② 徒限 statues of apprenticeship，即规定学徒人数年限之章程——原编者注。
③ 水学 hydraulics，今译水力学——原编者注。
④ 这部分案语集中讨论了"辜榷"，即"垄断"。严复吸收了罗哲斯【Ⅰ.7.27】中第一条注释（The tendency of a monopoly is to aim at the highest possible price, and as the holder of a monopoly seldom understands the conditions under which demand is stimulated, the price demanded is generally the highest attainable. A notable instance of this monopoly price is that of the Dutch spice trade. But on the other hand, a monopoly price may be lower than that which free competition would ordinarily reach. Thus, for example, the Post Office in this country is a monopoly. But the service, though exceedingly profitable to the revenue, is done at a cheaper rate than, in all likelihood, private enterprise would have fulfilled it. The projectors of the Post Office reform of 1840 anticipated the effects of stimulating a demand.）的部分观点，如"荷兰之香业""邮政一事"等。

Chapter Ⅶ　Of the Natural and Market Price of Commodities　403

重，此又尽人之所知也。① 故近世计学家察图翼②，设为市场内外竞之分。外竞者，争得市场也；内竞者，同场而竞也。谓外竞可，内竞不可。③ 故举之以备异闻，非定论也。

Ⅰ.7.30

The market price of any particular commodity, though it may continue long above, can seldom continue long below, its natural price. Whatever part of it was paid below the natural rate, the persons whose interest it affected would immediately feel the loss, and would immediately withdraw either so much land, or so much labour, or so much stock, from being employed about it, that the quantity brought to market would soon be no more than sufficient to supply the effectual demand. Its market price, therefore, would soon rise to the natural price. This at least would be the case where there was perfect liberty. ④

时价之于经价，时过时不及。然过经者，其势可久；不及经者，其势不可久也。盖亏折之事，人所不能。方其价不及经，三物之中必有受敝之家，受敝折阅势必迁业。迁之多寡，亦与所不及之数有比例，必待求足劝供，其迁始止。而求足劝供，则时价必过经价明矣。

Ⅰ.7.31

The same statutes of apprenticeship and other corporation laws indeed,

---

① 案语中谈及伦敦的"侯雇之马车"，显然严复吸收了罗哲斯注释中的例子。(【Ⅰ.7.27】英文第二个注释：Free competition does not necessarily induce cheapness, especially when the service supplied involves a large outlay of fixed capital. There is a perfectly free competition for cab-service in London; but nobody doubts that this service could be rendered at far lower cost than at present if the cabs were fewer. So, again, there is a fairly free competition of railways; but transit has not been cheapened by this competition. Hence some economists, as for example Mr. E. Chadwiok, have argued in favour of competition for the field of employment, as contrasted with competition in the field.)

② 察图翼，未详——原编者注。

③ 案语"故近世计学家察图翼，设为市场内外竞之分。外竞者，争得市场也；内竞者，同场而竞也。谓外竞可，内竞不可"的来源不详。

④ The qualification is essential, if we do believe that the constrained cultivation of indigo and opium in India entailed a loss on the agriculturist.

which, when a manufacture is in prosperity, enable the workman to raise his wages a good deal above their natural rate, sometimes oblige him, when it decays, to let them down a good deal below it. As in the one case they exclude many people from his employment, so in the other they exclude him from many employments. The effect of such regulations, however, is not near so durable in sinking the workman's wages below, as in raising them above their natural rate. Their operation in the one way may endure for many centuries, but in the other it can last no longer than the lives of some of the workmen who were bred to the business in the time of its prosperity. When they are gone, the number of those who are afterwards educated to the trade will naturally suit itself to the effectual demand. The policy must be as violent as that of Indostan or ancient Egypt (where every man was bound by a principle of religion to follow the occupation of his father, and was supposed to commit the most horrid sacrilege if he changed it for another), which can in any particular employment, and for several generations together, sink either the wages of labour or the profits of stock below their natural rate.

逐利之工贾，常欲供不副求，以擅其利，则为之业联，徒限焉。业联云者，不使同业而贾者过定数也。徒限云者，不使同业而工者多新进也。此其利皆成于一时之私，故不能无后害。当其业之盛旺，勤力者固以此而多得庸，及其既衰，力得者亦坐是而大失利。盖其术既行，业皆有约，始也己不受人，终也人不己纳，因衰徙业，乃成至难，则作法自敝而已矣。虽然，利之事可久，害之事不可久，故受业联、徒限之益，而价常过经者，可数十、数百年，至于其敝极之，不过尽业者之余年而已，其子孙固可改也。改则各适时势，视求为供，以择其业矣。夫至子孙而犹受其业之敝者，必其国之政俗如埃及、如印度之非理而苛而后尔。二国之俗，凡民之业皆世守之，无论学业居位，辟土殖谷，作巧成器，通财鬻货之所为，皆子循父，不得睹异物而迁，迁则为犯教律之大者。夫如是虽世异时殊，数世被其毒焉可也。

案：斯密氏所讥埃、印二国之事，正中国所称三代之美俗。今中国以时会不同，幸而自变。彼高丽以区区国犹用之，然而其效可睹矣。夫因循守旧之风，固有其善，而自昧者用之，则治化坐以日偷，不徒不进而已。斯密氏之所发明，犹其小小者也。

I.7.32

This is all that I think necessary to be observed at present concerning the deviations, whether occasional or permanent, of the market price of commodities from the natural price.

I.7.33

The natural price itself varies with the natural rate of each of its component parts, of wages, profit, and rent; and in every society this rate varies according to their circumstances, according to their riches or poverty, their advancing, stationary, or declining condition. I shall, in the four following chapters, endeavour to explain, as fully and distinctly as I can, the causes of those different variations.

I.7.34

First, I shall endeavour to explain what are the circumstances which naturally determine the rate of wages, and in what manner those circumstances are affected by the riches or poverty, by the advancing, stationary or declining state of the society.

I.7.35

Secondly, I shall endeavour to show what are the circumstances which naturally determine the rate of profit, and in what manner too those circumstances are affected by the like variations in the state of the society.

I.7.36

Though pecuniary wages and profit are very different in the different employments of labour and stock; yet a certain proportion seems commonly to take place between both the pecuniary wages in all the different employments of

labour, and the pecuniary profits in all the different employments of stock.①
This proportion, it will appear hereafter, depends partly upon the nature of the
different employments, and partly upon the different laws and policy of the so-
ciety in which they are carried on. But though in many respects dependent up-
on the laws and policy, this proportion seems to be little affected by the riches
or poverty of that society, by its advancing, stationary, or declining condition;
but to remain the same or very nearly the same in all those different states. I
shall, in the third place, endeavour to explain all the different circumstances
which regulate this proportion.

Ⅰ.7.37

In the fourth and last place, I shall endeavour to show what are the cir-
cumstances which regulate the rent of land, and which either raise or lower the
real price of all the different substances which it produces.

【Ⅰ.7.32】此篇所论者，物有经价，而入市随时价之或低或昂，或久或暂，皆有可指之由。供求相剂，其大较也。【Ⅰ.7.33】顾经之价成，本于三物，故经之价变，又视三者而为差。而三者之差，则如篇首所云，视其群之有贫有富，其治化之有进境有中立有退行。故继此四篇，皆就吾思力之所及，以推明诸变相待之理。【Ⅰ.7.34】一辨力役之庸钱，视何因为消长？而此因之视本群贫富，与治化之进境中立退行者，其理何如？【Ⅰ.7.35】二辨母财之赢利，视何因为消长，而此因之视本群贫富，与治化之进境中立退行者，其理何如？【Ⅰ.7.36】三用力不同则受庸异，用母不同则赢利异。然而合全群之庸与赢而计之，则二者对观，常有一定之比例。而此比例之率，既视用财用力者情事之不同，又视其群制法行政之善否。独于前所为本群贫富，治化之进境中立退行，则若无所相待为变者。故吾又取此比例率所待为变之事，究切而言之。【Ⅰ.7.37】四辨租税所待以为变，与地产真值所待以为高下者，其事维何。

---

① This position has been materially modified by the development of modern industry. At present the tendency of invention is to eliminate skilled labour by mechanical adaptations, and to separate the industrial classes into two bodies, the highly-trained machinist, and the un-skilled labourer. For example, the hand-loom weaver has almost disappeared, and the joiner speedily will.

Chapter VIII　Of the Wages of Labour

篇八　释庸

I.8.1

The produce of labour constitutes the natural recompense or wages of labour.

I.8.2

In that original state of things, which precedes both the appropriation of land and the accumulation of stock, the whole produce of labour belongs to the labourer. He has neither landlord nor master to share with him.

I.8.3

Had this state continued, the wages of labour would have augmented with all those improvements in its productive powers, to which the division of labour gives occasion. All things would gradually have become cheaper. They would have been produced by a smaller quantity of labour; and as the commodities produced by equal quantities of labour would naturally in this state of things be exchanged for one another, they would have been purchased likewise with the produce of a smaller quantity.

【I.8.1】力不可以终劳，故受之以成货。① 【I.8.2】成货者，所

---

① 严复增译，加入了解释"力不可以终劳，故受之以成货"。可与杨敬年（2001/2006：85）译文比较："劳动的产物构成劳动的自然报酬或自然工资。在土地私有和资本积累以前的原始社会状态下，劳动的全部产物属于劳动者。没有地主和雇主要求同他分享。"

以报劳力者之庸钱,而使之可继也。民之初群,无私土亦无积畜,则成货之实,皆劳力者之所得,未尝有斥地具母者与为分也。【Ⅰ.8.3】使天下至今,常如是而无变,则如分功诸事,将使民力日益,为之加疾。而成货世多,庸之为进,岂有量哉?夫如是,则百货将皆日贱。盖其所需以成之力日减,而相易之量又以所需以成之力为差率故也。

Ⅰ.8.4

But though all things would have become cheaper in reality, in appearance many things might have become dearer than before, or have been exchanged for a greater quantity of other goods. Let us suppose, for example, that in the greater part of employments the productive powers of labour had been improved to ten fold, or that a day's labour could produce ten times the quantity of work which it had done originally; but that in a particular employment they had been improved only to double, or that a day's labour could produce only twice the quantity of work which it had done before. In exchanging the produce of a day's labour in the greater part of employments, for that of a day's labour in this particular one, ten times the original quantity of work in them would purchase only twice the original quantity in it. Any particular quantity in it, therefore, a pound weight, for example, would appear to be five times dearer than before. In reality, however, it would be twice as cheap. ① Though it required five times the quantity of other goods to purchase it, it would require only half the quantity of labour either to purchase or to produce it. The acquisition, therefore, would be twice as easy as before.

虽然物实贱矣,而当此之时,必有物焉民见其日贵而不见廉。今设有无数事焉,为之加疾十倍于古,而独有一二事焉,今之成货其疾仅倍

---

① Many illustrations of this position could be given from the history of prices. Two will suffice. During the fourteenth century, the average price of iron was about Ł6 the ton, that of lead about Ł5. The present prices are about Ł5 and Ł20. But the average rise in prices of wheat, labour, & c., is about nine times. Iron therefore costs about one tenth as much labour to produce it, at it cost five hundred years ago; lead is procured at about one-fourth the cost. These calculations take no account of the rent of mines, and are designedly rough, but they are sufficient for the purpose of illustrating Smith's position.

乎前。设二货为易，而纯以所需之人力为差，则前之一以易一者，今乃十以易二。明矣，彼操前货者，觉曩之以一易而足者，乃今以五而后得之，方存乎见贵，何存乎见廉？而不知质以言之，则古者之一，一日之业，今者之五，半日之功。是无间其货之已成人成，皆古之勤六时而获者，今则劳三时而有也。其享物之利用同，而劳苦减半，夫宁非进欤！

案：斯密此言，往往见诸实事。讲食货者不察，则于物价古今消长之际，淆乱失真。如在明初，英国可考者，铁每吨价六镑，铅每吨价五镑，今则前约五镑，后乃二十镑。然此仅以泉币言，不得实也。欲得其实，则须知五百年以来，英之谷麦工庸，以民生日优，金银日溢之故，其价增者九倍。以此而较，则铁虽仅减一镑，其值今之方古，只什一耳，而铅值以金论，虽四倍乎前，而实则廉至四分之一也。故徇名忘实者，不足与言国计。①

I.8.5

But this original state of things, in which the labourer enjoyed the whole produce of his own labour, could not last beyond the first introduction of the appropriation of land and the accumulation of stock. It was at an end, therefore, long before the most considerable improvements were made in the productive powers of labour, and it would be to no purpose to trace further what might have been its effects upon the recompense or wages of labour.

且此为初民之局。浸假而国有私土，家有积畜，则其局变矣。是故劳力享全之事，势不可久。且不待分功甚密，生财之能事大进而后然。前之所指，姑以见事理之本然，虽勿穷其流变，可也。

---

① 本段案语全部译自罗哲斯的注释（【I.8.4】）。如："英国可考者，铁每吨价六镑，铅每吨价五镑，今则前约五镑，后乃二十镑"译自 "During the fourteenth century, the average price of iron was about £6 the ton, that of lead about £5. The present prices are about £5 and £20"。麦价、铁价和铅价的变化同样来自罗哲斯注释。

I.8.6

As soon as land becomes private property, the landlord demands a share of almost all the produce which the labourer can either raise, or collect from it. His rent makes the first deduction from the produce of the labour which is employed upon land.①

I.8.7

It seldom happens that the person who tills the ground has wherewithal to maintain himself till he reaps the harvest. His maintenance is generally advanced to him from the stock of a master, the farmer who employs him, and who would have no interest to employ him, unless he was to share in the produce of his labour, or unless his stock was to be replaced to him with a profit. This profit makes a second deduction from the produce of the labour which is employed upon land.②

【I.8.6】<u>土私则有租赋，租赋行而劳力者之入减矣</u>。③ 【I.8.7】自扶犁破块，以至纳稼登场，中间数阅月，<u>劳力者未必食其所已有也</u>④，则必有人焉为之主，发其所积畜者以食之。彼不能无所利而为是也，故劳力者之所登，必有以复所前发者，而益之以赢利，赢利取而劳力者之所得又减矣。

---

① It is scarcely necessary to say that rent has hardly so invidious an origin as that which the text implies. The continuous ownership of land is an antecedent condition of agriculture. Ownership and occupancy are exercised by different persons, as soon as ever the value of the produce of agriculture exceeds the cost of production. If a rent be exacted before this surplus is arrived at, it is not a rent, but a tax.

② The profit of the farmer is not so much "a deduction from the produce of the labour," as an anticipation of it.

③ 与原文相比，严复的翻译有省略。试比较杨敬年（2001/2006：86）译文："土地一旦变为私有财产，地主就要求从劳动者所能从土地种植或收集的几乎全部产物中得到一份。他的地租构成了耕地劳动所得产物的第一次扣除。"

④ 严复增译"自扶犁破块，以至纳稼登场，中间数阅月"，来进一步解释说明"劳力者未必食其所已有也"的原因。比较杨敬年（2001/2006：86）本段段首译文："种田的人很少能维持自己生活直到收获的时候。"

I.8.8

The produce of almost all other labour is liable to the like deduction of profit. In all arts and manufactures the greater part of the workmen stand in need of a master to advance them the materials of their work, and their wages and maintenance till it be completed. He shares in the produce of their labour, or in the value which it adds to the materials upon which it is bestowed; and in this share consists his profit.

I.8.9

It sometimes happens, indeed, that a single independent workman has stock sufficient both to purchase the materials of his work, and to maintain himself till it be completed. He is both master and workman, and enjoys the whole produce of his own labour, or the whole value which it adds to the materials upon which it is bestowed. It includes what are usually two distinct revenues, belonging to two distinct persons, the profits of stock, and the wages of labour.

I.8.10

Such cases, however, are not very frequent, and in every part of Europe, twenty workmen serve under a master for one that is independent; and the wages of labour are everywhere understood to be, what they usually are, when the labourer is one person, and the owner of the stock which employs him another.①

【I.8.8】赢利之所减，不徒农食之事然也，凡施力成货者莫不如此。将必有斥所积畜，以庀物材，赡饩廪。迨材被人巧，因以成器，而值增乎前，则废居殖货者之赢利也。即有时施力成货之工，能自庀其材，自具其食，而无待于外，迨其成器，输市得价，全而有之。【I.8.9】顾此，不外庸赢合一而已。彼既以一人之身，同时而兼二体，则其所得，

---

① These facts have been materially modified by the adoption of the principle of co-operation in production, already exhibited in England and Germany. The author is of course referring to manufacturing industry, for, with the exception of the United Kingdom, the agricultural labourer throughout the greater part of Europe has permanent interest in the soil.

亦同时而函二物。不得以一人受之，遂有其一而亡其一也。【Ⅰ.8.10】

且此所谓无待之工①，事不多有，见诸欧洲者，二十而一。即身为兼，其自计庸，亦以常法。市然身然，余则赢利，不因兼而得庸辄多也。

　　案：斯密氏所谓无待之工，乃自行具本者，自指铁木诸作而言，必非佃作之农佣也。而原文之语稍混，遂来威克非②诸家之驳。盖田事以地主、农家、田工三家分营者，惟英与荷兰为然。至于余国及南北美，则地广者耕以田奴，地狭则占者自耕，而雇佃以耕者绝少。法国自耕其田者，四农得三。北美前以新辟，地广人希，工庸极贵，非用黑奴势无从雇，故亦多自占自耕者。盖田地母财力役，皆一家之所出，租、庸、赢三物，匪所分矣。<u>即所指制造之工，今之英德制造公司，多用东伙通力之法。其法，岁终计利，庸、息二物，先按市中常率分付。有余，则斥母与出力二家之所得，皆比例而增；不及，则比例而减。主佣休戚，益复相关，不待督察而勤。事办而两家之利皆进，其事与斯密氏之日，亦有不同也。</u>③

Ⅰ.8.11

What are the common wages of labour, depends everywhere upon the contract usually made between those two parties, whose interests are by no means the same. The workmen desire to get as much, the masters to give as little as possible. The former are disposed to combine in order to raise, the latter in order to lower the wages of labour.

---

① 无待之工 independent workman，即自备资本之劳工——原编者注。
② 威克非，未详——原编者注。
③ 严复在案语中评论了斯密的观点，吸收了罗哲斯的部分注释。(【Ⅰ.8.10】These facts have been materially modified by the adoption of the principle of co-operation in production, already exhibited in England and Germany. The author is of course referring to manufacturing industry, for, with the exception of the United Kingdom, the agricultural labourer throughout the greater part of Europe has permanent interest in the soil.) (如："即所指制造之工，今之英德制造公司，多用东伙通力之法"。)

I.8.12

It is not, however, difficult to foresee which of the two parties must, upon all ordinary occasions, have the advantage in the dispute, and force the other into a compliance with their terms. The masters, being fewer in number, can combine much more easily; and the law, besides, authorises, or at least does not prohibit their combinations, while it prohibits those of the workmen. We have no acts of parliament against combining to lower the price of work; but many against combining to raise it. In all such disputes, the masters can hold out much longer. A landlord, a farmer, a master manufacturer, or merchant, though they did not employ a single workman, could generally live a year or two upon the stocks, which they have already acquired. Many workmen could not subsist a week, few could subsist a month, and scarce any a year without employment. In the long run the workman may be as necessary to his master as his master is to him, but the necessity is not so immediate. ①

【I.8.11】庸之高下，定于劳力与斥母者两家之约。然受庸而劳力，与出庸以雇工，二者之利，常相妨也。② 受者惟恐其少，出者惟恐其多，是故佣者常合群挟主以求其增，主者亦连约抑佣以为其减。【I.8.12】二者之争，孰与胜负，此不难见者也。主者之人数少，则易为合，一矣。国家之法，不禁主者之为合以抑制，而禁佣者之为合以把持，二矣。禁纠合众佣求增工价，议院有专条，主者公议减给工资，议院无专条，三矣。且相持之顷，主与佣固皆失业，然主之持久势易，佣之持久势难。田主、农头、厂东、巨商例有积畜，歇业虽一二年，不必病也，至于劳

---

① The laws against the combination of labourers, enacted in the first instance after the Great Plague of 1348, were repealed in 1824. The effect of this repeal has been to relieve the combinations of workmen from the penalties of the laws referred to, and from those of conspiracy. Hence trades-unions and their organisation. For the economical forces exercised by trades-unions, see the Editor's Manual of Political Economy, chap. 9; for the origin of the repressive laws referred to, the Editor's History of Agriculture and Prices, vol. i. chap. 15.
② 严复略有增译（"然受庸而劳力，与出庸以雇工，二者之利，常相妨也"），解释雇主与工人的各自利益。比较杨敬年（2001/2006：87）相应部分译文："普通所说的劳动工资，在到处都依存于双方通常所订的合同，双方的利益决不是相同的。工人渴望得到的要尽可能多，而雇主则渴望付给的要尽可能少。"

力之佣工，仰手足之勤动以赡其身家，其能数日不事事者固已少矣，能终月者益希，至于期年，则饿殍矣。是故究极为论，主者之不可无佣，犹佣者之不可无主，争而不下，诚兼败而俱伤，而主固不若佣之势急也。

案：佣工索增工食之禁，英议院于道光四年议罢，而恃强凌弱率牵抑勒之禁，则如故也①。

I.8.13

We rarely hear, it has been said, of the combinations of masters, though frequently of those of workmen. But whoever imagines, upon this account, that masters rarely combine, is as ignorant of the world as of the subject. Masters are always and everywhere in a sort of tacit, but constant and uniform combination, not to raise the wages of labour above their actual rate. To violate this combination is everywhere a most unpopular action, and a sort of reproach to a master among his neighbours and equals. We seldom, indeed, hear of this combination, because it is the usual, and one may say, the natural state of things which nobody ever hears of. Masters, too, sometimes enter into particular combinations to sink the wages of labour even below this rate. These are always conducted with the utmost silence and secrecy, till the moment of execution, and when the workmen yield, as they sometimes do, without resistance, though severely felt by them, they are never heard of by other people. Such combinations, however, are frequently resisted by a contrary defensive combination of the workmen; who sometimes too, without any provocation of this kind, combine of their own accord to raise the price of their labour. Their usual pretences are, sometimes the high price of provisions; sometimes the great profit which their masters make by their work. But whether their combinations be offensive or defensive, they are always abundantly heard of. In order to bring the point to a speedy deci-

---

① 此处案语"佣工索增工食之禁，英议院于道光四年议罢"信息来自英文【I.8.12】段的注释："The laws against the combination of labourers, enacted in the first instance after the Great Plague of 1348, were repealed in 1824."

sion, they have always recourse to the loudest clamour, and sometimes to the most shocking violence and outrage. They are desperate, and act with the folly and extravagance of desperate men, who must either starve, or frighten their masters into an immediate compliance with their demands. The masters upon these occasions are just as clamorous upon the other side, and never cease to call aloud for the assistance of the civil magistrate, and the rigorous execution of those laws which have been enacted with so much severity against the combinations of servants, labourers, and journeymen. The workmen, accordingly, very seldom derive any advantage from the violence of those tumultuous combinations, which, partly from the interposition of the civil magistrate, partly from the superior steadiness of the masters, partly from the necessity which the greater part of the workmen are under of submitting for the sake of present subsistence, generally end in nothing, but the punishment or ruin of the ringleaders.

或有谓，主合抑佣，事不多有，佣合挟主，乃所常闻。为此说者，不徒不察事情，其于世故，盖亦浅矣。彼以谓主少为合者，盖不知通都大邑之中，凡一业雇佣之主，虽不显约，势已阴合，务使众工所受不得过见定者毫厘。知此之为公利，则不待要约，固已守若诅盟矣。故其党之中，设有一二宽大者，破例为优，则必为侪等所诟厉。其为合之坚很如是，而外人不少概闻者，彼行其所无事，而此习之为固然故也。但赁工之主，其于庸钱，不特不肯为增也，有时且欲为减。其为此也，恒不动声色，潜合而私议之，意合条成，乃与布露。当此之时，彼佣固未尝不甚苦甚怒之也，而无如诸主家之势已合，他适无门，则俯首帖耳，蝉联故业，若无事然，而业外之人靡闻见也。至有时不得已，约同业之佣以相保持抗拒。亦有时未经抑损，纠合侪偶，先发求增。则必宣言粮食腾贵，抑云本业贸易繁兴，主家赢利于前已厚，佣工劳力成货，法当优分云云。前事保其固有为守，后事为其益多为战，为战为守，事皆外闻。且其行事也，势不能久悬，则欢噪喧阗，冀其早定。其智下，故其术左；其势蹙，故其事暴。求不辄得，则冻馁之灾随之，事之常闻，亦由是耳。顾其时，彼雇工之主人亦未尝不暴戾张皇，以与之相应也，引条约，陈禁令，凭官长之力以为己资。故其究也，佣者虽力竭声嘶，于所欲得者无毫末之益。<u>盖一则以官吏之居间，大抵抑佣而扶主；二则以两家愚智相悬，其行事有卤莽</u>

审详之异；三则以佣贫主富，待食势逼，为合不坚，而终于折入。徒闻官取为首某人某人，加严罚以惩效尤而已，无余事也。①

I.8.14

But though in disputes with their workmen, masters must generally have the advantage, there is, however, a certain rate below which it seems impossible to reduce, for any considerable time, the ordinary wages even of the lowest species of labour.

I.8.15

A man must always live by his work, and his wages must at least be sufficient to maintain him. They must even upon most occasions be somewhat more; otherwise it would be impossible for him to bring up a family, and the race of such workmen could not last beyond the first generation.② Mr. Cantillon seems, upon this account, to suppose that the lowest species of common labourers must everywhere earn at least double their own maintenance, in order that one with another, they may be enabled to bring up two children; the labour of the wife, on account of her necessary attendance on the children, being supposed no more than sufficient to provide for herself. But onehalf the children born, it is computed, die before the age of manhood. The poorest labourers, therefore, according to this account, must, one with another, attempt to rear at least four children, in order that two may have an equal chance of living to that age. But the necessary maintenance of four children, it is supposed, may be nearly equal to that of one man. The labour of an able-bodied slave, the same author adds, is computed to be worth double his maintenance; and that of the meanest labourer, he thinks, cannot be worth less than that of an able-bodied slave. Thus far at least seems certain, that, in order to bring up a family, the labour of the husband and wife together must, even in the lowest species of

---

① 严复改列为三点分析，原文并无此分类。
② "En tout genre de travail il doit arriver et il arrive en effet que le salaire de L'ouvrier se borne a ce qui lui est nécessaire pour lui procurer sa subsistance." Turgot, §6.

common labour, be able to earn something more than what is precisely necessary for their own maintenance; but in what proportion, whether in that above mentioned, or in any other, I shall not take upon me to determine.

【Ⅰ.8.14】主与佣争，其势固常胜矣，然而裁减工食之事必有所底，减之而过，欲其可久，虽最下之佣不能，此所谓最低庸率者也。【Ⅰ.8.15】盖民之勤劳，所以为食，亦待食而后能劳。然则，至微之庸，非有以赡其口体者，固不可也。不宁惟是，使勤劬者之所得，仅赡其一人之口体而无余，则一传之后佣种将绝，其事之不可久又明。是故使其事相引而弥长，必赡其口体之外，兼有以畜其室家，俾娶妻而育子，夫而后劳力之众，与有地有财者成相养之局而不废也。往者计学家庚智仑尝计之矣，使赁工之佣，一人而有二子，则受食必倍于养己者而后能。佣有一妇，妇固可自食其力也，然以有鞠子之事，故补短绝长，通一人所得，仅足以自给。常法贫家四乳而两育，而一夫之食可以济四婴，稍长则一壮之粮可赡二少。故通而计之，赡两身者，天下至觳之庸也。且劳力者以一人而兼两食，苟自其所产者而言之，不为过也。夫功食相准，奴虏最劣，然课其所产之值，当身无疾病时，未尝逊两身之食者。而雇佣之功，或相倍蓰，终未尝逊奴虏，故曰不为过也。庚智仑之说如此。自我观之，则最下庸率，应以两身为计与否，姑勿定论。特世欲匹夫匹妇力作而长子孙，则虽至贱之工，至觳之庸，必有余于二人之自养，夫固不待明者而后能知之矣。

Ⅰ.8.16

There are certain circumstances, however, which sometimes give the labourers an advantage, and enable them to raise their wages considerably above this rate; evidently the lowest which is consistent with common humanity.

Ⅰ.8.17

When in any country the demand for those who live by wages, labourers, journeymen, servants of every kind, is continually increasing; when every year furnishes employment for a greater number than had been employed the year before, the workmen have no occasion to combine in order to raise their wages.

The scarcity of hands occasions a competition among masters, who bid against one another, in order to get workmen, and thus voluntarily break through the natural combination of masters not to raise wages. ①

【Ⅰ.8.16】庸之常率如此，然有时事会使然，不待纠合求增，而庸率大进者。【Ⅰ.8.17】但使国势日恢，兴作岁广，则其需劳力受庸之众皆以日急。今兹所雇，方之昔岁，潮长川增，功多手寡，相竞求佣，而廪优者附。所谓主合抑佣之局，不攻自破，国中庸率举以优矣。

Ⅰ.8.18

The demand for those who live by wages, it is evident, cannot increase but in proportion to the increase of the funds which are destined for the payment of wages. These funds are of two kinds; first, the revenue which is over and above what is necessary for the maintenance; and, secondly, the stock which is over and above what is necessary for the employment of their masters.

Ⅰ.8.19

When the landlord, annuitant, or monied man, has a greater revenue than what he judges sufficient to maintain his own family, he employs either the whole or a part of the surplus in maintaining one or more menial servants. Increase this surplus, and he will naturally increase the number of those servants.

Ⅰ.8.20

When an independent workman, such as a weaver or shoemaker, has got more stock than what is sufficient to purchase the materials of his own work, and to maintain himself till he can dispose of it, he naturally employs one or more journeymen with the surplus, in order to make a profit by their work. In-

---

① This phenomenon was exhibited in Lancashire. A century ago, this county was one of the poorest in England, now, owing to its manufacturing industry, it is, according to acreage, second only to Middlesex. This change was accompanied by a continuous demand for labour, and by a rapid migration of labourers from the over-populous South. Hence the regulations of the law of parochial settlement were found superfluous in these districts, and wages increased with the growth of industry.

crease this surplus, and he will naturally increase the number of his journeymen.

I.8.21

The demand for those who live by wages, therefore, necessarily increases with the increase of the revenue and stock of every country, and cannot possibly increase without it. The increase of revenue and stock is the increase of national wealth. The demand for those who live by wages, therefore, naturally increases with the increase of national wealth, and cannot possibly increase without it.

【I.8.18】盖力役为物，与百货同体。庸者，力役之价也。庸之消长，视供求相剂之何如。而求之多寡，视兴事母财之多寡。无积畜固不足以养人，而滞财虽众，亦无益于劳力之民。故必饬材庀工，而后其财称母。① 而母财之益斥，由二涂焉。一曰资生而有余，二曰资事而有余。【I.8.19】资生有余者，如田主债主与凡有财者之家，自隐其岁入，以赡一家之经费有余，则或全或分，将斥此余以益收僮指，其益之为事与余之为数，有相待者焉，自然之势也。【I.8.20】资事有余者，无待之工，如织工如靴匠，自隐其岁入，以购材具食有余，则将斥此余以益雇佣伙，其益之为事与余之为数，有相待者焉，又自然之势也。是故欲庸率之长，必俟求佣者多，欲求佣者多，必俟通国岁入积畜之益进，而岁入积畜进者，国财②举多也。【I.8.21】然则庸率之进退，与国财之增减，犹影响之于形声。国财不增，而求庸率之进者，犹却行而求前也。

I.8.22

It is not the actual greatness of national wealth, but its continual increase, which occasions a rise in the wages of labour. It is not, accordingly, in the richest countries, but in the most thriving, or in those which are growing rich the

---

① 段首长句为严复增译，说明工资与预付工资基金之间的关系。试比较杨敬年（2001/2006：90）本段译文："很显然，对靠工资生活的人的需求增长，必然同预定用于支付工资的基金增长成比例。这类基金可分两种：第一，超过生活费所必需的收入；第二，超过雇主们自己使用所必需的资本。"

② 国财 national wealth，即全国之财富——原编者注。

fastest, that the wages of labour are highest. England is certainly, in the present times, a much richer country than any part of North America. The wages of labour, however, are much higher in North America than in any part of England. In the province of New York, common labourers earn① three shillings and sixpence currency, equal to two shillings sterling, a day; ship carpenters, ten shillings and sixpence currency, with a pint of rum worth sixpence sterling, equal in all to six shillings and sixpence sterling; house carpenters and bricklayers, eight shillings currency, equal to four shillings and sixpence sterling; journeymen taylors, five shillings currency, equal to about two shillings and tenpence sterling. These prices are all above the London price; and wages are said to be as high in the other colonies as in New York. The price of provisions is everywhere in North America much lower than in England. A dearth has never been known there. In the worst seasons, they have always had a sufficiency for themselves, though less for exportation. If the money price of labour, therefore, be higher than it is anywhere in the mother country, its real price, the real command of the necessaries and conveniences of life which it conveys to the labourer, must be higher in a still greater proportion.

然有不可不辨者，庸之进退不关其群之贫富，而以国财增长之舒疾为差。故虽在至富之国，其力役之庸不必优，独勃兴之国、方富之群，其庸率为最大。如徒以富厚言，则居今之时②，吾英自优于北美。顾在美之庸，乃远过之。奴约郡③中，常庸日三先令六便士，在此为二先令也。船匠日十先令六便士，益酒一升，值六便士，在此为六先令六便士也。木作砖工日八先令，在此为四先令六便士也。缝纫诸工日五先令，在此为二先令十便士也。凡此之庸，皆大过于在英之同业者。闻其地他部，庸率皆不减奴约。且粮食诸物，在美者亦方英为廉，即有荒歉，不过出口者减耳，国中之奉固恒足也。合二者而并观之，则庸价既高，而泉币之易权又大，其庸率之所优，不仅见诸其名而已。

---

① This was written in 1773, before the commencement of the present disturbances.
② 一千七百七十三年——译者注。
③ 奴约郡 New York，今译纽约——原编者注。

I . 8. 23

But though North America is not yet so rich as England, it is much more thriving, and advancing with much greater rapidity to the further acquisition of riches. The most decisive mark of the prosperity of any country is the increase of the number of its inhabitants. In Great Britain, and most other European countries, they are not supposed to double in less than five hundred years. In the British colonies in North America, it has been found, that they double in twenty or five-and-twenty years. Nor in the present times is this increase principally owing to the continual importation of new inhabitants, but to the great multiplication of the species. Those who live to old age, it is said, frequently see there from fifty to a hundred, and sometimes many more, descendants from their own body. Labour is there so well rewarded that a numerous family of children, instead of being a burthen is a source of opulence and prosperity to the parents. The labour of each child, before it can leave their house, is computed to be worth a hundred pounds clear gain to them. A young widow with four or five young children, who, among the middling or inferior ranks of people in Europe, would have so little chance for a second husband, is there frequently courted as a sort of fortune. The value of children is the greatest of all encouragements to marriage. We cannot, therefore, wonder that the people in North America should generally marry very young. Notwithstanding the great increase occasioned by such early marriages, there is a continual complaint of the scarcity of hands in North America. The demand for labourers, the funds destined for maintaining them, increase, it seems, still faster than they can find labourers to employ. ①

---

① In 1870, the population of the United States was 38, 205, 598; in 1879, that of the United Kingdom was estimated at 34, 156, 123. The growth of the Union has been aided by emigrants from Europe, who settled in the States in the eleven years 1868 – 1878 at the average rate of 283, 760 a year. If therefore the proportionate value of each child when Adam Smith wrote was 100 (and there is reason to think that the present value is much greater) , the annual immigration to the United States represents a voluntary tribute paid from the resources of the Old World to the American Union, and amounting to nearly 30, 000, 000 a year.

故论北美既有之富厚，固不逮英，而其国方将之机，泉达火然，过英甚远。庸之丰啬，端视此耳。今夫觇国兴耗，莫着明于户口。不列颠三岛之中，洎夫欧洲诸国，五百年以来，郡邑户口无自倍者，而北美诸郡，则二十年或二十五年而已然。占垦之民，前者五十，转瞬成百，不止此数住往有之。劳力之民，食报最厚，生子过多，在他所或为孥累，在此则为富厚之资。一子长成，克膺析负于其父母，与岁进百金同科。妇人少寡，挟四五儿者，在欧洲中户之民再醮不易，在此则为奇货，争欲得之。人乐昏嫁，为利添丁。故北美男女什九早合，其孳乳浸多，既如是矣，然尚以丁单为憾。盖户口之增疾矣，而母财之增尤疾，待辟之地尚多，求佣者常过于供，庸率之优尚未艾也。

案：<u>北美人口，一千八百七十年计三十八兆二十万五千五百九十八，而自六十八至七十八此十一年之中，民之由欧赴美者，岁约二十八万三千七百六十人。</u>当斯密时，每丁已值百镑矣，计今之值，当不止此。则美洲新民之集，以财计之，乃不异岁进三千万镑也。<u>即吾国闽粤之民，岁至其地者当以千计，强力勤事，方之欧民盖有加焉。</u>① 以计学之道言之，固于北美为大利，乃当道者徇欧民媢嫉之私，时持驱逐华民之议，而彼族之来吾土者，乃日责遍地之通商，此所谓公理私利两无所取者矣。

I.8.24

Though the wealth of a country should be very great, yet if it has been long stationary, we must not expect to find the wages of labour very high in it. The funds destined for the payment of wages, the revenue and stock of its inhabitants, may be of the greatest extent; but if they have continued for several centuries of the same, or very nearly of the same extent, the number of labourers employed every year could easily supply, and even more than supply, the

---

① 本段案语画线部分的内容皆译自罗哲斯的注释（［Ⅰ.8.23］段：In 1870, the population of the United States was 38, 205, 598; in 1879, that of the United Kingdom was estimated at 34, 156, 123……）。严复本人是不可能了解到如此具体的人口数字。

Chapter VIII Of the Wages of Labour 423

number wanted the following year. There could seldom be any scarcity of hands, nor could the masters be obliged to bid against one another in order to get them. The hands, on the contrary, would, in this case, naturally multiply beyond their employment. There would be a constant scarcity of employment, and the labourers would be obliged to bid against one another in order to get it. ① If in such a country the wages of labour had ever been more than sufficient to maintain the labourer, and to enable him to bring up a family, the competition of the labourers and the interest of the masters would soon reduce them to this lowest rate which is consistent with common humanity. China has been long one of the richest, that is, one of the most fertile, best cultivated, most industrious, and most populous countries in the world. It seems, however, to have been long stationary. Marco Polo, who visited it more than five hundred years ago, describes its cultivation, industry, and populousness, almost in the same terms in which they are described by travellers in the present times. It had perhaps, even long before his time, acquired that full complement of riches which the nature of its laws and institutions permits it to acquire. The accounts of all travellers, inconsistent in many other respects, agree in the low wages of labour, and in the difficulty which a labourer finds in bringing up a family in China. If by digging the ground a whole day he can get what will purchase a small quantity of rice in the evening, he is contented. The condition of artificers is, if possible, still worse. Instead of waiting indolently in their workhouses, for the calls of their customers, as in Europe, they are continually running about the streets with the tools of their respective trades, offering their services, and as it were begging employment. The poverty of the lower ranks of people in China far surpasses that of the most beggarly nations in Europe. In the neighbourhood of Canton many hundred, it is commonly said, many thousand fami-

---

① This is the germ of the Malthusian theory of population. But it should be observed that Smith, with his customary sagacity, puts a condition on his hypothesis, that the wealth of a country should be stationary. This was, in great degree at least, the state of things in the United Kingdom when Malthus wrote, if indeed, during the first ten years of the Continental War, it was not on the whole retrograde.

lies have no habitation on the land, but live constantly in little fishing boats upon the rivers and canals. The subsistence which they find there is so scanty that they are eager to fish up the nastiest garbage thrown overboard from any European ship. Any carrion, the carcase of a dead dog or cat, for example, though half putrid and stinking, is as welcome to them as the most wholesome food to the people of other countries. Marriage is encouraged in China, not by the profitableness of children, but by the liberty of destroying them. In all great towns several are every night exposed in the street, or drowned like puppies in the water. The performance of this horrid office is even said to be the avowed business by which some people earn their subsistence.

　　反是而观，则知国虽甚富而治不进者，其小民力役之庸，不能厚矣。其积畜未尝不多，其母财未尝不广，顾但使地产通商历数百千年而恒相若，则所需劳力之民今昔无异，厮役庀养供常过求，且岁以益蕃，终无劣求之日。如是则雇者不待竞，而竞者常在待雇之家。无善价徕工之主，而常有减庸丐事之工。即其初所受，一身之外，足赡其家，而事势迁流，俄顷之间，必裸然仅足自养其躯而后已。<u>此其事效，观之支那可以见矣。夫支那五洲上腴，非所谓天府之国耶？民庶而非不勤，野广而非未辟，特治不加进者几数百千年。</u>① 当蒙古为君时，义大里人玛可波罗②尝游其国，归而以事下狱，著书纪其耕桑之业阛溢之形，其书见在，取以较今人游记之所言，殆无少异。盖其国之政法民风，远在元代之前富庶已极其量，而后则循常袭故，无所加前。且诸家纪述，踳驳多有，独至指工庸之俭薄，闵生计之多艰，则如出一人之口。田事之佣，捽中爬土，日出而作，晚归得米，鼓腹酣歌，已为至足，至于杂作佣工，则方此犹劣。

---

① 此处为斯密谈论中国贫苦百姓的生活，严复略有增加，如，"夫支那五洲上腴，非所谓天府之国耶？""当蒙古为君时"和"名曰蜑户"。试比较杨敬年（2001/2006：93）相关部分译文："中国是长期最富的国家之一，是世界上土地最肥沃、耕种得最好、人最勤劳和人口最多的国家之一。可是，它似乎长期处于停滞状态。500多年前访问过它的马可·波罗所描述的它的耕种、产业和人口众多，与现今旅行家们所描述的几乎完全一致。中国或许早在马可·波罗的时代以前，就已经达到了它的法律和制度所容许达到的充分富裕程度。"

② 玛可波罗 Marco Polo，意大利之威尼斯人，尝航海至中国，而开中欧交通之新纪元，一二五四年生，一三二四年卒——原编者注。

Chapter VIII Of the Wages of Labour

欧洲之佣，居肆待事，人有雇者，就而呼之。而支那之佣，则负戴作具，行唱于涂，丐人赁雇。盖支那小民，其颠连穷厄，虽欧洲极贫之国所未尝闻也。粤东附郭穷黎，牵舟作屋，不下数千万家，名曰蛋户。其生事至微，有西人船至，则环船而伺，幸其弃残江中，争相捞食。狗胔猫腊，半败生蛆，苟得分沾，即同异味。嫁娶无节，而好孕恶育，例不举儿，都会弃孩，每夕多有，或以溺杀，如豚犬然。此天下至极残忍之事，而其国有公操其业以为生者。

案：斯密氏之后数十年，英国计学家有马罗达①者，考户口蕃息之理，着论谓：衣食无亏，至缓之率，二十五年自倍。而地产养人者，其进率不能如是。大抵民物之进率，用递乘级数②（如二、四、八、十六是），地产之进率，用递加级数③（如一二三四五是）。④且地产之进有限，而民物之蕃无穷，故地之养人，其势必屈。而不有新地可以移民，则兵饥疾疫之祸，殆无可逃。其论初出，大为欧洲所惊叹，以为得未曾有，虽不喜其说者亦无以穷之。至达尔文⑤、斯宾塞尔⑥诸家兴，其说始稍变，然而未尽废也。今观斯密氏此所云云，则已为马罗达导其先路矣。

I.8.25

China, however, though it may perhaps stand still, does not seem to go

---

① 马罗达 Thomas Robert Malthus，英之经济学家，生于一七六六年，卒于一八三四年，曾著有《人口论》(*An Essay on the Principles of Population*) 一书，为计学界不朽之作——原编者注。按，马罗达今译马尔萨斯——编者注。
② 递乘级数 geometric series——原编者注。
③ 递加级数 arithmetic series——原编者注。
④ 此处案语吸收了罗哲斯【I.8.24】注释中有关马尔萨斯人口论的观点（This is the germ of the Malthusian theory of population...）。如："斯密氏之后数十年，英国计学家有马罗达者，考户口蕃息之理。"
⑤ 达尔文 Charles Robert Darwin，英之著名生物学家，生于一八〇九年，卒于一八八二年——原编者注。
⑥ 斯宾塞尔 Herbert Spencer，英之大哲学家，对于伦理学、教育学、社会学、生物学均有贡献，生于一八二〇年，卒于一九〇三年——原编者注。

backwards. Its towns are nowhere deserted by their inhabitants. The lands which had once been cultivated are nowhere neglected. The same, or very nearly the same, annual labour must therefore continue to be performed, and the funds destined for maintaining it must not, consequently, be sensibly diminished. The lowest class of labourers, therefore, notwithstanding their scanty subsistence, must some way or another make shift to continue their race so far as to keep up their usual numbers.

然而支那之治,虽不进尚未退也。何以知之?其中府州县之民,尚无流亡他徙者。已耕之地,仍岁而耕,则力役之事,仍岁相若,而所斥以养此力役之财,亦仍岁相若。虽最贱之民,极贫之工,必有所资以嫁娶生子者,否则其种将尽,而不能如是之穰穰也,明矣。

I.8.26

But it would be otherwise in a country where the funds destined for the maintenance of labour were sensibly decaying. Every year the demand for servants and labourers would, in all the different classes of employments, be less than it had been the year before. Many who had been bred in the superior classes, not being able to find employment in their own business, would be glad to seek it in the lowest. The lowest class being not only overstocked with its own workmen, but with the overflowings of all the other classes, the competition for employment would be so great in it, as to reduce the wages of labour to the most miserable and scanty subsistence of the labourer. Many would not be able to find employment even upon these hard terms, but would either starve, or be driven to seek a subsistence either by begging, or by the perpetration perhaps of the greatest enormities. Want, famine, and mortality would immediately prevail in that class, and from thence extend themselves to all the superior classes, till the number of inhabitants in the country was reduced to what could easily be maintained by the revenue and stock which remained in it, and which had escaped either the tyranny or calamity which had destroyed the rest. This perhaps is nearly the present state of Bengal, and of some other of the English settlements in the East Indies. In a fertile country, which had before been

Chapter VIII Of the Wages of Labour

much depopulated, where subsistence, consequently, should not be very difficult, and where, notwithstanding, three or four hundred thousand people die of hunger in one year, we may be assured that the funds destined for the maintenance of the labouring poor are fast decaying. The difference between the genius of the British constitution which protects and governs North America, and that of the mercantile company which oppresses and domineers in the East Indies, cannot perhaps be better illustrated than by the different state of those countries.①

The liberal reward of labour, therefore, as it is the necessary effect, so it is the natural symptom of increasing national wealth. The scanty maintenance of the labouring poor, on the other hand, is the natural symptom that things are at a stand, and their starving condition that they are going fast backwards.

假使其治退行，致所斥以养力役之财日以见少，则佣工斯养之受雇者岁希。上工失业，降为中工；中工失业，降为下工；下工之为生既戚矣，而上中者又降而夺其业，则竞于得业，减庸为售，其事势之流，不成至苦极薄之佣不止。如是而犹不可得，则弱者必为行丐，强者必为盗贼，闾阎行旅，始骚然矣。饥寒之所夭，刑罚之所加，暴君豪子之所侵夺，死丧疾疫之所耘锄，始之下民，贻及中户，草薙禽狝，转徙流离，驯至孑遗之民，与孑遗之财相给，而后稍衰歇耳。此今印度之孟加拉与英属之余部，大较然也。彼皆沃壤，其地着户口，亦前耗而非甚稠。夫以少民而居腴土，然而饿莩之数，岁告三四十万人者，则母财之日绌，不足以振穷黎，赡功役，灼然可知矣。今夫东印之与北美，二土皆英藩也，而民生之彤瘵欢虞，不同如是。<u>无他，一则新民屯聚，公立法度以相保持，一则驵侩公司，朘遗利而陵轹土著。事验显然，难以掩讳者矣。</u>②

---

① Whenever the inhabitants of any country are content to live on the cheapest kind of food, they are always, however thrifty they may be, within risk of famine. This was the case with Belgium and the Scotch Highlands, as well as with Ireland, the inhabitants of which subsisted, in the main, on potatoes and other roots. The English labourer is grievously improvident, but as he lives on the clearest kind of vegetable food, he has never experienced actual famine sinc 1315 – 1316. The Hindoos live on rice, the cheapest and most precarious food in tropical climates. Hence famines are periodical or endemic in Hindostan.

② 画线部分为严复增译，加以总结。可比较杨敬年（2001/2006：95）译文："保护和治理北美的不列颠宪法与压迫和统治东印度的商业公司的宪法在本质上的区别，通过这些国家的不同现状或许可以得到最好的说明。"

是故察国财之进退,莫着于劳力者之庸,庸优者进,庸劣者不前。至于国有饥饿之佣,其国财斯日退矣。此诚必至之符,自然之验也。

  案:中土旧说,崇俭素,教止足,故下民饮食虽极菲薄,其心甘之,而未尝以为不足也。① 此诚古处。然计学家言,民食愈菲者,其国愈易饥。盖藏虽裕,业作虽剧,无益也。欧洲诸国,如比利时,如苏格兰山邑,如爱尔兰,其民皆极勤俭,不嫌菲食,以薯蓣为粮,然常被荒饥。法英之小民最奢,无远虑,贫乏则家有之,而自宋元以来,其国未尝患饥馑。印度民食资米,与中国同,他嘉谷不常食,酒肉待岁时而后具,故偏灾岁告也。

I.8.27

In Great Britain, the wages of labour seem, in the present times, to be evidently more than what is precisely necessary to enable the labourer to bring up a family. In order to satisfy ourselves upon this point, it will not be necessary to enter into any tedious or doubtful calculation of what may be the lowest sum upon which it is possible to do this. There are many plain symptoms that the wages of labour are nowhere in this country regulated by this lowest rate, which is consistent with common humanity.

I.8.28

First, in almost every part of Great Britain there is a distinction, even in the lowest species of labour, between summer and winter wages. Summer wages are always highest. But on account of the extraordinary expense of fuel, the maintenance of a family is most expensive in winter. Wages, therefore, being

---

① 此段案语的绝大部分内容来自编者罗哲斯的注释(【I.8.26】),如"故下民饮食虽极菲薄,其心甘之"(Whenever the inhabitants of any country are content to live on the cheapest kind of food, they are always, however thrifty they may be, within risk of famine.),列举欧洲诸国比利时、苏格兰(...Belgium and the Scotch Highlands, as well as with Ireland...)和印度(The Hindoos)等情况。

highest when this expense is lowest, it seems evident that they are not regulated by what is necessary for this expense; but by the quantity and supposed value of the work. A labourer, it may be said indeed, ought to save part of his summer wages in order to defray his winter expense; and that through the whole year, they do not exceed what is necessary to maintain his family through the whole year. A slave, however, or one absolutely dependent on us for immediate subsistence, would not be treated in this manner. His daily subsistence would be proportioned to his daily necessities.

【I.8.27】若即英之一国而言，则今者劳力之庸，其宽绰有余，乃不仅赡其一身一家已也。前谓最下之庸，必倍其一身之养而后可。今欲明吾英通国之佣所得之不止如是，不必特筹算考物值以求之于疑似之间也，即其显然可见之数事而参伍之，夫已厘然可决也。【I.8.28】英国常庸，冬夏殊，大抵夏贵而冬贱。而贫家冬日以薪炭为大费，故生事所仰，冬逾于夏。乃劳力者之所得，当其用省而转优，由是知庸之赡工，不仅如其所费为定率矣。或谓廪之虽如是，而彼小民方将节夏日之所盈，以待冬日之不足，挹多注寡，通一年为计，或仅足而无余。然而僮奴最觳之庸，其廪之不如是，僮奴之食，常视当日所需以为支放，以此知雇赁之庸，不止于仅赡两身者一也。

I.8.29

Secondly, the wages of labour do not, in Great Britain, fluctuate with the price of provisions.① These vary everywhere from year to year, frequently from month to month. But in many places the money price of labour remains uniformly the same sometimes for half a century together. If in these places, therefore, the labouring poor can maintain their families in dear years, they must be

---

① This is a most important rule. One of the stock arguments against the abandonment of protection to home manufactures, was the high price of provisions, and, as was supposed, the consequent high price of labour. The artificial scarcity of the corn laws inflicted no doubt an injury on the manufacturer, by checking his foreign trade, and by limiting the purchasing powers of the home consumer. But the most serious injury it did was to the labourer, whose wages did not increase under the impost. The delusion however that cheap food involved low wages occupied many of the most intelligent of the working classes from 1841 to 1846, and made them averse or indifferent to the repeal of the corn laws.

at their ease in times of moderate plenty, and in affluence in those of extraordinary cheapness. The high price of provisions during these ten years past has not in many parts of the kingdom been accompanied with any sensible rise in the money price of labour. It has, indeed, in some; owing probably more to the increase of the demand for labour than to that of the price of provisions.

英之常庸，不随粮食为贵贱。粮食之价，年月而殊，而国中诸部庸率，多数十年无变者。使小民之身家，际其贵而不乏，则当平岁已舒，逢穰年称饶衍矣。吾国已往十年，粮食皆贵，而诸部雇役未闻数减，亦未闻价增。即或一二有之，乃缘兴事需功，不为贵粮增率，此以知雇赁之庸，不止于仅赡两身者二也。

案：庸不随粮食为贵贱，此乃要例，不仅在英为然。主护商者①多疑之。以其不知凡物贵贱，全由供求相剂之所为耳。每闻人言中国工廉，由于食贱，其受病于主护商法正同也。②

I.8.30

Thirdly, as the price of provisions varies more from year to year than the wages of labour, so, on the other hand, the wages of labour vary more from place to place than the price of provisions. The prices of bread and butcher's meat are generally the same, or very nearly the same, through the greater part of the United Kingdom. These and most other things which are sold by retail, the way in which the labouring poor buy all things, are generally fully as cheap or cheaper in great towns than in the remoter parts of the country, for reasons which I shall have occasion to explain hereafter. But the wages of labour in a great town and its neighbourhood are frequently a fourth or a fifth part, twenty or five-and-twenty percent higher than at a few miles distance. Eighteenpence a

---

① 主护商者 protectionist，今译保护主义者——原编者注。
② 本段案语有部分内容来自段落【I.8.29】罗哲斯的注释。如："庸不随粮食为贵贱，此乃要例，不仅在英为然。"（相应的脚注为：But the most serious injury it did was to the labourer, whose wages did not increase under the impost。）

day may be reckoned the common price of labour in London and its neighbourhood. At a few miles distance, it falls to fourteen and fifteenpence. Tenpence may be reckoned its price in Edinburgh and its neighbourhood. At a few miles distance, it falls to eightpence, the usual price of common labour through the greater part of the low country of Scotland, where it varies a good deal less than in England. ① Such a difference of prices, which it seems is not always sufficient to transport a man from one parish to another, would necessarily occasion so great a transportation of the most bulky commodities, not only from one parish to another, but from one end of the kingdom, almost from one end of the world to the other, as would soon reduce them more nearly to a level. After all that has been said of the levity and inconstancy of human nature, it appears evidently from experience that a man is of all sorts of luggage the most difficult to be transported. If the labouring poor, therefore, can maintain their families in those parts of the kingdom where the price of labour is lowest, they must be in affluence where it is highest.

年与年言，则粮价之变多，而庸率之变寡。郡与郡较，则粮价之变寡，而庸率之变多。今以麨麱②及膴膳③之价，全国之中，不大相过。如此二物，与凡日用零售之伦，都邑之价方之乡鄙，或等或贱，未尝贵也。而赁佣之价，则通都之过郊野者，常四五分之一。伦敦庸率，日十八便士为常，而数十里以外，则日十四五便士而已。额丁白拉庸率日十便士为常，而数十里以外，则日八便士而已。夫以地而言，咫尺之间价之不均如此。使在货物，则虽千里万里而遥，将有挹注转输之事，独至佣工，乃不能移贱就贵于数十里之间。人之安土重迁，有如是者。然此不具论，论者见小民之力役，处贱所苟有以赡身家，则处贵所之宽尔有馀，不待

---

① For the prices of labour, provisions, & c., at or soon after the time in which Adam Smith wrote, see Arthur Young's Tours.
② 麨麱 bread，即面包——原编者注。又,《广雅》：麨麱谓之麱。《方言》：凡以火干五谷之类，关西陇冀以往谓之备，秦晋之间或谓之熬，熬与同麱。郑注：笾人云，鲍者于糗室熬干之。此与西人之做馒头同事，且其名与西音甚近，今取以名之焉——译者注。
③ 膴膳 bulcher's meat，即屠者所售之肉类——原编者注。又,《说文》："膴，脯也。"《南史》，孔靖饮宋高祖无膴，取伏鸡卵为肴。又《说文》："腒、膴，肉也。"《周官》膳夫，郑注："膳，牲肉也。"今取以译屠肆诸肉之字——译者注。

辨矣。此以知雇赁之庸，不止于仅赡两身者三也。

案：斯密氏言此之时，英国之铁轨未兴也，即国中道涂亦不甚治，故物与佣之价皆参差如此。至铁轨大兴，通国人物皆如水矣。岂惟一国而已，全地之中，互相挹注。不然，则美非澳三洲之新壤，何以实焉？至小民之安土，不必其天性然也，坟墓亲戚之爱，既有牵乎其心，而言语服习，风俗刑教，则尤为阻力之大者。是故悲故乡愿乐土二者相与战于心，前胜则止，后胜则移。惟止与移，均非无故，硕鼠之害，猛虎之苛，所从来旧矣。

I.8.31

Fourthly, the variations in the price of labour not only do not correspond either in place or time with those in the price of provisions, but they are frequently quite opposite.

庸无论以地言以时言，皆不随粮食为贵贱，既前证矣。顾其事不止此，乃常若与粮食相反为贵贱者，此又以地以时，皆可得而证者矣。

I.8.32

Grain, the food of the common people, is dearer in Scotland than in England, whence Scotland receives almost every year very large supplies. But English corn must be sold dearer in Scotland, the country to which it is brought, than in England, the country from which it comes; and in proportion to its quality it cannot be sold dearer in Scotland than the Scotch corn that comes to the same market in competition with it.① The quality of grain depends chiefly upon the quantity of flour or meal which it yields at the mill, and in this respect English grain is so much superior to the Scotch that, though often dearer in appearance, or in proportion to the measure of its bulk, it is generally cheaper in

---

① At the present time this statement might be reversed, owing to the singular growth of agricultural skill, and the sensible customs under which land is let, in Scotland.

Chapter VIII   Of the Wages of Labour

reality, or in proportion to its quality, or even to the measure of its weight. The price of labour, on the contrary, is dearer in England than in Scotland. If the labouring poor, therefore, can maintain their families in the one part of the United Kingdom, they must be in affluence in the other. Oatmeal indeed supplies the common people in Scotland with the greatest and the best part of their food, which is in general much inferior to that of their neighbours of the same rank in England. This difference, however, in the mode of their subsistence is not the cause, but the effect of the difference in their wages; though, by a strange misapprehension, I have frequently heard it represented as the cause.① It is not because one man keeps a coach while his neighbour walks afoot, that the one is rich and the other poor; but because the one is rich, he keeps a coach, and because the other is poor, he walks afoot.

以地言之，则不列颠之民食麦。麦之产也，苏格兰少而英伦多。苏常仰给于英，故麦价在英贱而在苏贵也。然既转于苏矣，使英产者与苏产者美恶同，则在市之价相若。麦之美恶，视同量者作面之多寡，而英麦之面为多，故有时以量言英麦若贵者，而以重言则英麦实贱也。夫麦之为价，英贱苏贵如此。及观乎二地之庸，则反苏贱而英贵。然则使劳力受庸之小民，居苏而已给，其居英者之为优厚，明矣。苏之小民，贫者多餍雀麦以为饭，其食毂于英之贫民，议者多以谓此苏庸廉于英庸之故。以此言理，所谓倒果为因，犯名学②之厉禁者也。③ 甲乘车而乙徒步者，以甲富而乙贫也，非甲以乘车而富，乙以徒步而贫也。

以时言之，则前去百年，粮食之价无论在苏在英，皆视今为稍贵。且百年来粮食降贱，不独此岛为然，欧洲诸国，大凡如此，其在法国，

---

① From one point of view, the character of the food consumed by the Scotch peasant was the cause of his low wages, for when population is abundant, there is always a tendency that wages should be degraded to the level of customary subsistence. But the custom once established, the cause becomes the effect.

② 名学西名洛集克¹，又名代额勒迪克²，乃明用思之理、立言之例、别嫌疑证、是非穷理之利器，而正名之要术也。明代李之藻尝译之，其书名《名理探》。今人称曰辨学，然辨不足以尽名学之事也——译者注。1 洛集克 logics，即论理学——原编者注。2 代额勒迪克 dialects——原编者注。

③ 严复在原文的基础上补译"犯名学之厉禁者也"。比较杨敬年（2001/2006：76）译文："可是，他们的生活方式的不同并不是他们工资不同的原因。而是工资不同的结果；虽然出于一种奇怪的误解，我常常听到把它说成原因。"

尤有明征。夫粮食既古贵今贱如此，而功力之庸，则古少今多，亦无疑义。夫如是，则劳力之民，在昔既有以赡其身家，居今之日乃为优厚，又以明矣。此则合前而观，知吾国之佣，其劳力之所得，不仅以两身为率者，此其四矣。

I.8.33

During the course of the last century, taking one year with another, grain was dearer in both parts of the United Kingdom than during that of the present. This is a matter of fact which cannot now admit of any reasonable doubt; and the proof of it is, if possible, still more decisive with regard to Scotland than with regard to England. It is in Scotland supported by the evidence of the public fiars, annual valuations made upon oath, according to the actual state of the markets, of all the different sorts of grain in every different county of Scotland. If such direct proof could require any collateral evidence to confirm it, I would observe that this has likewise been the case in France, and probably in most other parts of Europe. With regard to France, there is the clearest proof. But though it is certain that in both parts of the UNITED KINGDOM grain was somewhat dearer in the last century than in the present, it is equally certain that labour was much cheaper. If the labouring poor, therefore, could bring up their families then, they must be much more at their ease now. In the last century, the most usual day-wages of common labour through the greater part of Scotland were sixpence in summer and fivepence in winter. Three shillings a week, the same price very nearly, still continues to be paid in some parts of the Highlands and Western Islands. Through the greater part of the low country the most usual wages of common labour are now eightpence a day; tenpence, sometimes a shilling about Edinburgh, in the counties which border upon England, probably on account of that neighbourhood, and in a few other places where there has lately been a considerable rise in the demand for labour, about Glasgow, Carron, Ayr-shire, etc. In England, the improvements of agriculture, manufactures and commerce began much earlier than in Scotland. The demand for labour, and consequently its price, must necessarily have increased with those improvements. In the last century, accordingly, as well as in the present, the wages of labour were higher in England than in Scotland. They have risen, too, considerably since that time, though, on account of the greater variety of wages paid there in different places, it is more difficult to ascertain how much. In 1614, the pay of a foot soldier was the same as in the present times, eight pence a day. When it was first established, it would naturally be regulated by the usual wages of common labourers, the rank of people from which foot soldiers are commonly drawn. Lord Chief Justice Hales, who wrote in the time of Charles II. computes the necessary expense of a labourer's family, consisting of six persons, the father and mother, two children able to do something, and two not able, at ten shillings a week, or twenty-six pounds a-year. If they cannot earn this by their labour, they must make it up, he supposes, either by begging or stealing. He appears to have inquired very carefully into this subject.① In 1688, Mr. Gregory King, whose skill in political arithmetic is so much extolled by Doctor Davenant, computed the ordinary income of labourers and out-servants to be fifteen pounds a-year to a family, which he supposed to consist, one with another, of three and a half persons.② His calculation, therefore, though different in appearance, corresponds very nearly at bottom with that of Judge Hales. Both suppose the weekly expence of such families to be about twenty pence a head. Both the pecuniary income and expence of such families have increased considerably since that time through the greater part of the kingdom; in some places more, and in some less; though perhaps scarce any where so much as some exaggerated accounts of the present wages of labour have lately represented them to the public. The price of labour, it must be observed, cannot be ascertained very accurately any where, different prices being often paid at the same place and for the same sort of labour, not only according to the different abilities of the workmen, but according to the easiness or hard-

---

① See his scheme for the maintenance of the poor, in Burn's History of the Poor-laws.
② The calculation can be found in Davenant's Essay upon the Probable Methods of Making a People Gainers in the Balance of Trade, Davenant's Works, edit 1771, vol. ii. p. 184. Gregory King 1 cf in was Lancaster Herald.

ness of the masters. Where wages are not regulated by law, all that we can pretend to determine is what are the most usual; and experience seems to show that law can never regulate them properly, though it has often pretended to do so.

闲尝考之，当前稘时①，苏格兰庸率，夏六便士而冬五便士，总七日之所得，约三先令。此在北方山部及西岸诸岛中，至今尚有然者。迤南则渐多，今之庸率，日八便士矣。额丁白拉左近，日乃十便士至一先令者，间亦有之。盖由接壤交通，人事旺盛之故。如格拉斯高②、喀尔伦③、爱耳哈尔④诸邑是已。至英庸所以久优于苏者，亦缘南国农功制造商务之维新方苏为早。事资人力，而工食遂以之日增。且自彼以还，庸率之递增者甚大，特事繁地异，难以一切言也。其略可见者，则如当一千六百十四年，步兵口粮日定八便士，兵饷如此，则常佣日廪可推而知，兵固自常佣中来也。昔察理第二时，大执法海理⑤着论，常佣之家六口为率，夫妇而外男女四人，其中能事事者二，幼而不事事亦二，七日之食须十先令而后给，通一年计则二十六镑也。且云此为至质之数，不及此者，非丐且盗。海巨公名人，其言固审谛可信者。又，一千六百八十八年，政治家金古烈哥里⑥言，通国常佣之家，通而计之，经数户不下三口半，岁须十五镑乃可自存。此其计数若与海理异者，而其实则同，皆以二十便士为小民每口七日之粮者也。金精会计，其能事为同时名人所推服者。合二者而观之，则知自彼迄今，通国佣民岁进岁费，二者皆远过其初。虽多寡之数地或不同，而概而论之，皆有所进，特不若今一二人言所进之多已耳。盖小民之庸钱实率本难精求，地同事同，其所得或此多而彼寡，不仅以佣人之巧拙为差，主者宽啬亦以异也。故论庸之事，苟非定由国令，则后之考者，祇能取其经数而言。但庸之高下，有至理定势行乎其中，而生其不齐之效，强以法令一切整齐之者，多见其

---

① 斯密生世为第十八稘——译者注。
② 格拉斯高 Glasgow，苏格兰拉竪尔克郡（Lanarkshire）与梭夫鲁郡（Renfrewshire）之一城——原编者注。
③ 喀尔伦 Carron——原编者注。
④ 爱耳哈尔 Ayrshire，苏格兰西南部之一郡——原编者注。
⑤ 大执法海理 Lard Chief Justice Hales，英之法官，生于一六〇九年，卒于一六七六年——原编者注。
⑥ 金古烈哥里 Gregory King，生卒年月未详——原编者注。

逆理而败也。

I.8.34

The real recompense of labour, the real quantity of the necessaries and conveniences of life which it can procure to the labourer, has, during the course of the present century, increased perhaps in a still greater proportion than its money price. Not only grain has become somewhat cheaper, but many other things, from which the industrious poor derive an agreeable and wholesome variety of food, have become a great deal cheaper. Potatoes, for example, do not at present, through the greater part of the kingdom, cost half the price which they used to do thirty or forty years ago. The same thing may be said of turnips, carrots, cabbages; things which were formerly never raised but by the spade, but which are now commonly raised by the plough. All sort of garden stuff, too, has become cheaper. The greater part of the apples and even of the onions consumed in Great Britain were in the last century imported from Flanders. The great improvements in the coarser manufactures of both linen and woollen cloth furnish the labourers with cheaper and better clothing; and those in the manufactures of the coarser metals, with cheaper and better instruments of trade, as well as with many agreeable and convenient pieces of houshold furniture. Soap, salt, candles, leather, and fermented liquors, have, indeed, become a good deal dearer; chiefly from the taxes which have been laid upon them. The quantity of these, however, which the labouring poor are under any necessity of consuming, is so very small, that the increase in their price does not compensate the diminution in that of so many other things. The common complaint that luxury extends itself even to the lowest ranks of the people, and that the labouring poor will not now be contented with the same food, clothing and lodging which satisfied them in former times, may convince us that it is not the money price of labour only, but its real recompense, which has augmented. ①

---

① The picture which Smith was able to draw of the economical condition in which the peasantry of his own age were situated, was grievously reversed after the outbreak of the great Continental war. See Porter's *Progress of the Nation*.

物有真值①，劳力者之优绌贫富，与真值有比例，与市价无比例。然则徒以所受之庸钱多寡而言，于小民之生计尚未尽也。欲知小民生计之舒蹙，必合其庸率与时物之贵贱而言之。设如是言，则吾佣生计日舒，将愈可见。盖生计之舒蹙，视日用资生之物得之者之易与难。方其易得，庸虽少无害，方其难得，庸虽多何利焉。吾英百年以来，不仅麦之价日贱也，实则凡贫民之所仰，皆比例而日廉。一餐之中，异品略备，如薯蓣，今之价半五十年前者也。芦菔芥菘②，前之种者用锹，今之种者以耒矣。园林所出，价皆日低。百年以前，如苹婆③，如蒜薤④，多由伏兰德⑤而来，今自饶衍。食既如此，衣被械器亦然。纺绩之功，日以益疾，麻枲罽毹，价日贱而物日良，无衣之叹，斯以免矣。铜铅铁锡，地产日恢，宫中所资，小费辄办。生事如此，不亦易欤！计今所贵于古者，特碱盐皮蜡与诸酒酿耳。其所以贵，赋税为之。顾编户齐民，需是有限，所贵者少，所廉者多，不足病也。每理士夫相聚谈语，皆以民生日靡为忧，咸论往者恶衣菲食，狭处卑宫，而民知足，今则不然。此其说之当理与否，姑勿与议，愈以见小民生事之优，不仅存庸率少多之际，时物饶衍，所利尤多。<u>然则吾国之佣，所得者不止于两身为率，得此益明，是其五矣</u>⑥。

案：于此五者，见当斯密氏时英国民生之甚舒。虽至末年（斯密于一千七百九十年卒），法国民变，拿破仑出，牵动欧洲全局，英民亦被其灾，百货腾踊，然而富强之业犹日进也。至彌德为相，其经国通商诸大政，皆遵用此书成算。自护商之法既除，英之国财如

---

① 真值 real recompense——原编者注。
② 芦菔芥菘 turnips, carrots, cabbages，芜青、萝卜、椰菜——原编者注。
③ 苹婆 apples，苹果——原编者注。
④ 蒜薤 onion，葱——原编者注。
⑤ 伏兰德 Flanders，昔日欧洲之一郡，今分属于荷兰、比利时、法兰西诸国——原编者注。
⑥ 严复对该段加以总结，增译"然则吾国之佣，所得者不止于两身为率，得此益明，是其五矣"。参照比较杨敬年（2001/2006：100）本段最后一句译文："普遍抱怨的奢侈之风已经波及最下层的人民，劳动贫民已经不再满足于从前使他们感到满意的食物、衣着和住所，这就可以使我们深信，不仅是劳动的货币工资，而是劳动的真实报酬已经增加了。"

川方至矣。此计学家公论也。又五证之中，所及公例，皆精要者。如庸率不以费为差；庸不随粮食为贵贱；地异庸殊，而粮食不必异价，民亦不必从之而迁；庸之高下，常与粮食之价相反；庸率不可以法强齐云云，皆成计学中建言矣。

I.8.35

Is this improvement in the circumstances of the lower ranks of the people to be regarded as an advantage or as an inconveniency to the society? The answer seems at first sight abundantly plain. Servants, labourers and workmen of different kinds, make up the far greater part of every great political society. But what improves the circumstances of the greater part can never be regarded as an inconveniency to the whole. No society can surely be flourishing and happy, of which the far greater part of the members are poor and miserable. It is but equity, besides, that they who feed, clothe and lodge the whole body of the people, should have such a share of the produce of their own labour as to be themselves tolerably well fed, clothed and lodged.

吾英劳力之民，其所得以为庸者，不特非最下之率，且日进而优。此合一群之利害论之，所谓庸率进，物价廉。使小民居养日以发舒者，固通国合群之利矣。乃或议以为不然。一群之中，自力田庀工，洎乎臧获佣保，劳力之民居其太半。凡事利太半者，不能为其全之害甚明。不然，必太半之民困苦怨咨，焦然而生，而后为全群之利欤？必不然矣。耕者、绩者、造室居者，皆出于此太半，是有此太半，而后群之中有饮食、衣服、燕处也。彼出食以食人，为衣以衣人，造室居以居人，而独己于是三者，必逼蹙单陋而后可，过斯已往，则或忧之。<u>曰：是侈靡过制，而将驯致贫乏衰乱也。使制而如是，亦可谓天下之至不平者矣。且议者乌知是贫富之效，固与其所忧者相反也耶？</u>①

---

① 画线部分为严复增译，总结上文。比较杨敬年（2001/2006：101）本段最后一句："此外，只有那些为整个社会提供食物、衣服和住所的人自己也能分得自己劳动产物的一部分，一边能得到勉强过得去的食物、衣服和住所时，那才算得是公平。"

I.8.36

Poverty, though it no doubt discourages, does not always prevent marriage. It seems even to be favourable to generation. A half-starved Highland woman frequently bears more than twenty children, while a pampered fine lady is often incapable of bearing any, and is generally exhausted by two or three. Barrenness, so frequent among women of fashion, is very rare among those of inferior station. Luxury in the fair sex, while it inflames perhaps the passion for enjoyment, seems always to weaken and frequently to destroy altogether, the powers of generation.①

婚嫁之事，因贫而难，然不因贫而绝也。至生子之量，则若因贫贱而转大。尝见苏格兰山部妇人，饥羸困苦，并日而食，连生二十余乳为常。而高门之中，美衣丰食，反辄童然不生，即或有之，至于二三，生意尽矣。故嗣续艰难，在富贵为至常，在贫苦为罕觏。意者，安肆优厚之中，其使人薰心纵乐有余，而生生之机转由是而斫欤？

I.8.37

But poverty, though it does not prevent the generation, is extremely unfavourable to the rearing of children. The tender plant is produced, but in so cold a soil, and so severe a climate, soon withers and dies. It is not uncommon, I have been frequently told, in the Highlands of Scotland, for a mother who has borne twenty children not to have two alive. Several officers of great experience have assured me, that so far from recruiting their regiment, they have never been able to supply it with drums and fifes from all the soldiers, children that were born in it. A greater number of fine children, however, is seldom seen anywhere than about a barrack of soldiers. Very few of them, it seems, arrive at the age of thirteen or fourteen. In some places, one half the children born die before they are four years of age; in many places before they are seven; and in almost all places before they are nine or ten. This great mor-

---

① See for a theory allied to this last, Doubleday's work on Population.

tality, however, will everywhere be found chiefly among the children of the common people, who cannot afford to tend them with the same care as those of better station. Though their marriages are generally more fruitful than those of people of fashion, a smaller proportion of their children arrive at maturity. In foundling hospitals, and among the children brought up by parish charities, the mortality is still greater than among those of the common people.

贫乏之生虽无害于孕毓,然最不利于长成。人种初生,至为孱脆,譬诸弱草柔萌,茁于气寒壤瘠之区,其殀殈菸黄可立待也。前所连生二十余乳,望存活者不外两雏。有军官久于其地者,尝为余言,旧法议以本队孤儿弥补缺额,乃常不能,但籍为笳鼓手,亦不能足。寨中兵生小儿至多,然未至十四五,殇过半矣。或不及四周而殒,或七龄而殒,而过十龄者则尤少也。此以见穷檐鞠子之难,无他,坐不能如富者抚视之周耳。是以贫民胖合,其孳乳虽较富者为易而多,而茁壮长成则较富者远不逮。至于国家恤孤之局,教会育婴之堂,其殇率视贫家自哺之儿为尤大也。

案:天演家谓孳生易则长成难,长成多则孳生少,乃生物公例。不仅在人为然,至于动植,莫不如此。鱼子之出也,大鱼以为粮,长成最不易。故物之多子莫鱼若。生品渐上,其多少相剂,大较如例。虎象生无不成,其孕毓方之他兽为寡矣。至于人类,智下者生多而成丁少,智上者其成弥信,其生弥珍。斯宾塞尔论民生,谓郅治之时无过庶之患者,以此。斯密不识天演学,然其所论,与前例有相发明者矣。

I.8.38

Every species of animals naturally multiplies in proportion to the means of their subsistence, and no species can ever multiply beyond it. But in civilized society, it is only among the inferior ranks of people that the scantiness of subsistence can set limits to the further multiplication of the human species; and it can do so in no other way than by destroying a great part of the children which their fruitful marriages produce.①

生物之蕃，与资生之物为正比例，故生之量，以资生之量为界畛也。文物之群，苦资生之俭至生以不蕃者，下户则如是耳。而所以狭隘其生者，即在此易孳生而难长成之事。

案：生之量以资生之量为界畛，然此界群有不同。獽野蠢愚之民，以度日不死最下之食为界，必至饥馑，其生始屈。文明之群，民习于丰给，则其界略高，不待饥馑生机已狭。②

Ⅰ.8.39

The liberal reward of labour, by enabling them to provide better for their children, and consequently to bring up a greater number, naturally tends to widen and extend those limits. It deserves to be remarked too, that it necessarily does this as nearly as possible in the proportion which the demand for labour requires. If this demand is continually increasing, the reward of labour must necessarily encourage in such a manner the marriage and multiplication of labourers, as may enable them to supply that continually increasing demand by a continually increasing population. If the reward should at any time be less than what was requisite for this purpose, the deficiency of hands would soon raise it; and if it should at any time be more, their excessive multiplication would soon lower it to

---

① Population has a tendency to increase up to the means of subsistence. But "subsistence" is a relative expression, determined sometimes by the cheapest food procurable, sometimes by the habitual comforts of the people. It is however only when the mass of a people subsist on the cheapest food, that the corrective to excessive population is found in famine. In other words, there maybe a redundant population, apart from the physical chuck which Adam Smith refers to, and on which Malthus dilated, and this redundancy may characterise the higher as well as the lower ranks of a civilised society.
② 此段案语的内容均来自罗哲斯对【Ⅰ.8.38】中的注释①。如："生之量以资生之量为界畛，然此界群有不同。"（Population has a tendency to increase up to the means of subsistence. But "subsistence" is a relative expression.）"獽野蠢愚之民，以度日不死最下之食为界，必至饥馑，其生始屈。"（It is however only when the mass of a people subsist on the cheapest food, that the corrective to excessive population is found in famine.）

this necessary rate. The market would be so much understocked with labour in the one case, and so much overstocked in the other, as would soon force back its price to that proper rate which the circumstances of the society required. It is in this manner that the demand for men, like that for any other commodity, necessarily regulates the production of men; quickens it when it goes on too slowly, and stops it when it advances too fast. It is this demand which regulates and determines the state of propagation in all the different countries of the world; in North America, in Europe, and in China; which renders it rapidly progressive in the first, slow and gradual in the second, and altogether stationary in the last.

功力之食报日优，斯小民孳生之界域日扩。盖庸厚而家计充，所以抚育男女者周，而夭殇之数寡也。由此观之，则此界之广狭，亦视乎力役供求相剂之间已耳。何以明之？今使求佣者多，而供佣者少，则庸率必进，庸率进而小民之生计舒，生计舒而畜家厚，畜家厚则子之长成者多，小民之长成者多，则力役之供数，有以与其求之数相副矣。相副而不止，则供乃过求，供苟过求，庸率又减，庸率减而小民孳生之界又狭。平陂往复，皆莫之为而自已者也。故劳力之众，人也，而供求相剂之理行乎其中，与百货无以异。民生彫盛，胥视此已，天下之国，莫不然也，见于北美，见于欧洲，见于支那。于北美，则使之户口年月自倍；于欧洲，则使之虽进而不骤；于支那，则使之凝然无所盈虚，皆此例之行也。

I.8.40

The wear and tear of a slave,① it has been said, is at the expense of his master; but that of a free servant is at his own expense. The wear and tear of the latter, however, is, in reality, as much at the expense of his master as that

---

① There is another reason why slave labour is costly. When the market for the produce of slave labour is depressed, or the produce itself is scanty, the cost of the slave's maintenance falls wholly on the owner; while in the case of free labour it falls partly at least, if not wholly, on the labourer. In other words, slave labour cannot be worked at short time. It is of course also plain, that as the slave has no motive to economise his labour, to do the greatest possible work with the least possible exertion, slave labour is always costly. Hence the labour of slaves is never advantageous, except when the climate discourages free labour, the produce is agricultural, and fertile land is available in abundance.

of the former. The wages paid to journeymen and servants of every kind must be such as may enable them, one with another, to continue the race of journeymen and servants, according as the increasing, diminishing, or stationary demand of the society may happen to require. But though the wear and tear of a free servant be equally at the expense of his master, it generally costs him much less than that of a slave. The fund destined for replacing or repairing, if I may say so, the wear and tear of the slave, is commonly managed by a negligent master or careless overseer. That destined for performing the same office with regard to the free man, is managed by the free man himself. The disorders which generally prevail in the economy of the rich, naturally introduce themselves into the management of the former: the strict frugality and parsimonious attention of the poor as naturally establish themselves in that of the latter. Under such different management, the same purpose must require very different degrees of expense to execute it. It appears, accordingly, from the experience of all ages and nations, I believe, that the work done by freemen comes cheaper in the end than that performed by slaves. It is found to do so even at Boston, New York, and Philadelphia, where the wages of common labour are so very high.

力役有僮奴①赁佣②之异。赁佣者，雇役也，计功受廪，自由者也。僮奴者，身属主人，分同牛马，不自由者也。以劳力者人品之不同，而功实亦异。或曰：体力之亏耗，在僮奴则所损者主人当之，在赁佣则佣者自当之，故奴工费。不知徒以亏耗言，则在奴在佣，所损者均主人受之也。盖自其究竟言之，则或进或退或中立惟其时，而劳力之受庸，必足赡其生与遗育其种类，以使供求相副，则主者当出庸之顷，固已合其所亏耗之体力而弥之矣，佣又安能无所出而独当其损耶？③ 故曰：损者均主人受之也。然则，奴功佣功，廉费等乎？曰：否。奴之功固费于佣

---

① 僮奴 slaves，奴隶——原编者注。
② 赁佣 free servant，佣人——原编者注。
③ 比较本段下划线英文句，严复的翻译语义多有重复。试比较："据说，一个奴隶的损耗使他的主人遭受损失；但是一个自由佣工的损耗则是使他自己遭受损失。可是，后者的损耗也像前者的损耗一样，使他的雇主遭受损失。支付给工匠和各种佣工的工资，必须使他们能按照社会需求的增加、减少或停滞，维持工匠和佣工的人数。但是，虽然自由佣工的损耗同样也使雇主遭受损失，一般却比奴隶使他遭受的损失少。"（杨敬年，2001/2006：102）

Chapter VIII Of the Wages of Labour

也。所损者虽同出于主人，然在奴则饲者主而食者奴，二者不相关通，而必多糜滥；在佣则主廪而佣者自饲而自食之，利于赢得，故有节而不糜。均之弥体力所亏耗也，前则主者为之而虚，后则佣自为之而实，而利害则终归于主人。故曰：奴之功费于佣也。是以古今诸国，验于终事，皆晓然于僮奴之功，比诸赁佣为费。直至今日，北美如保斯敦①、奴约、非勒德尔非亚②诸部，雇庸极贵，犹较奴功之所费为廉也，视已成事，愈以明矣。

案：此谓在奴在佣损均主受，理最谛审，于后贤大力常住之理，几所先获，聪明精锐，先觉之亚也。然于奴功之费未尽，今为益之。奴功之所以费于赁佣者，盖食不视功为升降，则其心无所顾藉，一也。习为潦倒，与之器则易毁，与之畜则易毙，二也。佣之多寡，主者得以市之盛衰节也，而畜僮指者不能，三也。功必不精，出货多盐，四也。无所取于巧捷，苟以度时，在奴则同，于主则费，五也。凡此皆其所以费之故。③ 斯密岂以其易知而置弗论耶？然奴功亦有时而便。如在西印④、古巴诸所，地气烦溽，雇佣极贵，而所产者乃粗品，如烟蔗诸物，而地又极腴，不患其伤地力，夫而后奴可用也。

I.8.41

The liberal reward of labour, therefore, as it is the effect of increasing

---

① 保斯敦 Boston，美国马萨诸塞州（Massachusetts）之一城——原编者注。
② 非勒德尔非亚 Philadelphia，美国宾夕法尼亚（Pennsylvania）之要城——原编者注。
③ 严复在本段案语中提到造成奴隶费用高的原因（第一、三、五条）来自罗哲斯的注释。（【I.8.40】There is another reason why slave labour is costly. When the market for the produce of slave labour is depressed, or the produce itself is scanty, the cost of the slave's maintenance falls wholly on the owner; while in the case of free labour it falls partly at least, if not wholly, on the labourer. In other words, slave labour cannot be worked at short time. It is of course also plain, that as the slave has no motive to economise his labour, to do the greatest possible work with the least possible exertion, slave labour is always costly. Hence the labour of slaves is never advantageous, except when the climate discourages free labour, the produce is agricultural, and fertile land is available in abundance.）
④ 西印 West Indies，即西印度，大西洋之岛屿——原编者注。

wealth, so it is the cause of increasing population. To complain of it, is to lament over the necessary effect and cause of the greatest public prosperity.

然则，劳力者食报之优，为国财日进之果，而即为户口繁庶之因，<u>因果相生，自然之效</u>。彼以力庸饶厚，起风俗侈靡之忧者，<u>所谓哀生悼福，不祥之人也</u>。①

I.8.42

It deserves to be remarked, perhaps, that it is in the progressive state, while the society is advancing to the further acquisition, rather than when it has acquired its full complement of riches, that the condition of the labouring poor, of the great body of the people, seems to be the happiest and the most comfortable. It is hard in the stationary, and miserable in the declining state. The progressive state is in reality the cheerful and the hearty state to all the different orders of the society. The stationary is dull; the declining melancholy.

虽然，民生之欢虞也，不在既衍既饶之后，而在将安将乐之时。故一群之盛，与进为期，既止斯忧，退则为病。此不仅小民所历之境然也，自君公以讫庶人，心之为用莫不如此。当其乍进，不必若已止者之多也，而以乐；及其既止，常比方进者过也，而以忧。知此者，可与扰民，可与觊国。

I.8.43

The liberal reward of labour, as it encourages the propagation, so it increases the industry of the common people. The wages of labour are the encouragement of industry, which, like every other human quality, improves in proportion to the encouragement it receives. A plentiful subsistence increases the bodily strength of the labourer, and the comfortable hope of bettering his condition, and of ending his days, perhaps, in ease and plenty, animates him to ex-

---

① 本段内"因果相生，自然之效""所谓哀生悼福，不祥之人也"均为严复的增译，说明事物之间的必然联系。比较杨敬年（2001/2006：103）译文："因此，劳动的丰厚报酬既是财富增长的结果，又是人口增加的原因。对劳动的丰厚报酬的抱怨，就是对最大的公共繁荣必然产生的因果关系的惋惜。"

ert that strength to the utmost. Where wages are high, accordingly, we shall always find the workmen more active, diligent, and expeditious, than where they are low; in England, for example, than in Scotland; in the neighbourhood of great towns, than in remote country places. Some workmen, indeed, when they can earn in four days what will maintain them through the week, will be idle the other three. This, however, is by no means the case with the greater part. Workmen, on the contrary, when they are liberally paid by the piece, are very apt to overwork themselves, and to ruin their health and constitution in a few years. A carpenter in London, and in some other places, is not supposed to last in his utmost vigour above eight years. Something of the same kind happens in many other trades, in which the workmen are paid by the piece; as they generally are in manufactures, and even in country labour, wherever wages are higher than ordinary. Almost every class of artificers is subject to some peculiar infirmity occasioned by excessive application to their peculiar species of work. Ramuzzini,① an eminent Italian physician, has written a particular book concerning such diseases.② We do not reckon our soldiers the most industrious set of people among us. Yet when soldiers have been employed in some particular sorts of work, and liberally paid by the piece, their officers have frequently been obliged to stipulate with the undertaker, that they should not be allowed to earn above a certain sum every day, according to the rate at which they were paid. Till this stipulation was made, mutual emulation and the desire of greater gain, frequently prompted them to overwork themselves, and to hurt their health by excessive labour. Excessive application during four days of the week, is frequently the real cause of the idleness of the other three, so much and so loudly complained of. Great labour, either of mind or body, continued for several days together, is in most men naturally followed by a great desire of relaxation, which, if not restrained by force or by some strong necessity, is almost ir-

---

① *A Treatise on the Diseases of Tradesmen*, &c. It was translated from Latin into English, and published in 1705.
② 斯密原文中只提到 Ramuzzini 名字,并没有出现书名。严复通过参考编者罗哲斯的注释得知,该书名为 *A Treatise on the Diseases of Tradesmen*,遂译为《百工专证》。

resistible. It is the call of nature, which requires to be relieved by some indulgence, sometimes of ease only, but sometimes, too, of dissipation and diversion. If it is not complied with, the consequences are often dangerous, and sometimes fatal, and such as almost always, sooner or later, bring on the peculiar infirmity of the trade. If masters would always listen to the dictates of reason and humanity, they have frequently occasion rather to moderate, than to animate the application of many of their workmen. It will be found, I believe, in every sort of trade, that the man who works so moderately, as to be able to work constantly, not only preserves his health the longest, but, in the course of the year, executes the greatest quantity of work.①

惟庸率进而后生齿蕃，亦惟庸率进而民生愈勤。既廪称事，百工乃来。故庸厚所以奖勤，亦既奖而其勤益至，衣食饶裕，体力自完，民常有更上之一境在其想望之中。冀晚节衰颓，得优游于沾足，斯筋力奋而乐事不疲矣。是故庸优之国，其民勖力最捷给，最不倦，庸劣者不能也。观英苏二国之异，与都邑边鄙之不同，则庸之劝功可以见矣。夫谓呰窳之民，七日之粮，以四日勤之而可得，则余三将不事事而坐食，此固国而有之，然不概见也。每见赁工之佣，其成货以件论售而得善价，则早夜矻矻，力作不自休。如是数年，而体力大损。故伦敦及他都会，木作极力治业，常法八年而衰。他作价高而货以件售者，其效同此。百工之事，过劳皆致专疾。往义大里名医剌穆精尼②尝著书论之，名曰《百工专证》③。小民逐利则忘劳，不其见欤？即如营卒额兵，着号惰懒，至为利阴驱，则亦不尔。尝有工程，计物授值，则军官于发工之时，须与领者为约，每日所获，至多不得过若干，否则务得贪多，相竞趋工，过劳成损。然则，利之所在，本无惰民，又可见已。前指惰工，四日作劳，余三不事，<u>详究所以，亦多由前四之中努力而过，遂使余日不得不休</u>。盖业无论劳力劳心，假其勤苦连日，以常人体力当之，例非将息不可，其不能者，坐牵率抑勒故耳，否则无不暂息以游。劳而思息，生理自然，

---

① The reasoning in the text has been verified by the experience of the Factory Acts, and by the reasonable adoption of short hour work.
② 剌穆精尼 Ramuzzini，意大利名医——原编者注。
③ 《百工专证》，按斯密原文并无书名，未知严氏所据——原编者注。

Chapter VIII Of the Wages of Labour

乃不自由，不关欲否。甚且徒息不足，须与自恣酬嬉，以苏既困。<u>使精神既惫，尚然自勉，或为人所牵</u>，① 轻则生疾，重且致死。此逐利忘身之民，数稔之间，竟成痿废，不仅一二业然也。故使雇佣之主为仁智之人，则不惟束缚驰骤所不为也，将且以宽舒不逼为程。不知者以为损利失计，而知计之士，则悟优游和缓，使从事者精力充裕，无作辍之虞，往往工坚事良，其得利方之操蹙者，常日计不足而岁校有余也。

案：自斯密氏此言出，而英国议院着律，名厂令②。佣者操作，<u>每礼拜不得过五十二小时，而佣主交利。自是以来，各国大抵着厂令矣。英民业时最少，而光绪二十三年业机器者尚求减功作时刻，不得，则罢工争之，其民之惜力如此。</u>③ 小民耐劳之量，国有等差，炎方诸国最下，而温带诸民，欧不及亚。中国操工小民，夜以继日，几无休时。西国七日一辍业，中国并此无有，其勤可谓至极，使待西民而然，不终日哗矣。然英民常自谓其功，能以少时胜人多时，其英法诸国之差，经计学家为之参较，见谓所称不诬。至欧洲支那功力之差，未经较验，未知何如，是在后之留心国计民莫者。④

又案：民之所以为仁若登，为不仁若崩，而治化之所难进者，<u>分义利为二者害之也。孟子曰："亦有仁义而已矣，何必曰利？"董生曰："正谊不谋利，明道不计功。"泰东西之旧教，莫不分义利为二涂，此其用意至美，然而于化于道皆浅，几率天下祸仁义矣。</u>⑤ 自天演学兴，而后非谊不利非道无功之理，洞若观火。而计学之论，为之先声焉。斯密之言，其一事耳。尝谓天下有浅夫，有昏子，而无真小人。何则？小人之见，不出乎利，然使其规长久真实之利，则不与君子同术焉，固不可矣。人品之下，至于穿窬极矣，朝攫金而夕败露，取后此凡所可得应享之利而易之，此而为利，则何者为

---

① 本段画线部分的译文均为增译。
② 厂令 factory legislation，今译工厂法——原编者注。
③ 严复在本段案语中比较了中英两国的工作时长，信息来源于罗哲斯注释。(【I.8.43】The reasoning in the text has been verified by the experience of the Factory Acts, and by the reasonable adoption of short hour work.)
④ 严复在本段案语中比较了中西经济学观点。
⑤ 严复在"文案"之中加入中国古代有关"义""利"的讨论。

害耶？故天演之道，不以浅夫、昏子之利为利矣，亦不以豀刻自敦、滥施妄与者之义为义，以其无所利也。庶几义利合，民乐从善，而治化之进不远欤？呜呼！此计学家最伟之功也。

I.8.44

In cheap years, it is pretended, workmen are generally more idle, and in dear ones more industrious than ordinary. A plentiful subsistence, therefore, it has been concluded, relaxes, and a scanty one quickens their industry. That a little more plenty than ordinary may render some workmen idle, cannot be well doubted; but that it should have this effect upon the greater part, or that men in general should work better when they are ill fed than when they are well fed, when they are disheartened than when they are in good spirits, when they are frequently sick than when they are generally in good health, seems not very probable. Years of dearth, it is to be observed, are generally among the common people years of sickness and mortality, which cannot fail to diminish the produce of their industry. ①

或曰：富岁多赖，则佣民好逸；俭岁艰食，则佣民差勤。故富足者惰之媒，而荒歉者勤之厉也。此似是实非之说也。夫曰幸遇丰穰，而劳力者或思自逸，此其说诚有然者，然不可以一概论也。且若谓顑颔之民，耐劳过于饱食，虞忧之子，趋事勇于欢忻，疾病羸弱者之操作，比诸苗壮丰硕者为殷也，则其言什八九谬矣。饥馑连年，疠疫流亡，相因而起，国财以耗，物产以衰，史不绝书，大地岁有，此诚断然可知者也。

I.8.45

In years of plenty, servants frequently leave their masters, and trust their

---

① The same train of reasoning is given in Aristotle, Ethic, Nicom. v.5：2. Turgot, Sur la Formation et la Distribution des Richesses, § 39, mentions as ideal standards of value the pièce of the Paris rôtisseur, the pièce d'Inde of the slave dealers, the macute of the native Mandingo merchants, and the Bank money of Hollland. It appears from Speke's travels, that pieces of cotton cloth form a currency, or at least a measure of value, in Central Africa.

subsistence to what they can make by their own industry. But the same cheapness of provisions, by increasing the fund which is destined for the maintenance of servants, encourages masters, farmers especially, to employ a greater number. Farmers upon such occasions expect more profit from their corn by maintaining a few more labouring servants, than by selling it at a low price in the market. The demand for servants increases, while the number of those who offer to supply that demand diminishes. The price of labour, therefore, frequently rises in cheap years.

I . 8. 46

In years of scarcity, the difficulty and uncertainty of subsistence make all such people eager to return to service. But the high price of provisions, by diminishing the funds destined for the maintenance of servants, disposes masters rather to diminish than to increase the number of those they have. In dear years, too, poor independent workmen frequently consume the little stocks with which they had used to supply themselves with the materials of their work, and are obliged to become journeymen for subsistence. More people want employment than can easily get it; many are willing to take it upon lower terms than ordinary; and the wages of both servants and journeymen frequently sink in dear years.

I . 8. 47

Masters of all sorts, therefore, frequently make better bargains with their servants in dear than in cheap years, and find them more humble and dependent in the former than in the latter. They naturally, therefore, commend the former as more favourable to industry. Landlords and farmers, besides, two of the largest classes of masters, have another reason for being pleased with dear years. The rents of the one and the profits of the other, depend very much upon the price of provisions. Nothing can be more absurd, however, than to imagine that men in general should work less when they work for themselves, than when they work for other people. A poor independent workman will generally be more industrious than even a journeyman who works by the piece. The one enjoys the whole produce of his own industry; the other shares it with his master. The one, in his separate independent state, is less liable to the temptations of bad company, which in large manufactories so frequently ruin the morals of the other. The superiority of the independent workman over those servants who are hired by the month or by the year, and whose wages and maintenance are the same whether they do much or do little, is likely to be still greater. Cheap years tend to increase the proportion of independent workmen to journeymen and servants of all kinds, and dear years to diminish it.

【Ⅰ.8.45】<u>然而彼之所以云然者，亦自有故。</u>① 盖丰稔之年，谷食廉平，佣者皆欲舍佣而为主，自致其力，以为益多，而又以丰稔之故，养工之母财日充，兴事者众，出谷之农欲多出以敌其贱。如是则雇佣之主弥多，而为佣民数则与往年相若，求者过供，此丰稔之年庸率之所以进而佣骄也。【Ⅰ.8.46】至凶歉之岁，其事反此。生事既艰，立肆坐列，利入难而不可必，故前之欲舍佣为主者，乃今思舍主而为佣，而谷价翔腾，养工母财，曩也见多，今也见少，雇佣之业，或辍或减，如是则佣荒，自食之工②盖藏渐尽，则降而为受廪之工③，求不及供，此凶歉之岁庸率之所以退而佣驯也。斥财之主见后之佣索食微而易于约束，前之佣责偿奢而不帖帖也，则曰富岁之佣好逸，而凶岁之佣差勤矣。【Ⅰ.8.47】然此何异即蹄涔之盈虚，而论大海之注泄乎？且养佣多者，大抵农头田主之家，农头之赢，田主之租，皆土物也，其利视粮食之腾跌为进退。年饥谷贵，于佣为病者，于彼则为利也，其乐歉岁固然。而以是律佣之勤惰，则几与事实相反者矣。盖凶年多受雇之佣，而富岁多自业之工，谓彼在凶年则勤，在富岁则惰者，无异谓常人之情，为己不力而为人过也，夫岂然哉！大抵自食之工较之雇佣，其勤倍蓰，盖一则独享其所出之实，一则有主者为之分。且廪食之工，群佣杂处，一佣惰窳，众乃效尤，自食之工则此无患。受雇者以年月为论，时同廪均，勤惰之绩，无

---

① 严复有增译，概述了后文要谈的内容。试比较杨敬年（2001/2006：105）段首译文："在丰富的年份，佣工们常常离开他们的雇主，去碰碰运气，看凭自己的勤勉能赢得多少生活资料……"

② 自食之工 independent workman——原编者注。

③ 受廪之工 journeyman，伙计——原编者注。

以为异，此以比自食之业，尺寸利害皆所身受者，怠奋相悬，岂待论哉！惟富岁则自食之工多，而凶年则受雇之佣众，故以通国之财为论，富岁，民之出力成货宏，凶年，民之出力成货狭也。

Ⅰ.8.48

A French author of great knowledge and ingenuity, Mr. Messance,① receiver of the tailles in the election of St. Etienne, endeavours to show that the poor do more work in cheap than in dear years, by comparing the quantity and value of the goods made upon those different occasions in three different manufactures; one of coarse woollens carried on at Elbeuf; one of linen, and another of silk, both which extend through the whole generality of Rouen. It appears from his account, which is copied from the registers of the public offices, that the quantity and value of the goods made in all those three manufactures has generally been greater in cheap than in dear years; and that it has always been greatest in the cheapest, and least in the dearest years. All the three seem to be stationary manufactures, or which, though their produce may vary somewhat from year to year, are upon the whole, neither going backwards nor forwards.

曩法国作家梅山斯②，学博而词辨，因受森得田岁计，着论小民出力成货，富岁多于凶年之理③，以近部三厂簿张，每年所产之多寡盈不足为据。三厂者，额尔白弗④毡业，与鄂卢恩⑤之麻丝二业也。三厂为其地生计大宗，岁之所登，官有簿录。于此见小民出力成货，数与值皆以丰岁为优，歉岁为绌。愈丰稔愈多，最歉耗最少，而积年为计，则丰岁所盈，正与歉岁所不足者相剂，补短绝长，其业为无进退也。

---

① Recherches sur la Population des Generalites d'Auyergue, de Lyon, de Rouen. Paris, 1766.
② 梅山斯 Messance——原编者注。
③ 梅山斯书名《倭维恩理安鄂卢恩三部户口考》¹，成于乾隆三十一年——译者注。1《倭维恩理安鄂卢恩三部户口考》，未详——原编者注。
④ 额尔白弗 Elbeuf，法国下森（Sein Inferieure）之一镇，在森河（Seine）之上——原编者注。
⑤ 鄂卢恩 Roven，法国下森之都会——原编者注。

I.8.49

The manufacture of linen in Scotland, and that of coarse woollens in the West Riding of Yorkshire, are growing manufactures, of which the produce is generally, though with some variations, increasing both in quantity and value. Upon examining, however, the accounts which have been published of their annual produce, I have not been able to observe that its variations have had any sensible connection with the dearness or cheapness of the seasons. In 1740, a year of great scarcity, both manufactures, indeed, appear to have declined very considerably. But in 1756, another year of great scarcity, the Scotch manufacture made more than ordinary advances. The Yorkshire manufacture, indeed, declined, and its produce did not rise to what it had been in 1755 till 1766, after the repeal of the American Stamp Act. In that and the following year it greatly exceeded what it had ever been before, and it has continued to advance ever since.

至英国工业，则与此异。如苏格兰之麻业，约克沙①之毡业，虽岁有出入，而都凡为言，皆为方进滋大之基。至稽其簿张，则若与年时穰歉有不相关然者。当一千七百四十年，北地岁大歉收，二业所出诚皆不旺，而一千七百五十六年，岁亦大损，乃苏之麻业出货甚多。约克沙毡属，自一千七百五十五年至一千七百六十六年，所出者皆不旺而岁减。至北美印花税罢征，而后其业大振，盖自是以来，其出货岁有进境也。

I.8.50

The produce of all great manufactures for distant sale must necessarily depend, not so much upon the dearness or cheapness of the seasons in the countries where they are carried on, as upon the circumstances which affect the demand in the countries where they are consumed; upon peace or war, upon the prosperity or declension of other rival manufactures, and upon the good or bad humour of their principal customers. A great part of the extraordinary work, be-

---

① 约克沙 Yorkshire，英国郡名，在英格兰北部——原编者注。

sides, which is probably done in cheap years, never enters the public registers of manufactures. The men servants who leave their masters become independent labourers. The women return to their parents, and commonly spin in order to make clothes for themselves and their families. Even the independent workmen do not always work for public sale, but are employed by some of their neighbours in manufactures for family use. The produce of their labour, therefore, frequently makes no figure in those public registers of which the records are sometimes published with so much parade, and from which our merchants and manufacturers would often vainly pretend to announce the prosperity or declension of the greatest empires.

由此观之，则知凡懋迁广远之国，其中制造诸工之衰旺，视所与通之国之事势为多，而视本土之年时饥穰者为少。战争之起灭，同业为竞者之废兴，与夫销产之民之所欣厌，胥视此矣。且欲定一地物产之盛衰，即官私簿张，亦不足尽之也，盖其所漏者多矣。今如力作之民，或去其主者而自立，纺绩女红，归其父母，业焉以衣被其家。自食之佣，其成货不必皆斥之于市也，或以资其身，或为里鄙之所雇畜。凡此之伦，皆簿录所不能尽也，而言计学者往往据之以定物产之数，考天下之盈，则其去真远矣。

I.8.51

Though the variations in the price of labour, not only do not always correspond with those in the price of provisions, but are frequently quite opposite, we must not, upon this account, imagine that the price of provisions has no influence upon that of labour. The money price of labour is necessarily regulated by two circumstances; the demand for labour, and the price of the necessaries and conveniencies of life. The demand for labour, according as it happens to be increasing, stationary, or declining, or to require an increasing, stationary, or declining population, determines the quantities of the necessaries and conveniencies of life which must be given to the labourer; and the money price of labour is determined by what is requisite for purchasing this quantity. Though the money price of labour, therefore, is sometimes high where the price of provisions is low, it would be still higher, the demand continuing the same, if the price of provisions was high.

Ⅰ.8.52

It is because the demand for labour increases in years of sudden and extraordinary plenty, and diminishes in those of sudden and extraordinary scarcity, that the money price of labour sometimes rises in the one, and sinks in the other.

【Ⅰ.8.51】前谓庸不随粮食为贵贱，且常与其价相反以为率者。既云尔矣，然以是之故，辄谓食粮之价与庸率绝不相关，则大不可。盖佣功之市价，自以二者为转移。求佣者之多寡，一也；粮食之贵贱，二也。求佣者之数，或进或退或中立，则佣者之数，亦或进或退或中立以与之相剂。夫如是，则佣者之所以为养定矣，所以为养定，故佣之市价定。【Ⅰ.8.52】何则？彼固得此以市夫粮食者也。故有时粮食甚贱，而庸率犹昂，则知使求佣之急无变乎前，而粮食乃不贱而贵者，则庸率之昂益无艺矣。

Ⅰ.8.53

In a year of sudden and extraordinary plenty, there are funds in the hands of many of the employers of industry, sufficient to maintain and employ a greater number of industrious people than had been employed the year before; and this extraordinary number cannot always be had. Those masters, therefore, who want more workmen, bid against one another, in order to get them, which sometimes raises both the real and the money price of their labour.

Ⅰ.8.54

The contrary of this happens in a year of sudden and extraordinary scarcity. The funds destined for employing industry are less than they had been the year before. A considerable number of people are thrown out of employment, who bid against one another, in order to get it, which sometimes lowers both the real and the money price of labour. In 1740, a year of extraordinary scarcity, many people were willing to work for bare subsistence. In the succeeding years of plenty, it was more difficult to get labourers and servants.

I.8.55

The scarcity of a dear year, by diminishing the demand for labour, tends to lower its price, as the high price of provisions tends to raise it. The plenty of a cheap year, on the contrary, by increasing the demand, tends to raise the price of labour, as the cheapness of provisions tends to lower it. In the ordinary variations of the price of provisions, those two opposite causes seem to counterbalance one another; which is probably in part the reason why the wages of labour are everywhere so much more steady and permanent than the price of provisions.

【I.8.53】岁骤穰，求佣多，岁骤歉，求佣减，由是而庸进庸退焉。盖岁骤穰，积贮盈，足以食多佣过常数，而佣之数不能骤进也，则斥财之主相与出厚庸以徕之，所以进也。岁骤歉者反是。【I.8.54】盖藏罄，小民失业多，急受雇，而母财见减，不足以尽食之也，则劳力之民相与减庸以求之，所以退也。英国当一千七百四十年，岁洊饥，佣者求食而已，不望余也。其翌年岁大有，不仅庸贵，且难得焉。【I.8.55】是故最而论之，庸之高下，其所以经纬之者，有二因焉。岁歉求少，庸之势退矣，而谷食之贵，又使之务增；穰岁求多，庸之势进矣，而谷食之贱，又使之可减。故常时一国之中，功力庸率，经久无变。意者，岁穰岁歉，一进一退之间是二因者常隐然相剂以折其中云尔。

案：二因并用，而视前因为多。庸率久无变，其因不止于二者之相剂也。

I.8.56

The increase in the wages of labour necessarily increases the price of many commodities, by increasing that part of it which resolves itself into wages, and so far tends to diminish their consumption, both at home and abroad. The same cause, however, which raises the wages of labour, the increase of stock, tends to increase its productive powers, and to make a smaller quantity of labour produce a greater quantity of work.① The owner of the stock which employs a great number of labourers, necessarily endeavours, for his own advantage, to make such a proper division and distribution of employment, that they may be enabled to produce the greatest quantity of work possible. For the same reason, he endeavours to supply them with the best machinery which either he or they can think of. What takes place among the labourers in a particular workhouse, takes place, for the same reason, among those of a great society. The greater their number, the more they naturally divide themselves into different classes and subdivisions of employment. More heads are occupied in inventing the most proper machinery for executing the work of each, and it is, therefore, more likely to be invented. There are many commodities, therefore, which, in consequence of these improvements, come to be produced by so much less labour than before, that the increase of its price is more than compensated by the diminution of its quantity.

物合三而成价，故庸长则价不能不腾。然供者之价腾，则求者之数损，其损之程，视腾之度，此相因必至之效也。虽然，庸之所以能长者，为斥以养力役者之母财多也。而母财既多，又将使出母者常欲大生财之能事。用之益巧，为之益疾，其所资之功力弥少，其收成之物产弥多。斥母既宏，雇佣既众，主者得以部勒署置，或分功，或合力，用力等而得效多，且又将制为机巧，资以善事而节力。此不仅一家一业然也，风会所趋，通国之中，莫不如此。惟手足众故功以易分，亦心智会而机易以创。古之需人十者，而今则一之，古之以年时成者，而今乃日之。庸固长也，而成货之需力微，二者相抵，所赢实多，故庸日长而物价日廉。其能日伟，故不害奉生之优；其事日辟，故无有失业之嗟。化国之民，所以食丰用闳而力不

---

① The latter cause is, however, in our day at least, incomparably more operative. High and low prices of labour do not of course mean dear and cheap labour, for labour may be highly paid and yet cheap, scantily paid and dear. But the effectiveness of labour does bear on production and prices. If labour be effective, it is naturally highly paid. But just as a producer strives to reduce the charges contained in the most costly part of his product, so he attempts to supplement this kind of labour by machinery. It is obvious therefore that mechanical expedients are always most eagerly sought out and applied in substitution for that labour which is most costly.

届者，胥由此耳。

案：大生财能事①者，计学最要之旨，故功力之廉费，必不可于庸率贵贱中求之。有时庸率虽大，其工实廉，有时虽少实费，亦其生财能事异耳。能事大者，庸率虽大何伤乎！由来一货之成，其中必有最费之功，制作之家所欲代以机器者，亦于此为最急，此机成则物价之减者常无算。化国之民，其所以能操天下利权，而非旦暮所可夺者，亦在此耳。②

---

① 生财能事 productive power，今译生产力——原编者注。
② 本段案语基本翻译自罗哲斯的注释（【Ⅰ.8.56】）。可比较："计学最要之旨，故功力之廉费，必不可于庸率贵贱中求之。有时庸率虽大，其工实廉，有时虽少实费，亦其生财能事异耳"(The latter cause is, however, in our day at least, incomparably more operative. High and low prices of labour do not of course mean dear and cheap labour, for labour may be highly paid and yet cheap, scantily paid and dear.)；"制作之家所欲代以机器者，亦于此为最急，此机成则物价之减者常无算"(But just as a producer strives to reduce the charges contained in the most costly part of his product, so he attempts to supplement this kind of labour by machinery).

Chapter IX Of the Profits of Stock

篇九 释赢

案：前论合三成价，出地者之所得为租，出力者之所得为庸，出财者之所得为息。然不曰租庸息，而常曰租庸赢者，盖息者无所兼，而赢有所兼也。所兼者何？本财应得之息利，一也；出财经营，事资督率，督率之庸，二也；懋迁之事，得失相半，取得偿失，成保险费，三也。合是三者，通名曰赢。以一家之所获，故计学专论之而不分也。

I.9.1

The rise and fall in the profits of stock depend upon the same causes with the rise and fall in the wages of labour, the increasing or declining state of the wealth of the society; but those causes affect the one and the other very differently.

I.9.2

The increase of stock, which raises wages, tends to lower profit. When the stocks of many rich merchants are turned into the same trade, their mutual competition naturally tends to lower its profit; and when there is a like increase of stock in all the different trades carried on in the same society, the same com-

Chapter Ⅸ　Of the Profits of Stock

petition must produce the same effect in them all.①

【Ⅰ.9.1】赢之厚薄，庸之高下，皆消息于国财之盛衰。顾二者之所因同，而其所以因者大异。【Ⅰ.9.2】<u>约而言之，则一正一反也。何言乎一正一反也?</u>②盖功力之酬，多乃有养，必国财盛而后庸率，而母本之斥，少则渴之，故国财衰而后赢得厚也。巨商驵贾，睹一业之利则争发贮经营，以殖其货，相竞之余，自然利减。此在一业之事然也，使国财盛而凡业皆有竞者，则通国之赢率皆微矣。<u>故曰斥母者之利害，其视国财与庸反也。</u>③

Ⅰ.9.3

It is not easy, it has already been observed, to ascertain what are the average wages of labour even in a particular place, and at a particular time. We can, even in this case, seldom determine more than what are the most usual wages. But even this can seldom be done with regard to the profits of stock. Profit is so very fluctuating, that the person who carries on a particular trade cannot always tell you himself what is the average of his annual profit. It is affected, not only by every variation of price in the commodities which he deals

---

① The rate of profit is not lowered by the competition of capitals, but by the greater accumulation of capital and the diminished demand for it. Wages may be high, and profits high, because the profitable employments of capital may be numerous. Taxation may be high, and profits may still be high, for the same reason. Rates of interest are plainly determined by the abundance or scarcity of money. Whatever profit contains beyond interest, is, as I have said, the wages of superintendence, and this part of profit will be determined by the same causes which determine the wages of labour in particular callings, that is to say, by the amount of competition to which such callings are subject.

② 此处"约而言之，则一正一反也。何言乎一正一反也"是严复的改译。他概括上文利润与工资的关系为"一正一反"，用疑问句的形式引出下文。比较杨敬年（2001/2006：113）译文："资本利润的上升或下降，依存于使劳动工资升降的同一原因，即社会财富的增加或减少状态；但这些原因对两者的影响却完全不同。资本的增加一方面会提高工资，一方面又会降低利润。当许多富商的资本投入同一行业时，这些资本的相互竞争自然会降低资本的利润；当同一社会中所有不同行业的资本都增加时，相同的竞争必然在它们中间产生相同的效果。"

③ 此处为增译。严复总结了资本对利润、工资的影响。试比较杨敬年（2001/2006：113）段尾译文："当同一社会中所有不同行业的资本都增加时，相同的竞争必然在它们中间产生相同的效果。"

in, but by the good or bad fortune both of his rivals and of his customers, and by a thousand other accidents to which goods, when carried either by sea or by land, or even when stored in a warehouse, are liable. It varies, therefore, not only from year to year, but from day to day, and almost from hour to hour. To ascertain what is the average profit of all the different trades carried on in a great kingdom, must be much more difficult; and to judge of what it may have been formerly, or in remote periods of time, with any degree of precision, must be altogether impossible.

夫欲求功力庸钱之通率①难。此不必广远也，就一时一地而计之，夫已难得其实矣。故前所谓庸率者，皆取其最多，都凡抚略以定之而已，独至赢率，则并此不能。盖赢得之事，变动不居，即叩之本业之主，彼之赢进，岁率几何，往往不能答也。其所待为变，不仅价之高下而止，同业之盛衰，受货者之舒急，水陆之险夷，囤藏之隐露，凡此之伦，旁午万端，皆能为异。故其变不独以年，且以月日，且以晷刻者也。大都广国之中，欲取一时工商之赢利通而估之，得其经数已难，至欲居今考古，迹变动之由，求进退之实，则其势有断断不能者矣。

I.9.4

But though it may be impossible to determine with any degree of precision, what are or were the average profits of stock, either in the present, or in ancient times, some notion may be formed of them from the interest of money. It may be laid down as a maxim, that wherever a great deal can be made by the use of money, a great deal will commonly be given for the use of it; and that wherever little can be made by it, less will commonly be given for it. Accordingly therefore, as the usual market rate of interest varies in any country, we may be assured that the ordinary profits of stock must vary with it, must sink as it sinks, and rise as it rises. The progress of interest, therefore, may lead us to form some notion of the progress of profit.

赢率之难知，固然。然即贳贷者之息利而求之，反可以常得其大较

---

① 功力庸钱之通率 average wages of labour ——原编者注。

也。第六篇之释三物也，曰息者，所以市用财之权者也。① 然则使用之者之利优，其所以市之者自厚，用之者之利逊，其所以市之者自薄。是故观息之变，可以知赢之变，二者相为消长者也。故曰，即息利以权赢率，可常得其大较也。

I.9.5

By the 37th of Henry Ⅷ. all interest above ten per cent was declared unlawful. More, it seems, had sometimes been taken before that. In the reign of Edward Ⅵ. religious zeal prohibited all interest. This prohibition, however, like all others of the same kind, is said to have produced no effect, and probably rather increased than diminished the evil of usury. The statute of Henry Ⅷ. was revived by the 13th of Elizabeth, cap. 8 and ten per cent continued to be the legal rate of interest till the 21st of James Ⅰ. when it was restricted to eight per cent. It was reduced to six per cent soon after the Restoration, and by the 12th of Queen Anne, to five per cent. All these different statutory regulations seem to have been made with great propriety.② They seem to have followed and not to have gone before the market rate of interest, or the rate at which people of good credit usually borrowed. Since the time of Queen Anne, five per cent seems to have been rather above than below the market rate. Before the late war, the government borrowed at three per cent; and people of good credit in the capital, and in many other parts of the kingdom, at three and a half, four,

---

① 严复增译"第六篇之释三物也，曰息者，所以市用财之权者也"。可比较杨敬年（2001/2006：114）译文："……却可以从货币的利息去得到一些相关的概念。可以定下这样一个原则：凡是能从使用货币赚到很多钱的地方，对于货币的使用普通付给的钱也多。因此，根据任何一国通常的市场利息率的变动……"

② The wisdom of attempting to regulate the rate of interest by legal enactments was affirmed almost universally in Adam Smith's time. At the present day, it is seen to be as unreasonable as it is to fix any other price, and it has been found out that the plea commonly alleged for the restriction, that it was desirable to protect society against usurers, was not only false, but that the legal restriction actually assisted the vaurer against his debtor, since debtors will borrow, and must needs compensate their creditors for the disrepute and risk which accompany a breach of the law. The attack on the existing system was ably conducted by Bentham, in his defence of usury; and a few years ago the whole fabric of the usury laws was swept away.

and four and a half per cent.

显理第八三十七年，禁貸贷取息者岁百不得过十①，过者有刑，此以见先之不止此矣。义都活第六②立，教会以通财取息为不义，则悉取子钱之事而禁之，顾其令卒不行，而民贷贷子钱愈益重。额理查白十三年，复申显理之禁，于是什一为通行制息矣。洎雅各第一二十一年，更令岁百息八，察理第二复辟，更令岁百息六，后安十二年，更令岁百息五。至今国家虽有制息之令，然息非操枋者所能高下也，前令大抵息率先行于时，而后从而制之。中产勤业然诺，不侵之民，其出尰财，率不过制。而自后安③以来，都市通率多不及岁百息五者，懋迁往还，以三零五或四或四零五为常，而当美洲自立战事，英国民债，则岁百息三也④。

I.9.6

Since the time of Henry VIII.⑤ the wealth and revenue of the country have been continually advancing, and, in the course of their progress, their pace seems rather to have been gradually accelerated than retarded. They seem, not only to have been going on, but to have been going on faster and faster. The wages of labour have been continually increasing during the same period, and in the greater part of the different branches of trade and manufactures, the profits of stock have been diminishing.

由此观之，则知吾英自显理第八以来，岁赋国财，如川方进，且载骤骎骎，降而弥疾。故其见于事验者，功力之庸率则世增，而发贮鬻财工商诸业之所收，则日以趋薄。

---

① 西人言息皆以岁，不以月。后仿此——译者注。
② 义都活第六 Edward VI，英王，亨利第八之子，一五三七年生，一五四七年即位，一五五三年卒——原编者注。
③ 后安 Queen Anne，英女王，一六六五年生，一七〇二年即位，一七一四年卒——原编者注。
④ 严复增译"而当美洲自立战事，英国民债，则岁百息三也"，可参照杨敬年（2001/2006：115）本段结尾译文："……在首都以及王国的许多其他地方，信用良好的人按3.5%，4%，4.5%借款。"
⑤ It is more correct to say, since the conclusion of Elizabeth's reign.

Chapter IX　Of the Profits of Stock

案：民之日富，其验如此。庸则日升，赢则日降，皆母财日多，政理公平之效也。财退之群反是。

又案：斯密氏谓赢率之少，以巨商驵贾，睹一业之利，则争出财为之，竞者既多，其利自减。此说未尽。赢率之日少，正坐国财日富，而斥以为母者多也，盖亦供求相剂之一事。故使国财富矣，而可兴之业犹多，则庸赢二者同时可以并大（说见本篇下）。如有时赋税虽重，赢利仍多，理亦同此。至息率高下，则尤以供贷之财多寡为差。息者，赢中之一分耳，其余则为商庸，为保险。既为商庸，其盈朒自与前篇所持之理合，因竞而减，斯为确耳。

又案：以令制息，斯密氏不以为非。然既云息者，所以市用财之权，则息者乃价。凡价皆供求相剂之例之所为，操枋者又乌能强定之耶？使国家设为司市，取百货之市价而悉平之，如新莽之所为，此其为谬，虽愚夫知之。制息之令，何以异此？且制为息令者，禁并兼者之朘利也，而不知必制之令，而后朘乃益深。盖未令之先，重利不为犯法，既令乃然。而利之所以重，坐贷者急也。贷者既急，不恤利之轻重，以得财为愉快。贷者息轻则不肯为，息重则犯刑宪，既犯之矣，则子钱之外，须益之以冒禁之保险而后为之。故其息愈重，而朘民益深也。主计者不知此皆出于自然，故使理财，靡靡大乱也。斯密之后，英国有宾德门①尝深论之，旨意同此，故咸同之间，制息之令皆废。

I.9.7

It generally requires a greater stock to carry on any sort of trade in a great town than in a country village. The great stocks employed in every branch of trade, and the number of rich competitors, generally reduce the rate of profit in the former below what it is in the latter. But the wages of labour are generally higher in a great town than in a country village. In a thriving town, the people who have great stocks to employ, frequently cannot get the number of work-

---

① 宾德门，未详——原编者注。

men they want, and therefore bid against one another in order to get as many as they can, which raises the wages of labour, and lowers the profits of stock. In the remote parts of the country, there is frequently not stock sufficient to employ all the people, who therefore bid against one another in order to get employment, which lowers the wages of labour, and raises the profits of stock.

废居殖货，在都会则需母多，在乡鄙则需母少。需母既多，而多财者相与竞于其业，故赢得之厚，都会不及乡鄙也。顾力役之庸，则都会过于乡鄙。处辐凑之区，积畜饶衍，治生者求力作之佣若弗及，则厚其饩廪以徕之。庸之厚者，赢之薄也。至于鄙远之区，其势反是。见财无多，而佣作者充斥，求雇若不及，则劣其价以争之。庸之劣者，赢之优也。

I.9.8

In Scotland, though the legal rate of interest is the same as in England, the market rate is rather higher. People of the best credit there seldom borrow under five per cent. Even private bankers in Edinburgh give four per cent upon their promissory-notes, of which payment, either in whole or in part may be demanded at pleasure. Private bankers in London give no interest for the money which is deposited with them. There are few trades which cannot be carried on with a smaller stock in Scotland than in England. The common rate of profit, therefore, must be somewhat greater. The wages of labour, it has already been observed, are lower in Scotland than in England. The country, too, is not only much poorer, but the steps by which it advances to a better condition, for it is evidently advancing, seem to be much slower and more tardy. ①

凡此皆验诸各国而可知者也。苏格兰制息与英国同，而民所用以贷贷者，其率方英为大，虽信义素著之家，其责息岁百不下五也。额丁白

---

① Up to the conclusion of the eighteenth century Scotland contributed very little to the public revenue, the produce of the customs being absorbed in local charges and the cost of collection. See Macpherson's History of Commerce, vol. iv. passim. For an exact account of the growth of the Scottish linen manufacture, see The Linen Trade, Ancient and Modern, by Mr. Alexander Warden.

Chapter IX　Of the Profits of Stock

拉版克①，受人囷财，剖券以与主者，约随时取，计日起息，犹百而四。此在伦敦名长流囷②，无所息也。诸坐列贩货，在苏需母，皆劣于英，则苏之赢率过英明矣。至于二地庸率高下，已前及之。盖苏之于英不仅贫富迥殊，即向富之机，亦英殷而苏缓，故见诸诸赢庸者不同如此。

案：英苏二岛（海汉中断，缀以蜂腰，故可名二岛），以其土沃瘠之不齐，贫富初悬若此。而至今日，乃几相垺，此其民之勤奋善计实为之。斯密亚丹及他计学家如穆勒父（雅各）子（约翰），如马格乐，数十百家，皆苏人也，可以见矣。然亦有术。康、雍之间，苏格兰始设版克，造赊贷法③，民大便之，国以日富。一千八百年以前，苏之赋税皆不充度支，自一千七百年来，岁有进步，今与英法诸国侔矣。故论者谓，苏格兰处荒寒绝外之地，土瘠而民悍，几于野蛮，一二百年之间，所进如是之无限者，学校、版克二者制善，使之然也。

案：赊贷法者，版克出财以贷民，使民勤而贫者资以为母。民欲贷，则联数家有力者为之公保，至少无下二人，名保诚。保诚定所赊之数，常法自百镑至千镑为率。议定，乃恣出入岁终计息纳之，而保诚有禁予纵缩之权。若贷者见不能，若惰佚，则止勿赊贷。如是，故其民之力有所资，而争自奋于业，为勤良，盖富而有教之效矣。其法与新荞之赊贷，北宋之青苗钱无稍异。异者，彼民自为之，而荞与宋则以官管其收发而已。目论之士，至今言青苗，无不疾首痛绝之者，而不知其行法非，而法之良，意之美，则无可议也。

---

① 版克此云银号，又曰票号、曰兑局、曰钱店，其实皆版克也。所不当云银号者，以其业不仅银；所不当云钞局者，以其事之异古。而票号诸名又嫌不典，不若直译其音之为当也。钞则当云纸币，此书所译间用杂出，取读者易明而已。欧洲版克之业，中古创于义大里国，盖其民寄存积蓄之所，其字义与堤岸通。盖其业揸聚而周防，有类江湖之堰堰，故异物同名耳——译者注。
② 长流囷 deposit，存款——原编者注。
③ 赊贷法 making loans，放款——原编者注。

I.9.9

The legal rate of interest in France has not, during the course of the present century, been always regulated by the market rate. [1] In 1720 interest was reduced from the twentieth to the fiftieth penny, or from five to two per cent. In 1724 it was raised to the thirtieth penny, or to three and a third per cent. In 1725 it was again raised to the twentieth penny, or to five per cent. In 1766, during the administration of Mr. Laverdy, it was reduced to the twenty-fifth penny, or to four per cent. The Abbe Terray raised it afterwards to the old rate of five per cent. The supposed purpose of many of those violent reductions of interest was to prepare the way for reducing that of the public debts; a purpose which has sometimes been executed. France is perhaps in the present times not so rich a country as England; and though the legal rate of interest has in France frequently been lower than in England, the market rate has generally been higher; for there, as in other countries, they have several very safe and easy methods of evading the law. The profits of trade, I have been assured by British merchants who had traded in both countries, are higher in France than in England; and it is no doubt upon this account that many British subjects choose rather to employ their capitals in a country where trade is in disgrace, than in one where it is highly respected. The wages of labour are lower in France than in England. When you go from Scotland to England, the difference which you may remark between the dress and countenance of the common people in the one country and in the other, sufficiently indicates the difference in their condition. The contrast is still greater when you return from France. France, though no doubt a richer country than Scotland, seems not to be going forward so fast. It is a common and even a popular opinion in the country that it is going backwards; an opinion which, I apprehend, is ill-founded even with regard to France, but which nobody can possibly entertain with regard to Scotland, who sees the country now, and who saw it twenty or thirty years ago.

---

[1] See Denisart, Article Taux des Interets, torn. iii. p. 18.

法兰西之制息也与英异，上以意为升降，不从市息之后而制之也。一千七百二十年减五分为二分，一千七百二十四年复加为三分五厘，其明年，更加为五分。至一千七百六十六年，相剌维第①当国，则减为四分，神甫德黎②继枋，复旧率为五分。或谓其息率骤减之故，乃为国债还息道地。<u>考法史记，诚有然者</u>。其制息或减于英，其市息则往往而过。<u>盖以国财论</u>③，法富固不及英，而贷贷之际，民与法相遁，故市息常过制。老于行贾者尝为余言，斥母逐利，在法胜于英甚远。故虽法俗以懋迁为污处，英人以久贾相矜，而英贾乐居法，有由然矣。至于力役之庸，法之逊英，犹鹭财畸赢，英之逊法。常言游者由苏而英，亲见两国之民容饰居养雍容纤啬之不同，则间阎丰俭之异，皦然可识。今使其由法而复英，则相去之度滋远矣。夫法之物博地大固容几苏，而民生不优者，苏进而法不进故也。岂惟不进，退者殆十八九焉。此其言未必皆有据依，而致此之云，讵无故耶？今使有客寓苏二三十年，必不曰苏格兰退也。

I.9.10

The province of Holland, on the other hand, in proportion to the extent of its territory and the number of its people, is a richer country than England. The government there borrows at two per cent, and private people of good credit at three.④ The wages of labour are said to be higher in Holland than in England, and the Dutch, it is well known, trade upon lower profits than any people in

---

① 剌维第 Laverdy——原编者注。
② 神甫德黎 Abbe Terray——原编者注。
③ 此段有严复增译两处："考法史记，诚有然者"和"盖以国财论"。试比较杨敬年（2001/2006：116）："将其嗣后提高到缘像的旧利息率。许多次这种剧烈降低利息的目的，假定是降低公债利息铺平道路；这个目的有时达到了。法国现今或许不及英格兰富；虽然法国的法定利息率常常比在英格兰低……"
④ This low rate of profit in Holland is ascribed, by Mr. Macculloch and others, to the oppressiveness of taxation. But heavy taxation, if it be not compensated by parsimony, has a tendency to heighten the rate of profit, by diminishing the amount of capital. It is more reasonable to conclude that the parsimony of the Dutch led to the accumulation of capital, and that their wilful narrowing of the market for Eastern produce, by limiting its annual amount artificially, induced a low rate of profit on the principal articles in which they traded. At any rate, it is not easy to understand the connexion between heavy taxation and low rates of profit. A high rate of profit on a few transactions is a poor substitute for a low rate of profit on a multitude of transactions.

Europe. The trade of Holland, it has been pretended by some people, is decaying, and it may perhaps be true that some particular branches of it are so. But these symptoms seem to indicate sufficiently that there is no general decay. When profit diminishes, merchants are very apt to complain that trade decays; though the diminution of profit is the natural effect of its prosperity, or of a greater stock being employed in it than before. During the late war the Dutch gained the whole carrying trade of France, of which they still retain a very large share. The great property which they possess both in the French and English funds, about forty millions, it is said, in the latter (in which I suspect, however, there is a considerable exaggeration);① the great sums which they lend to private people in countries where the rate of interest is higher than in their own, are circumstances which no doubt demonstrate the redundancy of their stock, or that it has increased beyond what they can employ with tolerable profit in the proper business of their own country; but they do not demonstrate that that business has decreased. As the capital of a private man, though acquired by a particular trade, may increase beyond what he can employ in it, and yet that trade continue to increase too, so may likewise the capital of a great nation.

荷兰国财，若取土地之广袤，户口之数，合而畴之则方英为富。故其国家贷借民债，常率二分，民间交质，信义足倚者，三分而已，比欧诸国皆微。独至力役庸率，则方英甚优，以其赢得微薄之故。或遂谓荷兰商务降而愈衰，此即一二业云然，则尚可信，若谓通国商业皆然，则恐正违事实耳。以计学公例言之，庸厚赢薄之效，必非国财日退之国所能有也。大抵当赢率岁减之时，发贮殖货之家，易言生计衰歇，不知赢率告薄，正国财日溢之明征，又以见业广同前斥母日恢之实也。挽近英法纷争，法之懋迁，几尽归荷，后虽事平，其大分荷犹主之。英法国债

---

① Mr. Macculloch states, that in 1762 the amount of the public funds Dutch standing in the names of foreigners, ind their agents was nearly Ł15,000,000. In 1806 it was Ł18,598,606. It is said by Mr. Fairman, "On the Funds," that these investments have rapidly declined since the peace of 1815.

出自荷人者至多,其在英者云四十兆①,民私赍贳,数复不资。大抵诸国息率高者,荷财皆往出贷,统此数端,足见荷兰国财之充溢。国中业隘母闳,赢率致薄,不然,其财不出国也。譬诸私家之富,用一业兴,财日以周,过其所需之母,增益从事,赢率遂微,自用有余,乃以出贷,然其商业则方盛未艾也。大国母财日充,正如此耳。

  案:今之英美诸国皆庸优赢劣,而中国反此,彼之通我,最为得利。此所以海禁既开,自西徂东日盛月炽,虽铁牡汤池不能距也。而我出力求庸之众,亦航海适彼,如新旧金山者,势亦日多。美人恐吾佣夺其小民之生,乃造天下至不公之律,以拒华佣,故至今在美者不过十余万众。使不为此,一任事势之自然,则益充斥无疑也。凡此皆计学公例之行,而不可遏者也。

I.9.11

  In our North American and West Indian colonies, not only the wages of labour, but the interest of money, and consequently the profits of stock, are higher than in England. In the different colonies, both the legal and the market rate of interest run from six to eight per cent. High wages of labour and high profits of stock, however, are things, perhaps, which scarce ever go together, except in the peculiar circumstances of new colonies. A new colony must always for some time be more understocked in proportion to the extent of its territory, and more underpeopled in proportion to the extent of its stock, than the greater part of other countries. They have more land than they have stock to cultivate. What they have, therefore, is applied to the cultivation only of what is most fertile and most favourably situated, the land near the sea shore, and along the banks of navigable rivers. Such land, too, is frequently purchased at a price below the value even of its natural produce. Stock employed in the purchase and improvement of such lands must yield a very large profit, and conse-

---

  ① 自注云,此数恐大过实——译者注。

quently afford to pay a very large interest. Its rapid accumulation in so profitable an employment enables the planter to increase the number of his hands faster than he can find them in a new settlement. Those whom he can find, therefore, are very liberally rewarded. As the colony increases, the profits of stock gradually diminish. When the most fertile and best situated lands have been all occupied, less profit can be made by the cultivation of what is inferior both in soil and situation, and less interest can be afforded for the stock which is so employed. In the greater part of our colonies, accordingly, both the legal and the market rate of interest have been considerably reduced during the course of the present century. As riches, improvement, and population have increased, interest has declined. The wages of labour do not sink with the profits of stock. The demand for labour increases with the increase of stock whatever be its profits; and after these are diminished, stock may not only continue to increase, but to increase much faster than before. It is with industrious nations who are advancing in the acquisition of riches, as with industrious individuals. A great stock, though with small profits, generally increases faster than a small stock with great profits. Money, says the proverb, makes money. When you have got a little, it is often easy to get more. The great difficulty is to get that little. The connection between the increase of stock and that of industry, or of the demand for useful labour, has partly been explained already, but will be explained more fully hereafter in treating of the accumulation of stock.

I.9.12

The acquisition of new territory, or of new branches of trade, may sometimes raise the profits of stock, and with them the interest of money, even in a country which is fast advancing in the acquisition of riches. ① The stock of the

---

① Such events will certainly raise the rate of profit. But so will also the extension of trade, and the occupation of regions hitherto uncultivated, uninhabited, or inhabited only by savage tribes. Every expansion of civilized society tends to absorb capital, and so to arrest the fall of profit. This opening up of new fields of industrial enterprise constitutes the real advantage which the discovery of new gold-fields has conferred on the Old World.

country not being sufficient for the whole accession of business, which such acquisitions present to the different people among whom it is divided, is applied to those particular branches only which afford the greatest profit. Part of what had before been employed in other trades, is necessarily withdrawn from them, and turned into some of the new and more profitable ones. In all those old trades, therefore, the competition comes to be less than before. The market comes to be less fully supplied with many different sorts of goods. Their price necessarily rises more or less, and yields a greater profit to those who deal in them, who can, therefore, afford to borrow at a higher interest. For some time after the conclusion of the late war, not only private people of the best credit, but some of the greatest companies in London, commonly borrowed at five per cent, who before that had not been used to pay more than four, and four and a half per cent. The great accession both of territory and trade, by our acquisitions in North America and the West Indies, will sufficiently account for this, without supposing any diminution in the capital stock of the society. So great an accession of new business to be carried on by the old stock, must necessarily have diminished the quantity employed in a great number of particular branches, in which the competition being less, the profits must have been greater. I shall hereafter have occasion to mention the reasons which dispose me to believe that the capital stock of Great Britain was not diminished even by the enormous expense of the late war.

【Ⅰ.9.11】若夫美洲中北部之英属，其力庸财息皆优于英。息优则赢亦优矣，其息率或制息或市息，皆自六分至八分，无更下者。夫力庸与财息并优，乃人间至不数觏之事，觏者独新垦之地耳。盖新垦之地，土广民稀，积畜始有，故其母财不足以副事，其力役又不足以副其母财，必多历年始能免此。故其初占之田，必择壤埴最腴，转输最便之地，或遵海滨，或缘江介，以利漕转，兼资溉田。又新垦之地，其值必廉，听人自占，价不抵殖，且处女之壤，产力至优，略施治辟，所收亿秭，母财赢率，自然过当，虽出重息贳之，不亏折也。其收利之疾且优如此，故其积畜，转瞬丰稠，乃欲增雇佣作，而佣者之来或不能如是之速也，町畦多而手指少，则其酬之也不厚不得，此庸率之所以日进也。至于拓地稍广，移者降多，主者之赢稍稍逊矣。盖自壤埴最腴，转输最便之地以次占辟，更占之所稍不及前，赢率坐减，息率亦日趋平矣。故吾英属土之中，百年以来，息率之差相去数倍。大抵国财日进，生齿日蕃，而分功日密，则称贷之息日微。独至劳力之庸，则不随赢利为减，何则？求佣之数，纯以母财之多寡为差，而与赢率之厚薄无涉也。且母财之进退，亦不以赢率之厚薄而殊。有时赢率甚薄，而全赢转多，盖赢薄而母多，方之赢厚而母少者，所收常过。此在戮力治产之家然，而在勤奋率作之国，亦莫不然者也。【Ⅰ.9.12】若其国忽辟新疆，或所与通商者益广，则虽国财日溢，赢率可以不减而反增。赢率既进，则息率从之矣。人情逐利，必择最优。当其疆土乍辟而所通忽广之秋，事业骤多，国财如故，财不周事，势将弃劣而从优谋新而舍旧。而旧者之母既收，则其业之为竞者少，其产入市亦以无多，供少求同，价值自起，价值既起，赢利乃多，赢利多者，息率大也，故曰不减而反增也。挽近英伦，战事既平，私家贳贷，即信砡①业厚者，不在五分以下，而前此则四分五厘足矣，此反增之验也。当此时，英于西印度、美利坚拓土极大，民间新业繁兴，息率不减而增，殆必由此，而非国财之损使之然也。盖即使国财如故，而战胜之后，开通国土如是之多，民之移故就新，正符前论。至于战事所费，虽诚不赀，而英之富厚不因而减，此其征验，吾得于后篇及之。

Ⅰ.9.13

The diminution of the capital stock of the society, or of the funds destined for the maintenance of industry, however, as it lowers the wages of labour, so it raises the profits of stock, and consequently the interest of money. By the wages of labour being lowered, the owners of what stock remains in the society can bring their goods at less expense to market than before; and less stock being employed in supplying the market than before, they can sell them dearer. Their goods cost them less, and they get more for them. Their profits, therefore, being augmented at both ends, can well afford a large interest. The great for-

---

① 信砡 best credit, 信用稳固——原编者注。又，悫实貌——译者注。

tunes so suddenly and so easily acquired in Bengal and the other British settlements in the East Indies, may satisfy us that, as the wages of labour are very low, so the profits of stock are very high in those ruined countries. The interest of money is proportionably so. In Bengal, money is frequently lent to the farmers at forty, fifty, and sixty per cent and the succeeding crop is mortgaged for the payment. As the profits which can afford such an interest must eat up almost the whole rent of the landlord, so such enormous usury must in its turn eat up the greater part of those profits. Before the fall of the Roman republic, a usury of the same kind seems to have been common in the provinces, under the ruinous administration of their proconsuls. The virtuous Brutus lent money in Cyprus at eight-and-forty per cent as we learn from the letters of Cicero. ①

母财所以养工，故母财消则庸率减。虽然，庸率减矣，而赢率则以增也，赢增则息亦增矣。盖自庸率减而工价廉，故成货之本不巨，亦自母财消而供者少，故入市之价以腾。本轻价腾，兼赢两利。虽以重息贷母，不折阅也，故息率大焉。印度孟加拉部之公司，与他泰东新步之懋迁，其赢得之至优，可以证此。东方多凋敝之国，故其地皆赢利无艺，而庸率至微，息乃比例，与之俱大。孟加拉农民之举债也，岁百息四十至六十者有之，且皆以秋成为质。夫能举如是之债为母而犹有赢，则其赢之大可想见矣。树艺之业赢大则蔑租，息大则所余以为督耕之庸者少，此其事不仅印度然也。罗马未解纽时，吏污而并兼之家众，郡省息率之大，大都如此。布鲁达②，有仁人之号者，然凯克禄③文纪其治塞布刺斯岛④时，放债于民，岁百息四十八，则他可知已。

I.9.14

In a country which had acquired that full complement of riches which the

---

① Si Brutus putabit me quaternas centesimas oportuisse decernere, qui in tota provincia singulas observarem, itaque edixissem, & c. Cicero, it will be seen, had fixed it at 12. Cic. ad Att. vi. I. 6.
② 布鲁达 Brutus, Marcus Junius，罗马之政治家，为刺恺撒（Caesar）者之一人——原编者注。
③ 凯克禄 Cicero, Marcus Tullius，罗马之演说家、政治家与文学家，公元前一〇六年生，四三年卒——原编者注。
④ 塞布刺斯 Cyprus，地中海东部之岛屿——原编者注。

nature of its soil and climate, and its situation with respect to other countries allowed it to acquire; which could, therefore, advance no further, and which was not going backwards, both the wages of labour and the profits of stock would probably be very low. In a country fully peopled in proportion to what either its territory could maintain or its stock employ, the competition for employment would necessarily be so great as to reduce the wages of labour to what was barely sufficient to keep up the number of labourers, and, the country being already fully peopled, that number could never be augmented. In a country fully stocked in proportion to all the business it had to transact, as great a quantity of stock would be employed in every particular branch as the nature and extent of the trade would admit. The competition, therefore, would every where be as great, and consequently the ordinary profit as low as possible.

国富以其天时地利人事三者为量，使其量既充而中立，则庸与赢可以并薄。盖其于庸也，则极其幅员之广狭，积畜之盈虚，而户口之众寡，与之相称。既极其量，不可复加，而后民竞于工，工竞则庸之率终趋于至薄。其于赢也，则极其物产之耗穰，交通之广狭，而母财之滞斥，与之相谋。安于守成，不为维新，而后富者兢于业，业兢则赢之率终趋于至微。

I.9.15

But perhaps, no country has ever yet arrived at this degree of opulence. China seems to have been long stationary, and had probably long ago acquired that full complement of riches which is consistent with the nature of its laws and institutions. But this complement may be much inferior to what, with other laws and institutions, the nature of its soil, climate, and situation might admit of. A country which neglects or despises foreign commerce, and which admits the vessels of foreign nations into one or two of its ports only, cannot transact the same quantity of business which it might do with different laws and institutions. In a country too, where, though the rich or the owners of large capitals enjoy a good deal of security, the poor or the owners of small capitals enjoy scarce any, but are liable, under the pretence of justice, to be pillaged and plundered at any time by the inferior mandarins, the quantity of stock employed in all the different branches of business transacted within it, can never be equal to what the nature and extent of that business might admit. In every different branch, the oppression of the poor must establish the monopoly of the rich, who, by engrossing the whole trade to themselves, will be able to make very large profits. Twelve per cent, accordingly, is said to be the common interest of money in China, and the ordinary profits of stock must be sufficient to afford this large interest.

问天下有如是之国乎？无有也。泰东之建国曰支那，支那，富国也，既充其量矣乎？曰：未也。何以知其未耶？曰：支那之富，充其人事之量云尔，所不加进者，民智与其政法教俗囿之也。<u>支那国处温带，西北背山陆而东南襟海，有长江大河为之酾通，形胜之国也</u>，然其进于今治而无所增长者，不知其几何世矣。徒以其天时地利之量言之，支那之富厚讵止是而已哉？<u>尝试论之。其俗以商贾为污处</u>，立海禁，丑与外国往来，西国之贾，舶交海中，一二口外举不得入。夫如是则懋迁不广，而货弃地者多矣，故曰未充其量也。且其政不均，豪强倚势力以为并兼，中贾以下，为贪吏之所睥睨，信义臁，其契约不足恃，赴诉于理，则所失益多。夫如是，则国多滞财，所斥为母者不副其懋迁之量。然而，其国大商贾之赢利尚为不簿者，则何也？有力者侵车小民，立牵榷而罔市利故也。观其国之息率，贳贷子钱者，岁百息十二为常，其赢之尚厚，可推求尔。顾其小民功力之庸，则最下之率矣。<u>故曰支那之不加富，政治教俗囿之也</u>。①

---

① 此段严复在译文中加入对中国的描写（"……支那国处温带，西北背山陆而东南襟海，有长江大河为之酾通，形胜之国也……尝试论之。其俗以商贾为污处……故曰支那之不加富，政治教俗囿之也。"）。比较杨敬年（2001/2006：121－122）相应部分译文："但或许从来没有一个国家达到过这种富裕程度。中国似乎已长期停滞，早已达到与它的法律和制度的性质相吻合的充分富裕的限度。但在其他的法律和制度下，它的土壤、气候和位置所可允许的限度或许要比上述限度大得多。一个忽视或鄙视对外贸易的国家，只允许外国船只进入它的一两个港口，不能经营在不同的法律和制度下可能经营的那么多的贸易。此外，在一个国家，虽然富人或大资本所有人享有很大的安全，但穷人或小量资本所有人却享受不到任何安全……因此，在中国据说12％是普通的货币利息，而资本的普通利润一定足以支付这样高的利润。"

I.9.16

A defect in the law may sometimes raise the rate of interest considerably above what the condition of the country, as to wealth or poverty, would require. When the law does not enforce the performance of contracts, it puts all borrowers nearly upon the same footing with bankrupts or people of doubtful credit in better regulated countries.① The uncertainty of recovering his money makes the lender exact the same usurious interest which is usually required from bankrupts. Among the barbarous nations who over run the western provinces of the Roman empire, the performance of contracts was left for many ages to the faith of the contracting parties. The courts of justice of their kings seldom intermeddled in it. The high rate of interest which took place in those ancient times may perhaps be partly accounted for from this cause.

夫政法不均,则其国之息率寡不重者,不必国财之丰啬为之也。盖息率之所以廉平,以假者之无不归也。使政法不均,而上不为其民责约,则富者财贷人,常有不收之虑,以其约之不足深恃也。故其称息也,必重信者之所酬,以偿无信者之所不酬,须平息之外益之保险之费而后为之,此政窳之群所以无轻息也。罗马末叶,耳曼拂箖、峨特②之族蹂躏其西诸部,当此之时,契彻质剂之事听民自为,渝者无罚,其子钱之重皆今所不概见者,职是故耳。

I.9.17

When the law prohibits interest altogether, it does not prevent it. Many people must borrow, and nobody will lend without such a consideration for the use of their money as is suitable, not only to what can be made by the use of it, but to the difficulty and danger of evading the law. The high rate of interest

---

① Just as a country which does not enforce the performance of contracts voluntarily puts hindrances in the way of lenders, and thus heightens the rate of interest to borrowers; so a country which exercises undue leniency towards bankrupts and thereby gives security to fraud, checks commercial enterprise, discourages saving, and raises the rate of interest on all but the very best mercantile credit.

② 拂箖、峨特 Franks and Goths,此二者皆为古代德国北部之民族——原编者注。

Chapter IX Of the Profits of Stock

among all Mahometan nations is accounted for by Mr. Montesquieu,① not from their poverty, but partly from this, and partly from the difficulty of recovering the money.

I.9.18

The lowest ordinary rate of profit must always be something more than what is sufficient to compensate the occasional losses to which every employment of stock is exposed. It is this surplus only which is neat or clear profit. What is called gross profit comprehends frequently, not only this surplus, but what is retained for compensating such extraordinary losses. The interest which the borrower can afford to pay is in proportion to the clear profit only.

【I.9.17】法禁子钱，则无益而反损。盖民既需财，而已无有，非贷则不得财，非息则不得贷。而贷者之为此也，既有亡财之虑，复怀犯宪之忧，非有所偿，固不贷也。偿则务平息之余，益以二者之保险费，而息愈不资矣。欧东回民，子钱至童。法国政治家孟德斯鸠，谓其弊由法禁子钱，而契彻不信，不尽由其国之贫也。【I.9.18】废居治生，有得不能无失，使九得而一失，则于其九者通之，必有以偿此一失者。为保险费而犹有奇余焉，夫而后其业可为也。此之奇余，是谓实赢②。除之以十，而与母相权，百得几分，斯为赢率③。其一役之所赢，或多或少，皆为总赢④。总赢者，兼所失而言之，不分析也。然使举债斥母以治生，其子钱息率，则当与实赢作比例，不当与总赢作比例也。

I.9.19

The lowest ordinary rate of interest must, in the same manner, be something more than sufficient to compensate the occasional losses to which lending, even with tolerable prudence, is exposed. Were it not more, charity or friendship could be the only motives for lending.

---

① Esprit des Loix, xxii. 19.
② 实赢 neat or clear profit，纯利——原编者注。
③ 赢率 rate of profit，利润之率——原编者注。
④ 总赢 gross profit，总利或毛利——原编者注。

故最下赢率，必以有偿亏折之失而有余。赢既如此，息亦有然。必有以补不归之逋而犹有获，夫而后曰赢、曰息也，使其不然，友朋推解之情，缓急相周之雅，而非国人贳贷之事矣。①

案：由此推之，将不独如前所言。官不为民责约，则称贷之息率大也。每见官宰鹘突，其理贸易倒荒之案，辄祖逋家，而不察其有欺诈之情，株连之累，此之流极必至民不相任，商贾不行，勤愿者失依，巧伪者得计，物大腾贵，息利不伦而后已。故曰：妇孺之仁，所惠者小近，而所祸者大远。岂不然哉！

I.9.20

In a country which had acquired its full complement of riches, where in every particular branch of business, there was the greatest quantity of stock that could be employed in it, as the ordinary rate of clear profit would be very small, so that usual market rate of interest which could be afforded out of it, would be so low as to render it impossible for any but the very wealthiest people to live upon the interest of their money. All people of small or middling fortunes would be obliged to superintend themselves the employment of their own stocks. It would be necessary that almost every man should be a man of business, or engage in some sort of trade. The province of Holland seems to be approaching near to this state. It is there unfashionable not to be a man of business. Necessity makes it usual for almost every man to be so, and custom everywhere regulates fashion. As it is ridiculous not to dress, so is it, in some measure, not to be employed, like other people. As a man of a civil profession seems awkward in a camp or a garrison, and is even in some danger of being despised there, so does an idle man among men of business.

国之所病，在多惰游，而惰游之所以多，坐食租衣税，仰子钱之家

---

① 此段严复略有增译。试比较杨敬年（2001/2006：123）本段译文："同样，最低的普通利息率，必须高于足以补偿贷款尽管相当谨慎却仍然可能遭受的偶然损失的部分。要不是多一些，贷款的惟一动机就只能是慈善行为或友谊了。"

众也。今且无论租税，第言子钱之家，则使国富充其量而不可加。工商诸业之用母，皆至足而不可复多，如是则其赢率必至薄，而子钱之率从之。且子钱之率既微，则仰此以赡其身家者，非至富饶，固不足也。夫如是则仰息之民寡，而中产以降，必举其积畜而自经营之，冀以收兼庸之赢。如此则风俗成，而通国之民皆农工商贾矣。奢磨世变，增益不能，而无逸居之饱食，此其群之所以日蒸也。今荷兰之于诸邦，最为近此者矣。逼于生事，束于国俗，其民皆以无所经营而坐食为耻。譬诸衣然，不能人皆短小距地，而我独大袑褒衣也。又如习尚然，居营寨之中，则不武而契需者为笑，惰民之于勤国，致亦犹此。<u>夫有迫而使奋者矣</u>。①

I.9.21

The highest ordinary rate of profit may be such as, in the price of the greater part of commodities, eats up the whole of what should go to the rent of the land, and leaves only what is sufficient to pay the labour of preparing and bringing them to market, according to the lowest rate at which labour can anywhere be paid, the bare subsistence of the labourer.② The workman must always have been fed in some way or other while he was about the work; but the landlord may not always have been paid. The profits of the trade which the servants of the East India Company carry on in Bengal may not perhaps be very far from this rate.

物既合三以成价，则必其二皆微，而后其一独巨。故赢利过厚则蔑租，而制作与运致之庸亦薄。然而，庸虽薄，尚不能尽无也。暴君之发卒征徭，必有粟焉以食其徒而后举，不然废矣。至于地主人之租，则事势不同，有时可以无有。羯罗屈阇大东公司，其贸易赢得之厚，为租庸皆至薄耳。

---

① 此句为严复增译，总结上文的。比较杨敬年（2001/2006：123）本段最后一句译文为："正如一个文官在一个部队或兵营中显得有些不自在，甚至在那里还有被人瞧不起的危险，一个游手好闲的人在商业人中间也是如此。"

② Very high rates of profit, except in newly-settled countries, where, for other causes, land is valueless, tend to enhance rents. Illustrations of this fact are abundant and patent. Rent, as we have seen, does not enter into price, but is developed from the fact that the price of the product is in excess of the ordinary or average remuneration of the cost of production.

I.9.22

The proportion which the usual market rate of interest ought to bear to the ordinary rate of clear profit, necessarily varies as profit rises or falls. Double interest is in Great Britain reckoned, what the merchants call, a good, moderate, reasonable profit; terms which I apprehend mean no more than a common and usual profit. In a country where the ordinary rate of clear profit is eight or ten per cent, it may be reasonable that one half of it should go to interest, wherever business is carried on with borrowed money. The stock is at the risk of the borrower, who, as it were, insures it to the lender; <u>and four or five per cent may, in the greater part of trades, be both a sufficient profit upon the risk of this insurance, and a sufficient recompense for the trouble of employing the stock. But the proportion between interest and clear profit might not be the same in countries where the ordinary rate of profit was either a good deal lower, or a good deal higher.</u>① If it were a good deal lower, one half of it perhaps could not be afforded for interest; and more might be afforded if it were a good deal higher.

息率与实赢为比例，而此比例之率，又与赢之厚薄为消长。英贾常法，以倍息之赢为平赢②。假如赀赍为母，实赢之率岁百得十，中去息利五分，其他五分即为经营者之所得，以酬其服贾之勤与其役财之冒险。<u>顾此之为率，亦视其地通行赢率或过或不及之何如</u>。使甚不及，则息家不必得半，抑或甚过，所以酬息者固可从而多也。

I.9.23

In countries which are fast advancing to riches, the low rate of profit may, in the price of many commodities, compensate the high wages of labour, and

---

① 此处英文对应的中译文为"顾此之为率，亦视其地通行赢率或过或不及之何如"。译文略有缩减，数字有变动。比较杨敬年（2001/2006：124）译文："在普通净利润率为8%或10%的国家，当业务系用借款进行时，用利润的一半充当利息可能是合理的。资本的风险由借款人承担，他似乎是向贷款人就资本保险；而在大部分的行业中，4%或5%既是冒承担这种保险所谓风险的充足利润，又是运用这种资本的麻烦的充足补偿。但在普通利润率低许多或高出许多的国家，利息与净利润的比率可能就不一样。"

② 平赢 good, moderate, reasonable profit, 合理之利润——原编者注。

enable those countries to sell as cheap as their less thriving neighbours, among whom the wages of labour may be lower.

【I.9.23】国日富则赢减而庸增,庸增则货价宜日腾,然以赢减之故,而货价尚可以无腾,而以与他所庸贱者之所出,竞为售也。从来商贾制造之家,皆谓物产之所以腾踊难销,由于庸长母多之故,此有见于人无见于己之说也。

I.9.24

In reality high profits tend much more to raise the price of work than high wages. If in the linen manufacture, for example, the wages of the different working people; the flax-dressers, the spinners, the weavers, etc. should, all of them, be advanced twopence a day, it would be necessary to heighten the price of a piece of linen only by a number of twopence equal to the number of people that had been employed about it, multiplied by the number of days during which they had been so employed. That part of the price of the commodity which resolved itself into wages would, through all the different stages of the manufacture, rise only in arithmetical proportion to this rise of wages. But if the profits of all the different employers of those working people should be raised five percent that part of the price of the commodity which resolved itself into profit, would, through all the different stages of the manufacture, rise in geometrical proportion to this rise of profit. The employer of the flax-dressers would in selling his flax require an additional five per cent upon the whole value of the materials and wages which he advanced to his workmen. <u>The employer of the spinners would require an additional five per cent both upon the advanced price of the flax and upon the wages of the spinners. And the employer of the weavers would require a like five per cent both upon the advanced price of the linen yarn and upon the wages of the weavers.</u> In raising the price of commodities the rise of wages operates in the same manner as simple interest does in the accumulation of debt. The rise of profit operates like compound interest. Our merchants and master-manufacturers complain much of the bad effects of high wages in raising the price, and thereby lessening the sale of their goods both at home and abroad. They say nothing concerning the bad effects of high profits. They are silent with regard to the pernicious effects of their own gains. They complain only of those of other people.

【I.9.24】平情而论，则物之贵也，由于斥母之家责赢过厚者多，而由于佣工小民责庸之优者少也。何以明之？<u>盖因庸为加，一加而已，至于责赢之厚，则货经数手，视母为子，递而求赢，后母大于前母，后赢过于前赢，子母并增，故为大也。因庸为加，加以加法者也，因赢为加，加以乘法者也。</u>① 以代数术言之，前用加减级数②者也，故其长微，后用乘除级数③者也，故其积巨。今试以竹布一货言之，假其中沤涷纺织诸工，每日之庸如增一便士，如是成货，每匹之价，所长者不过计功作加，工几人、作几日、成若干匹、每若干价，如是止耳。至于赢率之大则不然。设以值百赢五为率，<u>今增三分，使之值百赢八，则出麻之农计其成本，每百赢八而售于沤工，彼亦计其成本，值百赢八而售于涷工</u>④，如是而纺，如是而绩。始之赢者计母为率，继之赢者并子入母，逐事递增，以视彼庸，孰为重乎？譬诸称息，前者简息⑤，后者繁息⑥。故曰，物值之贵，起于增庸者微，起于增赢者巨。而商贾制造之家不以云者，利与人则分明，利归己则芒昧也。

案：自斯密氏成书以来，计学家后起者有二大例焉，其关于民

---

① 此处严复有增译，并且调整了部分内容的顺序。比较杨敬年（2001/2006：124）此段开首译文："实际上，高利润比高工资有更大的抬高产品价格的倾向。例如，如果在麻织业中，各种工人如洗麻工、纺麻工、织麻工等各种工人的工资全都每人每天提高两便士，那么一批麻布的价格必然提高的数目，只是两便士乘雇工人数再乘他们的工作日数。商品价格中归于工资的一部分，通过所有的制造阶段，只按算术级数依次提高。"
② 加减级数 arithmetical proportion，即数学级数——原编者注。
③ 乘除级数 geometrical proportion，即几何级数——原编者注。
④ 此处英文当中的 five percent（The employer of the spinners would require an additional five per cent both upon the advanced price of the flax and upon the wages of the spinners. And the employer of the weavers would require a like five per cent both upon the advanced price of the linen yarn and upon the wages of the weavers.）被严复均改译为"百赢八"，高于原英文的比率数。
⑤ 简息 simple interest，今译单利——原编者注。
⑥ 繁息 compound interest，今译复利——原编者注。又，繁息者，至于息期合息入母，谓为新母，以起息也——译者注。

生治乱之源甚巨，今译以附于此篇之末。一曰马罗达之户口蕃息例①，二曰理嘉图之田租升降例②。二家皆英人，自其论出，而计学之理益精密矣。马罗达曰：户口常法，二十年自倍，然而有不然者，食限之也。食限若何，可耕之田易尽也。夫曰可耕尽者，非田尽也，民日益庶，则必耕下则之田，其劳力费财同，而所收日寡，即田之肥硗无尽，亦必多费财力，而所收不能比例而增。且以益庶之故，壤之可耕者靡不耕，母之可益者靡不益，至于得不偿劳而止，此所谓食之限也。而生齿之浸多，往往欲过此限，过则贫且乱焉，不及则安且治焉。蕃息之例如此。理嘉图曰：当蕃息之日趋于其限也，庸赢二率，亦以日薄，独地之租率，则以日增。租之所以增者，以腴地耕尽，渐及瘠土故也。国中之民数加多，而母财日益，虽赢率稍薄，富者亦愿斥而为之。前也费千金而收百石，今也费二千金而收百五十石，则后之千金，所取偿者不外五十石已耳。且此既以千金五十石而可为，则受田者以千金五十石为率，过此之获，贡以为租，以与前人为竞。如是则往者费千金而收百石，今乃倍费而收百五十石，而其中五十石乃租税也。使彼不为，则他人为之，是通以千金收五十石也，而租率以之大进焉。凡国生齿愈繁，辟田愈下殖，量既差，名租遂异，故腴田之租日增也（田之殖量，视其壤之沃瘠一也，视其处所之转输便否二也，合之为田之殖量③）。田租升降之例如此。生事之难易，民物之盛衰，大抵此二例之行而已。顾此之专以田为说者，盖食者生事之大，举大则例其余。斯密氏生财三物，曰地、曰力、曰母财，地或曰业场。斯密氏此篇，斟酌于庸赢消长之间，其言民生所以因之为舒戚者可谓备矣，顾不兼业场而言，则犹未尽也。盖不兼业场之广狭而言之，则物产之所分，役财与出力二者，若常有相轧之势，庸厚则赢薄，赢巨则庸微，不能两利而俱存也。而有用力同用财同，在此则庸赢并劣，在彼则庸赢俱优者，无他，业场之广狭异也。今若取母财、力役、业场三者优绌之间较而论之，则民生不同，可分为四境焉。一、使其国母财富于力役，

---

① 户口蕃息例 theory of population，人口学说——原编者注。
② 田租升降例 theory of rent，地租学说——原编者注。
③ 殖量 productivity，今译生产力——原编者注。

而业场甚广，母财尚不足以尽之，如是者其庸赢并优。此美利坚之事然也。二、使其国母财富于力役，而业场狭，则其庸率大而赢率微。此凡国兵燹饥凶之余，每如此者，然以蓄息之例之行，此境不能久也。三、使其国母财不足养其力役，而亦不副其业场，则庸率至微而赢率至大。中国今日之事正如此，其在往日，印度已然，故英人得之国以巨富。四、使其国母财不足养其力役，而业场又狭，不足尽其母财，如此者则庸赢并微。五十年以前荷兰、义大里皆如此矣。此地、力、母三物不同，相互为变之略也。又，斯密氏之论世变也，分三际焉，曰进、曰退、曰中立。进者，庸赢皆大，民生日蕃。中立，则业场已尽，而庸赢皆微，其民踬困。至于退，则不独赢庸皆薄，且其民之受赢者将降而受庸，而受庸者之数亦日以寡，其民流亡，此为最下者矣。然三者之外，尚有一境焉。业场固广也，而户口、母财之进适与之齐，则庸赢不进。盖业场虽日广，而母财亦日增，国固日富也，而赢率不加大；次则业场、母财并多，而户口岁增，与之相称，如是者国亦日富也，而庸率亦进。盖庸赢之变，必三者有过不及而后形。且民情悦豫，必遇进境而然，中立则忧，退益颠沛。故使其三者俱大俱小，而无过不及之差，则所居之国虽诚日富，而其民殖财者可以幽忧，劳力者可以困殆，此又论世变者所不可不知者也。抑更有进者，以一国之计而论之，则过庶①患也，而过富②亦忧。人但知过庶之为患，不识过富之为忧者，此不知计学者也。计学家以谓母财之与力役二物之判，在于过去即今之间，民前施筋力而积其收成之实，斯为积畜，斥此以养后来之力役，则号母财。母财者，前积之力役也。故不仅现在之力役可以至于盈溢，即前积之力役亦可过于饶衍也。现在之盈溢为过庶，前积之饶衍为过富。过庶者母财不足以养工，而庸率日减；过富者业场不足以周财，而赢率日微，庸率日减，则小民凋弊，户口萧条；赢率日微，则中产耗亏，间阎愁叹。前之效病国民，后之效损国力，而其为穷蹙之象则均也。如今日西国之患，恒坐过富，母财岁进，而业场不

---

① 过庶 overpopulation，人口过剩——原编者注。
② 过富 overproduction，生产过多——原编者注。

增，故其谋国者之推广业场为第一要义。德意志并力于山左，法兰西注意于南陲，而吴楚之间则为英人之禁脔，凡皆为此一事而已。此其所以为争之情，与战国诸雄与前代苦中国之戎虏大有异处。今之日，谋人国家者。所以不可不知计学也。

Chapter X Of Wages and Profit in the Different Employments of Labour and Stock

篇十 论业异而庸赢不同之故

I.10.1

The whole of the advantages and disadvantages of the different employments of labour and stock must, in the same neighbourhood, be either perfectly equal or continually tending to equality. If in the same neighbourhood, there was any employment evidently either more or less advantageous than the rest, so many people would crowd into it in the one case, and so many would desert it in the other, that its advantages would soon return to the level of other employments. This at least would be the case in a society where things were left to follow their natural course, where there was perfect liberty, and where every man was perfectly free both to choose what occupation he thought proper, and to change it as often as he thought proper. Every man's interest would prompt him to seek the advantageous, and to shun the disadvantageous employment.①

夫苟听民之自已，而不加擢塞驱絷于其间，则一国之中，民生诸业，凡所以致其力而役其财者，将苦乐利不利相若。都邑错处，风气棣通，使一业之独腴，则民将自趋，使一业之独瘠，则民将自抑。趋之者多，则转而不腴矣，抑之者众，则俄而不瘠矣。民将各审其内外之分，而自

---

① This reasoning applies also to such protected occupations as are not further characterised by a limitation of the number of persons engaged in them. If, for example, a manufacture be protected, the competition of capitalists for the profit thus heightened soon reduces the profit obtained by each capitalist to the ordinary market rate.

为其最宜，以与其所居之群相得，不必为其上者为之焦勤也。惟为其上者为之焦勤，而后民失其自由，而业之不齐以着。故曰：民如水，自趋平。又曰：国助不如民自助。①

I.10.2

Pecuniary wages and profit, indeed, are everywhere in Europe extremely different according to the different employments of labour and stock. But this difference arises, partly from certain circumstances in the employments themselves, which, either really, or at least in the imaginations of men, make up for a small pecuniary gain in some, and counterbalance a great one in others; and partly from the policy of Europe, which nowhere leaves things at perfect liberty.

I.10.3

The particular consideration of those circumstances and of that policy will divide this Chapter into two parts.

【I.10.2】夫欧罗巴者，天下之业场也。或役财焉，或劳力焉，孜孜攫攫，其赢与庸莫有同者。此其异乌由起乎？本业殊致，喜嗜不伦，或利微而所甘，或利优而所苦，起于其业而异者，一也。国异政，乡殊俗，附离约束，不平以生，起于政令规约而异者，二也。【I.10.3】是故吾论庸赢之异也，亦可别而二之焉。一曰业品②之殊，次曰政约③之异。④

---

① 严复的增译多在段尾，起总结、强调的作用。试比较杨敬年（2001/2006：128）："每一个人的利益会促使他去寻找最有利的用途，避开最不利的用途。"
② 业品 nature of employment，职业之性质——原编者注。
③ 政约 policy，政策——原编者注。
④ 严复有少许增译，参见杨敬年（2001/2006：129）译文："为了特别考虑这些情况和这种政策，本章分为两部分。"

PART Ⅰ　Inequalities Arising from the Nature of the Employments Themselves
以下论业品之殊

Ⅰ.10.4

The five following are the principal circumstances which, so far as I have been able to observe, make up for a small pecuniary gain in some employments, and counterbalance a great one in others. First, the agreeableness or disagreeableness of the employments themselves; secondly, the easiness and cheapness, or the difficulty and expense of learning them; thirdly, the constancy or inconstancy of employment in them; fourthly, the small or great trust which must be reposed in those who exercise them; and fifthly, the probability or improbability of success in them.①

业之优绌不同，其所抑扬损益，使之平均若一者五：一曰本业之可欣可厌污洁休剧荣辱，二曰学操之甘苦廉费，三曰售业之恒不恒，四曰执业者责任之重轻，五曰所业期成之可恃不可恃。

Ⅰ.10.5

First, the wages of labour vary with the ease or hardship, the cleanliness or dirtiness, the honourableness or dishonourableness of the employment. Thus in most places, take the year round, a journeyman taylor earns less than a journeyman weaver. His work is much easier. A journeyman weaver earns less than a journeyman Smith. His work is not always easier, but it is much cleanlier. A

---

① These circumstances are really reducible to two, cost and risk ; the first, third, and fifth of Smith's conditions being relative to the element of risk, the second and fourth to that of cost. The risk may be occasional, as in the case of a collier; or continuous, as in that of dry-grinders and needle-makers. The cost too may be relative solely to the charges incurred in making the labourer competent for that in which he is engaged, or for securing the other element needed for his occupation, that of credit or trust on the part of those who purchase his labour or its products.

Chapter X Of Wages and Profit in the Different Employments of Labour and Stock

journeyman Blacksmith, though an artificer, seldom earns so much in twelve hours as a collier, who is only a labourer, does in eight. His work is not quite so dirty, is less dangerous, and is carried on in daylight, and above ground. Honour makes a great part of the reward of all honourable professions. In point of pecuniary gain, all things considered, they are generally under-recompensed, as I shall endeavour to show by and by. Disgrace has the contrary effect. The trade of a butcher is a brutal and an odious business; but it is in most places more profitable than the greater part of common trades. The most detestable of all employments, that of public executioner, is, in proportion to the quantity of work done, better paid than any common trade whatever.

所谓异生于本业之可欣可厌污洁休剧荣辱者,如当都会之地,凡缝纫之工,通一年之所得,劣于织纺之工,缝纫休而织纺剧也。织纺之工,劣于冶铸之工,织纺休而洁,冶铸剧而垢也。冶铸之工六时之所得,不及采煤者之四时,冶铸者之于采煤,事洁而不殆也。夫荣辱之分,生于人意,而其业之酬,乃以大异。荣业所得,大抵常微,鼓刀而屠,溽处也,而其业之取庸以厚。刑人之隶,通国之所憎,使非厚廪,则莫有为之者矣。

I.10.6

Hunting and fishing, the most important employments of mankind in the rude state of society, become in its advanced state their most agreeable amusements, and they pursue for pleasure what they once followed from necessity. In the advanced state of society, therefore, they are all very poor people who follow as a trade, what other people pursue as a pastime. Fishermen have been so since the time of Theocritus.① A poacher is everywhere a very poor man in Great Britain. In countries where the rigour of the law suffers no poachers, the licensed hunter is not in a much better condition. The natural taste for those employments makes more people follow them than can live comfortably by them, and the produce of their labour, in proportion to its quantity, comes always too cheap to market to afford anything but the most scanty subsistence to

---

① See Idy Ilium xxi. 1. 16.

the labourers.

畋渔之事，居犹榛之世，则生事所必资，进而文明，则为好乐游戏之娱，而倚此为业者皆穷檐矣。渔之业微，自希腊上古而已然，而英国今日之猎户例贫子。以其事之根性而易操，是故为之者众，数获入市，所得者常不足以赎其勤，而其业遂至绌矣。

I.10.7

Disagreeableness and disgrace affect the profits of stock in the same manner as the wages of labour. The keeper of an inn or tavern, who is never master of his own house, and who is exposed to the brutality of every drunkard, exercises neither a very agreeable nor a very creditable business. But there is scarce any common trade in which a small stock yields so great a profit.

此不仅使庸之数异也，赢率不均，有由此者。市酤酒肆之主人，与佣保杂作，往往为醉人所捶骂，业之烦溽者也，然而斥母少而赢得多者，一哄之市，酒垆往往称最焉。

I.10.8

Secondly, the wages of labour vary with the easiness and cheapness, or the difficulty and expence of learning the business.

I.10.9

When any expensive machine is erected, the extraordinary work to be performed by it before it is worn out, it must be expected, will replace the capital laid out upon it, with at least the ordinary profits. A man educated at the expense of much labour and time to any of those employments which require extraordinary dexterity and skill, may be compared to one of those expensive machines. The work which he learns to perform, it must be expected, over and above the usual wages of common labour, will replace to him the whole expense of his education, with at least the ordinary profits of an equally valuable capital. It must do this, too, in a reasonable time, regard being had to the very uncertain duration of human life, in the same manner as to the more certain

Chapter X Of Wages and Profit in the Different Employments of Labour and Stock

duration of the machine. ①

I.10.10

The difference between the wages of skilled labour and those of common labour, is founded upon this principle.

I.10.11

The policy of Europe considers the labour of all mechanics, artificers, and manufacturers, as skilled labour; and that of all country labourers as common labour. It seems to suppose that of the former to be of a more nice and delicate nature than that of the latter. It is so perhaps in some cases; but in the greater part is it quite otherwise, as I shall endeavour to show by and by. The laws and customs of Europe, therefore, in order to qualify any person for exercising the one species of labour, impose the necessity of an apprenticeship, though with different degrees of rigour in different places. They leave the other free and open to everybody. During the continuance of the apprenticeship, the whole labour of the apprentice belongs to his master. In the meantime he must, in many cases, be maintained by his parents or relations, and in almost all cases must be clothed by them. Some money, too, is commonly given to the master for teaching him his trade. They who cannot give money, give time, or become bound for more than the usual number of years; a consideration which, though it is not always advantageous to the master, on account of the usual idleness of apprentices, is always disadvantageous to the apprentice. In country labour, on the contrary, the labourer, while he is employed about the easier, learns the more difficult parts of his business, and his own labour maintains him through all the different stages of his employment. It is reasonable, therefore, that in

---

① This statement of Adam Smith has not been carried out by succeeding econonrists to its legitimate conclusions. It furnishes a complete condemnation of that system of taxing incomes, which levies equal rates from professional, terminable, and perpetual incomes; for it shows that such a scale of taxation takes away from profits and capital in the first two cases, from profits only in the third.

Europe the wages of mechanics, artificers, and manufacturers, should be somewhat higher than those of common labourers. They are so accordingly, and their superior gains make them in most places be considered as a superior rank of people. This superiority, however, is generally very small; the daily or weekly earnings of journeymen in the more common sorts of manufactures, such as those of plain linen and woollen cloth, computed at an average, are, in most places, very little more than the day wages of common labourers. Their employment, indeed, is more steady and uniform, and the superiority of their earnings, taking the whole year together, may be somewhat greater. It seems evidently, however, to be no greater than what is sufficient to compensate the superior expense of their education.

Ⅰ.10.12

Education in the ingenious arts and in the liberal professions, is still more tedious and expensive. The pecuniary recompense, therefore, of painters and sculptors, of lawyers and physicians, ought to be much more liberal: and it is so accordingly.

【Ⅰ.10.8】所谓异生于学操之甘苦廉费者，其事得以机器明之。【Ⅰ.10.9】制造之广，设一机器，为费甚奢，故其责偿于此机也，及其未毁，最此机之所出，必与机价相敌而尚有赢焉，夫而后其机用也。人之学为一业也，其技巧习给，必劳力需时而后能，故责偿于其业也，犹制造者之于机，课其所获，必常庸而外更有以酬前者之劳费，计母为子尚有余焉，夫而后其业可学也。且以人比机，则机之长短可豫知，<u>而人之寿夭至难测，人生一世之中，能治生者率三十余年止耳</u>，① 故其取偿又以重也。【Ⅰ.10.10】是故业有专常之别，专业受庸与常工异者，致由此耳。【Ⅰ.10.11】欧洲常法，以梓匠金玉诸作，与凡制造之家，为巧工、为专业，而田野山泽之事则为常佣。故各国律令，操前业者必自从师为学徒始，徒有徒限，宽苛之制随业不同。徒限之中，徒之力役，皆

---

① 此处有增译。参见杨敬年（2001/2006：131）段尾译文："鉴于人类生命的长度是非常不确定的，所以必须在合理的时间内办到这一点，就像在机器的比较肯定的寿命之内那样。"

Chapter X Of Wages and Profit in the Different Employments of Labour and Stock

其主若师之所全有,徒之衣食,取具于所亲,或如学子然,行束脩而后授业也。设其家贫不办此,则书券展徒限,为之佣以仇之。其所为,于徒则多损,而于其师亦未必利也。盖展限之中,多慵徒。至于农矿山林之事,则人以为不学可能,乃无为徒从师之事。今如田佣,当其受雇之时,即其学操之日,计力受庸,稍足自养。以是不同,故欧洲专业之工,饩廪皆较常佣为厚,而在编民之伍,流品亦缘是而稍高。以日庸而计之,如麻枲,如木棉,所受者以比常佣,为优盖微,而通一年为计,则以受雇之较恒,其积则比常佣多也。第其所多,每不敌其学为是业之所前费者。【Ⅰ.10.12】至于精诣之业,事资学问尤迟久而难成,则售技之糈,弥厚不伦焉,此如绘塑之工,如律师,如医士是已。

案:农矿之业不需为徒从师,特当斯密时如此,今大异矣。

Ⅰ.10.13

The profits of stock seem to be very little affected by the easiness or difficulty of learning the trade in which it is employed. All the different ways in which stock is commonly employed in great towns seem, in reality, to be almost equally easy and equally difficult to learn. One branch either of foreign or domestic trade, cannot well be a much more intricate business than another.

至于斥母立业,其赢得之上下,则未尝以学成之难易廉费论也。若专以役财治生之事而言,则诸业之难易相若,或土著之贸易,抑四国之通商,任举一涂,皆不能此繁而彼简。其为业既相似,其赢得宜略同也。故课母责赢,而优绌不由斯而起。

Ⅰ.10.14

Thirdly, the wages of labour in different occupations vary with the constancy or inconstancy of employment.

Ⅰ.10.15

Employment is much more constant in some trades than in others. In the greater part of manufacturers, a journeyman may be pretty sure of employment almost every day in the year that he is able to work. A mason or bricklayer, on the contrary, can work neither in hard frost nor in foul weather, and his employment at all other times depends upon the occasional calls of his customers. He is liable, in consequence, to be frequently without any. What he earns, therefore, while he is employed, must not only maintain him while he is idle, but make him some compensation for those anxious and desponding moments which the thought of so precarious a situation must sometimes occasion. Where the computed earnings of the greater part of manufacturers, accordingly, are nearly upon a level with the day wages of common labourers, those of masons and bricklayers are generally from one half more to double those wages. Where common labourers earn four and five shillings a week, masons and bricklayers frequently earn seven and eight; where the former earn six, the latter often earn nine and ten, and where the former earn nine and ten, as in London, the latter commonly earn fifteen and eighteen.① No species of skilled labour, however, seems more easy to learn than that of masons and bricklayers. Chairmen in London, during the summer season, are said sometimes to be employed as bricklayers. The high wages of those workmen, therefore, are not so much the recompense of their skill, as the compensation for the inconstancy of their employment.

【Ⅰ.10.14】所谓异生于售业之恒不恒者,【Ⅰ.10.15】如制造厂局之工,都会赁工之佣,当一身无疾病,皆得劳其力以受食,独至筑垣叠石之工,严霜淫雨皆可辍业,又必俟雇者之呼于其门,而后能奏其勚也。是故一年之内,坐以待雇者半之,则其受庸也,不仅资当日之养,必有以均其作辍,且务偿其望工之苦,与其不或必得之虞,此所以常佣之日

---

① The proportion is much more in favour of the bricklayer and mason at the present time. This result is no doubt due to trades-unions, which can heighten the rate of wages in such kinds of labour as are not liable to foreign competition, and which are further protected within the country itself by apprenticeships. It is in the building trades, therefore, that the system of trades-unions is most effective, and the spirit of such combinations most dominant and obstinate. The skill of a bricklayer or mason is one of the very easiest attainable. It is said that an unskilled able-bodied labour can become a skilled mason or brick layer after a fortnight's training.

Chapter X Of Wages and Profit in the Different Employments of Labour and Stock

廪，石工、圬者常加半，抑倍之矣。① 使其地常佣，七日之廪为四五先令，则斯二工必七或八，前者六七，则后者九十，前者九十，则后者十五或十八焉，此皆验之于吾英伦敦与各部之庸率者也。且此庸独大，非以他故而然也。天下易能之事，莫筑垣叠石若。伦敦凳几之匠，夏则为石工、圬者以取优，冬则执椅凳之业以补阙，知其事夫人能为也。此以知其庸之独异，起于售业之无恒，而非由他故也。

Ⅰ.10.16

A house carpenter seems to exercise rather a nicer and more ingenious trade than a mason. In most places, however, for it is not universally so, his day-wages are somewhat lower. His employment, though it depends much, does not depend so entirely upon the occasional calls of his customers; and it is not liable to be interrupted by the weather.

且徒以技巧而言，则梓人之业固比之石工、圬者胜矣，然而都市之中，梓人之受庸往往比石工圬者为逊。盖其业不以寒燠雨旸为殊，其有待于雇者之招邀，亦不若石工圬者之已甚，此其庸所以反逊也欤。

Ⅰ.10.17

When the trades which generally afford constant employment, happen in a particular place not to do so, the wages of the workmen always rise a good deal above their ordinary proportion to those of common labour. In London, almost all journeymen artificers are liable to be called upon and dismissed by their masters from day to day, and from week to week, in the same manner as day-labourers in other places. The lowest order of artificers, journeymen taylors, accordingly, earn there half a crown a-day, though eighteen pence may be reckoned the wages of common labour. In small towns and country villages, the wages of journeymen taylors frequently scarce equal those of common labour; but in London they are often many weeks without employment, particularly

---

① 汪凤藻在《富国养民策》也翻译了本段英文，可比较见本书第四章。

during the summer.①

又如，有操业者，在他所则常得僦，而独于一所不然，则其庸亦比例而大。今如伦敦之俗，凡手艺之工，主家雇之，随时可令之去，与他所之短工同，是以在伦其庸独大。常佣日十八便士者，彼则三十之。如伦敦缝纫之工，休业者常以旬计，夏日尤甚，故其事如此。此在他所，往往所得以比常庸尚微劣也。

Ⅰ.10.18

When the inconstancy of employment is combined with the hardship, disagreeableness, and dirtiness of the work, it sometimes raises the wages of the most common labour above those of the most skilful artificers. A collier working by the piece is supposed, at Newcastle, to earn commonly about double, and in many parts of Scotland, about three times the wages of common labour. His high wages arise altogether from the hardship, disagreeableness, and dirtiness of his work. His employment may, upon most occasions, be as constant as he pleases. The coal-heavers in London exercise a trade which in hardship, dirtiness, and disagreeableness, almost equals that of colliers; and from the unavoidable irregularity in the arrivals of coal-ships, the employment of the greater part of them is necessarily very inconstant. If colliers, therefore, commonly earn double and triple the wages of common labour, it ought not to seem unreasonable that coal-heavers should sometimes earn four and five times those wages. In the enquiry made into their condition a few years ago, it was found that at the rate at which they were then paid, they could earn from six to ten shillings a day. Six shillings are about four times the wages of common labour in London, and in every particular trade, the lowest common earnings may always be considered as those of the far greater number. How extravagant soever those earnings may appear, if

---

① When a sudden scarcity of labour occurs, the wages of that which was previously the cheapest labour experience the greatest rise. This fact was exhibited in the fullest manner after the Great Plague of 1348, the most instructive economical event in history. The price of female labour was doubled after that event, and ordinary labour was raised far more than that of artisans. See the Editor's History of Agricultur and Prices, vol. i. p. 269 sqq.

they were more than sufficient to compensate all the disagreeable circumstances of the business, there would soon be so great a number of competitors, as, in a trade which has no exclusive privilege, would quickly reduce them to a lower rate.

假其售业无恒，与其业之烦溽劳苦合，则可使极粗之工，售庸过于精业也。苏格兰之纽喀所①及他诸部，其中煤工业短雇者，所廪常倍或三于常佣之率，此起于烦溽劳苦者为多，而由于无恒者少。盖彼自苦之，而不愿长勤也。独至达眉河浒卸煤之佣，其烦溽劳苦，诚无以异于入山采煤者，然以煤船到步之不常，是以其业多作辍，而取庸独优，常倍或三于常佣之率。平情论之，虽至四五，不为奢也。数岁之前，吾尝亲考其事，知此种佣民其所受者，常日六先令至十先令不等。但以六先令言，则于常庸已四倍矣，常庸日十八便士者也。此其庸虽骤视为甚优，究则佣市供求相剂之自为，而非人之所能设也。使此率为优，不止偿其烦苦与无恒，将来者日多，其庸自然减矣，乌得壅以为厚利耶？

I.10.19

The constancy or inconstancy of employment cannot affect the ordinary profits of stock in any particular trade. Whether the stock is or is not constantly employed depends, not upon the trade, but the trader.

至于母财赢率之进退，未尝以售业之恒否为差。盖母财之行滞在人，而于业固无与也。

I.10.20

Fourthly, the wages of labour vary accordingly to the small or great trust which must be reposed in the workmen.

I.10.21

The wages of goldsmiths and jewellers are everywhere superior to those of many other workmen, not only of equal, but of much superior ingenuity; on account of the precious materials with which they are intrusted.

---

① 纽喀所 Newcastle，英格兰诺森伯兰（Northumberland）之郡治——原编者注。

【Ⅰ.10.20】所谓异生于执业者责任之重轻者。【Ⅰ.10.21】如冶铸黄金之匠,琢磨玉石之工,虽精巧不必过他工,且有时而逊之,顾其计日受庸常比他巧匠过者,无他,为付托之重而已。

Ⅰ.10.22

We trust our health to the physician: our fortune and sometimes our life and reputation to the lawyer and attorney. Such confidence could not safely be reposed in people of a very mean or low condition. Their reward must be such, therefore, as may give them that rank in the society which so important a trust requires. The long time and the great expense which must be laid out in their education, when combined with this circumstance, necessarily enhance still further the price of their labour.

故医疗之工,病者性命精力之所托也,律例之师,讼者身名财产之所托也,其所托之重如此,此不可以付诸卑贱人甚明,故其得糈责酬之厚,必使若人有以自尊其流品。<u>流品尊而后廉节重,节廉重而后有以重托而不惊,必然之理也</u>。① 况之二者业,事资学问,学操綦难,二因既合,而<u>医士律师</u>之庸,其非常工所敢望者矣。

Ⅰ.10.23

When a person employs only his own stock in trade, there is no trust; and the credit which he may get from other people, depends, not upon the nature of his trade, but upon their opinion of his fortune, probity, and prudence. ② The

---

① 严复增译"流品尊而后廉节重,节廉重而后有以重托而不惊,必然之理也",强调工资按照所负责任的大小而有差别。试比较杨敬年(2001/2006:135)译文:"我们把自己的健康付托给医生,把自己的财富有时还把自己的名誉和生命付托给律师和事务律师。这种责任不能随便付托给一个非常平庸或地位卑微的人。因此,他们的报酬必须给予他们以社会上应有的地位,与这样一种重要的责任相称。他们在接受教育时必须付出长久的时间和巨大的费用,同上述情况结合在一起,必然使他们劳动的价格更加提高。"

② This credit, constituting, "good-will" or "connexion" is an exceedingly important element in a trader's business. It does not, as Smith says, increase his profit, unless indeed the trust is of a very exceptional character, but it enlarges his market almost indefinitely. And as commercial morality is, unfortunately, a marketable quality, so skill in interpreting the turns of the market, intelligence in purchasing and selling, and similar intellectual qualities, go far towards determining the differences between profits in different trades.

Chapter X Of Wages and Profit in the Different Employments of Labour and Stock

different rates of profit, therefore, in the different branches of trade, cannot arise from the different degrees of trust reposed in the traders.

至于赢利之不同,又未尝有待于此矣。人役己财以治生,则无所谓付托者,而其人为市廛所信否,又不在业也,视其人之财产、声誉、才具,于时人意中为何如。是故业异而赢率不同,势不能起于付托之重轻也。

I.10.24

Fifthly, the wages of labour in different employments vary according to the probability or improbability of success in them.

I.10.25

The probability that any particular person shall ever be qualified for the employment to which he is educated, is very different in different occupations. In the greatest part of mechanic trades, success is almost certain; but very uncertain in the liberal professions. Put your son apprentice to a shoemaker, there is little doubt of his learning to make a pair of shoes; but send him to study the law, it is at least twenty to one if ever he makes such proficiency as will enable him to live by the business. In a perfectly fair lottery, those who draw the prizes ought to gain all that is lost by those who draw the blanks. In a profession where twenty fail for one that succeeds, that one ought to gain all that should have been gained by the unsuccessful twenty. The counsellor-at-law who, perhaps, at near forty years of age, begins to make something by his profession, ought to receive the retribution, not only of his own so tedious and expensive education, but of that of more than twenty others who are never likely to make anything by it. How extravagant soever the fees of counsellors-at-law may sometimes appear, their real retribution is never equal to this. Compute in any particular place, what is likely to be annually gained, and what is likely to be annually spent, by all the different workmen in any common trade, such as that of shoemakers or weavers, and you will find that the former sum will generally exceed the latter. But make the same computation with regard to all the counsellors and students of law, in all the different Inns of Court, and you will find that their annual gains bear but a very small proportion to their annual expense, even though you rate the former as high, and the latter as low, as can well be done. The lottery of the law, therefore, is very far from being a perfectly fair lottery; and that, as well as many other liberal and honourable professions, are, in point of pecuniary gain, evidently under-recompenced.

【Ⅰ.10.24】所谓异生于所业期成之可恃不可恃者。【Ⅰ.10.25】一群之中，民各有业，皆童而习之，然而成否之数，业之为异至多。大抵劳力粗下之业，几夫人可成，而劳心名贵之业，则成否至无定也。生子而使之业为履，其长而食于是业也，若操券焉。生子而使之业为律师，则其长而食于是业也，二十得一而已。故其事如占阄焉①，二十人共为阄，十九失而一得。则此一得者，收十九之所失者而独享之，至公之道也。夫人业为律，稽古而诹今，年几四十矣，而后收其报。世但知其糈厚也，而不知勤一世而不得糈者，外有十九人焉。且合而计之，彼一人之所收，终不敌此十九人之所费。今使取一邑劳力之业，如为屦者、织屩者，总其同业之所费，与其同业之所收，则所收之财常逾其所费者。至于业律之家，则最馆署诸公之所得，常不敌其同业所岁耗者，断可识矣。故其事不能如占阄之公，得与失常相敌也。律之为业固然矣，而他劳心之业仿此，食于其群虽若甚优，而其责则得不偿失也。

Ⅰ.10.26

Those professions keep their level, however, with other occupations; and, notwithstanding these discouragements, all the most generous and liberal spirits are eager to crowd into them. Two different causes contribute to recommend them. Firstly, the desire of the reputation which attends upon superior excellence in any of them; and, secondly, the natural confidence which every man has more or less, not only in his own abilities, but in his own good fortune.

其业之得不偿劳如此，然而一国之秀民尚争趋而劝为之者，有二故焉。天下惟名可以胜利，业精则名品贵，举为名高，一也；人之自诒常

---

① 占阄 lottery——原编者注。

过其实，侥幸情胜，以为必成，二也。

I.10.27

To excel in any profession, in which but few arrive at mediocrity, it is the most decisive mark of what is called genius or superior talents. The public admiration which attends upon such distinguished abilities, makes always a part of their reward; a greater or smaller in proportion as it is higher or lower in degree. It makes a considerable part of that reward in the profession of physic; a still greater perhaps in that of law; in poetry and philosophy it makes almost the whole.

夫与众共修一业，不企其中平而不能，而我乃能为其至者，此所谓豪杰颖异者矣。故乐为劳心名贵之业者，其所收不仅在厚利也，其半亦为名高。而名之上下，亦与其能之上下相副，名即为其所取偿者矣。此在医业已然，律业或过，至于学为文词、名理、格致之学者，几于皆名而无所利矣。

I.10.28

There are some very agreeable and beautiful talents of which the possession commands a certain sort of admiration; but of which the exercise for the sake of gain is considered, whether from reason or prejudice, as a sort of public prostitution. The pecuniary recompense, therefore, of those who exercise them in this manner, must be sufficient, not only to pay for the time, labour, and expense of acquiring the talents, but for the discredit which attends the employment of them as the means of subsistence. The exorbitant rewards of players, opera-singers, opera-dancers, etc. are founded upon those two principles; the rarity and beauty of the talents, and the discredit of employing them in this manner. It seems absurd at first sight that we should despise their persons, and yet reward their talents with the most profuse liberality. While we do the one, however, we must of necessity do the other. Should the public opinion or prejudice ever alter with regard to such occupations, their pecuniary recompense would quickly diminish. More people would apply to them, and the competition would quickly reduce the price of their labour. Such talents, though far from being common, are by no means so rare as is imagined. Many people possess them in great perfection, who disdain to make this use of them; and many more are capable of acquiring them, if any thing could be made honourably by them.

【Ⅰ.10.28】度越曹偶，魁伦冠能，人情之所歆羡者也。独至用此以弋利干禄，则人情或以为污。惟人情以为污，故其所得不仅取偿其前学之劳费，必且有以酬其业处之污。今夫俳优歌舞，当不求利，皆为名流，及其自售，风斯下矣。其索赖也，常若丘山。何则？能独而处污故也。不知者疑其流品之下而索赖之优，不悟其索赖之所以优，乃即在流品之下之故。今使人情忽变，而不以衒技自鬻为污，则其业之流品升，而乐为其事者将众。众斯竞，竞斯微，其利入不能如是之厚矣。且俳优歌舞者，固有待于天资，然不必如是之罕遇。世固有独具精能而耻以牟利者，使其业不为世所鄙夷，则所谓度越曹偶者，固不必如是之寥寥也。

Ⅰ.10.29

The over-weening conceit which the greater part of men have of their own abilities, is an ancient evil remarked by the philosophers and moralists of all ages. Their absurd presumption in their own good fortune, has been less taken notice of. It is, however, if possible, still more universal. There is no man living, who, when in tolerable health and spirits, has not some share of it. The chance of gain is by every man more or less overvalued, and the chance of loss is by most men undervalued, and by scarce any man, who is in tolerable health and spirits, valued more than it is worth.

Ⅰ.10.30

That the chance of gain is naturally overvalued, we may learn from the universal success of lotteries. The world neither ever saw, nor ever will see, a perfectly fair lottery; or one in which the whole gain compensated the whole loss; because the undertaker could make nothing by it. In the state lotteries the tickets are really not worth the price which is paid by the original subscribers, and yet commonly sell in the market for twenty, thirty, and sometimes forty per cent advance. The vain hope of gaining some of the great prizes is the sole cause of this demand. The soberest people scarce look upon it as a folly to pay a small sum for the chance of gaining ten or twenty thousand pounds; though they know that even that small sum is perhaps twenty or thirty per cent more than the chance is worth. In a lottery in which no prize exceeded twenty pounds, though in other respects it approached much nearer to a perfectly fair one than the common state lotteries, there would not be the same demand for tickets. In order to have a better chance for some of the great prizes, some people purchase several tickets, and others, small shares in a still greater number. There is not, however, a more certain proposition in mathematics, than that the more tickets you adventure upon, the more likely you are to be a loser. Adventure upon all the tickets in the lottery, and you lose for certain; and the greater the number of your tickets the nearer you approach to this certainty.

I . 10. 31

That the chance of loss is frequently undervalued, and scarce ever valued more than it is worth, we may learn from the very moderate profit of insurers. In order to make insurance, either from fire or sea-risk, a trade at all, the common premium must be sufficient to compensate the common losses, to pay the expense of management, and to afford such a profit as might have been drawn from an equal capital employed in any common trade. The person who pays no more than this, evidently pays no more than the real value of the risk, or the lowest price at which he can reasonably expect to insure it. But though many people have made a little money by insurance, very few have made a great fortune; and from this consideration alone, it seems evident enough, that the ordinary balance of profit and loss is not more advantageous in this, than in other common trades by which so many people make fortunes. Moderate, however, as the premium of insurance commonly is, many people despise the risk too much to care to pay it. Taking the whole kingdom at an average, nineteen houses in twenty, or rather, perhaps, ninety-nine in a hundred, are not insured from fire. Sea risk is more alarming to the greater part of people, and the proportion of ships insured to those not insured is much greater. Many fail, however, at all seasons, and even in time of war, without any insurance. This may sometimes, perhaps, be done without any imprudence. When a great company, or even a great merchant, has twenty or thirty ships at sea, they may, as it were, insure one another. The premium saved upon them all may more than compensate such losses as they are likely to meet with in the common course of chances. The neglect of insurance upon shipping, however, in the same manner as upon houses, is, in most cases, the effect of no such nice calculation, but of mere thoughtless rashness and presumptuous contempt of the risk.

【Ⅰ.10.29】至自诡过实，而每怀侥幸，尤为人情之至常，其求事自试，常过于其才之所克肩者。古之知人情者，言之详且尽矣。① 独至幸成讳败之心，则尚未深发其覆也，世之倾覆颠沛，坐此者至多。盖常人方血气之未衰，其计事也，往往于成得之数，自与则甚多，于败亡之数，自仞则甚少。【Ⅰ.10.30】此其心之用事，观于阄博②、保险二事而可知。今夫阄博者，天下奸利之一也，而售此者所在致富。盖人所争趋，彼之所收必大溢于其所与，此其所以利也。使为公道，而收于与平，其事将废。故每阄之真值，十常赋其二三，以至于四者有之，其事之不公不廉如是。然而人方争购之者，侥幸之心胜，常自诡于可得也。执数金之资，而规万亿之获，虽有智者未尝以为诞也。且也其标愈大，其得之数愈微，而人愈乐趋之，使其标小而得之数多，则相顾而不屑，甚则以求得之殷而多购之。不知数学之理，购阄弥多，其去得弥远，设其尽购，则百失无一得者矣。其自与于成得者过，未尝考之以数，而求其实也。【Ⅰ.10.31】若夫人情之讳败而过，则保险③者，其事与阄博相反，其得利亦与之背驰者也。保险亦数术之一事。今使其业能存，而斯民之室家舟车免夫水火之厄。则通所收保险之费，不仅有以偿祸败之常率，将必有余饶，以为治其事者之俸养，与夫一切之经费，夫而后事可久也。故

---

① 严复译为"古之知人情者，言之详且尽矣"。"philosophers"在《原富》一书中译为"格致家"。
② 阄博 lottery——原编者注。又，俗呼彩票——译者注。
③ 保险 insurance——原编者注。

Chapter X Of Wages and Profit in the Different Employments of Labour and Stock

使保险者之所收无过乎此数，则人之所出，与其所保者正相抵而无赢，天下至公之业也。乃今观之，则业此者虽有微赢，未尝以富。即此为论，知其业之不盛。而其业之所以不盛，以人乐铤走，而预为善败之计者希也。今者合一国而言之，则以屋庐保火险者，百不过一二焉。至于舟行之险，以祸灾之可畏，保者较多。然即至战争之顷，风飓之时，空行不保之舟，尚至众也。或谓巨商之家连樯接舳，<u>多者数十百艘</u>①，势已自相为保，节其保费，足救祸灾，故其不为，尚非失计，独船少之商，不保者乃为愚耳。然其所为，未必生于计数，大抵事不经心，而以天幸为可常已耳。

  案：此言自斯密氏时如此耳，至今日，则保险之业大旺，而阇博稍稍衰。独吾中国商诸步，其民情乃与此合。吕宋阇票，售于吾国者最多，较而论之，足以觇民智之高下进退矣。

I.10.32

The contempt of risk and the presumptuous hope of success, are in no period of life more active than at the age at which young people chose their professions. How little the fear of misfortune is then capable of balancing the hope of good luck, appears still more evidently in the readiness of the common people to enlist as soldiers, or to go to sea, than in the eagerness of those of better fashion to enter into what are called the liberal professions.

I.10.33

What a common soldier may lose is obvious enough. Without regarding the danger, however, young volunteers never enlist so readily as at the beginning of a new war; and though they have scarce any chance of preferment, they figure to themselves, in their youthful fancies, a thousand occasions of acquiring honour and distinction which never occur. These romantic hopes make the whole

---

  ① 此处与原英文中提到的海上贸易船只数量（has twenty or thirty ships at sea）有差异。

price of their blood. Their pay is less than that of common labourers, and, in actual service, their fatigues are much greater.

I.10.34

The lottery of the sea is not altogether so disadvantageous as that of the army. The son of a creditable labourer or artificer may frequently go to sea with his father's consent; but if he enlists as a soldier, it is always without it. Other people see some chance of his making something by the one trade: Nobody but himself sees any of his making anything by the other. The great admiral is less the object of public admiration than the great general, and the highest success in the sea service promises a less brilliant fortune and reputation than equal success in the land. The same difference runs through all the inferior degrees of preferment in both. By the rules of precedency a captain in the navy ranks with a colonel in the army; but he does not rank with him in the common estimation. As the great prizes in the lottery are less, the smaller ones must be more numerous. Common sailors, therefore, more frequently get some fortune and preferment than common soldiers; and the hope of those prizes is what principally recommends the trade. Though their skill and dexterity are much superior to that of almost any artificers; and though their whole life is one continual scene of hardship and danger; yet for all this dexterity and skill, for all those hardships and dangers, while they remain in the condition of common sailors, they receive scarce any other recompence but the pleasure of exercising the one and of surmounting the other. Their wages are not greater than those of common labourers at the port which regulates the rate of seamen's wages. As they are continually going from port to port, the monthly pay of those who sail from all the different ports of Great Britain, is more nearly upon a level than that of any other workmen in those different places; and the rate of the port to and from which the greatest number sail, that is, the port of London, regulates that of all the rest. At London, the wages of the greater part of the different classes of workmen are about double those of the same classes at Edinburgh. But the sailors who sail from the port of London, seldom earn above three or four shillings

Chapter X Of Wages and Profit in the Different Employments of Labour and Stock

a month more than those who sail from the port of Leith, and the difference is frequently not so great. In time of peace, and in the merchant-service, the London price is from a guinea to about seven-and-twenty shillings the calendar month. A common labourer in London, at the rate of nine or ten shillings a week, may earn in the calendar month from forty to five-and-forty shillings. The sailor, indeed, over and above his pay, is supplied with provisions. Their value, however, may not perhaps always exceed the difference between his pay and that of the common labourer; and though it sometimes should, the excess will not be clear gain to the sailor, because he cannot share it with his wife and family, whom he must maintain out of his wages at home.

【Ⅰ.10.32】人之择术，多在弱冠之年，而轻蹈险巇、自诡必济之情，此时为甚，其择术多疏而终受其敝者，固其所矣。常人虑难之情，常不敌其幸成之意，观于从军少年，与行海新贾，尤可见也。【Ⅰ.10.33】锋锐奋发，义不留挠，不屑恒静宽闲之业，而憙傥来难冀之功名。编伍从军，英制用召募不由征赋，月粮微薄，殆劣常佣，而艰险劳勤不翅倍之，<u>乃每当战事新起之秋，凫藻鹜趋，争求入伍。虽其人材力了不异人，皆盛气高步，若时事方殷，封侯食肉，俯拾地芥也者，虽以此横尸疆场，不暇计也</u>。① 【Ⅰ.10.34】至于浮海之业，以比从军，固不若是之失多而得少，故少年浮海，多禀其父命以来。至于从军，未尝如是。然而少年人尤乐从军，从陆军又过于从海军。盖海之提督，其为俗所歆羡不及陆之将军，海战而胜，其所收之名利，亦不若胜于陆者之优隆。海之甲必丹②，虽例得与陆之喀纳乐③比肩，而世俗之情终轻彼而轩此。此其事如阛博然，大标少则小标多，陆军多大标，故所欲甚难得，海军多小标，故其愿稍易偿。若由此而论之，彼择业于斯二者之间，当

---

① 严复增译了军事战争危险的描述，进一步强调士兵的报酬低微。试比较杨敬年（2001/2006：139）本段译文："一个普通士兵可能丧失的是什么，这是十分明显的。可是，青年志愿者不顾危险，在一场新战争开始时报名十分踊跃；尽管升迁的机会渺茫，他们在自己的青年幻梦中却描绘出千百种获得荣誉和声名的机会，而这种机会是决不会出现的。这种空虚的希望就是他们的热血的全部价格。他们的报酬不及普通劳动者的报酬，而在实际服务中他们的辛劳却要大得多。"
② 甲必丹 captain，船长——原编者注。
③ 喀纳乐 colonel，陆军上校——原编者注。

亦知所从事矣。虽然，浮海之优于从军亦仅耳。海军之兵，其技击趫捷，悉优于城市之佣作，且毕生所为，皆勤劬危殆之烈。课所为酬，羔无所获，不过逞其贾勇喜事之雄心，与履险如夷之可乐耳。其月所廪给，与近地之常佣无以远过。舟所出入地多，故不如地着之佣，势常以地为隔而畸有重轻，大抵常以聚船最多之步之庸率为之。伦敦常佣，月之所获倍于额丁白拉，而英之水手比之于苏之水手，多者不外月三四先令止耳。平时伦敦商船水手月二十一先令至二十七先令不等，而常之率乃四十至四十五先令，其不同而劣如此。虽水手月廪之外尚有膳食，然所廪者不足以敌其差，即或过之，犹无益耳，舟中之饩赐，固不能与妻孥共享之也。

I.10.35

The dangers and hair-breadth escapes of a life of adventures, instead of disheartening young people, seem frequently to recommend a trade to them. A tender mother, among the inferior ranks of people, is often afraid to send her son to school at a sea-port town, lest the sight of the ships, and the conversation and adventures of the sailors, should entice him to go to sea. The distant prospect of hazards, from which we can hope to extricate ourselves by courage and address, is not disagreeable to us, and does not raise the wages of labour in any employment. It is otherwise with those in which courage and address can be of no avail. In trades which are known to be very unwholesome, the wages of labour are always remarkably high. Unwholesomeness is a species of disagreeableness, and its effects upon the wages of labour are to be ranked under that general head.

故危殆艰险者，非豪壮少年之所惧，往往缘其如是，喜功好名之子转劝为之。是故贫母之慈子也，遣儿学书计，避海滨之学馆，恐其濡染歆羡而乐远游也。夫血气方刚之人，乐蹈危机如此，故海舶虽有风波之险，不足以优水手之庸也。择事而欲庸优，必辛苦而其事烦溽，不利养生，或损神而常致疾而后如此，此既已前论之矣。

Chapter X Of Wages and Profit in the Different Employments of Labour and Stock

案：不惮艰险而乐从军走海上者，欧洲之民大抵如此，而图敦①、日耳曼之种尤然。此其风气，与中国所甚异而绝不同者也。欧罗巴能雄视五洲以此，支那常恐为其所逼醋而终不足自存者，其端亦在此。观于斯密之论，斥为卤莽之愚，可以知其根于性习者至深，而非由乐道而夸大之者矣。呜呼！用诗书礼乐之教，奖柔良谨畏之民，期于长治久安也，而末流之弊，乃几不能自存，此岂立治扰民者之所前知者耶！

Ⅰ.10.36

In all the different employments of stock, the ordinary rate of profit varies more or less with the certainty or uncertainty of the returns. These are, in general, less uncertain in the inland than in the foreign trade, and in some branches of foreign trade than in others; in the trade to North America, for example, than in that to Jamaica. The ordinary rate of profit always rises more or less with the risk. It does not, however, seem to rise in proportion to it, or so as to compensate it completely. Bankruptcies are most frequent in the most hazardous trades. The most hazardous of all trades, that of a smuggler, though, when the adventure succeeds, it is likewise the most profitable, is the infallible road to bankruptcy. The presumptuous hope of success seems to act here as upon all other occasions, and to entice so many adventurers into those hazardous trades, that their competition reduces the profit below what is sufficient to compensate the risk. To compensate it completely, the common returns ought, over and above the ordinary profits of stock, not only to make up for all occasional losses, but to afford a surplus profit to the adventurers, of the same nature with the profit of insurers. But if the common returns were sufficient for all this, bankruptcies would not be more frequent in these than in other trades.

至于赢率，亦以所业成济之难易为差。内贾收利，可必之数过于外商。且同外商也，利之必收与否，又以地而异。北美之商业，责事课赢，

---

① 图敦，即条顿民族——原编者注。

比其南岛雅墨嘉①之经营为稳固矣。是故赢得之厚薄，与其业之危否，若正比例。事愈无定，则偶赢之为数愈多，第通而计之，则得也常不如其失，此旦作夕傤倒荒商业之所以滋也。贪得情炽，讳败幸成，而计失之数不精，且人俱慕膻，骛之者多，故其利遂减。偷漏征税，阑出阑入边关者，奸利而至难恃者也。使天幸可常，则朝暮可以致巨富，然而仆者何多也？无他，得失之数既不相弥，通而核之反比他业之常赢为绌，虽间有厚利，其业终不足以久长矣。

Ⅰ.10.37

Of the five circumstances, therefore, which vary the wages of labour, two only affect the profits of stock; the agreeableness or disagreeableness of the business, and the risk or security with which it is attended. In point of agreeableness or disagreeableness, there is little or no difference in the far greater part of the different employments of stock; but a great deal in those of labour; and the ordinary profit of stock, though it rises with the risk, does not always seem to rise in proportion to it. It should follow from all this, that, in the same society or neighbourhood, the average and ordinary rates of profit in the different employments of stock should be more nearly upon a level than the pecuniary wages of the different sorts of labour. They are so accordingly. The difference between the earnings of a common labourer and those of a well employed lawyer or physician, is evidently much greater than that between the ordinary profits in any two different branches of trade. The apparent difference, besides, in the profits of different trades, is generally a deception arising from our not always distinguishing what ought to be considered as wages, from what ought to be considered as profit.

业品互殊，庸之参差者五，而所以致赢率之异，仅有二焉：曰本业之可厌可欣，曰期成之有难有易。然自其前而论，则其例之行甚狭，赢以之异者少，赢之从同者多。自其后而言，则暂得虽饶，通而课之，其得终不偿失也。是故合五事而观之，一乡一国之中，虽劳力役财，业之

---

① 雅墨嘉 Jameica，西印度群岛之一，都会曰京斯敦（Kingston）——原编者注。

分殊至众，究之庸之为异或悬，赢之为异不相远也。以理拟之如此，以事核之亦然。扫除之隶，所廪至微，医士律师，常收厚糈，才地既悬，则其庸不可同日而语矣。至商贾之废居殖货，赢得之率，质论皆同，即有时两家赢利有若相悬，实则吾人观物不审，往往混庸赢而一之，非真赢也。

I.10.38

Apothecaries' profit is become a bye-word, denoting something uncommonly extravagant. This great apparent profit, however, is frequently no more than the reasonable wages of labour. The skill of an apothecary is a much nicer and more delicate matter than that of any artificer whatever; and the trust which is reposed in him is of much greater importance. He is the physician of the poor in all cases, and of the rich when the distress or danger is not very great. His reward, therefore, ought to be suitable to his skill and his trust, and it arises generally from the price at which he sells his drugs. But the whole drugs which the best employed apothecary in a large market-town, will sell in a year, may not perhaps cost him above thirty or forty pounds. Though he should sell them, therefore, for three or four hundred, or at a thousand per cent profit, this may frequently be no more than the reasonable wages of his labour, charged, in the only way in which he can charge them, upon the price of his drugs. The greater part of the apparent profit is real wages disguised in the garb of profit.

市之卖药者，其赢得之不伦，殆为市廛之口实，虽然，此赢也其实庸也。其别验制合之务精，过于常工者不待论，即其责任之重，去为医者特一间耳。贫者之疾，无论重轻，所求诊者不离药肆，富人微恙，亦于是乎咨之。以前者之第二、第四例言之，彼之取庸，固宜甚厚，而厚庸之所由取，固以名药为最便也。故其药当市所售，上者岁不逾三四十镑之值，使其利不相十，或以一而赢五，则其庸匪所出，而莫有为之者矣。故曰卖药之奇赢，合庸而后大也。

I.10.39

In a small sea-port town, a little grocer will make forty or fifty per cent upon a stock of a single hundred pounds, while a considerable wholesale merchant in the same place will scarce make eight or ten per cent. upon a stock of ten thousand. The trade of the grocer may be necessary for the conveniency of the inhabitants, and the narrowness of the market may not admit the employment of a larger capital in the business. The man, however, must not only live by his trade, but live by it suitably to the qualifications which it requires. Besides possessing a little capital, he must be able to read, write, and account and must be a tolerable judge, too, of perhaps fifty or sixty different sorts of goods, their prices, qualities, and the markets where they are to be had cheapest. He must have all the knowledge, in short, that is necessary for a great merchant, which nothing hinders him from becoming but the want of a sufficient capital. Thirty or forty pounds a year cannot be considered as too great a recompence for the labour of a person so accomplished. Deduct this from the seemingly great profits of his capital, and little more will remain, perhaps, than the ordinary profits of stock. The greater part of the apparent profit is, in this case too, real wages. ①

又有时生业甚微，赢得至厚，析以为论，其事同兹。今如海陬小集之中，有取生事之所常需，杂储为肆，此所谓坐列稗贩者也。稗贩之赢十当五六，其斥母不逾数十金，而驵贾动斥万金之资以治生逐利者，至多值百赢十止耳。此其故又可得而言也。其所持之物，大较皆居民所必需，又以市场之褊小，势不足容绝大之母财，此虽稗贩，然既已为之，则不容他骛，故其业必有以赡其生。又，其能必与其业相副，具母矣。必通翰札，解会计，能别数十百物之贵贱良窳，与其地产之所从来，而后有以入廉而出多，而获倍称之息。此其能事，实则与大贾相若，所不同者，直拥资少耳。若此人之庸钱，虽岁数十镑不为侈也。今于其赢得之中，取此数十镑以为庸，则其所谓赢者，去常率固不远矣。故此与前事，其为异者皆庸，至于言赢，固不能大异于常率也。

I.10.40

The difference between the apparent profit of the retail and that of the

---

① This passage seems to be much more in accordance with a logical analysis of the relations in which profit, wages, and rent stand to production than that in p. 50, above.

Chapter X Of Wages and Profit in the Different Employments of Labour and Stock

wholesale trade, is much less in the capital than in small towns and country villages. Where ten thousand pounds can be employed in the grocery trade, the wages of the grocer's labour must be a very trifling addition to the real profits of so great a stock. The apparent profits of the wealthy retailer, therefore, are there more nearly upon a level with those of the wholesale merchant. It is upon this account that goods sold by retail are generally as cheap, and frequently much cheaper, in the capital than in small towns and country villages. Grocery goods, for example, are generally much cheaper; butchers' meat frequently as cheap. It costs no more to bring grocery goods to the great town than to the country village; but it costs a great deal more to bring corn and cattle, as the greater part of them must be brought from a much greater distance. The prime cost of grocery goods, therefore, being the same in both places, they are cheapest where the least profit is charged upon them. The prime cost of bread and butchers' meat is greater in the great town than in the country village; and though the profit is less, therefore they are not always cheaper there, but often equally cheap. In such articles as bread and butchers' meat, the same cause which diminishes apparent profit, increases prime cost. The extent of the market, by giving employment to greater stocks, diminishes apparent profit; but by requiring supplies from a greater distance, it increases prime cost. This diminution of the one and increase of the other, seem, in most cases, nearly to counterbalance one another; which is probably the reason that, though the prices of corn and cattle are commonly very different in different parts of the kingdom, those of bread and butchers' meat are generally very nearly the same through the greater part of it. ①

斥母财以求艺利，则驵商之赢率劣，而稗贩之赢率优。而二者之优劣，在都会其差少，在乡鄙其差多。其大较也，假如前喻，使其人之具

---

① The equalisation of town and country prices has been powerfully induced by the extension of railway communication, and other improved means of transit. Under existing circumstances the balance is rather in favour of the towns, where there is a more regular market, and more convenient methods of collecting and distributing produce. Hence the enormous rise in the rents of shops situated in convenient thoroughfares, the tenant being unable, in the competition after profit, to appropriate the whole of the advantage of a business site to himself.

母可至于万镑之多,则执业者之庸,如巛之入大川,不可见矣。此时稗贩之所赢,其率将与驵贾相若,此其货所以乡鄙则贵,在都邑则贱也。虽然,稗贩之杂货物可以贱,至于酒肉麦谷则往往不能。盖物不出于其地,务远以致之,而本值以贵。致杂货物,都会于乡鄙之为远均也,而牛羊米麦,则都会距其所出之地远于乡鄙,远则转输之费以增。杂货物之所以贱,以都会具母之既多,酒肉麦谷之所以不能,以都会转输之较远。具母多,则庸小而价廉;转输远,则本增而价贵。二者相消长,而都会乡鄙之价乃相若矣。尝见一国之中,牛羊五谷之价随地而殊,独至觞勷脤膳,则邑野相同者,其诸二者相消长之故欤!

案:铁轨未兴则如此,至道里修,铁轨繁,则邑野之物价日趋于平也。且以城市销场之恒,百货全集之便,故继今以往,都会物价稍稍廉于乡鄙者有之。邑居之中,四通辐凑之衢,僦肆之租,什百往日,坐列者以遂利为竞之殷,往往一屋之肆,不能全而有之。皆坐铁路既兴,物价流通趋平,具母甚大,赢率甚微故耳。此西国今市之情形也。①

I.10.41

Though the profits of stock, both in the wholesale and retail trade, are generally less in the capital than in small towns and country villages, yet great fortunes are frequently acquired from small beginnings in the former, and scarce ever in the latter. In small towns and country villages, on account of the narrowness of the market, trade cannot always be extended as stock extends. In such places, therefore, though the rate of a particular person's profits may be very high, the sum or amount of them can never be very great, nor consequently that of his annual accumulation. In great towns, on the contrary, trade can be extended as stock increases, and the credit of a frugal and thriving man increases much faster than his stock. His trade is extended in proportion to the

---

① 本段案语全部翻译自罗哲斯(【I.10.40】)的脚注。

Chapter X Of Wages and Profit in the Different Employments of Labour and Stock

amount of both; and the sum or amount of his profits is in proportion to the extent of his trade, and his annual accumulation in proportion to the amount of his profits. It seldom happens, however, that great fortunes are made, even in great towns, by any one regular, established, and well-known branch of business, but in consequence of a long life of industry, frugality, and attention. Sudden fortunes, indeed, are sometimes made in such places, by what is called the trade of speculation. The speculative merchant exercises no one regular, established, or well-known branch of business. He is a corn merchant this year, and a wine merchant the next, and a sugar, tobacco, or tea merchant the year after. He enters into every trade, when he foresees that it is likely to lie more than commonly profitable, and he quits it when he foresees that its profits are likely to return to the level of other trades. His profits and losses, therefore, can bear no regular proportion to those of any one established and well-known branch of business. A bold adventurer may sometimes acquire a considerable fortune by two or three successful speculations, but is just as likely to lose one by two or three unsuccessful ones. This trade can be carried on nowhere but in great towns. It is only in places of the most extensive commerce and correspondence that the intelligence requisite for it can be had.

无论大贾零售，其赢率皆在乡鄙为优，而在都会为劣。然而营业之始微而终巨者，乃必在都会之中，乡鄙固无有也。盖市场诚小，则虽有巨母无所用之，故其业之增高继长难。以少本而求奇羡，母赢相课，其率固优，顾率优矣，而总其所获之数则未尝大也。如是，则岁进之利微。独至都会则不然，赢率平平，而宽广辐凑，故其业日以发舒。岁所有赢，辄增为母，销场日辟，母本渐恢，故赢率虽微，而最其所赢，什百曩者。以是之故，虽仅数岁之间，由稗贩零售而至巨商贾驵，可也。凡此皆业于乡鄙者所不能也。又有异者。懋迁致富，有二涂焉，一曰经业，一曰屯待。经业者，计母为赢，循修持久，忍欲纤啬，勤苦运筹，日计不足，岁计有余，渐以致富者也。屯待者，牢笼百货，屯膺待时，买贱卖贵，以规大利，顿而致富者也。故屯待①殖财者，逐时而迁，不规规于专业，

---

① 屯待 speculation，投机——原编者注。

今兹积谷，明年置酿，为饧为烟或为茶荈，时用知物，与俗上下，利进则先人而争，利退亦先人而罢，故其赢利折钱，与营经业者无所比例。其趋利也，若鸷鸟猛兽之发，或一发而致富不赀，或增击不中，而颠沛穷逋者，亦多有之。顾此非处四通毂击之区，固不可耳。盖必市场浩广，消息灵通，而后可遵其术也。

I.10.42

The five circumstances above mentioned, though they occasion considerable inequalities in the wages of labour and profits of stock, occasion none in the whole of the advantages and disadvantages, real or imaginary, of the different employments of either. The nature of those circumstances is such, that they make up for a small pecuniary gain in some, and counterbalance a great one in others.

I.10.43

In order, however, that this equality may take place in the whole of their advantages or disadvantages, three things are requisite, even where there is the most perfect freedom. First the employments must be well known and long established in the neighbourhood; secondly, they must be in their ordinary, or what may be called their natural state; and, thirdly, they must be the sole or principal employments of those who occupy them.

【I.10.42】此篇前言五事，虽为民生诸业庸赢二者所以不齐之由，实则所以益寡衰多、补不足损有余，使天下无甚苦甚甘之业者也。然必一国之中政令平均，并兼无有，择术迁地，悉听民之自由，而后其例之行可以见也。设有其壅阏鞭驱，而不令万物之自已，则其效或不然。
【I.10.43】且政宽而民自由矣，又必有三形焉，而后其例之行乃益信，外是则其效又或不尽然。何谓三形？一曰其业已旧，甘苦利害为国人所周知；二曰际其平时，而不在变动非常之境；三曰以为专业，待之资生而非旁及兼营之事。

I.10.44

First, this equality can take place only in those employments which are well known, and have been long established in the neighbourhood.

I.10.45

Where all other circumstances are equal, wages are generally higher in new than in old trades. When a projector attempts to establish a new manufacture, he must at first entice his workmen from other employments, by higher wages than they can either earn in their own trades, or than the nature of his work would otherwise require; and a considerable time must pass away before he can venture to reduce them to the common level. Manufactures for which the demand arises altogether from fashion and fancy, are continually changing, and seldom last long enough to be considered as old established manufactures. Those, on the contrary, for which the demand arises chiefly from use or necessity, are less liable to change, and the same form or fabric may continue in demand for whole centuries together. The wages of labour, therefore, are likely to be higher in manufactures of the former, than in those of the latter kind. Birmingham deals chiefly in manufactures of the former kind; Sheffield in those of the latter; and the wages of labour in those two different places are said to be suitable to this difference in the nature of their manufactures.

I.10.46

The establishment of any new manufacture, of any new branch of commerce, or of any new practice in agriculture, is always a speculation from which the projector promises himself extraordinary profits. These profits sometimes are very great, and sometimes, more frequently, perhaps, they are quite otherwise; but, in general, they bear no regular proportion to those of other old trades in the neighbourhood. If the project succeeds, they are commonly at first very high. When the trade or practice becomes thoroughly established and well known, the competition reduces them to the level of other trades.

【I.10.44】一、所以知五例之行，必其业已旧，而为人所周知者。
【I.10.45】新创之业，甘苦利害既为时俗所不谙委，人持两端，惮于趋业。于是倡其业者，必设厚庸重糈以来之，此所以新业之庸常较旧业之庸为厚。必历时甚久，而后其庸可渐减，以与他业为平。此不必民智日开之国而后有之。玩好饰观之事，朝忻夕替，变灭无常，不成为旧而已化，如绮罗之片段，器用之型模，各国如此。独至质朴之物，生事之所必资，常历数百千年而无变。是故操后业者，其庸常平，逐前事者，其庸时起。即以吾英为论，蒲明罕①一部之制造，前事之比也；薛非勒②一部之煤铁，后业之伦也。蒲之庸优，而薛之庸平，职是故耳。【Ⅰ.10.46】至于赢率之事，大抵新创之制造，新设之步头，新法之树畜，其事理皆与屯待规利者齐观。倡首之家，常自诩以无穷之美利，然事济而如愿相偿者有之，不济而败衄困穷者常数倍也。其盈虚损益，与斥母而守常业者，无比例之可言。即济矣，其始之得利至优，及其历久之余，人知其事者众，则竞者日兴，其赢利终与他业等矣。

Ⅰ.10.47

Secondly, this equality in the whole of the advantages and disadvantages of the different employments of labour and stock, can take place only in the ordinary, or what may be called the natural state of those employments.

Ⅰ.10.48

The demand for almost every different species of labour is sometimes greater and sometimes less than usual. In the one case the advantages of the employment rise above, in the other they fall below the common level. The demand for country labour is greater at hay-time and harvest, than during the greater part of the year; and wages rise with the demand. In time of war, when forty or fifty thousand sailors are forced from the merchant service into that of the king, the demand for sailors to merchant ships necessarily rises with their scarcity, and their wages upon such occasions commonly rise from a guinea and seven-and-twenty-shillings, to forty shillings and three pounds a month. In a decaying manufacture, on the contrary, many workmen, rather than quit their old trade, are contented with

---

① 薄明罕 Birmingham, 英格兰之一城——原编者注。
② 薛非勒 Sheffield, 英格兰约克郡（Yorkshire）之一城——原编者注。

smaller wages than would otherwise be suitable to the nature of their employment.

I.10.49

The profits of stock vary with the price of the commodities in which it is employed. As the price of any commodity rises above the ordinary or average rate, the profits of at least some part of the stock that is employed in bringing it to market, rise above their proper level, and as it falls they sink below it. All commodities are more or less liable to variations of price, but some are much more so than others. In all commodities which are produced by human industry, the quantity of industry annually employed is necessarily regulated by the annual demand, in such a manner that the average annual produce may, as nearly as possible, be equal to the average annual consumption. In some employments, it has already been observed, the same quantity of industry will always produce the same, or very nearly the same quantity of commodities. In the linen or woollen manufactures, for example, the same number of hands will annually work up very nearly the same quantity of linen and woollen cloth. The variations in the market price of such commodities, therefore, can arise only from some accidental variation in the demand. A public mourning raises the price of black cloth. But as the demand for most sorts of plain linen and woollen cloth is pretty uniform, so is likewise the price. But there are other employments in which the same quantity of industry will not always produce the same quantity of commodities. The same quantity of industry, for example, will, in different years, produce very different quantities of corn, wine, hops, sugar, tobacco, etc. The price of such commodities, therefore, varies not only with the variations of demand, but with the much greater and more frequent variations of quantity, and is consequently extremely fluctuating. But the profit of some of the dealers must necessarily fluctuate with the price of the commodities. The operations of the speculative merchant are principally employed about such commodities. He endeavors to buy them up when he foresees that their price is likely to rise, and to sell them when it is likely to fall.

【I.10.47】二、所以知五例之行，必际平时，而不在变动非常之境者。【Ⅰ.10.48】各业力作之市，时旺时衰，则旺过平，衰则不及平，自然之势也。今如田作，当夏耘秋获之时，求常过供，而庸随之长。战事方殷之日，水手由商船而籍海军者，率常四五万，于是求亦过供，第水手之月得二十余先令者，<u>至此皆月二三镑矣</u>。此见于业旺第所得过平者也。【Ⅰ.10.49】至于业衰，如制造疲歇之日，其中力作工匠重于徙业，宁减庸而为之。此见于业衰而所得不及平者也。若夫赢率，则自与其货价相乘除，价腾则其率过平，价跌则其率不及平，亦常道也。顾腾跌之事，货有不同，或在此易见而相去度多，或在彼难为而相差度少。大抵人为熟货，视求为供，计一市一岁之所销售而为之办致，虽不尽合，亦稍相敷，是以无腾跌甚过之事。此如英之麻枲、毡罽诸业，各厂之匠指不殊，诸市之匹段相若，乌从过乎？而于非常之市，则亦有之。如国有大丧，元缟顿贵，而平时常物则无是也。然天生之生货，与视生货而成物者，则大异此。每岁之力作同，而以天时不齐，致产大异。如粟、如酒浆、如饧、如烟叶，皆此类也。故其价不仅在供求相剂之间，而常在丰歉不齐之际，此其腾跌所以易见而为度多也。其腾跌之差既如此，则其赢率之优绌亦从之矣。是故贵庚稽物之事，常在天生生货之中，知其将歉则急收，察其将盈则尽发，操舍得则大利存焉。

Ⅰ.10.50

Thirdly, this equality in the whole of the advantages and disadvantages of the different employments of labour and stock, can take place only in such as are the sole or principal employments of those who occupy them.

Ⅰ.10.51

When a person derives his subsistence from one employment, which does not occupy the greater part of his time; in the intervals of his leisure he is often willing to work at another for less wages than would otherwise suit the nature of the employment.①

---

① People who ply any labour as a bye product of their ordinary avocation, will sell the produce of their labour at very low prices. Almost every person in Hindostan spins and weaves jute fibre into a coarse cloth called gunny. But the labour given to this product is hardly appraised in the price of the product, for jute and gunny are, weight for weight, at nearly the same price.

I.10.52

There still subsists in many parts of Scotland a set of people called Cotters or Cottagers, though they were more frequent some years ago than they are now. They are a sort of outservants of the landlords and farmers. The usual reward which they receive from their masters is a house, a small garden for pot herbs, as much grass as will feed a cow, and, perhaps, an acre or two of bad arable land. When their master has occasion for their labour, he gives them, besides, two pecks of oatmeal a week, worth about sixteen pence sterling. During a great part of the year, he has little or no occasion for their labour, and the cultivation of their own little possession is not sufficient to occupy the time which is left at their own disposal. When such occupiers were more numerous than they are at present, they are said to have been willing to give their spare time for a very small recompense to any body, and to have wrought for less wages than other labourers. In ancient times they seem to have been common all over Europe. In countries ill cultivated and worse inhabited, the greater part of landlords and farmers could not otherwise provide themselves with the extraordinary number of hands, which country labour requires at certain seasons. The daily or weekly recompense which such labourers occasionally received from their masters, was evidently not the whole price of their labour. Their small tenement made a considerable part of it. This daily or weekly recompense, however, seems to have been considered as the whole of it, by many writers who have collected the prices of labour and provisions in ancient times, and who have taken pleasures in representing both as wonderfully low.

I.10.53

The produce of such labour comes frequently cheaper to market than would otherwise be suitable to its nature. Stockings in many parts of Scotland are knit much cheaper than they can anywhere be wrought upon the loom. They are the work of servants and labourers, who derive the principal part of their subsistence from some other employment. More than a thousand pair of Shetland stockings are annually imported into Leith, of which the price is from five pence to sevenpence a pair. At Learwick, the small capital of the Shetland islands①, tenpence a day, I have been assured, is a common price of common labour. In the same islands they knit worsted stockings to the value of a guinea a pair and upwards.

Ⅰ.10.54

The spinning of linen yarn is carried on in Scotland nearly in the same way as the knitting of stockings, by servants who are chiefly hired for other purposes. They earn but a very scanty subsistence, who endeavour to get their whole livelihood by either of those trades. In most parts of Scotland, she is a good spinner who can earn twentypence a week.

【Ⅰ.10.50】三、所以知五例之行，必其专业，而非所旁及兼营者。【Ⅰ.10.51】其人治一业以资生，而不必穷年之力以为之，使当业隙而售其余力，则其责庸也常比以为专业者轻。【Ⅰ.10.52】古苏格兰之民，有所谓噶特尔斯②者，至今尚间有之。其佣于田主也，介乎长年短雇者之间。例受宅一廛，园一区，可种菜，刍几束，足饲一牸牛。外是或下瘠田十余亩，可以耕。农事殷，田主每七日更给佣雀麦二秉，值十六便士者。然而当暇日，自治分地之外犹有余，则相率为人杂佣。苟得事耳，不甚计庸率高下也，故其责庸常比他庸为廉。此在古日尤众，今者国财进，生事周，所谓噶特尔斯者稍稍尽矣。盖户口不蕃，田畴未辟，田主农头养长佣则甚费，不养则无以趋时，此法最便。故噶特尔斯所廪不可以全庸论，田牧屋居当其庸大半矣。而世之论食货者不察，常取此以谓古今庸率迥殊之证，可谓失其实矣。工廉则货贱，故如是之佣，其成货索价之微非他工所能及。【Ⅰ.10.53】苏之织袜，常比机织者尤廉，大率此曹之所产也。薛德兰③出袜岁千双，双五便士若七便士，无过者。其地庸率，率日十便士，又常纺麻，每七日勤者得二十便

---

① 此处严复有删译。
② 噶特尔斯 Cottagers——原编者注。又译言廛丁——译者注。
③ 薛德兰 Shetland，苏格兰郡名——原编者注。

Chapter X Of Wages and Profit in the Different Employments of Labour and Stock

士而止。【Ⅰ.10.54】使非旁及兼营,而以此为专业,虽欲为此贱,势不能也。

案:闻印度民常织树皮为粗布,树名优底①,布名公尼②,然优底、公尼价相若,则亦旁及之业也。

Ⅰ.10.55

In opulent countries, the market is generally so extensive, that any one trade is sufficient to employ the whole labour and stock of those who occupy it. Instances of people's living by one employment, and at the same time deriving some little advantage from another, occur chiefly in poor countries. The following instance, however, of something of the same kind is to be found in the capital of a very rich one. There is no city in Europe, I believe, in which house-rent is dearer than in London, and yet I know no capital in which a furnished apartment can be hired so cheap. Lodging is not only much cheaper in London than in Paris; it is much cheaper than in Edinburgh of the same degree of goodness; and what may seem extraordinary, the dearness of house-rent is the cause of the cheapness of lodging. The dearness of house-rent in London arises, not only from those causes which render it dear in all great capitals, the dearness of labour, the dearness of all the materials of building, which must generally be brought from a great distance, and above all the dearness of ground-rent, every landlord acting the part of a monopolist, and frequently exacting a higher rent for a single acre of bad land in a town, than can be had for a hundred of the best in the country; but it arises in part from the peculiar manners and customs of the people which oblige every master of a family to hire a whole house from top to bottom. A dwelling-house in England means every thing that is contained under the same roof. In France, Scotland, and many other parts of Eu-

---

① 优底 jute,今译黄麻——原编者注。
② 公尼 gunny cloth,粗麻布——原编者注。

rope, it frequently means no more than a single storey. A tradesman in London is obliged to hire a whole house in that part of the town where his customers live. His shop is upon the ground-floor, and he and his family sleep in the garret; and he endeavours to pay a part of his house-rent by letting the two middle storeys to lodgers. He expects to maintain his family by his trade, and not by his lodgers. Whereas, at Paris and Edinburgh, the people who let lodgings have commonly no other means of subsistence; and the price of the lodging must pay, not only the rent of the house, but the whole expense of the family.①

夫治一业矣，而佣有余力，主有余财，资以旁及兼营者，业之不广斯可见矣。故此皆贫国边鄙之事，富国通都无之。虽然，设有他故，时亦有之。都邑屋租贵者莫伦敦若，而使仅僦一二分房，家具供张办者，其廉又莫若伦敦。法之巴黎，苏之额丁白拉皆不及，其相反如此。盖分之所以廉，即在全租甚贵之故。租之贵，都会皆然。地价百倍于乡，一也；工贵，二也；材木砖石皆远致，三也。而伦敦之俗，宅之僦者，上天下地，必全而僦之，例不可以析，与巴额二都之俗异。故业贾者宅既全租矣，则以其下为肆，以最上层为家，中间二者则设供张家具，以待寓者，若逆旅然。彼之治生视其业矣，而析宅得租，则其所兼及者也，故其势可以廉。<u>此与前之噶特尔斯事异理同者也</u>。②

案：今时伦敦无此俗。又，都会租贵，自缘供少求多而以得贵租。故虽有三者为梗，而人犹为之。斯密氏言此为租贵之由，则犯名学倒果为因之例，学者不可不察。

---

① The facts alluded to by Smith are of course no longer operative, but the principle on which he argues governs similar facts. The price of the article is necessarily heightened when the demand for it is continued only for a short period or season, as at English watering-places.

② 此处有增译。

PART II Inequalities Occasioned by the Policy of Europe①
以下论政约之异

【52】案②：此半篇所指之公政私约，所以壅遏利权，使之不平不通者，今大抵皆废，不独辜榷专利。舍一二业，如医如律外，皆所不行。即所谓业联、徒限、择业、移工诸事，今亦听民自由，无为沮梗者。此可以见英国政令之日以宽大，与其国富之所由来。后主计政者，其亦如所从事矣夫！

I.10.56

Such are the inequalities in the whole of the advantages and disadvantages of the different employments of labour and stock, which the defect of any of the three requisites above mentioned must occasion, even where there is the most perfect liberty. But the policy of Europe, by not leaving things at perfect liberty, occasions other inequalities of much greater importance.

舍后三者之因缘而外，则劳力、役财者所得之不同，不出于前五事，此虽民气至伸，择术自养，一任自由，不能免矣。然其不同，生于本事，是故虽名为异，实则所以为平。独至欧洲国异政业殊约，擢塞壅激，不能因任民情物理之自然，于是庸赢之畸重畸轻，卉然而起，以比前言五事所关尤巨者也。

---

① The larger part of this portion of the tenth chapter deals with regulations which, as far as the United Kingdom is concerned, have been abrogated. The privileges of corporations and guilds are abolished, with a very few exceptions, apprenticeships are no longer the necessary prelude to occupations, and there are no longer statutory restrictions on the migration of labour and capital from place to place, or from country to country.

② 案语中部分内容译自罗哲斯的注释。通过比较可以发现，"此可以见英国政令之日以一宽大，与其国富之所由来。后主计政者，其亦如所从事矣夫！"

I.10.57

It does this chiefly in the three following ways. First, by restraining the competition in some employments to a smaller number than would otherwise be disposed to enter into them; secondly, by increasing it in others beyond what it naturally would be; and, thirdly, by obstructing the free circulation of labour and stock, both from employment to employment, and from place to place.

其政令约束所为攫塞壅激者，大抵不出于三：一曰限其人数使之少；二曰增其人数使之多；三曰禁其徙业，使之不得自然通流。民失其情，物失其理，自此始矣。盖一群生业，譬如水焉，水之所以终于至平者，以任其就下之性，而莫为之壅激也。生业之利害，所以定于和均者，以纵物之自趋，而莫为之攫塞也。乃今吾欧之政约不然。

I.10.58

First, the policy of Europe occasions a very important inequality in the whole of the advantages and disadvantages of the different employments of labour and stock, by restraining the competition in some employments to a smaller number than might otherwise be disposed to enter into them.

I.10.59

The exclusive privileges of corporations are the principal means it makes use of for this purpose.

I.10.60

The exclusive privilege of an incorporated trade necessarily restrains the competition, in the town where it is established, to those who are free of the trade. To have served an apprenticeship in the town, under a master properly qualified, is commonly the necessary requisite for obtaining this freedom. The bye-laws of the corporation regulate sometimes the number of apprentices which any master is allowed to have, and almost always the number of years which each apprentice is obliged to serve. The intention of both regulations is to

Chapter X Of Wages and Profit in the Different Employments of Labour and Stock

restrain the competition to a much smaller number than might otherwise be disposed to enter into the trade. The limitation of the number of apprentices restrains it directly. A long term of apprenticeship restrains it more indirectly, but as effectually, by increasing the expense of education.

【Ⅰ.10.58】一、所谓限其人数使之少者，盖恐任其自至，则劳力、役财以操其业者将多，竞者众而利薄也。【Ⅰ.10.59】故城市之业，首为业联焉，合同业之家以持独享之权利。【Ⅰ.10.60】次为之徒限焉，使欲操其业者非始于为徒不可。制为约章，以定其一时所得纳之人数，与夫学为是业之几何年，背之者皆有罚。此无他，不使竞于其业者之多，为之供常劣求，用垄断其厚利而已矣。限徒之数，径而为是者也。定徒之年，使学者费重，来者不多，纡而为是者也。其所以囿人数于至少，一也。

Ⅰ.10.61

In Sheffield, no master cutler can have more than one apprentice at a time, by a bye-law of the corporation. In Norfolk and Norwich, no master weaver can have more than two apprentices, under pain of forfeiting; five pounds a month to the king. No master hatter can have more than two apprentices anywhere in England, or in the English plantations, under pain of forfeiting five pounds a month, half to the king, and half to him who shall sue in any court of record. Both these regulations, though they have been confirmed by a public law of the kingdom, are evidently dictated by the same corporation spirit which enacted the bye-law of Sheffield. The silk weavers in London had scarce been incorporated a year when they enacted a bye-law, restraining any master from having more than two apprentices at a time. It required a particular act of parliament to rescind this bye-law.

英国薛非勒之剑工，一时不得纳二徒，那尔福洎那威支①二部之织工，亦一时不得逾二徒，犯者月罚锾五镑充官。国中若新垦地之帽匠，人传一徒，多者月罚锾五镑充官，半与告发者。凡此皆业联之所自为，

---

① 那尔福 Norfolk，英格兰东部之一郡，郡治曰那威支（Norwich）——原编者注。

而又请官立禁者。外是，则伦敦之丝业，联者仅一年，亦立约禁，其工不得一时纳二徒。后由议院专令废也。

Ⅰ.10.62

Seven years seem anciently to have been, all over Europe, the usual term established for the duration of apprenticeships in the greater part of incorporated trades. All such incorporations were anciently called universities;① which indeed is the proper Latin name for any incorporation whatever. The university of smiths, the university of taylors, etc. are expressions which we commonly meet with in the old charters of ancient towns. When those particular incorporations which are now peculiarly called universities were first established, the term of years which it was necessary to study, in order to obtain the degree of master of arts, appears evidently to have been copied from the term of apprenticeship in common trades, of which the incorporations were much more ancient. As to have wrought seven years under a master properly qualified, was necessary, in order to entitle any person to become a master, and to have himself apprenticed in a common trade; so to have studied seven years under a master properly qualified, was necessary to entitle him to become a master, teacher, or doctor (words anciently synonymous) in the liberal arts, and to have scholars or apprentices (words likewise originally synonymous) to study under him.

欧洲有联之业，其徒限皆七年，所由来久。今之学校称优尼维实地②者，本工联之号，考拉体诺③本义如此。古攻金之工，缝裳之匠，皆有优尼维实地，散见旧治城邑典志中。是知以此名专属文业国学者，为后起之事。即令人入国学，执业历年，经有司考阅，学业中程者，予学凭，称艺师④。艺师之名，亦古工联所用也。凡业皆有艺师，不仅文学。盖师者有弟子之通称，常人就傅七年，则可售业受徒称师。此在百工然，

---

① See Du Cange on this word. It was most frequently used for a corporate town; but it seems to have even been employed to denote a corporation sole, as a bishop or parson.
② 优尼维实地 university，大学校——原编者注。
③ 拉体诺 Latin，拉丁——原编者注。
④ 艺师 master，今译硕士——原编者注。又，其品第视中国举人——译者注。

故在文学名贵之业亦然。古之业，凡须学而能者皆如是，无清浊贵贱之别。其有清浊贵贱之别，而独文学医律之伦得称艺师博士者①，非古义矣。

I.10.63

By the 5th of Elizabeth, commonly called the Statute of Apprenticeship, it was enacted, that no person should for the future exercise any trade, craft, or mystery at that time exercised in England, unless he had previously served to it an apprenticeship of seven years at least; and what before had been the bye-law of many particular corporations, became in England the general and public law of all trades carried on in market towns. For though the words of the statute are very general, and seem plainly to include the whole kingdom, by interpretation its operation has been limited to market towns, it having been held that in country villages a person may exercise several different trades, though he has not served a seven years, apprenticeship to each, they being necessary for the conveniency of the inhabitants, and the number of people frequently not being sufficient to supply each with a particular set of hands. ②

额理查白五年，着学徒令③，凡国中民业，诸技艺名术。取先就傅七年，而后任售之。不如是者，禁勿令售。由是工联私章，前行于一乡一邑者，着于国令矣。其立法期通国共守之，然不行于边鄙。盖边鄙户口稀，一民之身取具数业，必使皆经为徒，则其势不能。必业有专工则市场狭，所廪不足以自养，故其令不期自废也。

I.10.64

By a strict interpretation of the words, too, the operation of this statute has been limited to those trades which were established in England before the 5th of Elizabeth, and has never been extended to such as have been introduced since

---

① 博士西名达格特尔（doctor），其品第视中国贡士。凡医例称达格特尔，律家、格致家亦用此号——译者注。
② The Statute of Apprenticeship was repealed by 54 Geo. Ⅲ. cap. 56.
③ 学徒令 Statute of Apprenticeship——原编者注。

that time. This limitation has given occasion to several distinctions which, considered as rules of police, appear as foolish as can well be imagined. It has been adjudged, for example, that a coach maker can neither himself make nor employ journeymen to make his coach-wheels; but must buy them of a master wheel-wright; this latter trade having been exercised in England before the 5th of Elizabeth. But a wheel-wright, though he has never served an apprenticeship to a coach maker, may either himself make or employ journeymen to make coaches; the trade of a coach maker not being within the statute, because not exercised in England at the time when it was made. The manufactures of Manchester, Birmingham, and Wolverhampton, are many of them, upon this account, not within the statute; not having been exercised in England before the 5th of Elizabeth.

令既不便，则民巧舞以与法相遁。彼以谓经令之文，乃指当时国中所已有业，业起令后者所不及也，于是抵牾违反有绝可笑者。如四轮车，令前无有，而轮人则旧业也，前令行，则舆人不得为轮，而轮人可以为车。轮不由轮人犯令，而车不由舆人则无罚，其窒碍不通如此。制造之业，降而日滋。孟哲沙①之布业，蒲明罕、武累罕布敦②之机器，操其业者皆免于七年之徒限，皆以不及令之故。

案：学徒令于若耳治第三③之五十四年罢。

I.10.65

In France, the duration of apprenticeships is different in different towns and in different trades. In Paris, five years is the term required in a great number; but before any person can be qualified to exercise the trade as a master, he must, in many of them, serve five years more as a journeyman. During this

---

① 孟哲沙 Manchester，英格兰郎卡色（Lancashire）东南部之一郡——原编者注。
② 武累罕布敦 Wolverhampton，郡名，在英格兰之斯塔福（Staffordshire）——原编者注。
③ 若耳治第三 George Ⅲ，英王，一六八三年生，一七二七年即位，一七六〇年卒——原编者注。

Chapter X Of Wages and Profit in the Different Employments of Labour and Stock   533

latter term he is called the companion of his master, and the term itself is called his companionship. ①

法兰西各业之徒限，部殊而业异。如在巴黎，则大较限五年，于英为轻。顾徒限五年之外，又有火限②。火限者，五年徒限满矣，不得骤称艺师而自售业，必更为其傅之火伴五年，通十年而后得自立也③。

I.10.66

In Scotland, there is no general law which regulates universally the duration of apprenticeships. The term is different in different corporations. Where it is long, a part of it may generally be redeemed by paying a small fine. In most towns, too, a very small fine is sufficient to purchase the freedom of any corporation. The weavers of linen and hempen cloth, the principal manufactures of the country, as well as all other artificers subservient to them, wheel-makers, reel-makers, etc. may exercise their trades in any town corporate without paying any fine. In all towns corporate, all persons are free to sell butcher's meat upon any lawful day of the week. Three years is in Scotland a common term of apprenticeship, even in some very nice trades; and in general I know of no country in Europe, in which corporation laws are so little oppressive.

工贾诸业之规约，苏格兰最宽缓不烦苛。业各有联④，联各异约，虽至精之业，徒限不过三年。设学者犹苦其滞久，得纳财自赎，令稍短促。邑有工联，其应享之利益，新进者入资如约，则均沾之。其新近业，

---

① Perhaps the most stringent rules laid upon the introduction to local trade are found in Munich. The time of pupilage, says Mr. Wilberforce, varies from three to five years, after which the pupil has to undergo an examination. Then he becomes a journeyman for five years, part of this time being necessarily spentbin foreign travel. Lastly, he must obtain a concession to trade, and these concessions appear to be granted at the discretion of the police. See Social Life in Munich, p. 310, & c.
② 火限 companionship，为伙计之期限——原编者注。
③ 闻徒之制，前德意志之茂匿克[1]最严。茂为欧洲大都会，其中操业者自三年至五年为率，徒限毕，则火限又五年。同业考校，行贾诸邦，如是而归官，乃给凭为艺师。其拘限如此——译者注。1 茂匿克 Munich，城名，在德国巴威（Bavaria），伊萨河（Isar）之上——原编者注。
④ 联 corporation，今译公司、社团、法人等——原编者注。

如麻枲、织纺及铸造织机、轮篗诸工，可不出资而入联。他如屠业之伦，皆自用无所拘。凡此皆欧洲他所之所无，而吾苏独尔者。

案：此所谓联①，西名歌颇鲁勒宪②，犹中国之云会、云行、云帮、云党。欧俗，凡集多人同为一业、一事、一学者，多相为联。然与中国所谓会、行、帮、党有大不同者。盖众而成联，则必经议院国王所册立，有应得之权，应收之利，应有之责，应行之事。四者缺一，不成为联。故英律注曰，联有五例：一曰惟联无死，权利事责，与国永存。二曰联一成体，有功过可论。其于律也，可为原告，可为被告。三曰联得以敛费立业。其为议院所准者，得抽外捐及强买业。顾其事必议院准之而后可，外此虽国王所许，不得为也。四曰联有名钤印，其行事以此为凭，不以头目长老。五曰联得自定其章程约束，以治驭赏罚其群。具此五德，斯称为联。故西国有学联，各国国学皆由此起。有教联，教门之事自律自治，于国家无与也。有乡联，凡乡、凡邑、凡屯、凡属地皆有之，相时地之宜而自为律令，与国家大法有异同，而其地之土功、水利、井里、巡兵多为所独断者。今中国各步租界所谓工局者，犹此制也。有商联，如印度大东公司③，及今之汇丰钞商皆属此。有工联，则如此篇所指是已。其事与中土之社会差同，而规制之公私，基业之坚脆，乃大有异。故其能事，亦以不同。此所以不能译之曰会，而强以联字济译事之穷焉。

---

① 此段案语充分体现了严复翻译"corporation"一词辨别、考证和思考的过程。他首先认为"犹中国之云会、云行、云帮、云党"等一系列表达法；接下来从"欧俗"出发，指出"然与中国所谓会、行、帮、党有大不同者"，前者"必经议院国王所册立"。然后，严复考证"英律"，得出"联有五例"，具有这五项特点才可称为"联"。因此，"西国"有学联、教联、乡联、商联、工联等机构。严复认为，这个词的内涵与中国的社会情况差距较大，中国的政治体制和经济发展还比较薄弱，与西方的"联""乃大有异。故其能事，亦以不可"。在确定最后的译名时，他得出"此所以不能译之曰会，而强以联字济译事之穷焉"的选择。
② 歌颇鲁勒宪 corporation——原编者注。
③ 大东公司 East India Company，今译东印度公司——原编者注。

Chapter X Of Wages and Profit in the Different Employments of Labour and Stock

I.10.67

The property which every man has in his own labour, as it is the original foundation of all other property, so it is the most sacred and inviolable. The patrimony of a poor man lies in the strength and dexterity of his hands; and to hinder him from employing this strength and dexterity in what manner he thinks proper without injury to his neighbour, is a plain violation of this most sacred property. It is a manifest encroachment upon the just liberty both of the workman, and of those who might be disposed to employ him. As it hinders the one from working at what he thinks proper, so it hinders the others from employing whom they think proper. To judge whether he is fit to be employed, may surely be trusted to the discretion of the employers whose interest it so much concerns. The affected anxiety of the law-giver lest they should employ an improper person, is evidently as impertinent as it is oppressive.

吾前者不云乎？百产基于力役。① 故力役者，斯人各具之良能，而天赋之产业也。小民之所得于天，所受于父母，舍手足之强力便给无他焉。设于此而拘囚禁制之，使不得奋其强力便给者，盖无异夺其天予亲遗之产业，逆天残民孰逾此乎？侵夺者虽奋其饰说，末由解免者也。且人道之相资，事与使二者之相为择而已矣。无取于其三焉，儳于其间也。彼儳于其间者，不特侵事者之自由，使之无以为事，抑且侵使者之自由，使之不得善其使也。事者之善事与否，利害损益使者当之。惟其于己也切，故其为择也精，而去取也当。今乃谓彼为不必精不必当，而独烦为民上者闵闵然为之择而去取之，曰必如是而后精且当也，是侵使者之权而夺事者之利也，是徒纠纷淆乱而作为无益者也。

I.10.68

The institution of long apprenticeships can give no security that insufficient workmanship shall not frequently be exposed to public sale. When this is done, it is generally the effect of fraud, and not of inability; and the longest appren-

---

① 增译。

ticeship can give no security against fraud. Quite different regulations are necessary to prevent this abuse. The sterling mark upon plate, and the stamps upon linen and woollen cloth, give the purchaser much greater security than any statute of apprenticeship. He generally looks at these, but never thinks it worth while to inquire whether the workman had served a seven years' apprenticeship.

夫考工之政，所为斤斤然于必久之徒限者，意固曰必如是而后有良工，而市之器物不盐恶也。顾徒限立而器物之盐恶如故。彼不知器物之盐恶，不由于操技之粗疏，而起于人心之欺伪，欺伪非徒限之久所能祛也。商标官印加于产物成器之间，使一国之政诚行，而斯二者不可以假托，则绳欺塞伪之为如是足矣。持金入市者，固惟斯二者之审，何尝问工人之学制曾否七年耶。

I.10.69

The institution of long apprenticeships has no tendency to form young people to industry. A journeyman who works by the piece is likely to be industrious, because he derives a benefit from every exertion of his industry. An apprentice is likely to be idle, and almost always is so, because he has no immediate interest to be otherwise. In the inferior employments, the sweets of labour consist altogether in the recompense of labour. They who are soonest in a condition to enjoy the sweets of it, are likely soonest to conceive a relish for it, and to acquire the early habit of industry. A young man naturally conceives an aversion to labour, when for a long time he receives no benefit from it. The boys who are put out apprentices from public charities are generally bound for more than the usual number of years, and they generally turn out very idle and worthless.

抑考工者之为此，将使百工习于劳苦而能为勤耶？则又欲南望北者矣。夫小民之所以弥勤，惟酬其劳苦者之优且疾，足以使之。故赁工之佣以枚售者，其机必厉而不自知疲。至于学徒之功反此，彼徒为勤而不见其利也。故勖民之勤，莫若使之早食其勤之报。久于徒火之限者，彼将以其业为徭为罚，怨咨疾视之不暇，尚何能以劳勤为甘也哉？国家尝收孤儿，使习为业，以衣食之出于其师，故其为徒尤久，而此曹多惰工，可以见矣。

I.10.70

Apprenticeships were altogether unknown to the ancients. The reciprocal duties of master and apprentice make a considerable article in every modern code. The Roman law is perfectly silent with regard to them. I know no Greek or Latin word (I might venture, I believe, to assert that there is none) which expresses the idea we now annex to the word Apprentice, a servant bound to work at a particular trade for the benefit of a master, during a term of years, upon condition that the master shall teach him that trade. ①

今之所谓徒，欧洲古无有也。今之师若徒相与之事，载之国律者可谓详矣，而吾考罗马律未尝及之。希腊、拉体诺二种之文，殆无徒字。盖今所谓徒，非师弟子之义也。试为之界说，则徒者僮奴，为其主作，以若干年为期，期之中徒者不受庸，而主者教以其业者也。

I.10.71

Long apprenticeships are altogether unnecessary. The arts, which are much superior to common trades, such as those of making clocks and watches, contain no such mystery as to require a long course of instruction. The first invention of such beautiful machines, indeed, and even that of some of the instruments employed in making them, must, no doubt, have been the work of deep thought and long time, and may justly be considered as among the happiest efforts of human ingenuity. But when both have been fairly invented and are well understood, to explain to any young man, in the completest manner, how to apply the instruments and how to construct the machines, cannot well require more than the lessons of a few weeks: Perhaps those of a few days might be sufficient. In the common mechanic trades, those of a few days might certainly be sufficient. The dexterity of hand, indeed, even in common trades, cannot be

---

① Apprenticeships are referred to very early in English law. They are mentioned in Madox's Formulare Anglicanum, and by many chroniclers of the fourteenth century. Madox quotes the rule, that an apprentice was not permitted to marry during his term.

acquired without much practice and experience. But a young man would practise with much more diligence and attention, if from the beginning he wrought as a journeyman, being paid in proportion to the little work which he could execute, and paying in his turn for the materials which he might sometimes spoil through awkwardness and inexperience. His education would generally in this way be more effectual, and always less tedious and expensive. The master, indeed, would be a loser. He would lose all the wages of the apprentice, which he now saves, for seven years together. In the end, perhaps, the apprentice himself would be a loser. In a trade so easily learnt he would have more competitors, and his wages, when he came to be a complete workman, would be much less than at present. The same increase of competition would reduce the profits of the masters as well as thewages of the workmen. The trades, the crafts, the mysteries, would all be losers. But the public would be a gainer, the work of all artificers coming in this way much cheaper to market.

且人学操一业，不必历甚久而后能也，故徒限之设常无谓。今夫业之精工，至于时表，过常工者可谓远矣。然亦不必待甚深年月而后能通其秘也。盖成器利用之事，其难常在创而不在因，常在作而不在述。方时表之始为也，轮牙笋篰相得之用，极之茧丝秋毫之间，此不仅成物之不易也，求所以善事之器已大难矣，故心力聪明之竭，或毕生而后得一当。至其物之既成，而立之成法矣，则明体达用，虽中资之少年，旬月之教，足以与之。至于粗劣蹇浅之功，数日授业，无不喻者。夫固非秘妙难企者矣，彼久久之徒限何为者？若谓甘苦疾徐，心手相得，虽在常技必历久而后然。而不期之妙，固不可传，即习而能，又不可求于徒限中也。为此有道，在习者乐执厥功而用志凝一。欲其乐执厥功而用志凝一，则莫若早称事而受庸。勤而善则利优，惰而苦则利逊，夫而后其精奋其巧得而为习者之门也。此岂为束缚困苦者所得貌袭而取耶？虽然，彼一业之人所乐为是约而守若诅盟者，亦自有故。徒限设去，学业者不待久而成，无七年不虞之佣，是主者先失也。操业之易如是，竞为是业者必多，势且供溢于求，业利坐减，是徒者亦失也。徒者失，则操是业者皆失也，此其所以不为，而终以徒限为公利也。然而计学之事，固必取通国之损益而计之。使取通国之损益而计之，则富国之道在费力省而成货多。一业纵损乎，固合群之人有待于是业者之益也。人之自为业者一，而有待于他成之业者不翅百，故使举国之业而皆去徒限，是人勉一损而受百益也，所益不亦大耶！

I.10.72

It is to prevent this reduction of price, and consequently of wages and profit, by restraining that free competition which would most certainly occasion it, that all corporations, and the greater part of corporation laws, have been established. In order to erect a corporation, no other authority in ancient times was requisite in many parts of Europe, but that of the town corporate in which it was established. In England, indeed, a charter from the king was likewise necessary. But this prerogative of the crown seems to have been reserved rather for extorting money from the subject, than for the defence of the common liberty against such oppressive monopolies. Upon paying a fine to the king, the charter seems generally to have been readily granted; and when any particular class of artificers or traders thought proper to act as a corporation without a charter, such adulterine guilds, as they were called, were not always disfranchised upon that account, but obliged to fine annually to the king for permission to exercise their usurped privileges. [1] The immediate inspection of all corporations, and of the bye-laws which they might think proper to enact for their own government, belonged to the town corporate in which they were established; and whatever discipline was exercised over them, proceeded commonly, not from the king, but from that greater incorporation of which those subordinate ones were only parts or members.

是故工联之设，本旨无他，所以囿其业之物竞[2]。盖物竞既兴，市价将跌，市价跌，则庸与赢自趋薄也。欧洲业联之制，始皆城邑之民所自为，无关君上之事，独英伦民设业联必待上令而后立。此非以惠小民禁并兼，实亦阴斵其权以之朘利已耳。是故凡业欲联，货赂朝行，制可

---

[1] See Du Cango, Apprenticius.
[2] 物竞 free competition，自由竞争——原编者注。

夕下。从此周利不为犯科，其无所入资而私自为者，乃号奸联私会①。然虽觉察，不必废也，但令岁纳纵容之税，则其联自若。凡一地之工商业联，皆总而属诸其地之乡联②。乡联尊于诸联所立之规制约束，有考察之权，或许或禁，乡联得主之，不必国君也。

  案：凡约联垄断之事，皆于本业有大利，而于通国有大损。若总其全效，则货弃于地者亦已多矣，且其事必绝外交而后可。使其国已弱，力不足以禁绝外交，而他人叩关求通，与为互市之事，则货之本可贱者，吾既以法使之成贵矣，而他人无此，则二国之货同辇入市，正如官私二盐并行民间，其势非本国之业扫地无余不止。是故垄断之业，可行于自封之时，必不存于互通之事，灼灼然也。前此欧洲各国患其然也，于是立为护商法，入口者皆重赋税以困沮之，乃此法行而各国皆病。洎斯密氏书出，英人首弛海禁，号曰无遮通商③（亦名自由商法），而国中诸辜榷垄断之为，不期自废，荡然维新，平均为竞。此虽其智有足称，然亦以英货之通于他国者多，故乐用也。自此以还，民物各任自然，地产大出，百倍于前，国用日侈富矣。百姓乐成，乃益叹斯密氏所持之论为至当而不可易云。

Ⅰ.10.73

  The government of towns-corporate was altogether in the hands of traders and artificers; and it was the manifest interest of every particular class of them, to prevent the market from being overstocked, as they commonly express it, with their own particular species of industry; which is in reality to keep it always understocked. Each class was eager to establish regulations proper for this purpose, and, provided it was allowed to do so, was willing to consent that every other class should do the same. In consequence of such regulations, indeed, each class was obliged to buy the goods they had occasion for from every other within

---

① 奸联私会 adulterine guits——原编者注。
② 乡联 town corporate——原编者注。
③ 无遮通商（自由商法）free trade, 自由贸易——原编者注。

Chapter X Of Wages and Profit in the Different Employments of Labour and Stock   541

the town, somewhat dearer than they otherwise might have done. But, in recompense, they were enabled to sell their own just as much dearer; so that, so far it was as broad as long, as they say; and in the dealings of the different classes within the town with one another, none of them were losers by these regulations. But in their dealings with the country they were all great gainers; and in these latter dealings consists the whole trade which supports and enriches every town.

顾乡联虽有如是之权力，而主其政者则皆业联中人。皆云，为此所以持盈察虚，毋使入市之货过多，令供逾求致折阅。实则务使入市货少，供不及求以多取赢也。一业既联，他业踵起相率效尤，乃至无业不联。故居一邑之中，人人皆买贵物，而屈伸相酬，亦家家而卖贵货。彼固谓此为衰盈济啬，衡从相等。虽有业联，而同邑操业诸家，不因之而有所失也。独至以与郊鄙懋迁，则邑中诸业皆有奇赢，其所以厚而致富者，用此道也。

I . 10. 74

Every town draws its whole subsistence, and all the materials of its industry, from the country. It pays for these chiefly in two ways: First, by sending back to the country a part of those materials wrought up and manufactured; in which case their price is augmented by the wages of the workmen, and the profits of their masters or immediate employers. Secondly, by sending to it a part both of the rude and manufactured produce, either of other countries, or of distant parts of the same country, imported into the town; in which case too the original price of those goods is augmented by the wages of the carriers or sailors, and by the profits of the merchants who employ them. In what is gained upon the first of those two branches of commerce, consists the advantage which the town makes by its manufactures; in what is gained upon the second, the advantage of its inland and foreign trade. The wages of the workmen, and the profits of their different employers, make up the whole of what is gained upon both. What-ever regulations, therefore, tend to increase those wages and profits beyond what they otherwise would be, tend to enable the town to purchase, with a smaller quantity of its labour, the produce of a greater quantity of the labour of the country. They give the traders and artificers in the town an advantage over the landlords, farmers, and labourers in the country, and break down that natural equality which would otherwise take place in the commerce which is carried on between them. The whole annual produce of the labour of the society is annually divided between those two different sets of people. By means of those regulations a greater share of it is given to the inhabitants of the town than would otherwise fall to them; and a less to those of the country.

然而，邑中衣食之源，舍郊鄙无从出也。其所与郊鄙为易有二道焉：一曰以都邑之熟货易郊鄙之生货。如是者，益以操业或货者之庸，与其斥母养工者之赢。二曰以所致远方之生货若熟货，易郊鄙之生货。如是者，益以劳力运转者之庸，与其废居居邑者之赢。前之所利，在化生而为熟，居肆成事，工之利也。后之所利，在移多而就寡，迁地为良，商之利也。而二者之利，皆兼庸与赢而为之。故都邑有业联，制为约束，壅滞辜榷，以使庸赢两高。而究极言之，则皆务以都邑之少力，易郊鄙之多力已耳。夫如是，则工商利优而农民利逊。始本平也，有业联而自然之平势坏。一国之所岁出，利分于在邑在野之民，自为业联垄断之，则在邑之利优，而农人始病矣。

案：农桑树畜之事，中国谓之本业，而斯密氏谓为野业；百工商贸之事，中国谓之末业，而斯密氏谓为邑业。谓之本末者，意有所轻重；谓之野邑者，意未必有所轻重也。或谓区二者本末，乃中土之私论，非天下之公言，故不如用野邑之中理。虽然，农工商贾，固皆相养所必资，而于国为并重，然二者之事，理实有本末之分。古人之言，未尝误也，特后人于本末有轩轾之思，必贵本而贱末者，斯失之耳。物有本末，而后成体，而于生均不可废。夫啖蔗者取根，煮笋者择梢。本固有时而粗，末亦有时而美，安见本之皆贵乎？必本之贵者，不达于理者之言也。<u>故此译于农工二业，野邑本末杂出并用，取于人意习而易达，不斤斤也。</u>[①]

[①] 在本段案语中，严复探讨了"本末"的含义与翻译的原因。《原富》一书多处出现"野邑"和"本末"两词共用的现象，严复这样处理的原因是"取于人意习而易达"。他认为，读者对上述两个词比较熟悉，译名选用以"达"为要旨。

Chapter X Of Wages and Profit in the Different Employments of Labour and Stock

I.10.75

The price which the town really pays for the provisions and materials annually imported into it, is the quantity of manufactures and other goods annually exported from it. The dearer the latter are sold, the cheaper the former are bought. The industry of the town becomes more, and that of the country less advantageous.

财者易中，而未尝为易之终事。是故谷畜资材之生货，邑之所受于野者，即以邑中所出之熟货为酬，野邑相受，多寡之数大较略均。故熟货之为售重，即生货之为购轻，此本业之所以伤，而末业之所以利也。

案：中国之往外国者无熟货，外国之来中国者鲜生货，故中国之于外国，犹郊野之于都邑，本业之于末业也。斯密氏此书，其所反复于野邑本末之间者，取易其名，固无异直指今日中外通商之利病矣。孟子曰："言近而指远"亦在善读者耳噫！

I.10.76

That the industry which is carried on in towns is, everywhere in Europe, more advantageous than that which is carried on in the country, without entering into any very nice computations, we may satisfy ourselves by one very simple and obvious observation. In every country of Europe we find, at least, a hundred people who have acquired great fortunes from small beginnings by trade and manufactures, the industry which properly belongs to towns, for one who has done so by that which properly belongs to the country, the raising of rude produce by the improvement and cultivation of land. Industry, therefore, must be better rewarded, the wages of labour and the profits of stock must evidently be greater in the one situation than in the other. But stock and labour naturally seek the most advantageous employment. They naturally, therefore, resort as much as they can to the town, and desert the country.

今夫欧洲之生计，其本利常绌而末利常优者，何必遍览深观而后能得乎？都凡为言，已可见矣。无论何国，其始以微本经营而终于富厚者，由于制造商贾者百，由于溉田立种者一而已矣。然则，或劳力焉，或役财焉，其劳役于末业者获优偿，其劳役于本业者蒙毂报，有断然者。而力与财之择优而舍毂者，又自然之势也。故其趋事也，常舍本而之末，附邑而弃野。

I.10.77

The inhabitants of a town, being collected into one place, can easily combine together. The most insignificant trades carried on in towns have accordingly, in some place or other, been incorporated; and even where they have never been incorporated, yet the corporation spirit, the jealousy of strangers, the aversion to take apprentices, or to communicate the secret of their trade, generally prevail in them, and often teach them, by voluntary associations and agreements, to prevent that free competition which they cannot prohibit by bye-laws. The trades which employ but a small number of hands, run most easily into such combinations. Half a dozen wool-combers, perhaps, are necessary to keep a thousand spinners and weavers at work. By combining not to take apprentices they can not only engross the employment, but reduce the whole manufacture into a sort of slavery to themselves, and raise the price of their labour much above what is due to the nature of their work.

都会之民，党居而州处，故易相合，虽甚微之业皆有联，即有一二未经约束者，或以其事之过于专利，不得颂言而为之。而其间逐利恒态，党同业，妒异门，受徒常患其多，商情必深缄秘，务使角逐者希，独牟厚利。凡此皆不约而同，不期自合，不必立为条规，载之盟府，夫而后有联之效也。且操业之家弥少，则其为合也弥无难。试观羽毛之业，其中纺织之工千人，而栉绒者六七家，惟坚持联约，不纳新徒，乃不仅尽收其利，且有以把持羽毛全业之利权，而栉绒之庸之厚，遂由此而逾等。合之为私，不其见欤？

I.10.78

The inhabitants of the country, dispersed in distant places, cannot easily combine together. They have not only never been incorporated, but the corporation spirit never has prevailed among them. No apprenticeship has ever been thought necessary to qualify for husbandry, the great trade of the country. After what are called the fine arts, and the liberal professions, however, there is perhaps no trade which requires so great a variety of knowledge and experience. The innumerable volumes which have been written upon it in all languages, may satisfy us, that among the wisest and most learned nations, it has never been regarded as a matter very easily understood. And from all those volumes we shall in vain attempt to collect that knowledge of its various and complicated operations, which is commonly possessed even by the common farmer; how contemptuously soever the very contemptible authors of some of them may sometimes affect to speak of him. There is scarce any common mechanic trade, on the contrary, of which all the operations may not be as compleatly and distinctly explained in a pamphlet of a very few pages, as it is possible for words illustrated by figures to explain them. In the history of the arts, now publishing by the French Academy of Sciences, several of them are actually explained in this manner. The direction of operations, besides, which must be varied with every change of the weather, as well as with manyother accidents, requires much more judgment and discretion, than that of those which are always the same or very nearly the same.

至于郊野之民，其势反是，孤悬睽处，难以合从。故农业向不为联，且无欲联之意。人业为农，从无徒限，彼固以其事为不学而可能者也。顾自我观之，天下之业，舍士而外，其有待于智巧阅历之多，殆莫农若。试观文物诸国，农学诸书之繁富，则其事之非易了可以见矣。他业虽极工巧，大抵一卷书，益之图表，则毕其说。独至于农，则事资心手之相得，且不可独于文字求之。故有尽读农术之书，其智不如一常农者。盖天时地利人功，在在与之相涉，三者不齐，田法立异，非至精审，无以为之。众工方之，逖然远矣。

I.10.79

Not only the art of the farmer, the general direction of the operations of husbandry, but many inferior branches of country labour, require much more skill and experience than the greater part of mechanic trades. The man who works upon brass and iron, works with instruments and upon materials of which the temper is always the same, or very nearly the same. But the man who ploughs the ground with a team of horses or oxen, works with instruments of which the health, strength, and temper, are very different upon different occasions. The condition of the materials which he works upon, too, is as variable as that of the instruments which he works with, and both require to be managed with much judgment and discretion. The common ploughman, though generally regarded as the pattern of stupidity and ignorance, is seldom defective in this judgment and discretion. He is less accustomed, indeed, to social intercourse than the mechanic who lives in a town. His voice and language are more uncouth and more difficult to be understood by those who are not used to them. His understanding, however, being accustomed to consider a greater variety of objects, is generally much superior to that of the other, whose whole attention from morning till night, is commonly occupied in performing one or two very simple operations. How much the lower ranks of people in the country are really superior to those of the town, is well known to every man whom either business or curiosity has led to converse much with both. ① In China and Indostan, accordingly, both the rank and the wages of country labourers are said to be superior to those of the greater part of artificers and manufacturers. They would probably be so everywhere, if corporation laws and the corporation spirit did not prevent it.

此不独农头田主有督耕指麾之事者为然，即至树畜常佣，其巧习之能亦较都邑诸工而过。何则？工之为事，大率庀器、饬材二耳。庀器者，察其利钝；饬材者，辨其良楛。彼攻木攻金诸工，材等器同，为变差寡。至于田事，则所用者马牛之动物，有柔很驯骜之异性；所加功者草木之

---

① The reversal of this comparison in the present day is indirect evidence of the fact, that the condition of the English agricultural labourer has materially deteriorated since the time of Adam Smith. The "technical" education of a competent farm labourer is of the most varied, and in many particulars, of the highest kind, but his social position and general intelligence is very low. Smith recognises farther on, how much this is due to the legal relief of the Poor-laws. But the effect of Poor-law relief a century ago was as nothing when contrasted with that which is induced on agricultural labourer at present.

植物，有腴瘠强弱之殊资。其间天时水土，俯仰迁移。故其责效施功，非有审别之精，作息之信，必不可也。世但见扶犁之工，腰镰之仆，朴陋蠢愚，而不知彼于田事操舍缓急之间，固未尝一不当也。徒取色貌辞气动容周旋以与市工为比，则固为木强而难通，而自观物察变择地施功言之，则田佣固常过也。此无他，田佣于人间交际事少，而心所察度措注者，于田事为繁，市工多见纷华，而其业则早暮一致，所为用心者简故也。人苟往还邑野，而深交于二者之间，则彼此之优劣可以立见。此所以支那、印度，亘古重农，其流品利获，乃在太半工商之上。使吾洲而无业联禁制之事，则田佣今日所处，或不至如是之卑卑也。

I.10.80

The superiority which the industry of the towns has everywhere in Europe over that of the country, is not altogether owing to corporations and corporation laws. It is supported by many other regulations. The high duties upon foreign manufactures and upon all goods imported by alien merchants, all tend to the same purpose. Corporation laws enable the inhabitants of towns to raise their prices, without fearing to be undersold by the free competition of their own countrymen. Those other regulations secure them equally against that of foreigners. The enhancement of price occasioned by both is everywhere finally paid by the landlords, farmers, and labourers of the country, who have seldom opposed the establishment of such monopolies. They have commonly neither inclination nor fitness to enter into combinations; and the clamour and sophistry of merchants and manufacturers easily persuade them that the private interest of a part, and of a subordinate part of the society, is the general interest of the whole. ①

---

① The events which have happened since the publication of this work would materially modify the criticism which Smith has uttered upon merchants and manufacturers on the one hand, land-owners on the other. The former saw that the mischief of monopolies was incomparably greater than the benefit, and during the last century strove to carry out the principles of Free-trade. The latter have clung with violent pertinacity to the principle of Protection, necessitated the organization and compelled the labours of a powerful propaganda, the Anti-Corn-law League, whose labours were crowned with success in 1846—and even now seek to maintain their privileges by exemption from taxation, and to recover their monopolies by crippling the foreign trade in cattle.

欧洲政俗，工贾之业优于田农。其所以然之故，不仅业联为之，国家政令亦有驱之使然者。今如赋税关征之政，皆主入国畸重，出国畸轻，此其为效正与业联等耳。盖有业联以为辜榷，则虽货价腾跃，其利非本国之民所能争。入国之货重征，则外货壅阏不行，而土产独牟厚利，又不患为外人之所夺。然二政既用，物值大昂，其害终有所底。被其毒者，野业是已。夫田农既不能自联，又未尝禁他贾之为联，而工贾私家，嚣然持保护商权、利不外流之邪说，以蛊众心。无有知此实工贾一二流之私利，而断非通国之公利者，而务本地著之民愈益病矣。

案：自斯密氏此书流布，泰西风气一时为之幡然。英国后此百年，其民情与此所云正反。工商之家，原始要终，知护商之法，自塞利源，得不酬失，则主弛关之说。弛关者，内外平等，不于入口诸货畸有重征也。其业联私约，凡所以为垄断辜榷者，亦稍稍捐除，至今而尽。独其中郊鄙农民，乃转创为田约①，欲以保持利权，重外轻内，蜂起以与其时之计臣政府为难。而计臣政府亦联通人为会，号反田约党②，相持争论。至一千八百四十六年皮勒③当国，反田约党大胜。而后无遮通商之党法始行，然而田野垄断之私，至今犹一二存而未尽去。故有时而请免麦税，有时而请立牛羊进口限。使此说行，则何异前之护商者乎？利之所在，民智难开如此。然合前后而观之，足以觇泰西世运之升降矣。

I．10．81

In Great Britain, the superiority of the industry of the towns over that of the country seems to have been greater formerly than in the present times. The wages of country labour approach nearer to those of manufacturing labour, and the

---

① 田约 Corn Law，严氏在《斯密亚丹传》页六又译稼律，注见该页——原编者注。
② 反田约党 Anti-Corn Law League，一八三九年成立于曼彻斯特（Manchester），以哥布登（Richard Cobden）及伯来脱（John Bright）为中坚人物——原编者注。
③ 皮勒 Sir Robert Peel，英之政治家，生于一七八八年，卒于一八五〇年——原编者注。

Chapter X Of Wages and Profit in the Different Employments of Labour and Stock   549

profits of stock employed in agriculture to those of trading and manufacturing stock, than they are said to have done in the last century, or in the beginning of the present. This change may be regarded as the necessary, though very late consequence of the extraordinary encouragement given to the industry of the towns. The stock accumulated in them comes in time to be so great, that it can no longer be employed with the ancient profit in that species of industry which is peculiar to them. That industry has its limits like every other; and the increase of stock, by increasing the competition, necessarily reduces the profit. The lowering of profit in the town forces out stock to the country, where, by creating a new demand for country labour, it necessarily raises its wages. It then spreads itself, if I may say so, over the face of the land, and by being employed in agriculture is in part restored to the country, at the expense of which, in a great measure, it had originally been accumulated in the town. That everywhere in Europe the greatest improvements of the country have been owing to such over flowings of the stock originally accumulated in the towns, I shall endeavour to show hereafter; and at the same time to demonstrate, that though some countries have by this course, attained to a considerable degree of opulence, it is in itself necessarily slow, uncertain, liable to be disturbed and interrupted by innumerable accidents, and in every respect contrary to the order of nature and of reason. The interests, prejudices, laws and customs which have given occasion to it, I shall endeavour to explain as fully and distinctly as I can in the third and fourth books of this inquiry.

英国农末利悬，今差胜古。试权野邑之间，则耕夫之庸，差及制造，而营田赢利，亦不下城市之工商，此十七世纪所不能者也。闲尝为考其由，盖由前此邑业过盛之故。邑业盛，赢利积，而母财日恢。本众业均，赢率日薄，业场有畛，而竞者无穷，必至之数也。以其利薄，故用母者弃城邑而输之郊野，郊野之中，本增事众，而求佣日多，此庸率之所以起也。盖始也立业联以朘之，今也因末穷而反本，此其所为，犹始得之郊野者今还之郊野而已。欧洲百年以来，田野日关，皆缘邑中母财充溢末业，故能尔也。然乡鄙之业虽有甚优，而国谋人事为之沮夺者尚多，故其效终迟而难据。①

I.10.82

People of the same trade seldom meet together, even for merriment and diversion, but the conversation ends in a conspiracy against the public, or in some contrivance to raise prices. It is impossible indeed to prevent such meetings, by any law which either could be executed, or would be consistent with liberty and justice. But though the law cannot hinder people of the same trade from sometimes assembling together, it ought to do nothing to facilitate such assemblies; much less to render them necessary.

I.10.83

A regulation which obliges all those of the same trade in a particular town to enter their names and places of abode in a public register, facilitates such assemblies. It connects individuals who might never otherwise be known to one another, and gives every man of the trade a direction where to find every other man of it.

I.10.84

A regulation which enables those of the same trade to tax themselves, in

---

① 此处严复省略了部分英文，概述大意。比较杨敬年（2001/2005：161）本段完整译文："在大不列颠，城市产业对乡村产业的优越地位，在以前似乎比在现时更高。比起据说是在上个世纪或在本世纪初的情况来，乡村劳动的工资更接近于制造业劳动的工资，在农业中运用的资本的利润更接近于贸易和制造业资本的利润。这种变化可以看做是特别鼓励城市产业的必然的、虽然是姗姗来迟的结果。在城市产业中积累的资本到头来是如此巨大，以致不再能在城市特有的各种产业中获得往昔的利润。城市产业也像其他产业一样，有自己的限度；增加资本就会增加竞争，必然减少利润。城市利润的降低迫使资本流入乡村，在那里，通过创造对乡村劳动的新需求，必然抬高它的工资。于是资本自行扩散到——如果我可以这样说的话——地面上，在农业中运用，因而部分地回到了乡村，它原先就是靠牺牲乡村，大半在城市积累起来的。我将在下面说明，①欧洲各处乡村最大的改良，就是由于最初在城市积累的资本这样地流入；同时表明，虽然有些国家通过这种过程获得了很大程度的富裕，这种过程本身却是缓慢的、不确定的、很容易受到无数意外事故的干扰和阻挠，在每一方面均与自然和理性的顺序相反。在本书第三编和第四编，我将尽可能详尽而明白地说明造成这种情况的利益、偏见、法律和风俗习惯。"

order to provide for their poor, their sick, their widows and orphans, by giving them a common interest to manage, renders such assemblies necessary.

【Ⅰ.10.82】每观城邑工贾同业之家相聚而谋,类皆操奇计赢踊腾物价之事。苟利其业,何恤国人!余虽欢聚燕游,其会亦寡。故工贾势聚者非国之利也。夫谓必取其会合聚谋之事,立之法而禁之,此固违宽大平均之政体,然示之端倪,使之便于为合,又何必乎?至立之政法,使欲不为合而不能,则尤下策也。【Ⅰ.10.83】<u>所谓使之便于为合者,如官设簿书,务令同业之人署其名业居址。自有是册,前不相知之人今皆麋集。苟欲为会,则踵门而呼,俄顷皆萃,所谓使之不为合而不能者。</u>【Ⅰ.10.84】<u>如着令同业之家死丧相恤,此其意非不美也,而弊随之生。盖相恤之事,首资于财,财出同业,则必制为蠲抽,置之产业,其事非聚谋而公治之不可,而彼乃缘此而谋为辜榷垄断之事。</u>①

Ⅰ.10.85

An incorporation not only renders them necessary, but makes the act of the majority binding upon the whole. In a free trade, an effectual combination cannot be established but by the unanimous consent of every single trader, and it cannot last longer than every single trader continues of the same mind. The majority of a corporation can enact a bye-law with proper penalties, which will limit the competition more effectually and more durably than any voluntary combination whatever.

Ⅰ.10.86

The pretence that corporations are necessary for the better government of the trade, is without any foundation. The real and effectual discipline which is exercised over a workman, is not that of his corporation, but that of his custom-

---

① 严复在【Ⅰ.10.83】和【Ⅰ.10.84】两段有增译。比较杨敬年(2001/2006:162)完整译文:"【Ⅰ.10.83】规定某地同一行业的所有从业人员必须在公共登记簿上登记他们的姓名和住址,就会便于进行这种集会。这会把彼此从不相识的人联系起来,使行业中每一个人都可找到其他的每一个人。【Ⅰ.10.84】规定使同一行业的人能各自捐款,去资助他们的穷人、病人、寡妇和孤儿,这会给予他们以必须管理的共同利益,从而使这种集会成为必不可少。"

ers. It is the fear of losing their employment which restrains his frauds and corrects his negligence. An exclusive corporation necessarily weakens the force of this discipline. ① A particular set of workmen must then be employed, let them behave well or ill. It is upon this account, that in many large incorporated towns, no tolerable workmen are to be found, even in some of the most necessary trades. If you would have your work tolerably executed, it must be done in the suburbs, where the workmen having no exclusive privilege, have nothing but their character to depend upon, and you must then smuggle it into the town as well as you can.

【Ⅰ.10.85】既有业联，斯有约规②，既有约规，斯有科罚③。【Ⅰ.10.86】此约规科罚者，将谁定而谁责之？势必以少从多，定且责以联之太半。由是其联得历久而不散，而辜榷专利之事亦相引而弥长。向使其事悬诸人人，则人杂意殊，其会虽成不可久矣。④

---

① The exclusive privileges of trading corporations having been abandoned, there are no modern analogies to them in the United Kingdom, except those of the legal and medical professions. The retention of these is defended for the reason given in the text, that a public certificate of fatness in an occupation demanding high capacity or skill, is a public service. It may be doubted, however, whether this security is obtained. It is certain that such a motive was not the original cause for conferring the privilege of granting certificates to the medical corporations or the inns of court; and it is equally certain that if the legislature is justified in permitting the certificate, it ought to constitute itself the judge of the qualification.
② 约规 bye-law，章程——原编者注。
③ 科罚 penalties——原编者注。
④ 严复抽取【Ⅰ.10.85】和【Ⅰ.10.86】两段大意来翻译，内容有减略。比较杨敬年（2001/2006：162）完整译文："【Ⅰ.10.85】一种同业公会不仅使这种集会成为必要，而且会使多数人的行为对于全体具有约束力。在一种自由行业中不经过每一个成员全体一致同意，就不能建立有效的联合，而且成立以后也只能维持到每一个成员不改变主意的时候。在同业公会中，经多数通过就可制定实行正当惩罚的规则，这将比任何的自愿联合能更加有效和更加持久地限制竞争。【Ⅰ.10.86】说为了更好地管理行业就必须有同业公会，这种托词是毫无根据的。对工人实行的真实而有效的监督，不是来自他的同业公会，而是来自他的顾客。正是对丧失顾客光顾的恐惧，才使他不敢造假，不敢疏忽大意。一个排他的同业公会必然会削弱这种监督的力量。于是必须使用某一组工人，不管他们的行为是好是坏。正是由于这个缘故，在许多大城市中找不到还算像样的工人，即使在某些最必要的行业中也是如此。如果你想要使你的工作做得还像个样子，就必得在郊区去做，那里的工人没有特权，只能依赖自己的品格；然后你把制成品尽可能偷地运送进城市。"

或曰，惟有业联而后有约束，业以精良，工无滥厕。此无据之说也。工之良楛，货之真赝，非业联规约之所能为，而视雇与用者之取舍。惟其有失业之忧，而后争为其善而不敢惰欺。业联立，则其业其货，无论良楛勤惰欺信皆必售，则视利否耳，何所劝而为善业乎？是故邑有业联，则市无良工。苟求其良，且必于联外之郊野。为此，则主与佣皆为犯约者矣，此固居邑者之所习知。业日精良，效安在耶？案：此言通夫治道。盖家国砺世摩钝之权，在使贤者之得优而不肖之得劣，则化民成俗，日蒸无疆。设强而同之，使民之收效取酬贤不肖无以异，甚或不肖道长，贤者道消，则江河日下，灭种亡国在旦暮间耳。何则？物竞例行，合天下而论之，强智终利于存，弱愚终邻于灭故也。法义二国。以白山为界。白山者，欧洲最高山也，游客至沙蒙尼地，过岭必雇山夫为导。其二十年前，山夫尽人可为，而听客之自择，于是山夫骁捷，马骡驵骏。后法国官府以此为不平，下令凡为山夫必先由官察验给凭，始得执业。而其受雇也，以次及之，周而更始。如是不二十年，山夫健者皆亡，而马骡亦一无可用者。客乃舍沙蒙尼，从他道焉。此事虽小，而可以推其大者矣。又案：业联之所以病国，在辜榷把持，使良楛无异也。使其立之约束为一地之公利，不许贾伪售欺，则亦未尝无益也。今如闽之茶业，人得为贾，而小民怵于一昔之赢，往往羼杂秽恶，欺外商以邀厚利，贻害通业所不顾也。二十余年来，印度茶业大兴，而闽之茶市遂极萧索。向使其地业茶大贾会合为联，立规约、造商标，令茶之入市杂伪者有罚，使贾茶之家久而相任，则闽之茶品固天下上上，足与印茶为竞有余，未必不收已失之利也。

I.10.87

It is in this manner that the policy of Europe, by restraining the competition in some employments to a smaller number than would otherwise be disposed to enter into them, occasions a very important inequality in the whole of the advantages and disadvantages of the different employments of labour and stock.

> 凡上所言，皆限人数使少之流弊。惟限其业之人数，使取舍者不得任其自然，而民业之优绌重轻以起。此为大事，言计者所不可不深察者也。①

案：今欧洲诸国所有业联之制皆废，存者独医、律二家。

I.10.88

Secondly, the policy of Europe, by increasing the competition in some employments beyond what it naturally would be, occasions another inequality of an opposite kind in the whole of the advantages and disadvantages of the different employments of labour and stock.

I.10.89

It has been considered as of so much importance that a proper number of young people should be educated for certain professions, that, sometimes the public, and sometimes the piety of private founders have established many pensions, scholarships, exhibitions, bursaries, etc. for this purpose, which draw many more people into those trades than could otherwise pretend to follow them. In all Christian countries, I believe, the education of the greater part of churchmen is paid for in this manner. Very few of them are educated altogether at their own expense. The long, tedious, and expensive education, therefore, of those who are, will not always procure them a suitable reward, the church being crowded with people who, in order to get employment, are willing to accept of a much smaller recompense than what such an education would otherwise have entitled them to; and in this manner the competition of the poor takes away the reward of the rich. It would be indecent, no doubt, to compare either a curate or a chaplain with a journeyman in any common trade. The pay of a

---

① 严复略去未译"欧洲的政策"，增加了段尾总结"此为大事，言计者所不可不深察者也"。比较杨敬年（2001/2005：162）译文："正是通过这种方式，欧洲的政策限制某些行业的竞争，使从业人数比有意进入这个行业的人数少，就在劳动和资本不同用途的有利和不利整体中，造成了一种非常重大的不平等。"

curate or chaplain, however, may very properly be considered as of the same nature with the wages of a journeyman. They are, all three, paid for their work according to the contract which they may happen to make with their respective superiors. Till after the middle of the fourteenth century, five merks, containing about as much silver as ten pounds of our present money, was in England the usual pay of a curate or stipendiary parish priest, as we find it regulated by the decrees of several different national councils①. At the same period four pence a day, containing the same quantity of silver as a shilling of our present money, was declared to be the pay of a master mason, and threepence a day, equal to ninepence of our present money, that of a journeyman mason. ② The wages of both these labourers, therefore, supposing them to have been constantly employed, were much superior to those of the curate. The wages of the master mason, supposing him to have been without employment one third of the year, would have fully equalled them. By the 12th of Queen Anne, c. 12. it is declared, "That whereas for want of sufficient maintenance and encouragement to curates, the cures have in several places been meanly supplied, the bishop is, therefore, empowered to appoint by writing under his hand and seal a sufficient certain stipend or allowance, not exceeding fifty and not less than twenty pounds a year."③

I.10.90

Forty pounds a year is reckoned at present very good pay for a curate, and

---

① It should be remembered, however, that the mediaeval ecclesiastics, besides the fixed stipend of their benefices, were entitled, as it seems by common law, to certain annual dues from each parishioner, and to certain fees for particular offices. The amount of these annual fees was apparently determined by the payments made at the view of frankpledge in the manor courts. The fees of office varied. Some are given in the Editor's History of Agriculture and Prices, vol. ii. pp. 580, 582.

② See the Statute of Labourers, 25 Edw. Ⅲ.

③ 这部分略去未译。比较杨敬年（2001/2006：163 - 164）段尾译文："……们经常被雇用的话，高于副牧师的薪金。泥水师傅的工资，假定他一年有三分之一的时间没有工作，它完全和副牧师的薪金相等。安妮女王第十二年第12号法律宣布：'由于对副牧师缺乏充分的维持和鼓励，所以有些地方他们的给养很是贫乏，因此授权主教亲自签名盖章，规定他们的俸禄或津贴每年不超过50镑，不少于20镑。'"

notwithstanding this Act of Parliament, there are many curacies under twenty pounds a year. There are journeymen shoemakers in London who earn forty pounds a year, and there is scarce an industrious workman of any kind in that metropolis who does not earn more than twenty. This last sum indeed does not exceed what is frequently earned by common labourers in many country parishes. Whenever the law has attempted to regulate the wages of workmen, it has always been rather to lower them than to raise them. But the law has upon many occasions attempted to raise the wages of curates, and for the dignity of the church, to oblige the rectors of parishes to give them more than the wretched maintenance which they themselves might be willing to accept of. And in both cases, the law seems to have been equally ineffectual, and has never either been able to raise the wages of curates, or to sink those of labourers to the degree that was intended; because it has never been able to hinder either the one from being willing to accept of less than the legal allowance, on account of the indigence of their situation and the multitude of their competitors; or the other from receiving more, on account of the contrary competition of those who expected to derive either profit or pleasure from employing them.

【Ⅰ.10.88】二、所谓增其人数使之多者，其效虽与限之使少者不同，而撝塞壅激，使物失其理，不得趋于平，一也。今如教士一业，使任其自趋，为者将少。重教者妨其然也，于是设为饫助之费①，劝奖之资②，既成学则有岁供③，方为学则有月廪④。此或出国家所公赋，或本私家所乐输，务使开敏少年劝为是业，用以丰佐教道。此不仅吾英然也，景教之国⑤莫不如此。其赀己财以从事此业者，盖甚少矣。且教道宏深，操行坚苦，必历时甚久，捐弃外慕，而后能成。使其中有自赀为学之人，则成者执业责酬，往往得不偿费。而婪人子弟借饫助而成学者，常不计糈

---

① 饫助之费 bursary，奖学金——原编者注。
② 劝奖之资 scholarship，奖学金——原编者注。
③ 岁供 pension，同上——原编者注。
④ 月廪 exhibition，同上——原编者注。
⑤ 景教之国 Christian countries，基督教国家——原编者注。又，考唐之景教碑，所谓景教者，实非基督教宗，乃教外别传。今借用为教宗统名，以偏概全。古之命名固有此法也——译者注。

之厚薄而为之。故其为业，贫者易执，而富者难操。势常如此，非不知教以明道而工以艺鸣，并为一谈，斯诚猥亵。然而，彼既以业受财，则固与庸同体，两皆被雇，不可分也。溯十四世中叶以前，英国私家教士及乡社神甫俸五马克，约今银十磅，着于国令者也。而同时石工日四便士，计今一先令。其短工匠伙日三便士，计今九便士。使二者通年受雇，总其所得，优于教士神甫者多。故后安十二年令日，教士俸入渐薄，劣足资生，无以劝修己事天之士，敕所在毕协①得以承制增加，岁二十磅以上五十磅以下。【Ⅰ.10.90】于是岁四十磅，号牧师常俸。此虽国主议院所立法制，而当时牧师实廪，其不及二十磅者仍多。而同时伦敦佣作，如靴匠缝工，岁入皆不下四十磅。外此虽在下工，所得不能复少于岁二十磅也。由来国制诏以定饩廪庸钱之高下，于众工常多裁减，独至教士则悉主增优。然二者抑扬固殊，要皆虚行无实。盖教士则为之者众，供过于求，宁受微禄，犹愈于己。其他业工，则业联既设供不及求，其庸自厚。此以见饩廪之事，皆有由然，非为上之诏糈空言所能劫制者矣。

案：十四祺中叶以前，教士常俸之外又有牧所丁钱，及教事之营供布施，总其岁入不仅此五马克也。

Ⅰ.10.91

The great benefices and other ecclesiastical dignities support the honour of the church, notwithstanding the mean circumstance of some of its inferior members. The respect paid to the profession, too, makes some compensation even to them for the meanness of their pecuniary recompense. In England, and in all Roman Catholic countries, the lottery of the church is in reality much more advantageous than is necessary. The example of the churches of Scotland, of Geneva, and of several other Protestant churches, may satisfy us, that in so creditable a profession, in which education is so easily procured, the hopes of much more moderate benefices will draw a sufficient number of learned, decent, and respectable men into holy orders.

---

① 毕协 bishop，今译主教——原编者注。又，教士领袖，说见部戊——译者注。

虽然，天下惟名足以胜利。教业居齐民之首，为世俗所钦式，毕协牧师有官联统属，地望崇高，乡邑堂观，有世掌之产业。故虽教侣日多，俸糈劣薄，而清修之业人尚乐趋。盖利不足而贵有余也，且时而过者有之。此不独公教之国教道之尊为然，即观之苏格兰与瑞士之几尼哇①，其中教会，品地优，为学便，使其超逾侪偶，席丰履厚固亦无难。无怪绩学之士，修洁之人，犹望风而趋，不为其中有生计甚艰者而裹足也。

案：苏格兰之布里必斯特②，与瑞士之葛罗云③大同小异，乃修教之一大宗，与罗马公教④异门者也，故斯密氏特举之。

Ⅰ.10.92

In professions in which there are no benefices, such as law and physic,⑤ if an equal proportion of people were educated at the public expense, the competition would soon be so great, as to sink very much their pecuniary reward. It might then not be worth any man's while to educate his son to either of those professions at his own expense. They would be entirely abandoned to such as had been educated by those public charities, whose numbers and necessities would oblige them in general to content themselves with a very miserable recompense, to the entire degradation of the now respectable professions of law and physic.

刑名医疗之业与教士殊，无提举堂观坐食产业之事。使其学得人之

---

① 几尼哇 Geneva，瑞士之首都，在国之西南部——原编者注。按，今译日内瓦——编者注。
② 布里斯必特 Presbyterianism，今译长老会——原编者注。
③ 葛罗云 Calvinism，即 John Calvin 之教义——原编者注。
④ 罗马公教 Roman Catholicism，今译天主教——原编者注。
⑤ What then is the justification of endowments 'I It is plain, if we accept Smith's inferences, that they lower the wages of those who benefit by then, and of those who, not competing for them, compete for employment in the profession for which they prepare certain persons. It seems that their use is twofold: 1. They are a means for rewarding or supporting those who confer by their learning a benefit on society, the value of which is not likely to be appraised or the labour purchased; 2. They render it possible that competent persons, who would otherwise be debarred from rising in life, should be selected and put forward. Adam Smith himself is a notable example of the latter advantage. He owed his learning and reputation to the seven years' leisure which his Exhibition at Balliol gave him.

Chapter X Of Wages and Profit in the Different Employments of Labour and Stock

佽助奖成一如教业，则相竞之下，将使二业之食报大微，而出重资使子弟学操之者将日少矣。夫如是，将使律师医士悉为贫子，而成学举由义塾。己之家道已寒，业之同人又众，竞于生事，得少已欣，则二者必日趋于贫陋，又安得如今之雍容闲宴，责酬厚而自奉优耶？

案：资人成学，适以使其业之不见贵，斯密氏于此若有微词也者。然此以论事势之迁流，自应尔耳，非以资人成学者为过举也。且即使流极果如斯密氏所云云，而合通国计之，其事固有利而无害也。其成学者，于前既无所出资矣，则虽食报太微，亦未云损。此所以西国今俗，其中蠲产助学之事尚为至多。且其为人之周，其款目之巨，诚皆中国古今所未尝闻者，而达变洞微之士终不谓其事为有损，而不纪其功也。盖蠲产助学有二大利焉：一则使幼学者无衣食朝暮之忧，得以聚精会种深穷其学，及其既成，遂为一群之公利。举世之耳目，此亦通功易事之公理，犹劳心者之宜见食于人也。二则使开敏而贫之人借此而有所成就，而国无弃材之忧。斯密氏固身受蠲产助学之利者也。巴列窝学校有助学之饩，与试获食之，如是者七稔，其学乃大成也。呜呼！使中土他日新学得与泰西方驾齐驱，而由此有富强之效者，其诸蠲产助学者为之一篑也欤？

I.10.93

That unprosperous race of men commonly called men of letters, are pretty much in the situation which lawyers and physicians probably would be in upon the foregoing supposition. In every part of Europe the greater part of them have been educated for the church, but have been hindered by different reasons from entering into holy orders. They have generally, therefore, been educated at the public expense, and their numbers are everywhere so great as commonly to reduce the price of their labour to a very paltry recompense.①

---

① The condition of men of letters during the middle of the eighteenth century is well brought out by Macaulay in his review of Boswell's Life of Johnson.

今者医律二家，幸而免此，罹其厄者在俗所谓文人。欧洲此种之民，始多由教门所培植，中经事会不齐，未即誓度，流徒无业，迹近游民。其成业非由己资，而同类又复至众，求少供多，其生计遂不堪设想矣。

I．10．94

Before the invention of the art of printing, the only employment by which a man of letters could make anything by his talents, was that of a public or private teacher, or by communicating to other people the curious and useful knowledge which he had acquired himself; and this is still surely a more honourable, a more useful, and in general even a more profitable employment than that other of writing for a bookseller, to which the art of printing has given occasion. The time and study, the genius, knowledge, and application requisite to qualify an eminent teacher of the sciences, are at least equal to what is necessary for the greatest practitioners in law and physic. But the usual reward of the eminent teacher bears no proportion to that of the lawyer or physician; because the trade of the one is crowded with indigent people who have been brought up to it at the public expense; whereas those of the other two are encumbered with very few who have not been educated at their own. The usual recompense, however, of public and private teachers, small as it may appear, would undoubtedly be less than it is, if the competition of those yet more indigent men of letters who write for bread was not taken out of the market. Before the invention of the art of printing, a scholar and a beggar seem to have been terms very nearly synonymous. The different governors of the universities, before that time, appear to have often granted licences to their scholars to beg.①

考欧洲书有印版，其事甚迟。当未有印书之前，此等文人例为师范，或公立，或私请，设科授业，以其夙学传教人人。此其为业，以

---

① Before the Reformation, the Universities were well nigh the only places of education which the country possessed. The number of those who are reported to have been studying in Oxford before the plague of 1348 – 49 is derived from a statement made by Gascoigne (1403 – 1458), who says that he counted the names in the chancellor's roll. Liber veritatum, MSS. Line. Coll. Oxford.

Chapter X Of Wages and Profit in the Different Employments of Labour and Stock

比近人专为坊贾著书，以之刊售求利者，事尊而用切矣。夫人自致一学，至成硕师，必天资人力皆不后人而后能之。比功较勤，固不在医律二家下也。顾虽有名师，其所得膳修相悬甚远。无他，文人多贫窭之家，借他人之伙助以成学，而医律成业多用己财，为之者少故也。今使印版未行，无著书刊售之事，一切文士将皆出而为师，学者不加多，而愿教者益众，恐束脩之不腆，有加于今日者矣。往者椠本未行，乞士文人，异名同实。各邦国学，有例许学士行乞自养之条。为生之难，可想见矣。

I. 10. 95

In ancient times, before any charities of this kind had been established for the education of indigent people to the learned professions, the rewards of eminent teachers appear to have been much more considerable. Isocrates, in what is called his discourse against the sophists, reproaches the teachers of his own times with inconsistency. "They make the most magnificent promises to their scholars," says he, "and undertake to teach to be wise, to be happy, and to be just, and in return for so important a service they stipulate the paltry reward of four or five minae." "They who teach wisdom," continues he, "ought certainly to be wise themselves; but if any man were to sell such a bargain for such a price, he would be convicted of the most evident folly."① He certainly does not mean here to exaggerate the reward, and we may be assured that it was not less than he represents it. Four minae were equal to thirteen pounds six shillings and eightpence; five minae to sixteen pounds thirteen shillings and fourpence. ② Something not less than the largest of those two sums, therefore, must at that time have been usually paid to the most eminent teachers at Athens. Isocrates himself demanded ten minae, or thirty-three pounds six shillings and

---

① The passage is very loosely translated, but the substance of the original is rendered. It occurs in the Oratio contra Sophistas, sect. 3.

② The Attic mina, according to Hussey, Essay on Ancient Weights and Money, was equal to £ 4 Is. 3d; the drachma being $9\frac{3}{4}$d., and the mina a hundred draohmae.

eight pence, from each scholar. When he taught at Athens, he is said to have had a hundred scholars. I understand this to be the number whom he taught at one time, or who attended what we could call one course of lectures; a number which will not appear extraordinary from so great a city to so famous a teacher, who taught, too, what was at that time the most fashionable of all sciences, rhetoric. He must have made, therefore, by each course of lectures, a thousand minae, or £ 3335: 6: 8. A thousand minae, accordingly, is said by Plutarch① in another place, to have been his didactron, or usual price of teaching. Many other eminent teachers in those times appear to have acquired great fortunes. Gorgias made a present to the temple of Delphi of his own statue in solid gold. We must not, I presume, suppose that it was as large as the life. His way of living, as well as that of Hippias and Protagoras, two other eminent teachers of those times, is represented by Plato as splendid even to ostentation. Plato himself is said to have lived with a good deal of magnificence. Aristotle, after having been tutor to Alexander, and most munificently rewarded, as it is universally agreed, both by him and his father Philip, thought it worth while, notwithstanding, to return to Athens, in order to resume the teaching of his school. Teachers of the sciences were probably in those times less common than they came to be in an age or two afterwards, when the competition had probably somewhat reduced both the price of their labour and the admiration for their persons. The most eminent of them, however, appear always to have enjoyed a degree of consideration much superior to any of the like profession in the present times. The Athenians sent Carneades the Academic, and Diogenes the Stoic, upon a solemn embassy to Rome; and though their city had then declined from its former grandeur, it was still an independent and considerable republic. Carneades, too, was a Babylonian② by birth, and as there never was a people

---

① Plutarch, Vitae X Oratorum, p. 838. If there is no exaggeration in these numbers, we can account for them only by the intense ment'l activity of the Athenians, and by the fact that oral instruction was the only means by which people were educated in those days. But the payment made to such teachers as Isocrates, Gorgias, and Protagoras more nearly resembles the fees paid by law pupils to counsel and conveyancers than to anything else.

② Carneades was born at Cyrene.

Chapter X Of Wages and Profit in the Different Employments of Labour and Stock

more jealous of admitting foreigners to public offices than the Athenians, their consideration for him must have been very great.

国家以廪膳膏火借资寒畯，欧洲古无此事。故其时成学之子，道足为师，其食报于束脩者至为优厚，此可考诸史传而知者也。如爱素格拉谛①着论刺讥同时师道，曰如此人者，皆悬至美之的以招来一世。谓其徒曰：诚得吾道，则福慧两足，处事交人，均归至当。然则彼之所传，可谓天下之难得要道矣。及观于所责报于其徒弟子者，乃不外区区四五麦尼②之束脩。夫号智学之师，固将曰其人智也，乃所以与人者至奢，所以取偿者至俭，如此，此岂非天下之愚夫，乌在其能智也？即爱素之辞气而衡之，其所指之四五麦尼断非溢实之语，亦非不及实之言。而试以今币言之，则四麦尼者，十三磅六先令八便士也，五麦尼者，十六磅十三先令四便士也。一业之传，束脩如此，夫亦可谓优矣，而爱素犹或少之，以为受者大愚。至爱素之所自责于其徒，则人取麦尼者十。设埠雅典③，一时而授百徒，其丰腴可以见矣。雅典名都，爱素硕儒，而所授之言语科④又为时人之所最者，则一业之毕，师得三千三百余磅之束脩，非诞说也。至同时儒以授徒致富者，斑斑在史传中尚众。如波鲁达尔⑤自言其学赀为一千麦尼，歌尔志亚⑥力能以金范己像，舍之得尔斐⑦之祠。柏拉图所记一时名师，如翕卑亚⑧、波罗达歌拉⑨诸人，其居养皆

---

① 爱素格拉谛 Isocrates，雅典之演说家及修辞学家，生于公元前四三六年，卒于公元前三三八年——原编者注。又，与智学家之苏格拉第¹系两人——译者注。1 苏格拉第 Socrates，雅典之哲学家，生于公元前四六九年，卒于公元前三九九年——原编者注。
② 麦尼 minae，希腊古代货币名，约合一〇〇德卡马（drachmac）——原编者注。
③ 雅典 Athens，希腊国都，在伊齐那湾（Aegina Gulf）附近——原编者注。
④ 言语科 rhetoric，今译修辞学——原编者注。
⑤ 波鲁达尔 Plutarch，希腊之生学家及道德学家，疑生于四六年，卒于一二〇年——原编者注。
⑥ 歌尔志亚 Gorgias，希腊之修辞学及诡辩家，生卒年月为公元前四八五？—前三八〇？——原编者注。
⑦ 得尔斐 Delphi，希腊佛西斯（Phocis）之一镇，阿波罗（Apollo）之神坛在焉——原编者注。
⑧ 翕卑亚 Hippias，未详——原编者注。
⑨ 波罗达歌拉 Protagoras，未详——原编者注。按，今译普罗塔哥拉或普罗泰戈拉等，希腊智者派哲学家，约生于公元前五〇〇年，约死于公元前四〇〇年——编者注。

富厚极一时，而柏拉图①亦雄于资者也。尤足证者，亚里斯多德②为马基顿③名王亚烈山大师，其父王斐立④厚酬之矣。然犹弃之，遄返雅典开坫授徒学，赞之优益可概见。是盖当时希腊国势盛强，物力殷赈，而文明肇启，人竞于学，故能师道尊而报德厚如此。迫一二百年以降，人文日广，能者世多，束脩自行，亦稍稍簿。物盛而衰，固其所也，然其中杰出之俦，犹享厚实。较而论之，终未若今日之菲劣。试观史载希腊资遣噶那提⑤及知阿真⑥二子使罗马，车骑雍容，于斯为盛。当是时国势已不及初，特土地尚广，自主之权未坠于地，其礼遇学人，尚能如此。且噶那提者，巴比伦⑦种也，于希腊为异族。夫心慭异族，不畀以权，古莫雅典人若，而噶力能得之，此非其学术能事独所心诚服者，固不能矣。

I.10.96

This inequality is upon the whole, perhaps, rather advantageous than hurtful to the public. It may somewhat degrade the profession of a public teacher; but the cheapness of literary education is surely an advantage which greatly overbalances this trifling inconveniency. The public, too, might derive still greater benefit from it, if the constitution of those schools and colleges, in which education is carried on, was more reasonable than it is at present through the greater part of Europe.

虽然，此之不齐，非弊政也。以比前之矫揉立法，以垄断辜榷者，

---

① 柏拉图 Plato，希腊之大哲学家，生于公元前四二七年，卒于公元前三四七年——原编者注。
② 亚理大德勒 Aristotle，希腊著名之哲学家，生于公元前三八四年，卒于公元前三二二年——原编者注。按，今译亚理斯多德——原编者注。
③ 马基顿 Macedonia，古代国名，在希腊之北——原编者注。
④ 斐立 Philip Ⅱ，马基顿之王，公元前三八二年生，公元前三五九年即位，公元前三三六年卒——原编者注。
⑤ 噶那提 Carneades，希腊之演说家及哲学家，公元前二一三年生，公元前一二九年卒——原编者注。
⑥ 知阿真 Diogenes，希腊之愤世的哲学家，生卒年月疑系公元前四一二—前三二三——原编者注。按，今译提奥奇尼斯或提欧根尼，为希腊斯多葛派哲学家，约生于公元前二四〇年，死于公元前一五二年，公元前一五五年出使罗马。原编者注误——编者注。
⑦ 巴比伦 Babylon，古代名城，在幼发拉的河（Euphrates River）上，约去巴格达（Bagdad）南五十五里——原编者注。

其事判矣。夫学子日多，而师儒之奉坐以趋薄。道富身贫，自身处其境者言之，固若不便，然于其群则无害也。且民少出资而可以受学，与多出资而后可学，孰为得失，人能辨之。今者欧罗一洲，学官如林，其中规制尚有不便于民者，正坐学费贵耳。后有人焉，出而更张之，使民之受学如乞水火，岂非教化一进步也哉。

I.10.97

Thirdly, the policy of Europe, by obstructing the free circulation of labour and stock both from employment to employment, and from place to place, occasions in some cases a very inconvenient inequality in the whole of the advantages and disadvantages of their different employments.

I.10.98

The Statute of Apprenticeship obstructs the free circulation of labour from one employment to another, even in the same place. The exclusive privileges of corporations obstruct it from one place to another, even in the same employment.

I.10.99

It frequently happens that while high wages are given to the workmen in one manufacture, those in another are obliged to content themselves with bare subsistence. The one is in an advancing state, and has, therefore, a continual demand for new hands; the other is in a declining state, and the super-abundance of hands is continually increasing. Those two manufactures may sometimes be in the same town, and sometimes in the same neighbourhood, without being able to lend the least assistance to one another. The Statute of Apprenticeship may oppose it in the one case, and both that and an exclusive corporation in the other. In many different manufactures, however, the operations are so much alike, that the workmen could easily change trades with one another, if those absurd laws did not hinder them. The arts of weaving plain linen and plain silk, for example, are almost entirely same. That of weaving plain woollen is somewhat different; but the difference is so insignificant, that either a linen or a silk weaver might become a tolerable workman in a very few days. If any of those three capital manufactures, therefore, were decaying, the workmen might find a resource in one of the other two which was in a more prosperous condition; and their wages would neither rise too high in the thriving, nor sink too low in the decaying manufacture. The linen manufacture indeed is, in England, by a particular statute, open to everybody; but, as it is not much cultivated through the greater part of the country, it can afford no general resource to the work men of other decaying manufactures, who, wherever the Statute of Apprenticeship takes place, have no other choice but either to come upon the parish, or to work as common labourers, for which, by their habits, they are much worse qualified than for any sort of manufacture that bears any resemblance to their own. They generally, therefore, chuse to come upon the parish.

【Ⅰ.10.97】三、所谓禁其徙业，使之不得自然通流者，如国有例禁，致一工既衰，民不得移其力于他作，一业既病，商不得转其财以他营，壅滞既滋，不平遂甚。【Ⅰ.10.98】前之所谓徒限、工联，皆此具也。有徒限则业不得相为转，有工联则地不得相为通。是以轩轾之差，往往时事变迁。【Ⅰ.10.99】一业之庸，日增月起，而就衰之业，工之饩廪，裸然仅足自存。前者如川方增，招工日急，后者退矣，而工作人数不减旧时。二者常在一邑一乡，画然分区，毫末不能相济。问其何不舍此他之，则徒限为梗，业难互更，工联各保封疆，彼此不兼容受。彼执徒限之说者，固为业有专攻，非始于为徒不可也。不然，制造之业相似实多，苟许相通，无难更执。试问织枲、织丝二者皆素无文，其工巧有何殊异？即至转而织罽，其事虽有分殊，顾相异至微，数日之间即可改操新业，假无徒限，丝、枲与罽三业即可互通。当其一业就衰，余二皆资挹注，则旺者无缺工，其庸不至痛腾，衰者无浮食，其佣亦不能过跌矣。惟其不然，遂致失业者众。一业告废，其中佣作仅有二涂，或无所事事，自称贫子而仰食县官，或降为常佣而缘南亩。顾田作劳苦，此曹所不习也，于是称贫而仰哺者日众矣。假使其国无养贫之政，则流转为盗贼者有之。立法阻民，使之不便徙业，其弊有如此者。

Chapter X Of Wages and Profit in the Different Employments of Labour and Stock

I.10.100

Whatever obstructs the free circulation of labour from one employment to another, obstructs that of stock likewise; the quantity of stock which can be employed in any branch of business depending very much upon that of the labour which can be employed in it. Corporation laws, however, give less obstruction to the free circulation of stock from one place to another, than to that of labour. It is everywhere much easier for a wealthy merchant to obtain the privilege of trading in a town corporate, than for a poor artificer to obtain that of working in it.

工联禁约立而功力之难通如此，而母财之难转因之。盖母财之广狭，视人工之多寡为率。顾母财之难转，不若功力难转之甚。每见城邑之中，联约甚密，而驵商巨贾欲役财立业于其间，虽有小费，究无大梗。至于执艺劳力贫民，不属其地而欲觅食，则难若登天矣。

I.10.101

The obstruction which corporation laws give to the free circulation of labour is common, I believe, to every part of Europe. That which is given to it by the Poor Laws is, so far as I know, peculiar to England. It consists in the difficulty which a poor man finds in obtaining a settlement, or even in being allowed to exercise his industry in any parish but that to which he belongs. It is the labour of artificers and manufacturers only of which the free circulation is obstructed by corporation laws. The difficulty of obtaining settlements obstructs even that of common labour. It may be worth while to give some account of the rise, progress, and present state of this disorder, the greatest perhaps of any in the police of England.

夫工欲移地为生，而工联为梗，此在欧洲，国而有之。至英国则有养贫之政，此其阻碍甚于工联。工联所限者，其地之工而已，积养贫之政，则并其地之常佣而锢之，使之售力求生，必在土著之方而后可，去此则皆不能。此缘一邑一乡各有赡贫之责，其费即出于乡，贫者愈多其费愈重，而售力执艺之佣多皆贫子，舍故投新，人皆不纳故耳。养贫之政，其缘起变革，吾得梗概言之，亦考国俗者所要知也。

Ⅰ.10.102

When by the destruction of monasteries the poor had been deprived of the charity of those religious houses,① after some other ineffectual attempts for their relief, it was enacted by the 43d of Elizabeth, c. 2, that every parish should be bound to provide for its own poor, and that overseers of the poor should be annually appointed, who, with the churchwardens, should raise, by a parish rate, competent sums for this purpose.

罗马公教衰，天主之庵寺毁，孤寒失荫，坐以冻饥。于是英伦当国者，谋所以振之而患无术。泊额理查白立，则令乡县编户，各自给其贫民，致死者有罚。乡置有司，与其地修教牧师共掌之，廉察收养，以时视其乡贫子多寡，与乡民资产厚薄，而上下其所敛之资以赡之，号曰养贫之算②。

案：英国贫算之立昉此。明代以来，日益繁浩，竭民耗国，虽欲革而其道无由。论治者皆深病其始之以姑息而作俑也。斯密氏推原其制，以谓起于公教之衰，贫民失怙。他家之论，则不谓尔。考显理第八朝，造轻币以朘其民，穷檐佣赁，大抵空乏。继而贪牧畜之利，废麦陇畜羊，南亩之民，什九无业。有明嘉隆之际，英野多饿殍矣。此振贫之政，所以不得已也。庵寺之毁，其益困之一端而已。

---

① It may be doubted whether the dissolution of the monasteries was the cause of pauperism in the reign of Elizabeth. It had occurred more than sixty years before the famous statute of Elizabeth was passed. Many causes contributed to this result. It is possible that the dissolution of the monasteries took away one outlet for a redundant population. But the extravagance of Henry Ⅷ, and the issue of bane money in his and his son's reign, degraded the condition of the labouring classes; and the adoption of sheep-farming as opposed to the tillage of arable land, which seems to have been general in the latter half of the sixteenth century, lowered their condition still more.

② 养贫之算 poor laws, 今译救贫律——原编者注。

Chapter X Of Wages and Profit in the Different Employments of Labour and Stock

I.10.103

By this statute the necessity of providing for their own poor was indispensably imposed upon every parish. Who were to be considered as the poor of each parish, became, therefore, a question of some importance. This question, after some variation, was at last determined by the 13th and 14th of Charles Ⅱ. when it was enacted, that forty days, undisturbed residence should gain any person a settlement in any parish; but that within that time it should be lawful for two justices of the peace, upon complaint made by the churchwardens or overseers of the poor, to remove any new inhabitant to the parish where he was last legally settled; unless he either rented a tenement of ten pounds a year, or could give such security for the discharge of the parish where he was then living, as those justices should judge sufficient.

此令既行，乡有养贫之责，于贫户着籍，不得不详。于是察理第二令曰：民徙新籍，必安居四十日，而后为其地民。不及四十日，为其乡所不欲纳者，牧师①、乡有司②以告其地司理③，复之于所从来。其着新籍，力能岁出田宅租十镑以上，或自置质保，不至以贫累乡里者，听徙勿拒。

I.10.104

Some frauds, it is said, were committed in consequence of this statute; parish officers sometimes bribing their own poor to go clandestinely to another parish and by keeping themselves concealed for forty days to gain a settlement there, to the discharge of that to which they properly belonged. It was enacted, therefore, by the 1st of James Ⅱ. that the forty days' undisturbed residence of any person necessary to gain a settlement, should be accounted only from the time of his delivering notice in writing, of the place of his abode and the number of his family, to one of the churchwardens or overseers of the parish where he came to dwell.

---

① 牧师 churchwardens，教会庶务员——原编者注。
② 乡有司 overseers——原编者注。
③ 司理 justices of the peace，英格兰之地方法官——原编者注。

已而祷张之幻，缘令而生。乡吏往往以财啖其贫子，令他徒，而沈命四十日勿出，则为新籍民，而旧者脱无累。故雅各第二更令曰：民徒新籍，诣牧师若有司署其前籍及其家丁口之数，于是日始，计四十日安居者，则为其地民。

I.10.105

But parish officers, it seems, were not always more honest with regard to their own, than they had been with regard to other parishes, and sometimes connived at such intrusions, receiving the notice, and taking no proper steps in consequence of it. As every person in a parish, therefore, was supposed to have an interest to prevent as much as possible their being burdened by such intruders, it was further enacted by the 3d of William Ⅲ. that the forty days' residence should be accounted only from the publication of such notice in writing on Sunday in the church, immediately after divine service.

然而未足也。如是，则拒受之权在乡吏，奸无由绝。故威廉第三更令曰：民徒新籍，诣牧师若有司署其前籍及其家丁口之数，揭之于观堂，民于安息日所聚祷祈者，自是日始，计四十日安居者，则为其地民。

I.10.106

After all [says Doctor Burn①] this kind of settlement, by continuing forty days after publication of notice in writing, is very seldom obtained; and the design of the acts is not so much for gaining of settlements, as for the avoiding of them by persons coming into a parish clandestinely: For the giving of notice is only putting a force upon the parish to remove. But if a person's situation is such, that it is doubtful whether he is actually removeable or not, he shall by giving of notice compel the parish either to allow him a settlement uncontested, by suffering him to continue forty days; or, by removing him, to try the right.

---

① Burn's Justice, art. Poor, vol. ii. p. 253, edit. 1764.

Chapter X Of Wages and Profit in the Different Employments of Labour and Stock

I . 10. 107

This statute, therefore, rendered it almost impracticable for a poor man to gain a new settlement in the old way, by forty days' inhabitancy. But that it might not appear to preclude altogether the common people of one parish from ever establishing themselves with security in another, it appointed four other ways by which a settlement might be gained without any notice delivered or published. The first was, by being taxed to parish rates and paying them; the second, by being elected into an annual parish office, and serving in it a year; the third, by serving an apprenticeship in the parish; the fourth, by being hired into service there for a year, and continuing in the same service during the whole of it.

I . 10. 108

Nobody can gain a settlement by either of the two first ways, but by the public deed of the whole parish, who are too well aware of the consequences to adopt any new-comer who has nothing but his labour to support him, either by taxing him to parish rates, or by electing him into a parish office.

I . 10. 109

No married man can well gain any settlement in either of the two last ways. An apprentice is scarce ever married; and it is expressly enacted, that no married servant shall gain any settlement by being hired for a year. The principal effect of introducing settlement by service, has been to put out in a great measure the old fashion of hiring for a year, which before had been so customary in England, that even at this day, if no particular term is agreed upon, the law intends that every servant is hired for a year. But masters are not always willing to give their servants a settlement by hiring them in this manner; and servants are not always willing to be so hired, because as every last settlement discharges all the foregoing, they might thereby lose their original settlement in the places of their nativity, the habitation of their parents and relations.①

【Ⅰ.10.107】一令之不详,则补救者如猬毛而起。总其所为,非使民得移徙也。四十日安居,杳不可得,其效适用锢民而已。而长民者之意,又以锢民为不可也,则更设四条以通之:一凡民能出贫算②者,听徙勿拒。二为其乡所推择为吏满一岁者,听徙勿拒。三入其乡为学徒终其徒限者,听徙勿拒。四为其乡赁佣满一岁者,听徙勿拒。然而四者虽设,于劳力操业之民无所益。【Ⅰ.10.108】盖于前二条,则必为一乡所众许。彼知新来者虽暂出贫算,后未必能也,则拒之,亦终不推择之矣。【Ⅰ.10.109】由后二之道,则有妻子者必不能,学徒罕有室者。况律又载明有妻之佣,虽受雇满岁,不得着籍。其效徒使雇佣者,从此不以一岁为期。此虽古俗,转坐此令,其俗以变。不独雇者不乐因此予人以新籍,即受雇者亦不愿缘此而亡其旧籍也。盖乡有贫人而其算加重,自为人人所不欢,而贫者于彼此既同一食贫,亦不愿舍旧谋新,而去其亲戚坟墓也。

Ⅰ.10.110

No independent workman, it is evident, whether labourer or artificer, is likely to gain any new settlement either by apprenticeship or by service. When such a person, therefore, carried his industry to a new parish, he was liable to be removed, how healthy and industrious soever, at the caprice of any church-warden or overseer, unless he either rented a tenement of ten pounds a-year, a thing impossible for one who has nothing but his labour to live by; or could give such security for the discharge of the parish as two justices of the peace should judge sufficient. What security they shall require, indeed, is left altogether to

---

① Parish account-books frequently contain recognizances entered into between employers of labour and overseers, by which the former bind themselves under a penalty not to allow hired servants, taken from any other parish, to obtain a settlement. The enormous costs incurred by litigation between parishes, in cases where settlements were contested, formed in itself a considerable portion of the charge incurred for Poor-law relief. It is said that the pleading of these cases was the best means for obtaining a reputation for legal acuteness. The law of parochial settlement, after various modifications, was practically abolished in 1865.

② 出贫算 paying parish rate, 即付本土救贫之税——原编者注。

Chapter X Of Wages and Profit in the Different Employments of Labour and Stock

their discretion; but they cannot well require less than thirty pounds, it having been enacted, that the purchase even of a freehold estate of less than thirty pounds' value, shall not gain any person a settlement, as not being sufficient for the discharge of the parish. But this is a security which scarce any man who lives by labour can give; and much greater security is frequently demanded.

自食之工无所依倚而售其技，则后二条所谓为徒为火而许入新籍者，于彼无所用之。大抵如此之工，觅一佳所欲迁，往往不为所纳，纳者必岁出十磅之租，抑自置质保其不至仰食贫算而后可。而质之多寡，乡吏以意为之，顾至少不在三十镑下。知者，以律载买业价在三十镑下者，不得于其地有籍也，则因保贫之质不止三十镑也。夫三十镑之质，已为佣者所难矣，况乎其不仅此也！

案：移籍着籍之难，其事纯起于养贫之政。如中土冒籍之讼之起于学额也，他国无此。民之流转，自可听之，而于英民所为，几不识为何事。一贫户之应归何养，二乡涉讼，时时有之。律师讯勘之费，积久不赀，而皆出于贫算，此所谓争其末而伤其本者也。以其病民之故，同治四年，自额理查白以来，所有籍法，大抵皆罢，则斯密氏不及见矣。

I.10.111

In order to restore in some measure that free circulation of labour which those different statutes had almost entirely taken away, the invention of certificates was fallen upon. By the 8th and 9th of William III. it was enacted, that if any person should bring a certificate from the parish where he was last legally settled, subscribed by the churchwardens and overseers of the poor, and allowed by two justices of the peace, that every other parish should be obliged to receive him; that he should not be removeable merely upon account of his being likely to become chargeable, but only upon his becoming actually chargeable, and that then the parish which granted the certificate should be obliged to pay the expense both of his maintenance and of his removal. And in order to give the most perfect security to the parish where such certificated man should come to reside, it was further enacted by the same statute, that he should gain no settlement there by any means whatever, except either by renting a tenement of ten pounds a year, or by serving upon his own account in an annual parish office for one whole year; and consequently neither by notice, nor by service, nor by apprenticeship, nor by paying parish rates. <u>By the 12th of Queen Anne too, Stat. I, C. 18.</u> ①it was further enacted, that neither the servants nor apprentices of such certificated man should gain any settlement in the parish where he resided under such certificate.

令因养贫起者如牛毛，佣作遂不得就善地以售其力。欲维其敝，于是手凭②之制又兴。手凭者，威廉第三令曰：凡民徙籍，取本乡手凭。凭由其乡之牧师若有司画给，两理官察验署名，所就乡皆纳勿拒，不得以豫防食算逐之。其真食算者，由原乡给予，或另徙，徙费亦出原乡。<u>同条又云</u>：民新徙入乡，非岁出十镑田屋租，或在乡官所受雇满一岁者，不得着籍。

Ⅰ.10.112

How far this invention has restored that free circulation of labour which the preceding statutes had almost entirely taken away, we may learn from the following very <u>judicious observation of Doctor Burn.</u> ③

Ⅰ.10.113

It is obvious [says he] that there are divers good reasons for requiring certificates with persons coming to settle in any place; namely, that persons residing under them can gain no settlement, neither by apprenticeship, nor by service, nor by giving notice, nor by paying parish rates; that they can settle neither apprentices nor servants; that if they become chargeable, it is certainly known whither to remove them, and the parish shall be paid for the removal, and for their

---

① 严复略去未译，改为"同条又云"。
② 手凭 certificates——原编者注。
③ Burn's Justice, vol. ii. p. 274, edit. 1764.

maintenance in the meantime; and that if they fall sick, and cannot be removed, the parish which gave the certificate must maintain them. None of all which can be without a certificate. Which reasons will hold proportionably for parishes not granting certificates in ordinary cases; for it is far more than an equal chance, but that they will have the certificated persons again, and in a worse condition.

I.10.114

The moral of this observation seems to be, that certificates ought always to be required by the parish where any poor man comes to reside, and that they ought very seldom to be granted by that which he proposes to leave.

I.10.115

There is somewhat of hardship in this matter of certificates [says the same very intelligent author, in his History of the Poor Laws]① by putting it in the power of a parish officer, to imprison a man as it were for life; however inconvenient it may be for him to continue at that place where he has had the misfortune to acquire what is called a settlement, or whatever advantage he may propose to himself by living elsewhere.

【I.10.112】国家既以令使小民不得自由矣，乃以其敝之故，更以令补救之。卒之其与几何，观律家蒲恩②之论贫算可见矣。【I.10.113】蒲之言曰：乡受新徙之民，其必责手凭者无惑矣。自有手凭，而民之欲着他籍者，无论以徒限，以受雇，以揭白③，以出算，其势皆不能。赁佣徒伙，不能以手凭移居也。至于贫而食算，得手凭而知所复，即未复，其所食者又其故乡之算也。抑病不能行，予手凭者有资给之责。是故乡官出凭以予小民，心至不愿持而去者，十八九还。其累本乡也，或过于勿徒。【I.10.114】由斯而言，则手凭为物，受新者必欲得之，去故者常欲勿予，自然之势也。【I.10.115】徒为厉民之具，使乡吏得以禁锢贫佣之生，虽地着之乡，有至不便。欲适之土，为甚可乐，而不幸生有定区，则亦终其身于不得出而已矣。

---

① 此处略去不译。
② 蒲恩 Doctor Burn——原编者注。
③ 揭白 giving notice，即报告本籍丁口之文件——原编者注。

I.10.116

Though a certificate carries along with it no testimonial of good behaviour, and certifies nothing but that the person belongs to the parish to which he really does belong, it is altogether discretionary in the parish officers either to grant or to refuse it. A mandamus was once moved for, says Doctor Burn, to compel the churchwardens and overseers to sign a certificate; but the Court of King's Bench rejected the motion as a very strange attempt.

手凭所载不过本丁姓氏年貌籍贯而已，非若荐牍契券，于其人之行谊财产有所措辞也。顾乡之小吏，往往靳之。吾闻蒲恩言，往者政府尝以此为苛，下教饬牧师监算者顺民情画诺，而王府法司①格不与行也。

I.10.117

The very unequal price of labour which we frequently find in England in places at no great distance from one another, is probably owing to the obstruction which the law of settlements gives to a poor man who would carry his industry from one parish to another without a certificate. A single man, indeed, who is healthy and industrious, may sometimes reside by sufferance without one; but a man with a wife and family who should attempt to do so, would in most parishes be sure of being removed, and if the single man should afterwards marry, he would generally be removed likewise. The scarcity of hands in one parish, therefore, cannot always be relieved by their super abundance in another, as it is constantly in Scotland, and, I believe, in all other countries where there is no difficulty of settlement. In such countries, though wages may sometimes rise a little in the neighbourhood of a great town, or wherever else there is an extraordinary demand for labour, and sink gradually as the distance from such places increases, till they fall back to the common rate of the country; yet we never meet with those sudden and unaccountable differences in the wages of neighbouring places which we sometimes find in England, where it is often

---

① 王府法司 The Court of King's Bence——原编者注。

more difficult for a poor man to pass the artificial boundary of a parish, than an arm of the sea or a ridge of high mountains, natural boundaries which sometimes separate very distinctly different rates of wages in other countries.

由前之故，英内地工庸优劣，往往连境迥殊。食力小民，未有室家，身健技精业勤者，不得手凭，尚可他徙，其已娶有子女，则拒勿纳。前鳏后娶，前容后逐者有之，大抵虑食算之口多也。是故两地鸡犬相闻，其一虽役急而庸高，其一虽丁多而功寡，相需虽殷，不相转注。苏格兰无养贫之政，故无此弊。佣之同功异廪，必二地绝远而后尔。大率都会庸优，乡野庸薄，去都弥远，其率弥下。若英之工价，有丰俭相绝，而莫知由然者矣。是故一制之立，众果樊生，其极等于画地为牢。民莫之逾，峻岭巨川，无以过也。

Ⅰ.10.118

To remove a man who has committed no misdemeanour from the parish where he chooses to reside, is an evident violation of natural liberty and justice. The common people of England, however, so jealous of their liberty, but like the common people of most other countries never rightly understanding wherein it consists, have now for more than a century together suffered themselves to be exposed to this oppression without a remedy. Though men of reflection too have sometimes complained of the law of settlements as a public grievance; yet it has never been the object of any general popular clamour, such as that against general warrants, an abusive practice undoubtedly, but such a one as was not likely to occasion any general oppression. There is scarce a poor man in England of forty years of age, I will venture to say, who has not in some part of his life felt himself most cruelly oppressed by this ill-contrived law of settlements.

夫为本国之民，身无罪罚，择地力业，去若适乐之事，谊得自由者也，为法锢之，背天逆情甚矣。吾辈英民，恒持自由之说，平日之论，斩斩如也，然其实则与他国之颛愚等耳。日言自由，而不识自由之实为何者，此所以籍法①之虐，身被之者百有余年，至于今犹自若也。其中

---

① 籍法 law of settlement，规定人民迁徙之法律——原编者注。

潭思之士，论政之家，固常准理抗言，知籍法为厉民之具。至于庸众，则相忘矣。前者连坐之令①，举国哗噪，非其令立除不止。夫连坐之令虽苛，身被其毒者尚自有数，独至籍法，则举吾英劳力之民，年在四十以往者，叩其身世，必有一时大为之困，于彼则哗而攻之，于此则默而受之，夫亦可谓慎矣。

Ⅰ.10.119

I shall conclude this long chapter with observing, that, though anciently it was usual to rate wages, first by general laws extending over the whole kingdom, and afterwards by particular orders of the justices of peace in every particular county, both these practices have now gone entirely into disuse.

Ⅰ.10.120

By the experience of above four hundred years [says Doctor Burn] it seems time to lay aside all endeavours to bring under strict regulations, what in its own nature seems incapable of minute limitation. For if all persons in the same kind of work were to receive equal wages, there would be no emulation, and no room left for industry or ingenuity.

Ⅰ.10.121

Particular Acts of Parliament, however, still attempt sometimes to regulate wages in particular trades and in particular places. Thus the 8th of George Ⅲ.② prohibits under heavy penalties all master taylors in London, and five miles round it, from giving, and their workmen from accepting, more than two shillings and sevenpence halfpenny a-day, except in the case of a general mourning. Whenever the legislature attempts to regulate the differences between

---

① 连坐之令 general warrants——原编者注。
② Repealed hi 1825.

Chapter X Of Wages and Profit in the Different Employments of Labour and Stock

masters and their workmen, its counsellors are always the masters. ① When the regulation, therefore, is in favour of the workmen, it is always just and equitable; but it is sometimes otherwise when in favour of the masters. Thus the law which obliges the masters in several different trades to pay their workmen in money and not in goods, is quite just and equitable. It imposes no real hardship upon the masters. It only obliges them to pay that value in money, which they pretended to pay, but did not always really pay, in goods. ② This law is in favour of the workmen; but the 8th of George Ⅲ. is in favour of the masters. When masters combine together in order to reduce the wages of their workmen, they commonly enter into a private bond or agreement, not to give more than a certain wage under a certain penalty. Were the workmen to enter into a contrary combination of the same kind, not to accept of a certain wage under a certain penalty, the law would punish them very severely; and if it dealt impartially, it would treat the masters in the same manner. But the 8th of George Ⅲ. enforces by law that very regulation which masters sometimes attempt to establish by such combinations. The complaint of the workmen, that it puts the ablest and most industrious upon the same footing with an ordinary workman, seems perfectly well founded. ③

【Ⅰ.10.119】此篇着论颇为冗长，然犹有不容已于言者，则国家平价之一事。古尝以令平通国之工庸物价矣，有所不通，则令所部相其物

---

① The reason is obvious, for the masters alone had an effective voice in the legislature. The same reason will account for that which Adam Smith expresses his astonishment at above, the different feeling entertained against parochial settlement and general warrants. The former affected the poor and unrepresented classes only, the latter imperilled those who could make themselves heard in Parliament. It is hardly necessary to say, that the justice of a legislature is not to be so much relied on, as the control of those who can constitute the legislature itself.

② The truck system, alluded to in the text, is now uniformly illegal. If an employer pays in goods, he may be made to pay the wages agreed on in money as well. It is probable that, in many cases, the truck system saved the artisan or labourer from the hands of retail dealers; but the evils of the system were greater and more general than its indirect or occasional benefits.

③ The complaint of the workman in Adam Smith's time, is the complaint of the employer and the public now, under the operation of trades-unions. These combinations, by their voluntary regulations, have put the workman into exactly that position which the workman deprecated as the effect of the statute alluded to.

土,择其事类,各自为之。至于今,二者之政皆废。盖视前事亦知其政之不可行也。【Ⅰ.10.120】善夫蒲恩之言曰:政治家四百余年之阅历,应知物有至情,不可强制。【Ⅰ.10.121】国权有大限,必不可以逆施,使同业者必同忾廪,则必勤惰同功、巧拙齐效而后可。有是理乎?乃若耳治第三之令曰:缝纴之业,凡工头雇伙居伦敦城中,及离城五迈①内者,除遇国恤②,其日庸不得过二先令七便士,违者取与二家均有罚。此正蒲恩所斥者也。凡议院画定一业中雇者与被雇者家相受之率,其强有力而持议者,恒在雇者之家。故其令主于被雇者,则多平而公;主于雇者,则多偏而私也。今如廪工,律禁制造厂主不得以所出货给工食,必令见财,此法极公。于雇者之家无所屈抑,而售力之佣,免侵渔冒蚀之毒。此主于被雇者也。如若耳治之令,则主于雇者之家矣。雇者之欲困工佣也,常合从立限制而不严罚,若工佣尤效为此,则目为把持,而刑宪随之,纵雇者而独绳被雇者,故曰偏而私也。如若耳法之令,将使佣者虽至巧极勤,其所受极于二先令七便士而止。此正蒲恩所谓使勤惰同功巧拙齐效者,小民之困,岂不甚哉!

案:缝纴工价之令,于一千八百二十五年废。

又案:令主被雇者多平而公,主雇者多偏而私,此理自易见。国有议院,而院绅必家产及格而后企推举,如是则小民失主议之权,而遇事或受抑,必然之数也。前谓连坐之法,举国非之,而籍法之苛沿而未改,亦以连坐之法及诸豪民,而转徙之艰受之编户。一达之议院,一止于穷檐故耳。

Ⅰ.10.122

In ancient times, too, it was usual to attempt to regulate the profits of merchants and other dealers, by rating the price both of provisions and other goods. The assize of bread is, so far as I know, the only remnant of this

---

① 五迈 five miles,即五里——原编者注。
② 国恤 general mourning,即国之大丧——原编者注。

Chapter X Of Wages and Profit in the Different Employments of Labour and Stock

ancient usage. Where there is an exclusive corporation, it may perhaps be proper to regulate the price of the first necessary of life. But where there is none, the competition will regulate it much better than any assize.① The method of fixing the assize of bread established by the 31st of George Ⅱ. could not be put in practice in Scotland, on account of a defect in the law; its execution depending upon the office of a clerk of the market, which does not exist there. This defect was not remedied till the 3rd of George Ⅲ.② The want of an assize occasioned no sensible inconveniency; and the establishment of one in the few places where it has yet taken place, has produced no sensible advantage. In the greater part of the towns of Scotland, however, there is an incorporation of bakers who claim exclusive privileges, though they are not very strictly guarded.

考古平价均输之制，皆以裁制商贾之利入而设，至于今则其制渐废。英国存者，独饼均之令而已。诚以麨麪者民食所必资故也。然使其地炊饼者惟一家，抑多家为联，则虞其辜榷侵民，均之善也。若人得为炊，而无联约，则均之不若听供求自剂其平之为愈。何则？均价宜以时上下，而上之为此，又未必时故也。英国饼均之令③，设于若耳治第二时，当是时苏格兰固未行也。以苏无司市以督责之，其后设司市行之。然夷考其效，有饼均者无大益，无饼均者亦无大损。

案：饼均之令，于一千八百十五年废。

I.10.123

The proportion between the different rates both of wages and profit in the

---

① There is no reason to doubt that this statement is correct. But the Assize of Bread, one of the oldest statutes in the body of English law, provided only for the rate which the baker should charge for his labour in making bread. The legislature has not abandoned its privilege of fixing prices. It puts a maximum on railway fares, and attempts to define a rigidly the rate at which hackney carriages should ply in the metropolis. It may be doubted however, in the latter case, whether it would not be better to allow the owner of the carriage to fix his own fare, provided always that he put the rate conspicuously on his carriago.

② The London assize was repealed in 1815. It still legally exists in country places, but is obsolete.

③ 饼均之令 assize of bread，规定面包价格之法令——原编者注。

different employments of labour and stock, seems not to be much affected, as has already been observed, by the riches or poverty, the advancing, stationary, or declining state of the society. Such revolutions in the public welfare, though they affect the general rates both of wages and profit, must in the end affect them equally in all different employments. The proportion between them, therefore, must remain the same, and cannot well be altered, at least for any considerable time, by any such revolutions.

凡国世盛世衰,若进若退若中立,其为事于通国之贫富有异验,于各业庸息相比之率无攸殊。盖进则俱进,退则俱退,此比例常同故也。若夫异业畸有重轻,其致然之因,别有所在,不得于国财之进退求之。此所以庸息相比之率,常历数十百年而无变也。

Chapter XI Of the Rent of Land[①]

篇十一 释租

案：罗哲斯曰，斯密氏此篇所论田租源流，其说颇为后贤所聚

---

① It is well known that this part of Smith's work has been criticised by Anderson, West, Ricardo, and Macculloch, who insist that rent is the price paid for the natural and inherent qualities or fertilities of the soil, and that rent has arisen from the fact that as society has increased numerically, it has become necessary to take inferior lands into cultivation. Hence, it is alleged, rent is the difference between the produce of the poorest soil, that is, the soil which will only just remunerate the cultivator, and that of the best, that is, the soil which produces the greatest amount at the least cost. A number of inferences have been drawn from this the so-called Ricardian theory of rent.

This view of the origin of rent could not have been unknown to Adam Smith. It is thus stated by Turgot, Sur la Forination et la Distribution des Richesses, § 10: "La terre se peuplait, et on la d&Vichait de plus en plus. Lea meilleures terres se trouvorent a la longue toutes occupies; il ne resta plus pour lea derniers venus que des terrains steYiles, rebutes par les premiers. Mais a la fin toute terre trouva son maitre, et ceux qui ne purent avoir des propridtes n'eurent cTabord d'autre ressource que celle d'e'changer le travail de leur bras dans les emplois de la clause stipendiee contre le superfiu des denree du proprietaire culfcivateur. " As usual, Adain Smith is much more in the right than his critics are.

Rent arises from two causes, 1. The demand of population ; 2. The intelligence of the agriculturist. Unless population has so much increased as to enable the producer of agricultural products to sell them at a higher price than is sufficient to reimburse him for his outlay and his labour, no rent arises, however fertile the land may be. Again, unless the skill of the agriculturist be sufficient to raise more than is sufficient to compensate and maintain himself, he can pay no rent, however paturally fertile the land may be, and however urgent may be the demand for his produce. Fertility and agricultural skill, in short, are relative terms, and precedent to the demands of population. It is absurd to say that the pressure of population has constrained the recourse to inferior soils, for the increased productiveness of agriculture is the cause and not the effect of increased population.

The examination of the growth of rent on the same plot of land during a long period is quite sufficient proof of the statements alleged by Adam Smith. Good arable land, near a large town, let five hundred years ago at 6d. an acre. It lets now at 120 times as much. But the （转下页注）

讼。计学家如安得生①、威斯特②、马格乐、理嘉图皆言田租者，所以畴壤地沃瘠之差。故租之始起，以民生孳乳浸多，沃土上田所出不足以赡民食，于是等而下之，迤耕瘠土下田。生齿弥繁，所耕弥下，最下者无租，最上者租最重。故租者，所以第田品之上下，而其事生于差数者也。其论如此，名理嘉图租例③，其为书多准此例为推，亦多为计学家所采取。顾自今观之，此例大旨固已为斯密氏所前知，而法国计学家如拓尔古等，已为斯密作解人矣。其言曰，后人尝谓斯密虽计学开山，顾多漏义，浅者乃肆意排之。不知斯密精旨，往往为读者所忽，故匡订虽多，出蓝之美盖寡。夫租之为事，生于二因：户口蕃耗，一也；农事工拙，二也。当夫户口廖落，谷价甚廉，耕者之获仅及所费，则即居沃土不能有租，此主于户口蕃耗者也。又使农业不精，田作卤莽，西成所得仅酬其劳，则虽土沃谷贵不能有租，此主于农事工拙者也。田土腴瘠，农事精粗，二者相为对待，而户口蕃息缘此而生。惟田腴事精，而后户口始进。故理嘉图所谓户口日滋，耕及瘠田者，倒果为因，其说未必信也。英人即一所之田，考古今征租之异，而信斯密本篇之说为不虚。譬如都会近郊，一亩之田古租率六便士，今日之租则百二十倍矣。至所

（接上页注①） price of its produce has not risen more than nine times. The explanation of this difference is not to be found in the occupation of inferior soils, or in the pressure of population, but in the improvement of agriculture, and thereupon in the increased value of that which Smith, with great felicity of expression, calls the instrument of agriculture. The Ricardian theory accounts for the difference between the rent of one plot and the rent of another; but as an explanation of rent itself, it is neither novel nor true. Not the first, because, as I have said, it is found in Turgot; not true, for it gives no explanation at all of the origin of that which it professes to expound.

No better illustration can be given of the utter futility of a deductive or a priori method in Political Economy than the Ricardian theory. Again, no better illustration can be given of the great inductive power of Adam Smith than his explanation of the cause of rent. The account in the text has its blemishes, but they result from the circumstance that Smith had a very imperfect set of facts, though with his customary sagacity he made more of a fact or two than his critics could of a far larger set of experiences.

① 安得生 James Anderson，苏格兰之农学家与经济学家，生于一七三九年，卒于一八〇八年——原编者注。
② 威斯特 Edward West——原编者注。
③ 理嘉图租例 Ricardo's theory rent——原编者注。

产谷价，古今之殊不过九倍。此之为异，夫岂户口蕃耗为之耶？又岂必迤垦下田致尔耶？揆所由然，则农业日精故耳。故理氏之例既非独辟，亦未精审。其非独辟，以先发于拓尔古；其未精审，以其倒果为因。后代计学家见闻考据常较斯密氏为博殚，至于紬绎会通，立例赅尽，则往往逊之。

I.11.1

Rent, considered as the price paid for the use of land, is naturally the highest which the tenant can afford to pay in the actual circumstances of the land. In adjusting the terms of the lease, the landlord endeavours to leave him no greater share of the produce than what is sufficient to keep up the stock from which he furnishes the seed, pays the labour, and purchases and maintains the cattle and other instruments of husbandry, together with the ordinary profits of farming stock in the neighbourhood. This is evidently the smallest share with which the tenant can content himself without being a loser, and the landlord seldom means to leave him any more. Whatever part of the produce, or, what is the same thing, whatever part of its price, is over and above this share, he naturally endeavours to reserve to himself as the rent of his land, which is evidently the highest the tenant can afford to pay in the actual circumstances of the land. Sometimes, indeed, the liberality, more frequently the ignorance, of the landlord, makes him accept of somewhat less than this portion; and sometimes too, though more rarely, the ignorance of the tenant makes him undertake to pay somewhat more, or to content himself with somewhat less, than the ordinary profits of farming stock in the neighbourhood. This portion, however, may still be considered as the natural rent of land, or the rent for which it is naturally meant that land should for the most part be let.

今夫地之有租，所以易用地之权者也。虽地有不齐①，其数要皆极耕者之力以为量。当其授田议租之际，田固地主之所有也，而以授耕者，

---

① 谓肥硗便左——译者注。

使得纭且获于其中，则田主之所取偿，固将尽地力之所出。而所遗以与耕者，直仅资其为耕之费与劳。若子种，若佃佣，若牛马之糇刍劳损，若田器耰锄，若耕资所应得通行之息利，统之数者以酬之而已矣。夫统之数者，固耕者所应得而至觳之分也。劣是则利不偿费，而农人不徕，而其田以废。故租之有限，田主之所不得已也。总秋收之所得，过前数者，彼将悉名之以为租。虽有时以田主宅心之仁厚，析利之不精，而名租之数劣于此，抑有时以农人更事之不广，责赢之不详，而纳租之数优于此，然而非常道也。夫人情终不遗余力以让财，故曰虽地有不齐，要皆极耕者之力以为量也。极其量者是谓经租①。

I.11.2

The rent of land, it may be thought, is frequently no more than a reasonable profit or interest for the stock laid out by the landlord upon its improvement. This, no doubt, may be partly the case upon some occasions; for it can scarce ever be more than partly the case. The landlord demands a rent even for unimproved land, and the supposed interest or profit upon the expense of improvement is generally an addition to this original rent. Those improvements, besides, are not always made by the stock of the landlord, but sometimes by that of the tenant. When the lease comes to be renewed, however, the landlord commonly demands the same augmentation of rent, as if they had been all made by his own.

地天设也，加之人功则益美。为田主者曰，田之有租，非厉农也，凡以偿主者治地之劳费云尔。此固有时而诚然，然非通例。知者以未治之地亦有租也，设彼诚治之，则名租益重，过于未治之本租。且地之治也，出于田主之力者少，出于耕农之力者多。及其期尽，以田授他农，田主常视前农劳费为己之劳费，而于后农增租矣。

I.11.3

He sometimes demands rent for what is altogether incapable of human

---

① 经租 natural rent——原编者注。

improvement. Kelp is a species of sea-weed, which, when burnt, yields an alkaline salt, useful for making glass, soap, and for several other purposes. It grows in several parts of Great Britain, particularly in Scotland, upon such rocks only as lie within the high water mark, which are twice every day covered with the sea, and of which the produce, therefore, was never augmented by human industry. The landlord, however, whose estate is bounded by a kelp shore of this kind, demands a rent for it as much as for his corn fields.

地之责租，诚无分于治否。且有地焉，非人力所得施，其主之责租自若也。海有藻名葛罗卜①，燔之成碱灰②，制颇黎③及胰皂者恒用之。英国滨海之地，几处多有，而苏格兰尤多。皆生海石间，潮及之，日两番，潮退则露。此之地利，岂人力所能为？顾田之并海以此为畛畔者，田主责租，于常田为有加，此益见名租与治地④二者不相谋也。

I.11.4

The sea in the neighbourhood of the islands of Shetland is more than commonly abundant in fish, which make a great part of the subsistence of their inhabitants. But in order to profit by the produce of the water, they must have a habitation upon the neighbouring land. The rent of the landlord is in proportion, not to what the farmer can make by the land, but to what he can make both by the land and by the water. It is partly paid in sea-fish; and one of the very few instances in which rent makes a part of the price of that commodity, is to be found in that country.

苏格兰极北有岛曰薛德兰，海中多嘉鱼，为其地民生所利赖。然渔者必其地居民，外罟不得阑入也。于是其地名租，兼海而课。土之所获，水之所捕，合而征之，数鱼为完。英之征租，所谓任土作贡者，于今盖寡，此其仅存之一事也。

---

① 葛罗卜 kelp，海草——原编者注。
② 碱灰 alkaline salt，碱盐——原编者注。
③ 颇黎 glass，今译玻璃——原编者注。
④ 治地 improvement，谓一切开垦改良之事——原编者注。

I.11.5

The rent of land, therefore, considered as the price paid for the use of the land, is naturally a monopoly price. It is not at all proportioned to what the landlord may have laid out upon the improvement of the land, or to what he can afford to take; but to what the farmer can afford to give.

是故田之有租，所以易用地之权，而与辜榷专利者同物。盖田租高下之率，不与所前费者相准，以为最高最卑之分限，而独视农者所有余能出之力以为差。辜榷之名价也，不视供者之本值，而以求者之喜厌为乘除。故曰与同物也。

I.11.6

Such parts only of the produce of land can commonly be brought to market of which the ordinary price is sufficient to replace the stock which must be employed in bringing them thither, together with its ordinary profits. If the ordinary price is more than this, the surplus part of it will naturally go to the rent of the land. If it is not more, though the commodity may be brought to market, it can afford no rent to the landlord. Whether the price is, or is not more, depends upon the demand.

百货之入市也，必其价有以偿其货之所前费，又益之以通行之赢利，而后货通，否则弃于地矣，此所谓经价者也。今使市价溢于经价，则所溢者将断而为租，使适如经价而止，则租无由出。而市价之溢不溢，又视乎供求相剂之大例。

I.11.7

There are some parts of the produce of land for which the demand must always be such as to afford a greater price than what is sufficient to bring them to market; and there areothers for which it either may or may not be such as to afford this greater price. The former must always afford a rent to the landlord. The latter sometimes may, and sometimes may not, according to different circumstances.

地之所产，有物焉求常过供，则市价常溢。有物焉求或过供或不及供，则市价亦或溢或不溢。故产前物者，其地常得租，产后物者，其地或得租或不得租，视供求相剂之何若。

Ⅰ.11.8

Rent, it is to be observed, therefore, enters into the composition of the price of commodities in a different way from wages and profit. High or low wages and profit, are the causes of high or low price; high or low rent is the effect of it. It is because high or low wages and profit must be paid, in order to bring a particular commodity to market, that its price is high or low. But it is because its price is high or low; a great deal more, or very little more, or no more, than what is sufficient to pay those wages and profit, that it affords a high rent, or a low rent, or no rent at all.

是故合三成价，租与居一焉。而其所以入价之情，与庸赢大有异。庸赢之高下，物价所以贵贱之因也，而租之重轻，则物价贵贱之果也。夫百产之入市，既必有以偿其前费，而益之以常赢矣，故其物之贵贱恒视之。至于租独不然，以市价之于经价或大过或小过或适均，而租则或重或轻或并轻者而无之。

Ⅰ.11.9

The particular consideration, first, of those parts of the produce of land which always afford some rent; secondly, of those which sometimes may and sometimes may not afford rent; and, thirdly, of the variations which, in the different periods of improvement, naturally take place, in the relative value of those two different sorts of rude produce, when compared both with one another and with manufactured commodities, will divide this chapter into three parts.

析而论之，则此篇言租之事可分为三：一论地产之常得租者，次论地产之不常得租者，三论二产随世升降相待之变率。

案：后之计学家皆主租不入价之说，而以斯密氏合三成价之例为非。盖租之重轻，与物价之腾跌为无与。故租虽重，厉耕者而无所厉于食粟之民，租虽亡，其地产亦不因之而贱。贵贱者，大抵供求缓急之所为也。今使一国以其政令之烦，致租税重，农业病，而民生焦然，是固其法过也，而租不入价之理自若。此后贤如理嘉图等之说也。虽然，吾观斯密氏合三成价之说，亦曰价之中亦其为租者耳。至于价之腾跌，非租所能为，则彼固曰庸赢者价之因，而租者价之果，本末厘然，未必受后起之击排也。

又案：租与税不同。今假国家于城市设关以征野之入货，则供者于其庸赢转运之外，自必加此税者以相济，则价以之腾矣。至于租者不然。故曰租税异也。

参考文献

Akira, Yanabu (2011). Selections by Yanabu Akira. In Indra Levy (ed.), *Translation in Modern Japan.* London & New York: Routledge, 44–73.

Appiah, Anthony (2012). Thick Translation. In Lawrence Venuti, *The Translation Studies Reader* (3rd edition.). London & New York: Routledge.

Baker, Mona (1993). Corpus linguistics and translation studies. Implications and applications. In: Baker, M., Francis G. e Tognini Bonelli, E. (eds.), *Text and Technology: In Honour of John Sinclair.* Philadelphia & Amsterdam: John Benjamins Publishing Company.

Baker, Mona (2006). *Translation and Conflict: A Narrative Account.* London & New York: Routledge.

Bassnett, Susan & Peter Bush (eds.) (2006). *The Translator as Writer.* London & New York: Continuum.

Bennett, Asrian A. (1967). *John Fryer: The Introduction of Western Science and Technology into Nineteenth-Cencury China.* Cambridge, M.A.: Harvard University Press.

Blouin, F. X., & Rosenberg, W. G. (2011). *Processing the Past: Contesting Authority in History and the Archives.* Oxford University Press.

Burke, Martin J., & Melvin Richter (eds.) (2012). *Why Concepts Matter: Translating Social and Political Thought.* Leiden & Boston: Brill Academic Publishers.

Burke, Peter (2007). *Cultural Translation in Early Modern Europe.* Cambridge University Press.

Burton, John Hill (1852). *Political Economy for Use in Schools and for Private Instruction.* Edinburgh: Chambers Brothers.

Chan, Elsie (2002). Translation Principles and the Translator's Agenda: A Systemic Approach to Yan Fu. In Theo Hermans (ed.), *Crosscultural*

Transgressions: Research Models in Translation Studies（Ⅱ）*Historical and Ideological Issues*. Manchester: St. Jerome Publishing, pp. 61 – 75.

Chan, Elsie(2003). Translation as Metaphor: Yan Fu and His Translation Principles. Ph. D. Dissertation. Warwick: University of Warwick.

Chesterman, Andrew (1997). *Memes of Translation: The Spread of Ideas in Translation Theory*. Amsterdam and New York: John Benjamins.

Cohen, Paul A. (1974). *Between Tradition and Modernity: Wang T'ao and Reform in Late Ch'ing China*. Cambridge, Mass. : Harvard University Press.

Craig, Rozynski (1984). John Hill Burton and Fukuzawa Yukichi. *Kindai Nihon Kenkyu*(1): 238 – 318.

Crawford, Matthew (2013). The Preface and Subject Matter of Cyril of Alexandria's De Adoratione. *Journal of Theological Studies* 64(1), 154 – 167.

Cronin, Michael(2013). *Translation in the Digital Age*. London and New York: Routledge,

Delisle, Jean & Judith Woodsworth (1995). *Translators Through History*. Amsterdam/Philadelphia: John Benjamins Publishing Co. .

Elvin, Mark and George W. Skinner (eds.) (1977). *The Chinese City Between Two Worlds*. Stanford: Stanford University Press.

Even-Zohar, Itamar (1990). Polysystem Theory. *Poetics Today* (11:1): 9 – 26.

Fairbank, John K. , Denis Twitchett et al. (eds.) (1978). *The Cambridge History of China*. Cambridge, Mass. : Cambridge University Press.

Fairbank, John King & Ssu-yü Teng (1979). *Response to the West: A Documentary Survey*, 1839 – 1923. Cambridge, Mass. : Harvard University Press.

Fawcett, Henry (1865). *Manual of Political Economy*. Cambridge and London: Macmillan and Co. .

Feuerwerker, Albert (1958). *China's Early Industrialization: Sheng Hsuan-Huai* (1844 – 1916) *and Mandarin Enterprise*. Cambridge, Mass. : Harvard University Press.

Feuerwerker, Albert, Rhoads Murphey and Mary C. Wright (eds.) (1967). *Approaches to Modern Chinese History*. Berkeley: The University of California Press.

Feuerwerker, Albert (1969), The Chinese Economy 1870 – 1911. *Michigan Papers in Chinese Studies*. Michigan: The University of Michigan.

Feuerwerker, Albert (1982). Chinese Social and Economic History from the Song to 1900. *Michigan Papers in Chinese Studies*. Michigan: The University of Michigan.

Feuerwerker, Al ert (1996). *Studies in the Economic History of Late Imperial China: Handicraft, Modern Industry, and the State*. Ann Arbor: University of Michigan.

Gernet, Jacques (2008). *A History of Chinese civilization*. Cambridge: Cambridge University Press.

Genette, Genald (1997). *Paratexts: Thresholds of Interpretation*. Cambridge: Cambridge University Press.

Hagg, Andre (2011). Maruyama Masao and Katō Shūichi on *Translation and Japanese Modernity*. In Indra Levy (ed.), *Translation in Modern Japan*. London & New York: Routledge, pp. 15 – 43.

Hou, Chi-ming (1965). *Foreign Investment and Economic Development in China*, 1840 – 1937. Cambridge, Mass.: Harvard University Press.

Jevons, William S. (1878). *Science Primers: Political Economy*. London: Macmillan & Co..

Jevons, William S. (1880/2012). *Science Primers: Political Economy*. London: Forgotten Books.

Jevons, William S. (1905/2005). *Science Primers: Political Economy*. Boston: Adamant Media Co.

Kamachi, Noriko (1981). *Reform in China: Huang Tsun-hsien and the Japanese Model*. Cambridge, Mass.: Harvard University Press.

Kuhn, Thomas S. (1962). *The Structure of Scientific Revolutions*. Chicago: The University of Chicago Press.

Kurtz, Joachim (2001). Coming to Terms with Logic: The Naturalization of an Occidental Notion in China. In Michael Lackner et al. (eds.), *New Terms for New Ideas: Western Knowledge and Lexical Change in Late Imperial China*. Leiden & Boston: Brill Academic Publishers, pp. 147 – 176.

Lai, Cheng-chung(ed.) (2000). *Adam Smith Across Nations: Translations and Receptions of* The Wealth of Nations. Oxford: Oxford University Press.

Lackner, Michael and Natascha Vittinghoff (2004) (eds.). *Mapping Meanings: The Field of New learning in Late Qing China.* Leiden & Boston: Brill Academic Publishers.

Lamb, Robert(1973). Adam Smith's Concept of Alienation. *Oxford Economic Papers*, Vol. 25(2), pp. 275 - 285.

Lefevere, André (1992). The Role of Ideology in the Shaping of a Translation. In André Lefevere (ed.), *Translation/ History/Culture: A Source Book.* London & New York: Routledge.

Leung, Chung Yan(2001). A bilingual British "Barbarian": A Study of John Robert Morrison (1814 - 1843) as the Translator and Interpreter for the British plenipotentiaries in China Between 1839 - 1843[D]. Hong Kong Baptist University.

Levy, Indra (2011). *Translation in Modern Japan.* London & New York: Routledge.

Li, Tiangang (2006). Chinese Renaissance: The Role of Jesuits in the Early Modernity of China. In Yang Huilin and Daniel H. N. Yeung (eds.), *Sino-Christian Studies in China.* Newcastle: Cambridge Scholars Press, pp. 27 - 37.

Lippert, Wolfgang (2004). The Formation and Development of the Term 'Political Economy' in Japanese and Chinese. In Michael Lackner and Natascha Vittinghoff (eds.), *Mapping Meanings: The Field of New learning in Late Qing China.* Leiden: Koninklijke Brill NV, pp. 119 - 128.

Liu, Lydia H. (1995). *Translingual Practice: Literature, National Culture, and Translingual Modernity—China* (1900 - 1937). Stanford: Stanford University Press.

Liu, Lydia H. (2000). The Question of Meaning-Value in the Political Economy of the Sign. In Lydia Liu (ed.), *Token of Exchanges: The Problem of Translation in Global Circulations.* Durham: Duke University Press.

Liu, Lydia H. (2004). *The Clash of Empires: the Invention of China in Modern World Making.* Cambridge, Mass.: Harvard University Press.

Lockwood, William W. (1954). *The Economic Development of Japan: Growth and Structural Change*, 1868 – 1938. Princeton. N. J. : Princeton University Press.

Locke, John (1980). *Second Treatise of Government.* Indianapolis: Hackett Publishing Company.

Lütfiye, O. , & Neslihan, K. (2012). Different times, different themes in Lady Chatterley's Lover: a diachronic critical discourse analysis of translator's prefaces. *Neohelicon* 39(2), 337 – 364.

Martzloff, Jean-Claude (1997). *A History of Chinese Mathematics.* Berlin: Springer.

Masini, Federico (1993). *The Formation of Modern Chinese Lexicon and Its Evolution Toward a National Language: The Period from* 1840 *to* 1898. Berkeley: University of California.

Mateer, Ada (1913). *New Terms for New ideas: A Study of the Chinese Newspaper.* Shanghai: The Presbyterian Mission Press.

Mateer, Calvin W. (1904). *Technical Terms. English and Chinese.* Shanghai: Presbyterian Mission Press.

Michael, Piggott (2012). Processing the Past: Contesting Authority in History and the Archives. Australian Academic & Research Libraries, 43(1), 85 – 86.

Miller, Hillis (1991). Bordering Crossings: Translating Theory, *Euramerica*, Vol. 21(4):27 – 51.

Montgomery, Scott L. (2000). *Science in translation: Movements of Knowledge through Cultures and Time.* Chicago and London: The University of Chicago Press.

Muller, Max. (1965). Preface to the Sacred Books of the East, Trans. by Max Muller, *The Upanishads* (part 1). Delhi: Motilal Banarsidass.

Munday, Jeremy (2013). The Role of Archival and Manuscript Research in the Investigation of Translator Decision-making. *Target*, 25 (1) :125 – 139.

Munday, Jeremy (2014). Using Primary Sources to Produce a Microhistory of Translation and Translators: Theoretical and Methodological Concerns. *The*

Translator, Vol. 20 (1): 64 – 80.

Naquin, Susan and Evelyn Rawski (1987). *Chinese Society in the Eighteenth Century*. New Haven: Yale University Press.

Needham, Joseph (1970). *Clerks and Craftsmen in China and West: Lectures and Addresses on the History of Science and Technology*. Cambridge Mass.: Cambridge University Press.

Newmark, Peter (1982). *Approaches to Translation*. Oxford: Pergamon.

Newmark, Peter (1988). *A Textbook of Translation*. New York: Prentice-Hall International.

O'Sullivan, Carol (2012). Rethinking Methods in Translation History, *Translation Studies* (Special Issue), Vol. 5 (2): 12 – 23.

Papadima, Maria(2011). The Translator's Voice in the Peritext of His Translation: A Preface, an Epilogue, Notes and Other Confessions. *Between Originals and Translations* 17, 13 – 31.

Pym, Anthony (2008). *Methods in Translation History*. Beijing: Foreign Language Teaching and Research Press.

Richter, Melvin (1995). *The History of Political and Social Concepts: A Critical Introduction*. New York: Oxford University Press.

Ricci, Ronit(2012). Thresholds of Interpretation on the Threshold of Change: Paratexts in Late 19th-century Javanese Manuscripts. *Journal of Islamic Manuscripts* 3(2), 185 – 210.

Robinson, Douglas (2006). *Western Translation Theory: From Herodotus to Nietzsche*. Beijing: Foreign Language Teaching and Research Press.

Rodica, Dimitriu. (2009). Translators' prefaces as documentary sources for translation studies. *Perspectives* 17(3), 193 – 206.

Rogers, James Edwin (1902). *History of Agriculture and Prices in England from* 1259 – 1793. Oxford: Oxford University Press.

Rundle, Christopher(2014). Theories and Methodologies of Translation History: the Value of an Interdisciplinary Approach. *The Translator*, 20.1: 2 – 8.

Said, Edward W. (1983). *The World, the Text, and the Critic*. Cambridge, Mass.: Harvard University Press.

Said, Edward W. (1994). *Reflections on Exile and Other Essays*. Cambridge, Mass. : Harvard University Press.

Sakai, Naoki(1997). *Translation and Subjectivity: On Japan and Cultural Nationalism*. Minneapolis: University of Minnesota Press.

Schwartz, Benjamin (1964). *In Search of Wealth and Power: Yen Fu and the West*. Cambridge, Mass. : Harvard University Press.

Scott, William R. (1935). The Manuscript of Early Draft of Part of*The Wealth of Nations*. *Economic Journal*, Vol. 45(179), 427 – 438.

Sinn, Elizabeth (1991). Yan Fu as Translator: A Textual Criticism of the Tianyanlun. In Liu Jinzhi (ed.), *New Collection of Translation Studies: The 20th Anniversary of Foundation of Hong Kong Translation Association*. Hong Kong: Commercial Publishing House, pp. 359 – 366.

Smith, Adam (1776/1869). An Inquiry into the Nature and Causes of the Wealth of Nations (1st edition.) James E. Thorold Rogers (ed.), Oxford: Clarendon Press.

Smith, Adam (1776/1880). *An Inquiry into the Nature and Causes of the Wealth of Nations* (2nd edition.). James E. Thorold Rogers (ed.), Oxford: Clarendon Press.

Smith, Adam (1904). *An Inquiry into the Nature and Causes of the Wealth of Nations*. Edwin Cannan (ed.), New York: The Modern Library.

Smith, Adam (1776/1994). *An Inquiry into the Nature and Causes of the Wealth of Nations*. Edwin Cannan (ed.), New York: The Modern Library.

Sugiyama, Chuhei (1968). The Development of Economic Thought in Meiji Japan. *Modern Asian Studies*. Vol. 2 (4): 325 – 341.

Sugiyama, Chuhei and Hiroshi Mizuta(eds.) (1988). 'Fukuzawa Yukichi' of*Enlightenment and Beyond: Political Economy Comes to Japan*. Tokyo: University of Tokyo Press.

Sugiyama, Chūhei (1994). *The Origins of Economic Thought in Modern Japan*. London & New York: Routledge.

Sugiyama, Chūhei (1995). *The Origins of Economic Thought in Modern Japan*. 2nd ed London & New York: Routledge.

Susam-Sarajeva, Sebnem (2003). Multiple-entry Visa to Traveling Theory: Retranslations of Literary and Cultural Theories. *Target*. Vol. 5, No. 1. 1 – 36.

Toury, Gideon (1995/2002). *Descriptive Translation and Beyond*. Amsterdam and New York: John Benjamins.

Trescott, Paul B. (1989). Scottish Political Economy Comes to the Far East: The Burton-Chambers Political Economy and the Introduction of Western Economic Ideas into Japan and China. *History of Political Economy*, Volume 21(3): 481 – 503.

Trescott, Paul B. (2007). *Jingji Xue: The History of the Introduction of Western Economic Ideas into China*, 1850 – 1950. Hong Kong: The Chinese University of Hong Kong.

Tymoczko, Maria and Edwin Gentzler (eds.) (2002). *Translation and Power*. Massachusetts: University of Massachusetts Press.

Tymoczko, Maria (2010). Ideology and the Position of the Translator: In What Sense Is a Translator 'In Between'? In Mona Baker (ed.), *Critical Readings in Translation Studies*. London & New York: Routledge, pp. 181 – 201.

Venuti, Lawrence (1995). *The Translator's Invisibility: History of Translation*. London and New York: Routledge.

Viner, Jacob (1928). Adam Smith and Laissez Faire. In John Maurice Clark, Paul H. Douglaset al. (eds), *Adam Smith 1776 – 1928: Lectures to Commemorate the Sesquicentennial of the publication of Wealth of Nations*. Chicago: The University of Chicago Press.

Wang, David Der-wei (1997), *Fin-de-siècle Splendor: Repressed Modernities of Late Qing Fiction*, 1849 – 1911. Stanford: Stanford University Press.

Watts, Richards (2000). Translating Culture: Reading the Paratexts to Aimé Césaire's *Cahier d'un retour au pays natal*. *TTR: traduction, terminologie, redaction* 12 (2): 29 – 45.

Williams, Raymond (1983). *Keywords: A Vocabulary of Culture and Society*. New York: Oxford University Press.

Williams, Raymond. (1985). *Keywords: A Vocabulary of Culture and Society* (revised edition). London: Fontana.

Wood, John. C. (ed.) (1984). *Adam Smith: Critical Assessments* (Vol. I). London and New York: Routledge.

Wright, David (2000). *Translating Science : The Transmission of Western Chemistry into Late Imperial China, 1840 – 1900*. Leiden and Boston: Brill.

Zelin, Madeleine (1984). *The Magistrate's Tale: Rationalizing Fiscal Reform in Eighteenth Century Ch'ing China*. Oakland: University of California Press.

〔美〕阿林顿（2011），《青龙过眼：西方人眼中的中国印象》，叶凤美译。上海：中华书局。

〔英〕艾约瑟（1886，光绪十二年），《富国养民策》。总税务司署。

〔荷〕安国风（2008），《欧几里得在中国——汉译〈几何原本〉的源流与影响》，纪志刚等译，南京：江苏人民出版社。

安田朴（2000），《中国文化西传欧洲史》，北京：商务印书馆。

包振宇、曹斌（2012），《"国民财富"不可改作"国家财富"：就〈国富论〉译名与谢祖钧先生商榷》，《中国翻译》（1）：64~66。

包天笑（2009），《钏影楼回忆录》，北京：中国大百科全书出版社。

〔日〕滨下武志（1989/2006），《中国近代经济史研究——清末海关财政与通商口岸市场圈》，高淑娟、孙彬译，南京：江苏人民出版社。

曹旭华（1986），《严复的富国论与亚当·斯密的〈国富论〉》，《经济问题探索》（7）：50~53。

（清）陈炽（1997），《陈炽集》，赵树贵、曾丽雅编，中华书局1997年版。

陈冬野（1992），《亚当·斯密的经济理论体系》，上海：上海人民出版社。

陈国华（2013），《汉玉精雕：〈孟子〉选》，《英语学习》（5）：58~65。

陈绛（2008），《严译〈原富〉的时代意义》，《历史教学问题》（4）：4~7。

陈其人（2012），《亚当·斯密经济理论研究》，上海：上海世纪出版集团。

陈其南（1987/1994：10~11），《台湾的传统中国社会》，订正版，台北：允晨。

陈舍（1994），《从〈原富〉的按语看严复的自由主义经济思想》，福州市纪念严复诞辰140周年活动筹备组编《严复诞辰一百四十周年纪念活动专辑》（内部发行），1994。

陈文亮（1994），《严复经济思想探索》，《理论学习月刊》（Z1）：65~69。

陈喆（2008），《伦敦会传教士艾约瑟的中西语言比较研究及其影响》，《学术研究》（8）：119~124。

程霖（2004），《20世纪的中国经济思想史研究——以学术著作为主的考察》，《中国经济史研究》（4）：139~148。

戴金珊（1985），《试论西方经济学在中国的早期传播》，《世界经济文汇》（4）：32~36。

戴金珊（1990），《亚当·斯密与近代中国的经济思想》，《复旦学报》（2）：18~23。

戴金珊（1998），《中国近代资产阶级经济发展思想》，福州：福建人民出版社。

〔英〕丁韪良（1880，光绪六年），《富国策》，京师同文馆。

东亚观念史集刊编委委员会（2012），《东亚观念史集刊》（2），台北：元照出版公司。

〔美〕杜赞奇（1995/2009），《从民族国家拯救历史》，王宪明等译，南京：江苏人民出版社。

〔英〕法思德（1880/1885），《富国策·论工价》，汪凤藻译。光绪六年京师同文馆聚珍版。

樊洪业（1988），《从"格致"到"科学"》，《自然辩证法通讯》（3）：39~50。

范祥涛（2006），《科学翻译影响下的文化变迁》，上海：上海译文出版社。

方维规（2003），《"经济"译名溯源考——是"政治"还是"经济"》，《中国社会科学》（3）：178~188。

方维规（2007），《历史语义学与概念史——关于定义和方法以及相关问题的若干思考》，冯天瑜等编《语义的文化变迁》，武汉：武汉大学出版社，12~19。

方维规（2008），《"经济"译名钩沉及相关概念之厘正》，《学术月刊》（6）：136~146。

方维规（2009），《概念史研究方法要旨——兼谈中国相关研究中存在的问题》，黄兴涛编《新史学：文化史研究的再出发》（第三卷），北京：中华书局，3~20。

方维规（2011），《"鞍型期"与概念史——兼论东亚转型期概念研究》，东亚观念史集刊编委员会编《东亚观念史集刊》（第一辑），台北：元照出版公司，85~116。

方维规（2012），《"夷"、"洋"、"西"、"外"及其相关概念——论19世纪汉语涉外词汇和概念的演变》，郎宓榭等编《新词语新概念：西学译介与晚清汉语词汇之变迁》，赵兴胜等译，济南：山东画报出版社，97~127。

〔美〕费维恺（1985），《1870-1911晚清帝国的经济趋势》，费正清（主编），《剑桥中国晚清史》（上册），陈绛等译，北京：中国社会科学出版社。

〔美〕费维恺（1958/1990），《中国的早期工业化：盛宣怀（1844-1916）和官督商办企业》，虞和平译，北京：中国社会科学出版社。

〔美〕费维恺（1994），《"导论：近代中国历史的透视"》，费正清、费维恺编《剑桥中国史》，刘敬坤等译，北京：中国社会科学出版社。

〔美〕费正清主编《剑桥中国晚清史》（上册），北京：中国社会科学出版社。

〔美〕费正清、邓嗣禹（1979），《中国对西方的反应：文献通考，1839-1923》，马萨诸塞州波士顿剑桥：哈佛大学出版社。

冯天瑜（2006），《"封建"考论》，武汉：武汉大学出版社。

冯天瑜（2008），《"封建"考论》（修订版），北京：中国社会科学出版社。

冯天瑜（2010），《汉字术语近代转换过程中误植现象辨析》，刘柏林、胡令远编《中日学者中国学论文集——中岛敏夫教授汉学研究五十年纪念文集》，上海：复旦大学出版社，271~289。

〔法〕福柯（2007），《知识考古学》（第3版），谢强、马月译，北京：生活·读书·新知三联书店。

〔英〕傅兰雅（1885/2002），《佐治刍言》，上海：上海书店出版社。

福建省严复学术研究会编（1995），《93年严复国际学术研讨会论文集》，福州：海峡文艺出版社。

福建省严复学术研究会编（1998），《严复与中国近代化学术研讨会论文集》,福州:海峡文艺出版社。

福建省严复学术研究会、北京大学福建校友会编(2003),《中国近代启蒙思想家——严复诞辰150周年纪念论文集》,北京:方志出版社。

福州市纪念严复诞辰140周年活动筹备组编(1994),《严复诞辰一百四十周年纪念活动专辑》(内部发行)。

高妙永(2004),《王亚南生平译事》,林本春编,《福建翻译家研究》,福州:福建教育出版社。

葛兆光(2009),《中国思想史——导论:思想史的写法》,上海:复旦大学出版社。

龚书铎(1988),《近代中国与近代文化》,长沙:湖南人民出版社。

辜正坤(1998),《外来术语翻译与中国学术问题》,《中国翻译》(6):17~22。

关诗珮(2011),哈葛德少男文学与林纾少年文学:殖民主义与晚清中国国族观念的建立。王宏志编《翻译史研究》(第一辑)。上海:复旦大学出版社,138~169。

关诗珮(2012),《大英帝国、汉学及翻译:理雅各与香港翻译官学生计划(1860-1900)》,王宏志编《翻译史研究》(第二辑),上海:复旦大学出版社,59~101。

郭建中(2010),《翻译:理论、实践与教学》,浙江:浙江大学出版社。

韩承桦(2013),《审重咨学:严复翻〈译群学肄言〉之研究》,台湾:五南图书出版股份有限公司。

韩江洪(2006),《严复话语系统与近代中国文化转型》,上海:上海译文出版社。

韩巍(2005),《道德情操论》,北京:西苑出版社。

〔德〕伊安·汉普歇尔·蒙克(2010),《比较视野中的概念史》,周保巍译,上海:华东师范大学出版社。

贺麟(1982),《论严复与严译名著》,王栻编《论严复与严译名著》,北京:商务印书馆。

贺麟(1925),《严复的翻译》,《东方杂志》第22卷第21期,75~87,上海:东方杂志社。

〔美〕赫胥黎(1893/1981),《天演论》,严复译,北京:商务印书馆。

洪涛（2006），《论〈石头记〉霍译本的底本和翻译评论中的褒贬》，《明清小说研究》（1）：118～125。

洪涛（2008），《翻译规范、意识形态论与〈红楼梦〉杨译本的评价问题——兼论〈红楼梦〉译评与套用西方翻译理论的风险》，《红楼梦学刊》（1）：228～259。

胡寄窗（1981），《中国经济思想史》（下册），上海：上海人民出版社。

胡寄窗（1982），《中国近代经济思想史大纲》，北京：中国社会科学出版社。

胡寄窗（1988），《1870年以来的西方经济学说》，北京：经济科学出版社。

胡培兆（1978），《〈资本论〉在我国翻译出版四十周年》，《经济研究》（12）：60＋16。

胡其柱（2010），《同、光年间来华传教士与晚清中国"自主"概念之形成》，高全喜主编《大观》（第四卷），北京：法律出版社，178－193。

黄克武（2000），《自由的所以然：严复对约翰弥尔自由思想的认识与批判》，上海：上海书店出版社。

黄克武（2004a），《"个人主义"的翻译问题：从严复谈起》，《二十一世纪》（8）：40～51。

黄克武（2004b），《略论梁启超研究的新动向》，《文史哲》（4）：31～34。

黄克武（2005），《走向翻译之路：北洋水师学堂时期的严复》，《中央研究院近代史研究所集刊》（49）：1～41。

黄克武（2011），《严复与近代中国的文化转型》，《华东师范大学学报》（1）：83～89。

黄克武（2012），《唯适之安——严复与近代中国的文化转型》，北京：社会科学文献出版社。

黄人（1911）编《普通百科新大辞典》，上海：国学扶轮社。

黄兴涛（2000），《文化史的视野》，福州：福建教育出版社。

黄兴涛（2012），《近代中国商学兴起的历史考察》，《中华读书报》（2012年4月25日第10版）。

黄忠廉（1998a），《严复翻译思想研究百年回眸》，《福建外语》（3）：19～23。

黄忠廉（1998b），《严复翻译思想的另一面》，《中国科技翻译》（4）：17~20。

黄忠廉（2009），《变译平行语料库概说——以严复〈天演论〉为例》，《外语学刊》（1）：116~119。

侯厚吉、吴其敬（1983），《中国近代经济思想史稿》（第二册），哈尔滨：黑龙江人民出版社。

蒋骁华、张景华，（2007），《重新解读韦努蒂的异化翻译理论——兼与郭建中教授商榷》，《中国翻译》（3）：39~44。

金观涛，刘青峰（2010），《观念史研究：中国现代重要政治术语的形成》，北京：法律出版社。

〔美〕柯飞（2002），《译史研究，以人为本——谈 Pym〈翻译史研究方法〉》，《中国翻译》（3）：33~34。

〔美〕柯文（1978/1985），1900 年以前的基督教传教活动及其影响》，费正清编《剑桥中国晚清史》（上卷），中国科学院历史研究所编译室译。北京：中国社会科学出版社，625~673。

〔美〕柯文（1974/2003），《在传统与现代性之间：王韬与晚清革命》，雷颐、罗检秋译，南京：江苏人民出版社。

赖建诚（1989），《亚当·斯密与严复：〈国富论〉与中国》，《汉学研究》（7-2）：303~340。

赖建诚（2000），*Adam Smith Across Nations: Translations and Receptions of The Wealth of Nations.* Oxford：Oxford University Press.

赖建诚（2009），《亚当·斯密与严复：〈国富论〉与中国》，杭州：浙江大学出版社。

雷中行（2009），《明清的西学中源论争议》，台北：兰台出版社。

李炽昌、李天纲（2000），《关于严复翻译的〈马可福音〉》，《中华文史论丛》（64）：51~75。

李非（2001），《无形之手与自由放任的异同——斯密与魁奈的对比》，《南开经济研究》（1）：59~66。

李根蟠（2008），《王亚南关于中国封建社会的理论不容割裂和歪曲》，中国社会科学院历史研究所编《封建名实问题讨论文集》，南京：江苏人民出版社，288~302。

李宏图（2012），《概念史笔谈》，《史学理论研究》（1）：4~21。

李竞能（1979），《论清末西方资产阶级经济学的传入中国》，《经济研究》（2）：68~75。

〔德〕里克特（2010），《政治和社会概念史研究》，张智译，上海：华东师范大学出版社。

李天纲（1998），《中国礼仪之争：历史·文献和意义》，上海：上海古籍出版社。

李允俊（2000），《中国经济史（1840-1911）》，上海：上海古籍出版社。

李学勇（2000），《天演论新译》，中坜：宏泰。

李泽厚（1985），《走我自己的路》，北京：生活·读书·新知三联书店。

李泽厚（2004），《中国近代思想史论》，天津：天津社会科学出版社。

梁捷（2007），《西方经济学在华早期传播与译介》，《学习与探索》（2）：135~139。

梁捷（2008），《近代国人对西方经济学的认识》，《社会科学战线》（6）：97~104。

梁启超（1896/2002），何光宇（评注），《变法通议》，北京：华夏出版社。

梁启超（1989），《饮冰室合集》，北京：中华书局。

梁启超（1902），《介绍新著〈原富〉》，《新民丛报》第1期。

梁启超（编）（2018），《西学书目表》。北京：朝华出版社。

梁启超（1999），《论学日本文之益》，《梁启超全集》（第一册），北京：北京出版社。

梁启超（2011），文明国编《梁启超自述：1873-1929》，北京：人民日报出版社。

梁台根（2006），《近代西方知识在东亚的传播及其共同文本之探索——以〈佐治刍言〉为例》，《汉学研究》（24）：323~351。

廖七一（2017），《严译术语为何被日语译名所取代》，《中国翻译》（4）：26~32。

林满红（2007），《银线：19世纪的世界与中国》，南京：江苏人民出版社。

林其泉（1993），《简议严复对〈原富〉的翻译》，《中国社会经济史研究》（4）：88~92。

林启彦（1999），《严复论中西文化》，刘桂生等编《严复思想新论》，北京：清华大学出版社，25~45。

林同齐（2006），《误读与歧见之间——评黄克武对史华兹严复研究的质疑》，《开放时代》（6）：6~18。

林耀华（1933），《严复社会思想》，《社会学界》第七卷。

林载爵（1999），《有关严复思想的两个问题：激进与保守、批判传统与反本复古》，《严复思想新论》，北京：清华大学出版社，46~59。

刘重焘（1985），《严复翻译〈原富〉之经过》，《华东师范大学学报》（4）：94~96。

刘大明（1998a），《把火种"盗"到中国的人们——〈资本论〉早期的翻译出版和全译本首次在中国出版纪实（上）》，《新文化史料》（1）：31~33。

刘大明（1998b），《把火种"盗"到中国的人们——〈资本论〉早期的翻译出版和全译本首次在中国出版纪实（中）》，《新文化史料》（2）：46~47。

刘大明（1998c），《把火种"盗"到中国的人们——〈资本论〉早期的翻译出版和全译本首次在中国出版纪实（下）》，《新文化史料》（3）：23~25。

刘广京（1983），《三十年来美国研究中国近代史的趋势》，《近代史研究》（3）：289~312。

刘桂生等编（1999），《严复思想新论》，北京：清华大学出版社。

刘禾（1999），《语际书写——现代思想史写作批评纲要》，上海：上海三联书店。

刘禾（2009），《帝国的碰撞——从近代中西冲突看现代世界秩序的形成》，杨立华等译，北京：生活·读书·新知三联书店。

刘瑾玉（2015），《严复手批〈国富论〉英文底本研究》，《中国翻译》（4）：33~39。

刘青峰、金观涛（1989），《论社会科学研究中的比较方法》，《自然辩证法研究》（3）：26~35。

刘锡鸿（1986），《英轺私记》，长沙：岳麓书社。

刘绪贻 (2008),《读〈"封建"考论〉》,《读书》(12): 94~97。

刘雪梅 (2003),《纪念严复译本〈原富〉出版100周年全国学术研讨会综述》,《经济学动态》(1): 40~42。

刘正埮、高明凯 (1984),《汉语外来词词典》,上海: 上海辞书出版社。

鲁伟、李德凤 (2010),《中国特色的翻译学:误区还是必然?——兼评〈中西翻译思想比较研究〉》,《中国科技翻译》(2): 11~14。

卢云昆(编)(1996),《严复〈与《外交报》主人书〉》,《社会剧变与规范重建———严复文选》,上海: 上海远东出版社。

罗卫东 (2005),《老调重弹:研究型翻译的重要——从亚当·斯密〈道德情操论〉的中译本说起》,《博览群书》(3): 34~42。

罗卫东 (2008),《理解亚当·斯密:伦理学的视角》,《学术月刊》(10): 78~85。

罗选民 (2002),《解构"信、达、雅":翻译理论后起的生命——评叶维廉〈破《信、达、雅》:翻译后起的生命〉》,《清华大学学报》(S1): 90~93。

罗耀九 (1978),《严复的经济思想述评》,《中国经济问题》(2): 64~72。

〔德〕马克思 (1938/2009),《资本论》,郭大力、王亚南译,上海: 三联书店。

马勇 (2002) 整理《严复与熊季廉书 (1904年5月26日)》,《近代史资料》(第104号),北京: 中国社会科学出版社。

马克垚 (1997),《中国封建社会比较研究·导言》,上海: 学林出版社。

〔英〕米怜,(2008),《新教来华传教前十年回顾》,郑州: 大象出版社。

〔德〕宓克 (1891),《支那教案论》,严复译,上海: 南洋公学译书院。

〔英〕穆勒 (1900~1902/1981),《穆勒名学》,严复译,北京: 商务印书馆。

〔英〕穆勒 (1981),《群己权界论》,严复译。北京: 商务印书馆出版社。

〔日〕内藤湖南 (2007),《燕山楚水》,吴卫峰译,北京: 中华书局。

牛仰山、孙鸿霓 (1990) 编《严复研究资料》,福州: 海峡文艺出版社。

牛仰山 (2006),《严复文选》(注释本),天津: 百花文艺出版社。

〔英〕欧内斯特·英斯纳、伊恩·辛普森·罗斯(2000) 编《亚当·斯密通信集》，林国夫等译，北京：商务印书馆。

欧阳哲生（1994），《严复评传》，天津：百花文艺出版社。

潘光哲（2012），《革命理由的"理论旅行"——美国〈独立宣言〉在晚清中国》，孙江编《新史学（第二卷）：概念·文本·方法》，北京：中华书局，91~128。

彭发胜（2011），《翻译和中国现代学术话语的形成》，杭州：浙江大学出版社。

皮后锋（2000），《〈原富〉的翻译与传播——兼与赖建诚教授商榷》，《汉学研究》（18）：309~330。

皮后锋（2003），《严复大传》，福州：福建人民出版社。

皮后锋（2006），《严复评传》，南京：南京大学出版社。

朴之（1923），《斯密亚丹二百年纪念》，《东方杂志》第12卷，第17号。

戚学民（2002），《严复〈政治讲义〉研究：文本渊源、言说对象和理论意义》，清华大学博士学位论文。

钱仲联（1998），《郭嵩焘等使西纪程六种》，北京：生活·读书·新知三联书店。

邱彭生（2009），《清末两种中国"百科全书"的经济与法律之学》，黄兴涛编《新史学：文化史研究的再出发》，北京：中华书局，155~183。

〔美〕任达（1993/1998），《新政革命与日本——中国，1898-1911》，李仲贤译，南京：江苏人民出版社。

任东升（2011），《论严复的圣经片段翻译》，《东方翻译》（2）：23~28。

〔美〕芮玛丽（1962/2002），《同治中兴：中国保守主义的最后抵抗》，房德邻等译，北京：中国社会科学出版社。

桑兵（2013），《进入民国之山雨欲来——日记所见亲历者的心路历程》，《杭州师范大学学报》（2）：12~40。

桑兵（2015），《循名责实与集二千年于一线——名词概念研究的偏向及其途辙》，《学术研究》（3）：95~97。

〔日〕森时彦（2012），《梁启超的经济思想》，〔日〕狭间直树编《梁启超·明治日本·西方》（修订版），孙路易等译，北京：社会科学文献出版社，199~222。

单德兴（2007），《翻译与脉络》，北京：清华大学出版社。

〔日〕山崎益吉（1981），《横井小楠的社会经济思想·序章》，多贺出版株会社。

沈国威编著（2006），《六合丛谈：附解题·索引》，上海：辞书出版社。

沈国威（2010），《近代中日词汇交流研究：汉字新词的创制、容受与共享》，北京：中华书局。

沈国威（2011），《严复与译词："科学"》，王宏志编《翻译史研究》（第一辑），上海：复旦大学出版社，114~137。

沈兼士（1986），《沈兼士学术论集》，北京：中华书局，202。

沈敏荣（2008），《市民社会与法律精神》，北京：法律出版社。

〔美〕史华兹（1964/2010），《寻求富强：严复和西方》，叶美凤译，南京：江苏人民出版社。

史全生（1978），《论严复的经济思想》，《南京大学学报》（3）：60~70。

舒扬（1982），《严复人口思想述评》，《福建论坛》（6），46~50。

〔英〕斯密（1902/1981），严复译，《原富》（上、下册），北京：商务印书馆。

〔英〕斯密（1931/2009），《国富论》，郭大力、王亚南译，上海：上海三联书店。

〔英〕斯密（1964/1974），《国富论》（上册），周宪文译，台北：台湾银行。

〔英〕斯密（1972~1974/2010），《国富论：国民财富的性质和原因的研究》（上、下册）（修订版），郭大力、王亚南译，北京：商务印书馆。

〔英〕斯密（1974），《国民财富的性质和原因的研究》（下册），张汉裕译，台北：台湾银行。

〔英〕斯密（1998），《道德情操论》，蒋自强等译，北京：商务印书馆。

〔英〕斯密（1999/2001），《国富论》（上、下册），杨敬年译，西安：陕西人民出版社。

〔英〕斯密（2003），《道德情操论》，余涌译，北京：中国社会科学出版社。

〔英〕斯密（2003），《道德感情论》，〔日〕水田洋译，东京：岩波书店。

〔英〕斯密（2007），《国富论》，谢宗林译，北京：中央编译出版社。

宋雄伟（2007），《严复与福泽谕吉的"自由经济理论"》，山东大学硕士学位论文。

宋育仁（1896），《泰西各国采风记》，袖海山房石印本。

〔日〕松浦章等（2005）编《新尔雅：附解题索引》，上海：辞书出版社。

孙碧佳（2017），《中国国家博物馆藏严复手稿十五种赏析》，《文物天地》（5）：90~95。

苏中立（2003），《执西用中·尚实达用·世运转变——严复经世致用思想的独特性》，福建省严复学术研究会、北京大学福建校友会编，《中国近代启蒙思想家——严复诞辰150周年纪念论文集》，北京：方志出版社，69~82。

苏中立、涂光久（2011）主编《百年严复·严复研究资料精选》，福州：福建人民出版社。

孙宝瑄（1983），《望山庐日记》。上海：上海古籍出版社。

孙江（2012），《概念、概念史与中国语境》，《史学月刊》（9）：5~11。

孙江（2013），概念、概念史与中国语境。孙江，刘建辉编《亚洲概念史研究》（第一辑）。北京：生活·读书·新知三联书店，1~11。

孙青（2007），《从政治经济学（学校教学及参考用）到〈佐治刍言〉——传教士译述与晚清中文世界"西方政治之学"的塑造一例》，复旦大学历史学系（编）：《中国现代学科的形成》，上海：上海古籍出版社，1~14。

孙艺风（2012），《翻译与跨文化交际策略》，《中国翻译》（1）：16~23。

孙应祥（2003），《〈天演论〉版本考异》，黄瑞霖主编《中国近代启蒙思想家——严复诞辰150周年纪念论文集》，北京：方志出版社，330~331。

孙应祥、皮后锋（2004），《〈严复集〉补编》，福州：福建人民出版社。

孙文学（2003），《"食货"：中国封建社会的财政诠释》，《社会科学辑刊》（5）：84~90。

谈敏（1992），《法国重农学派学说的中国渊源》，上海：上海人民出版社。

谈敏（2008），《溯历史：马克思主义经济学在中国的传播前史》，上海：上海财经大学出版社。

谭汝谦编，〔日〕实藤惠秀监修（1980），《中国译日本书综合目录》，香港：香港中文大学。

唐庆增（1929），《清代泰西输入我国之经济思想》，《中国经济学社社刊—中国经济问题第一卷》，北京：商务印书馆。

唐庆增（1930），《西洋五大经济学家》，上海：黎明书局。

唐庆增（1936/2010），《中国经济思想史》（上卷），上海：商务印书馆。

田默迪（1975），《严复天演论的翻译之研究与检讨：与赫胥黎原文之对照比较》，《哲学与文化》（19）：4~8。

田默迪（1975），《严复天演论的翻译之研究与检讨：与赫胥黎原文之对照比较》，《哲学与文化》（20）：49~58。

汪丁丁（1997），《"经济"原考》，《读书》（2）：59~61。

汪荣祖（1994），《严复的翻译》，《中国文化》（1）：117~123；（2）：122~128。

汪荣祖（2006/2012），《再论严复的翻译》，《学人丛书》，北京：中华书局。

汪荣祖（2008），《晚清变法思想论丛》，北京：新星出版社。

汪荣宝、叶澜（光绪二十九年，1903），《新尔雅》，上海：上海明权社。

王恩冕（1993），《对外经贸翻译的特点与现状》，《中国翻译》（6）：22~25。

王尔敏（2003），《中国近代思想史论》，北京：社会科学文献出版社。

王尔敏（2005），《中国近代思想史论续集》，桂林：广西师范大学出版社。

王尔敏（2006），《五口通商变局》，桂林：广西师范大学出版社。

王尔敏（2008），《弱国的外交》，桂林：广西师范大学出版社。

王尔敏（2009），《晚清商约外交》，北京：中华书局。

王尔敏（2010），《新史学圈外史学》，桂林：广西师范大学出版社。

王汎森（2001），《中国近代思想与学术的谱系》，石家庄：河北教育出版社。

王凤贤（1987），《亚当·斯密的〈原富〉和严复的功利论》，《探索》（1）：11~13。

王方中（2009），《中国经济史编年纪事（1842-1949）》，北京：中国人民大学出版社。

王国维（1997），《书辜氏汤生英译〈中庸〉后》，《静庵文集》，沈阳：辽宁教育出版社。

〔美〕本杰明·艾尔曼（2009），王红霞译，《中国近代科学的文化史》，上海：上海古籍出版社。

王宏志（1999），《重释"信达雅"——二十世纪中国翻译研究》，上海：东方出版中心。

王宏志（2011），《翻译史研究》（第一辑），上海：复旦大学出版社。

王宏志（2012），《第一次鸦片战争中的译者：英方的译者》，王宏志编《翻译史研究》（第二辑），上海：复旦大学出版社，1~58。

王健（2001），《沟通两个世界的法律意义：晚清西方法的输入和法律新词初探》，北京：中国政法大学出版社。

汪敬虞（2000），《中国近代经济史（1895-1927）》，北京：人民出版社。

王克非（1987），《严复集译名札记》，《外语教学与研究》（3）：51~53。

王克非（1989），《从中村正直和严复的翻译看日中两国对西方思想的摄取》，《外语教学与研究》（4）：7~22。

王克非（1992a），《若干汉字译名的衍生及其研究——日本翻译研究述评之二》，《外语教学与研究》（2）：54~61。

王克非（1992b），《论严复《天演论》的翻译》，《中国翻译》（3）：6~10。

王克非（1996），《中国近代对西方哲学思想的摄取：严复与日本启蒙学者》，北京：社会科学出版社。

王克非（1997/2003），《翻译文化史论》，上海：上海外语教育出版社。

王克非等（2004），《双语对应语料库：研制与应用》，北京：外语教学与研究出版社。

王立新（1997），《美国传教士与晚清中国现代化》，天津：天津出版社。

王林（2008），《佐治刍言》与西方自由资本主义思想的传入，《甘肃社会科学》（6）：193~196。

王栻（1986a）主编《严复集》第一册，北京：中华书局。

王栻（1986b）主编《严复集》第二册，北京：中华书局。

王栻（1986c）主编《严复集》第三册，北京：中华书局。

王栻（1986d）主编《严复集》第四册，北京：中华书局。

王栻（1986e）主编《严复集》第五册，北京：中华书局。

王韬（1890），《西学原始考》，淞隐庐铅印本。

王宪明（2005），《语言、翻译与政治——严复译〈社会通诠〉研究》，北京：北京大学出版社。

王宪明（2014），《中国近代思想史文献的基本特点及研究方法初探》，《史学史研究》（3）：101~110。

王扬宗（2000），《傅兰雅与近代中国的科学启蒙》，北京：科学出版社。

王中江（1991），《严复与福泽谕吉——中日启蒙思想比较》，郑州：河南大学出版社。

〔英〕伟烈亚力（2011），《1867年以前来华基督教传教士列传及著作目录》，倪文君译，桂林：广西师范大学出版社。

吴淳邦（2000），《传教士傅兰雅与近代翻译：韩国基督教博物馆所藏傅兰雅的汉籍及其翻译活动》，〔韩国〕《崇实大学论文集》第30辑，34~52。

吴建林，（2004），《论严复于〈原富〉内经济类名词之翻译手法及其所译名词之消亡》，辅仁大学翻译学研究所硕士学位论文。

吴仪（1998），《从中日近代思想史探讨严复与福泽谕吉对促进中日近代化之比较研究》，福建省严复学术研究会编，《严复与中国近代化学术研讨会论文集》，福州：海峡文艺出版社，578~588。

〔日〕西周（2010），《西学连环》，沈国威节译，《或问》（20）：181~188。

夏炎德（1948/1989），《中国近百年经济思想》，上海：上海书店。

萧公权（2011），《中国政治思想史》（下册），北京：商务印书馆。

谢思田（2010），《"信、达、雅"重构视界下的中西译理融合》，北京：知识产权出版社。

谢祖钧（2010），《我是怎样翻译〈国富论〉的》，《中国科技翻译》（1）：48~51。

谢宗林（2008），《道德情操论》，北京：中央编译出版社。

〔英〕熊彼特（1996），《经济分析史》（第一卷），朱泱、李宏译，北京：商务印书馆。

熊月之（2007）主编《晚清新学书目提要》，上海：上海书店出版社。

〔法〕许理和（1972/2005），《佛教征服中国：佛教在中国中古早期的传播与适应》，李四龙、裴勇译，南京：江苏人民出版社。

徐涛（2014），《"Bicycle"的中文译名：概念史角度的考察》，《史林》(4)：113~119。

〔美〕徐中约（1970/2002），《中国近代史》，计秋枫、朱庆葆译，香港：香港中文大学出版社。

徐兴庆（2009）编《东亚知识人对近代性的思考》，台北：国立台湾大学出版中心。

许崇信（1992），《社会科学翻译在中国近代翻译史上的地位及其现实意义》，《外国语》(5)：33~36。

许钧、朱玉彬（2007），《中国翻译史研究及其方法初探——兼评五卷本〈中国翻译通史〉》，《外语教学与研究》(6)：451~455。

颜德如（2005），《严复与西方近代思想：关于孟德斯鸠与〈法意〉的研究》，长春：吉林大学出版社。

颜德如（2012），《严复翻译之评析：以孟德斯鸠〈法意〉首段为例》，《福建论坛》(11)：77~81。

严复（1917），《书札》（三九）（第十三期）。

严复（1918），《书札》（三九）（第十八期）。

严复（1996），《与〈外交报〉主人书》，卢云昆编选《社会剧变与规范重建——严复文选》，上海：上海远东出版社，537~538。

严扬（1997），《新发现的严复增删〈原富〉未完稿》，《中国文化》(15~16)：359~364。

亚当·斯密（2001/2006），《国富论》（上、下册），杨敬年译，西安：陕西人民出版社。

杨珂（2004），《从"传教士"到文化使者——傅兰雅个案研究》，华中师范大学硕士学位论文。

杨儒宾（2014），《自然概念史论》，台北：国立台湾大学出版中心。

叶世昌 (1980),《从〈原富〉按语看严复的经济思想》,《经济研究》(7): 71~75。

叶坦 (1997),《"经济"补考》,《读书》(11): 135~141。

叶坦 (1998),《"中国经济学"寻根》,《中国社会科学》(4): 59~71。

叶维廉 (1994),《破〈信、达、雅〉:翻译后起的生命》,《中外文学》(4): 75~86。

〔美〕叶文心 (1990/2012),《民国时期大学校园文化 (1919-1937)》,冯夏根等译,北京:中国人民大学出版社。

〔美〕余英时 (2005),《现代危机与思想人物》,北京:生活·读书·新知三联书店。

俞政 (1994),《论严复的经济自由主义》,《苏州大学学报》(3): 103~109。

俞政 (1995),《析严译〈原富〉按语中的富国策》,《苏州大学学报》(哲学社会科学版) (3): 113~119。

俞政 (1997),《严复赋税思想述论》,《东南学术》(4): 57~60。

俞政 (2003),《严复著译研究》,苏州:苏州大学出版社。

曾国藩 (1985),《曾文正公全集·书札 (卷十七)》,长沙:岳麓书社。

张登德 (2006),《〈富国策〉著译者考释》,《安徽史学》(6): 100~102。

张登德 (2007),《论陈炽〈续富国策〉中的富国思想》,《理论学刊》(9): 101~105。

张登德 (2009),《求富与近代经济学中国解读的最初视角——〈富国策〉的译刊与传播》,合肥:黄山书社。

张登德 (2010),《亚当·斯密及其〈国富论〉在近代中国的传播与影响》,《理论学刊》(9): 95~99。

张帆 (2009),《"格致"到"科学":晚清学术体系的过渡与别择 (1895-1905)》,《学术研究》(12): 102~114。

〔美〕张灏 (1971/2005),《梁启超与中国思想的过渡》,崔志海、葛夫平译,南京:江苏人民出版社。

张华 (2012),《中朝日近代启蒙思想比较:以严复、俞吉浚、福泽谕吉的思想为中心》,北京:中央民族大学出版社,2012。

张南峰 (2008),《多元系统论中的规范概念》,《外国语》(5): 64~71。

张佩瑶 (2012),《传统与现代之间:中国译学研究新途径》,长沙:湖南人民出版社。
张守军（1999），《严复的经济思想》，《财经问题研究》（10）：71~75。
张婷（2013），《霍克思〈红楼梦英译笔记〉价值研究》，《中国翻译》（4）：28~32。
张仲民（2007），《从书籍史到阅读史——关于晚清书籍史/阅读史研究的若干思考》，《史林》（5）：151~180。
赵丰田（1939/1989），《晚清五十年经济思想史》，上海：上海书店出版社。
赵靖（1983），《中国近代经济思想史讲话》，北京：人民出版社。
赵靖（1998），《中国经济思想史述要》（上、下册），北京：北京大学出版社。
赵靖（2002），《赵靖文集》，北京：北京大学出版社。
郑斌孙（2009），《严复经济思想研究》，福建师范大学硕士学位论文。
郑大华（1994），《拟设翻译书院议》，《采西学议——冯桂芬、马建忠集》，沈阳：辽宁人民出版社。
郑观应（1982/1984），《郑观应集》（上册），上海：上海人民出版社。
郑海凌（2003），《论"复译"》，《外国文学动态》（4）：41~42。
郑双阳（2012），《严复经济思想研究》，福建师范大学博士学位论文。
郑啸崖（1933），《观严译原富抄稿之感想》，《中国新书月报》（3）。
钟叔河（1984），《郭嵩焘：伦敦与巴黎日记》，长沙：岳麓书院。
周振甫（1936/1987），《严复思想述评》，台北：台湾中华书局。
周振鹤（2001），《序言》，伟烈亚力，《天主教列传序言：1867年以前来华基督教传教士列传及著作目录》，倪文君译，桂林：广西师范大学出版社，1~3。
朱俊瑞（2004），《梁启超经济思想研究》，北京：中国社会科学出版社。
邹振环（1986），《傅兰雅与江南制造局的译书》，《历史教学》（10）：10~14。
邹振环（1996），《影响中国近代社会的一百种译作》，北京：中国对外翻译出版公司。
邹振环（2000），《晚清西方地理学在中国——以1815至1911年西方地理学译著为中心》，上海：上海古籍出版社。

邹振环（2007），《西方传教士与晚清西史东渐》，上海：上海古籍出版社。

邹振环（2011），《晚明汉文西学经典：编译、诠释、流传与影响》，上海：复旦大学出版社。

邹振环（2011），《金粟斋译书处与〈穆勒名学〉的译刊》，《东方翻译》(2)：32~41。

〔日〕佐藤慎一（2011），《近代中国的知识分子与文明》，刘岳兵译，南京：江苏人民出版社。

附录一 《国富论》汉译本统计表
(1901~2016)

序号	时间	译者	书名	页数	出版社	备注
1	1901~1902	严复	原富（上、下）	791	商务印书馆	全译
2	1931~1932	郭大力、王亚南	国富论（上、下）	1077	神州国光社	全译
3	1934.5	刘光华	国富论	250	南京民智书局	不详
4	1964.7	周宪文、张汉裕	国民财富的性质和原因的研究（上、下）	1283	台湾银行印刷研究室	全译
5	1972	郭大力、王亚南	国富论：国民财富的性质和原因的研究（上、下）	893	商务印书馆	1931年修订版，全译
6	2001.1	杨敬年	国富论（上、下）	1034	陕西人民出版社	全译
7	2001	田翠欣、王义华	国富论	137	河北科学技术出版社	节选、英汉对照
8	2001.8	马睿	国富论	137	河北科学技术出版社	英汉对照
9	2003.3	谢祖钧、孟晋、盛之	国富论：国民财富的性质和起因的研究	609	中南大学出版社	全译
10	2005/2012	唐日松	国富论	726	华夏出版社	全译
11	2006.11	陈星	国富论	339	陕西师范大学出版社	缩译
12	2007.1	谢祖钧	国富论（上、下）	796	新世界出版社	专文
13	2007.10	张兴、田要武、龚双红	国富论	162	北京出版社	编译
14	2009.1	陈建平	国富论（精华本）	169	中国商业出版社	编译
15	2009.1	徐腾	国富论	310	新世界出版社	编译
16	2009.4	胡长明	国富论	525	人民日报出版社	有删节。总序、各章导读、编译者语

续表

序号	时间	译者	书名	页数	出版社	备注
17	2009.6	潘源	左手国富论 右手道德情操论	392	中央编译出版社	不详
18	2009.11	徐腾	国富论轻松读	310	新世界出版社	删节本，结构保留，语言通俗
19	2010.1	文熙等	国富论	401	武汉大学出版社	双色图文
20	2010.2	戴光年	国富论	338	武汉出版社	缩译
21	2010.5	谢宗林、李华夏	国富论（上、下）	1128	中央编译出版社	全译本
22	2010.5	王勋、纪飞等	国富论	1054	清华大学出版社	中文导读、英文版
23	2010.12	富强	国富论	583	陕西师范大学出版社	全译
24	2010.6	樊冰	国富论——西方经济学的奠基之作	538	山西经济出版社	全译
25	2010.9	孙善春、李春长	国富论	428	中国华侨出版社	全译
26	2010.10	朱丽丽	国富论	212	中国商业出版社	导读本
27	2011.1	章莉	国富论	318	译林出版社	不详
28	2011.3	张晓林、王帆	国富论	470	时代文艺出版社	不详
29	2012.1	宇琦	国富论	556	湖南文艺出版社	全译本
30	2012.3	殷梅	国富论	439	吉林出版集团有限责任公司	图解、有删减
31	2012.7	戴光年	国富论	346	中国纺织出版社	浓缩版
32	2012.8	郝晶	国富论	468	中国华侨出版社	不详
33	2012.8	张海峰、富强	国富论	596	安徽人民出版社	有出版说明、译者序、引论及全书篇章设计

续表

序号	时间	译者	书名	页数	出版社	备注
34	2012.12	凡禹	国富论	493	立信会计出版社	不详
35	2013.8	陈星	国富论	359	陕西师范大学出版社	无序
36	2014.6	高格	图解国富论	805	中国华侨出版社	无序
37	2015.5	高格	国富论	516	北京联合出版公司	全译本
38	2016.5	陈虹	国富论	658	中国文联出版社	无序
39	2016.8	陈叶盛	国富论	488	中国人民大学出版社	无序
40	2016.8	贾拥民	国富论	676	中国人民大学出版社	无序
41	2016.10	罗卫东	国富论（彩绘精读本）	263	浙江大学出版社	译者导读
42	2016.10	冉明志	国富论	688	台海出版社	无序

附录二 传教士译介西方经济类内容的期刊、报纸统计表（1800～1911）

期刊、报纸	时间与地点	主编、承办者	内容与特点
《察世俗每月统记传》 Chinese Monthly Magazine	1815～1922 新加坡首创	马礼逊、米怜（William Milne, 1785～1822）	宣扬西方科学知识为主，中英贸易，并谈及颇为敏感的中英鸦片贸易问题。
《东西洋每月统纪传》 Eastern Western Monthly Magazine	1833～1835，1837～1838 广东	郭实腊（Charles Gutzlaff）	第一本大量介绍西方制度的中文杂志。设有"省城洋商与各国远商相交买卖各货现时市价""贸易论"等栏目，反驳"贸易损国论"。
《特选撮要每月纪传》 A Monthly Record of Important Elections	1823 印尼	麦都思	中文月刊，为《察世俗每月统记传》复刊，后更名。
《消息》	1838 广州	麦都思、英人悉礼尔（Charles Batten Hiller, ?～1856）参与编辑	商业讯息、物价行情，刊内有"市价表"。
《香港船头货价纸》	1857～1864 香港	香港孖剌报馆	第一份中文商业报纸，最早的经济类报纸，实为英文《孖剌报》的中文版。内容有经济行情、航务等商业信息。尚未发现该报纸原件。后改名为《香港中外新报》，有被译为日文。
Chinese Repository 英文杂志《中国丛刊》	1832～1853 广州	裨治文（Elijah Coleman Bridgman）	向西方国家全面介绍中国情况，是中西学者相互了解的一个重要媒体。该刊所载文章内容，涉及中国经济、农业、手工业、中外贸易等。栏目有"书评"（Review）、"杂记"（Miscellanies）、"文艺通告"（Literary Notices）和"时事报道"（Journal of Occurrences），保存了大量中西商约、贸易、外交往来重要的一手资料与信息。

续表

期刊、报纸	时间与地点	主编、承办者	内容与特点
《澳门新闻纸》	1838~1840	林则徐	取材 The Canton Register（1827~1843），The Canton Press（1835~1844），择有关鸦片贸易译成中文，限内部浏览。魏源的《海国图志》的"夷情備采"中的"澳门月报"中所收集的文章多以此为主要材料。
《遐迩贯珍》	1853~1856 香港月刊杂志	麦都思	涉及"各国近事""商业"及一般新闻评论为主。
《六合丛谈》	1857~1858 上海中文月刊	麦都思负责、亚历山大·伟列亚力主编	综合性的新闻性期刊，引介西方经济制度和经济学的思想。曾设专栏"华英通商事略"。
《中外新报》 Chinese and Foreign Gazette	1858~1861 宁波	美国传教士玛高温（Daniel Jerome Macgowan）、应思礼任主编	社会生活中的经济活动往来。

附录三 《富国策》、《佐治刍言》和《富国养民策》目录对照表

章次	Manual of Political Economy	《富国策》	Political Economy for Use in Schools, and for Private Instruction	《佐治刍言》	Science Primers: Political Economy	《富国养民策》
1	Production of wealth	论生财	Introductory social organisation	论家室之道	Introduction	冠首导引
2	The requisites of production	生财有三要	The family circle	论人生职分中应得应为之事	Utility	论物之有益于人
3	Labor as an agent of production	论人功	Civilization	论文教	Production of wealth	生财
4	Of capital	论资本	Equality and inequality-distinctions of rank	论名位	Division of labor	分工操作
5	On the production power of three requisites of production	论三要滋生之力	Society a competitive system	论国人作事宜有争先之意	Capital	资本
6	Production on a large and on a small scale	论制造多寡之异	Objections to the competitive system considered	论驳辩争先之误	Distribution of wealth	财分于各生
7	On the laws which determine the increase of production	论增益财用之理	Division of mankind into nations	论人类分国	Wages	工价
8	On the increase of capital	无	Intercourse of nations with each other	论各国交涉事宜	Trades-unions	论行会
9	Distribution	论用财 第二卷	Origin of government	论国政之根源	Co-operation etc.	资本操作联合之诸情形
10	Exchange	论交易 第三卷	Different kinds of government	论国政之分类	The Tenure of land	论地并租地诸事
11	Taxes	论税收 第四卷	Laws and national institutions	论政法并国内各种章程	Exchange	论交易

续表

章次	Manual of Political Economy	《富国策》	Political Economy for Use in Schools, and for Private Instruction	《佐治刍言》	Science Primers: Political Economy	《富国养民策》
12			Government functions and measures	论国家职分并所行法度	Money	金银钱钞之交易
13			The education of the people	论教民	Credit and Banking	论藉银之理并典当店银庄金店
14			The nature of political economy	论财用	Credit cycles	生意兴衰循环之运数
15			Origin and nature of property	论产业	The functions of government	益民生诸事官办民办之利弊
16			The protection of property	论保护产业	Taxation	征税
17			Protection of the profits on faults of property	论保护产业所生之利		
18			Effects of a partition on property	论平分产业之弊		
19			labor and production	论工艺并造成之物料		
20			labor as the source of value	论人工能定物料之价值		
21			Division and organization of labor	论分工并管理人工之法		
22			Machinery	论机器		
23			Wages	论工价		
24			Capital	论资本		
25			Trade and profit	论贸易之利		
26			Monopoly-competition	论国家准人独造货物出售之弊		
27			Foreign commerce	论各国通商		
28			Money	论钱法		
29			Paper-currency	论钞票		

续表

章次	Manual of Political Economy	《富国策》	Political Economy for Use in Schools, and for Private Instruction	《佐治刍言》	Science Primers: Political Economy	《富国养民策》
30			Banking	论开设银行		
31			Credit	论赊借		
32			Commercial convulsions	未译		
33			Accumulation and expenditure	未译		
34			Insurance against calamities	未译		
35			Taxes	未译		

附录四 严译《原富》经济学术语译词表（部分）[①]

The Wealth of Nations	严译名	今译名
accumulation of stock	积贮	物品积蓄
agricultural system	农宗	重农主义/重农制度
aide	爱底	
annual produce	岁殖	每年产出
apprenticeship	徒限	法国学徒制
arithmetic series	递加级数	算术级数
bank	版克	银行
bank	板克	银行
bankrupt	倒帐	破产
barter	交易	以物易物
bill	楮契	票据/汇票
bill	毗勒	票据/汇票
capital	母本	资本
capital	母财	资本
capital	母	资本
capital	本	资本
capital stock	母财	资本
capitation	葛必达	人口税
circulating capital	循环母财	循环资本
check	支条	支票
coinage	圜法	货币制度
commerce	商业	商业
commercial society	商群	商业社会

[①] 附录所列术语均取自严译《原富》（上、下册）中的注释。其中大部分是1931年再版时由商务印书馆的编者整理并加入今译。

续表

The Wealth of Nations	严译名	今译名
commodity	货	货物/商品
competition	竞	竞争
compound interest	繁息	复利
consumption	民用	消费使用
dorn law	榖法	
corporation	联	公司/法人
corporation	歌颇鲁勒宪	公司/法人
corvee	苦尔威	徭役/劳役
demand	求	需求
deposit	长流囷	存款
discount	豫息	贴现息
division of labor	分功	分工
division of labor	通功易事	分工
economy	叶科诺密	经济
economy	计学	经济
economist	计学家	经济学家
economics	计学	经济学
exchange	懋迁	交换
exchange	易	交换
exchange	交易	交换
Exclusive privileges of corporation	业联	设立公司之特权
export bounty	外输之奖	出口补助/出口奖励
extensive circle	环幂	耕种所及之地
factory legislation	厂令	工厂法
fixed capital	常住母财	固定资本
free competition	任物之竞	自由竞争
free competition	物竞	自由竞争
free competition	自由相竞	自由竞争
free competition	任物自已	自由竞争
free trade	无遮通商	自由贸易
free trade	自由商法	自由贸易
free trade	自由商政	自由贸易
free trade	大通商法	自由贸易

续表

The Wealth of Nations	严译名	今译名
free trade	自由贸易	自由贸易
gabelle	甲俾	盐税
geometric series	递乘级数	几何级数
gross profit	总赢	总收入
gross rent	总租	总地租
gross revenue	总殖	总收入
immediate consumption	国民所即用即享即耗即销者	直接消费
improvement of land	积功	土地改良
incidence of taxation	税极	租税之归着
independent workman	无待之工	自备资本之劳工
insurance	保险	保险
instrument of commerce	易中	交易媒介
interest	息	利息
interest	息利	利息
interest	息财	利息
joint-stock company	合股公司	股份公司/合股公司
land	业场	土地
law of diminishing return	小还例	报酬递减法则（定律）
labor	功力	劳动
labor	力	劳动
labor	力役	劳动
legal tender	法偿	法定货币/法偿货币
lottery	阄博	乐透/彩券
making loans	赊贷法	借贷
manufactured goods	熟货	制造品
market	市	市场
market	业场	市场
market	销场	市场
market	市廛	市场
market	市阛	市场
market	市肆	市场
market	场市	市场

续表

The Wealth of Nations	严译名	今译名
market	市场	市场
market price	时价	市场价格
mercantile system	商宗	重商主义/重商制度
money	泉币	金钱/货币/通货
money	钱	金钱/货币/通货
money	币	金钱/货币/通货
money	泉货	金钱/货币/通货
monopoly	辜榷	垄断/独占
monopoly	垄断	垄断/独占
national debt	国债	国债/国家债务
natural price	平价	自然价格
natural price	经价	自然价格
nature of employment	业品	职业之性质
net rent	实租	净（纯）地租
net profit	实赢	净利/纯利
net revenue	实殖	纯收入
nominal price	市价	名目价格
overpopulation	过庶	人口过剩
overproduction	过富	生产过多
platinum	柏拉丁难	白金
policy	政约	政策
political economy	计学	经济学/政治经济学
price	价	价格
private copartnery	私家连财	私人合伙
productive labor	能生之功	生产性劳动
productive labor	生利之功	生产性劳动
productive power	生财能事	生产力
productive power	殖量	生产力
productivity	殖量	生产力
produce of labor	民之所出	劳动产出
profit	赢	利润
protection	保商之政	保护政策

续表

The Wealth of Nations	严译名	今译名
protectionist	主护商者	贸易保护论者/保护主义者
public works	国功	公共工程
purchase	买卖	购买
raw material	生货	原料
rate of profit	赢率	利润之率
real price	真值	真实价格
rent	租	地租
rent	田租	地租
repayment	还母	归还本金
Ricardo's theory of rent	理嘉图租例	李嘉图租金理论
Royal Bank	赖耶版克	皇家银行
saving bank	积累版克	储蓄银行
science of a statesman or legislator	制治经国之学	行政与立法之学
simple interest	简息	单利
South Sea Company	南海公司	南海公司
South Sea Company	南滇有限公司	南海公司
stamp duty	斯旦税	印花税
stamp duty	印花税	印花税
stamp duty	印税	印花税
standard money	本位法钱	本位币
stock	母财	资本
subsidy	萨白锡帝	津贴/补助
subsidy	欤助	津贴/补助
supply	供	供给
surety	保诫	担保人
supply and demand	供求二者	供求
taille	泰理	
tcuton	图敦	条顿民族
theory of population	户口蕃息例	人口学说
theory of rent	田租升降例	地租学说
trade	业	行业
traite	脱来提	

续表

The Wealth of Nations	严译名	今译名
treaty	质剂	条约/协议
unproductivelabor	不生之功	非生产性劳动
utilitarianism	功利之说	功利主义
value	值	价值
vingtieme	威知衍	二十分之一税
wage	庸	工资
wage	庸钱	工资
wage	力庸	工资
wholesale merchants	商	趸卖商

后 记

(原博士毕业论文致谢)

本文得以告竣，首先要感谢我的授业恩师王克非教授。承蒙先生信任，将我招至门下。师从先生三年，但授业则早自2004年，其间先生襄助提携良多，我亦力争上进，受益无穷。先生学识通古融今，学养渊博深厚，为人为学，高山仰止。先生既注重翻译研究的时代性和科技性，引领学术前沿，又重视中国翻译史学传统的继承与发展，形成自己独特的治学路径与风格，得到中外学术界的好评与尊重。先生对选题的潜势看得很深远，知道研究的可能性和局限性，知道如何将研究引至有意义的方向，这不是一般老师能做到的。先生既对研究的思想价值看得远，又对领域内的材料掌握得深，二者皆长，这对初涉学门的博士生影响甚大。

先生秉承其恩师许国璋先生教诲，强调从事学术研究的知识分子必须具有超越一己利害得失的精神。他在自己所学所思的专业基础上发展出一种对国家、社会、文化的关切感。先生治学上一丝不苟、铮铮风骨，为人却是质朴平实、感情醇厚。很多学人慕名远道而来，先生总是热情接待，不辞辛劳，践行的是仁者爱人、提携后进的传统，是一位有深度、有厚度和有温度的学者。

本论文从题目初筛、选题圈定、开题设计、论文进展、答辩送审，直至论文提交的最后一刻都渗透着先生无私无尽的关切与悉心的指导。先生手校过的初稿有四份之多，常常伏案忙至深夜，论文修改细致，对我而言如获珍宝。读博三年期间，眼见先生各类学术活动繁多，承担社会职责甚多，却念念不忘学生的学业。先生在指导上独辟蹊径，尤重引导，"取法乎上"，鼓励学生勤于读书，勤于思考。先生还常常告诫我们，学术研究要扎实严谨，忌虚戒躁，文章写作要文风质朴通达，扫除华而不实。除专门约见外，先生常以邮件、短信形式与我交流，笑称为"手谈"。自求学先生门下，短信不计其数，邮件百余封。先生不求小就而求大成，作为导师，能够虚怀体会学生的用心和立论的根据，对我论文中一些天马行空的想法给予了最大的包容。

早在20世纪八九十年代，先生首次提出"翻译文化史"，研究文化对于翻译活动的制约和翻译活动发生后对文化史的影响这种双重脉络下的呈现。在当时的翻译史研究中，把翻译放在文化史的大背景中加以考察可谓"和者盖寡"。然而二十多年来，从文化的视角来研究翻译活动的价值已成风气，其中翻译文化史论走在了这一研究思潮的前端，足以体现出先生学术研究的智慧与洞察力。

严复翻译研究是中国翻译研究中的传统题目。严译《原富》文字古奥难懂，说理复杂艰深，难以突破与创新，是一个非常棘手的题目，更与当下中国文化"走出去"外译之热潮相悖。先生在指导中，强调文本研究之扎实，史料（译例）之详细周全，论点之严谨，研究方法之独到，鼓励从细微处着手，探求深意。先生殷切鼓励和自始至终的关怀，才使我有信心坚持将该文较出色地完成。一生最为难忘的读书生涯，在先生的言传身教之下，进入了新的学术境界。我与先生对坐桌旁，聆听先生教诲的时刻，历历在目。先生与师母周洵女士伉俪情深，对学生关怀备至，细微照拂之处，体现出真挚之情感。回想与先生、师母相处的件件小事，早已化作一幕幕美好的记忆，令我终生铭记。

在论文写作中，我也得到来自多方的指导，进一步提升了论文的质量。首先要感谢我所在的北京外国语大学中国外语教育研究中心陈国华教授，还有北京大学辜正坤教授、北京师范大学郑海凌教授、对外经济贸易大学王恩冕教授和黑龙江大学黄忠廉教授。他们给我的论文提出了宝贵而中肯的意见和建议，对论文的最终定稿和完善起到了重要作用。

其次要感谢北京外国语大学中国外语教育研究中心为我的成长提供了最优秀的专家培养团队和最前沿的学术研究氛围。感谢文秋芳教授、陈国华教授、刘润清教授、周燕教授、韩宝成教授、梁茂成教授、熊文新教授、许家金教授等诸位老师的悉心指导。

另外，我特别感谢香港中文大学翻译研究中心王宏志教授提供各类学习与交流的机会，如翻译"新芽"研讨会、翻译史"暑期班"和翻译研究国际研讨会，并对本文部分章节的写作提出宝贵建议。香港理工大学翻译研究中心朱志瑜教授、台湾中研院近代史研究所黄克武教授和日本关西大学外语部沈国威教授都曾对本文撰写提出建设性意见。我还要特别感谢江苏省社会科学院皮后锋教授，他亲自协助我联系严氏宗亲，寻找《原富》的修订版。

我还要感谢引领我走向博士之途的北京外国语大学吴青教授、传道授业并大力扶持后学晚辈的李雪涛教授、马会娟教授等。感谢读博士之前我在加拿大渥太华大学"翻译与口译研究中心"和英国曼彻斯特大学"翻译与跨文化研究中心"学习期间结识的各位教授：加拿大麦吉尔大学的 Gouvanic 教授、渥太华大学的 Simon Sherry 教授、曼彻斯特大学的 James André 教授和 Mona Baker 教授等。在论文写作期间，这些学者或为我寄送资料，或理论指导，给予了极大的帮助。我也感谢大连理工大学外国语学院李秀英教授、北京航空航天大学的邢力副教授、广东商学院的曾文雄教授和湖北大学外国语学院的杨元刚教授的支持与鼓励。

我还要特别感谢我的同门和学友。在整个求学过程中，我们分享获得学术成绩的喜悦，畅谈论文思路，排解学习困惑。在我论文完成和整个答辩过程中，他们给予了无微不至的关心。我在此表达由衷的谢意，他们是：李越、黄焰结、方红、王颖冲、冯佳、覃俐俐、赵秋荣、杨志红、王冬梅、庞双子、修文乔、段满福、阿斯罕、章柏成、吴白音那、张庆华、刘国兵等。

最后，感谢我的母校北京外国语大学，她实现了厚重笃实与求新创新的统一。感谢我的工作单位内蒙古大学诸位师友的长期支持！

还要特别向我的双亲、爱人与小女致谢！感谢他们一直以来给予我精神上莫大的支持与鼓舞！同时感谢他们对我长久的宽容与理解！

2013 年 6 月于北京外国语大学东院

图书在版编目(CIP)数据

翻译、概念与经济：严复译《国富论》研究 / 刘瑾玉著. -- 北京：社会科学文献出版社，2021.3
国家社科基金后期资助项目
ISBN 978-7-5201-7846-4

Ⅰ.①翻… Ⅱ.①刘… Ⅲ.①严复（1853-1921）-翻译-研究 ②《国富论》-翻译-研究 Ⅳ.①H059 ②F091.33

中国版本图书馆 CIP 数据核字（2021）第 022705 号

国家社科基金后期资助项目
翻译、概念与经济
——严复译《国富论》研究

著　　者 / 刘瑾玉

出 版 人 / 王利民
责任编辑 / 高振华
出　　版 / 社会科学文献出版社
　　　　　 地址：北京市北三环中路甲 29 号院华龙大厦　邮编：100029
　　　　　 网址：www.ssap.com.cn
发　　行 / 市场营销中心（010）59367081　59367083
印　　装 / 三河市龙林印务有限公司
规　　格 / 开　本：787mm×1092mm　1/16
　　　　　 印　张：40.75　字　数：640 千字
版　　次 / 2021 年 3 月第 1 版　2021 年 3 月第 1 次印刷
书　　号 / ISBN 978-7-5201-7846-4
定　　价 / 198.00 元

本书如有印装质量问题，请与读者服务中心（010-59367028）联系

▲ 版权所有 翻印必究